편집자 일러두기

- 처음 나오는 인명에는 '탁영(濯纓) 김일손(金馹孫, 1464~1498)'과 같이 생몰 연대를 한 번만 표기하는 것을 원칙으로 했으나, 문장의 이해를 돕기 위해서 추가한 곳도 있다. 두 번째 이후에는 '탁영(濯纓) 김선생(金先生)', '탁영 김선생', '탁영 김일손', '탁영' 등으로 표기했다.
- 본문 속의 도서명은 《 》을 이용하여 표시하는 것을 원칙으로 했다. 《남명집(南冥集)》, 《남명집》, 《南冥集》 등과 같다.
- 시문(詩文)과 그림을 포함한 각종 문서의 제목은 〈 〉을 이용하여 표시하는 것을 원칙으로 했습니다. 〈유두류록(遊頭流錄)〉, 〈유두류록〉, 〈청학동도〉, 〈청학동변증설〉, 〈용유담에서 네 절구를 짓다(龍遊潭曲四絕). 이때 극기(克己와 정숙(貞叔)이 따라왔다〉 등이다.
- 중요한 단어나 어귀, 혹은 강조할 곳 등은 상황에 따라 ' '로 표시했다. '청학동', '입덕문(入德門)', '광암연(廣巖淵)' 등이다.
- 인용문, 특정인이 한 말 등은 " "로 표시했다. "1518년(중종 13)에는 진주까지 거리가 멀어 백성들이 조세 수납 등에 힘들어하자 악양현에 화악창(花岳倉)을 설치했다.", "진주 청암의 묵계동에서 피란했다.", "아, 이곳이야말로 용이 노는 계곡이로구나!" 등이다.
- 용어의 설명 등 참고할 사항을 부가 기록할 때는 [ ]로 묶어서 표기했다. '진주목[진주부, 진주군]', '청암면[시천향: 矢川鄕]', '절골[寺洞]', '악양이 하동군의 속현(屬縣)일 때[675~1018년, 343년 동안]는', '오대사(五臺寺)는 살천현(薩川縣) 남쪽에서 고개 하나를 넘으면[自薩川縣南踰一嶺]……' 등이다.
- 본문의 서체는 'KoPubWorld바탕체, 11포인트, 장평 100, 자간 -25'로 하였으며, 인용문은 본문과의 차별화를 위해서 11포인트로 문장의 좌우 폭을 줄여서 구분했으며, 강조할 부분은 'KoPubWorld돋움체'로 눈에 띄게 했다.
- 각주와 그림, 표 등의 '설명문'은 'KoPubWorld돋움체, 9포인트, 장평 98, 자간 -25, 개체와의 간격은 2.0'을 원칙으로 했다.
- 각주 번호는 새 번호 '1번'부터 다시 시작한다.
- 사진은 대부분 직접 촬영한 것을 사용했으나, 인용하였을 때는 그 출처를 밝혔다.

꽃이 피면 봄인줄 알고
낙엽지면 가을인줄 아는 이상향

묵계동천과 학동계

제3부
묵계동의 역사와 문화

오세현 편저

각종 자료 조사 및 제공자

- 각종 마을 자료 조사 및 제공: 청학동 학로계 계장 김삼주,
  총무 양점동
- 본문 사진 제공: 오세현, 양영욱, 기타
- 드론 사진 제공: 이영근

표지 사진 작가 소개

- 청파(靑波) 강태진
  현) 하동문화원장
  대한민국 사진 대전 초대작가
  한국사진작가협회 이사
  청파 예술촌 대표

  저서: 《섬진강의 숨결》, 《섬진강 장시 발달과 추이》(논문)
  사진집: 《내 고장 하동》,
  《물길 따라 꽃길 따라 하동포구 팔십리 사진집》

한글 제자(題字) 캘리그라피 작가

- 서령(書嶺) 이진욱
  현) 백상 서화협회 추천작가
  아이디어스 작가
  아트앤서령 대표

  수상: 2017 백상서화예술대전 캘리그라피 금상 수상
  2018 한국에너지공단 〈에너지 작품 공모전〉 캘리 최우수상
  2019 백상서화예술대전 캘리그라피 금상 수상
  2019 백상서화협회 캘리그라피 추천작가 인증

차 례

01
조선 시대 선비들의 지리산 유람기 속의 묵계동과 묵계사

현재까지 조선 시대 선비들이 지리산을 유람하고 남긴 유람기는 100편이 넘는다[1]. 남명(南冥) 조식(曺植) 선생은 지리산 유람기 〈유두류록〉에서 “물을 보고 산을 보고, 그리고 인간을 보고 세상을 본다[看水看山看人看世]”라고 했다. 이렇게 조선 시대 선비들은 자연만 보는 것이 아니라 그곳에서 만난 옛 선인들의 높은 덕을 되새기며 세상의 도를 바로 세우려고 했다.

《선인들의 지리산 유람록》(6권) 표지

그렇다면 지리산 유람 중에 묵계동을 거쳐 간 선비들은 과연 누구이며, 이들은 묵계동에서 무엇을 보고, 무엇을 느꼈을까? 마침, 경상국립대학 한문학과 최석기 교수 연구그룹에서 펴낸 《선인들의 지리산 유람록》[2000, 돌베개]과 《용이 머리를 숙인 듯 꼬리를 치켜든 듯》[2008, 보고사]을 중심으로 지리산 유람록을 조사해 보았다. 이 두 권에만 해도 25편의 지리산 유람록[2]이 소개 되어 있다.

조선 시대에도 지리산을 유람하는 가장 큰 목적이 천왕봉에 등정하여 일출을 보는 것이 꿈이었다. 그래서 당시에도 유람객들은 오늘날 우리가 천왕봉을 찾을 때처럼 ‘중산리→법계사→천왕봉’, ‘백무동→장터목→천왕봉’으로 왕복하는 코스를 주로 이용한 것 같다. 그리고 ‘화개→세석평원→천왕봉’, ‘대원사[혹은 쑥밭재]→중봉→천왕봉’, ‘중산리→장터목→천왕봉’ 코스도 가끔 보인다.[3] 천왕봉 등정을 목표로 하는 이들의 유람기에서 ‘묵계동’이나 ‘묵계사’라는 단어를 찾는다는 것은 거의 기대할 수 없었다.

또, 당시 지리산을 찾는 선비들은 이상향 ‘청학동’을 찾아 나선 이들이 많았다. 고려 시대 미수 이인로가 청학동을 찾아 선경 화개 동천 일대를 뒤졌으나 청학동을 끝내 찾지 못했다는 기록을 남겼다. 그래서인지 청학동을 찾아 나선 조선 시대 선비들도 주로 화개

---

1) 강정화 외, 《지리산 유람록의 이해》, [부록2] 지리산 유람록 목록(2016.06), 보고사, 2016.

2) 두 책에 실린 유람기는 모두 27편이나 청파 이륙은 같은 여행에서 〈지리산기(智異山記)〉와 〈유지리산록(遊智異山錄)〉, 추강 남효온도 같은 여행에서 〈지리산일과(智異山日課)〉와 〈유천왕봉기(遊天王峯記)〉를 남겼다. 그래서 〈지리산기(智異山記)〉와 〈유천왕봉기(遊天王峯記)〉 두 편은 제외했다.

3) 《지리산과 유람문학》(최석기 외 옮김, 보고사, 2013), 〈지리산 유람행로와 그 특징〉, p. 243

동천의 쌍계사, 신흥사, 불일폭포(불일암) 언저리를 맴돌다가 '여기가 청학동이다'라는 기록을 남긴다.

15세기에 지리산 유람기를 남긴 선비가 네 명인데 그중 세 사람이 묵계동을 지나갔다. 조선 초기, 주로 함양이나 진주 근방에서 출발하여 지리산을 유람하고 화개동이나 악양동을 들린 선비는 대부분 묵계동을 거쳐 갔다고 보아도 좋을 것 같다. 이것은 지리적으로 묵계동이 진주로 가는 지름길에 있었고, 그 도중에 '묵계사'와 '오대사'라는 절이 있었기 때문에 '화개동↔묵계동 · 묵계사↔(열두모랭이)↔오대사↔진주' 루트를 택했던 것으로 보인다. 춘정(春亭) 변계량(卞季良)이 쓴 〈진주 오대사 중수문(晉州五臺寺重修文)〉에 보면 려말선초(麗末鮮初)의 문신으로서 이방원을 왕으로 만든 조선을 대표하는 책사 진양부원군 하륜(河崙)이 오대사(五臺寺)에서 공부했다[4]는 기록이 있고, 남명 선생도 '오대사'와 관련된 시를 남겼으니 궁항리의 오대사(五臺寺)는 당시 진주지역의 선비사회에서는 비교적 잘 알려진 유명한 절이었고, 또 지리산 여행의 중간 기착지, 즉 숙소로서도 적절한 위치에 있었다고 생각된다.

오대사가 있는 궁항리는 2003년 이전까지 오랜 세월 청암면이었다. 그러나 대부분 묵계동이나 묵계사는 잠깐 스쳐 가는 곳이라 자세한 기록을 남기지 않았다. 아쉽지만, 이들이 남긴 유람기의 편린(片鱗) 속에서 당시의 묵계동의 모습을 유추해 보려고 한다. 이들 3명이 남긴 유람코스와 유람기의 원문과 번역문을 살펴보자.

먼저, 지리산 유람 중에 묵계동을 스쳐 지나간 가장 오래된 기록은 1463년에 묵계사를 들린 청파(靑坡) 이륙(李陸)의 〈유지리산록(遊智異山錄)〉이다. 벌써 561년 전의 이야기다. 그 당시 청파는 26살의 젊은 청년이었다. 그로부터 24년 후인 1487년에 추강(秋江) 남효온(南孝溫)이 묵계동을 지나가면서 유람기 〈지리산일과(智異山日課)〉를 남긴다. 당시 34살이었던 추강은 뜻밖에도 화개 불일암에서 불지령을 넘어 묵계동을 스쳐 지나가면서 '묵계동(默溪洞)'이라는 기록을 남긴다. 그리고 추강이 지나간 2년 후인 1489년, 탁영(濯纓) 김일손(金馹孫)은 지리산 남쪽을 거의 한 바퀴 돌 듯 유람하면서 〈속두류록(續頭流錄)〉을 남긴다. 탁영도 이때 26살의 젊은 청년이었다.

그러나 15세기 말에 탁영 선생이 묵계동을 방문한 이후, 약 4세기 동안 이곳을 유람한 선비들의 유람 기록이 뚝 끊겼다. 다만, 16세기 중반, 남명 선생이 용유동(龍游洞)을 세 번 방문한 사실을 《유두류록》에서 밝혔고, 특히 부사(浮査) 성여신(成如信) 등 그의 제자들이 쓴 《진양지》에서 용유동이 청암계곡임을 밝히고 있으며, 묵계동에 '남명의 회남재 설화' 등이 전해져 오는 만큼 이 시기에 남명 선생이 묵계동을 다녀간 것으로 추정된다.

4) 오대사(五臺寺) 관련 부분은 《디지털하동문화대전》과 《나무위키》 등을 인용하여 작성했다.

한편, 19~20세기에 들어 묵계동을 지나가면서 유람록을 남긴 선비가 2명이 있었다. 1899년 8월에 회봉(晦峯) 하겸진(河謙鎭) 선생 일행이 묵계동을 지나갔고, 1909년 1월 말에서 2월 초에 수당(修堂) 정종엽(鄭鍾燁) 선생 일행이 묵계동을 지나갔다.

다행히 묵계동을 지나간 선비들의 여행기는 경상국립대학 한문학과 최석기 교수를 비롯한 연구자들이 함께 쓴 여러 권의 《선인들의 지리산 유람록》 등을 통해 만날 수 있었다.[5] 그리고 이들 대부분의 여행 기록은 '한국고전번역원'의 '한국고전종합DB'나 '경상대 고문헌도서관'의 '남명학고문헌시스템'을 통해서 원문 혹은 번역문을 구할 수 있었다. 즉 청파의 〈유지리산록(遊智異山錄)〉은 《청파집(靑坡集)》(2권)에, 또 추강의 〈지리산일과(智異山日課)〉는 《추강집(秋江集)》(6권)에, 탁영의 〈속두류록(續頭流錄)〉은 《속동문선(續東文選)》(21권)에 공개되어 있다. 이런 선인들의 기록을 꾸준히 번역하여 공개하고 있는 한국고전번역원과 경상국립대학 한문학과에 깊은 경의를 표한다.

이들 중에는 구한말, 망국 직전에 지리산 청학동을 피난처라고 생각하고 찾아 나선 우국지사들이 있었다. 전북 진안 출신인 수당(修堂) 정종엽(鄭鍾燁) 선생과 습재(習齋) 최제학(崔濟學) 선생이 그 주인공이다. 당시 습재는 28살이었고, 수당은 25살이었다. 습재는 1905년 을사늑약이 체결되자 면암(勉庵) 최익현(崔益鉉)을 도와 구국의 일념으로 의병을 일으켰으나 실패하고 일본군에 의해 6개월 동안 감금당한다.[6] 습재는 '면암이 없으면 습재도 없고, 습재가 없으면 면암도 있을 수 없다.'라고 할 정도로 널리 알려진 애국지사이다. 그런데 수당과 습재는 쌍계사 뒤의 불일암 근처를 둘러보고 이곳을 청학동이라고 믿었던 선인들의 생각에 의문을 가진다. 그래서 그 뒤쪽 어딘가에 따로 있을지도 모를 진짜 청학동을 찾아 산을 넘어 묵계동으로 들어와 이틀간 머물다가 회남재를 넘어 악양을 거쳐 돌아간다. 수당(修堂) 정종엽(鄭鍾燁)은 이 여행 과정을 기록한 〈유두류록(遊頭流錄)〉을 《수당유고(修堂遺稿)》에 남겼다. 이때 수당이 묵계동에 관해 남긴 기록은 앞서 15세기 말에 있었던 세 분의 여행 기록보다 훨씬 많은 정보를 제공해주었다.

이 여행이 계기가 되어 습재는 그로부터 6년 후인 1915년 가족을 데리고 묵계 청학동으로 이주하여 일제에 항거하며 통한(痛恨)의 시간을 보낸다. 그의 묘소는 묵계 청학동의 가장 깊숙한 밝단골에 있다. 수당(修堂)의 〈유두류록(遊頭流錄)〉에서 묵계동과 관련된 기록만 발췌하여 마지막에 소개한다.

그런 한편 1899년 8월에 회봉(晦峯) 하겸진(河謙鎭) 선생의 〈유두류록(遊頭流錄)〉에서도

---

5) 《선인들의 지리산 유람록》 등, 최석기 외 옮김, 돌베개, 2007

6) 일본군에 의한 습재 선생의 '감금처답' 처분 기간은 4개월이나 실제로 감금 기간은 6개월이었다.

묵계동이 등장하지만, “묵계 주막에 도착하여 잠시 쉬었다[至默契店權歇].”라는 기록뿐이었다. 다만 이튿날 “일행이 말팃재[몰팃재, 馬峙]와 돌고지재[돌거지재, 突嶺]을 넘어 회신(檜信)을 지났다[向馬峙踰突嶺過檜信].”라는 기록은 참고가 되었다. 예로부터 청암골 사람들이 옥종장이나 진주목으로 출입할 때는 안양사(安養寺) 아래의 말팃재[馬峙]와 돌고지재(突嶺)를 이용했다. 회봉(晦峯)의 여행 기록을 통해 옛사람들의 통행로를 재확인하는 것에 만족해야만 했다.

평촌리 함박골 뒷산의 말팃재. 예로부터 악양과 청암몰 사람들은 이 재와 돌고지재를 넘어 옥종, 진주 등지로 내왕했다.

그래서 회봉 선생을 제외하고, 조선 시대에 4명의 선비가 묵계동을 지나가며 남긴 여행 기록을 소개하면 다음과 같다.

가. 청파 이륙 : 지리산 최명승경[智異最名勝境]인 묵계사

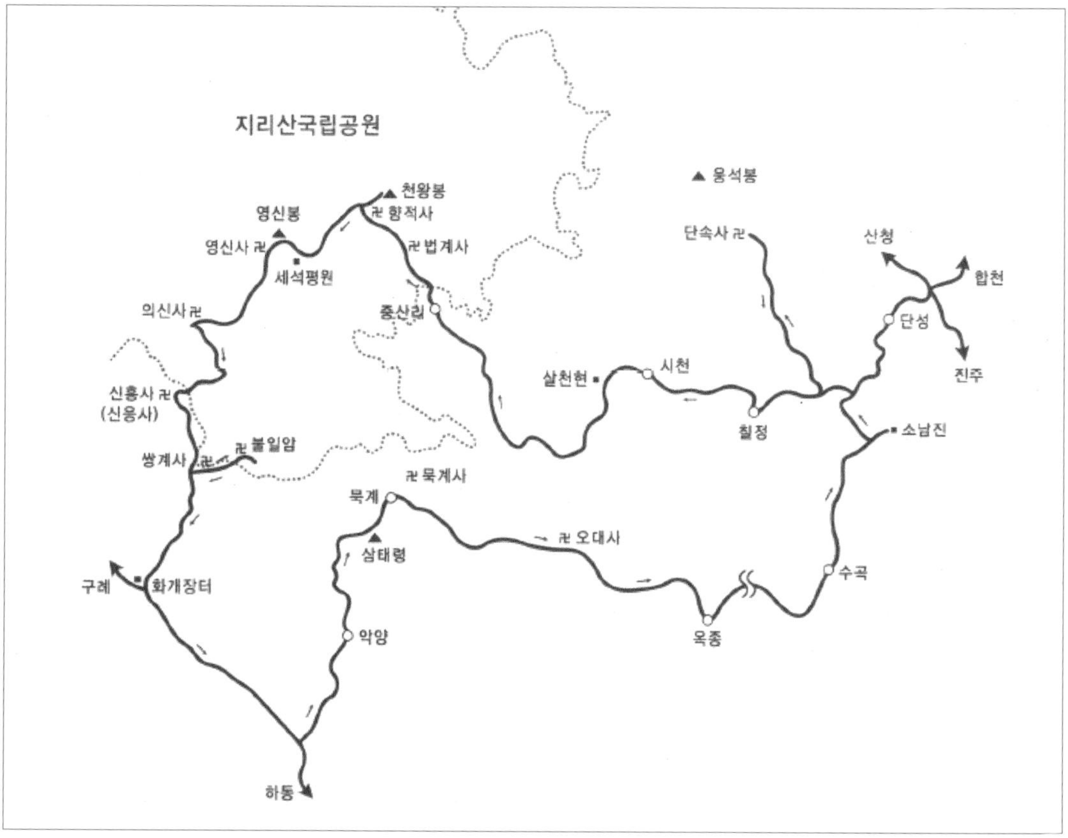

1463년 청파(靑坡) 일행의 지리산 유람코스–《선인들의 지리산 유람록》에서 인용

〈유지리산록〉은 청파(靑坡) 이륙(李陸)이 1463년 8월, 그가 26세에 남긴 지리산 여행기이다. 경상국립대학의 최석기 교수 등이 쓴 《선인들의 지리산 유람록》에 의하면 그의 행로는 '단속사→중산리→천왕봉→화개(신흥사, 쌍계사, 불일암)→악양→삼태령→묵계→오대사→단속사'였다. 위 그림은 청파 일행의 유람코스이다.

청파는 1459년(세조5) 생원 · 진사 두 시험에 합격한 뒤 지리산 단속사에 들어가 힘써 학문을 닦았다. 서울 양반 이륙은 지리산 유람을 한 다음 해인 1464년(세조10)에 문과에 장원급제한다. 그러니까 지리산 근처로 산촌 유학을 온 청파가 단속사(斷俗寺)에서 3년간 머물며 과거 공부를 하던 중에 지리산을 찾았던 것으로 보인다. 청파 이륙이 머물렀던 단속사는 정당매(政堂梅)로 유명하다. 고려 시대 말에 정당문학(政堂文學)과 대사헌을 지낸 강회백(姜淮伯)이 소년 시절, 이 절에서 과거 공부할 때 심은 매화로 알려져 있다. 정당매는 서울에서 영남지역에 내려온 관리들이 찾는 유명한 매화로 우리나라 최고령의 매화이다.

단속사를 출발한 청년 이륙은 천왕봉에 올랐다가 하산 길에 화개, 악양을 들린다. 여행의 마지막에 묵계사, 오대사를 지나 단속사로 돌아간다. 이 여행기에는 오대사, 묵계사, 안양사에 대한 기록이 함께 나온다. 오대사는 궁항리의 주산(일명 오대산, 해발 828.2m) 아래에 있고, 안양사는 돌고지재 정상에서 서쪽으로 약 3km 전방, 즉 촛대봉 아래에 있었다. 오대사는 묵계동에서 진주목으로 가는 지름길에 있으며, 안양사 또한 청암면 평촌에서 몰팃재(馬峙)를 넘어 진주목으로 가는 또 다른 지름길이었다. 그런데 청파가 지리산 여행의 막바지에 지친 탓인지 묵계사와 묵계동에 대한 기록은 매우 간략하다.

한편, 청파의 묵계사에 관한 기록은 1530년(중종 25)에 당시의 지리서인 《동국여지승람(東國輿地勝覽)》을 이행(李荇) 등이 보완하여 만든 《신증동국여지승람(新增東國輿地勝覽)》에 등장하는 묵계사에 관한 기록과 똑같았다. 그의 유람록에서 가장 눈에 띄는 대목은 역시 '묵계사를 지리산에서 가장 경치 좋은 곳이라고 평가하고 있다'는 점이다. 그리고 묵계사의 위치를 '안양사 앞 개울에서 물길 따라 사십여 리 험한 계곡 길을 통과해야 한다'라는 사실과 '험한 계곡 길의 끝에는 다소 넓게 트인 비옥한 토지가 있다'라고 했다는 점이다. 묵계사 혹은 묵계동에 대한 기록은 이것이 전부였다.

정부에서 주도한 지리지와는 달리 묵계동을 직접 거쳐 간 젊은 선비의 눈에 비친 묵계동이 어떤 모습이었는지, 묵계동에 대한 새로운 정보를 기대했던 필자로서는 너무나 아쉬웠다. 다만, '뜻이 있는 스님들은 이곳 묵계사에 많이들 와서 거처한다.'라는 말을 끝에 덧붙임으로써 묵계사의 당시 위상이 뜻있는 스님들이 수행하는 도량으로서 큰 역할을 했을 것으로 짐작할 뿐이다. 앞으로 묵계사에 대한 기록을 찾는 것이 큰 숙제라고 할 수 있다.

이륙이 《청파집(靑坡集)》(권2)에서 남긴 〈유지리산록(遊智異山錄)〉 속의 묵계사(默契寺)에 대한 기록은 아래와 같다. 그리고 《청파집》 판본 원문 이미지도 첨부한다.

청파 이륙의 〈유지리산록(遊智異山錄)〉 속의 묵계사(默契寺)

묵계사는 안양사 앞 냇물에서 물길을 따라 서북쪽 계곡 사이에 있다. 험한 계곡 길 사십여 리를 올라가 물길이 끝나는 곳은 지역이 좀 넓고 토양 또한 비옥하다. 이 절은 지리산에서 가장 경치가 뛰어난 곳이다. 뜻이 있는 스님들은 이곳 묵계사에 많이들 와서 거처한다.

(默契寺(묵계사) 自安養前川(자안양전천) 隨水西北行(수수서북행) 溪谷之間(계곡지간) 甚險阨(심험애) 四十餘里(사십여리) 窮水源(궁수원) 有地稍開曠(유지초개광) 土又肥衍(토우비연) 寺在智異(사재지리) 最名勝境(최명승경) 有志之僧(유지지승) 前後多往居焉(전후다왕거언)).

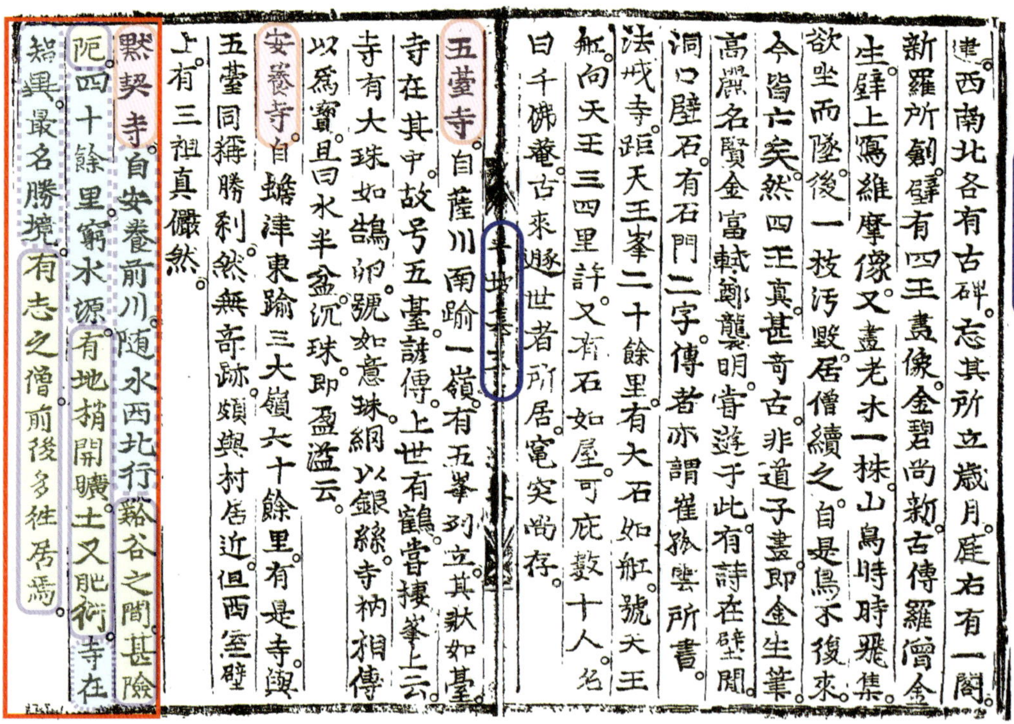

進西南北各有古碑。忘其所立歲月。庭右有一閣。新羅所創。壁有四王畫像。金碧尚新。古傳羅僧金生壁上寫維摩像。又畫老木一株。山鳥時時飛集。欲坐而墜。後一枝汚毀。居僧續之。自是鳥不復來。今皆亡矣。然四王真甚奇古。非道子畫卽金生筆。高麗名賢金富軾鄭襲明嘗遊于此。有詩在壁間。洞口壁石。有石門二字。傳者亦謂崔孤雲所書。法戒寺距天王峯二十餘里。有大石如舡。號天王舡。向天王三四里許。又有石如屋。可庇數十人。名曰千佛菴。古來遯世者所居。竈突尙存。

靑坡集 卷二

五臺寺自薩川南踰一嶺。有五峯列立。其狀如臺。寺在其中。故号五臺。諺傳上世有鶴。嘗棲峯上云。寺有大珠如鵠卵。號如意珠。網以銀絲。寺衲相傳以爲寶。且曰水半盆。沉珠卽盈溢云。安養寺自蟾津東踰三大嶺六十餘里。有是寺。與五臺同稱勝刹。然無奇跡。頗與村居近。但西室壁上有三祖真儼然。默契寺自安養前川。隨水西北行。谿谷之間甚險阨四十餘里。窮水源。有地稍開曠。土又肥衍。寺在智異。最名勝境。有志之僧。前後多往居焉。

《청파집》 속의 묵계사. '묵계사는 안양사 앞 냇물을 따라 좁고 험한 길을 따라 40리를 올라가면 궁수원에 있다'라고 소개했다.

나. 추강 남효온 : 수석최청기(水石最淸奇)의 묵계동(默溪洞)

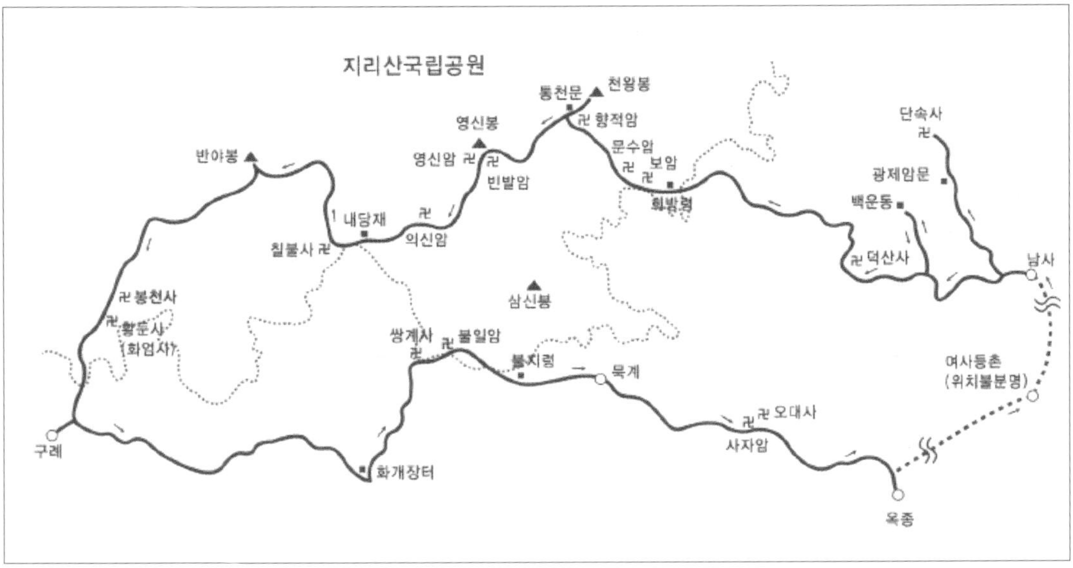

1487년 추강(秋江) 남효온(南孝溫)의 지리산 유람코스-《선인들의 지리산 유람록》에서 인용

〈지리산일과(智異山日課)〉는 추강(秋江) 남효온(南孝溫)이 지은 지리산 기행문으로 그의 문집인《추강집(秋江集)》6권 잡저(雜著)에 수록되어 있다. 남효온은 조선 전기의 문신이고 생육신 중의 한 사람이다. 그는 1487년 가을인 9월 27일부터 10월 13일까지 승려 의문, 종 5인과 함께 진주에서 출발하여 중산리와 법계사를 거쳐 천왕봉을 등정하고, 이어서 칠불사를 거쳐 반야봉과 화엄사, 쌍계사를 여행한다. 최석기 교수 등이 쓴《선인들의 지리산 유람록》에서 소개한 그의 행로는 '진주(여사등촌)→단속사→천왕봉→화개(의신암, 칠불사)→반야봉→화엄사→화개(쌍계사, 불일암)→불지령→묵계→오대사→진주(여사등촌)'이다. 위 그림은《선인들의 지리산 유람록》에서 인용한 추강 남효온 일행의 지리산 유람코스이다.

그리고 특이하게도 남효온 일행은 불지령을 넘어 묵계동(默溪洞)에 발을 들인 다음 오대사를 거쳐 10월 13일에 진주로 돌아간다. 불지령은 오늘날 청학동에서 불일폭포를 거쳐 쌍계사로 가는 상불재로 보인다. 이들은 당시 진주목에 속한 쌍계사와 묵계동에서 진주로 가는 가장 빠른 지름길을 선택했다. 추강의 지리산 여행에 동행한 승려 의문 등 일행이 지리산 일대의 지리에 매우 익숙했던 사람들이었을 것으로 생각된다. 공교롭게도 추강이 지나간 이 루트는 오늘날 화개면 쌍계사 입구에서 상불재를 넘어 삼성궁 입구, 묵계리, 열두모랭이를 거쳐 오대사가 있었던 궁항리와 옥종면 중심지를 거쳐 수곡면사무소 입구까지 이어진 경상남도 지방도 1014호와 정확하게 일치한다는 점이 놀랍다.

한편, 〈지리산일과〉에서는 탐방지의 절경에 대한 감상보다는 여정 및 유적을 자세하게 소개하고 있는 편이다. 그런데 추강의 이 여행에서 묵계동을 지나가면서 묵계사에 대한 언급이 전혀 없었다는 점은 의문이다. 당시 지리산 최고의 명승으로 알려진 묵계사가 지척에 있었지만, 그냥 지나친 것이다. 당시 남효온과 함께 지리산을 여행한 일행 중에 승려 의문이 있었고, 곳곳의 행로에서 스님들과 만난 기록이 자주 등장하지만, 묵계사에 대한 언급이 없었다는 점은 못내 아쉽다.

추강의 유람록에서 가장 주목되는 대목은 역시 화개에서 불지령(佛智嶺)을 넘어 묵계동(默溪洞)으로 들어갔다는 점이다. 사실 조선 중기, 지리산을 여행한 여러 선비 중에서 화개에서 험난한 불지령을 넘는 코스를 선택한 사람은 거의 없었다.

또한, 추강은 불지령 아랫마을을 '묵계동(默溪洞)'이라고 기록했다. 필자는 《선인들의 지리산 유람록》 등에서 이 사실을 발견하고 깜짝 놀랐다. '아니, 묵계동(默溪洞)이라니?', '시내 계(溪) 자(字)를 썼네?', '혹시 잘못된 건 아닐까?'라는 의문이 들었다. 이것은 조선 중기의 기록, 즉 《신증동국여지승람》이나 《진양지》 등에서는 '묵계사(默契寺)', '묵계동(默契洞)', '묵계(默契)'라는 기록이 주류이기 때문이다. 이것은 이 지역에 있었던 대가람 묵계사(默契寺)의 영향 때문이 아닐까 생각한다.

그런데 추강은 '잠잠한 시내'라고 하는 의미의 '묵계(默溪)'를 사용했다는 점이 이채로웠다. 좀 더 조사해 볼 필요가 있다고 생각하지만, 현재로서는 추강이 '묵계동(默溪洞)'이라고 기술한 최초의 인물이 아닌가 생각된다. 그래서 백방으로 추강 남효온의 〈지리산 일과〉의 원문을 찾아보려고 했으나 쉽게 찾을 수가 없었다. 그러던 중 《한국고전종합DB》의 《추강집》에서 〈지리산일과〉 원문을 찾아서 확인해 보니 역시 묵계동(默溪洞)임을 확인했다. 추강 남효온이 남긴 여행 기록은 다음과 같다.

추강(秋江) 남효온(南孝溫)의 지리산일과(智異山日課) 속의 묵계동(默溪洞)

보주암(普珠庵)을 지나, 불지령(佛智嶺)에 올랐다가 그 아래 묵계동(默溪洞)으로 내려갔다. 물과 돌이 매우 맑고도 기이하였다. 오서연(鼯鼠淵) · 광암연(廣巖淵) · 용회연(龍廻淵)을 지나 비문령(碑文嶺)을 넘어 사자암(獅子庵)에 이르렀다.

過普珠庵(과보주암) 登佛智嶺(등불지령) 下默溪洞(하묵계동) 水石最淸奇(수석최청기) 過鼯鼠淵(과오서연) 廣巖淵(광암연) 龍廻淵(용회연) 度碑文嶺(도비문령) 抵獅子庵(저사자암)

위에서 보듯이 추강은 '묵계동은 물이 맑고, 기암괴석이 많다[默溪洞 水石最淸奇].'라고 하면서 '오서연(鼯鼠淵) · 광암연(廣巖淵) · 용회연(龍廻淵)이라는 소(沼)를 지나갔다[過鼯鼠淵 廣巖淵 龍廻淵].'라는 기록을 남긴다.

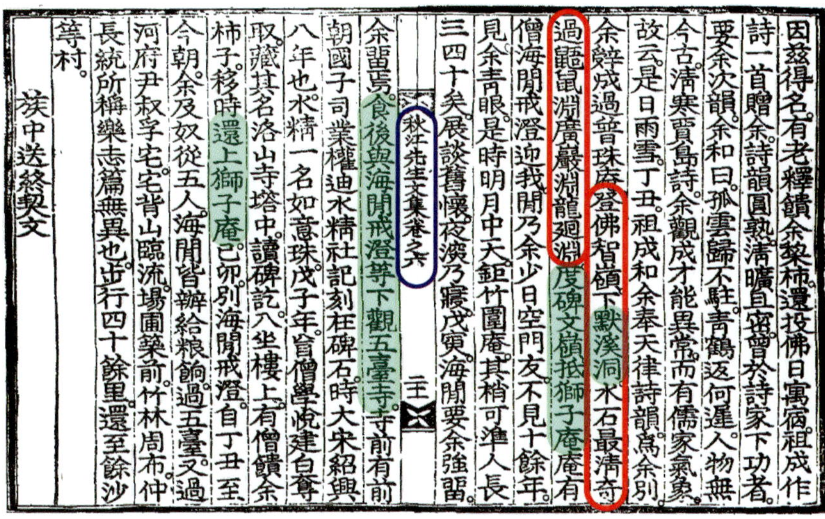

추강의 〈지리산일과(智異山日課)〉에서 묵계동(默溪洞) 관련 기록
(한국고전번역원DB에서 인용, 작성)

추강 남효온이 불지령을 넘어 학동과 삼거리, 높은터, 장재터를 지나 열두모랭이를 거쳐 묵계동을 빠져나가는 동안 이 지역에서 느낀 이미지는 '깊은 계곡과 깨끗한 물, 그리고 멋진 소(沼)'뿐이었던 것 같다. 사실 묵계동은 산과 계곡이 깊으니 물도 좋고 소(沼)도 깊을 수밖에 없다. 그러나 추강이 당시 묵계동에서 보고 기록으로 남긴 3개의 연(淵), 즉 소(沼)가 오늘날 어디인지 특정할 수는 없다. 다만 그 이름에서 상상해 볼 수밖에 없으리라.

먼저 '오서연(鼯鼠淵)'은 말 그대로 날다람쥐나 쥐와 같은 동물의 모습을 연상할 수 있는 기암괴석이 즐비한 소(沼)가 아니었을까? 라고 상상할 뿐이다. 만일 추강이 남긴 세 연못의 이름이 그가 묵계동에서 만난 순서대로 기록했다고 가정해 본다면, 그가 화개에서 불지령을 넘어 묵계동의 학동에서 맨 처음 만난 소(沼)는 역시 어거정 길 아래에 펼쳐진 비경 '용소(龍沼)'가 아닐까 생각한다. 용소 위와 아래는 삼신봉 아래 최상류에 있는 계곡답게 굵직굵직한 기암과 괴석이 많고 특히 용소 언덕 위 길옆에는 '어거정'과 '열쇠바위', '농바위' 등 다양한 기암괴석을 자랑하고 있다.

또, 넓은 바위가 있었을 것으로 연상되는 '광암연(廣巖淵)'이라면 삼거리의 다리소와 그 바로 위에 넓은 바위와 함께 있었던 소(沼)가 떠오른다. 묵계초등학교 맞은편 큰 대밭 아래에 있었다. 필자가 어린 시절, 다리소는 주로 남자애들이 멱을 감는 장소였고, 바로 이 너른 바위 아래에 여자애들이 멱을 감는 은밀한 장소가 있었다. 이곳은 삼거리 큰 냇물이 시작되는 곳이라 강폭이 매우 넓었다. 그래서 강줄기가 양쪽으로 나뉘어 흘렀다. 그 한쪽 물줄기를 다 덮을 정도로 너른 바위는 암묵적으로 남자애들의 접근 금지 구역이었다. 그 소 앞에는 수십 명이 둘러앉을 수 있는 넓은 청석 바위가 있었다. 이 너른 바위가 물길을 막아 얕지만, 호수처럼 넓은 소가 형성된 곳이다. 지금은 다리소도 묵계호에 수몰되고 말았고, 30여 년 전 삼거리 물레방아가 떠내려가는 등 큰 피해를 입힌 대홍수 때 강바닥이 뒤집히면서 토사에 묻혔는지 지금은 그 너른 바위도 전혀 볼 수 없어서 안타깝다.

그리고 묵계동은 강 상류 지역이라 강바닥에 큰 바위가 비교적 많았다. 그래서 물길이 소용돌이치는 소(沼)가 많았다. 상상해 보면 '용회연(龍廻淵)'의 이미지가 떠오르는 소는 곳곳에 있었다. 지금은 묵계호에 수몰되고 말았지만 쇠꽂뱅이 아래 강변에 있는 암반에는 석영(石英) 등이 포함된 하얀색 페그마타이트(pegmatite)가 관입한 흔적이 길게 남아있었다. 우리는 이 무늬를 '용이 기어간 흔적'이라고 하며 신기해했던 기억이 생생하다. 이런 곳에서 물길 속, 즉 하천 바닥에 큰 바위와 같은 장애물이 있으면 소용돌이가 생길 수밖에 없다. 아무튼 추강은 "묵계동천의 물길은 깨끗한 물은 물론이고 기암괴석과 다양한 모습의 소(沼)가 이어진 승경이었다."라는 사실을 기록으로 남겼다.

다. 탁영 김일손 : 화개위춘 엽락위추(花開爲春 葉落爲秋)의 이상향 묵계동

탁영과 일두의 지리산 여행 코스(《선인들의 지리산 유람록》에서 인용)

〈속두류록(續頭流錄)〉은 영남 사림파의 기수인 탁영(濯纓) 김일손(金馹孫) 선생이 1489년에 쓴 지리산 유람록이다.[7] 일두(一蠹) 정여창(鄭汝昌, 1450~1504) 선생이 출발지 함양(咸陽)에서부터 동행했다. 함양이 고향인 일두는 그 무렵 악양의 섬진강 어귀에 악양정(岳陽亭)을 짓고 독서(讀書), 강도(講道)하고 음영(吟詠)하며 생활하고 있을 때였다. 당시 탁영은 26살이었다. 이미 3년 전에 과거에 급제한 중앙정부의 관리 출신으로 당시 부패한 현실 정치의 타락을 바로잡으려는 사림파의 개혁적인 청년이었다. 탁영은 춘추관의 사관(史官)으로서 그의 스승 김종직이 쓴 〈조의제문(弔義帝文)〉을 사초(史草)에 실었고,

7) 〈속두류록(續頭流錄)〉은 한국고전번역원(http://www.jimun.kr/sokdu.htm) 자료에서 인용했다.

안타깝게도 이것은 훈구파에 의해 연산군에게 알려져 무오사화(戊午士禍)의 실마리가 되고 만다.

일찍이 두류산 탐방을 염원하던 26살의 청년 탁영(濯纓)은 1489년 4월 14일부터 28일까지 보름 동안 지리산 남쪽을 거의 도는 코스를 택한다. 그의 지리산 탐방 루트는 정말 특이하다. 탁영은 지리산 천왕봉 등정만을 목표로 하지 않고 함양→마천(등구사, 금대사)→수동(사근역)→산청(환아정)→단성(단속사)→오대사→(열두모랭이)→묵계사→(묵계재)→(내대・중산리)→천왕봉(향적사)→화개(의신사, 신흥사, 쌍계사, 불일암)→악양정까지 지리산 둘레를 여행한다. 위 그림은 《선인들의 지리산 유람록》에서 인용한 탁영 김일손과 일두 정여창 일행의 지리산 유람코스이다.

〈금대지리(金臺智異)-장엄한 지리산 조망〉 함양군 마천면 금대암은 삼신봉과 함께 최고의 '지리산 조망처'이다. 1489년 4월 탁영도 이 자리에서 저 지리산을 조망했을 것이다.

탁영은 지리산 북쪽인 함양(당시는 천령)에서 출발하여 오도재를 넘어 마천 등구사와 금대암을 들린다. 여기서 엄천강을 건너 군자사, 백무동을 거치면 천왕봉을 오를 수 있었으나, 마침 비가 많이 내려 엄천강을 건널 수가 없자 탁영은 강을 따라 내려가면서 용유담에서 점심을 먹고 떠난다. 그는 사근역(함양군 수동면)을 지나 산음(산청의 옛 이름)에서 선비들의 성지로 알려진 환아정(換鵞亭)에서 낮잠을 즐기기도 했고, 단성에서 고운 선생의 글씨로 알려진 광제암문(廣濟嵒門)과 정당매(政堂梅)로 유명한 단속사를 둘러본다.

여기서 덕천강을 따라 북쪽으로 곧장 올라가면 덕산과 중산리를 거쳐 천왕봉에 오를 수 있으나 탁영은 또다시 루트를 바꾼다. 칠정에서 덕천강(당시는 살천, 薩川)을 건너 서북 방향의 오대사로 향한다. 그리고 열두모랭이를 넘어 묵계동으로 진입한 다음, 묵계사에서 잠시 쉬고, 묵계재를 넘어 내대리와 중산리를 거처 지리산 남쪽에서 천왕봉에 오른다. 천왕봉 일출을 보고, 청학동을 찾기 위해 서북쪽의 화개로 하산하여 신흥사와 쌍계사, 불일폭포를 거쳐 당시 악양 도탄에 있었던 일두의 악양정에서 여정을 끝낸 것으로 보인다.[8)]

이처럼 "탁영이 택한 유람행로와 유람 기간 중 보여준 태도는 산수 경관을 즐기기 위한 유람이 아니라 우리 국토와 그 속에서 살아가는 인간의 삶을 이해하려는 당대 지식인으로서의 자의식이었으며, 그러한 자의식은 현실성과 객관성을 중시하는 초기 사림의 성리학적 사고가 발현된 것이라 이해할 수 있다."[9)]

탁영은 유람 중, 이정(里正)의 횡포와 번잡한 조세, 과중한 부역의 폐단을 지적하기도 하고, 용유담 주변의 포트홀에 대해 '용이 사용하는 그릇'이라고 믿는 백성들에게는 "사리를 헤아리지 않고 미덥지 않은 말을 좋아한다"라고 일침을 날린다. 또, 묵계사에서 한찰재를 넘어 내대 골의 좌방사에 이르렀을 때는 백성들이 밭을 일구려고 절 주변의 밤나무를 도끼로 찍어 넘긴 것을 보고, "이는 나라의 백성이 많아진 것이다. 그렇다면 그들의 생활을 넉넉하게 하고, 그들을 교화시킬 방도를 생각해야 할 것이다."라고 한 것을 보면 탁영에게서 현실적이고 합리적인 사고를 중시하는 조선조 성리학자의 의식 세계를 엿볼 수 있다.[10)]

그런 의식 세계를 지닌 탁영(濯纓)이 쓴 〈속두류록(續頭流錄)〉에서 필자가 주목하는 일정은 그가 묵계동과 묵계사(默契寺)를 거쳐 가는 1489년 4월 21일의 일정이었다. 그날 아침, 그는 오대사(五臺寺)를 출발하여 열두모랭이를 넘어 묵계동에 진입한 것으로 보인다.

---

8) 탁영의 여행 기록은 불일폭포, 즉 청학동에서 끝난다. 그리고 지난 16일(실제로는 15일간이었다는 번역자의 지적이 있다) 동안을 회고하며 "청학동은 끝내 찾을 수 없으니, 어찌할거나!"라며 탄식한다. 이에 동행한 일두 선생이 "솔과 대 둘 다 좋지만 솔이 대만 못하고, 바람과 달 둘 다 청량하지만 바람은 중천(中天)에 그림자를 드린 달의 기이함만 못하며, 산과 물 모두 인자(仁者)·지자(智者)가 좋아하는 바이지만 산은 공자(孔子)께서 '물이여, 물이여!'라고 탄식한 것만 못합니다. 내일 날이 밝으면 그대와 함께 길을 떠나 악양성(岳陽城)으로 나가서 큰 호수에 이는 물결을 구경하고 싶습니다"라고 하기에 나도 "그렇게 합시다"라고 하였다."라고 하는 장면에서 여행기는 끝난다. 따라서 여행 기록은 불일암에서 끝내지만, 실질적인 여행은 악양까지 이어진 것으로 보인다. 당시 일두 정여창 선생은 도탄에서 학문 연구에 몰두할 때였다(이상 여행기의 번역문은 최석기 외, 위 책에서 인용했다).

9) 최석기 외, 《지리산과 유람문학》(지리산권문화연구단 연구총서 04), 보고사, 2013, p.248

10) 최석기 외, 위의 책, p.249

묵계동의 최북단인 '궁수원(窮水源)[11]'에 위치한 묵계사를 둘러보고 한찰재[묵계재]를 넘어 좌방사[坐方寺, 내대리], 동상원사[東上元寺, 중산리]에서 1박을 하면서 다음 날 천왕봉에 오를 준비를 한다.

탁영이 묵계동을 스쳐 간 이날, 그의 기록에서 필자는 두 가지 점을 주목한다. 그 하나는 당시 원묵계에 있었던 고찰 묵계사(默契寺)에 대한 평이고, 또 하나는 500여 년 전 당시 묵계동 백성들의 생활상을 엿볼 수 있는 기록이다. 이 기록 또한 짧은 단문이지만 그래도 앞서 묵계를 여행한 두 선비, 즉 1463년에 여행한 청파 이륙과 1487년에 여행한 추강 남효온의 기록에 비하면 묵계사(默契寺) 뿐만 아니라 묵계동 주민들의 생활을 유추해 볼 수 있는 아주 중요한 정보를 제공해준다.

먼저 당시 지리산에서 최명승(最名勝)으로 알려져 있던 묵계사에 대해 탁영은 "이 절이 두류산에서 가장 경치가 좋다고 하는데, 친히 와 보니 자못 전에 듣던 말과는 차이가 있다"라고 했다. 탁영의 날카로운 시선에서 '화려하고 유명했던 묵계사가 이 무렵부터 점점 쇠락해갔구나!', 라는 전조(前兆)가 아니었나 생각하니 매우 안타까웠다. 그러나 옛 영화는 여전히 남아 있었나 보다. "다만 절집들이 밝고 아름다워 금으로 써 꾸민 것도 있고 청홍색 비단을 섞어서 부처의 가사도 만들었으며, 거주하는 중 20여 명은 입을 다물고 정진하기를 금대암(金臺菴)[12] 중들처럼 할 따름이다."라며 다소 쿨 (cool)하게 평가했다.

그런 한편, 탁영은 이 여행에서 500여 년 전 묵계동의 모습과 이 땅에 살았던 사람들의 삶의 일부를 유추해 볼 수 있는 기록을 남겨놓았다. 참 다행스럽고, 감사하게 생각한다.

그날 아침 탁영 일행은 말을 타고 궁항의 오대사에서 출발하여 열두모랭이를 넘어 장재터에서 묵계동으로 진입한다. 조선 초기 묵계동은 진주목 서면 오대리의 한 속방 마을인 '삼가(三街)'였다. 탁영은 '묵계동'이라는 표현은 쓰지 않았지만, 그는 당시의 묵계동에 진입하는 길이 "오른편은 산이고 왼편은 냇물이어서 길이 몹시 위태로웠다"라고 했다. 오대사에서 묵계동으로 진입하는 과정에서 오른쪽이 산이요, 왼쪽이 물이면서 위태로운 길이라면 역시 '열두모랭이'에서부터 시작되는 난관이 아니었나 생각된다. 탁영이 묵계동으로 진입한 길은 묵계동 진입의 가장 큰 장애물인 백바위와 구무바위 일대의 외석문과 장재터 마을 입구의 내석문을 살짝 비켜난 루트였다. 그러나 내・외석문

11) 《신증동국여지승람》, 《진양지》를 비롯한 각종 지리지에서 묵계사의 위치를 '궁수원(窮水源)'이라는 표현을 사용했다. 묵계사는 '묵계천의 근원', 즉, '묵계동에서 가장 높은 산의 끝자락에 있음'을 나타낸 표현이다.

12) 금대암은 함양 마천면 땅벌(마천면 소재지) 마을 뒷산에 있는 절이다. 함양에서 출발한 탁영이 들린 곳이 등구사와 금대암이었던 만큼 묵계사의 스님들을 보고 금대암 스님들의 수행하는 모습과 비교한 것으로 보인다. 금대암은 '지리산 북쪽 사면의 제일 조망처, 즉 '금대지리(金臺智異)'의 명소로 알려져 있다.

못지않은 험난한 난관인 '열두모랭이'와 '된비리' 등을 통과한 총체적인 인상이 이런 기록을 남겼을 것으로 추측된다. 이 사실은 500여 년이 지난 오늘날 우리가 경험하는 바와 다름이 없다.

이어서 "숲속을 10리쯤 가니 골짜기 입구가 약간 트였다."라고 했다. 필자가 추측건대 '골짜기 입구가 트인 곳'은 후보지가 두 군데 있다. 우선 질매재를 넘어 그야말로 '우산좌수 도심현위'의 위태로운 열두모랭이를 넘어야 한다. 도중에 '서서묵는 꼬랑'과 '퇴까니좇빠진고개'를 지나 내려오면서 장재터 마을 입구에 접근하면 할수록 넓은 하늘이 서서히 열리기 시작한다. 열두모랭이의 마지막 모랭이를 돌아 나오면 멀리 북쪽의 석각삼봉이 보이며 탁 트인 공간이 펼쳐진다.

여기가 묵계동의 열린 하늘을 처음 볼 수 있는 곳인데, 이곳은 '장재터' 마을 동구이다. 그러나 아직 갈 길이 멀다. 장재터와 높은터, 삼거리까지 이어지는 10리 길은 계곡 사이가 좁은 편이지만, 그래도 하늘은 많이 열린 상태이다. 드디어 '높은터'와 '큰드무실' 입구를 지나 '배나무징이'로 이어지는 고개에 돌아 올라서면 여기서부터는 계곡 사이가 크게 열리면서 멀리 삼신봉까지 넓게 열린 공간이 펼쳐진다. 여기가 진짜 하늘이 확실하게 열린 곳이다. 오늘날 묵계호 아래, '청학동'이라는 글이 새겨진 돌이 있는 바로 그곳인데, 이곳은 '삼가(三街)' 마을의 동구이다.

그럼, 여기서 탁영 일행이 오대사에서 묵계사까지 가는 행보를 다시 정리해 보자. 먼저 '숲속을 10리쯤 가니 골짜기 입구가 약간 트였고(A마을), 또 십리를 가니 마을이 있었고(B마을), 또 5리를 가서 묵계사(C마을)에 당도했다'라고 했다. 따라서 묵계사가 있는 C 마을에서 A, B 마을까지 거리를 역산해 보면, A 마을은 C에서 시오리(十五里) 길인데, 이곳은 바로 '장재터' 마을이다. 또, B마을은 C에서 오리(五里) 길인데, 이곳은 당시 진주목 서면 오대리 '삼가'마을로 추정된다. 이 '삼가'는 요즘 '삼거리'라고 하는데, 오늘날까지도 묵계동의 중심 마을이다. 따라서 탁영이 '골짜기 입구가 약간 트였고'라고 한 곳은 삼거리 입구가 아니라 장재터 입구가 아닌가 생각된다.

아무튼 탁영은 묵계동에 들어서면서부터 "그곳에는 기름진 들판이 있어 농사를 지어 먹고살 만하다"라고 했다. 지금은 묵계호에 수몰되었지만, 옛 묵계동의 모습과 별반 다르지 않다. 당시 탁영은 오늘날의 묵계동의 지형적인 특징을 한눈에 제대로 파악한 것으로 보인다.

그런데 탁영의 이어지는 문장에서 필자는 환호성을 올렸다. 500여 년 전, 묵계동과 이 땅에서 살아간 선인들의 삶의 모습을 추측할 수 있게 해주는 귀중한 기록이 이어졌기 때문이었다. 그럼, 탁영의 기록을 계속 좇아가 보자. 탁영은 "또 십리를 가니 거주민이 나무를 휘어 농기구를 만드는 것을 업으로 삼고, 쇠를 달구는 것으로 생계를 유지한다[13].”라고 했다. 탁영의 이 짧은 두 마디 문장에서 필자는 많은 것을 읽어낼 수 있었다.

묵계동은 사실 외지에서 접근하기는 힘든 곳이지만, 들어와서 보면 둘레가 40~50리에 달하는 분지이다. 그 분지 속은 크게 넓지는 않지만 그래도 농사지을만한 땅이 있고, 게다가 그 땅은 기름지니 농업이 성하고, 또 이 마을 사람들은 나무와 같은 임산물을 가공하여 생활에 필요한 도구를 만들어 쓸 줄 알고, 무엇보다 쇠를 다루는 대장간까지 있었다는 말이었다.

탁영은 지리산 첩첩산중에서 농・임업에 필요한 각종 농기구나 목재 가공에 필요한 각종 도구를 생산해 낼 수 있는 기술과 생산시설까지 갖춘 마을을 목도(目睹)했다. 이렇게 생산한 물건들은 상당수 주변의 시장에 내다 팔았을 것이다. 이곳에서 회남재를 넘으면 악양의 섬진강변에 큰 개치시장이 있고, 고운동재를 넘어 덕산장으로 가거나, 필요에 따라서는 열두모랭이와 질매재를 넘어 멀리 진주까지 넘나들며 각종 임산물과 그 가공물들을 팔아 생활했을 것이다. 탁영은 이곳 묵계동을 농(農)・임(林)・공업(工業)이 적절히 공존하는 이상적인 자립 마을이라고 판단한 것으로 보인다. 그리고 묵계동과 동민들의 이런 삶의 현장을 보면서 이런 풍경이야말로 그가 생각하는 이상향이라고 생각했는지도 모르겠다. 그래서 이어지는 표현이 걸작이다.

“나는 말하기를[予曰]
꽃이 피면 봄인 줄 알고[花開爲春],
잎이 지면 가을인 줄을 안다더니[葉落爲秋],
그런 삶이 여기로구나![有是夫]

‘땡큐, 탁영!’

‘탁영 선생님, 감사합니다!’[14]

“화개위춘 엽락위추(花開爲春 葉落爲秋)”라는 불과 8글자였지만, 이 말을 음미하면

13) 이 부분의 번역은 주로 한국고전종합DB의 원문과 번역문을 이용했다.

14) 필자는 2024년 7월 30일, 탁영의 여행 코스 일부를 따라가 보았다. 먼저 금대암에서 탁영이 보았을 ‘금대지리’를 감상하기 위해서 함양군 마천면의 금대암을 찾았다. 뒤이어 그가 잠깐 스쳐 간 용유담을 거쳐 함양면 수동면에 있는 청계서원을 다녀왔다. 청계서원은 탁영 선생을 모신 서원으로 일두 정여창 선생을 모신 남계서원과 나란히 서 있다. 청계서원에서는 그곳에 놓인 빗자루로 청계서원 마루를 깨끗이 청소하면서 탁영 선생께 감사하는 마음을 담아 기도를 올렸다.

할수록 가슴 떨리는 전율을 느꼈다. 이 짧은 8글자가 묵계동에 대해서 뭔가 중요한 사실을 암시하고 있다는 느낌이 들어 필자는 흥분하지 않을 수가 없었다. 당시, 이미 3년 전에 과거 시험에 합격한 26살의 젊은 엘리트 선비가 묵계동과 이곳에 살았던 우리 선인들을 평가하기를 "꽃이 핀 것을 보고, 비로소 봄인 줄 알고, 잎이 지는 모습을 보고서 비로소 가을인 줄 아는 사람들"이라고 평한 것이다. 한마디로 시간 가는 줄 모르고 유유자적한 삶을 살아가는 사람들이요, 그런 동네가 바로 묵계동이라고 한 것이다.

더 나아가 가까운 곳에 '지리산 최고 명승'으로 알려진 묵계사까지 있었으니, 화려한 대가람의 시설과 스님들로부터도 동민들은 많은 감화와 지적, 문화적인 영향을 받았을 것이다. 탁영이 묘사한 대로 봄과 가을, 그저 자연의 흐름에 순응하며 평화롭게 살아가는 삶이야말로 많은 사람이 찾아 나섰던 이상향 청학동의 모습이 아니었을까? 아쉽게도 탁영은 이곳 묵계동을 '청학동'이라고는 말하지 않았다. 그러나 이미 그의 글 속에는 이곳이야말로 청학동과 같은 이상향임을 알고 있었던 것이 아닐까?

그런데 이어지는 글에서 수행한 스님이 탁영의 말에 그만 초(醮)를 치고 만다. "여기는 궁벽한 곳이어서 이정(里正)[15]이 꺼릴 것 없이 횡포를 부립니다. 그래서 백성이 번잡한 조세와 과중한 부역으로 고생한 지 오래되었습니다."라고 한 것이다. 옛날이나 지금이나 권력이 백성들을 괴롭히는 것은 여전했던 것 같아서 안타깝기 그지없다. 그러나 그와는 별개로 탁영은 1489년 당시, 이곳 묵계동에서 이상향적인 마을의 모델을 직접 눈으로 확인했다는 점은 주목할만한 사실이었다. 탁영의 유람기에서 묵계동과 묵계사에 대한 기록은 다음과 같다.

탁영(濯纓) 김일손(金馹孫), 드디어 묵계동(默契洞)에 발을 내딛다!

이튿날 아침 승려가 짚신을 선물로 주었다. 동구를 빠져나와 북쪽으로 가는데, 오른편은 산이고 왼편은 냇물이어서 길이 몹시 위태로웠다. 숲속을 10리쯤 가니 골짜기 입구가 약간 트였다. 그곳에는 기름진 들판이 있어 농사를 지으며 살 만하였다. 다시 10리를 가니, 사람들이 살고 있었는데 나무를 휘어 농기구를 만드는 것으로 업을 삼고, 쇠를 달구는 것으로 생계를 유지하고 있었다. 나는 말하기를 "꽃이 피면

15) 이정(里正)은 조선 시대 지방행정조직의 최말단 단위인 이(里)의 책임자를 말한다. 이정은 일제강점기가 되면서 오늘날의 이장(里長)으로 바뀌게 되었다.

봄인 줄을 알고, 잎이 지면 가을인 줄을 안다더니, 그런 삶이 여기에 있었구나"라고 하였다. 그러자 따라온 승려가 말하기를, "여기는 궁벽한 곳이어서 이정(里正)이 꺼릴 것 없이 횡포를 부립니다. 그래서 주민들이 번잡한 조세와 과중한 부역으로 고생한 지 오래되었습니다."라고 하였다.

(詰朝 寺僧以芒鞋爲贈 出洞而北 右山左水 途甚懸危 行樹林中十里許 洞口稍開豁 有膴原可以耕而食 又十里有居民 楺木爲業 鍛鐵爲生 予曰花開爲春 葉落爲秋 有是夫 從僧曰地僻而里正無忌憚 民苦於賦煩役重久矣).

5리를 가서 묵계사에 당도하였다. 이 절은 두류산에서 경관이 가장 빼어난 사찰로 이름이 나 있었다. 그러나 직접 와서 보니 소문처럼 절경은 아니었다. 다만 절간이 밝고 아름다우며 사이사이 금실을 넣어 특이한 비단으로 울긋불긋하게 만든 부처의 가사와 금대암의 승려들처럼 20여 명의 승려가 묵묵히 정진하는 모습이 볼만하였다. 잠시 쉬었다가 말과 마부를 돌려보내고 지팡이를 짚고 참대밭 속에서 헤매다 길을 잃었다. 〈후략〉

(出五里抵黙契寺 寺在頭流最名勝刹 而及寓目殊不?前聞 但寺宇明媚 以間金奇錦 靑紅雜製 以爲佛袈裟 居僧廿餘 黙然精進如金臺而已 少憩舍馬扶笻. 披苦竹林. 迷失道. <후략>).

탁영의 지리산 유람록은 《속동문선》 21권 록(錄)에서는 〈속두류록〉(아래 왼쪽)이라는 제목으로, 《탁영선생문집》 제5권 록(錄)에서는 〈두류기행록(頭流紀行錄)〉(아래 오른쪽)이라는 제목으로 실려있다.

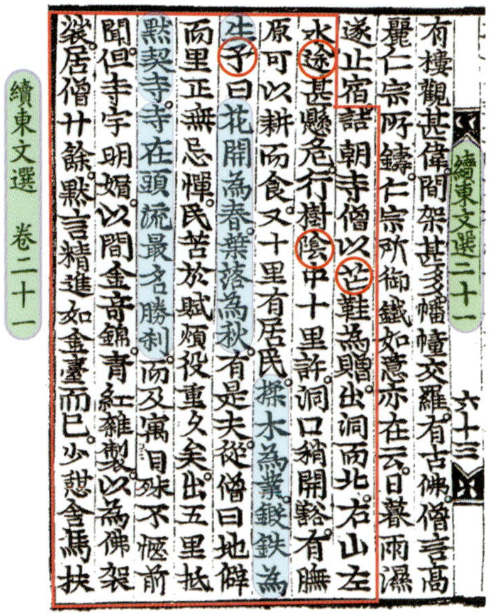

《속동문선》의 〈속두류록〉(한국고전종합DB)

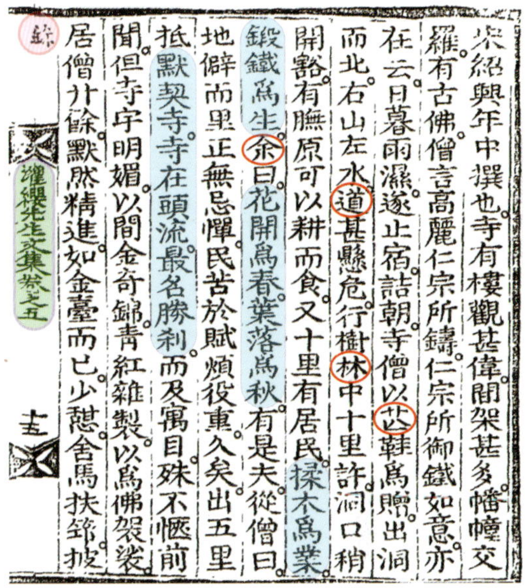

《탁영선생문집》의 〈두류기행록〉(한국고전종합DB)

양쪽 기록 중 途甚懸危→道甚懸危, 行樹陰中十里許→行樹林中十里許, 予曰花開爲春→余曰花開爲春 등과 같이 일부 글자가 다르나 의미에는 차이가 없다.

라. 수당 정종엽 : 청학이 우는 소리가 은은히 들리는 듯한 묵계 청학동

묵계 청학동을 이상향이요 피난처라고 생각하고 찾아온 인물들은 특히 구한말(舊韓末)에 병인양요(1866년), 신미양요(1871년) 등 열강의 침탈이 시작되고 나라가 풍전등화의 어수선한 시기에 대거 몰려든 것으로 보인다.

이 시기에 가까운 옥종에서 남원양씨에 이어 멀리 황해도 해주에서 면천박씨가 안전한 피난처 이상향을 찾아 묵계동으로 들어왔다. 뒤이어 일제강점기가 시작되자 1913년에는 거창군 가조면에서 진주강씨(강응위 선생 가족) 일가와 1915년에는 전북 진안군에서 탐진최씨(애국지사 습재 최제학), 1910년 무렵에는 문충공 포은 선생의 후손인 자학 정준영 선생이 위태리 갈티마을에서 지리산 학동으로 들어간다. 1919년에는 산청군 시천면 반천리에서 해주오씨 학산 오태환(필자의 선고)의 가족이 회동으로 들어와 정착하였고, 1920년 무렵에 경기도 시흥에서 유주은(경기도 시흥시 거주, 전 예비군 소대장, 전 학동 이장)씨의 조부께서 묵계 청학동을 안전한 피난처라고 믿고 들어왔다. 1922년에는 습재 최제학과 인연이 있는 경주이씨(이규진 선생)가 남원에서 묵계 청학동으로 이주해 왔다.

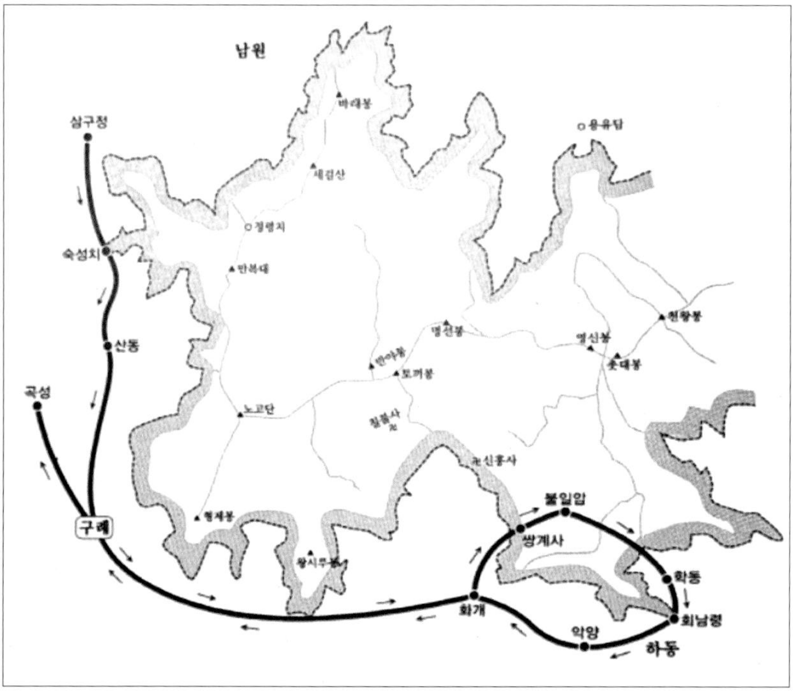

이런 흐름은 지리산 공비의 활동이 평정될 무렵인 1956년경부터 묵계 청학동의 진주암으로 '갱정유도인'들이 집단으로 이주해 와서 소위 도인촌 마을을 형성하게 되면서 절정에 달한다. 이렇게 보면 묵계 청학동의 형성에는 전북 출신이 많은 편이다. 이는 아마 애국지사 습재 최제학의 영향도 있었을 것으로 생각된다. 습재는 1909년 수당 정종엽과 함께 묵계 청학동을 우연히 찾았던 이력이 있었다. 그래서인지 1915년에는 가족들을 데리고 묵계 청학동으로 이주해 왔다. 당시 습재는 면암 최익현을 도와 의병 활동을 했지만 실패하고, 면암이 순국한 후에도 진안과 남원 일대에서 의병 활동을 계속하신 분이니 그의 영향력 또한 대단했을 것으로 보인다.

그런 점에서 수당 정종엽 선생이 쓴 〈유두류록(遊頭流錄)〉은 매우 중요한 역할을 한 것으로 보인다. 〈유두류록〉의 글머리에 수당(修堂)은 습재(習齋)와 함께 청학동을 찾아 나서게 된 이유를 서술한다. 옛 선인들이 쌍계사 뒤편의 불일암 근처를 무릉도원과 같은 청학동이라고 하여 실제로 현장을 방문해 보니, 산만 있고 사람이 살아갈 만한 농토가 보잘것없으니, "아무래도 여기는 사람이 살 수 있는 청학동이 아닌가 보다!"라고 의문을 가진 두 사람이 화개동과 묵계동 사이의 산을 넘어 묵계 청학동까지 오게 된다.

그러나 화개동의 쌍계사에서 불일암을 거쳐 묵계 청학동까지 찾아 나선 이들의 행로는 순탄치 않았다. 수당의 기록이 너무나 적나라하여 그 긴장감이 눈에 선하게 그려진다. 절벽을 지나며 "촌촌진(寸寸進, 한치한치 조금씩 나아가고), 보보게(步步憩, 걸음걸음 쉬어가며) 했다."하였고, "혹 섭의(或躡衣, 때로는 옷을 걷어 올리고) 과기상(跨其上, 그 위로 몸을 건너가)", "혹 탈관출기하(或脫冠出其下, 혹은 갓을 벗고 그 아래로 기어가며)"라는 표현에서 당시 불일암 가는 길이 만만치 않았음을 느낄 수 있었다.

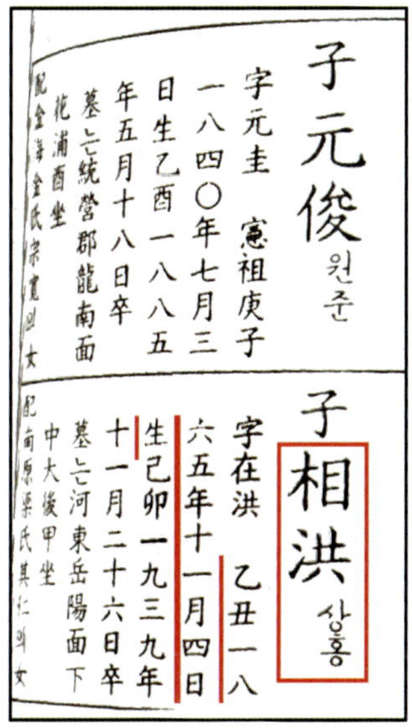
子元俊 원준
字元圭 憲祖庚子
一八四〇年七月三
日生乙酉一八八五
年五月十八日卒
墓는統營郡龍南面
花浦酉坐
配金海金氏宗寬의女
子相洪 상홍
字在洪 乙丑一八
六五年十一月四日
生己卯一九三九年
十一月二十六日卒
墓는河東岳陽面下
中大後甲坐
配南原梁氏其仁의女

'죽림촌 도씨(都氏) 노인'은 '도상홍'으로 추정된다 (자료제공: 도봉두)

자, 그럼 수당 정종엽의 〈유두류록(遊頭流錄)〉 중에서 '묵계동'과 관련된 내용만 간추려 보자. 먼저, 묵계동 내의 여러 마을 이름이 등장한다. 또, 수당 일행이 묵계 청학동에 머무는 3일 동안에 최소한 5명 이상의 현지인을 만난 기록이 나온다. 이 중에 많은 대화를 나누며 가장 중요한 역할을 한 인물은 역시 집주인 도씨 노인(都氏 老人)[16]이다. 그들은 이 집에서 2박을 하면서 묵계 청학동에 대한 많은 정보를 얻는다.

16) 수당 정종엽과 습재 최제학이 2박 3일을 머물렀던 묵계 청학동 죽림촌(竹林村)의 '도(都)씨'가 누구인지 확인했다. 먼저, 당시 성주도씨(星州都氏)들이 살았던 곳이 '시리봉골[甑峯]'이었으므로 수당이 말한 죽림촌은 시리봉골로 보인다. 다음으로 도씨 족보를 확인한 결과 성주도씨 28세(世) '상홍(相洪, 1865~1939은 자(字)가 재홍(在洪)인데 당시 55세였다. 따라서 수당과 습재가 묵계 청학동을 찾았을 당시 만난 도씨 노인은 55세의 '도상홍(都相洪)'으로 추정된다. 족보 자료를 제공해 준 삼거리 도봉두(都鳳斗, 묵계초 15회, 제16~17대 묵계초등학교 총동창회장)씨에 의하면, 성주도씨는 원래 통영시 용남면에 살았으나 도상홍이 비결을 보고 모친(김해김씨, 택호: 고성댁)을 모시고 피난처인 청학동을 찾아왔다고 한다. 도씨 일가는 이곳에 입거한 후, 시리봉골에 터를 잡고 살았는데 당시 100석을 넘긴 큰 부자였다고 한다. 성주도씨 족보에 의하면 '도상홍'의 선고인 '도원준(1840~1885)'의 묘는 통영시 용남면 화포리에 있고, 그의 부인 김해김씨의 묘는 묵계리 시리봉골에 있는 것으로 보아 도원준이 졸(卒)한 1885년 이후, 즉 이양선의 출몰로 불안감이 높아지던 구한말의 혼란기에 통영의 바닷가보다는 안전하다고 생각되는 청학동으로 입거한 것으로 보인다(족보 자료 제공: 도봉두).

그런데 수당 일행에게 이 도씨 노인을 만날 수 있도록 안내해준 사람은 '길에서 만난 어떤 사람'이었다. 그는 수당 일행이 묵계 청학동에서 처음 만난 인물인데, 수당 일행이 그에게 하룻밤 유숙할만한 집을 물으니, 추천해준 곳이 바로 **도씨(都氏) 노인** 댁이었다. 당시 이렇게 불쑥 찾아온 외지인 일행을 받아줄 수 있을 정도로 여유가 있는 집은 흔치 않았을 것이다. 따라서 당시 도씨 집안은 동네에서 소문난 넉넉한 집안이었던 것으로 짐작된다.

다음날은 눈보라가 날리는 속에서 안질(眼疾)로 습재가 움직일 수가 없어서 어쩔 수 없이 도씨댁에서 하루를 더 묵게 된다. 이에 수당은 낮에 동네에 대한 정보 수집차, 잠깐 외출한다. 이때 또 한 인물을 만나 이 마을에 대해서 자세히 탐문한다. 수당이 다시 도씨 집에 돌아오자 남루한 옷차림이었지만 말에 조리가 있고 상당한 식견이 있어서 수당이 '산중의 일민(逸民)'이라고 평가한 면천박씨 노인을 만난다.

다음날 길을 나선 수당과 습재는 도씨댁에서 출발하여 십 리도 채 안 되는 위치에 있는 삼가(三街, 오늘날 묵계 삼거리) 주막에 들린다. 이곳 마을 사람들로부터 물길을 따라 좀 내려가면 수구(水口)가 꽉 막히고 석문(石門)이 가로막은 묵계동의 동구에 관한 정보를 듣는다. 석문을 둘러보면 시일이 많이 지체될 것을 염려한 그들은 지름길을 물어 회남재를 넘어 악양을 거쳐 귀가한다. 특히 이들은 '회남령(回南嶺)'이 남명 선생과 관련이 있다는 기록을 남겼다. 이것은 필자가 회남령의 남명 설화를 확인한 가장 오래된 기록이다. 또, 수당이 삼거리를 '삼가(三街)'라고 기록한 점도 필자는 주목하고 있다. 삼가(三街)는 《진양지》에서 말한 '진주목 서면 오대리'의 속방 마을인데, 바로 이곳 묵계 삼거리였다.

이처럼 회남재에서 "남명 선생이 돌아가면서부터 회남재라는 이름이 붙었다"라고 하는 남명의 회남재 전설은 최근 묵계 청학동 사람들이 지어낸 이야기가 아니다. 적어도 구한말 이전에 이곳 묵계동에서는 널리 회자(膾炙)되고 있었다. 앞서 〈제1부〉에서도 다루었듯이 '남명의 회남재 설화'에서 오해가 있는 부분은 그 부분만 수정하면 될 일이다.

이 점에 대해서는 좀 더 연구해 볼 필요가 있겠지만, 그 본질인 '남명이 다녀간 이후 동네 사람들이 그를 존경하는 의미로 회남재라 불렀고, 회남마을까지 이름을 얻었다'라는 사실은 폄훼되지 않기를 바랄 뿐이다.

다음은 수당 정종엽의 사실적이고 재미있는 표현을 참고하여 청학동에 이르는 길이 얼마나 험난했는지를 실감 나게 표현해 보려고 약간 각색하여 좀 더 자세히 소개한다. 원문의 내용과 큰 틀에서 벗어나지 않는 범위에서 소개하려고 노력하였으나 혹시 원문과 너무 동떨어진 표현이 나온다면 그것은 필자의 역량 부족이니 널리 양해 바란다.

■ 난관을 넘고 넘어 '진짜 청학동' 가는 길

(원작: 정종엽, 각색: 오세현, 특별 출연: 습재 최제학)

(1) 〈서막〉 피세의 땅, 청학동을 찾아 나선 우국지사들

수당과 습재, 그들은 여행 출발부터 자못 심각하다. "천하의 명산이 한둘이 아니지만, 동해의 삼신산(三神山)이 가장 영묘(靈妙)한데 남도(南道)의 두류(頭流)가 그 하나이다. 명승(名勝)임을 귀가 따갑도록 들어왔으나 구경할 겨를이 없었다." 1909년(융희(隆熙) 3) 기유(己酉) 정월 아무 날에 최습재(崔習齋) 형과 용성(龍城)의 호동(壺洞: 회봉동(回鳳洞))에서 유숙하면서 세도(世道)가 점점 쇠퇴해짐을 탄식하고 시사(時事)가 크게 변하는 것을 민망하게 여겼는데, 걱정과 울분에 격동이 되어 숨어 살 곳을 찾기로 하였다.[17]

수당이 말하기를 "방장(方丈: 지리산의 별칭)은 비단 신선의 소굴일 뿐만이 아니고 그 속의 청학동(青鶴洞)은 깊숙하고도 넓어 예부터 피세(避世) 하는 곳으로 전해져 왔으니 시험 삼아 한 번 찾아서 묵은 숙원을 푸는 것이 어떻겠소?"라고 하니 습재도 동의하여 28일 정묘(丁卯)에 어깨를 나란히 하고 길을 나섰는데 짧은 지팡이와 짚신 몇 켤레로 행장이 쓸쓸하였다. 〈중략〉[18].

1월 30일. 욕식(蓐食)[19] 후 일찍 출발하여 화개동(花開洞)에 이르렀다. 〈중략〉. 간수(澗水)를 따라 동쪽으로 10리쯤 골짜기를 들어가니 도솔동천(兜率洞天)에 청정법계(淸淨法界)가 열렸는데 '쌍계석문(雙磎石門)' 네 글자는 최고운(崔孤雲)의 글씨였다. 자획(字劃)이 깡마르고 꼿꼿하여 고색(古色)이 감도는 것이 볼수록 신기하였다. 문을 들어서니 사찰의 푸른 금빛이 찬란하여 눈빛을 빼앗았다.[20]

(2) 〈제1막〉 여기는 우리가 찾는 천가 화죽의 무릉도원이 아니랑께!

쌍계사 청학루(青鶴樓)에 올라 휘파람을 불고, 멋진 솜씨로 시도 한 수 읊었다.[21] 습재 형, 이젠 슬슬

17) "天下名山不一 而東海三神山爲最靈 南省之頭流 卽其一也 飫聞名勝 未暇從遊 隆熙三載屠維作噩月正之日 與崔兄習齋 相與棲泊於龍城之壺洞 歎世道之寖降 憫時事之大變 憂憤所邀 欲筮遯跡之地."

18) "余謂 "方丈非徒神仙窟宅 其中青鶴洞幽邃恢敞 古傳避世之地 則試可尋眞 以償宿債如何?" 約與聯袂 廿八日丁卯發程 短笻草屝 行李蕭然 〈중략〉"

19) 욕식은 아침 일찍 떠나게 되어 잠자리 속에서 밥을 먹는 일(네이버 국어사전). 또 《한시어 사전》에서는 '새벽밥', '아침 일찍 잠자리 위에서 식사하는 일'을 말하는데, "새벽밥 먹고 동쪽 밭둑에 갔다가(蓐食向東阡), 저물게 쓸쓸한 마을에 돌아와 곡하네(暮返荒村哭)"라는 성간(成侃)의 원시(怨詩)가 있다.

20) "三十日 蓐食早發 抵花開洞 〈중략〉 沿澗而東入谷十許里 兜率洞天 闢淸淨法界 而'雙磎石門' 四大字 崔孤雲筆也 字畫瘦硬峻古 看看益奇 入門而行 招提金碧 輝映奪目 〈후략〉

21) 수당이 당시에 쌍계사 '청학루'에서 읊었다고 한 시를 찾기 위해 《수당유고》를 뒤졌으나 아쉽게도 찾지 못했다.

청학동을 찾아 올라가 봅시다. 이리하여 절 뒤로 해서 비탈을 따라 절벽을 붙잡고 올라간다. 그놈의 절벽이 얼마나 옹색한지 촌촌진(寸寸進)하고, 보보게(步步憩)라! "한 치 한 치 옆걸음"에 "걸음마다 쉬면서" 가파른 절벽을 겨우 지나니 아이고, 죽겠네! 갈수록 태산이라, 아름드리 노목(老木)이 길을 떠~억하고 가로질러 자빠져 누웠는데. 이것 참 난감하네~~~. 이를 어쩔거나!!

이때, 용감한 두 청년 거동 좀 보소! 을사늑약으로 국권을 빼앗기자 비분강개하여 면암 선생을 필두로 거병에 사생결단으로 앞장서서, 혈기 왕성하게 통문까지 돌리며 면암을 끝까지 옹위한 13 의사 중의 하나인 습재이니 이런 난관쯤이야 식은 죽 먹기라! 긴 두루마기 척, 착! 걷어 올리고, 아름드리 통나무도 날렵하게 훌쩍 뛰어넘고, 타고 넘고, 더러는 갓을 벗어 개구멍 기어들 듯 지리산으로 날아들며, 외나무다리 건너, 폭포를 굽어보고 불일암 옛터에 올라서며, 여보시오, 습재형, 이곳이 분명 그 유명한 전현(前賢)들이 노래한 청학동(靑鶴洞)이 틀림없소? 아, 이리 보니 향로봉(香爐峯)이요, 저리 보니 청학봉(靑鶴峯)이며, 1천 척 나는 폭포는 기묘한 승구(勝區)이니, 이곳이 청학동이 틀림없구나!

얼씨구, 절씨구! 한바탕 즐겁게 감상하다가, 아니 그런데 습재형, 이렇게 동서남북 꽁꽁 막힌 이 산중이 무슨 놈의 무릉도원이란 말이요? 이런 데서 농사나 짓고 살 수 있겠소? 이렇게 평지도 없는데, 어찌 무릉도원처럼 일천 가구(千家)의 사람이 살아갈 것이며, 꽃이 피고 대나무 무성한 그림 같은 화죽(花竹)은 또 어디에 있단 말이요? 아니, 이상하지 않소? 여기는 필시 우리가 갈구하는 구원의 피란처 청학동은 아닌가 보오! 아이구나, 미치겠네! 형~, 형! 습재 형, 여기는 우리가 찾는 청학동이 아니랑께? 이 좁은 곳에서 무릉도원이 있기는 글렀소! 요~쪽 산 뒤, 저~기 어딘가에 필시 청학동의 진경(眞境)이 있지 않겠소? 어찌하려오? 여기는 아닌가 보우? 이왕 여기까지 왔으니 차라리 다른 데라도 찾아보는 것이 더 낫겠소! 자, 얼른 나서 보시오! 얼~렁, 가봅시다![22]

(3) 〈제2막〉 수미한 산세, 어디선가 청학이 우는 소리가 들리는 듯하오!

이리하여 지혜롭고 용감한 청년 습재(당시 28세)와 수당(당시 25세)은 천가(千家)와 화죽(花竹)이 있는 피세의 땅, 이상향을 찾아 잽싸게 산길을 올라챈다. 가시덤불을 헤치고, 담쟁이덩굴을 부여잡고 위태롭게 타고 오르며, 몸을 굽혀 길을 뚫고 수십 리를 가니, 천우신조라! 가까스로 오솔길을 얻어 차츰차츰 십여 걸음을 가니, 아뿔싸 이번에는 깎아지른 절벽에 단단한 빙판(氷板)이 갑자기 앞길을 막는다. 이렇게 발붙일 곳이 없는데 다른 쪽으로 가려면 수목이 하늘에 닿아 몸을 운신할 수가 없다. 아무튼 하늘이 보이니 습재 형, 힘내소! 고갯마루에 올라선 듯하오. 또 얼음판에 미끄러져 어혈(瘀血) 지면 타향에서 큰일이오. 조심, 또 조심하시오. 엉금엉금 포복하듯 기어가다가 미끄러지고, 또 미끄러지고, 이렇게 반복하며 백척간두(百尺竿頭)에 올라선다.

계곡을 따라 6~7리를 내려가니 골짜기가 탁 트여 넓고 산세가 수미(秀美)하며 전야(田野)가 평탄하고 띄엄띄엄 인가(人家)도 있어 비록 청학이 배회함은 보지 못할지라도 끼룩끼룩하고 청학이 우는 소리가 은은한 가운데에서 들려오는 것 같았다.

22) "登靑鶴樓嘯咏 而罷自寺後 緣崖附壁 寸寸進步步憩纔過石逕之峻山層 則連抱老木當前倒臥 或躡衣跨其上 或脫冠出其下 渡棧橋俯瀑淵 至佛日菴故址 此乃前賢所謂 '靑鶴洞'也 南有香爐峯 西有靑鶴峯 千尺飛瀑 瀉其前 眞奇妙勝區'也 然地非平陸 恐不與桃源之千家散花竹幷擬 則安知後有眞境乎"

수당의 흥분된 목소리는 이어진다. “보세요, 습재형? 형이 보시기에 어떻소?”, “청학이 날고, 그 우는 소리가 들릴 것 같지 않소? 형~, 습재형, 여기가 혹시 청학동? 우리가 진정 청학동을 찾은 것이요?[23)]

(4) 〈제3막〉 산세가 학체이고 동명도 청암의 학동이니 ‘청학동’이라 하오!

날은 이미 저물어 땅거미가 질 무렵 길에서 행인 하나를 만나 숙소를 수소문했다. 그가 멀리 죽림촌(竹林村)을 가리켰다. 짤막한 등성이를 넘어 대문을 바라보고 가니 초가집 서너 채가 있는데 저녁연기가 한창 짙게 피어오르고 있다. 집 앞에 당도하여 보아하니 갓 쓴 노인이 마당을 거닐며 소요하고 있었다. 하룻밤 묵고 가기를 청하니 처음에는 달가워하지 않다가 나중에는 인도하여 방으로 들어갔다.

늙은이는 도씨(都氏)였다. 차례로 토지 · 인물 · 생업 · 풍속 등에 관해 물으니 답하기를 “이곳은 본명이 학동(鶴洞)이고 중년에 불지(佛地)라고 고쳐 불렀는데, 우리 광무년간(光武年間)에 측량할 적에 기사(技師)가 ‘이 동네는 산세가 모두 학체(鶴體)이다.’라고 하는 말을 듣고 나서 다시 학동이라고 이름하였는데, 사람들이 청암면(靑巖面) 학동이라 해서 ‘청학동(靑鶴洞)’이라 부르고 있습니다.” “주민은 각자 먼 데서 와서 모인지 여러 해가 되었고, 생업은 오곡(五穀)이 다 있으며 쑥, 상수리 등도 넉넉하니 족히 흉년의 먹거리가 됩니다. 다만 문물(文物)이 개발되지 않고 교양에 법도가 없어 어쩌면 이적(夷狄)을 피하려다가 이적이 되게 생겼습니다.”라고 하였다. 이날 밤에는 눈이 내렸다.[24)]

---

23) “無寗便加另尋 披荊棘攀薜蘿 濶步陟危俯身 經險如是數十里 僅得微路 漸臻十許武 急崖堅氷 猝迫前頭 着足無處 稍欲他由 則樹木參天 容身不得矣 或匍匐或蹉跌 雙不借作木葦百尺頭進竿 循溪而行六七里 洞天寬曠 山岳秀美 田野平平 人家間間 雖不見靑鶴之徊 庶幾聞戞然之聲 若出隱隱之間矣”

24) “日已薄暮 路逢一人 借問宿所 則遙指竹林村 越短麓 望門而去 茅茨三四 夕烟方濃 却看着冠老翁 逍遙庭際 請之一宿 則初似不肯 終乃導之入室 翁都氏也 次第問土地人物居業俗尙則曰 “此地本名鶴洞 中古改稱佛地 我光武量地時 技員 謂 ‘此洞山勢 莫非鶴體’ 仍名鶴洞 世人以靑巖面鶴洞 謂之‘靑鶴洞’ 居人則各自遠來 成聚有年 資生五穀皆備 而艾蒿橡實 猶足救荒充飢 但文物未闢 敎養無法 幾乎避夷狄 而爲夷狄”云 是夜雪下.“

(5) 〈제4막〉 산중의 일민(逸民)이 사는 묵계 청학동

2월 1일. 경오(庚午) 풍설(風雪)이 하늘에 가득하고, 또 습재가 안질(眼疾)을 앓아 그 집에서 하루를 더 묵었다. 정오(正午)에 혼자 동쪽 뫼 뿌리에 올랐는데, 여기서 사람을 만나 자세히 알아보니 단천(檀川, 밝단골) · 세동(細洞, 가는골) · 증봉(甑峯, 시리봉 골) · 죽전(竹田, 대밭 땀)[25] 등의 총명(總名)이 학동이고 여기에서 석문(石門)까지는 마을마다 골짜기마다 각기 별칭(別稱)이 있어서 일일이 다 말해줄 수 없다고 하였다. 조금 뒤에 다시 들어가니 자리에 한 노인이 있는데 얼굴은 마르고 의관(衣冠)은 남루(襤褸)하였으나 다만 담론(談論)과 견식에는 조리가 있었으니 이는 틀림없이 산중의 일민(逸民)일 것이다. 성은 박(朴)씨라 하는데 해주(海州)에서 왔고 율곡(栗谷)의 문인 박여룡(朴汝龍)의 후예라고 하였다. 함께 이야기하다가 한밤중이 되어서야 잤다.[26]

(6) 〈종막〉 남명 조선생의 유적지, 회남령을 넘어 별천지 악양으로

2월 2일. 박씨 노인과 작별하고 도씨 주인과 함께 동네 어귀를 나섰다. 8~9리를 내려가서 삼가(三街, 삼거리)의 주점에 들렀다. 이곳에서 만난 사람들 말이 "물을 따라 내려가면 석문(石門)이 깊이 잠겨 있고 수구(水口)가 막혔는데 며칠이 걸려야 다 구경할 수 있다"라고 하였다. "습재형, 요 아래 석문이 있다 하니, 우리 한번 내려가 봅시다? 그리고 수구도 막혔다, 하니 볼만할 것 같은데, 어떠하오?", "수당, 겨울 지리산 칼바람이 매서우니 눈이 좀 불편하네. 게다가 며칠이 걸릴지도 모른다고 하지 않는가? 여기서 그만 돌아가세."

수당과 습재는 여러 날 더 산중 객지에 머무르는 것이 걱정되어 지름길을 물어 회남재로 올랐다. 이 재는 원래 이름이 무엇인지는 몰라도, 이름난 선비[名儒] 남명(南冥) 선생이 돌아가고부터 그를 추모하여 이렇게 불렀다 한다. 회남재에서 악양(岳陽) 일원(一圓)을 굽어보니 산을 등지고 강을 끼고서 민가가 즐비하고 들판이 넓게 퍼져 완전히 별천지(別天地) 같았다. 둔촌(屯村)에 이르러 동정호(洞庭湖)와

---

25) 수당 정종엽의 〈유두류록〉에는 수당이 마을 사람을 만나 들은 동네 이름이 나오는데, 이를 본문 중에서나 혹은 각주(脚注)를 달아 소개하는 사례를 볼 수 있다. 그런데 이런 번역문이나 각주를 우리 현지인의 관점에서 보면 너무나 엉뚱하여 실소를 금치 못하는 사례가 종종 있다. 예를 들면 '죽전(竹田)'을 "현재 하동군 횡천면 전대리 죽전마을을 말한다(지리산 아흔아홉골의 《1909년 정종엽의 록》, 곽재용의 《지리산 청학동》)"라거나, '석문(石門)'을 "쌍계 석문(진안문화원, 《국역 수당유고》)"에다 갖다 붙이기도 하고, 혹은 "현 하동군 청암면 명호리 명사 마을에 있는 '돌문거리'를 말한다(지리산 아흔아홉골, 곽재용의 상게서)"라는 식이다. 원문 중에 "단천(檀川) · 세동(細洞) · 증봉(甑峯) · 죽전(竹田) 등의 총명(總名)이 학동이고 여기에서 석문(石門)까지는…"이라는 문장의 흐름으로 보면 학동마을 안의 '죽전'이요, 묵계동 안의 '석문'을 말함이지 수십 리 떨어진 다른 마을 이야기를 하는 것이 아님은 자명하다. 학동마을에 '대밭땀'이 있으니 이곳을 '죽전'이라 함이요, '석문' 또한 묵계동의 물 아랫마을인 장재터 입구에 있는 '내 · 외석문'을 지칭함은 이곳 묵계동 사람이라면 누구나 다 아는 사실이다.

26) "二月一日庚午風雪連天 且習齋忽苦眼疾 申留其家正午余獨登東崗 逢人細探 檀川細洞甑峯竹田 總名鶴洞 以下距石門 村村谷谷 各有別稱 不可歷歷盡道云 小焉還入 座有一老人 形容枯槀 衣冠襤褸 但談論見識 每多理到寔山間逸民也 姓其朴 自海州來 而栗谷門人朴公汝龍之后云 同話夜分而宿."

봉황성(鳳凰城)을 구경하였다. 악양루(岳陽樓)는 빈터만 있었다. 동정호 주변의 서당에서 잤다. 〈후략〉[27].

〈에필로그(Epilogue)〉

이리하여 남원의 두 청년 지사는 애석하게도 묵계 청학동 입구인 내 · 외 석문과 한록사의 유적인 백암과 가례암, 용유동의 절경을 보지도 못하고 회남재로 넘어갔다. 만일 그들이 삼가 마을 사람들의 조언대로 석문과 꽉 막힌 수구를 보기 위해 묵계천을 따라 내려갔더라면, 다시 묵계동으로 되돌아오지 않았을 가능성이 높다. 그들은 필시 또 다른 지름길인 청암면 중이리 논골 입구의 '배티재'를 넘어 악양으로 넘어갔을 가능성이 크기 때문이다. 만일 그랬다면 석문과 백바위 등에 관한 정보는 기록으로 남았을 가능성이 있었겠지만, 회남령의 남명 설화에 관한 정보는 빠졌을지도 모른다. 아, 이 또한 애석한 일이니, 그들의 선택은 하늘의 뜻인가?

27) "二日 別朴老 與都主翁出洞口 行八九里 乃三街酒店也 人言從流而下 則石門探鎖 水口緊遮 費數晷可玩了也 廬或曠日留 連問捷逕 陟回南嶺 此嶺本不知何名 而自曺南溟回去追稱云 俯瞰岳陽一幅 負山帶江 閭閻櫛比 田野開廣 頓覺別有天地矣 至屯村 賞洞庭湖鳳凰城 岳陽樓則毁 而但遺址而已 投湖上書塾假眠.(후략)"

02
조선 시대 각종 지리지 · 읍지 속의 묵계동과 묵계사

가. 《동국여지승람》에 그려진 묵계사[28)]

《동국여지승람(東國輿地勝覽)》은 1481년 조선 성종 때의 지리서이다. 성종 때인 1462년 명(明)의 《대명일통지(大明一統志)》가 수입되자 왕이 노사신 · 양성지 · 강희맹 등에게 그것을 참고하고, 세종 때의 《신찬팔도지리지》를 대본으로 새로운 지리서를 편찬케 하였다. 이에 1481년(성종 12)에 50권을 완성하였고, 1486년(성종 17)에 증산(增刪) · 수정하여 35권을 완성해 다시 간행하였다.

그 후 연산군 5년에 개수(改修)를 거쳐 1530년(중종 25)에 이행(李荇) 등의 증보판이 나오니 이것이 《신증동국여지승람(新增東國輿地勝覽)》이다.

조선조 전기에 중앙집권화가 강화되면서 조정은 각지의 정보를 제대로 파악할 필요가 있었다. 그래서 각지의 연혁 · 토지 · 호구 · 성씨 · 인물 · 물산 · 문화유적정보를 총람 할 수 있는 지리지 편찬 사업이 활발히 진행되었다. 세종대에 이르러 본격화한 지리지 편찬은 《세종실록 지리지》에서 그 일면을 엿볼 수 있는데, 세종조에 편찬된 지리지로서는 유일하게 《경상도지리지》만이 규장각에 소장되어 있고, 세조 때에 양성지(梁誠之, 1415~1482)가 주도한 《팔도지리지》 편찬이 성종 9년(1478년)에 완료되었으나 이것 또한 1469년에 편찬한 《경상도속찬지리지(慶尙道續撰地理志)》만이 규장각에 소장되어 전한다.

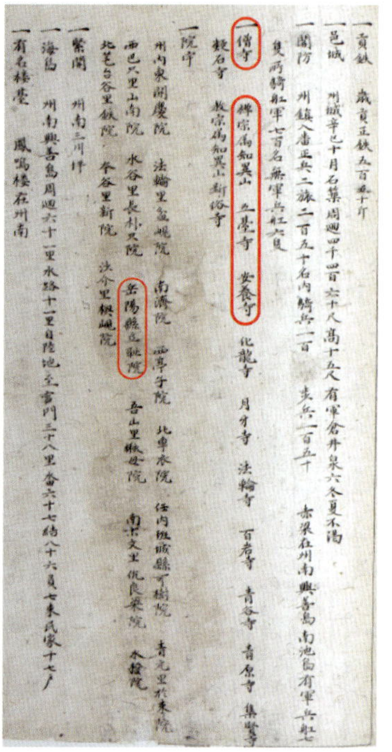

《경상도속찬지리지》〈진주도-승사〉 (조)에 오대사, 안양사만 있고, '묵계사'는 없다.

이 《경상도지리지》의 진주도 진주목 '불우(佛宇)' 조(條)에는 유일하게 '단속사(斷俗寺)'[29)]만 등재(登載)되어 있고, 《경상도속찬지리지》의 진주목 '승사(僧寺)'

28) 위키백과의 〈신증동국여지승람〉과 《한국고전종합DB》의 고전번역서-《신증동국여지승람》의 원문과 번역문, 그리고 디지털 장서각-《신증동국여지승람》 등을 인용하여 작성했다.

29) 《경상도지리지(慶尙道地理志)》 p.175

조에는 11개[30] 절의 이름이 나열되어 있는데, 이 중에서 '선종속지리산(禪宗屬知異山[31]) 오대사(五臺寺), 안양사(安養寺)'는 등재되어 있지만, 묵계사(默契寺)는 등재되지 않았다는 사실을 알게 되었다.

이것은 아주 중요한 발견이다. 왜냐하면 나중에 발간된 책에 새로 등재하는 절 등의 위치를 소개할 때는 기존에 등재되어 익히 알려진 어떤 목표물을 기준으로 새로운 정보를 기술하는 것이 기본이라고 생각한다. 따라서,《경상도속찬지리지》이후에 등재된 자료에서 묵계사의 위치를 기존의 독자들에게 소개 · 인식시키려면, 당연히 기존에 등재되어 있던 오대사나 안양사가 그 설명 · 서술의 기준이 되는 것은 지극히 당연하다고 생각한다. 그래서인지 그 이후에 등장하는《동국여지승람》등 대부분의《지리지》에서 묵계사를 소개할 때, "안양사 앞 냇물을 따라…(自安養寺前川…)"라고 설명할 수밖에 없었을 것으로 이해하였다.

묵계사는 안양사와 같은 청암계곡에 연해 있지만 오대사는 산 너머 주산 아래에 있었으니, 오대사 보다는 안양사가 묵계사의 위치 정보를 소개하기가 더 편리했을 것으로 생각된다. 이렇게 수수께끼 하나를 풀어주는 역사적인 연결고리 하나를 발견한 것은 매우 의미가 깊다고 생각한다.

《동국여지승람》은《팔도지리지》를 토대로 서거정의《동문선》에 수록된 시문을 합한 형태로 편찬됐다. 처음에는 훈구 세력들이 중심이 되었다가 후에 김종직 · 최부를 위시해 사림 세력도 편찬에 합류한 점에서《동국여지승람》은 훈구파와 사림파가 협력해 간행한 지리지라는데 의의가 있다. 중종이 즉위하고서 이《동국여지승람》의 내용을 보완하고 수정하라고 명령하자, 이행, 윤은보, 홍언필이 중심이 되어 중종 25년(1530년)에 '새로 증보 했다'라는 뜻의 '신증(新增)'을 붙여《신증동국여지승람》을 완성하게 되었다. 전 55권 25책으로 각 도의 지리를 수록하였는데 첫머리에 이행이 쓴 진전문(進箋文)과 서거정 등의 서문, 김종직 등의 발문과 더불어 구본(舊本)《동국여지승람》의 서문을 실었다.

이어 팔도총도(八道總圖)라는 제목을 붙인 조선 전도와 함께 전국을 경도 · 한성부(현재의 서울) · 개성부(현재의 개성시, 개풍군) · 경기도 · 충청도 · 경상도 · 전라도 · 황해도 · 강원도 · 함경도 · 평안도로 나누고 각 부와 도에 속한 329개 지역의 연혁과 관원 · 군명 ·

30)《경상도속찬지리지(慶尙道續撰地理志)》p.107, '진주도(晉州道)' 조에 소개된 11개 절은 "**선종속지리산(禪宗屬知異山) 오대사(五臺寺), 안양사(安養寺)**, 화룡사(化龍寺), 월아사(月牙寺), 법륜사(法輪寺), 백암사(白岩寺), 청곡사(靑谷寺), 청원사(靑原寺), 집현사(集賢寺), 응석사(凝石寺), 교종속지리산(敎宗屬知異山) 단속사(斷俗寺)"였다. 이상은 규장각한국학연구원 원문검색 서비스 인용.

31)《경상도속찬지리지(慶尙道續撰地理志)》에서는 오늘날 우리가 사용하는 지리산(智異山)의 '지(智)'를 '지(知)'로 표기하였다. 이상은 규장각한국학연구원 원문검색 서비스를 인용, 작성.

성씨 · 풍속 · 형승 · 산천 · 토산 · 성곽 · 관방 · 봉수 · 누정 · 학교 · 역원 · 불우(佛宇) · 묘사(廟社) · 능침(陵寢) · 고적 · 명환 · 인물의 사적(事蹟)과 시인(詩人)의 제영(題詠) 등을 실었다. 각 도 첫머리에는 도별로 지도를 넣었는데 대량으로 보급하려고 목판으로 인쇄했다. 지도는 모두 동서의 폭이 넓고 남북의 길이가 짧은 것이 특징인데, 북부 지역이 남부지역보다 매우 작게 그려져 있어 변경 인식이 남부지역 인식보다 낮았다는 사정을 보여준다.

《세종실록》 지리지와 같은 기왕의 지리지와 크게 다른 점은 토지, 호구, 군사의 항목이 없는 대신 인물이나 제영(題詠)의 비중을 늘렸다는 것인데 이것은 성리학 이념이 조선 사회에 점차 유포되면서 이에 충실했던 충신 · 효자 · 열녀의 행적을 전파하고 관리나 학자들이 쓴 시문을 알려 문화국으로서의 면모를 강조하려는 속셈이라고 혹자는 해석하기도 한다. 특히 《신증동국여지승람》 편찬에 학문과 문화를 중시하는 사람들이 개입하면서 이 점은 더 강조되었다. 제1~2권 경도(京都), 제3권 한성부, 제4~5권 개성부, 제6~13권 경기도, 제14~20권 충청도, 제21~32권 경상도, 제33~40권 전라도, 제41~43권 황해도, 제44~47권 강원도, 제48~50권 함경도, 제51~55권 평안도 순으로 배치되어 있다.

이 책의 30권 경상도(慶尙道) 진주목(晉州牧) 편을 보면 묵계동에 관한 기록은 없고, '불우(佛宇)' 조(條)에 묵계사(默契寺)만 기록되어 있다. 이 책에는 진주목 내의 절 19개를 소개하고 있는데, 그 원고 분량으로 본다면 오대사(五臺寺)에 대한 기록이 가장 많고, 쌍계사(雙溪寺), 단속사(斷俗寺), 불일암(佛日庵), 용암사(龍巖寺)에 이어 묵계사(默契寺)의 기록도 풍부한 편이다. 기록된 순서는 고운(孤雲) 최치원(崔致遠) 선생이 쓴 광제암문(廣濟嵒門)과 정당매(政堂梅)로 유명한 단속사(斷俗寺)를 필두로, 불일폭포 근처의 불일암(佛日庵), 천왕봉 아래에 있는 천불암(千佛庵)과 청암면 평촌리 뒷산에 있는 안양사(安養寺)에 이어 다섯 번째로 묵계사(默契寺)를 소개하고 있다. 다만 화엄사(華嚴寺)는 이름만 있고 내용은 없다. 아래에 첨부한 원문을 참고하기 바란다.

안양사는 현재 청암면사무소 뒷산을 넘어가야 한다. 도로명은 안양로인데 평촌에서 약 3km 거리에 안양사가 있고, 여기서 약 3km를 가면 돌고지재 정상이다. 이 길은 청암에서 산청군 시천면, 하동군 옥종면, 진주시 수곡면 등지로 이어지는 중요한 교통로이다. 참고로 '안양'은 옛날에는 청암면에 속한 마을이나 지금은 횡천면 전대리 전대마을에 속하는 취락(聚落)으로 '위 안양'과 '아래 안양'이 있다. 돌고지 고개에서 청암면 평촌으로 통하는 11번 하동 군도(총연장 5.3km)가 '위 안양'을 통과함으로써 청암면과 원활한 소통이 이루어지고 있다. 안양마을 북쪽에 우뚝 솟은 산봉우리를 촛대봉(이곳 정상에 정씨들

선산이 있다)이라고 하는데, 이 산 아래에 안양사라는 절이 있었다는 기록이 있고 현재는 절터에 주춧돌만 남아있다.[32)]

《신증동국여지승람(新增東國輿地勝覽)》 속의 묵계사(默契寺)

묵계사 : 안양사 앞 냇물을 따라서 북쪽으로 가면 계곡 사이가 매우 험하고 좁은데, 40여 리를 지나 물의 근원까지 이르면 지역이 조금 트이고 토지도 또한 비옥하며 평평하다. 절이 지리산에서 경치가 가장 뛰어난 곳에 있다

묵 계 사 자 안 양 전 천 수 수 서 북 행 계 곡 지 간 심 험 애 사 십 여 리 궁 수 원 유 지 초 개 광
默契寺 自安養前川 隨水西北行 溪谷之間 甚險阨 四十餘里 窮水源 有地稍開曠
토 우 비 연 사 재 지 리 최 명 승 경
土又肥衍 寺在智異 最名勝境

《동국여지승람》이 1481년 처음 나오고, 뒤이어 1530년에 내용을 추가하여 《신증(新增)》이라고 했으니 묵계사에 관한 내용은 1481년 《동국여지승람》 출판 당시부터 있었던 내용이라고 생각된다. 여기에 소개된 '묵계사'항을 보면, 크게 4가지 내용으로 요약할 수 있다. 그 내용을 보면 다음과 같다.

첫째, 묵계사를 소개하는 기점을 '안양사 앞 냇물[自安養前川(자안양전천)]'로 잡고 있다는 점이 특징이다. 그래서인지 향후 출판되는 여러 지리서 등에서 묵계사를 소개할 때는 주로 안양사가 등장한다. 앞서 소개했듯이 안양사는 청암면 평촌리 농협 옆 도로를 따라 올라가 뒷산을 넘어가 촛대봉 아래에 있었다. 청암면사무소에서 이 산을 넘어 돌고지재 정상까지 현재 도로 거리로 5.3km에 불과하다. 이 루트는 옛날 청암에서 말티재를 넘어 안양과 돌고지재를 거쳐 옥종이나 진주로 걸어가는 지름길과 유사하다. 참고로 청암면 평촌리에서 횡천을 우회하여 돌고지재까지 도로 주행 거리는 15.3km에 달한다.

둘째, 묵계사의 위치를 '(안양사 앞 냇물에서) 험한 계곡 사이로 40여 리를 올라가면 있다'라고 했다. 오늘날 카카오톡 지도상에서 '청암면사무소에서 묵계사까지 도로 주행 거리가 17.6km'이다. 100여 년 전, 선인들이 다니던 길은 고개를 넘고, 개울을 건너면서 최단 거리를 이용했을 것으로 짐작된다. 당시와 비교해 보면 1972년에 비로소 버스가 삼거리까지 운행을 시작했고, 1984년이 되어서야 비로소 청학동까지 버스 운행이 시작되었다. 특히, 1983년에 묵계리에 묵계호와 1993년에는 중이리 · 상이리 · 평촌리

32) 안양, 하동문화원, 《하동군 지명지》, '횡천면 전대리편', p. 288~289, 1999년.

일대에 하동호가 생기면서 도로가 그 호수 주변을 따라 많이 우회하게 되면서 실제로 거리는 약 2km 정도 더 멀어졌다. 이렇게 500년 전과는 이동 거리가 다소 변동이 있었다는 사실을 고려한다면, '40여 리'라고 한 표현이 비교적 정확했다고 생각한다.

셋째, 묵계사가 있는 곳을 묵계동이라는 표현은 하지 않았지만, '지역이 조금 트이고(有地稍開曠), 토지도 또한 비옥하며 평평하다(土又肥衍)'라고 했는데, 높은터 마을에서 큰 드무실의 입구로 돌아 올라가면 좌·우 양쪽 계곡이 넓어지면서 묵계천 주변에는 논밭이 전개된다. 이곳은 현재 묵계댐으로 모두 수몰되고 말았다. 또 멀리 삼신봉까지 하늘이 시원하게 열려 있으니 '땅이 트이고 넓으며, 토질이 비옥하다'라고 한 표현 또한 수긍이 간다.

넷째, '묵계사는 지리산에 있고(寺在智異) 가장 경치가 뛰어난 곳(最名勝境)'이라고 했다. 지금도 옛 묵계사 터(해발 750m)에 자리 잡은 묵계사에 올라가 보면 그 앞에 펼쳐진 전망이 너무나 좋다. 지리산 영신봉서 남쪽으로 치고 내려온 남부능선이 삼신봉에서 절정을 이루고, 동쪽으로는 낙남정맥이 외삼신봉과 투구봉을 거쳐 묵계사를 감싸 안으면서 완만하고 부드럽게 내려앉아 묵계재를 이루고, 뒤이어 고운동과 오봉산을 거쳐 힘차게 흘러내린다. 또 삼신봉에서 서쪽으로는 남부능선 못지않은 삼신지맥이 내삼신봉, 송정봉, 가는봉(관음봉), 시리봉을 거치면서 힘차게 흘러가다가 회남재에서 잠시 쉬어간다. 이어서 칠성봉, 구재봉, 분지봉 등으로 이어지며 수려하게 흘러가는 스카이라인(skyline)이 가히 최명승 경이라 할만하다. 이 그림같은 스카이라인을 볼 수 있는 곳이 바로 묵계사이다.

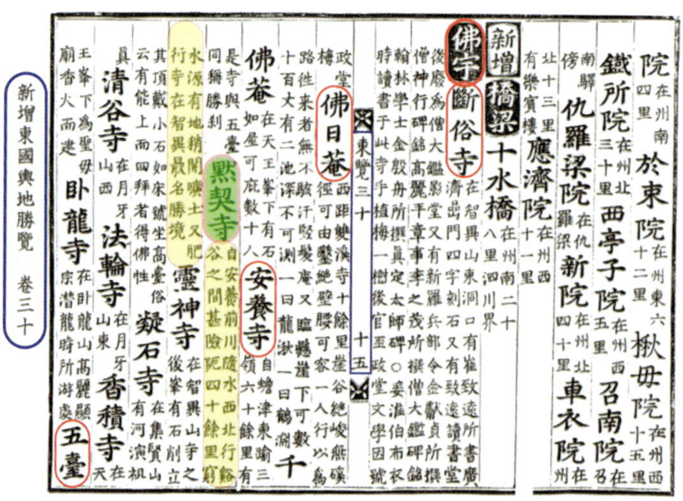
院(在州南四里) 於東院(在州東六十二里) 楸母院(在州西十五里)
鐵所院(在州北三十里) 西亭子院(在州西五里) 召南院(在召
南驛傍) 仇羅梁院(在仇羅梁) 新院(在州北四十里) 東衣院(在州
北十三里有樂賓樓) 應濟院(在州西十一里)
新增 橋梁 十水橋(在州南二十八里泗川界)
佛宇 斷俗寺(在智異山東洞口有崔致遠所書廣濟嵒門四字刻石又有致遠讀書堂
後廢爲僧大鑑影堂又有新羅兵部令金獻貞所撰僧神行碑銘高麗平章事李之茂所撰僧大鑑碑銘
翰林學士金般舟所撰眞定太師碑○姜淮伯布衣時讀書于此寺手植梅一樹後官至政堂文學因號
政堂梅) 東覽三十 十五
佛日菴(西距雙溪寺十餘里崖谷絶峻縣磴徑可由鐢絶壁腰可容一人行以爲
路徃來者無不駭汗竪髮庵下可數十百丈有二池深不可測一曰龍湫一曰鶴淵) 千
佛菴(在天王峯下有石如屋可庇數十人) 安養寺(自蟾津東踰三嶺六十餘里有
是寺與五臺同稱勝刹) 默契寺(自安養前川隨水西北行谷之間甚險阨四十餘里窮
水源有地稍開曠土又肥行寺在智異最名勝境) 靈神寺(在智異山之後峯有石削立
其頂戴小石如床號坐高臺俗云有能上而四拜者得佛性) 凝石寺(在集賢山有河演祖
眞) 清谷寺(在月牙山西) 法輪寺(在月牙山東) 香積寺(在天
王峯下爲聖母廟香火而建) 臥龍寺(在臥龍山高麗顯宗潜龍時所遊處) 五臺
新增東國輿地勝覽 卷三十

《신증동국여지승람(新增東國輿地勝覽)》의 묵계사(默契寺) 부분

나. 《진양지》속의 묵계사와 묵계동[33)]

지리지는 수록된 공간 범위에 따라 전국지인 여지(輿誌)와 지방지인 읍지(邑誌)로 나눌 수 있다. 또 지리지를 편찬한 주체에 따라 국가기관에서 만든 관찬(官撰) 지리지와 개인이 편찬한 사찬(私撰) 지리지로 나누어진다. 전국 단위의 지리지로는 《동국여지승람》이 대표적이다. 조선 중기 이후 활발하게 편찬된 읍지는 전국 지리지인 《동국여지승람》의 체제와 내용을 대체로 따르고 있으나, 전국적인 지리지가 다룰 수 없었던 지역적 내용을 더 상세하게 기록하고, 또 지역적 관심 사항을 반영하고 있다.

《진양지(晉陽誌)》는 부사(浮査) 성여신(成汝信) 선생 등 진주의 지식인들이 만든 사찬(私撰) 진주목(晉州牧)의 읍지(邑誌)이다. 부사는 조선 후기 16세기 중반 진주에서 태어나 생애 대부분을 진주를 근거로 하여 활동한 선비이다. 남명(南冥) 조식(曺植)의 문인이면서 한강(寒岡) 정구(鄭球)는 물론 경상도 전역의 학자들로부터 학문을 다양하게 배웠다. 과거를 통해 중앙 조정에 관료로 진출하지 않은 채 일생을 진주를 중심으로 학문과 후학 양성에 전념하였다.

《진양지》는 4편으로 구성되어 있다. 1622년(광해군 14)부터 부사(浮査) 성여신(成汝信)이 주도하여 10년 후인 1632년(인조 10)에 완성하였다. 편찬에는 창주(滄洲) 하증(河憕), 능허(凌虛) 박민(朴敏), 봉강(鳳岡) 조겸(趙璟), 매죽(梅竹) 정승훈(鄭承勳), 단지(丹池) 하협(河悏)이 함께 참여하였다. 《진양지》는 진주지역 사람에 의하여 편찬되었기 때문에 각 면(面)·리(里)의 구역과 주민의 거주·신분·풍속·물산 등의 사실을 상세히 기록하고 있다는 점이 특징이다. 그러나 오랫동안 간행되지 못한 채 편자의 문집에 포함되어 있다가 1730년(영조 6)에 비로소 다소 증보된 필사본으로 반포되었다. 《진양지》가 편찬된 지 거의 300년이 지난 1924년에 진주의 사마소(司馬所: 지방자체 협의기구)인 연계재(蓮桂齋)의 논의에 따라 비로소 목판본으로 간행되었다. 그 후 주로 인물 편을 보완하여 《진양속지(晉陽續誌)》와 《진주통지(晉州通誌)》 등의 증보판이 발간되었다.

그럼 《진양지》 속의 묵계사와 묵계동에 관한 기록은 어떨까? 이곳 묵계는 과거 수백 년 동안 진주목(晉州牧) 소속이었다. 그것은 지리산이 진주부에 속해 있었기 때문이라고 생각된다. 진주사람이 편찬한 책인 만큼 뭔가 새로운 기록이 있지 않을까 기대를 하고 《진양지》의 원본을 찾아보았으나 아쉬움이 크다. 왜냐하면 묵계사에 대한 기록이 《동국여지승람》과 똑같았기 때문이었다. 그런데 《진양지》에서 뜻밖에도

33) 디지털 장서각 《진양지(晉陽誌)》 및 《국역 진양지(晉陽誌)》, 《디지털 진주문화대전》 등에서 인용 작성

'묵계동(默契洞)'이라는 단어가 등장했다는 점은 주목할만했다. 자 그럼, 《진양지》 속의 묵계사와 묵계동에 대한 기록을 살펴보자. 먼저 묵계사에 관한 기록이다.

(1) 《진양지》 속의 묵계사(默契寺)

묵계사(默契寺)는 안양사 앞 냇물을 따라서 서북쪽으로 가면 계곡 사이가 매우 험하고 좁은데, 40여 리를 지나 물의 근원까지 이르면 지역이 조금 트이고 토지도 또한 비옥하며 평평하다. 절은 지리산에서 가장 경치가 뛰어난 곳에 있다.

묵계사 자안양전천 수수서북행 계곡지간 심험애 사십여리 궁수원 유지초개광
(默契寺 : 自安養前川 隨水西北行 溪谷之間 甚險阨 四十餘里 窮水源 有地稍開曠
토우비연 사재지리 최명승경
土又肥衍 寺在智異 最名勝境).

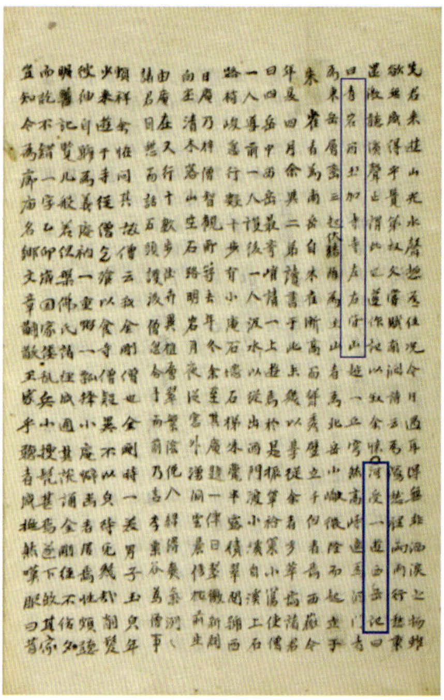

《진양지》〈불우〉, 청암사에 하수일의 〈유서악기〉가 있다(규장각 한국학연구원 (청구기호:想白古915.15-J564y) 인용)

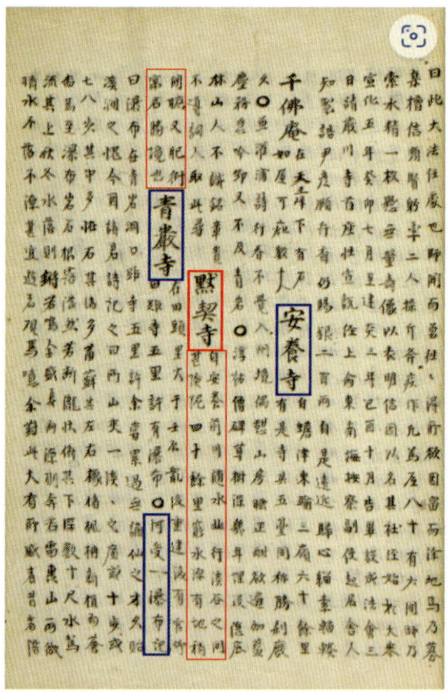

《진양지》〈불우〉 조, 묵계사와 청암사. 청암사에 하수일의 〈유폭포기〉가 있다(규장각 한국학연구원에서 인용)

이상에서 살펴보듯이 《진양지(晉陽誌)》에서 소개한 묵계사에 대한 기록은 앞서 소개한 《동국여지승람(東國輿地勝覽)》과 내용이 똑같다. 그리고 이 내용은 이미 소개한 이륙의 〈유지리산록(遊智異山錄)〉에서와 똑같이 '묵계사'를 찾는 기점을 '안양사'로 삼고 있으며, 여기서 '냇물을 따라 사십 여리, 좁고 험난한 길을 뚫고 올라가면 하늘이 열리면서 평평하고 넓은 비옥한 토지가 나타나는데 그곳에 있는 절, 묵계사는 지리산에서 가장 경치가 훌륭하다'라고 하고 있다.

(2) 《진양지》 속의 묵계동(默契洞)

《진양지》에서 묵계사에 관련된 기록을 찾아보던 필자는 '지리산(智異山)' 조(條)에서 고려 시대 은사 한유한(韓惟漢)과 관련된 글을 우연히 읽게 되었다. 한유한에 대해서는 2019년에 출판한 《청백사 시집(靑白社 詩集)》(김삼주 편역)을 편집하면서 익히 잘 알고 있었다.

이 청백사 시집의 제1집에 수록된 146수(首)의 한시 중, 17수에서 고려 시대 기인(奇人)이자 은사(隱士)로 알려진 '녹사(錄事) 한유한(韓惟漢)'을 다루었다. 이것으로 볼 때, 이 지역 선인들은 '이곳 부춘동이나 가례암, 백바위 등이 고려 시대 한유한의 유적이다.'라는 사실을 알거나 그렇게 믿고 있다는 점이다.

실제로 '청백사원(靑白社員)'들이 사용한 시어(詩語)를 보면, '녹사(錄事)'(10수)가 가장 많았고, '한공(韓公)'(4수), '한옹(韓翁)'(2수), '한조(韓曺)'(1수) 등 다양했다. 그래서일까, 백암동천(白巖洞天) 아래 가례암(家禮岩), 혹은 부춘동(富春洞)과 관련된 시구도 많았다. 그 시구의 일부를 소개하면 다음과 같다.

녹 사 증 경 차 곡 중 　　　　　　　　　　　　　　　　이 정 전 태 문
- 錄事曾經此谷中(녹사는 일찍이 이 골짝을 지나갔네) 〈梨亭 全泰文의 시〉,

둔 적 당 시 녹 사 래 　　　　　　　　　　　　　　　　학 주 정 기 상
- 遯跡當時錄事來(자취 감출 당시 한록사가 왔다네) 〈鶴洲 鄭琪相의 시〉,

녹 사 당 년 경 조 처 　　　　　　　　　　　　　　　　전 천 수
- 錄事當年耕釣處(녹사가 있을 때 밭 갈며 낚시하던 곳이요) 〈全千秀의 시〉,

녹 사 고 표 여 작 재 　　　　　　　　　　　　　　　　동 암 강 병 욱
- 錄事高標如昨在(녹사의 높은 지조 어제 일 같은데) 〈東巖 姜炳郁의 시〉,

모 앙 한 공 입 만 풍 　　　　　　　　　　　　　　　　존 곡 김 영 규
- 慕仰韓公立晩風(한공을 사모하는 마음 뒤늦게 세웠네) 〈存谷 金永奎의 시〉,

숙 세 신 종 록 사 풍 　　　　　　　　　　　　　　　　농 은 김 택 규
- 叔世身從錄事風(말세에는 녹사의 유풍을 닮고 싶네) 〈農隱 金澤圭의 시〉

한편, 한유한은 악양 섬진강 강변에 있는 섯바구의 '삽암(鈒巖)'과도 관련이 된 전설적인 인물이다. 특히, 조선 중기의 실천적 유학자인 남명(南冥) 조(曺) 선생이 쌍계사 일대의 청학동 일대를 유람하고 지은 〈유두류록(遊頭流錄)〉에 삽암과 한유한의 삶을 기록하면서 세상에 널리

알려지게 되었다. 이후 삽암은 조선 시대 청학동을 유람하는 선비들이 반드시 거쳐 가는 유람코스가 되었고, 한유한의 은자적 삶은 지식인의 경세적(經世的) 삶의 표상으로 자주 거론되었다.[34)]

이런 한유한의 이야기가 《진양지》에도 실려있었다. 《진양지》를 편찬한 성여신(成汝信)은 남명의 문인으로 당시 진주 최고의 선비이자 대학자로 평가받는 인물이다. 지리산이 진주목의 소속이었으니 지리산에 숨어든 한유한의 이야기가 《진양지》에 언급되는 것은 당연하다고 생각한다. 물론 이 이야기의 원전(原典)은 고려사(高麗史)이고, 《동국여지승람》과 이를 보완한 《신증동국여지승람(新增東國輿地勝覽)》 진주목(晉州牧) 산천조(山川條)에도 한유한의 이야기는 실려있다. 그런데 중요한 사실은 《고려사》나 《동국여지승람》 등에서는 "한유한이 깊은 골짜기로 거처를 옮겨서 평생 나오지 않았다"라고 소개하고 있지만 《진양지》에서는 "그 깊은 골짜기가 바로 묵계동(謂深谷乃默契洞也)이다"[35)]라고 특정하고 있다는 사실이 흥미롭다. 필자는 바로 이런 점이 각 지방에서 만든 읍지의 장점이라고 생각한다. 중앙정부에서 알지 못하는 세세한 정보들을 《진양지》와 같은 읍지에서는 자세히 제공해 줄 수 있기 때문이다. 이 이야기는 다음에 소개할 눌암(訥庵) 박지서(朴旨瑞)가 쓴 〈백암수석기(白巖水石記)〉에도 등장한다는 사실로 미루어 '고려 시대의 은사(隱士) 한유한이 숨어든 지리산의 깊고 깊은 골짜기가 묵계동이었다'라는 사실은 진주지역 지식인 사회에서는 상식이었던 것으로 생각된다. 《진양지》의 원문과 번역문은 다음과 같다.

《진양지(晉陽誌)》 속에 등장하는 묵계동(默契洞)

《고려사》에 의하면, 한유한이 누대로 서울에 살았으나 벼슬하기를 좋아하지 않았다. 최충헌(崔忠獻)이 정사를 멋대로 하고, 관직을 파는 것을 보고는 '장차 난리가 일어날 것이다' 하고, 처자를 데리고 지리산에 들어가서 맑은 수양과 굳은 절조로써 외인과 교제하지 않으니, 세상에서 그의 풍치를 높게 여겼다. 나라에서 서대비원 녹사(西大悲院錄事)를 제수하여 불렀으나, 끝내 나아가지 아니하고 깊은 골짜기로 거처를 옮겨서 종신토록 돌아오지 않았다. 이 깊은 골짜기를 칭하기를 묵계동(默契洞)이라고 한다.〈후략〉

34) '삽암(鍤巖)' 관련 자료는 한국학중앙연구원의 《향토문화전자대전》에서 인용, 작성했다.

35) 《진양지》와 관련된 원문 자료는 주로 한국학중앙연구원의 〈디지털 장서각〉에서 인용했다.

高麗史 惟漢 世居京都 不樂仕進 見崔忠獻擅政賣官曰 難將作矣 挈妻子 入智異山 清修苦節 不與外人交世 高其風致徵爲西大悲院錄事 終不就 移居深谷 終身不返所謂深谷乃默契洞也[36]<후략>

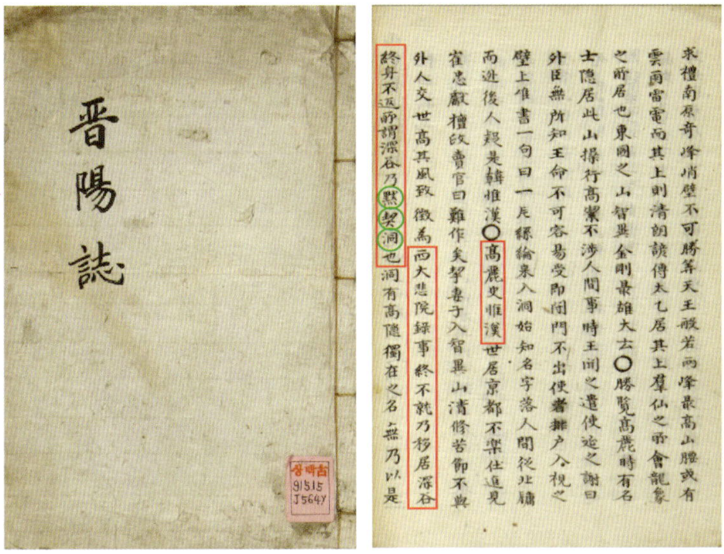

다. 《동국여지지》 속의 묵계동과 묵계사

묵계사(黙契寺)와 묵계동(黙契洞)에 관한 기록이 동시에 수록된 또 다른 자료[37]를 발견했다. 1656년에 실학자인 유형원(柳馨遠)이 편찬한 우리나라 최초의 사찬(私撰) 전국

36) 한유한이 지리산 깊은 곳에 숨은 곳을 '묵계동'이라고 명시한 사례는 진주사람으로서 17세기 중반의 대학자인 성여신이 쓴 《진양지(晉陽誌)》와 18세기에서 19세기 초를 살다간 눌암(訥庵) 박지서(朴旨瑞)의 《눌암문집(訥庵文集)》에 나오는 〈백암수석기(白巖水石記)〉에서 확인할 수 있다. 그러나 1760년의 《여지도서(輿地圖書)》의 산천-지리산조(條)에서는 한유한의 행방을 명시하지 않고, 다만 지리산 청암리에 있는 '부춘동(富春洞)'을 소개하면서 "여기에 가례암(家禮巖)이 있고 그 위에서 녹사 한유한이 《가례(家禮)》라는 책을 읽었다(有家禮巖 韓錄事惟漢嘗讀《家禮》於巖上)"는 기록을 볼 수 있다. 그러나 1853년의 《여도비지(輿圖備志)》, 1866년 김정호(金正浩)의 《대동지지(大東地志)》, 1894년 오횡묵(吳宖默)의 《여재촬요(輿載撮要)》 등에서는 한유한과 관련된 아무런 설명도 없이 다만 '부춘동(富春洞)'의 존재를 명시하고 있다. '묵계동'은 1656년의 《동국여지지(東國輿地志)》 이후에는 확인되지 않았다. 이것은 바깥세상에서는 묵계동과 부춘동을 동일지역으로 생각한 결과가 아닌가 생각한다.

37) 《동국여지지》(권4하-경상도-진주목)의 원문 자료와 원문 이미지는 한국고전종합db에서 인용, 작성.

지리지(全國 地理志)인《동국여지지(東國輿地志)》이다. 이 책은 16세기 후반부터 활발하게 만들어졌던 사찬읍지(私撰邑誌)의 성과를 종합한 책이다. 저자는 읍지가 지니는 지방적 한계를 극복하고 전국적인 범위로 확대해 국가적인 차원에서 지역과 사회 현상을 올바로 파악하기 위하여 전국적인 지리지인《동국여지지》를 편찬하였다.

이 책의 특징[38]은 첫째, 17세기 이래 실학파 지리학의 주요한 흐름이 된 강역·위치·지명 등 역사 지리적인 측면을 중시하였다. 또한 그 결과를 지리지에 결합하려고 하였다. 이처럼 우리 국토에 관한 관심의 증가는 우리나라 문화와 역사에 대한 자부심을 바탕으로 한 것이며, 자국(自國)·자기(自己)중심적인 공간인식을 반영하는 것이다. 이렇게 강역(疆域)을 중시한 결과 북부 지방과 만주 지역에 대한 적극적인 고찰이 이루어졌다. 둘째, 지역을 위주로 문제를 인식하고 지지를 편찬하여, 지역의 실상에 접근하는 지지를 편찬하려 하였다. 이러한 사실적인 국토 인식은 산천, 고적, 인물 관계 기록에서 특징적으로 드러난다. 셋째, 실증적이고 실용적인 지지 편찬 방식이 돋보이는데, 이 책은 지역의 사실을 정확하게 파악하고 체계화하려 하였다. 군현마다 저자가 상세하게 수정한 곳, 앞으로 보충해야 할 곳, 가보지 못한 곳 등을 나누어 표시한 것을 예로 들 수 있다.

이 책은 역사 지리적 측면을 중시하고, 국토를 실증적이고 사실적으로 인식하며, 실용적인 지리지를 편찬하여 사회개혁안의 자료로 삼고자 하였던 실학자 유형원의 사고가 담겨있으며, 신경준(申景濬)을 비롯하여 그 이후의 실학자들에게도 영향을 주었다. 반계(磻溪)는《동국여지지(東國輿地志)》에서 '묵계동'과 '묵계사'를 별도 항목으로 기록하고 있다. 먼저, 묵계동을 살펴보자.

《동국여지지(東國輿地志)》 속의 묵계동(默契洞)

묵계동: 지리산 동남동에 있다. 폐현이 된 악양에서 계곡을 따라 북쪽으로 들어간다. 깊은 계곡 사이에 험한 길을 따라 40여 리 정도 올라가서 물의 근원에까지 이르면 땅이 평평하고 넓으며, 토지도 또한 비옥하여 씨를 뿌려 곡식을 거둘 만하다. 근래에 민가 수십 가구가 입거 하였다. 묵계동 동쪽으로 10여 리를 가면 옛날에는 묵계사가 있었으나 지금은 폐사(廢寺)되었다.

묵계동 즉지리산동남동 자악양폐현수계북입 계곡지간
默契洞: 卽智異山東南東 自岳陽廢縣隨溪北入 谿谷之間
험애조절가사십여리궁수원 유지고평개광 토우비연가종곡 지리중최명승처
險阨阻絶可四十餘里窮水源 有地高平開曠 土又肥衍可種穀 智異中最名勝處

38)《동국여지지》-한국민족문화백과사전에서 인용, 작성.

近有民數十家入居之 洞東十餘里地 古有默契寺今廢
(근유민수십가입거지 동동십여리지 고유묵계사금폐)

아래 그림은 《동국여지지(東國輿地志)》 4권 '경상도-진주목-산천(慶尙道-晉州牧-山川)과 사찰(寺刹)' 조(條)의 원문 이미지다. 이 원문은 한국고전종합DB에서 인용하여 작성했다.

먼저, 묵계동에 대한 기록이 먼저 나온다. 앞서 소개된 《지리지》나 《진양지》에서 찾아볼 수 없었던 '묵계동'이 공식적으로 세상에 등장했다는 점에서 매우 의미가 있다고 생각한다. 따라서 지금까지 '묵계사'를 소개하면서 잠시 언급했던 묵계동에 관한 간접적인 정보보다는 충실한 편이라고 할 수 있다. 그 내용을 살펴보면 다음과 같다.

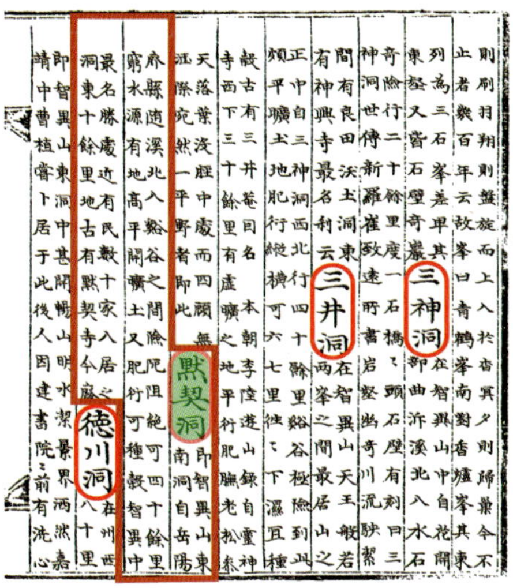

《동국여지지(東國輿地志)》의 묵계동(默契洞)

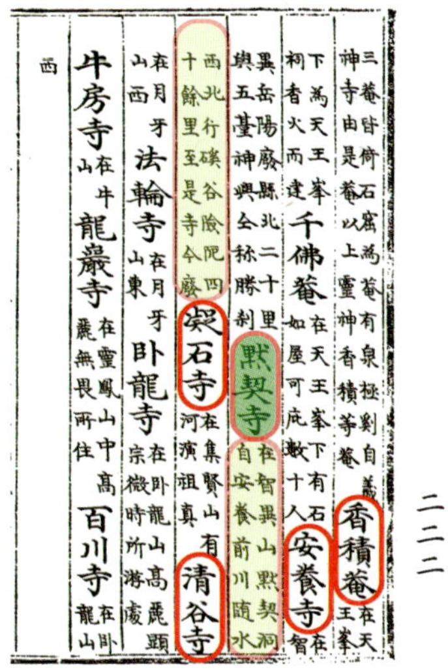

같은 책의 묵계사(默契寺)

첫째, "묵계동은 악양에서 계곡을 따라 북쪽으로 들어간다."라고 하였다. 이 말은 '회남재'라는 말을 명시적으로 밝히지는 않았지만 "악양에서 북쪽에 있는 회남재를 넘어서 묵계동으로 들어간다"라는 사실을 말하고 있다고 생각된다. 사실 이것은 현지인이라면 누구나 다 알 수 있는 상식이다. 실제로 하동읍서 국도 19호선을 따라 화개 방면으로 올라가다가 악양 개치 근처의 다리 위나 악양중학교 입구의 다리 위에서 악양 계곡을 향해 북동쪽을 바라보면 바로 눈앞에 보이는 푹 꺼진 고개가 보인다. 다음 사진은 악양중학교 입구에서 악양 계곡과 같은 방향, 즉 북동쪽을 바라본 사진이다. 사진에서 멀리 보이는 스카이라인은 삼신봉에서부터 뻗어 내려온 삼신지맥이다.

사진 오른쪽에 움푹 꺼진 부분이 묵계와 악양 사이의 중요한 교통로인 회남재이다.

악양 '취간림(翠澗林)' 체육시설 옆에서 북동쪽을 향해 바라본 스카이라인-회남재, 시리봉, 거사봉이 보인다.

둘째로, "(묵계동은) 깊은 계곡 사이에 난 험한 길을 따라 40여 리 정도 올라가야 한다"라고 하였는데, 이것은 《동국여지지(東國輿地志)》 이후에 나온 청파(靑坡) 이륙(李陸)의 〈유지리산록(遊智異山錄)〉, 《신증동국여지승람(新增東國輿地勝覽)》이나 성여신의 《진양지(晉陽誌)》 등에서 언급한 내용과 같다.

셋째로, 또한 기존의 기록들과 같이 "(묵계동은) 땅이 평평하고 넓으며, 토지도 또한 비옥하다."라는 사실 외에 유형원은 "(묵계동은) 씨를 뿌려 곡식을 거둘 만하다."라든가, 더 나아가 "근래에 민가 수십 가구가 입거 하였다."라는 사실까지 자세하게 기록으로 남겼다.

이런 기록으로 보아 묵계동은 임진왜란 이후 더 많은 사람이 찾아들고 있었다는 사실을 알 수 있다. 실제로 임진왜란 이후 묵계사가 사라질 무렵 광주에 살던 광주노씨들이 원묵계 마을로 들어왔다고 하며, 또 비결을 보고 금환낙지를 찾아 나선 하동정씨들이 당시 학동이라는 마을 이름을 청학동일 것으로 믿고 전라도 고흥에서 입거했다는 사실이 하동정씨 재실인 덕원재(묵계리 회동의 서재마을)의 현판에 기록으로 남아있다.

넷째로, "(묵계동) 동쪽으로 10여 리를 가면 옛날에는 묵계사가 있었으나 지금은 폐사(廢寺)되었다"라는 기록은 매우 중요한 대목이다. 반계(磻溪)가 책을 쓴 때가 1656년이었음은 분명하니, 묵계사의 폐사는 대략 370년 전으로 거슬러 올라간다.

그런데 필자가 어릴 때부터 익히 들어왔던 "묵계사의 폐사는 광주노씨들과 관련이 있다."라는 마을의 비사(祕史)와 약간의 시차가 있다. 나중에 '유학으로 일생을 즐긴 광주노씨 운당(雲堂) 노용제(盧庸濟)' 편에서 광주노씨들의 묵계동 입거에 대해서 자세히 다루고 있는데, 그들은 1740년대, 즉 약 280년 전에 묵계동으로 입거한 셈이니, 약 2~3세대의 차이가 나는 부분에 관한 규명은 앞으로 연구할 과제로 남겨둔다.

자, 그럼 《동국여지지(東國輿地志)》에서 '묵계사'는 어떻게 기록되어 있을까? 앞서 '진주목-산천' 조(條)에서 묵계사가 폐사되었다는 사실을 밝혔듯이 여기서도 그 사실을 밝히고 있으나, 반계(磻溪)는 묵계사가 '지리산 묵계동에 있었다.'라는 사실을 분명히 하고 있다. 그 외에 묵계사의 위치에 대해서는 앞선 여러 지리지나 《진양지》에서와 같이 '안양사 앞 개울'을 기점으로 하고 있고, 그 내용도 유사하다.

《동국여지지(東國輿地志)》 속의 묵계사

묵계사. 지리산 묵계동(默契洞)에 있다. 안양사 앞 냇물을 따라서 서북쪽으로 가면 계곡 사이가 매우 험하고 좁은데, 40여 리쯤 가면 여기에 도착한다. 지금은 폐사(廢寺)되었다.

묵 계 사 재 지 리 산 묵 계 동 자 안 양 전 천 수 수 서 북 행 계 곡 험 애 사 십 여 리 지 시 사 금 폐
默契寺: 在智異山默契洞 自安養前川 隨水西北行 谿谷險阨 四十餘里至是寺 今廢

라. 《여지도서》 속의 묵계사

《여지도서》는 1757년~1765년에 각 읍에서 편찬한 읍지를 모아 성책한 전국 지방지이다. 이 책의 편찬 목적은 편성된 지 270여 년이 지난 《신증동국여지승람》의 개수(改修) · 속성(續成)에 있었다. 《여지도서》는 《동국여지승람》을 기초로 하면서 방리 · 제언 · 도로 · 전결(田結: 旱田 · 水田) · 부세(賦稅) · 군병(軍兵) 등의 항목이 첨가되어 사회 · 경제적인 내용이 강화되었다. 이러한 체제는 16세기 후반 이래 대두된 새로운 읍지 편찬의 경향을 정리하고 종합한 것으로 18세기 읍지의 종합적 성격을 대표하고 있다.

특히, 주목되는 것은 방리 · 도로 · 부세에 관한 모든 조항 및 각 읍지의 첫머리에 수록된 채색 지도이다. 일반적으로 읍지의 제일 첫머리에 기재하던 건치 연혁 조(條)보다도 방리 조를 앞에 위치시킴으로써 당시 읍지 편찬자들이 이를 중시하였음을 짐작하게

한다. 일반 읍지의 방리 조에는 면(또는 里)의 명칭과 위치를 기록하는 것이 보편적인데 《여지도서》에는 면·리 또는 읍별로 가호 수와 남녀 인구수를 상세하게 기재한 점이 특징이다.

〈여지도(輿地圖)〉와 〈서(書)〉의 결합이라는 의미로 《여지도서(輿地圖書)》라는 서명을 붙일 정도로 지도가 중시된 것이다. 각 읍지마다 거리와 방위 등이 정확하게 기록된 대축척지도가 첨부되어 지도와 읍지가 밀접하게 결부되어 있다. 읍지의 내용을 지도로 도식화함에 따라 읍지의 내용에 정확성이 증가하고, 지도의 이용으로 당시 사람들의 공간적 인식에 변화를 초래하게 되었을 것으로 보인다. 이 밖에도 《여지도서》는 공식적인 기록이라는 점에 의의가 있다. 전국에 걸쳐 동일한 시기에 작성된 읍지들로 이루어져 있으므로 18세기 중엽의 지방 사회를 전국적으로 이해하는 데 중요한 자료[39]가 된다.

이 《여지도서》의 경상도(慶尙道) 진주목(晉州牧) 조에 묵계동은 등장하지 않고 묵계사만 등장한다 그 내용은 《동국여지승람》이나 《진양지》와 같으나 끝에 "금폐(今廢)", 즉 "지금은 폐사(廢寺)되었다."라고 명시했다. 이는 앞서 소개한 내용과 같아서 그 판본은 생략한다.

《여지도서(輿地圖書)》 속의 묵계사(默契寺)

묵계사(默契寺). 안양사 앞 냇물을 따라서 서북쪽으로 가면 계곡 사이가 매우 험하고 좁은데, 40여 리를 지나 물의 근원까지 이르면 지역이 조금 트이고 토지도 또한 비옥하며 평평하다. 절이 지리산에서 경치가 가장 훌륭한 곳에 있다. 지금은 폐사되었다.

묵계사 자안양전천 수수서북행 계곡지간심험애 사십여리 궁수원 유지초개광
默契寺: 自安養前川 隨水西北行 溪谷之間甚險阨 四十餘里 窮水源 有地稍開曠
토우비연 사재지리 최명승경 금폐
土又肥衍 寺在智異 最名勝境 今廢.

39) 이상은 한국민족문화대백과사전의 《여지도서(輿地圖書)》에서 인용했다.

마. 눌암 박지서의 〈백암수석기〉와 묵계동

'영남진주교궁이건사적비' 진주향교 입구에 있다. 1812년(崇禎紀元後 三壬申)에 세워진 이 비의 비문을 눌암(訥庵) 박지서(朴旨瑞)가 지었다.

진주향교 전경. 맨 위쪽 대성전, 그 아래 풍화루 뒤쪽의 왼쪽 건물이 사교당, 오른쪽이 명륜당이며 눌암이 찬(撰)한 비석은 홍살문 안쪽의 계단 입구, 오른편에 있다.

천년의 역사를 간직한 진주향교(晉州鄕校) 입구에 비와 바람에 마모되어 글자 판독이 어려운 비석이 한 기(基) 서 있다. 세월의 흔적을 그대로 보여주는 오래된 비석 옆에 진주지역 유림들이 새로운 비석을 세워 그 뜻을 알기 쉽게 했지만, 왠지 눈길은 오래된 비석에 머문다. 오래된 비석은 바로 〈영남진주교궁이건사적비(嶺南晉州校宮移建事蹟碑)〉이다. 1812년(순조 12)에 세운 것으로 진주 선비 눌암(訥庵) 박지서(朴旨瑞)가 비문을 지었다. 비석 말미에 '숭정기원후(崇禎紀元後) 삼임신정월(三壬申正月)[40] 순성(蓴城) 박천건(朴天健)

40) 숭정(崇禎)은 명나라 마지막 황제 의종(毅宗)의 연호다. 1628년부터 1644년까지 황제의 직위에 있었는데, 청나라가 들어선 뒤에 공식문서에는 청의 연호를 사용하였지만, 족보를 비롯한 사적인 기록에는 청나라의 연호를 사용하지 않고 명나라의 연호를 사용하다 보니 '숭정기원후(崇禎紀元後)'라는 표기를 사용했다. 그런데 숭정기원후 삼임신(崇禎紀元後 三壬申)은 1752년이라는 설이 있으나 눌암이 1754년에 태어났으니 이는 현실과 차이가 크다. 그 이유는 무엇일까? 그것은 ⓐ숭정기원후(崇禎紀元後)의 시작점을 숭정 1년인 1628년으로 보는 견해와 ⓑ숭정 사후인 1644년부터라는 견해의 차이 때문이 아닌가 생각한다. 즉 1628년을 표기할 때 '숭정 무진(崇禎 戊辰)'이라 표기하느냐, '숭정기원후 무진(崇禎紀元後 戊辰)'이라 표기하느냐 하는 문제이다. 그런데, 1628년은 숭정 연간이기 때문에 이 해를 '숭정기원후 무진(崇禎紀元後 戊辰)'이라 하지 않을 것이므로 '숭정기원후 무진(崇禎紀元後 戊辰)'은 1628년이 아니라 1688년이라고 해야 타당하다고 생각한다. 특히, 진주향교 이건에 큰 역할을 한 진주 목사 홍대연(洪大淵)은 경오년(순조 10년, 1810)에 부임해 와서 계유년(순조 13년, 1813)에 이임한 기록이 있다. 따라서 이 비를 세운 시기는 항간의 주장대로 1752년이 아니라 1812년이 분명하다. 이로써 당시 눌암도 위의 ⓑ와 같은 견해, 즉 '숭정기원후(崇禎紀元後)의 시작점을 숭정 사후인 1644년부터'라고 인식했던 것으로 보인다.

찬(撰)'이라 표기되어 있는데 박천건은 박지서(朴旨瑞, 1754~1821)의 초명(初名)이다.[41] 세월의 풍화를 견디지 못해 훼손이 심각해지자 1993년 6월 그 앞에 다시 세웠다.

진주향교는 언제 지었는지 정확한 연대는 알 수 없으나 진주목 관아에서 동쪽으로 3리 지점인 옥봉동 북쪽 산등성이에 있었다. 1656년 향교의 지세가 너무 험하여 봉곡(鳳谷) 사교당(四教堂) 옆으로 옮겼다가 다시 35년 후인 1691년 원래 있었던 옥봉동 옛터의 조금 아래로 옮겨 지었다. 이건하고 보니 형세가 봉곡에 비하여 누추하고 좁아 공자의 위패를 영구히 모시기에는 마땅하지 않았다. 그래서 진주의 선비들은 근심하여 다시 옛터로 옮기고자 계획을 세웠다. 이 계획을 실행하지 못하고 세월만 보내다가 1811년(순조11년) 11월 마침내 진주목사 홍대연(洪大淵)[42]과 경상감사 김회연(金會淵, 1750~1817)의 도움으로 조정에 허가를 받아 이건(移建)을 시작하여 이듬해인 1812년 정월에 대성전 6칸을 준공하여 이건을 완료하였다. 이때 이건 공사를 주도한 인물이 바로 눌암 박지서이다.[43] 현재 진주향교 명륜당 등에 눌암이 지은 〈대성전이건상량문(大成殿移建上樑文)〉, 〈풍화루중수상량문(風化樓重修上樑文)〉, 〈영남진주교궁이건사적비문(嶺南晉州校宮移建事蹟碑文)〉 등이 있다.[44]

눌암 선생이 지은 진주향교 〈대성전이건상량문〉 현판
(진주향교 명륜당에 걸려있다)

16세기 진주를 중심으로 하는 강우지역에는 남명 조식 선생의 학문 요체인 경의(敬義)를 바탕으로 하는 남명학맥이 화려하게 꽃을 피우고 있었다. 남명의 학문 정신이라고 할 수 있는 경의 사상은 국운이 위태로웠던 임진왜란 등을 당해 나라를 구한 의병 정신의 뿌리가 되었을 뿐만 아니라 지역 풍속교화의 중심점이 되었다. 하지만 인조반정이 일어나자 광해군 정권의 정신적 지주 역할을 했던 남명의 문인 내암(來庵) 정인홍(鄭仁弘, 1535~1623)이 적신(賊臣)으로 처형되는 정치적 비운을 맞게 됨으로써 남명 학맥은 쇠퇴의 길을 걷게 되었다. 이어 무신정변을 거치면서 경상우도의 학풍과 선비들은 역사의

41) 강동욱, 《강우유맥 계승에 평생을 바친 눌암 박지서(訥庵 朴旨瑞)》, 남명학교양총서 28, 경인문화사, 2016

42) 홍대연(洪大淵): 경오년(순조 10년, 1810)에 와서 계유년(순조 13년, 1813)에 갔다. 향교의 대성전(大聖殿)을 이건했다(이상은 한국학중앙연구원-향토문화전자대전에 소개된 《진양속지》(제1권)) 〈임관/목사〉 조에서 인용).

43) 강동욱, 위의 책, p.7~9.

44) 진주향교(晉州鄕校), 《진주향교지(晉州鄕校誌)》, 2016(《진주향교지(晉州鄕校誌)》는 성석기(成碩基) 성균관 유도회 진주지부 사무국장이 제공해 주었다. 성 국장님께 감사드린다).

뒤안길로 사라져 남명학은 빛을 보지 못하였다. 그러다가 18세기 말 진주를 중심으로 한 강우 지역의 학풍을 부흥시키는 데 주도적인 역할을 한 선비가 바로 눌암 박지서이다.[45]

그의 문집인 《눌암선생문집(訥菴先生文集)》은 그의 아들 박사순(朴士淳, 1789~1856)이 가장(家狀)을 지어 유적을 정리하면서 유문을 수집하고 편집하여 8책으로 정고(定稿)하였으나 여력이 없어 간행하지 못하고 가장(家藏)하였다. 그 후 증손 박기형(朴夔衡, 1834~ 1913), 박일형(朴一衡, 1849~1916) 등이 가장(家藏) 원고(稿本)를 제현(諸賢)에게 질정하여 다시 교수(校讎)[46] 산정(刪定)하고[47], 사장(事狀)은 최동익(崔東翼)이 술(述)하고, 묘갈명(墓碣銘)은 이승희(李承熙)가 찬(撰) 하였으며, 발문(跋文)은 박일형(朴一衡), 후서(後序)는 박주형(朴周衡)이 맡는 등으로 증보하여 4책으로 재편한 후, 면우(俛宇) 곽종석(郭鍾錫)에게 서문을 받아 1908년에 목활자로 인쇄하였다.

제4권의 기(記) 중에 〈백암수석기(白巖水石記)〉는 은사(隱士)가 찾아든 지리산을 사랑하여 백암(白巖)의 승경에 버금가는 청암리(靑巖里) 가례동(家禮洞)에 집을 지어 산수를 벗하고자 하였으나 이루지 못한 아쉬움을 기록한 글이다. 이 중에 은사가 숨어든 지리산의 깊은 골짜기를 '묵계동(默溪洞)'이라고 했다. 부사(浮査) 성여신(成汝信)은 《진양지(晉陽誌)》에서 한유한이 숨어든 지리산의 깊은 골짜기를 '묵계동(默契洞)'이라고 했지만, 눌암은 '묵계동의 '계' 자를 오늘날과 같이 '시내 계(溪)'를 쓰고 있다는 점이 주목된다.

특히 이글을 보면 눌암이 백암을 얼마나 사랑했는지 잘 알 수 있다. "백암의 물은 묵계동에서 발원하여 골을 뚫고 어지러이 40여 리를 흘러 백암 앞에 이르러서는 굽이굽이 맑게 흘러 합하여 대천이 되니 얕은 것은 계(溪)가 되고 깊은 곳은 못(淵)이 되어 그 바로 아래에 폭포가 되고 분주히 달아나 여울이 되니 각각 그 형세로 인하여 천 백의 형상이 나타난다."라고 읊었다. 이어서 "양쪽 언덕이 모두 흰 돌이어서 흡사 첫눈이 와서 깔린 것 같고, 서 있거나 누워있는 것, 혹은 높고, 혹은 낮고, 혹은 가파르고, 혹은 기울어져 있고, 혹은 휘어져 있고, 윤이 나게 깎인 것, 혹 모서리가 날카롭게 쪼개진 것, 뱀이 울퉁불퉁 바위에 앉아 있는 것 같고, 바위가 우뚝 솟아 가히 놀란 듯한 것, 가지런하지 않고 기괴하여 형상이 없는지라, 조각한 것도 같고, 그림으로 그린 것도 같아 나는 여산(廬山)의

45) 강동욱의 위 책, p.13.

46) 교수(校讎)는 두 종류 이상의 이본(異本)을 대조하여 틀린 데를 고침(네이버 국어사전).

47) 산정하다(刪定하다)는 쓸데없는 글자나 구절을 깎고 다듬어서 글을 잘 정리하다. 종이가 없던 옛날에 대나무 쪽 따위에 글씨를 써서 책을 만들었던 데에서 유래한다(네이버 국어사전).

호계(虎溪)[48]와 서호(西湖)의 영은(靈隱)[49]은 알지 못하나 또한 이 같지 않았을까?"라면서 백암에 있는 기암괴석의 형상 하나하나에 대해 깊은 애정을 담아 섬세하게 묘사하고 있다는 점이 놀랍다. 눌암이 세상을 뜬 지 200여 년이 지났으니 백암의 모습도 그동안 많은 변화가 있었을 것으로 짐작되지만, 2023년 6월 27일, 백암동천 현장에서 청백사 회원들이 〈백암동천 유래 표지석〉을 설치할 당시에도 묵계동에서 발원한 맑은 물은 여전히 백암동천을 힘차게 흘러, 장관을 이루었다. 눌암이 사랑한 백암을 노래한 〈백암수석기〉의 원문과 번역문을 소개한다.

〈백암수석기(白巖水石記)〉[50]

여지승람의 두류산 기록에 이르기를 고려 때에 명사가 이 산에 숨어 살았는데 지조가 높고 행실이 깨끗했다. 임금이 사람을 보내 맞아 오려 하니 사양하기를 "외신(外臣)이 아는 것이 없어 왕명을 쉽게 받을 수 없습니다."라고 하고서는 문을 닫고 나오지 않았다. 사신이 문을 밀치고 들어가니 북쪽 창[바라지]으로 도망가서 간 곳을 알 수 없었다. 벽에 "한 조각 사륜(絲綸)[51]이 골에 들어오니, 이름이 인간 세상에 떨어진 줄 비로소 알았다"라는 구절이 적혀 있었다. 후세 사람들은 한유한(韓惟漢)이었을 것이라고 의심한다.

승람기두류산이왈 고려시 유명사은거차산 조행고결 왕견사영지 사왈외신무소지
勝覽記頭流山而曰 高麗時 有名士隱居此山 操行高潔 王遣使迎之 謝曰外臣無所知
왕명불가용이수 즉폐문불출 사자배호이입 종북유이도 부지소지벽상유일구
王命不可容易受 卽閉門不出 使者排戶而入 從北牖而逃 不知所之壁上有一句
제왈일편사륜래입동 시지명자락인간 후인의시한유한운
題曰一片絲綸來入洞 始知名字落人間 後人疑是韓惟漢云.

48) '호계'는 중국 강서성 여산(江西省 廬山) 동림사(東林寺) 앞의 냇물이다. 혜원법사(慧遠法師)가 동림사에 있을 때 이 냇물을 건넌 일이 없었는데, 하루는 도연명(陶淵明)과 도사 육수정(道士 陸修靜)을 전송하며 도(道)를 설명하다가 자기도 모르는 사이에 호계를 건너자, 범이 우는 소리를 듣고는 안거금족(安居禁足)의 맹세를 깨뜨린걸 깨닫고 세 사람이 서로 돌아보며 크게 웃었다고 하는데 이를 '호계삼소(虎溪三笑)'라 한다(네이버 지식백과).

49) '영은' 중국 저장성[浙江省] 항저우[杭州]의 시후[西湖]에 위치한 지역이다. 중국에서 사묘(祠廟) 건축군의 풍경이 아름다운 지역 중 하나로 알려져 있다(네이버 지식백과에서 인용).

50) 〈백암수석기(白巖水石記)〉의 원문은 한국고전종합DB의 《눌암집(訥菴集)》, 번역은 고산 김삼주 선생이 했다.

51) 사륜(絲綸)은 조칙(詔勅)의 글인데, 널리 알리고 시행하도록 할 때 쓰는 문서인 조서(詔書)와 특정인에게 명령하는 칙서(勅書)를 일컫는 말이다.

한유한은 높은 선비라 대대로 서울[개경]에 살았으나 최충헌이 정사를 제멋대로 하며 벼슬을 파는 것을 보고 "장차 난이 일어날 것이다."라 탄식하고 처자를 이끌고 두류산에 들어가 버렸다. 나라에서 대비원 녹사로 제수하여 불렀으나 사양하고서 나아가지 아니하고 이내 깊은 골짜기로 옮겨가 살며 그 종적을 숨겼다. 그 깊은 골짜기가 곧 묵계동(默溪洞)이다. 이 동에는 고결한 선비가 홀로 숨은 이야기가 지금까지 전해지는데, 녹사가 묵계동에 살면서 백바위에서 놀았다. 이곳은 두류산 서쪽 기슭, 즉 진주 서쪽의 청암리에 있다.

유 한 고 도 사 야 세 거 경 도 견 최 충 헌 천 정 매 작 탄 왈 난 장 작 의
惟漢高蹈士也 世居京都 見崔忠獻擅政賣爵 嘆曰難將作矣
설 처 자 입 두 류 산 조 정 징 위 대 비 원 록 사 사 불 부 내 이 거 심 곡 이 몰 기 적
挈妻子入頭流山 朝廷徵爲大悲院錄事 辭不赴 乃移居深谷 以沒其迹
심 곡 즉 묵 계 동 이 동 유 고 은 독 재 지 명 지 금 전 지 록 사 거 묵 계 동 이 유 백 암 수 석
深谷卽默溪洞 而洞有高隱獨在之名 至今傳之 錄事居默溪洞而遊白巖水石
시 두 류 서 록 이 재 주 치 서 청 암 리
是頭流西麓而在州治西靑巖里

두류산을 일명 방장이라 하고 봉래, 영주와 함께 삼신산[52]이라 하니 그 경치가 좋음을 가히 알 수 있다. 그러나 푸른 산의 돌 빛이 능히 곱고 희지 아니하고 약간 맑으며 골짜기가 밝고 곱지 않아서 봉우리가 빼어나게 깨끗한 것이 적으며 골짜기는 산뜻하게 아름다운 것이 부족하기에 보는 이들은 이것을 꺼렸다. 그러나 백암동 만은 유독 물이 맑고 돌이 하얘서 사람의 마음을 열고 눈을 밝게 하니 마치 유리굴 수정궁에 들어간 것같이 기대하지 않았는데 상쾌해지고 비루한 마음이 저절로 사라진다. 빼어나고 깨끗한 절경은 산 전체 중에 으뜸이다. 백암의 물은 묵계동에서 발원하여 골짜기를 뚫고 몇 갈래로 나뉘어 거의 40여 리를 흘러 백암 앞에 이른다. 굽이굽이 맑게 흘러온 물줄기가 합하여 대천이 되니 얕은 것은 계(溪)가 되고 깊은 곳은 못(淵)이 되며, 그것이 곧바로 떨어지면 폭포가 되고 분주히 달아나면 급히 흐르는 여울이 되며, 그 형세로 인하여 천 백의 형상이 나타난다. 양쪽 언덕이 모두 희고 흰 돌인데 흡사 첫눈이 내려 남은 듯하고 와서 고운 융단이 깔린듯하다. 서 있는 것은 서 있고, 누운 것은 누웠다. 어떤 것은 높고, 어떤 것은 낮으며, 어떤 것은 뾰족하고 어떤 것은 기울었다. 어떤 것은 깎여서 곱고 윤이 나며, 어떤 것은 예리한 칼로 날카롭게 만들었다. 뱀이 반석 위에 앉은 듯한 것과 바위가 우뚝 솟아 놀랄만한 것이 이리저리 섞여 가지런하지 않았다. 기괴하여 형상이 없는 것도 있고, 조각한 듯, 그림으로 그린 듯한 것도 있었다. 나는 여산(廬山)의

52) 삼신산(三神山)은 중국 전설에 나오는 상상의 세 신산(神山)으로, 봉래산(蓬萊山)·방장산(方丈山)·영주산(瀛洲山)이다. 한국에서도 이를 본떠 금강산을 봉래산, 지리산을 방장산, 한라산을 영주산이라 하여 한국의 삼신산으로 일컬었다(네이버 지식백과에서 인용).

호계(虎溪)와 서호(西湖)의 영은(靈隱)은 알지 못하나 또한 일찍이 이 같지 않았을까?

두류일명왈방장 이여봉래영주병삭위삼신산 즉기절승가지야
頭流一名曰方丈 而與蓬來瀛洲並數爲三神山 則其絶勝可知也

연편산석색불능선백 봉만소수결 동학결명려 관자이시병지 독백암동수결석백
然遍山石色不能鮮白 峰巒少修潔 洞壑欠明麗 觀者以是病之 獨白巖洞水潔石白

사인심개목명 여입유리굴수정궁 이금기상활 비린자소 개기승치청절 갑어일산
使人心開目明 如入琉璃窟水晶宮 而禁期爽豁 鄙吝自消 盖其勝致淸絶 甲於一山

백암지수 자묵계동이발원 천협분류기사십리여 이지백암전 곡곡종정 합이위대천
白巖之水 自黙溪洞而發源 穿峽紛流幾四十里餘 而至白巖前 曲曲淙淨 合以爲大川

천자위계 심자위연 기직하이위폭포자 분방이위격단자 각인기세 천백기상
淺者爲溪 深者爲淵 其直下而爲瀑布者 奔放而爲激湍者 各因其勢 千百其狀

양안개애애백석이흡사초경잔설 평포세전 입자입와자와 혹고혹저 혹초혹사
兩岸皆皚皚白石而恰似初經殘雪 平鋪細氈 立者立臥者臥 或高或低 或峭或斜

혹진윤이삭성자 혹염릉이예귀자 사연반타이가좌자 암연돌올이가경자 참치불제
或縝潤而削成者 或廉稜而銳劌者 蛇然盤陀而可坐者 巖然突兀而可驚者 參差不齊

기괴막상 여조여각 여화여도 오미지여산지호계 서호령은 역상여차부호
奇怪莫狀 如雕如刻 如畵如圖 吾未知廬山之虎溪 西湖靈隱 亦嘗如此否乎

백암에서 몇 리 남짓을 아래로 내려가면 소위 가례암(家禮巖)이라는 곳이 있는데, 비록 백암같은 수준을 얻지는 못했으나 백암의 다음이 되기에는 충분하다. 나는 이곳에 움막을 지어 살기로 하고 남은 날을 푸른 산빛과 물소리 사이에서 보내려고 하였는데, 그때 연로하신 어머님이 집에 계셔서 감히 곁을 떠나지 못하고 있다가 봉양을 마치고 탈상까지 끝내고 나니 내 나이 이미 칠십을 바라보았다.

자암이하행수리여 유소위가례암자 수부득여백암등 이위백암지아즉족의
自巖而下行數里餘 有所謂家禮巖者 雖不得與白巖等 而爲白巖之亞則足矣

여결의결려서식 송여일어산광수성지간 이시이로자재당 불감리측이거
余決意結廬捿息 送餘日於山光水聲之間 而時以老慈在堂 不敢離側而去

급종양이상제 여이망칠
及終養而喪除 余已望七.

상중에 병을 얻어 장시간 누웠더니 치료하느라 산수를 생각할 겨를이 없었고, 죽을 날도 멀지 않게 되었다. 슬프다, 대저 사나이가 이 세상에 태어나서 이미 공명을 만들거나 사업을 결정하지 못하고 또한 능히 표연히 멀리 가서 여유롭게 수석 사이에서 놀면서 장(腸)과 위(胃)를 씻으며 마음과 눈을 즐겁게 하지도 못하고, 행동거지가 안정하지 못하여 요행으로 이득을 얻어 부질없이 하루살이 세계에 쓰르라미처럼 되면 정말로 우스울 것이니라. 쓸쓸한 움집에서 모든 생각이 재가 되었으나 오로지 옛날 노닐던 명산 수수(秀水)에 머무르며 조그마한 전원 가꾸고 뽕나무 아래에서 쉬면서, 매번 산에서 오는 자를 만나면 앉아서 백암 소식을 대나무 안부 묻듯이 하였다.[53] 그러나 앉아서 용고기를 말하는 것은 돼지고기 먹고 배부른 것만 같지 못하니 무슨

53) 창덕궁에 있는 한정당(閒靜堂) 기둥의 주련에 "평안죽매일보신(平安竹每日報信)–평안한 대나무는 매일 좋은 소식 알려오고"라는 글귀가 있는데, "평안죽"은 "대나무와 꽃을 사랑하며 사는 아취(雅趣)를 표현"하는 말로 알려져 있다. 이 말은 원래 당나라 단성식(段成式, 803?~863)의 《유양잡조(酉陽雜俎)》 속집(續集)에서 유래했다고 한다(이상은 《블로그 덕전(德田)의 문화 일기–궁궐 이야기》에서 인용).

이로움이 있겠는가?

草土餘疾 長時伴枕 刀圭餘念 不違於山水間 而距死不遠矣 嗟呼 夫夫生世 旣不能做功名判事業 又不能飄然遠逝 優遊於水石間而滌腸胃娛心目 潦倒乾沒 漫作蜉蝣世界蟪蛄存滅 良可笑也 蕭瑟窮廬 百念專灰 而惟有名山秀水舊日遊賞處 留作方寸上桑下之戀 每逢自山來者 輒問白巖消息 如童子寺竹平安 然坐談龍肉 不如食猪而飽 有何益哉

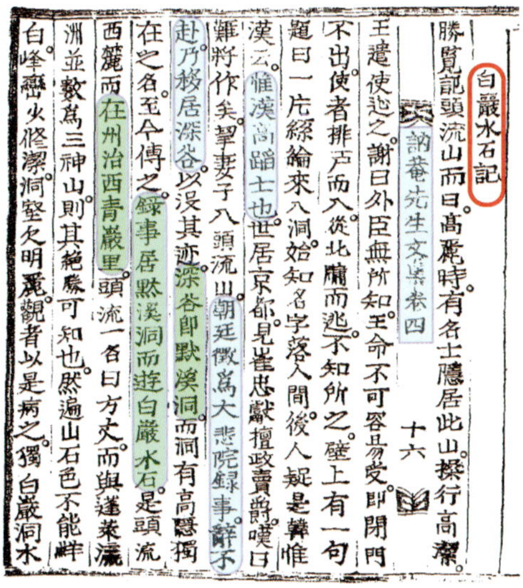
白巖水石記
勝覽龍頭流山而日高麗時有名士隱居此山操行高潔
王遣使迎之謝曰外臣無所知王命不可容易受即閉門
訥菴先生文集卷四 十六
不出使者排戶而入從北牖而逃不知所之壁上有一句
題曰一片綵綸來入洞始知名字落人間後人疑是韓惟
漢云惟漢高蹈士也世居京都見崔忠獻擅政賣爵嘆曰
難將作矣挈妻子入頭流山朝廷徵爲大悲院錄事辭不
赴乃移居深谷以沒其迹深谷即默溪洞而洞有高懸獨
在之名至今傳之錄事居默溪洞而遊白巖水石是頭流
西麓而在州治西青巖里頭流一名曰方丈而與蓬萊瀛
洲並數爲三神山則其絶勝可知也然遍山石色不能粹
白峰巒少脩潔洞壑欠明麗觀者以是病之獨白巖洞水
九五

〈백암수석기(白巖水石記)〉《눌암선생문집》 제4권 〈기(記)〉(한국고전종합DB에서 인용)

바. 《대동지지》 속의 묵계사

《대동지지(大東地志)》는 조선 후기의 지리학자 김정호(金正浩, 1804~1866)가 전국을 현지답사한 결과를 토대로 편찬한 전국지리지이다. 《대동지지(大東地志)》는 목판본의 《대동여지도(大東輿地圖)》 22첩을 간행한 1861년 이후부터 1866년경 사이에 김정호가 편찬한 32권 15책의 필사본으로 전국의 지리지이자 역사 지리서이다.

김정호는 국토정보를 효율적으로 이해하기 위해 지도와 지리지를 함께 이용해야 한다는 신념을 〈청구도 범례〉 등 여러 곳에서 피력하였다. 지도는 한눈에 이미지로 파악할 수 있는 장점을 갖고 있지만, 정보를 수록하는 데는 한계가 있고, 지리지는 많은 정보를 체계적으로 수록할 수 있지만 한눈에 이해할 수 없는 단점을 가지고 있기 때문이다. 김정호는 지도와 지리지를 함께 이용할 수 있도록 평생을 통해 노력하였다. 《대동지지》는 《동여도지》를 근간으로 삼고 《여도비지》를 참고로 보완하면서 탄생한 지지였다.

하지만 《대동지지》는 25권의 산수고와 26권의 변방고 및 평안도의 일부 고을이 수록되어 있지 않고, 평안도의 모든 고을에 적용된 항목과 서술 양식이 다른 도의 고을과 전혀 다르게 되어 있다. 결국 김정호는 《대동지지》를 미처 완성하지 못하고 사망한 것으로 보인다. 미완성의 《대동지지》를 통해 평생 지도 제작과 지리지 편찬에 매진하며 자신의 꿈을 이루기 위해 최선을 다했던 김정호의 지리학자로서의 학문적 포부를 엿볼 수 있다.

대동여지도를 만든 김정호의 생애 마지막 역작, 《대동지지(大東地志)》에서 묵계동 혹은 묵계사는 어떻게 묘사되고 있을까? 이 책에서도 묵계동에 대한 기록은 찾을 수 없었으나, 《대동지지》 9권의 경상도-진주-산수의 지리산 조(條)에 역시 묵계사(默契寺)가 포함되어 있었다. 그런데 그 내용은 15세기에 나온 《동국여지승람(東國輿地勝覽)》과 거의 같았다. 그뿐만 아니라 1656년에 편찬된 《동국여지지(東國輿地志)》와 1760년에 편찬된 《여지도서(輿地圖書)》에서도 묵계사는 이미 폐사(廢寺)되었다고 명시되어 있음에도 불구하고 여전히 그에 대한 언급이 없었다는 점 등은 아쉬운 대목이다.

《대동지지(大東地志)》 속의 묵계사(默契寺)

묵계사(默契寺). 안양사 앞 냇물을 따라서 서북쪽으로 가면 계곡 사이가 매우 험하고 진창인데, 40여 리를 지나 물의 근원까지 이르면 지역이 조금 트이고 토지도 또한 비옥하며 평평하다. 절은 지리산에서 가장 경치가 훌륭한 곳에 있다.

묵계사 자안양사전천 수수서북행 계곡지간 심험니녕 사십여리궁수원
默契寺: 自安養寺前川 隨水西北行 溪谷之間 甚險泥濘 四十餘里窮水源
유지초개광 토우비연 사재지리최명처
有地稍開曠 土又肥衍 寺在智異最名處.

大東地志 卷九

西初六十終七十

金萬 西北初六十終七十

沙月 西北初四十終五十

晉城 東初四十終六十

巳只 西北初四十終五十

吾山 西北初三十終四十

大坪 西北初三十終三十五

〇於牙部曲南十栗谷部曲西三十釜谷部曲北五鱗潭部曲在永善距州三十松慈部曲在永善月牙部曲東十五濱珍部曲在永善東十五里麗末巨濟濱珍浦人僑居于此至本朝還于巨濟晉城部曲東四十五今晉城面松谷鄉南三十今松谷面福山鄉在永善伐大所西四十水曲所西三十今水谷面大谷所東三十水大谷所南四十〇大也川部曲高麗恭愍王七年南海因倭失土僑寓處

〔山水〕

飛鳳山 北一里

天王峯當在河東

智異山 西一百餘里一云地理一云頭流一云方丈雄盤重疊跨全慶二道八邑之界延袤四百餘里峯之最高者東日天王西日般若相距百里而直線不過數十里又有香爐彌陀香積等峯迎業臺火年臺唱佛臺登龜岾永郎岾〇天王峯崖石峻險無磴徑可尋槐檜蔽天下有細竹森密或喬木橫千仞之崖或噴泉遠自雲端下注不測崖谷之間氷雪經夏不消六月始霜七月有雪月月

大東地志　晉州　二五

以上當在河東

氷合或山下雷雨而山上清明登臨南望巨洋東西北則望兩道三四百里巨岳雄巒皆入眼底若兒孫焉盡山下多柿栗山上皆杉松槐栝叅半枯花青白雜然相間望之如畫最上只有躑躅木長不滿尺凡佳蔬異果盛於他山近山數十邑皆食其利名庵勝刹不可殫記〇自天王峯東下有千佛庵有石如屋可庇數十人其下有法戒寺自千佛少北而上有小窟東臨大海西負天王號法住窟〇黙契寺自安養寺前川隨水西北行濱谷之間甚險泥濘四十餘里窮水源有地稍開曠土又肥衍寺在智異最勝處〇五臺寺自薩川南踰一嶺有五峯列立其狀如臺寺在其中千峯環衛百谷會同

斷俗山 新羅景德王二十二年大奈麻李純避世為僧王剙斷俗寺居之

安養山 有安養寺自寺西踰三嶺至蟠江六十餘里

三壯山 有三壯寺在薩川之北

青岩山 有青岩寺

桃源洞

富春洞

德山洞 以上并智異之東支

玉山 西五十里

牛山 西六十五里有茅方寺以上智異之南支

廣濟山 北三十里

蓮華山 南四十里

望晉山 南六里

靈鳳山 在班城古縣洞

集賢山

03
묵계 청학동의 형성 과정

1961년에 결성한 묵계리 〈학로계〉 계원 명단에 의하면 40여 성씨가 등장한다. "경주김씨, 경주이씨, 경주최씨, 광산김씨, 광산노씨, 김해김씨, 남원양씨, 남평문씨, 단양우씨, 단양장씨, 달성서씨, 달성하(夏)씨, 면천박씨, 밀양박씨, 밀양변씨, 밀양손씨, 성주배씨, 성주이씨, 순흥안씨, 안동권씨, 안동김씨, 양천허씨, 연일정씨, 옥천조씨, 울산김씨, 은진송씨, 전주신씨, 전주이씨, 전주최씨, 진양강씨, 진양정씨, 진양하씨, 청주한씨, 탐진최씨, 풍양조씨, 하동정씨, 함양박씨, 함평이씨, 합천이씨, 해주오씨, 행주은씨, 혜덕송씨(이상 "가나다 순") 등이다.

이 내용은 주로 강동의 훈장의 연구[54]를 중심으로 하였으나 일부 새로운 기록이 발견된 사례도 포함되어 있다. 현재까지 밝혀진 기록 중에서 가장 먼저 묵계동을 찾은 사람은 진주사람 울산김씨 김대명 선생이었다. 그는 임진왜란 직전에 질병 치료차 묵계동을 찾았고, 그 후 그의 후손들이 묵계동에 정착했다. 그래서 울산김씨 백암 김대명 선생을 '묵계동 입거의 개척자'로 가장 먼저 소개한다. 이어서 묵계 청학동과 인연을 맺은 시기를 기준으로 '광주노씨 운당 노용제 선생', '전주이씨 가선대부 송암 이기영과 효자 석봉 이지방', '남원양씨와 오헌 양삼준 선생', '면천박씨와 효자 박수정', '자학 정준영 선생', '진주강씨와 죽헌 강웅위 선생', '〈춘추대의(春秋大義) 일월고충(日月孤忠)〉의 의인(義人) 애국지사 습재 최제학 선생', '학로계 발전에 헌신한 학산 오태환', '교육자 회천 이규진 선생'에 이어 '진주암 도인촌'과 '삼성궁'을 소개한다.

그러나 오늘날 묵계 청학동 형성에 영향을 끼친 집안이나 인물이 이들만 있었던 것은 결코 아니었다고 생각한다. 예컨대 구한말 이후 일제시대와 근대에 이르기까지 묵계간이학교 개교와 운영은 물론 묵계 동민들의 경제활동에도 크게 이바지한 함안조씨(조상래), 합천이씨(이성순, 이지환 선생님), 성주도씨(도상홍)에 대해서는 문집이나 비문 등 관련 자료를 아직 발견하지 못했다. 그 외에도 진양하씨, 경주이씨, 달성서씨, 경주김씨, 단양장씨, 하동정씨, 경주최씨, 하동정씨, 문화류씨 등 '내로라[綺羅星]'하는 분들도 많지만 역시 이들에 관한 자료를 찾지 못한 것은 매우 애석하고 유감스럽게 생각한다.

향후 묵계동의 훌륭한 후학들에 의해 묵계동을 거쳐 간 훌륭한 선인들에 대한 체계적인 조사・연구가 이루어지고 그 활약상이 공개되기를 바라마지 않는다.

---

54) 강동의, 〈지리산 묵계 청학동의 형성 과정〉, 경상대 석사논문, 2012(이하 「강동의의 논문」)에서 인용, 전재(轉載)했다. 다만 강동의의 논문이 학술논문임을 고려하여 독자들이 읽기 편하도록 한자를 괄호 안에 넣는 등 전체적인 의미를 손상하지 않는 범위 내에서 가필, 수정했음을 밝힌다.

가. 묵계동 입거의 개척자 울산김씨 백암 김대명 선생[55)]

백암(白巖) 김대명(金大鳴, 1536~1593) 선생은 1558년 생원이 되고, 1570년 식년 문과에 장원하여 성균관 전적(典籍)[56)]이 되었다. 재능과 학식이 뛰어나 약관으로 사람들의 칭송을 받았다. 늙은 모친을 봉양하기 위해 사천의 현감이 되었다. 선조 10년(1577년) 예조정랑이 되고, 42살에 정사 윤두수(尹斗壽)의 서장관(書狀官)으로 중국에 사신으로 가서 명나라 신종 황제로부터 옥용연(玉龍硯, 23×12.5×2cm)과 묵화(墨畵) 병풍(강희안 작품)을 하사받았다. 당쟁이 극심해지자 그는 괴산, 풍기, 봉산군수 등을 역임하며 외직에 머물렀으나 결국 벼슬에서 물러나 향리에서 후진을 양성하였다.

두류산 묵계동에서 병든 몸을 수양하던 중 임진왜란이 발발하였는데, 초유사(招諭使) 김성일이 여러 사람의 의견에 따라 그를 도소모장(都召募將)으로 삼았다. 고령(高齡)임에도 불구하고 고성에서 의병들과 함께 왜적 토벌에 공을 세우고, 1593년에 사망하였다. 1610년에 그의 학문과 덕행을 추모하기 위해 지방 유림의 공의로 경남 진주시 수곡면에 대각서원(大覺書院)이 세워져 제향 되었다.

55) 주로 강동의의 논문에서 인용.

56) 전적(典籍)은 성균관의 종6품 벼슬이다.

그런데 백암이 선물 받은 벼루는 입김만으로도 지방(紙榜) 한 장을 능히 쓸 수 있는 중국의 명산품이라고 한다. 지금 이 벼루는 진주 백암 선생의 종가에서 소중히 간직하고 있다. 그리고 벼루와 함께 하사받은 그림(수묵화 8폭)은 백암의 증손녀가 재령이씨(載寧李氏) 집안으로 시집을 가면서 가져갔다고 하는데 지금도 잘 보존되고 있다고 한다. 재령이씨 집안에서 그 그림을 얼마나 소중하게 여기는지는 다음 덕연재(德淵齋)[57] 기문(記文)을 보면 잘 알 수 있다.

김대명 선생의 옥룡연. 신종황제 하사품

김대명 선생의 병풍(일부) 신종황제 하사품(재령이씨 집안에서 보관)

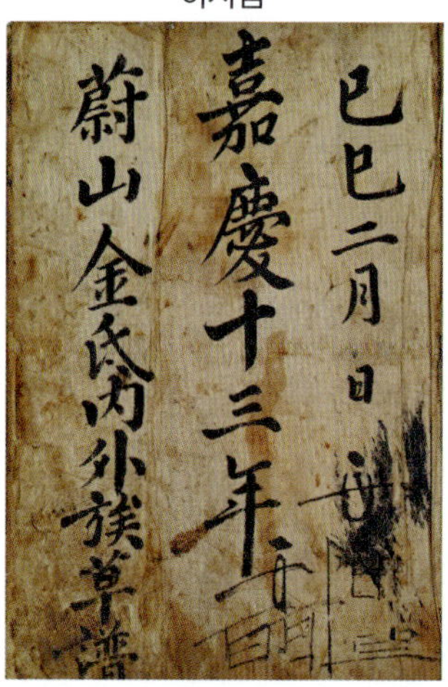

1809년(가경 13년)에 만든 울산김씨 족보 초보

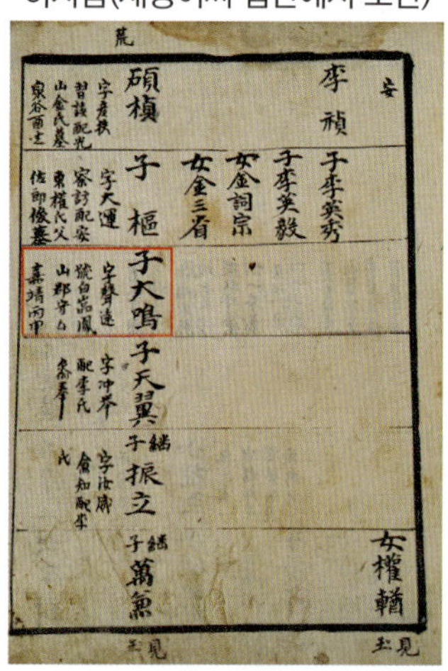

울산김씨 족보-봉산군수 백암 김대명 선생의 이름이 보인다

57) 백암 김대명의 증손녀의 남편인 수사공(秀士公) 이중인(李重絪) 이하 8대 조상의 시사(時祀)를 모시고, 재계(齋戒)하는 집을 덕연재(德淵齋)라고 한다(덕연재 기문에서 인용, 작성).

덕연재(德淵齋) 기문[58]

〈전략〉 어떤 이가 말하기를 일묘일각(一墓一閣) 제도를 지켜 배위의 성씨를 나란히 써서 합사한 것을 문자(文字) 가운데서 볼 수 있다고 하나 지금 우리는 제도가 다르다. 마땅히 8대의 배위를 따로 새겨서 체면을 유지함이 옳은 일 같으나, 생각건대 다 쓰지 못하고 짐짓 '수사공(秀士公) 배위(配位) 유인(孺人) 울산김씨(蔚山金氏)'만 써서 7대의 배위를 대표함이 옳은 일일까. 유인(孺人)이 시집올 때 증조부 백암(白巖) 대명(大鳴) 선생이 연경(燕京)에 사신(使臣)으로 다녀와서 상으로 받은 것을 농(籠)에 넣어 오셨는데, 하사품(下賜品)으로 받은 인재(仁齋) 강희안(姜希顔)의 여덟 폭 소화(小畵)였다. 와서 병풍으로 꾸며 집에다 간직하였다. 이 일은 마치 유인의 집안 처녀가 하서(河西)의 묵죽(墨竹)[59]을 농에 넣어서 시집간 일과 대동소이(大同小異)하다. 그 물건이 진귀할 뿐만 아니라 그 자손에게 복을 끼치니 일찍이 어찌 적었겠는가? 〈후략〉

<前略> 惑言守一墓一閣之制 而配位祔從姓氏 自見於文字中 今我則異制矣
宜若別踈八世配位 爲得軆是誠然 然顧不可盡書 則姑書秀士公配位儒人蔚山金氏
以代表七世配位可乎 儒人之歸也 籠携曾祖白岩先生大鳴 使燕時所得賞
賜姜仁齋希顔 小畵八幀 而來裝爲屛藏于家 此其事與儒人族嬌 籠携河西墨竹
小異而大同 不獨物之珍貴也 其有助燕貽之効 曷嘗少哉 <後略>

울산김씨 백암(白巖) 김대명(金大鳴) 선생의 문집인 백암집(白巖集)에 "만력(萬曆)[60] 이십 년 임진년(1592) 간에 공(公)은 어려운 병이 있어 두류산 묵계동에 들어가 두문불출(杜門不出)한지 이미 반년이 되었는데, 학봉(鶴峯) 김성일(金誠一)이 초유사(招諭使)로서 진주에 내려왔었다"라는 내용이 보인다. 하지만 여기서는 '두류산

58) 이 〈덕연재 기문〉은 블로그 포명헌, 〈덕연재 기문〉에서 인용.

59) 하서(河西) 김인후(金麟厚)는 조선 중기의 성리학자. 본관은 울산. 조선 제12대 인종대왕(仁宗大王, 1515~1545)의 동궁(東宮) 시절, 세자를 가르쳤다. 이때 세자는 하서의 학문과 덕행에 깊이 감동해서 《주자대전(朱子大全)》과 함께 손수 묵죽도(墨竹圖) 한 폭을 그려 하사했다. 이 어필 묵죽도 하단에 하서가 1543년에 다음과 같이 제(題)하여 시를 지어 넣었다. "뿌리 가지 마디 잎이 정밀도 하여[根枝節葉盡精微], 단단히 맺어진 마음 그 안에 있네[石友精神在範圍]. 성신의 조화 같음을 비로소 알아[始覺聖神侔造化], 한 무리 하늘과 땅 어길 수 없네[一團天地不能違]"

60) 萬曆(만력)은 중국 명나라 13대 황제 신종(神宗)의 연호로 그의 재위 기간이 1573년에서 1619년까지이다. 임진왜란 때의 조선 출병 등으로 국력이 쇠하고 가혹한 징세로 민심을 잃었다.

묵계동'이라고 했지 청학동이라고는 하지 않았다. 그 시기라면 남명 조식 선생을 비롯해 청학동이라는 곳에 관심을 가진 사람들이 많았을 때인데 '묵계동'이라고 표현한 것을 보면 그 당시에는 묵계리가 청학동으로 인식되지는 않았다는 사실을 알 수 있다.

그렇지만 진주에서 묵계까지는 100리가 넘는 꽤 먼 거리로 교통 또한 매우 불편했을 것이고, 더욱이 어려운 병이었다면 가마를 타고 온다고 해도 피로로 인해 병이 더 악화할 수도 있었을 텐데 묵계까지 질병 요양을 왔다는 사실은 그 당시에도 묵계에는 사람들이 마을을 이루며 살고 있었고, 또한 병을 치료하고 요양하기에 좋은 휴양처로 알려져 있었다고 여겨진다.

백암의 11대손 고산 김삼주(金杉柱) 선생의 증언에 의하면 김대명 선생이 묵계동에서 요양한 것이 인연이 되어 김대명의 7대손인 찬련(贊鍊, 1807년생)이 묵계동으로 완전 입거(入居)를 하였다고 한다. 김대명 선생은 진주에서 5세(五世) 이상 세거(世居)했기 때문에 그 세월 동안 묵계 지역에 대한 충분한 정보와 답사가 있었으며, 많은 연고를 마련하였을 것이라고 한다. 하지만 김찬련이 진주시 진성면 천곡리에서 묵계의 학동마을로 들어오게 된 이유는 뚜렷하게 알려지지 않았다. 다만 그 당시 세인(世人)들이 청학동을 한창 찾기 시작했던 때이고, 또 백암 선생이 기거했던 곳이다 보니 묵계 지역을 복지(福地)로 여기고 청학동을 찾아서 오지 않았겠나? 라고 추측해 볼 뿐이다.

김찬련이 와서 처음 살았던 곳은 묵계 학동 '대밭땀' 마을이었다. 찬련과 그 후손들의 묘소가 학동 각처에 존재하고 있고, 또 그 후손들이 아직도 4가구가 학동 지역에 남아있으나 김찬련의 행적에 관해서 뚜렷이 밝힐 수 있는 자료가 부족하다. 김찬련의 현손(玄孫)인 김삼주(金杉柱)의 증언과 백암집(白巖集)을 기준으로 그 집안의 학문이나 사상적 성향을 살펴보자면, 백암집(白巖集)은 내용이 너무 빈약해 김대명의 글은 별로 없고, 다른 사람과의 교류를 보여주는 편지글마저도 많지 않다. 그의 사상과 학문적 성향에 대해서 자세히 알 수는 없지만, 〈행장(行狀)〉과 〈가장(家狀)〉에 다음의 내용이 공통으로 기록돼 있다.

> 가정(嘉靖) 37년 무오(戊午)년에 생원에 합격했는데 정인홍의 이름이 방중에 있었다. 그때 인홍은 세상에 높이 될 야망이 있어 일국의 명현들이 마음을 기울이고 좇아 놀면서 우리 방에 이런 사람이 있다고 영화롭게 여기는 데 공은 홀로 가로되 "저 사람은 강려자용(强戾自用) 하니 결코 좋은 사람이 아니다."라 말하고, 서로 친하기를 거절하니 인홍의 무리가 심히 미워했다. 그 후에 인홍이 패하게 되자, 세상 사람들은 공의 선견에 모두가 탄복하였다.

이 글은 김대명 선생의 현손(玄孫) 김성운(金聖運)이 쓴 〈가장(家狀)〉의 일부분이다. 그리고 이 〈가장(家狀)〉은 정인홍이 역적으로 몰려 죽고 난 후 살벌했던 정치적 영향력이 남아있던 시기의 글이라, 위에 인용된 내용은 김성운을 비롯한 김대명 선생 후손들의 의도가 가미되었다고 할 수 있다.

김대명은 그의 고조부 김국로(金國老) 때부터 진주에 살았으니 그는 진주 토박이라 볼 수 있다. 그리고 〈행장(行狀)〉에서도 김대명은 진주지역의 학자들과는 많은 교우가 있었는데 대표적인 인물이 각재(覺齋) 하항(河沆)과 대소헌(大笑軒) 조종도(趙宗道) 등임을 밝히고 있다. 또 그 당시 진주지역에는 이미 남명의 제자들이 많이 있었으며, 하항 · 조종도와 더불어 김대명 선생 역시 남명 선생의 제자로 알려져 있다. 남명학연구소에서 제작된 남명학파의 사승 관계를 나타낸 도표인 '남명학맥도(南冥學脈圖)'에 의하면 김대명 선생과 하항(河沆)은 남명 선생의 직전(直傳) 제자로 표기되어 있다. 그리고 각재(覺齋) 하항으로부터 하수일(河受一), 하홍도(河弘度), 김명겸으로 차례로 학맥이 이어지고 있다.

이렇게 볼 때 김성운과 김명겸은 남명학 계승자들임이 분명하다. 그렇다면 김대명 선생이 남긴 글 중에 그가 남명의 제자라는 기록이 남아있지 않았더라도, 그 후손인 김성운이 《백암집(白巖集)》을 편찬할 때 〈행장(行狀)〉이나 〈가장(家狀)〉에서 남명과 김대명 선생의 사승관계를 밝혔을 것인데, 그렇지 않았다는 것은 김성운이 남명학파의 사람이라는 사실로 비추어 볼 때 이해하기 힘든 부분이다.

오히려 김대명 선생의 〈행장(行狀)〉과 〈가장(家狀)〉을 통해서 보이는 정인홍에 대한 기록은 남명 선생에 대한 그들의 인식의 문제를 보여주는 듯하다. 김대명 선생의 후손들은 김대명 선생과 정인홍이 동문(同門)이라는 사실로 인하여 그 누(累)가 자기들의 문중에 미칠까 봐, 정인홍과 아무런 연관성이 없음을 나타내려 무던히 애를 썼던 것 같다. 위의 내용에서 김명겸과 김성운은 그 근본 학맥이 남명학파에 속했던 것임을 알 수 있다. 하지만 청학동에 입거한 김찬련(金贊錬)은 누구에게 배웠는지 알 수 없다.

그리고 김찬련(金贊錬)의 손자와 증손자들도 학문을 한 사람이 없고, 그의 현손인 김삼주(金杉柱)는 동향(同鄕) 사람인 죽헌(竹軒) 강웅위(姜雄渭)에게 배우면서 주경야독(晝耕夜讀)을 하였다. 한편 고산 김삼주는 50대 이전부터 풍수지리학에 심취해 지금까지 그 방면으로 공부를 계속하여 풍수지리학 관련 단체에서 활동하고 있으며 하동문화원에서 '향토사연구위원장'으로 활약하였다.

나. 유학으로 일생을 즐긴 광주노씨 운당 노용제 선생[61)]

운당 노용제 선생 진영(《운당유고》에서 인용)

광주노씨(光州盧氏)는 1740년대에 광주에서 묵계의 원묵계로 이주했다. 동네 노인들이나 노씨의 후손들이 하는 말에 의하면, 처음 노씨들이 이주한 원묵계마을은 묵계사라는 절만 있었을 뿐 주민이 없었는데 노씨들이 입거하여 묵계사의 승려들과 다툼이 있었고, 결국은 승려들을 쫓아내고 묵계사를 차지하였다고 한다. 그래서 회동마을은 6.25 전쟁 직후까지도 주민의 90%가 노씨 들이었고, 약 80호가 살았다.

강동의는 묵계 노씨의 내력을 운당 노용제(盧庸濟, 1913~1986) 선생을 기준으로 살펴보았다. 노용제(盧庸濟)의 자(字)는 성진(性珍), 호(號)는 운당(雲堂)이고, 시조는 노수(盧穗)이다. 고려 시대 정승을 지낸 노만(盧蔓)을 1세로 하고, 13세에 노준공(盧俊恭)을 파조로 하여, 노준공의 12세손 노정필(盧廷弼)이 노용제의 8대조로 하동 묵계파의

61) 강동의의 논문과 《운당유고(雲堂遺稿)》, 운당의 차남 병탁(1938~)옹의 증언을 참고하여 작성했다. 《운당유고》는 원묵계 노병엽 씨에게 빌렸고, 후에 운당의 차남 노병탁 옹으로부터 1권을 받았다. 〈유학으로 일생을 보낸~〉이라는 제목은 오헌(旿獻) 양삼준(梁三俊)이 쓴 만시 〈운당 노용제 만서[輓雲堂盧庸濟]〉 두련(頭連)에서 따왔다.

선조(先祖)다. 노정필의 아들 노세영이 광주에서 묵계의 원묵계로 옮겨와 대대로 살게 되었다. 노세영의 세 아들 중 막내 태호(泰瑚)가 운당의 6대조가 된다.

운당이 그의 차남인 병탁(柄卓, 1938~, 하동군 진교면)에게 써준 가첩(家帖)에 의하면 노세영은 1697년에 태어나서 1750년에 졸(卒)했고, 또 묵계로 들어오는 과정에서, 아들 3형제를 데리고 오다가 전남 구례에서 둘째 아들을 잃고, 장남 연호(璉瑚)와 막내 태호(泰瑚)만 데리고 들어왔다고 한다. 태호가 1738년생이니 입거 연도는 대략 1738년~1750년 사이로 추정할 수 있다. 노씨들이 묵계로 입거한 이유를 자세히는 알 수 없으나 후손들의 말에 의하면 노세영은 성격이 괄괄하고 거침이 없어, 부당한 일이 있으면 보지 못하는 성격이었다고 한다. 성격과 행동이 그런 이유가 있다. 노세영의 부친 정필(廷弼)은 벼슬이 무부장(武部將)이었고 조부 윤경(允慶)은 무과에 급제하여 관직이 전주직장(全州直長), 옥포만호(玉浦萬戶) 등을 역임한 사람으로 향리(鄕里)에서는 굽힘이 없었다고 한다.

그런 성격의 소유자인 노세영이 광주 부사와 장기를 두다가 광주 부사가 옳지 못한 수를 써서 다투게 되었고, 화가 난 노세영이 장기판으로 부사의 목을 때렸는데 광주 부사가 그길로 시름시름 앓다가 수일 후에 절명하고 말았다. 이 사건으로 노세영은 중한 죄인이 되어 도피를 목적으로 묵계의 깊은 골짜기까지 들어오게 되었다고 한다. 이 내용이 문헌적 근거는 찾을 수 없지만, 신빙성이 있어 보인다.

노세영의 경우 그의 부친과 조부 모두가 지방에서 권세를 누리던 가문이고, 특히 무관직의 벼슬아치로 군사(軍事)에 종사하였기에 웬만한 원근(遠近) 지역의 도로와 지리에 많은 정보를 가지고 있었을 것이다. 피신의 첫 번째 조건은 안전을 보장받을 수 있는 장소라야 되는데, 청암면 묵계 지역이나, 산청군 시천면의 내대 등은 지리산의 깊은 오지(奧地)이지만 광주에서 그렇게 먼 거리도 아니면서 관아(官衙)의 영향이 미치기 힘들어 피신하기에 적합한 장소이다. 이렇게 보면 노씨들이 처음 묵계에 들어온 것은 이상향 청학동을 찾아서 온 것이 아니라 피신의 목적으로 왔다고 보는 것이 타당한 추측이다.

묵계의 광주노씨 또한 오랜 윗대 선조들의 문집이나 자료는 없다. 그래서 처음 입거 할 당시의 노씨들이 가진 사상과 학문적 성향, 입거 목적을 정확하게 알아보기는 힘들다. 다만 후손 노병탁(盧柄卓) 옹이 증언한 내용과 노용제(盧庸濟)의 문집인 《운당유고(雲堂遺稿)》를 통해 노씨 가문의 사상과 학문적 성향을 조금이나마 고찰해 볼 수 있다.

앞에서 밝혔듯이 노씨들이 입거할 당시에 묵계의 원묵계에는 '묵계사(默契寺)'라는 절만 있고 다른 민가는 없었다고 하니, 원묵계는 묵계 중에서도 위쪽 깊은 산골로 일반인이 터전을 잡고 살기에는 결코 좋은 곳이 아니다. 넓고 기름진 풍요로운 광주에 살면서 집안의 부(富)를 유지했었더라면 자손들 모두에게 공부를 시켰을 것인데, 깊은 산골에 들어와 생계가 급하다 보니 공부하는 자손보다는 일하는 자손이 많아지고, 시간이 갈수록 가세(家勢)는 기울고, 가세에 따라 가학(家學)도 쇠해졌다고 한다.

그래도 대대로 한두 명씩은 동네에서 학식과 품행으로 존경을 받는 사람이 끊어지지 않고 이어져 왔다고 한다. 그래서 집안의 학문도 특별한 스승에게 나아가 배운 것이 아니라, 부모나 친족으로부터 배워서 이어져 왔고, 운당 또한 다른 스승은 없었기에 어떤 학맥[62]에 연관 짓기는 힘들고, 서책과 집안의 글들도 꽤 많았지만, 1950년대 한국전쟁을 겪으면서 다 소실되어 없어졌다고 한다. 그래서 운당 이전의 노씨들의 학문적 성향과 사상을 알아보기는 힘들다.

《운당유고(雲堂遺稿)》를 살펴보면, 1책 3권으로, 1권은 시(詩) 180수, 2권은 서(書) 3편, 기(記) 1편, 제문(祭文) 6편, 3권은 부록(附錄)으로 구성되어 있다.

그의 시의 특징은 두 가지로 구분될 수 있다. 첫째, 일제강점기와 한국전쟁 등 민족의 수난기에 전쟁과 피란(避難)을 겪으며 당한 육체와 정신적 고통을 표현한 시, 두 번째, 한국전쟁이 끝나고 난 후, 다시 고향으로 돌아와 산골에 살면서 느끼는 여러 가지 소박한 감정들을 담은 시가 있다. 시기별로 보면, 전쟁과 피난 생활을 하던 때의 글에는 처절함과 비통함이 묻어나오며, 유난히 시제(詩題)와 시어(詩語)에 봄과 꽃이 많이 등장한다.[63]

필자는 유소년 시절에 운당 선생을 가끔 뵈었다. 그러나 개인적으로 특별히 기억할 만큼의 에피소드는 없다. 그런데 《운당유고(雲堂遺稿)》는 우리 선대의 역사를 읽는 것 같아서 흥미진진하였다. 일제강점기와 해방, 동족상잔과 근대화라는 격랑 속에서 지리산 자락의 묵계동을 삶의 터전으로 살아간 우리 선대가 겪은 고난과 아픈 역사를 간접 체험해 볼 수 있는 소중한 기록이었다. 특히, 운당의 시를 통해 7년간의 길고 긴 피란 생활의 참상과

62) 《운당유고(雲堂遺稿)》의 행장(行狀)이나 묘갈명(墓碣銘) 어디에서도 운당의 학맥에 대해서는 언급하지 않았다. 그런데 운당 선생은 단성면의 소남리(召南里) 남고(南皐) 조상래(趙相來) 선생의 죽음을 애동해하는 만시(輓詩)나 제문을 남겼다. 그 내용으로 보아 보통 사이가 아님을 짐작할 수 있었다. 그래서 운당의 차남 노병탁 옹에게 확인해 보니 남고는 운당의 장인이요 병탁의 외조부였다. 그런 인연에서인지 운당은 소남(召南)에서 훈장을 하면서 많은 시를 남겼다. 소남은 대소헌 조종도 선생의 세장지(世葬地)로서 지금도 '조씨 고가'가 남아있다. 소남 함안조씨와의 인연에 대해 궁금해하자 "운당이 북천 경현당(景賢堂)에서 공부하던 중, 이곳 선생님과 지인으로 자주 오가며 교류하던 남고(南皐) 선생의 눈에 띄어 비록 지리산 산골의 청년이었지만 사위가 되었다"라는 증언이었다. 하동 경현당은 하동군 북천면 서황리 중촌 마을에 있는데 '인천서원(仁川書院)'의 강학 공간을 말한다. 죽당(竹塘) 최탁(崔濯, 1598~1645) 선생의 위패를 모시고 강학하던 곳으로 1903년에 건립되었다. 그 바로 옆에 신천서당(新川書堂)이 있다. 신천서당은 개항기 때의 서당으로 죽당의 9대손인 수당(修堂) 최경병(崔瓊秉, 1865~1939) 선생이 강학하던 곳이다. 노병탁 옹의 증언이 사실이라면 운당의 학맥은 경현당과 신천서당에 있다고 볼 수 있으니 그 사실 여부는 차후 연구에서 밝힐 문제이다.

63) 강동의의 석사학위 논문에서 인용.

진교의 간척공사, 추억 속에 남아있던 1960년대 초의 길고 긴 장마와 보릿고개, 그리고 교육자로서 운당의 참모습 등을 엿볼 수 있었다.

첫 번째로 주목한 점은 운당이 대단한 수재이며 효자라는 점이었다.[64] "운당은 특이한 자질을 타고나 글을 배우매 한 번 보면 잊지 않고, 사서오경(四書五經)을 몇 해 안 되어 숙독하니 인리(鄰里)에서 수재라 칭하였다", "운당은 날 때부터 남달리 용모가 헌칠하고 재주가 뛰어나 공부할 때 한 번 보면 기억하고 점점 성취하매 시부(詩賦)에 능하니 사람마다 기특히 여기더라.

운당의 묘비(사천시 서포면 구 남해안 고속도로 근처의 대밭 뒤에 있다)

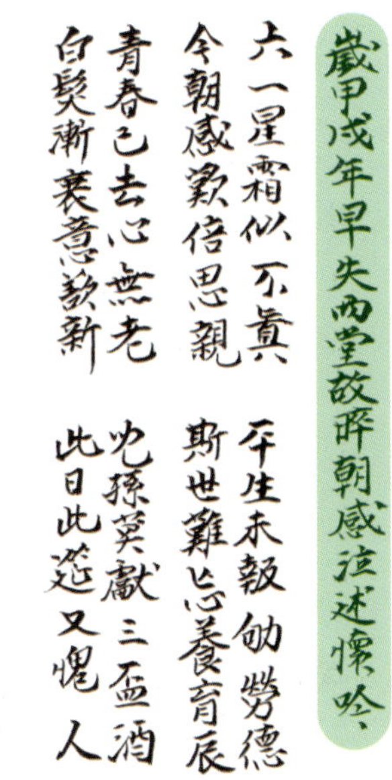

운당의 유묵 시(詩) 〈회갑 날 아침 부모님을 생각하며 읊다(아래 번역 참조)〉(《운당유고》에서 인용)

〈중략〉 공(公)이 부인과 함께 부모를 정성껏 모셔 혼정신성(昏定晨省)하더니 갑술년(甲戌年) 초에 부모님께서 같이 병든지라 공과 부인이 사방(四方)으로 의원과 약국을 찾아 밤낮으로 치료에 힘쓰더니 효력도 없이 〈중략〉 22세의 젊은 나이에 6년 상제에 슬픔과 예의를 극진히 하니 사람들 효자라 칭찬하니 이 절효공(節孝公)의 유풍과 윗대의 가풍을 전해 받음이로다[65]"라고 소개하고 있다. 그의 차남 병탁 옹이 뽑은 운당의

64) 《운당유고》의 〈묘갈명〉에서 인용.

65) 《운당유고》의 〈행장(行狀)〉에서 인용.

대표 시(詩)인 〈회갑 날 아침 부모님을 생각하며 읊은 시〉(운당 선생의 '유묵' 참조)와 〈등고망야(登高望野)〉를 소개한다.

세 갑 술 년 조 실 양 당 고 수 조 감 읍 술 회 음

〈회갑 날 아침 부모님을 생각하며 읊은 시[歲甲戌年早失兩堂故晬朝感泣述懷吟]〉[66]

육 일 성 상 사 부 진 六一星霜似不真	61년 세월 동안 제대로 못한듯 한데,
금 조 감 탄 배 사 친 今朝感歎倍思親	오늘 아침 깊이 느껴 두 배로 부모님 생각나네
평 생 미 보 구 로 덕 平生未報劬勞德	평생에 키운 공덕 갚지 못하고,
사 세 난 망 양 육 진 斯世難忘養育辰	오늘에도 양육하신 시절을 잊지 못하네
청 춘 이 거 심 무 로 靑春已去心無老	청춘은 이미 갔으나 마음은 늙지 않아
백 발 점 쇠 의 욕 신 白髮漸衰意欲新	발은 점점 쇠하나 뜻은 새로워지려 하네
아 손 막 헌 삼 배 주 兒孫莫獻三盃酒	자손들아 삼배주를 올리지 말거라,
차 일 차 연 우 괴 인 此日此筵又愧人	오늘 이 연회가 남들에게 부끄러우니.

등 고 망 야

〈높은 곳에 올라 들을 바라봄[登高望野]〉

보 보 등 등 로 전 심 步步登登路轉深	걷고 또 걷고 오르고 올라도 길은 멀고
유 연 회 사 정 난 금 悠然懷思正難禁	끊임없는 회포를 진정 금할 수 없네
잔 춘 야 야 타 향 몽 殘春夜夜他鄉夢	늦은 봄 밤마다 타향에서 꿈을 꾸니
두 우 성 성 고 국 심 杜宇聲聲故國心	두견새 우는 소리마다 고국 생각이로다
예 장 음 시 비 백 발 曳杖吟詩悲白髮	지팡이 짚고 시 읊으며 백발이 서러워
호 아 고 주 좌 청 잠 呼兒沽酒坐靑岑	아이 불러 술 사다가 청산에 앉았네
석 로 산 장 개 별 계 石老山長開別界	오래된 돌 높은 산 별천지가 열렸으니
황 진 자 차 불 상 침 黃塵自此不相侵	세상의 난리도 이곳에는 오지 않으리

두 번째로 운당은 시를 통해 해방 후 좌우의 이념대립 속에서 죄 없는 묵계리 주민들이 누대에 걸친 생활 터전을 버리고 '소개(疏開)'[67]를 떠나 떠돌이 피란 생활의 아픈 역사를

---

66) '운당 선생' 편에 등장하는 시 · 서(詩 · 書)는 특별한 경우를 제외하고 《운당유고》에서 인용했다.

67) 소개(疏開)는 적의 공습이나 화재 따위에 의한 손해를 줄이기 위하여 집중된 마을 사람이나 시설 따위를 안전한 곳으로 분산, 대피를 말한다. 말하자면 피란 생활이다. 하동군 청암면 묵계리를 비롯한 지리산 일대에서는 1949년부터 주민들이 고향 땅과 집을 비우고, 사실상의 피란 생활을 시작하게 되었다. 이것을 기축(己丑) 경인(庚寅) 난리라 한다. 기축년은 1949년이며, 경인년은 1950년이다. 기축(己丑) 난리는 무자(戊子)년인 1948년 10월 19일에 일어난 여순사건, 즉, 국방군 제14연대 일부 군인들이 무장 봉기하여 반란을 일으켰으나 다음 해인 기축년 1949년 4월에 대부분 진

자세하게 시(詩)로 남겼다는 점이다. 흔히들 시성(詩聖) 두보(杜甫)의 시를 시사(詩史)라고 한다. 그것은 두보의 시가 안사의 난으로 혼란한 시대에 피폐한 서민들의 삶을 따뜻한 시선으로 담아내어 쓴 '시로 쓴 역사'라고 평가받기 때문이다. 운당 선생은 묵계동 주민들이 지리산 공비의 내습으로 7년 이상 고향을 떠나 떠돌이 피란 생활을 할 당시의 비참함을 시로 남겼다. 피란 중에 쓴 운당의 시야말로 묵계동의 시사(詩史)였다고 생각한다. 자세한 내용은 후술할 '평화의 터전, 지리산 묵계동을 울린[泣 · 鳴] 총성' 편에서 별도로 소개한다.

운당의 시에서 세 번째로 주목한 점은, 1962년 임인년과 1963년 계묘년에 2년 연속 장마로 인한 보리 흉년의 상황을 적나라하게 전해준 부분이다. 그 당시 필자는 초등학교 저학년으로 보리 흉년을 직접 겪었다. 특히, 1963년 계묘년에는 6월 초부터 7월까지 연속된 장마로 타작한 보리를 말릴 새도 없었고, 논에서 베어 집안에 들여놓은 보리 또한 썩고, 심지어는 싹이 나는 등 흉년으로 기근이 심했다. 그해 여름, 산에서 '뚝깔 나물' 캐어 죽 쑤어 먹고, 때마침 지리산에는 산죽 열매인 죽실(竹實)[68]이 결실하니 외지인들이 죽실을 따러 인산인해를 이루었던 기억이 생생하다.

산죽꽃. 이 꽃이 지면 죽실이 열린다 (2015년 5월, 지리산 종주 중 촬영).

운당 선생이 공부한 것으로 알려진 하동 북천 경현당 (운당의 차남 병탁 옹의 증언에 따라 필자가 촬영)

압되었으나, 그 잔존 무장 세력들이 조선인민유격대 제2병단 이현상의 지휘 아래 지리산으로 들어가 빨치산이 되어 토벌대와 전투를 시작함으로써 한국전쟁의 전초전인 '작은 전쟁'이 시작된 것이다. 이 시기는 그해 7월 15일에 묵계리 주민들의 첫 소개가 시작되었다는 운당 선생의 시와 시기적으로 일치한다. 이때부터 삼재팔난이 없는 이상향 청학동이 전쟁의 소용돌이 속으로 빠져들게 된 것이다. 이어서 1950년 경인(庚寅)년에는 6 · 25동란이 발발하여 1953년 7월에 휴전이 성립되었지만, 지리산에는 여전히 빨치산의 폐해가 극심하여 필자가 태어난 1955년 을미년 무렵이 되어서야 비로소 수복된 아픈 역사를 안고 있다.

68) 죽실이 구황음식으로 이용된 사례는 "《지봉유설(芝峯類說)》에 남쪽 지방과 지리산에는 대나무 열매가 많이 열려서 그 지방 사람들이 이것으로 밥을 지어 먹는다."라고 하였다. 그 외에도 '죽실', '죽미(竹米)' 등이 구황(救荒)음식으로 이용되었다고 한다. 묵계 청학동 주변의 낙남정맥과 삼신지맥 구간에는 키를 넘는 산죽밭으로 유명하다(이상희, 《꽃으로 보는 한국문화》(3권)-제13절 대나무-3.대나무와 민속-(3)대나무의 죽실'에서 인용).

임인년(1962년)〈넉 달 장마[四個月長霖苦雨(사개월장림고우)]〉

陰陽不順幾何年(음양불순기하년)	음양이 고르지 못한 게 거의 몇 년이던가
霖雨霏霏水滿川(림우비비수만천)	지루한 장마에 냇물이 넘치네
風浪漲溢人心動(풍랑창일인심동)	풍랑이 크게 일어 인심이 움직이고
雲霧長沈洞庭連(운무장침동정련)	운무에 오랫동안 잠겨 동정호에 이어진 듯하네
農家只願淸明日(농가지원청명일)	농부는 오직 날개기만 바라고
野老深愁破潰田(야로심수파궤전)	들의 일꾼들은 밭아 사라질까 근심하네
累月作魔稀有事(누월작마희유사)	여러 달을 연이은 장마는 드문 일이니
入廚能使可乘船(입주능사가승선)	주방에 물들어 배를 탈 수 있겠네.

계묘년(1963년) 〈보리 흉년[長霖麥作大凶 人心匈匈嘆吟(장림맥작대흉 인심흉흉탄음)]〉

累月長霖不斷流(누월장림부단류)	여러 달 장맛비 그치지 않고 내려
麥苗風打野人愁(맥묘풍타야인수)	바람에 보리 쓰러져 농부들 걱정일세
雲藏月色千峯暗(운장월색천봉암)	구름이 달빛을 가려 온 봉우리가 어둡고
山擁嵐光萬壑幽(산옹람광만학유)	산은 남기(嵐氣)[69] 모아 온 골짜기가 그윽하구나
雨沾洞口無塵蹟(우첨동구무진적)	빗물이 동구에 떨어지니 속세의 자취 없고
潤瀉岩間擊石頭(윤사암간격석두)	도랑물은 바위 사이 쏟아 들어가 돌머리를 부수네
四海蒼生何罪有(사해창생하죄유)	우리나라 백성들 무슨 죄가 있길래
歲凶如此奈饑愁(세흉여차나기수)	해마다 흉년 이와 같아 굶주림과 근심 견뎌야 하나

운당유고에서 **네 번째로 필자가 주목한 점**은 운당 선생은 훌륭한 교육자라는 점이었다. 운당의 차남인 병탁(柄卓)씨의 증언에 의하면 운당이 북천 경현당에서 공부하던 중 마침 이곳에 들린 산청군 단성면 소남리의 남고(南皐) 조상래(趙相來) 선생에게 그의 문재(文才)를 인정받아 그의 문인이자 사위가 되었다고 한다. 운당 선생은 1962년 임인년에 서재 '운당(雲堂)'을 짓고, 1963년 계묘년에 서당을 개설하였으며, 1966년 병오년에는 1년 동안 처가(妻家) 동네인 소남리(召南里)에서 훈장으로 활약했다. 이 시절에 지은 시를 보면 운당은 서당 훈장으로서 학생들과 사제동행(師弟同行)을 실천하는 참 스승의 모습이 보인다. 사랑하는 제자들에게 세월은 기다려주지 않으니 주경야독하면서 힘이 들지만, 열심히 공부하여 성공하라는 희망의 메시지를 전하고 있다. 운당이

69) 남기(嵐氣)는 '산속에 생기는 아지랑이 같은 기운', 혹은 '해 질 무렵 멀리 보이는 푸르스름하고 흐릿한 기운'을 말한다(네이버 한자 사전).

제자들에게 남긴 시를 소개한다.

〈병오년 봄에 소남에서 6~7 아동과 회포[丙午春寓居召南與六七兒童述懷]〉

(병오춘우거소남여육칠아동술회)

– 병오년(1966년) 봄에 소남에서 육 · 칠 아동과 술회

초출산문의외동 超出山門意外東	집을 떠나 동쪽에 와서
이삼제자주소동 二三弟子書宵同	두 · 세 명의 제자와 주야로 함께하였네
등화서창계보효 燈火書窓鷄報曉	등불 밝힌 서창(書窓)에 닭이 새벽을 알리니
홀연경기교무궁 忽然驚起敎無窮	홀연히 놀라 일어나 가르치기 끝이 없네

〈계묘년 봄에 서재를 짓고 4~5 아이들에게 배움을 권하며 기뻐 지음〉

계묘년춘시성신재여사오아동권학희제
[癸卯年春始成新齋與四五兒童勸學喜題]

종여부급경상등 從余負笈競相登	나를 쫓아 책을 지고 서로 올라 왔는데
석일과공괴미능 昔日課工愧未能	옛날의 공부가 능숙하지 못함이 부끄럽구나.
교자항시전학력 教子恒時全學力	가르치며 항상 공부에 전력을 다하게 하니
권군달야대서등 勸君達夜對書燈	그대 밤새도록 등 밝히고 글 읽기를 바라네
혹초간어지분족 或樵間漁知分足	때로는 땔 나무하고 고기 잡으며 안분지족해야 하나
조경모습계심징 朝耕暮習戒心澄	주경야독하며 마음이 깨끗해지도록 경계해야 하리
수도가중서기응 修道家中瑞氣凝	진리를 닦으면 집안에 좋은 기운이 모이리라

〈기뻐 지음[喜題]〉

(희제)

– 우연히 이곳에 와 두 · 세 제자와 밤낮으로 함께 책 속에 묻혀 강의하고 연마하고 봄날을보내며 읊고 돌아오니 얼마나 즐거운가. 한 수 지어 조만산 선생의 시에 차운하노라'

인생학처기무성 人生學處豈無成	사람이 어디서나 배우면 어찌 성사됨이 없으리오
가애교동지욕명 可愛教童智欲明	아이들 가르쳐 지혜롭고 현명해지길 바라네.
궁산첩식유장적 窮山捷息惟藏跡	궁벽한 산에 사는 것은 오직 자취를 감추려는 것인데
차지류연갱득정 此地留連更得情	이곳에 와서 머무르는 것은 다른 뜻이 있음이라
풍취헌상심기활 風吹軒上心機闊	바람이 난간 위로 불어오니 마음 제법 트이고
운담천애야기청 雲淡天涯夜氣淸	하늘에 구름 없으니 밤 기운이 청명하네.
소유세려수양좌 逍遺世慮修養坐	세상 걱정 편안히 잊고 수양하며 앉았으니
주소한청독서성 書宵間聽讀書聲	밤낮으로 한가로이 글 읽는 소리만 들리네.

그 외에도 신해년(1971년) 청백사 회원들과 교류, 임자년(1972) 하동송림 음사, 오헌 양삼준 등 친구들과 어울려 불국사, 해인사 등지로 떠난 시 모임 여행, 경신년(1980년)과 신유년(1981년)에는 손자 뒷바라지를 위해 부산시 동래구 온천2동에 거주하면서 경로당에 출입하며 많은 시를 남겼고, 신유년(1981년) 88서울올림픽 유치 소식에도 시를 남기는 등 주옥같은 시를 많이 남겼다.[70] 또, 운당의 〈환갑 기념 운[晬朝原韻]〉과 차운 30수가 있다. 이를 모두 다루지 못함이 아쉬울 뿐이다.

운당 선생의 시를 통해서 우리는 묵계동의 불행한 역사와 가난했던 보리 흉년의 추억을 되새길 수 있었고, 농촌에서 주경야독하는 제자들에게 희망의 메시지를 심어준 참된 교육자 운당 선생을 새롭게 인식할 수 있는 계기가 되었다. 운당 선생님께 감사드린다. 그리고 최근 '묵계초등학교 총동창회 편'을 정리하면서 1962년 2월, 제5회 묵계초등학교 졸업사진에서 운당 선생을 뵐 수 있었다. 이 사진 속에는 운당 선생의 아드님인 노병환 씨도 함께했는데, 당시 주사로 학교에 근무 중이었단다. 그리고 초대 청암면 면의원을 역임하셨다.

다. 전주이씨 가선대부 송암 이기영[71]과 효자 석봉 이지방[72]

전주이씨 송암(松巖) 이기영(李起榮) 집안은 조선 말기에서 일제강점기 전까지 묵계리 일대에서 가장 세력이 좋았던 집안이다. 이기영은 전주이씨(全州李氏) 효령대군(孝寧大君) 정효공파(靖孝公派) 17세손으로 순조(純祖) 갑신년(1824)에 청암면 묵계리 고기마을에서 태어났다. 초명은 윤호(潤鎬)이고, 송암(松巖)은 호(號)이다. 그가 가선대부(嘉善大夫)의 벼슬에 올랐다는 사실만 전해질 뿐, 그의 자세한 행적과 글 또한 발견되지 않았다. 그나마 집안의 내력을 상고해 볼 수 있는 유일한 자료는 유허지에 세워진 비석뿐이다. 그의

70) 1981년 9월 30일 서독의 바덴바덴에서 열린 국제올림픽 위원회(IOC)의 제84차 총회에서 일본의 나고야시(名古屋市)를 52대 27로 꺾고 결국 서울이 88 올림픽 최종 개최지로 결정되었다.

71) 위 강동의의 석사학위 논문에서 인용

72) 하동문화원, 《충효열행적지(忠孝烈行蹟誌)》, 2001, p. 371~372에서 인용

후손들이 아직 묵계에 많이 살고 있지만, 그 후손들 또한 족보에 실린 내용 외에는 더 아는 바가 없는데, 한국전쟁을 겪으면서 집안의 모든 글과 서책들이 소실되었다고 한다.

그의 종손 이문재(李文宰)가 세운 비석에 의하면 그들이 호남의 광주(光州)에서 청학동으로 들어온 지 이미 4대가 지났다고 했으니, 이기영의 조부인 이익봉(李益鳳)이 청학동에 입거를 했다고 볼 수 있지만, 입거의 동기가 무엇인지는 알 수가 없다. 그리고 또 비문의 내용을 보면 '청학동'이라 하지 않고 '두류남 청암동리 묵계(頭流南 靑巖洞裡 默溪)'라고 적어 놓았다. 이기영은 높은터(高基)에서 태어났고, 비석이 세워진 곳은 이기영이 태어난 집터에서 가까운 도로변으로 노송이 우거져 있다.

가선대부 송암 이공 유지비

효자 석봉 이공 기행비

비문의 내용을 살펴보면, 이기영이 워낙 산수를 사랑하였다는 내용이 두어 번 등장하고, 또 그 자리에 비석을 세우는 동기와 평소의 성품에 관해서만 기술해 놓았을 뿐, 가선대부라는 벼슬에 어울리는 행적은 기록되지 않았다. 이기영의 집안이 어떤 연유로 묵계에 입거를 하였는지는 모르겠지만, 흔히들 찾는 '복지(福地)' 청학동을 찾아서 온 것은 아닌 듯하다. 비문에 등장하는 글에도 청학동을 갈망하는 내용이 포함되어 있지 않고, 그렇다고 가선대부라는 높은 직위에 있었던 후손으로서 자랑스러운 조상의 행적을 적지도 않았다. 다만 '송암(松巖)'이라고 자호(自號)한 이유와 송암의 성품과 벌석수표(伐石竪標)한 동기 등 소소한 일들만 기록하고 있다.

그리고 그의 학문적 연원은 알 수가 없다. 이기영의 시기에 가선대부의 벼슬에 올랐다면 평범한 가문으로는 불가능했을 것이고, 인근의 학식이 높은 스승을 찾아가 배웠을 텐데 이기영의 학파나 사승관계(師承關係)의 흔적을 알 수 없다는 점은 그의 작위(爵位)에 대한 근거를 찾는 데 많은 아쉬운 점이 남는다. 이기영의 아들 6형제가 모두 학식과 인품이 뛰어났고, 그중에서도 여섯째 아들 강식(康植)은 후처(後妻) 초계변씨(草溪卞氏)의 소생으로 별명이 '큰 갓쟁이'인데 성품과 용모가 엄중하여 보통 사람들이 고개를 들고 쳐다볼 수도 없을 정도로 강한 눈빛과 위엄이 있었다고 한다. 아직도 묵계에는 이기영의 현손(玄孫)이 여러 가구 남아있지만 청학동의 비결에 관한 관심이 별로 없었고 청학동을 이상향이라는 생각은 하지 않았던 것으로 보인다.

가선대부 유지비의 비문은 송암 이기영의 막내아들 강식(康植)이 썼다. 필자가 비(碑)를 여러 번 현장 조사를 했으나 100년이 넘은 비신(碑身) 이라 비문을 확보하기 어려웠는데, 마침 강동의 훈장의 석사학위 논문에 비문 전문이 실려있었다. 이를 인용하여 필자가 토를 달고, 고산(高山) 김삼주(金杉柱) 선생의 해석을 추가했다.

가선대부송암이공유지비
嘉善大夫松巖李公遺址碑

두류산 남쪽 청암 묵계동 산은 골이 깊고 산수가 맑은 곳이다. 우리 완산(전주) 이씨가 광주로부터 들어와서 이곳에 산지 4세대가 지났다. 그 북쪽 가까운 곳에 오래된 반석이 있는데 10여 명이 앉을만하다. 선부군 가선(嘉善) 공께서 일찍이 바위 사이 돌 틈에 흙을 채워가며 소나무를 심어 휴식하는 장소를 만들었다. 그로 인하여 호를 송암(松巖)이라 하고, 또한 두어 칸 정사(精舍)를 지어 살려고 하였으나 세상이 크게 변하여 뜻을 이루지 못하였다. 임종 시에 불초 등을 돌아보고서 "항상 마음에 두고 잊지 못한 것이 여기에 있다"라고 하셨다. 우리 선군(아버지)께서 높게 품은 고상한 정취는 아름다운 산수에 매여 있었고 외물의 표출에는 초연한 것이었다

두류남청암동리묵계지산 동부궁심 산수명결 오완산씨
頭流南青巖洞裡默溪之山 洞府穹深 山水明潔 吾完山氏
자호남지광주입거지 이사세의 기북근지 유로석반타 가좌십수인 선부군가선공
自湖南之光州入居之 已四世矣 其北近地 有老石盤陀 可坐十數人 先府君嘉善公
상취석간공극처등 토식송위반환지소 인자호왈송암 우욕구수간정사 위종로계
嘗就石間空隙處等 土植松爲盤桓之所 因自號曰松巖 又欲搆數間精舍 爲終老計

세치창상 재지미수 취임종 고불초등 유권권불망자존차 오선군지 고회아취
世値滄桑 齎志未遂 就臨終 顧不肖等 有眷眷不忘者存此 吾先君之 高懷雅趣
결연어가산수 이초연어물표자야
結戀於佳山水 而超然於物表者也.

부군(府君)의 휘(諱)는 기영(起榮)이요 자(字)는 기서(起瑞)요, 본조 태종대왕 제2자 효령대군의 후예이다. 순묘(純廟) 갑신년(1824년)에 출생하시어 계축년(1913년)에 별세하셨다. 수 90세이다. 품계는 가선부군(嘉善府君)이요, 성품이 강직하여 사람들이 함부로 범하지 못하였다

옳지 아니한 자제(子弟)를 옳은 방법으로 가르치고, 아름다운 산수를 사랑하고 숨어 살며 뜻을 구하고 세상을 대하기를 담담한 듯하였다. 아름다운 손님과 벗이 오면 함께 종일토록 술 마시고 시 읊으며 혹 밤새도록 실컷 담소하면서 늙었다는 이유로 조금도 자리를 피하지 않았다. 술을 좋아하셨으나 주량은 한 잔에 그치시고, 당대를 걱정하고 민생을 근심하며 혹 말씀하시기를 진정으로 사귀고자 하면, 항상 겸손하라 하시었다. 서책(書冊)은 값을 논하지 않고 반드시 사서 여러 자손에게 주셨다. 슬프다. 우리 선군이 돌아가신 지 얼마 안 된 듯한데 이미 일주기가 되어 송암의 유지가 거친 연기와 들풀 속에 매몰되어 있다.

부군휘기영자기서 본조태종대왕제이자효령대군지후야 생순묘갑신
府君諱起榮字起瑞 本朝太宗大王第二子孝寧大君之後也 生純廟甲申
졸어계축 향년구십수계가선부군 성강 과인불감간 이비의 교자제 이의방
卒於癸丑 享年九十壽階嘉善府君 性剛 果人不敢干 以非義 敎子弟 以義方
애가산수 은거구지 어세미담여야 유가빈우지 첩여지상영경일 혹종소극담
愛佳山水 隱居求志 於世味淡如也 有嘉賓友至 輒與之觴詠竟日 或終宵劇談
불이쇠로이소권 애 음주량일잔이지 상시민속 혹언루교하우 서책불계가
不以衰老而小倦 愛 飮酒量一盞而止 傷時憫俗 或言淚交下遇 書冊不計價
필매이유제자손언 오호 아선군지 천성상이주 이송암유지 매몰어황연야초지중
必買而遺諸子孫焉 嗚呼 我先君之 淺星霜已周 而松巖遺址 埋沒於荒煙野草之中.

선군이 임종 때에 한 말씀이 귀에 생생한데 불초한 우리가 능히 그 뜻을 계승치 못하면 천고의 한이 될 것 같다. 이에 감히 돌을 다듬어 표를 세워 이후 이곳을 지나는 사람들로 하여금 우리 집안의 청전고물(보물)을 알게 하고 우리 집안의 동량이 집을 일으킬 날을 기다릴 것이니 이것이 또한 오히려 좋은 일이 아닌가. 아하! 슬프다. 종손 문재.

이선군임몰지언 양양재이 불초배 불능계이술지 즉차지수성천고지한
而先君臨沒之言 洋洋在耳 不肖輩 不能繼而述之 則此志遂成千古之恨
내감벌석수표 사후지과차자 지오가청전고물 이이대오동성옥취지일
迺敢伐石竪標 使後之過此者 知吾家靑氈古物 而以待吾棟成屋就之日
시역유현호이야호 오호비재 종손 문재
是亦猶賢乎已也乎 嗚呼悲哉 宗孫 文宰.

갑인윤오월이십일
갑인(1914) 윤5월 20일(甲寅潤五月二十日)

불초손 강식 읍혈근지
불초손 강식(康植)이 울면서(泣血) 삼가 기록하다(不肖孫 康植 泣血謹識).

또 이기영의 족숙인 이지방의 효자비도 높은터 비석거리에 나란히 서 있다. 하복도 선생이 쓴《청암》에 의하면 “효자 석봉은 부모 묘소 옆에 초막을 짓고 3년 동안 시묘살이를 했는데, 밤마다 호랑이가 와서 함께 지내며 효자를 보호했다”라는 에피소드와 함께 “꿈에 백발 신선이 현몽해서 팠다”라고 하는 ‘시묘정(侍墓井)’에 대한 에피소드가 실려있다고 하는데, 이런 이야기는 모두 비문에 기록되어 있다. 그 효자비의 비문도 함께 소개한다.[73]

효 자 석 봉 이 공 기 행 비

孝子石峯李公紀行碑

효자의 휘(諱)는 지방(志芳)이요 호(號)는 석봉(石峯)이니 전주(全州)가 관향이라. 효령대군 휘(諱) 보(補)의 현손(玄孫)인 금성군(金城君)으로 영의정에 추증된 휘(諱) 대(薱)의 십일세손(十一世孫)이라. 고(考)의 휘는 익봉(益鳳)이요, 조(祖)의 휘는 중길(重吉)이니 청암(靑岩) 묵계리(黙溪里)에서 처음 살게 되었다. 효자(孝子)는 천성(天性)이 순효(順孝)해 겨우 유치(乳齒)를 갈 무렵에 이미 어버이를 생각해 과일 하나, 고기 반점도 제 입에 안 넣고 반드시 드렸다. 스물 이전에 부친상을 당해 엄격히 예를 갖추었고 편모를 모시매, 뜻과 음식을 정성껏 하였다. 가난해 굶을 때가 많은지라 품팔이로 음식과 의복을 공급하며, 모든 일을 반드시 아뢰고 행(行)하였다

효 자 휘 지 방 호 시 석 봉 전 주 인 효 령 대 군 휘 보 현 손 금 성 군
孝子諱志芳 號是石峯 全州人 孝寧大君 諱補 玄孫金城君
증 영 의 정 휘 대 십 일 세 손 야 고 휘 익 봉 조 휘 중 길 시 거 청 암 묵 계 리 효 자 천 성 순 효
贈領議政諱薱 十一世孫也 考諱益鳳祖諱重吉始居靑岩黙溪里 孝子天性純孝
보 츤 이 모 친 일 과 반 련 불 우 구 이 필 헌 지 약 관 전 정 외 우 이 엄 집 례 제 봉 편 모 지 체 비 양
甫齔已慕親 一果半臠不于口而必獻之 弱冠前丁外憂而嚴執禮制奉偏母志體備養
가 빈 이 숙 수 루 공 궁 용 이 공 급 감 취 매 사 필 품 이 행 상 유
家貧而菽水屢空 躬傭以供給 甘毳每事必稟而行嘗諭.

아우 지규(志奎)에게 말하기를 “부모(父母)의 은혜 하늘과 같으니 사람이 할 짓은 효성(孝誠)을 다할지니 어찌 소홀히 하랴!”라고 하였다. 약 달이고 음식 올림을 반드시 몸소 실행하여 밤에 정화수 놓고 칠성에 대(代)로 가기를 빌었으나 끝내 상을 당하고는 한없이 슬퍼하며 죽을 고비를 몇 번 넘기고서 천왕봉(天王峰) 아래 으슥한 곳에 장사지내고 밤낮 울부짖고 홀로 돌아오지 않자 동리에서 감복하여 그곳에 여막(廬幕)을 지어주었다. 삼 년을 시묘(侍墓) 사는데 밤이면 호랑이가 와서 호위해 주었다. 먹는 것은 오직 죽하고 물인데, 매번 물 나오는 곳이 멀어서 고민하는 중 꿈에 한 노인이 소나무 아래를 가리키매, 과연 그곳에서 샘물을 얻으니 나무꾼과 목동이 시묘정(侍墓井)이라

73) 하동문화원,《충효열행적지(忠孝烈行蹟誌)》, 2001, p. 371~372

하니 이 또한 특이한 일이로다.

제지규왈 아부모지은여천지이대인자지도당진성효의
弟志奎曰 我父母之恩如天地而大人子之道當盡誠孝矣
합상면재 시제지약여전필궁집 이불해야첩급정계진구대
盍相勉哉 侍癠之藥與餰必躬執 而不懈夜輒汲井稽辰求代
경무하이 조간애훼강극돈절이소자루장자 천왕봉하 적막원일야반호
竟無何而 遭艱哀毁罔極頓絶而蘇者屢葬子 天王峯下 寂寞原日夜攀號
이독불귀 린리감이위지려 어사삼년 야즉유호래이호지 소철유죽수 이매약수원
而獨不歸 隣里感而爲之廬 於斯三年 夜則有虎來而護之 所啜惟粥水 而每若水遠
몽유일노지송하특처 과득수정 초목명지왈 시묘정 차특기대갱야
夢有一老指松下特處 果得水井 樵牧名之曰 侍墓井 此特其大梗也.

슬프다. 대개 효자(孝子)의 지성(至誠)은 귀신과 만물에 나타남을 이에서 확실히 볼 수 있으니 어찌 인륜을 아는 자(者), 누가 칭찬하지 않고 추모하지 않으리오. 또 하물며 우리와 왜놈 풍속이 번복되어 삼강오륜(三綱五倫)이 무너져 인도(人道)가 없어지는 이때에 어느 날 효자(孝子)의 증손인 준재(俊宰)께서 종숙(從叔) 강담공(康錟公)이 주선한 유천장(儒薦狀) 삼십여 본(三十餘 本)과 모성공회(慕聖公會) 찬양문을 가지고, 내가 사는 동네의 우재(宇宰) 씨를 데리고 오니, 우재씨(氏)는 바로 앞에서 말한 휘(諱) 지규(志奎)의 증손(曾孫)이라. 서로 내게 청(請)하기를 세상이 바뀌고 사람이 없어져 옛 예법을 보기 어렵고 이곳이 오직 현증조(玄曾祖) 계시는 곳이므로 비를 세워 추모코자 하니 자네 수고해 주오. 내가 한사코 사양하였으나 못 이겨 외람됨을 잊고 그 뜻을 이어 기록하여 지금 또는 뒷사람들이 본받아 느끼기를 바라노라. 이어서 다음과 같이 명(銘)하노니.

명호 부효자지성감동철호 신물지표어차 언명결순존이성자 숙불자차경모야
嗚呼 夫孝子至誠感洞澈乎 神物之表於此 焉明決荀存彛性者 孰不咨嗟景慕也
우황화이혼효 강륜반복 돈몰인도지추호 일효자증손준재옹
又况華夷混淆 綱倫反覆 頓沒人道之秋乎 日孝子曾孫俊宰翁
장기고종숙강담공소간유천장삼십여본 모성공회찬양문 인오동리우재씨이래
將其故從叔康錟公所幹儒薦狀三十餘本 慕聖公會讚揚文 引吾洞里宇宰氏而來
씨즉전소언휘지규지증손야 상람여이청왈 세천인망무망고전
氏卽前所言諱志奎之曾孫也 相覽余而請曰 世遷人亡無望古典
자유현증어오세장려공수일비이지우모자기노지 여고사미획수망외 근술이승기지
玆惟玄曾於吾世庄閭恭樹一碑以之寓慕子其勞之 余固辭未獲遂忘猥 謹述以承其志
사당세여후인유소긍식 이감발운 계지이명왈
使當世與後人有所矜式 而感發云 系之以銘曰.

<table>
<tr><td>슬프다</td><td>우차호
于嗟乎</td></tr>
<tr><td>효자여!</td><td>효자혜
孝子兮</td></tr>
<tr><td>하늘이 냄이로다.</td><td>근측항어민천갈
根惻恒於旻天竭</td></tr>
<tr><td>오직 혈성(血誠)을 다함이여</td><td>유일저혈성혜
惟一底血誠兮</td></tr>
<tr><td>이류(異類)를 교화하고 신선이 되었도다.</td><td>화이류이몽선
化異類而夢仙</td></tr>
<tr><td>돌을 깎아 오래도록 전코저 함이여</td><td>탁정민이갱장혜
卓貞珉以羹墻兮</td></tr>
</table>

때가 정려(旌閭)를 세우지 못함이 애석하구나	석당조지흠정 惜當朝之欠旌
산(山)이 더욱 높아 보이고	산익고혜 山益高兮
물이 더욱 맑아 보이니	수익청류 水益淸流
백세(百世)토록 아름다운 빛나리.	백세야방명 百世也芳名

단기 사삼백팔년 을묘
단기 4308년(을묘, 서기 1975년)(檀紀四三百八年 乙卯)
춘 청명절 월성 김택신 근찬
봄 청명절에 월성 김택신 삼가 지음(春 淸明節 月城 金澤信 謹撰).

라. 피난처를 구한 남원양씨와 오헌 양삼준 선생[74)]

오헌 양삼준 선생 진영
(사진: 차남 양점동 제공)

74) 위의 강동의 논문에서 인용

남원양씨(南原梁氏) 대방군파(帶方郡派) 오헌(旿軒) 양삼준(梁三俊, 1928~2012) 가(家)는 하동군 옥종면 양구에서 청학동으로 들어온 집안으로, 청학동에 입거한 다른 집안에 비해 가까운 거리에서 이주한 경우이다. 청학동에 입거한 남원양씨의 내력에 관한 연구는 주로 오헌 선생의 증언을 기준으로 하였다.

남원양씨들이 처음 묵계로 들어 온 것은 1871년에 신미양요(辛未洋擾)가 발생하자 미리 피난을 목적으로 오헌 선생의 고조부 주수(柱壽) 3형제가 학동(지금의 청학동)으로 들어왔다고 한다. 신미양요가 옥종에서 멀리 떨어진 강화도 지역을 중심으로 발생한 일이지만, 이 일을 계기로 흥선대원군은 전국에 척화비(斥和碑)를 세우는 등 척화분위기를 조장하다 보니, 그 당시의 백성들 사이에는 점점 불안감이 커졌고, 양씨들 또한 이런 분위기에 아예 청학동으로의 입거를 결정했다고 한다. 양씨들 또한 입거의 목적은 피난이었지만, 장소를 선택함에 있어서는 청학동이었다. 그때는 이미 청암면 묵계리가 청학동이라고, 인근 지역에서는 널리 인식되고 있었다고 한다.

오헌 양삼준 행적비

오헌 선생의 고조부 역시 청학동에 관한 비결들에 많은 관심이 있었기에 이런 결정을 내렸다고 한다. 오헌 선생의 고조부 형제들은 옥종에 있을 때 마을 서당에서 공부했는데 그때 옥종 양구지역에는 면우(俛宇) 곽종석(郭鍾錫, 1846~1919)과 교류하던 사람이 많았고, 그들에게 배웠다고 한다. 하지만 누구에게 배웠는지는 정확히 알지 못한다고 한다. 입거 이후 오헌 선생의 증조부(曾祖父)와 조부(祖父)도 특별한 스승 없이 집안에서 전수하는 학업으로 이어왔고, 오헌 선생의 부친 또한 별다른 학문을 닦지는 못했다.

그러다가 1922년에 남원에서 청학동으로 들어온 간재 전우의 문인 회천(晦川) 이규진(李圭鎭) 선생에게 오헌은 어려서부터 글을 배워 지역에서 재동(才童)이라는 소문이 났다. 그리고 오헌의 재주를 아낀 회천 선생은 오헌을 사위로 맞이하게 되었다. 학맥이나 사상적 측면에서 볼 때, 양씨 가문은 오헌 선생 이전의 윗대 사람들보다 오헌 선생 한 사람이 차지하는 비중이 크다. 오헌 선생은 해박한 지식과 온화한 성품으로 젊어서부터 일찍이 바깥세상의 현실과 접하여, 시대에 따라

순응하며 자신의 능력을 발휘하는 삶을 살았다.

농협의 조합장을 오랫동안 역임하고, 동네와 집안의 대소사를 주관하고 해결하는, 지역의 지도자 역할을 하였다. 그리고 오헌 선생은 풍수지리에 관심을 가지고, 자신의 집안 윗대의 묘소(墓所)를 구하고 이장하는 데 많은 힘을 기울였으며 남의 묘사 또한 많이 봐주었다. 오헌 선생은 바깥 활동이 바쁜 관계로 강학 활동은 할 수가 없었다. 1961년 청암 면의원, 1978년에는 '통일주최국민회의(統一主體國民會議) 대의원'에 선출되었고, 1984년에는 청암농협조합장 등으로 활약했다. 그래서 제자를 배출하지 못해 청학동 지역에서 간재(艮齋) 학맥은 오헌 한 사람에게서 끝나고 말았다. 청학동으로 이주한 후에는 책과 붓을 잡는 시간보다 농기구를 잡고 짚신을 삼아야 하는 시간이 늘어난 어려운 형편 속에서도 오헌 선생의 집안은 한국전쟁 전까지 가풍과 재산이 많이 유지되고 있었다. 하지만 여수·순천 사건을 비롯하여 한국전쟁 동안 마을을 비우게 되는 3번의 피난을 통해, 모든 것은 다 불타고 남은 것이 없어지게 되었다. 경상국립대학 한문학과 허권수 교수가 쓴 오헌 선생의 행적비를 통해 그의 행적을 더듬어 보자.

〈오헌 양삼준 행적비 비문〉

고매(高邁)한 인격으로 올바르게 살면서 공덕을 쌓은 인물은 사후에도 사람들이 흠모(欽慕)한다. 우리 곁에 이런 훌륭한 분이 있었으니 이는 곧 오헌(旿軒) 양공(梁公)이다. 공이 별세하니 그 소식을 들은 근린 주민들은 형제를 잃은 것처럼 애도(哀悼)하였고, 연이어 행적비 건립을 추진하니 평소 공께서 얼마나 많은 감화(感化)를 주었는지 알 수 있다.

공의 휘(諱)는 삼준(三俊), 자(字)는 학성(學聖), 호(號)는 오헌(旿軒)이다. 대방부원군(帶方府院君) 휘(諱) 수정(水精)은 중조(中祖)요, 증손 휘 사귀(思貴)는 조선조에 문과(文科) 대사간(大司諫)이니 공의 19대조이다. 학동시거지조(鶴洞始居之祖)는 주화(柱和)니, 공의 고조(高祖)이며 세거(世居) 이백여년(二百餘年)이라 고(考)는 우석(禹錫), 비(妣)는 진양강씨(晉陽姜氏)라. 1928년 정월 13일 하동 묵계(默溪)에서 태어나 유시(幼時)에 재동(才童)이라 소문이 났고 대대로 효순 가풍을 이어받아 효성이 지극하였다.

청암보통학교를 졸업하고 장인(丈人)이신 향유(鄕儒) 회천(晦川) 이규진(李圭鎭) 문하(門下)에서 수학(修學)하였으며 노년에 성균관(成均館) 유림(儒林) 지도자반(指導者班)을 수료 후 성균관 전학(典學)[75]과 전의(典儀)를 지냈다. 하동향교 원로, 하동문화원 이사로 있으면서 향토지(鄕土誌), 문화지(文化誌), 향교지(鄕校誌) 발간에 참여하였다. 제31대 하동송림음사(河東松林吟社) 사장(社長) 재임 중, 전국한시백일장(全國漢詩白日場)을 개최하였고, 진주개천예술제(晉州開天藝術祭) 전국 한시 백일장에서 장원(壯元)하였으며, 하동향교(河東鄕校)에서 유생(儒生)들에게 한시작법(漢詩作法)을 지도하니 향리(鄕里)에서 칭송이 자자(藉藉)하였다.

기근(饑饉)이 극심(極甚)했던 1960년경, 공(公)이 농림부(農林部)를 방문하여 인허가(認許可) 없이 산죽(山竹)을 채취(採取)토록 하였고, 1970년경, 묵계초등학교(默溪初等學校) 사친회장(師親會長) 재임 시, 교육청에 건의하여 노후학교(老朽學校) 중건(重建) 및 운동장(運動場)을 확장(擴張)하였다. 재건중학교(再建中學校)를 설립하여 진학하지 못한 학생들을 모집, 7년여 후진양성에 노력하였다. 공(公)께서 행정의 지원을 받아 지역민들과 상호협력하여 시목(柿木)-묵계(默溪) 간 이십여리(二十餘里)의 장도(長道)를 확장(擴張)하였다. 청암면 독립유공자 현창(靑巖面 獨立有功者 顯彰)과 청학동(靑鶴洞) 전통문화(傳統文化) 계승발전(繼承發展)에 크게 기여하였다.

묵계리 주민(住民)들의 화목(和睦)과 경로사상(敬老思想) 함양을 위해 학로계(鶴老契)를 조직하고 청학루(靑鶴樓)도 건립하였다. 공(公)은 지역주민들의 믿음과 사랑으로 삼십대 초부터 면의원, 농협조합장, 통일주체국민회의 대의원 등에 선출되었고, 천성(天性)이 겸허(謙虛)한 그의 진면목이 사회에 알려지면서 농림부장관(農林部長官), 내무부장관(內務部長官), 국회의원, 경남도지사, 하동군수 등의 표창을 수여 받았다. 지혜총명(智慧聰明)한 재능(才能)으로 지역발전에 공헌한 흔적이 각처에 부지기수(不知其數)나 번불록(煩不錄)이라.

2012년 임진 6월에 별세(別世)하니 향수(享壽) 팔십오(八十五)라 일생 종적(踪迹)을 유고(遺稿)에 남겼다. 배(配) 경주이씨(慶州李氏) 석점(石点)이며 삼남일녀(三男一女)라.

75) 성균관은 석전(釋奠)과 진사 · 생원을 강학(講學)시키는 것을 주무(主務)로 하였으나, 조선 말기부터는 시대의 변천과 교육제도의 현대화로 기구가 축소되었다. 1945년 광복 후 전국유림대회에서 직제를 개편, 석전과 의례에 관한 사항은 전의(典儀)가 소관하고 교육과 학문 등에 관한 업무는 전학(典學)이 맡도록 하였다(이상은 네이버 지식백과-전학(典學)-한국민족문화대백과, 한국학중앙연구원)에서 인용.

자(子)는 흥동(興東) 점동(点東) 진동(晉東)이요, 여(女) 갑련(甲連)은 최차영(崔次榮)의 처(妻)라. 추진위원장(推進委員長) 김상용(金商鎔) 사무장(事務長) 김삼주(金杉柱) 차남 점동이 문안을 준비하여 불초(不肖)를 찾아와 비문(碑文)을 요청하였다. 불초(不肖)는 평소 공(公)을 잘 알지만, 그에 관한 기록을 살펴보고 존경하는 마음이 더욱 크게 일어났다. 이에 사양(辭讓)하지 않고 그의 생애(生涯)와 행적(行績)을 정리하고 끝에 명(銘)을 붙인다.

溫慈한 性稟에다 端雅한 言行이라, 孝悌와 誠勤으로 住民들 感化했네

鄕村의 어른으로 默溪의 격을 높여, 傳統이 살아 있는 今世의 武陵桃源

天性이 好學하여 한 平生 글 읽었네, 博洽한 古今知識 周邊의 등불이라

名利를 모두 잊고 奉仕로 一貫했네, 自身은 덮었지만 그 香氣 피어나네

住民들 앞 다투어 行績碑 建立했네, 그 人格 그 功德이 昭詳히 실렸다네

참다운 人間像이 千秋에 드리웠네, 오가는 사람들은 읽고서 본받기를.

癸巳 二〇一三年 夏至節

文學博士 慶尙大學校 敎授 金海 許捲洙 謹撰

任命狀
梁三俊
貴下를 成均館 典儀로 任命함.
孔紀 2555(2004)年 4月 1日
成均館長 崔根德

성균관 전의 임명장(2004, 성균관장)

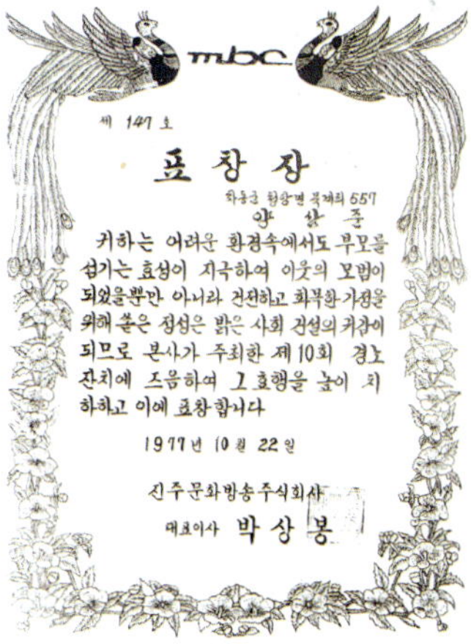
제 147 호
표창장
양삼준
귀하는 어려운 환경속에서도 부모를 섬기는 효성이 지극하여 이웃의 모범이 되었을뿐만 아니라 건전하고 화목한 가정을 위해 쏟은 정성은 밝은 사회 건설의 귀감이 되므로 본사가 주최한 제10회 경노 잔치에 즈음하여 그 효행을 높이 치하하고 이에 표창합니다
1977년 10월 22일
진주문화방송주식회사
대표이사 박상봉

효행 표창장(1977, 진주mbc 사장)

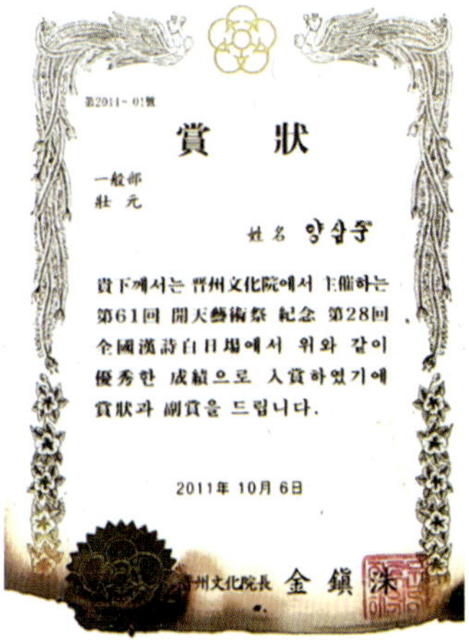
賞狀
一般部
壯元
姓名 양삼준
貴下께서는 晋州文化院에서 主催하는 第61回 開天藝術祭 紀念 第28回 全國漢詩白日場에서 위와 같이 優秀한 成績으로 入賞하였기에 賞狀과 副賞을 드립니다.
2011年 10月 6日
晋州文化院長 金鎮洙

전국한시백일장 장원 상장(2011, 개천예술제)

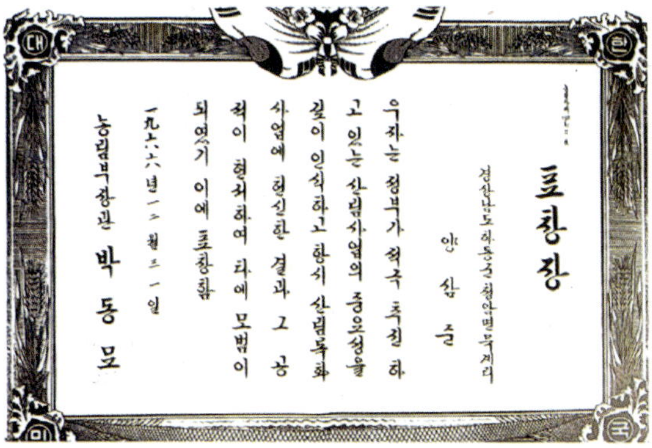
표창장
양삼준
우자는 정부가 적극 추진하고 있는 산림사업의 중요성을 깊이 인식하고 항시 산림녹화 사업에 헌신한 결과 그 공적이 현저하여 타에 모범이 되었기 이에 표창함
一九六六년 一二월 二一일
농림부장관 박동묘

오헌 선생의 장관 표창장(1966, 농림부)

《오헌유고(旿軒遺稿)》 표지

오헌 선생은 문집 《오헌유고(旿軒遺稿)》를 남겼다. 경상국립대학교 남명학연구소 고전번역실 선임연구원 양기석이 다음과 같은 서문을 썼다.

《오헌유고》에는 다수의 한시와 시조, 편지, 축문 제문, 고유문, 명(銘), 지명(誌銘), 서문, 비문, 기문 등의 글이 실려 있다. 시를 제외한 대부분 글은 다른 사람의 요청에 따라 지어준 것이고, 시 또한 필요로 지은 것이 많다. 한시 백일장에 출품하기 위한 것이거나 다른 사람의 장수를 축하하고 별세를 애도[76]하는 것, 시사(詩社)에서 지은 작품 등이다. 그 외에도 기행시, 자신의 감정을 읊은 시 등이 많은데, 자신의 감정을 읊은 시에서 공의 마음을 알 수 있다. 한시는 시대순으로 배열되어 있는데 17세 때인

76) '죽은 사람을 애도하는 시'를 만시(輓詩 혹은 挽詩)라고 한다. 오헌은 필자의 선고(先考)에 대해서도 '학로계 유공자'라는 서문과 함께 만시 〈輓吳泰煥公(만오태환공)〉을 남겼다. 감읍(感泣)할 따름이다.

1944년에 지은 〈등촉석루(登矗石樓)〉부터 2012년 세상을 떠날 때까지 시(詩)가 실려 있고 칠언율시가 대부분이다. 한시 가운데 집안의 희로애락을 읊은 시는 특히 사람의 마음을 파고든다.

〈자친(慈親)의 영결에 곡함〉이라는 시는 다음과 같다.

〈慈親(자친)의 영결에 곡함〉[77]

서도중추시이냉 序到中秋時已冷	중추절 되니 때 이미 차갑고,
병침모씨술비인 病侵母氏術非仁	모친께 병 침입하였으나 신술이 없어
도천헌약종무효 禱天獻藥終無效	하늘에 빌고 약 드려도 효험 없어,
통작천년불효인 痛作千年不孝人	통곡하며 천년이나 불효 되었네

또, 〈선비(先妣) 기일에 누님과 이야기함〉이라는 시는 선비의 기일에 형제가 서로 만나 지난날을 이야기하는데, 마치 어릴 적에 동화책을 읽는 듯한 느낌이 든다.[78]

〈선비(先妣) 기일에 누님과 이야기함〉

제형금야호상봉 弟兄今夜好相逢	형제간 오늘 밤 서로 만나
미토심정이모종 未吐深情已暮鍾	깊은 정 못다 토해 이미 늦은 밤
설석당산풍호죽 說席堂山風戶竹	앉은 자리에 당산 마을 죽창에 바람 이야기
언전학동영창송 言前鶴洞影窓松	전일 학동에서 창에 비친 솔 그림자 이야기
자당휘일애심절 慈堂諱日哀心切	자친 휘일에 슬픈 마음 간절하고,
동기리정별루종 同氣離情別淚從	형제끼리 이별의 정 눈물이 따르네
상작연지교만감 想作連枝交萬感	한 뿌리를 생각하니 만감이 교차해,
고감첩첩백천봉 苦甘疊疊百千峰	쓰고 단 맛 백천봉이나 쌓여

《오헌유고》에는 모두 742편의 시가 남아있다. 이 중, 시 몇 수(首)를 소개할까 한다. 먼저, 위의 시에서 보았듯이 오헌 선생의 효성스러운 진면목(眞面目)을 느낄 수 있다. 이런 소문난 효성으로 1977년에는 진주문화방송 제10회 경노 잔치에서 효행 표창을 받았다. 오헌 선생 가(家)의 효행에 관해서는 별도로 소개하겠다.

---

77) 이 시는 《오헌유고(旿軒遺稿)》에서 인용했다. 이하 오헌 선생 편의 모든 시는 이와 같다.

78) 이상은 양기석이 쓴 서문에서 인용, 작성했다.

또, 지역민의 대표로 선출되어 출사(出仕)할 때마다 시를 남겼다. 1961년(辛丑)에 면의원 당선되고 나서 〈면의원과 같이 석굴암을 방문함[面議員共訪石窟庵 辛丑]〉이라는 시(詩)가 있고, 1978년(戊午) 5월에 통일주최국민회의 대의원(이하, 통대의원) 당선 후, 첫 서울 나들이에서 〈무오년에 통대의원 당선 오월에 상경[統代議員 當選 五月 上京]〉이라는 시와 1984년(甲子)에는 〈갑자년에 농협조합장 취임[農協 組合長 就任 甲子]〉이라는 시를 남겼다. 잘 알다시피 오헌 선생은 금융 전문가가 아니다. 이 시를 보면, 오헌 선생은 농민이 대부분인 지역민의 열화같은 지지로 조합장에 취임한다. 그러나 시골 지역 단위 농협의 열악한 현실을 직시(直視)하고, 이를 올바르게 타개해 나가는 오헌 선생의 탁월한 지견(智見)을 엿볼 수 있다. 조합장 취임 당시에 남긴 시는 아래와 같다.

〈갑자년에 농협조합장 취임[農協組合長就任 甲子]〉

오 인 비 재 선 차 장 誤認菲才選此場	능력 없는 사람을 잘못 알고 이 자리에 선출하니
중 성 난 부 허 등 항 衆誠難負許登航	여러 성의를 저버릴 수 없어 나아감을 허락하네
농 민 천 약 신 산 적 農民淺弱辛酸積	농민은 약해서 고생이 쌓였고
조 합 잔 유 희 락 양 組合殘柔喜樂凉	조합은 약해 즐거운 일 희박하네
신 용 미 미 경 제 핍 信用微微經濟乏	신용이 약해 경제 모자라고
직 원 소 소 담 견 양 職員小小擔肩洋	직원은 적은데 할 일은 태산같아
공 동 구 매 경 심 력 共同購賣傾心力	공동으로 구매 사업에 심력을 다해
손 익 주 모 면 대 황 損益籌謀免大荒	손익을 어렵게 맞추어 큰 손해 면해

또, 오헌 선생은 1966년에는 산림녹화에 헌신한 공적으로 농림부장관 표창을 받았고, 1970년에는 광복절에 내무부장관 표창을 받는 등 묵계 동민의 대표로서 청암면은 물론 묵계동 발전에 많은 활약을 했다. 특히, 1991년에는 '상불재' 도로개설을 위해 당시 남해 출신 박희태 국회의원 등 일행과 함께 상불재를 넘어 불일폭포 등지를 돌며 쓴 시가 남아있다. 상불재를 통과하는 도로는 사실 경상남도 지방도 1014호로 쌍계사 입구에서 수곡면 사무소 앞까지 이어진 중요한 도로이나 아직 유일하게 미개통 구간이 바로 이 구간이다. 이 길은 화개를 비롯한 진주목 서면 오대리(묵계동 포함) 일대의 백성들이 과거 수백 년 동안 진주목으로 가는 지름길인 만큼 이 도로개설은 묵계동의 숙원사업이다.

그 외에도 2008년 숭례문이 불탔을 때, 2009년부터 발행될 오만원권 지폐 디자인을 조선 시대 문인이자 화가인 신사임당 초상화와 그림으로 결정되었을 때, 2010년에는 토봉(土蜂)이 전멸되자 양봉농가를 살리기 위해 신문고를 치는 마음으로 과천 청사를 직접 방문하여 “상하가 마음을 합하여 왕도를 실천하면 넘어진 벼도 기뻐 일어나는 법이니, 정부는 덕으로 백성을 다스림이 마땅하다”라고 호소하는 시를 남겼다.

또한, 1963년에는 연이어 보리 흉년을 겪은 혹독한 민생의 고통을 시로 남겼다. 당시 초등학교 2학년이었던 필자도 당시의 곤궁함을 피부로 느꼈었다. 당시의 애절한 민생고를 오헌 선생은 이렇게 전한다. **“작년에도 밭에 물이 차서 보리는 썩어 버렸고, 춘궁기라 집에 쌀이 없어 밥을 지을 수도 없으니 솥은 달아매 놓을 정도로 비참하다. 이렇게 연이은 흉년에 만민이 정신없이 하느님 앞에 통곡하노라.”** 60년대 초 가난한 시절을 경험한 세대라면 누구나 공감할 수 있을 정도로 너무나 사실적인 시어(詩語)를 구사하고 있다는 점이 놀라울 따름이다. 운당 노용제 선생의 **〈계묘년 장마[癸卯長霖麥作大凶兼雨年人心匈匈嘆吟]〉**(노용제 편 참조)라는 시와 함께 당시의 시대 상황을 잘 알 수 있는 귀중한 역사적인 기록이라고 생각한다.

〈보리 흉년(癸卯麥凶)〉(1963년)

계묘오방하우련 癸卯吾邦夏雨連	계묘년 우리나라 여름비 계속되어,
삼천리내총동연 三千里內總同然	삼천리강산이 다 같구나
누년유겸궁춘곤 累年有歉窮春困	여러 해 흉년으로 춘궁을 당해,
거세봉흉갈정현 去歲逢凶渴鼎懸	지난해에도 솥은 달아매
수만청전전부맥 水滿靑田全腐麥	밭에 물이 차서 보리는 썩고,
가무백립단취연 家無白粒斷炊煙	집에 쌀 없어 불 못 지펴
만민실색호천곡 萬民失色呼天哭	만민이 정신없이 하느님께 통곡,
자고난문고차연 自古難聞苦此緣	예부터 이런 꼴은 듣지 못해.

그리고 오헌 선생은 이지환 선생님과 관련된 시를 3편이나 남겼다. 이지환 선생님은 1960년대 묵계초를 다닌 우리 또래들에게는 엄한 아버지이자 영원한 스승이셨다. 필자는 중학교 진학 이후에는 이 선생님의 소식을 잊고 지냈으나 항상 궁금했었다. 마침 오헌의 시를 통해 이 선생님께서 고향을 떠나신 이유도 알게 되었고, 더 나아가 오헌이 남긴 이지환 선생님의 만시(輓詩)를 접하니 2006년에 작고한 사실을 알았다. 오헌은 1970년 경술년에 이 선생님을 향한 가슴 찡한 우정을 느낄 수 있는 시를 남겼는데 그 시는 다음과 같다.

〈두성계(斗星契) 친구 이지환(李之煥)을 방문하여 위로차 마심〉

가련금야방군유 可憐今夜訪君遊	가련타 오늘 그대 찾아 놀며,
시주한담월상루 詩酒閑談月上樓	시와 술로 한담하니 달이 떴구나
거세동거청학동 去歲同居靑鶴洞	작년까지 청학동에 같이 살았는데,
차소공락부산주 此宵共樂釜山洲	이 밤 부산에서 같이 즐겨,
세정하사수시변 世情何事隨時變	세상일 어찌 수시로 변하느냐고,
강수무심만고류 江水無心萬古流	강물은 무심히 만고에 흐르네
위자위손오도시 爲子爲孫吾道是	자손 위한 일이 우리 길이니,
필연유경막심수 必然有慶莫深愁	필시 경사 오리니 큰 근심 말게

특히, 오헌 선생이 2008년 무자년(戊子年) 유월(六月)과 가을에 쓴 시, **〈간시물평(看時物平)〉**은 이채롭다. 현대문명의 대표적인 이기(利器)들인 시계, 세탁기, 전등, 전화, 큰 배, 텔레비전, 기차, 자동차, 비행기 그리고 전차에 대한 시를 남겼다. 오헌의 참신하고 뛰어난 관찰력이 돋보이는 시(詩)들이다. 이런 시를 보면 오헌 선생은 어쩌면 불편했을지도 모를 현대문명의 이기(利器)들과 매우 친화적이었음을 알 수 있다.

또한, 오헌 선생의 문집을 보면 전국 각지에서 실시한 한시(漢詩) 백일장(白日場)에 출품한 흔적이 많다. 아마 많은 수상(受賞)을 한 것으로 짐작되지만 《오헌유고》의 '화보'에는 대표적인 상장 1장만 소개되어 있다. 작고하시기 1년 전인 2011년, 신묘년(辛卯年)에 있었던 **제61회 개천예술제기념(開天藝術祭記念) 제28회 전국한시백일장(全國漢詩白日場)에서 장원(壯元)**을 차지했었다. 그 시를 소개한다.

〈가을날 시인이 진주성에서 생각함[秋日詠客懷於晉州城(추일영객회어진주성)]〉

등성차일부지리 登城此日不支離	성에 오른 이날 지루하지 않아,
억석임진정가비 憶昔壬辰正可悲	옛 임진란 생각하니 참으로 슬퍼
장사충혼천재흘 壯士忠魂千載屹	삼장사 충혼은 천년이 지나도 높고,
의랑절백만년기 義娘節魄萬年期	의암의 절개는 만년토록 기약하네.
시낭유의반루회 詩囊有意攀樓會	시인들 뜻있어 촉석루에 모이고,
강수무심축로이 江水無心逐鷺移	남강물 무심코 백로 따라가노라.
지리인화천역우 地利人和天亦佑	지역에서 화목한 사람들 하늘도 도우니
진주발전갱하지 晉州發展更何遲	진주 발전 어찌 더딜쏘냐.

그리고 오헌은 말년의 시에서 고향 하동을 매우 사랑한 마음을 읽을 수 있다. 2011년에는 〈하동팔경(河東八景)〉을 노래했고, 작고(作故)하신 2012년 임진년(壬辰年)에는 〈찬하동문물(讚河東文物)〉이라는 제목의 시를 4편이나 남기셨다. 〈하동팔경(河東八景)〉을 소개한다.

〈하동팔경(河東八景)〉

십리화개화색총 十里花開樺色叢	화개 십리에 벚꽃이 총총하고,
지산폭포토장홍 智山瀑布吐長虹	지리산 불일폭포는 긴 무지개 뿜어
거궁삼성단군묘 巨宮三聖檀君廟	거궁 삼성궁은 단군의 사당이고,
고사쌍계금수풍 古寺雙磎錦繡楓	쌍계사 옛 절은 단풍 속이네
척촉자홍형제리 躑躅紫紅兄弟裡	철쭉은 형제봉에 울긋불긋,
송사청백광평중 松沙靑白廣坪中	백사 청송은 너뱅이에 자리 잡았네.
평사최댁문인만 平沙崔宅文人滿	평사리 최참판댁 문인들 많고,
월출금오조해동 月出金鰲照海東	금오산에 뜬 달은 해동을 비추네.

끝으로 오헌 선생이 생의 마지막 세모(歲暮)와 마지막 신년에 남긴 축시를 소개하려고 한다. 모두 하동향교 명륜당(明倫堂) 강회(講會)에서 쓴 것으로 보이는데, 우리 후인(後人)에게 주는 마지막 메시지 같아 숙연해진다. 오헌 선생의 명복을 빈다.

〈저물어 가는 해(歲暮)〉-2011년 마지막 명륜당 강회〉

숙홀광음우송년 倏忽光陰又送年	잠깐 사이 또 한 해를 보내니,
백년인사역이천 百年人事亦移遷	백 년 인생살이 흘러만 간다.
고송노학여선수 孤松老鶴如仙睡	고송에 늙은 학은 신선이 자는 듯,
심사음승사불선 深寺吟僧似佛宣	깊은 절 스님 염불 부처님 설교 같네
감주삼배소구양 甘酒三盃消舊樣	술 석 잔에 지난 일들 사라지고,
갱가일곡아신전 賡歌一曲迓新傳	이어지는 노랫소리 새로움을 맞이하네!
북풍난설분분리 北風亂雪紛紛裡	북풍한설은 휘몰아치는데,
학자서창지향견 學子書窓志向堅	학자의 서재에는 뜻이 굳어지네.

〈근하 임진 신년(謹賀壬辰新年)〉-2012년 임진년 명륜당 신년 강회〉

天下向明陽氣開 (천하향명양기개)	천하가 밝아지고 양기가 열리니
壬辰歲色孟春回 (임진세색맹춘회)	임진년의 계절에 초봄이 돌아왔네
農人荷鍤牽牛促 (농인하삽견우촉)	농부들 삽을 지고 소 끌기 바쁘고
漁父登舟數罟催 (어부등주수고최)	어부들 배에 올라 수많은 그물 정리하네
菜女挾筐歌野陌 (채녀협광가야맥)	나물 캐는 여인 바구니 끼고 들에서 노래하고
詩豪喚友詠樓臺 (시호환우영루대)	시객은 벗을 불러 누대에서 시 읊네
逐貧迎富安祥至 (축빈영부안상지)	가난 쫓고 부 맞으면 평화로움 이를 것이니
謹賀新年萬福來 (근하신년만복래)	삼가 새해에는 만복이 오기를

■ 오헌(旿軒) 가(家) '삼대(三代) 삼효열(三孝烈)' 이야기

앞서 소개한 오헌의 시에서도 그의 효성스러운 인품을 엿볼 수 있다. 실제로 오헌 가(家)는 삼대에 걸쳐서 성균관으로부터 효자 · 효부상을 받았다. 먼저, 오헌의 선증조비(先曾祖妣)인 하동정씨(河東鄭氏)는 2003년 9월 27일 성균관장으로부터 포양문(褒揚文)을, 선비(先妣)인 진양강씨(晋陽姜氏)는 같은 해 9월 23일 성균관장으로부터 포양장(褒揚狀)을 받았다. 또한 오헌 본인도 2015년 성균관장으로부터 효자상(孝子賞)을 수상했다. 그 상장 전문을 소개한다. 여기서 '포양(褒揚)'이란 '칭찬하여 장려하다'라는 뜻으로 성균관에서 오래전부터 수여해 왔다.

▣ 효부(孝婦) 정인동(鄭仁同)의 포양문(褒揚文)

제(第)2003-163호(號)

포 양 문 (褒 揚 文)

효부(孝婦) 정인동(鄭仁同)[79]

유인하동정씨(孺人河東鄭氏)는 일두선생지후(壹蠹先生之後)인 사인재석지녀(士人在錫之女)로 조습가훈(早習家訓)하여 효순양정(孝順兩庭)하다. 십유구세(十有九歲)에 귀우남원양문(歸于南原梁門) 사인성환(士人性煥)하여 선사구고(善事舅姑)하고 공경부군(恭敬夫君)터니 당고상기념지복(當姑喪朞年之服)하여 애훼유제(哀毁逾制)하다. 삼십(三十)에 만득초자(晩得初子)하여 화락만정(和樂滿庭)터니 부군(夫君)이 의외득병(意外得病)하여 탄성간호(殫誠看護)나

79) 효부(孝婦) 정인동(鄭仁同)은 오헌 양삼준의 증조모(曾祖母)이다.

백약무효(百藥無效)로 엄연고결(奄然告訣)하다.

유인욕종(孺人欲從)이나 노구재당(老舅在堂)이라 휘루강기(揮淚强起)하여 존례치장(尊禮治葬)하다. 가본빈한(家本貧寒)에 연조대고(連遭大故)이나 주경야직(晝耕夜織)하여 부절숙수(不絶菽水)하다. 친가부모(親家父母)가 수권왕래(數勸往來)나 칭탁구아(稱託舅兒)하여 부종기언(不從其言)하고 아령도십(兒齡到十)에 귀성청죄(歸省請罪)하다. 시구삼십지재(侍舅三十之載)에 일일불해(一日不懈)러니 신축년(辛丑年)에 노구기세(老舅棄世)하니 불승비통(不勝悲慟)이나 존례치상(尊禮治喪)하다.

향당이위효부(鄕黨以爲孝婦)하여 칭송부절(稱頌不絶)하고 욕청포양(欲請褒揚)함에 자임불효(自任不孝)으로 고사불이(固辭不已)하니 인개차탄(人皆嗟嘆)하다. 슬하고아(膝下孤兒)가 연이약관(年已弱冠)이나 빈무혼로(貧無婚路)한데 덕천서원(德川書院) 원임(院任) 울산김공상용(蔚山金公祥鏞)이 현모지자(賢母之子)라 하여 기자처지(其子妻之)하다.

경신년(庚申年)에 역질대발(疫疾大發)하여 유인(孺人)이 이질흉서(罹疾凶逝)하니 향년팔십칠세(享年八十七歲)러라. 김공상용(金公祥鏞)이 고기평생(顧其平生)하여 행장유문(行狀遺文)이러니 경인동란(庚寅動亂)에 소가구분(燒家俱焚)하여 서무가고(書無可考)하다. 수연구전여금(雖然口傳如今)하여 하동향교(河東鄕校) 전교이하(典校以下) 첨장보(僉章甫)가 구비행적(具備行蹟)하여 연명천망(聯名薦望)하다. 묘당(廟堂)의 작설지전(綽楔之典)은 이폐백년(已廢百年)이나 성균관(成均館)은 상재(常在)라. 수풍균속지임(樹風均俗之任)에 불가묵민(不可黙泯)하여 여차포양(如此褒揚)하니 쇠세퇴속(衰世頹俗)에 혹유관감자(或有觀感者)면 천만행심(千萬幸甚)일진저.

공기(孔紀) 2554(2003)년(年) 9월(月) 27일(日)

성균관장(成均館長) 최근덕(崔根德)

▣ 부(孝婦) 강봉순(姜鳳順)의 포양장(褒揚狀)[80]

제(第)2003-148호(號)

포 양 장 (褒 揚 狀)

효부(孝婦) 강봉순(姜鳳順)

유인(孺人) 강씨(姜氏)는 고구려(高句麗) 병마도원수(兵馬都元帥) 이식(以式)의 후(后)로 사인(士人) 상형(尙馨)의 여(女)이다. 생이정숙지자(生而貞淑之姿)로 효순양정(孝順兩庭)하며 인리칭송(隣里稱頌)하다.

80) 효부(孝婦) 강봉순(姜鳳順)은 오헌 양삼준의 선비(先妣)이다.

연재십칠(年纔十七)에 출가양문(出嫁梁門)하여 사구고이효(事舅姑以孝)하고 사부극경(事夫克敬)이라. 경신(庚申, 1920)에 가족사인(家族四人)이 이질(罹疾)하여 삼인구몰(三人俱沒)하니 생사난변(生死難辨)이나 존례치장(尊禮治葬)하고 숙질이유(叔姪二幼)를 난보생육(難保生育)이라. 상시편구환숙부군(上侍偏舅鰥叔夫君)하고 하육시제고질(下育媤弟孤姪)하였으나 유인(孺人)의 평소(平素) 무반점해야지색(無半點解弛之色)으로 효사구(孝事舅)하며 솔하이자(率下以慈)로 일관(一貫)하고 구질와상(舅疾臥床)에 극진시탕(極盡侍湯)으로 간병치료(看病治療)하였으나 경지영면(竟至永眠)하니 애훼진례(哀毁盡禮)하고 삼년유례(三年逾禮)가 여일일(如一日)하여 생시양지(生時養志)와 사후봉제지도(死後奉祭之道)가 인리귀감(隣里龜鑑)으로 함칭효부(咸稱孝婦)라 하였으나 시제불고(時制不古)하여 미몽포전(未蒙褒典)이라. 하동향교(河東鄕校) 전교이하(典校以下) 첨장보(僉章甫)가 연명(連名)으로 청포양(請褒揚) 하니 수풍균속(樹風均俗)을 기임(己任)으로 삼는 성균관(成均館)에서 묵민(黙泯)할 수 없어 자이포양(玆以褒揚)하니 쇠세퇴속(衰世頹俗)에 혹유관감자(或有觀感者)면 천만행심(千萬幸甚)일가 하노라.

공기(孔紀) 2554(2003)년 9월 23일

성균관장(成均館長) 최근덕(崔根德)

▣ 효자(孝子) 양삼준(梁三俊)의 효자상(孝子賞)

第2015-161號

효 자 상 (孝 子 賞)

경남 하동군 청암면 묵계리
양 삼 준(梁 三 俊)

공(公)은 남원양씨(南原梁氏)의 후예(後裔)로 무진년(戊辰年, 1928)에 출생(出生)하여 돈후(敦厚)한 품성(稟性)으로 성현(聖賢)의 가르침을 존숭(尊崇)하여 효친봉양(孝親奉養)에 헌신(獻身)하였습니다. 또한 가정(家庭) 화목(和睦)과 문중(門中) 제반행사(諸般行事)에 솔선수범(率先垂範)하여 만인(萬人)의 귀감(龜鑑)이 되었기에 하동향교(河東鄕校)의 추천(推薦)으로 이 효자상(孝子賞)을 수여(授與)합니다.

공기(孔紀) 2566(2015)년 7월 30일

성균관장(成均館長) 직무대행(職務代行) 정 한 효(鄭 漢 孝)

오헌 가(家) 삼효열(三孝烈)의 포양문 및 효자상. 왼쪽부터 효부(孝婦) 정인동(鄭仁同)의 포양문(褒揚文), 가운데는 효부(孝婦) 강봉순(姜鳳順)의 포양장(褒揚狀), 오른쪽은 효자(孝子) 양삼준(梁三俊)의 효자상(孝子賞)이다. 모두 성균관장이 내렸다(자료 제공: 오헌 선생의 차남 양점동).

마. 천릿길 해주에서 묵계 청학동을 찾은 효자 박수정[81)]

효자면천박공행적비(학동 아랫몰 마을 입구. 근처에 학서정과 청학동 일주문이 있다. 사진 제공: 예손 박창동)

각 유소 통문(왼쪽부터 하동향교, 하동 악양정, 경모당, 하동 운암정 통문)

81) 강동의의 위 논문에서 인용.

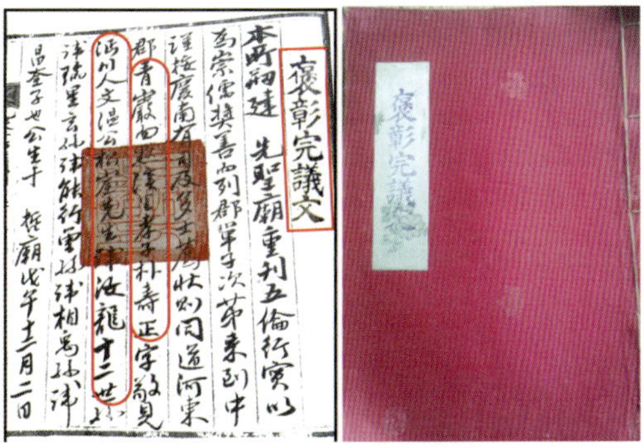

《표창 완의문》 묵계리 효자 박수정. 면천인 창규(昌奎)자, 문온공(文溫公) 송애(松厓)선생 여룡(汝龍)의 12세손

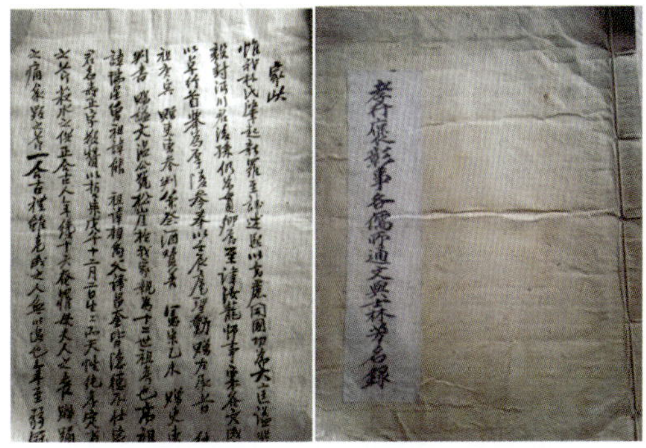

박수정 효행 포창 시 각 유소 통문과 사림 방명록 (孝子褒彰事各儒所通文與士林芳名錄)

구한말 청학동에 입거한 집안 가운데 가장 먼 거리에서 들어온 집안이 효자로 소문난 면천박씨(沔川朴氏) 박수정(朴壽正)의 집안이다. 이들은 황해도(黃海道) 해주(海州)에서 왔다. 입거 연도를 정확히 알 수는 없지만, 그의 손자 박순봉(朴淳鳳)이 여러 유지들의 공의(公議)를 모아 동네 어귀에 세운 '효자면천박공행적비(孝子沔川朴公行蹟碑)'와 족보에 실린 내용에 의하면, 대략 박수정의 나이 36세 전후인 1894년 전후로 보인다. 박수정은 1858년생으로 그의 부친 박창규(朴昌奎, 1833~1933)의 3남 중 장남이다.

그의 시조는 고려 개국공신 박술희(朴述熙)이고, 율곡의 문인인 박여룡(朴汝龍)이 그의 중시조(中始祖)가 된다고 한다. 처음 입거할 당시 그의 어머니는 이미 해주에서 돌아가셨고, 늙은 아버지만 모시고 수정의 3형제가 내려왔는데, 그들의 청학동 입거의 목적은 청학동 비결을 믿고서 난세를 피해 들어왔다고 한다. 아주 먼 거리를 이동해 왔기 때문에 처음에는 살림이 극히 궁핍했지만, 박수정은 늙은 아버지의 뜻을 조금도 거스르는 일이 없이 지극한 효심으로 아버지를 봉양하였다.

부친이 돌아가시자 고향인 해주까지 가서 몸소 어머니의 유해(遺骸)를 업고 와 아버지와 합장(合葬)을 하고, 시묘(侍墓)를 살았는데, 항상 호랑이가 와서 지켜주었다는 등 효행에 관해 일화가 많이 전해지고 있다. 그리고 박수정의 효행은 오래된 일이 아니기 때문에 아직도 동네 노인들이나 후손의 증언을 통해서도 들을 수 있는데, 비문에 실린 내용은 너무 간략하다.

박수정은 1942년에 85세의 나이로 세상을 떠났으며, 현재 청학동에 그의 직계 후손들은 남아있지 않고, 막냇동생의 손자들만 2가구 남아있다. 박수정이 처음 자리를 잡은 곳은 '가는골(細洞)'이었다. 지금의 후손은 박수정의 효행과 해주에서 천(千) 리가 넘는 먼 거리를 이동해 오면서 고생한 것에 대해서만 이야기를 할뿐, 학식이나 인품에 대해서는 구체적으로 잘 모르는 것 같다.

그런데 앞서 소개했다시피 수당 정종엽(鄭鍾燁) 선생이 1909년에 청학동을 유람했을 때[82] '산중의 일민'이라고 높이 평가했던 면천박씨 노인은 누구일까? 수당이 직접 거론하지는 않았지만, 그 당시 황해도 해주에서 온 집안은 면천박씨는 박수정의 집안 밖에 없었다. 앞서 소개한 대로 박수정이 36세 전후인 1894년경에 묵계 청학동으로 입거했다면 수당 정종엽을 만난 1909년에는 그가 52세 정도로 추정되므로 박수정일 가능성이 크다고 본다. 그가 누구이든 박수정의 집안인 면천박씨가 분명하므로 정종엽의 글에서 그 집안의 형편이나, 그 사람의 인품 등을 엿볼 수 있다. 외모를 묘사한 부분에서 그의 생활 형편이 어떤지 비치며, 또 담론과 식견이 이치에 맞는 것이 많다고 하면서 그를 진정한 '산중의 일민(逸民)'이라 표현한 것에서 그의 인품이 어떤지 충분히 드러난다.

수당과 습재가 시리봉골 도씨 집에서 면천박씨를 만난 사연[83]

조금 있다가 다시 들어가니 자리에 한 노인이 있는데, 얼굴과 모양이 말랐고 옷과 갓이 남루하였다. 다만 담론(談論)과 견식(見識)이 매번 이치에 맞음이 많으니 진정한 산간(山間)의 일민(逸民)[84]이다. 성은 박(朴)씨 이고 해주(海州)에서 왔는데 율곡(栗谷)의 문인인 박여룡(朴汝龍) 공의 후손이라 하였다. 더불어 이야기하다가 한밤중에야 잠이 들었다.

소 언 환 입 좌 유 일 노 인 형 용 고 고 의 관 남 루 단 담 론 견 식 매 다 리 도 식 산 간 일 민 야
少焉還入 座有一老人 形容枯槁 衣冠襤褸 但談論見識 每多理到 寔山間逸民也
성 기 박 자 해 주 래 이 율 곡 문 인 박 공 여 룡 지 후 운 동 화 야 분 이 숙
姓其朴 自海州來 李栗谷文人朴公汝龍之后云 同話夜分而宿.

정종엽이 박수정과 함께 이야기하다가 밤이 깊어 잠을 잤다고 하니, 제법 많은 이야기를 나누었을 것이며, 서로가 사람의 됨됨이를 알아볼 시간은 충분했을 것이다. 그리고

82) 최제학과 정종엽은 1909년 1월 28(丁卯)일에 지리산 유람을 시작하여, 출발 3일째인 1월 30일에 화개 석문을 통과하여 쌍계사와 불일폭포를 거쳐, 청학동의 서북쪽의 험한 고개인 상불재를 넘어 저녁 무렵에 청학동에 도착하여 도씨(都氏) 노인의 집에서 묵었다(이상은 강동의의 논문에서 재인용).

83) 수당 정종엽의 《수당유고(修堂遺稿)》에서 인용.

84) 일민(逸民)은 학문과 덕행이 있으면서도 세상에 나서지 아니하고 묻혀 지내는 사람을 말한다(네이버 사전).

정종엽은 이 글을 여행을 마친 뒤에 썼을 것이니 순간적인 감정들은 가라앉고, 어느 정도 객관적인 상태에서 썼을 것이다. 그리고 또 운당(雲堂) 노용제(盧庸齋) 선생이 박수정의 행적을 기리어 지은 시에도 박수정의 효행이 잘 드러난다.

박효자묘차운(朴孝子墓次韻)[85]

청학동에 효성스런 사람 있어,	청학동중유효인 青鶴洞中有孝人
어버이 섬김이 지극하여 세상에 비길 데 없네.	사친지성세무륜 事親至誠世無倫
평생 시묘 살며 도리 생각하여,	평생려묘항사도 平生廬墓恒思道
백겁 풍진에 몸을 더럽히지 않네.	백겁풍진불염신 百怯風塵不染身
천리까지 체백[86] 모셔옴에 신령이 감응하고,	천리반령신응감 千里反靈神應感
삼년 시묘 사는 곁에 호랑이가 이웃하였네	삼년시측호위린 三年侍側虎爲隣
백발 되어도 성묘 한번 빠트리지 않으니,	백두왕배종무궐 白頭往拜終無闕
이 세상에 누가 능히 혼정신성[87]할 수 있나?	차세숙능일성신 此世孰能日省晨

박수정이 누구에게 배웠으며 학문적 성향이 어떠했는지는 알 수 없지만, 그의 자손들은 박수정의 행적비에서도 밝혔듯이, 중시조(中始祖)인 박여룡이 율곡 이이의 수제자라는 점을 대단한 자부심으로 여기고 자랑하며 율곡의 행실을 아주 많이 숭상했다고 한다. 학문적 성향을 떠나, 그들이 청학동에 들어온 이유는 오로지 청학동 비결을 믿고 우환을 피할 수 있는 낙토(樂土)를 찾아온 것이었다.

그리고 입거 후 박수정의 행적을 보아도 그러한 이상에 대한 신념이 아주 강했다고 볼 수 있다. 그의 아버지가 돌아가셨을 때 해주까지 가서 어머니의 유해를 직접 지고 왔다는 점과 그의 부모를 합장한 묘소는 청학동에서 30리나 떨어진 악양면의 형제봉 꼭대기로 그 당시에도 골이 깊고 나무가 울창해 인적이 드문 곳이었다는 점을 보아도, 지극한 효심에다 풍수가들이 말하는 소위 명당(明堂)이라는 것에 대한 집착이 대단하지 않은 사람은 쉽게 할 수 없는 일이다. 박효자는 그곳을 명당이라 여겨 아주 깊게 천광(穿壙)을 내어 부모의 체백을 묻고 시묘살이를 했다고 하는데, 이런 내용은 분명 그의 행동과 사고의 일치성을

85) 운당 노용제 선생의 《운당유고(雲堂遺稿)》에서 인용.

86) 체백(體魄)은 죽은 지 오래된 송장, 또는 땅속에 묻은 송장이다(네이버 한자 사전에서 인용).

87) 혼정신성(昏定晨省): 저녁에는 잠자리를 보아 드리고, 아침에는 문안(問安)을 드린다는 뜻으로, 자식(子息)이 아침, 저녁으로 부모(父母)의 안부(安否)를 물어서 살핌을 이르는 말(네이버 한자 사전).

보여주는 부분이다. 해주에서 엄두도 못 낼 거리인 청학동을 찾아온 것과 다시 해주로 가서 어머니의 유해를 모셔온 일, 집에서 30리 나 떨어진 인적 없는 높고 깊은 골짜기를 지나 형제봉 산꼭대기에서 3년의 시묘(侍墓)살이를 했다는 것은 박수정이 명당(明堂)이나 복지(福地), 이상향 등에 대한 강한 신념이 있었다는 사실을 입증하고 있다.

효자 박수정의 행적비는 1974년 갑인년에 학동 아랫몰 동네 입구에 세웠다. 비석 둘레에는 화강석 울타리가 있고, 대문은 석문으로 되어 있다. 이 석문의 왼쪽에 손잡이가 있다. 손잡이를 잡고 앞으로 당기면 대문이 오른쪽으로 열린다. 비석의 몸돌은 화강암이다. 팔자형의 비석 덮개가 있으며, 받침돌은 화강암으로 되어 있다. 비석의 크기는 높이 125㎝, 너비 40㎝, 두께 15㎝이다. 효자 박수정의 행적비 비문[88]은 아래와 같다.

한편 회동의 '전나무동'에는 2006년도에 세운 면천박씨 재실 모원재(慕源齋)가 있다. 이 모원재에 대해서는 별로도 소개한다.

〈효자면천박공행적비〉(학동 아랫몰 입구에 있다)

효자 면천박공 행적비(孝子 沔川朴公 行蹟碑)

지리산 남쪽에 청암골이 있는데, 골의 제일 깊은 곳을 학동이라고 하는데 세상에 전해오는 청학동이다. 속세에서 벗어나 살기 좋은 곳이라 하는데 이곳이 바로 그곳이라. 옛날 중세(中世)부터 난리를 근심하며 온전함을 찾은 사람들이 때때로 그곳에 많이 모여들었다. 지금부터 80년 전에 황해도 해주에서 아버지를 모시고 이곳에 살려고 온 분이 있으니 성은 박(朴)이요 이름은 수정(壽正), 자(字)는 경현(敬賢)이라. 처음에는

88) 효자 박수정의 행적비 비문의 원문은 '강동의의 논문'과 하동문화원의 《충효열행적비》(2001)에서 인용했고, 번역은 하동문화원의 《충효열행적비》(2001)를 중심으로 했으며, 하복도 선생의 《청암》도 참고했다.

이곳에 정착하여 살기를 주저하였으나 뜻한 바 있어 다시 결심하고 씨뿌리고 가꾸어 농업에 힘쓰고, 나물 캐고 고기도 잡으며 때로는 남의 집에서 품팔이하여 삯을 받아 생활하는 어려운 가운데서도 노부를 극진히 봉양하는데 입에 맞는 음식을 반드시 이어대고, 몸에 편안한 것을 반드시 공급해 드렸다.

智異山之南 爲靑巖谷 谷之最深 曰鶴洞 世傳靑鶴洞 爲物外樂地 其殆是也歟
以故中世來 憂亂而求全者 往往多就之 距今八十年前 有自海西之海州
奉老不來寓于此者 姓朴氏 諱壽正 字敬賢 始至漂迫因蹙若不能爲家
常躬服樵菑採拾漁獵 間又爲人傭作 取償以供其親 而甘旨必繼 便身必給.

이곳에 거주한 지 20년이 지날 무렵 아버지의 상(喪)을 당하여 애통해 마지않더라. 이보다 앞서 해주 고향에서 별세한 어머니의 유해를 몸소 모셔다가 악양 형제봉에 부모를 합장하였다. 그 거리가 집에서 30리 길이었고, 묘의 위치가 깊은 골짜기를 지나 높은 산등성이에 자리하여 숲이 울창하여 사람 통행이 어려운 곳이었다. 합장한 뒤에는 그 묘 옆에 초막을 짓고 3년을 시묘하며, 조석으로 무덤을 어루만지며 통곡하였다. 호랑이와 표범이 여막 문밖에 와서 날마다 울었는데 서로 해치지 않고 도리어 효자를 보호하였고, 산과 골에 눈이 내려 가득 쌓인 엄동설한에도 그 묘소는 항상 깨끗하게 청소한듯 눈이 쌓이지 않았다. 그러자 이런 소문을 듣고서 가서 본 자들이 원근을 다투었는데,[89] 한결같이 박 효자라 하였으며, 시를 지어 그 효행을 찬미하여 거의 권축(卷軸)을 만들 정도였다. 상복을 벗을 때가 되어도 오히려 차마 묘소를 떠나지 못하여 자식과 부인이 한사코 간언하여 겨우 집으로 돌아왔으나, 매월 3번, 열흘에 한 번씩 묘소를 찾았다. 춥고 더워도 그만두지 않았고, 나이 80에도 게을리하지 않으니 온 고을 사람들이 모두 탄복하였다. 본군(本郡)인 하동향교에서부터 악양정, 경모당 선비들에 이르기까지 모두 모여서 글을 보내고 서울에까지 알려져 효자를 칭송하는 상을 내리고 효자비를 세울 것을 쾌히 허락하였으나 시대가 변천하여 예전처럼 정려(旌閭) 세우는 풍속이 없어진 것이 안타깝다.

居二十年而遭其父喪 哀痛殊絶 前此其母已沒于海州故鄕 身往 移其所葬負遺骸
來與父合窆于岳陽 距家且三十里 而地在高峯深谷林木蒙密 人跡罕到 旣葬 仍廬
墓側三年 朝夕轚號 虎豹之嗥于門外者 日與常習 不惟不相害 反爲之衛護 天雨雪
坑谷皆滿 其墓則常若淨掃也. 於是聞而進觀者 傾遠近 一辭稱朴孝子 至爲詩以美之

89) ‘멀리서도 가까이에서도 많이들 가서 보았다.’라는 의미이다.

幾成卷軸 及服闋猶不忍離去 被子與婦苦諫乃還 旬定月三省墓 寒暑不廢 耄耋不懈
一鄕之人 莫不嗟歎 自其本郡河東鄕校及岳陽亭 景慕堂 儒紳有會竝皆發文相告
又轉聞于漢師得完議褒彰 而惜其時不古 若無旌閭樹風之路也.

지금 그 손자 순봉이 중론을 모아 동네 어귀에 비를 세우고자 전후(前後)에 있는 글을 가지고 내게 와서 비명을 부탁하거늘 삼강오륜에 마땅한 일이니 내 차마 거절치 못하였다. 효자의 선대(先代)는 고려 개국공신 면천군 술희이다, 중세(中世)는 참봉 여룡(汝龍)인데 이분이 이율곡(李栗谷) 선생을 스승으로 섬겼는데, 여러 번 증직하여 이조판서에 이르고 문온공(文溫公)의 시호를 받았으니 그 근본이 이러하다. 효자의 죽음은 지금부터 30년 전인 임오(壬午)년으로 향년 85세였다. 두 아들이 있으니 요석, 순석인데 순봉은 순석의 아들이다. 덧붙여 다음과 같이 찬한다.

今其孫淳鳳 方采公議 刻石洞外孔路傍以示行過
抱其前後文籍來請余銘 事繫倫綱 自不忍於無言 孝子之先 出高麗開國功臣
沔川君述熙 中世有參奉汝龍 師事栗谷李文成公 屢贈至吏曹判書 諡文溫公
其本源盖有在也 孝子之卒 在今三十年前壬午年 享壽八十五. 二子 堯錫 舜錫 淳鳳
舜錫之子也 附以讚曰.

타고난 것이지 배워서 된 것이 아니고,	良能匪學
감응한 것이지 이적이 아니라네	感通匪異
사람들은 귀하게 되었다 말하나	人道所貴
스스로 다했을 뿐이라네.	自盡而已
청학동에 숨어 살았으니,	靑鶴之隱
회비(淮淝)가 바로 여기로구나	淮淝卽是
사람들 모두 한 목소리이니	衆口同聲
슬프구나 효자여.	嗟哉孝子

임인년 중춘에 의성김씨 김황[90]이 짓고(壬寅 中春 義城 金榥 撰),

90) 김황(金晄, 1896~1978)의 자는 이회(而晦), 호는 중재(重齋). 명신 김우옹(金宇顒)의 후손이고 아버지는 도산서원(陶山書院) 원장을 지낸 김극영(金克永)이며, 어머니는 청송심씨(靑松沈氏)로 심구택(沈龜澤)의 딸이다. 곽종석(郭鍾錫)의 문인으로 파리장서(巴里長書) 사건으로 제1차 유림단 사건과 나석주의 동양척식회사 투폭 등에 모금한 독립운동 자금이 쓰임으로써 제2차 유림단 사건이 일어나 2번의 옥고를 치렀다. 1928년부터 산청군 신등면 내당촌으로 이사하여 강학(講學)을 시작했는데, 약 50년 동안 1천여 명의 문도(門徒)를 길러냈다(한국민족문화대백과, 한국학중앙연구원)에서 인용).

갑인년 동지절에 울산 김기주 쓰고(甲寅冬至節 蔚山 金璣柱 書), 손자인 순봉과 증손인 수동이 삼가 세우다(孫 淳鳳 曾孫 守東 謹竪).

바. 남명 선생이 지나간 백바위를 노래한 산신령 자학 정준영 선생

'자학(子鶴) 정준영(鄭俊泳, 1890~1966) 선생은 필자가 어릴 때 '산신령'이라는 별호로 불리던 어른인데, 그의 호(號)와 같이 학(鶴)처럼 고고(孤高)한 학자이다. 유고집에 《자학유고(子鶴遺稿)》[91]가 있다.

앞서 〈제1부〉에서 소개한 것처럼 자학 선생은 청백음사(靑白吟社)' 창립 주역 중 한 분이다. 자학은 1890년 진양의 갈티마을(구 청암면 위태리)에서 탄생했다. 문충공 포은 선생은 이름난 선조이다. 그는 경술국치를 맞아 분노에 쓸개 틀리고 혈기 끌어 올라 가족들을 데리고 지리산 학동(오늘날 청학동)으로 들어간다. 이곳에 숨어들어온 뜻있는 의사들과 항일투쟁을 기도하였으나 도리어 옥살이만 하고, 서울의 손병희 선생이 뜻있는 이를 모아 광복 운동을 계획한다는 소문을 듣고 찾아가 혈서를 쓰는 등 여러 해 왕래하다가 계획이 어긋나 성공할 수 없음을 깨닫는다.

---

91) 정준영, 《자학유고(子鶴遺稿)》. 서문(序)은 영가(永嘉) 권택용(權宅容, 산청군 단성면 입석리), 번역은 오헌(旿軒) 양삼준(梁三俊)(하동군 청암면 묵계리)이 했다.

별명이 산신령인 자학 정준영 선생 진영. 《자학유고》에서 인용

자학 선생은 "큰집이 무너짐에 적은 나무 부지하지 못함은 당연한 이치"라고 탄식하고, 학동에서 학문에 열중하며 청학동 서당의 훈장을 했다. 빨치산을 피해 소개를 내려와 청암면 평촌리 놋점골 깊숙한 곳에 움막을 짓고 서당을 열어 손자들과 이웃 자제들을 불러 가르치며 "사람의 근본이 윤리 · 도덕에 있으니 '공자 맹자의 가르침과 정자 주자의 학문[孔孟程朱之道]'을 배우지 않으면 소와 말이 옷을 입은 것과 다름없다"라며 교육에 힘을 쏟아 많은 제자를 양성한다. 그가 남긴 《자학유고(子鶴遺稿)》는 민족 수난기에 태어나 통한의 시대를 살다간 한 선비의 고뇌하는 모습이 곳곳에서 묻어난다. 그의 유고집의 발문(跋文)을 참조하여 자학의 행적을 정리해 보면 대략 다음과 같다.

자학은 경술년에 나라가 망하자 분노로 쓸개 틀리고 혈기가 끓어올라 가족을 데리고 학동(지금의 묵계 청학동)으로 이주하여 이곳에 모여든 뜻있는 지사들과 항일투쟁을 기도하는 등 행동하는 지식인으로서 모범을 보였으니 그 하나요, 산골 무지한 곳에 살면서 교육에 앞장서고, 선(善)으로 교화시켜 사람마다 예의를 알게 함이 그 둘째요, 집 뒤에 환학대(喚鶴臺)를 짓고, 백석동천에서 청백사(靑白社)를 모아 뜻있는 지역 유지들과 시를 짓고, 우의를 다지며 교류하니 그 셋째요, 상주처럼 평량립(平凉笠)[92]을

92) 평량립(平凉笠)은 천인 계급이나 상제(喪制)가 쓰는 갓. 패랭이[平凉子]. 선비(士人)들은 상을 당했을 때만 썼다고 한다. 자학이 평소 이 평량립을 쓴 것은 이것은 '망국지민 불가정관(亡國之民 不可正冠)의 정신', 즉 "망한 나라의 백성이 어찌 갓을 쓸 수 있겠는가?"라는 자학(子鶴) 선생의 투철한 우국충정을 엿볼 수 있다.

쓰고 죄인처럼 생활함이 그 넷째요, 이웃 청년들이 죄없이 구속됨에 힘을 다해 그 생명을 구함이 그 다섯째라. 이것이 공의 행적의 대략이니, 한 가지도 어렵거늘 착한 일이 여럿이니 어찌 제 몸만 사리는 썩은 선비들과 같다 하리오! 마땅히 뒷사람들이 사모하고 칭찬할 바로다!

또, 자연을 사랑하고 즐기는 시인이자 엄격한 교육자의 모습을 엿볼 수 있는 시(詩)가 많이 남아있다. 선생의 문하생들은 2015년 청암면 입구 명호리 도로변에 선생의 기적비(紀蹟碑)를 세웠다. 이 비문에 의하면 선생은 "사람의 근본이 '윤리 도덕'에 있으니 사람이 배우지 못하면 짐승(禽獸)에게 옷을 입힌 것과 같다."라며 권학에 힘쓰셨다고 한다. 선생의 문하생들은 '화자계(和子契)'를 모아 선생의 뜻을 이어가고 있었으나 이들도 대부분 고인이 되었다. 비문에 새겨진 선생의 문하생은 다음과 같이 17명이었다.

김용우(金鎔佑) 김규환(金圭煥) 김영찬(金榮燦) 김봉태(金𡏴泰) 배재근(裵在根)
양재옥(梁在玉) 이도근(李度根) 정규석(鄭奎錫) 정수봉(鄭壽奉) 정점범(鄭点範)
정연군(鄭然君) 정연철(鄭然喆) 정택화(鄭宅和) 조도상(曺道相) 조종환(曺宗煥)
최순용(崔順龍) 하근실(河根實)

자학 유고에 실려 있는 〈학생을 꾸짖음(對學生責之)〉이라는 시를 보면 선생의 교육철학을 잘 느낄 수 있다. 이 시는 다음과 같다.

〈학생을 꾸짖음[對學生責之]〉93)

부재불약독진공 浮才不若篤眞工	가벼운 재주는 독실한 진실한 공부보다 못하고
태타원래미유공 怠惰元來未有功	게으름은 원래부터 공을 이룬 적이 없다.
기어세간파랑자 寄語世間波浪子	세상의 떠도는 자들 말에 빌붙어
막장신세척허공 莫將身世擲虛空	자기 신세를 허공에 버리지 말아라.

그리고 《청백사시집(靑白社詩集)》에는 자학 선생의 시가 3편이나 실려있으며, 그는 시집의 발문(跋文)까지 썼다. 이를 보면 당시 자학은 청백음사의 필두(筆頭)가 아니었나 생각된다. 자학 선생의 유고집에는 〈청백사 창립 후에 서로 읊음[靑白社刱立後拈韻相酬]〉, 〈청백사 시회〉, 〈제청백사원각명후(題靑白社員刻名後)〉, 〈유백석탄 사수(遊白石灘 四首)〉,

93) 이 시는 《자학유고(子鶴遺稿)》에서 인용했다. 이하 '자학선생 편'의 모든 시와 글도 이와 같다.

〈청백사사회내록 육수(靑白社社會仍錄 六首)〉 등 청백사 시모임과 관련된 시가 15편이나 있으며, 또 〈청백사시집발(靑白社詩集跋)〉도 실려있다. 선생의 시(詩) 일부를 소개한다. 이하 시는 모두 선생의 유고집에서 인용했다.

〈청백사 창립 후에 서로 읊음(靑白社刱立後拈韻相酬)〉

富春之上鶴溪東 (부춘지상학계동)	부춘동 위 묵계 학동 아래
茶友詩朋來此同 (차우시붕래차동)	술친구 글 친구 여기와 같이 모였네
石老千年磨水白 (석로천년마수백)	오랜 돌 천년동안 물에 씻겨 하얗고
花開四月暎山紅 (화개사월영산홍)	꽃은 사월에 피어 산을 붉게 덮었네
看鹿莫疑秦苑物 (간록막의진원물)	저 사슴 진나라 것으로 보지 말고
垂絲欲把漢桐風 (수사욕파한동풍)	거문고는 한나라 것으로 가져오라
遯世間情捿有所 (둔세한정서유소)	세상 싫은 우리들 놀고 있어 이곳에
一盃一咏盡玆中 (일배일영진자중)	한 잔 들고 한 수 읊노라.

〈청백사 계원의 이름을 새기고[題靑白社員刻名後]〉

俯看濁世仰看天 (부간탁세앙간천)	구부려 혼탁한 세상 보고 우러러 하늘을 보니
刻字煌煌數尺連 (각자황황수척련)	새긴 글자 빛나고, 수 척이나 이어졌네
白石淸灘無恙否 (백석청탄무양부)	하얀 돌 맑은 물 근심은 없었는지
韓公去後又今年 (한공거후우금년)	한록사 가신 뒤 우리들이 왔노라

'청백사원 명단'은 1956년에 '백바위'에 새겼다. 오른쪽 위에 '청백사원(靑白社員)'이 우(右)→좌(左)로 각자 되어 있고, 수직으로 된 암벽에 당시 회원 36명의 명단을 상 · 하 두 줄로 새겼으나 아랫줄은 물결 등에 많이 마모되어 이름을 알아보기 어렵다.

그런데 필자는 이 유고집에서 놀라운 사실을 발견했다. 먼저 1960년경, 청백사 모임에서 쓴 시에서 자학 선생은 “일찍이 남명 선생이 지나가신 곳, 옛날 한록사 낚시하던 곳”이라는 시귀(詩句)를 남겼기 때문이다. 이 시는 위에서 소개한 《청백사시집(靑白社詩集)》에 소개되지 않은 시였다. 그 시는 다음과 같다.

〈청백사 시회(靑白社詩會)〉

山深四月尙餘春(산심사월상여춘)	산이 깊어 사월인데도 아직 봄이라,
望裡殘花綠柳新(망리잔화녹유신)	지는 꽃 바라보며 버들잎 새로 나네
百世冥翁曾過處(백세명옹증과처)	**오래전에 일찍이 남명 선생이 지나가신 곳이고**
一竿錄士舊魚隣(일간록사구어인)	**낚시하던 한록사 예전에 물고기 잡던 곳이네**
燕鶯相和偸閒各(연앵상화투한각)	제비와 꾀꼬리 함께 화합해 한가롭게 지내고,
鹿豕同遊遁世民(녹시동유둔세민)	사슴과 멧돼지 함께 놀며 세상 사람 피하였네
風月雙淸無盡景(풍월쌍청무진경)	바람도 달도 깨끗하여 다함이 없는 풍경이니,
不關塵臼富而貧(불관진구부이빈)	세상에서 잘살고 못사는 건 상관이 없어라

다음으로 주목하는 내용은 자학 선생이 쓴 ‘청백사’ 발문인데, 이글은 《청백사시집 (靑白社詩集)》에 이미 소개되어 있으나, 상당 부분을 수정 혹은 추가한 것으로 보인다. 특히 필자가 주목하는 부분은 “남명 선생의 〈유두류록〉을 살펴보매 ‘용유동’이라 칭하니 또한 이곳이로다. 그렇기에 용유동에서 악양으로 넘으니 속칭 회남재”라는 구절이다.

자학선생 기적비(紀蹟碑). 청암면 명호리.

이상에서 보듯이 100여 년 전에 활동한 이곳 청암골의 지식인들은 이미 남명이 3번이나 드나든 지리산 용유동이 바로 이곳 청암계곡이었으며, 그래서 이곳 용유동에서 악양으로 넘어가는 고개를 ‘남명이 되돌아간 고개’라 하여 ‘회남재(回南嶺)’라고 부르고 있었다는 사실도 알고 있었다. 이로써 회남재와 관련된 남명의 야승은 야사나 전설이 아니라 사실일 가능성이 더욱 커졌다. 《자학유고》에 소개된 〈청백사 시집 발문〉은 다음과 같다.

〈청백사 시집 발[青白社詩集跋]〉

아무리 빼어난 명승지(名勝地)라고 해도 사람이 이름을 드러내지 않으면 궁벽한 골짜기나 황폐한 들판에 지나지 않는다. 사람이 아무리 많이 모여도 술 마시고 즐기기만 하고, 시를 지어 펼치지 않으면 산과 물의 모습을 드러낼 수 없다. 비록 시를 많이 지어도 훌륭하지 못하면 곡조에 맞지 않아 오묘한 맛을 떨칠 수 없고 또한 당시 사람들에게 보일 수 없으니 뒷사람들에게도 전하지 못한다. 시(詩)의 도(道)가 크니 우리들이 어찌 힘쓰지 않으랴

지수절승 인무능천명승자 즉기지미면궁곡황원이지
地雖絶勝 人無能擅名勝者 則其地未免窮谷荒原而止
수인다회 지함배위락이부작시창서 즉불능현산수지면목
雖人多會 只含盃爲樂而不作詩暢舒 則不能顯山水之面目
시수다작 불가즉무이진우진궁침지자미 역무이시시인이전래후 시지도상의
詩雖多作 不佳則無以盡羽振宮沈之滋味 亦無以示時人而傳來後 詩之道尚矣
위오제자기가불면재
爲吾儕者豈可不勉哉.

정유년(丁酉年)[94] 봄에 우리 수십 명이 이곳에 모여 청산(青山)의 색과 백석(白石)의 형상을 사랑하여 청백사로 이름하고 인하여 계를 모으고 옛 난정계(蘭亭禊)를 본떠서 봄, 가을에 모여 놀고 시 지어 읊고 술 마시고 노래하며 온종일 즐기니 가슴이 시원하여 세상에 왜인과 다른 나라 사람들이 국내에 판치고 다님을 알지 못했다. 사방의 선비들 중에서 소문을 듣고 오는 이들이 많아서 해마다 읊은 시가 수십 축이 되었다. 내가 여러 벗에게 말하기를 석실의 수풀 구릉을 사강락(謝康樂)[95]의 시가 아니면 뒷사람이 어찌 맑고 고운 경치임을 알았을 것이며, 여산(廬山)의 폭포를 이태백(李太白)의 시(詩)[96]가

---

94) 1957년의 정유년(丁酉年)으로 보인다. 청백사의 시작은 1941년으로 거슬러 올라간다. 그러나 일제가 태평양전쟁(제2차세계대전)을 일으키면서 청백사의 활동은 위축된 것으로 보인다. 다행히 1945년에 해방을 맞았으나 미군정기를 거친 직후인 1949년부터 시작된 빨치산들의 침공으로 지리산권은 전쟁의 소용돌이에 빠져들어 가면서 청백사의 활동은 침체기를 맞았으나, 1955년 4월 1일에 빨치산 토벌을 끝내고 지리산에 평화가 다시 찾아오자 1956년부터 청백사의 활동이 재개된 것으로 보인다.

95) 사령운(謝靈運, 385~433년)은 동진(東晋)의 명장 사현(謝玄)의 손자로 강락공(康樂公)이라는 봉호를 세습해 사강락(謝康樂)이라 불리는데, 회계(會稽)에 은거하면서 대자연을 찾아다니며 시(詩)를 지어 당시 유행하던 현언시풍(玄言詩風)을 바로잡고 산수시풍(山水詩風)의 길을 개척한 것으로 높이 평가되어 후세에 끼친 영향이 크다. 동시대(同時代)의 도연명(陶淵明)의 자연시(自然詩)에 비해서 인위적인 수사(修辭)의 아름다움에 기울어졌다는 결점이 있으나 당시 사령운의 위치는 어디까지나 정통적이었으며, 《문선》에 40수(首)가 수록되어 있다(《위키백과》, 〈사령운〉에서 인용 작성).

96) 이백(李白)의 시(詩) 《망여산폭포수(望廬山瀑布水)》에 나오는 〈비류직하삼천척(飛流直下三千尺)〉에서 나온 시어

아니면 누가 '삼천 척 떨어지는 기이함(三千尺之奇)'을 알았겠는가?

세정유지춘 오제수십인 공회우차 련청산지색백석지상 이청백사위명
歲丁酉之春 吾儕數十人 共會于此 憐靑山之色白石之相 以靑白社爲名
인수계이난정고사 춘추상회 병오유제시이영지 승취가지영일환연 흉금호호
因修契而蘭亭故事 春秋常會 秉遨遊題詩而詠之 乘醉歌之永日驩然 胸衿浩浩
부지세간유도이수종횡행구치어역중야 사방현우문풍이래자심다 적세적음시
不知世間有島夷殊種橫行驅馳於域中也 四方賢友聞風而來者甚多 積歲積吟詩
역지수십축 여제 우왈 석실지림학 비득사강락지음 즉후인언지 산수함청휘지경
亦至數十軸 余諸 友曰 石室之林壑 非得謝康樂之吟 則後人焉知 山水含淸暉之景
여산비류지폭 부득이태백지시 즉세인나지 직하삼천척지기
廬山飛流之瀑 不得李太白之詩 則世人那知 直下三千尺之奇

지금 우리는 세상 말기의 혼란한 때에 태어나 출사해도 세상에 할 수 있는 것이 없어 모두 물러나 제집에 파묻혀 늙어서 죽을 것이다. 어찌 이 시축을 글자를 끄적인 기예로 여겨서 전하지 않으랴. 우정(愚亭) 강(姜)군이 중론을 모아 책 한 권을 엮어 인쇄하여 세상 사람에게, 우리가 어떤 사람들이며, 어떤 사람들의 시임을 알게 한다면, 다만 우리 계원들의 다행일 뿐만이 아니라 또한 이곳에 은거한 한록사(韓錄事)의 유적이 영원히 전해져 사라지지 않게 될 것이니 매번 모일 때마다 한공(韓公)의 '비로소 이름이 인간에 떨어짐을 알았다'라는 시구(詩句)를 읊을 것이다.

금오제 구생어숙계효란지제 출불능유위어세 퇴이각칩기가로장사의 기가장차축
今吾儕 俱生於叔季淆亂之際 出不能有爲於世 退而各蟄其家老將死矣 豈可將此軸
시여조충소기 이부도전재 우정강군 역합첨의이편집 위일권부제활자 사세지인
視如雕虫小技 而不圖傳哉 愚亭姜君[97] 亦合僉議而編輯 爲一券付諸活字 使世之人
지유모모모인모시 즉비도오사지행 역사은거차동한록사지유적 영전이불후
知有某某某人某詩 則非徒吾社之幸 亦使隱居此洞韓錄事之遺蹟 永傳而不朽
매회시음한공 시지명자락인간 지구
每會時吟韓公'始知名字落人間'之句.

남명(南冥) 선생《두류록》을 살펴보매 용유동(龍游洞)이라 칭한 곳이 또한 이곳이다. 그렇기에 용유동에서 악양으로 넘어가는 것을 속칭 회남령(回南嶺)이라 한다. 이 모두 어진 이를 사모하는 뜻을 부치기에 족하니 만약 우리가 못다 한 일이 있으면 장차 뒤를 이을 군자를 기다려서 잇게 할 것이다.

안남명두류록 칭용유동자역차동야 고자용유이유악양야 속칭회남령
按南冥頭流錄 稱龍遊洞者亦此洞也 故自龍遊而踰岳陽也 俗稱回南嶺
개족우모현지의 약오제불비지사 장대후군자속수이이
皆足寓慕賢之意 若吾儕不備之事 將待後君子續修而已.

(詩語)로 보인다. 이 시(詩)의 전문(全文)은 다음과 같다. '향로봉에 해 비치어 아침 운무 붉은데[日照香爐生紫煙], 폭포를 바라보니 시내를 걸어 놓은 듯[遙看瀑布掛長川], **삼천 척 그대로 날아 쏟아져 내려오니[飛流直下三千尺]**, 구만리 장천에서 떨어지는 은하수인듯[疑是銀河落九天]'에서 인용한 것으로 보인다(이상은 '한국한학연구원(중국학@중심)', 〈365일 한시-이백의 여산 폭포를 바라보며〉에서 인용).

97) 강재헌(姜在憲). 청백사 창립자 중 한 사람으로 〈청암팔경〉을 지었다. 〈청암팔경〉은 〈제1부〉에서 소개했다.

사. 이상향 청학동을 찾은 진주강씨와 죽헌 강웅위 선생[98)]

진주강씨(晉州姜氏) 죽헌(竹軒) 강웅위(姜雄渭, 1925~2015)의 집안은 강웅위의 증언에 의하면 그의 10대조가 경기도 과천에서 경남 고성으로 옮겨왔고, 또 고조부(高祖父)가 고성에서 거창군(居昌郡) 가조면(加祚面) 기리(基里)로 이주를 하였다.

죽헌 강웅위 선생 진영(풍교헌 홈페이지에서 인용)

1912년에 강웅위의 조부 강성준(姜聖埈, 1846~1924, 자(字) 성선(聖善), 호(號) 만각(晩覺))이 아들 강구용(姜九鎔, 1891~1970) 자 한오(漢五), 호 학송재(鶴松齋)를 시켜 미리 청학동을 둘러보게 한 다음, 이듬해인 1913년에 가산(家産)을 정리하여 강성준의 종형제들과 함께 9가구가 집단으로 이주해 왔다. 이주의 목적은 동천 복지를 찾는 것과 왜정(倭政)을 피하기 위한 것이었다. 그때의 시대적 상황이 주권을 빼앗기고 나라는 어지러워지는 혼란기로 어쩌지도 못하는 지식인들이 모색할 수 있는 삶의 한 가지 선택지로

98) 위의 강동의의 논문에서 인용.

이상향 청학동을 찾은 것으로 보인다. 처음 자리를 잡았던 곳은 지금은 사람이 살지 않는 '터골'이라는 곳이다. 하지만 당시 강웅위의 조모(祖母)인 송씨(宋氏)는 많은 친척과 좋은 이웃, 기름진 땅을 두고, 깊은 산골 오지(奧地)로 들어오는 것이 싫어서 청학동에 오지 않고 가조에 그대로 남았다가 결국 1년 뒤에 들어왔다고 한다. 가조는 토지와 기후가 좋고 풍요로운 곳이다. 그런데다 양반가의 사람으로 일과 노동에 익숙하지도 않았던 까닭에 척박(瘠薄)한 산골에 와서 노동으로 생계를 직접 꾸리려니 갈수록 살림은 줄어들었고, 왜정(倭政)이 싫어서 머리를 깎지 않은 관계로 군・면 등의 관청 출입을 피한다는 사실을 파악한 마을 반장이 일부 토지의 명의를 자기 앞으로 이전해 놓아서 거창에서 정리해 온 부유했던 살림은 없어지고 말았다. 해방 후, 곧이어 생긴 여수・순천 사건을 시작으로 청학동은 또다시 새로운 전쟁터가 되자 피란을 떠났다가 전쟁이 끝난 다음 강웅위의 집은 학동에서 아래 지역인 '대밭땀'으로 옮겨 살기 시작했다.

그리고 한국전쟁이 끝나고 폐허가 된 동네에서 살 수가 없음을 느낀 나머지 일족들은 하나, 둘 도시나 밖으로 떠나고, 지금은 청학동에 강웅위의 집안 삼가(三家)만 남았다. 이들의 학문이나 사상적 성향을 살펴보면 학송재(鶴松齋) 강구용(姜九鎔)은 연재(淵齋) 송병선(宋秉璿)[99]의 제자인 온재(溫齋) 강우영(姜友永)[100]에게서 배웠고, 아들인 강웅위는 강구용의 친구이자 연재(淵齋)와 간재(艮齋)의 문인(門人)인 몽헌(蒙軒) 김석규(金碩奎)[101]에게 나아가 배웠다. 하지만 강웅위는 그 당시의 혼란하고 불안한 국내외의 정치 사회적 정세의 영향과 점점 곤란해져 가는 청학동 생활 때문에 거창에 오래 머물며 공부를 할 수가 없는 상황이었다. 몽헌도 강구용에게 강웅위를 보내 달라고 거듭 말했지만, 결국 더는 몽헌에게 배우러 가지 못했다. 강웅위가 사제(師弟)의 관계는 몽헌과 맺었지만, 실질적으로는 부친인 강구용에게 거의 다 배웠고, 또 족숙(族叔)인 석암(石庵) 강위(姜渭)[102]의 영향을 받았다.

99) 연재(淵齋) 송병선(宋秉璿)(1836~1905)은 회덕에서 태어났다. 송시열의 9대손. 1905년 11월 일제가 무력으로 고종과 대신들을 위협하여 을사늑약을 강제 체결하고 국권을 박탈하자 이에 통분하여 고종을 알현하고 그해 음력 12월 30일 자결하였다(이상은 디지털진안문화대전에서 인용, 작성).

100) 강우영(姜友永, 1862~1940)의 관향(貫鄕)은 진양(晋陽), 자(字) 경익(景益), 호(號) 온재(溫齋). 연재(淵齋)의 문인. 온재집이 있다(강동의 논문 재인용).

101) 김석규(金碩奎, 1884~1965)의 관향(貫鄕)은 김해(金海), 호(號) 몽헌(蒙軒), 거창 가조 기리에서 출생. 연재(淵齋) 송병선(宋秉璿)과 간재(艮齋) 전우(田愚) 선생에게 수학, 성품(性稟)은 언제나 담백하고 꾸밈이 없었다. 문집으로 몽헌집(蒙軒集)이 있다(강동의의 논문에서 재인용).

102) 강위(姜渭, 1912~1969) : 고성군 거류면 용산에서 출생, 호(號) 석암(石庵), 회봉(晦峰) 하겸진(河謙鎭)의 제자, 주역과 의술에 밝았고 《석암유고(石庵遺稿)》가 있다.

그리고 강응위 부자의 학문적 성향 중 특이한 점 한 가지는 다른 사람들에 비해 이들은 시(詩) 짓기를 즐기지 않았다는 것이다. 강응위에 의하면 그의 부친 강구용이 평소 말하기를 "선비가 시 짓는데 정신을 빼앗기면 경서를 읽는 데 방해가 되어 올바른 정신과 기운을 기를 수 없다."라고 하며 시를 짓지 않았다고 한다. 강응위 또한 그 영향으로 이웃 어른의 초상(初喪) 때 지은 만사(輓詞)와 시회(詩會)에 참석해 지은 시 등 어쩔 수 없이 남과 같이 어울리는 자리에서 지은 시를 제외하면 혼자 있으면서 지은 시는 없다고 한다. 강응위는 부자(父子)가 다 연재(淵齋)의 재전제자(再傳弟子)이고, 거창 가조는 강우영과 김석규 외에도 연재의 문인이 많은 곳이다.

강응위는 22세의 젊은 나이로 청암 명사마을의 동네 서당 훈장으로 초빙되었다가 한국전쟁 때는 국군으로 참전했으며, 군 복무를 마친 후에도 다시 시목(柿木) 마을과 학동마을 등에서 훈장으로 초빙을 받아 지역에서 여러 제자를 배출하는 등 청학동 지역의 서당 교육과 문화형성에 영향을 끼친 인물이다. 강응위 집안의 사상적 성향 중 두드러지는 것이 강한 배일사상(排日思想)과 풍수지리학에 관심이 대를 이어 강하다는 것이다.

강구용은 평생 머리를 깎지 않았고, 일본인이 있는 곳에는 아예 가지도 않았으며, 아들 강응위 또한 일제에 징병으로 잡혀가던 중 여수에서 탈영하여 해방되는 날까지 토굴 속에서 숨어 지내는 등 유난히 배일사상이 강했다. 그리고 순종(純宗)이 승하했을 때와 순종의 소상(小喪)과 대상(大喪) 때, 최제학과 강구용은 곡(哭)을 하기 위해 남의 눈에 띄지 않는 곳에서 숨어서 함께 곡을 했다고 하는데, 이러한 일은 연재(淵齋)와 면암(勉庵) 문인들이 가진 사상적 성향의 일면을 보여주는 일이라 할 수 있다. 강응위의 조부 강성준은 거창에 있을 때, 선친의 묘를 10번도 넘게 이장(移葬)을 하며 명당을 구하는 데 심혈을 기울였고, 강구용과 강응위 역시 풍수지리에 깊은 관심을 가지고 구산(求山)[103]에 열중하며 명당에 대한 강한 집착을 보였다. 또한, 경상국립대학 한문학과 대학원에서 석사학위를 받은 강응위의 아들 강동의는 선친의 뒤를 이어 청학동에서 '풍교헌'[104]을 운영하면서 한문학자로서 교육자의 길을 걷고 있다.

103) 구산(求山): 산소(山所) 자리를 구(求)함(네이버 한자사전에서 인용)

104) '전통문화체험관 청학동 풍교헌' 홈페이지(https://chunghakedu.modoo.at/?link=7blyx5du)

아. 〈춘추대의 일월고충〉의 의인(義人) 애국지사 습재 최제학 선생[105)]

(1) 습재의 가계와 《습재실기(習齋實紀)》

(가) 습재의 가계와 성장 과정

최제학(1882~1959) 선생의 본관은 탐진(耽津), 호는 습재(習齋), 자는 중열(仲悅)이다. '습재'라는 호는 그가 7세 때부터 배웠던 스승 불류(不流) 이기회(李起晦)가 지어준 것이다. 1882년(고종 19) 3월 17일에 전라북도 진안 목동(睦洞: 현재 진안군 성수면 도통리)에서 아버지 지은(芝隱) 최성호(崔成鎬)와 어머니 흥덕장씨(興德張氏)의 차남으로 태어났다.

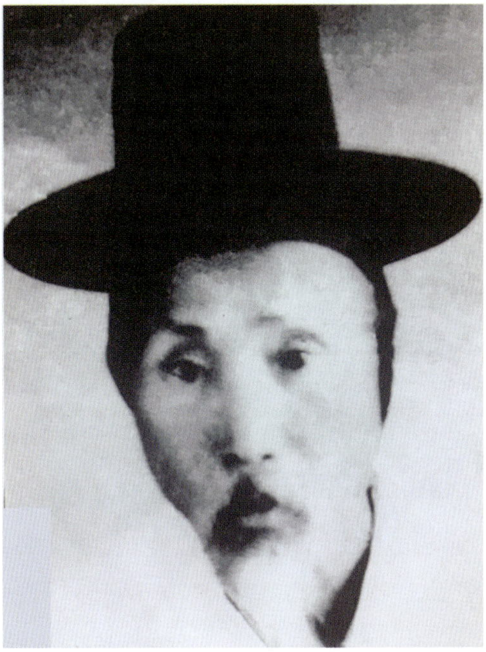

의병, 애국지사 습재 최제학 선생 진영

105) 강동의의 논문과 〈습재(習齋) 최제학(崔濟學)의 생애와 항일활동〉, 안성은〈安成殷〉, 전주대학교 대학원 석사학위 논문(2018.2), 《청암(하복도 편저)》, 블로그 〈습재 최제학 선생의 연대기〉(최승석), 《습재실기(習齋實記)》 등과 훈장증과 묘소 사진 등은 《블로그 이호주 부동산》(선생의 증손부가 운영하는 블로그)에서 인용, 작성했다.

습재 선생의 가계를 살펴보면, 선대는 고려 인종 때 평장사(平章事)를 지내고 상주국(上柱國)의 훈호를 받고 탐진백(耽津伯)에 봉해진 장경공(莊景公) 최사전(崔思全)이다. 최제학의 아버지 최성호는 1839년(헌종 5)에 태어났으며, 맏형 최기호(崔冀鎬)와 막내 최명호(崔明鎬) 삼형제가 효도와 우애로 이름났다. 최제학의 아버지 삼형제는 형제간에 서로 우애 있게 살겠다고 다짐하고, **진안군 성수면 도통리 목동에 삼우당(三友堂)**을 세웠다.

'삼우당' 터에 세운 '애국지사습재최제학선생기념비'. 뒷산 바위에는 '락화석문 (樂和石門)', '삼우당(三友堂)', '삼형제(三兄弟) 이름-기호(冀鎬), 성호(成鎬, 습재 선생 先大人), 명호(明鎬)', '탐진최씨(耽津崔氏) 장구지소(杖屨之所)' 등이 새겨져 있다.

부인은 전주최씨 최준익(崔俊翼)의 딸로, 1894년(고종 33) 12월 18일에 시집왔으며, 최제학보다 26년 전인 1933년 3월 21일에 사망했다. 슬하에 4남 4녀를 두었는데 아들은 익상(益相), 진상(震相), 현상(顯相), 우상(禹相)이고, 딸들은 경주 김재구(金在龜), 옥천 조동찬(趙東璨), 풍천 임동재(任東宰), 김해 김동명(金東明)에게 각기 시집갔다. 습재 최제학은 7세 때 모친 장씨(張氏)의 죽음으로 형수 양씨(梁氏)의 손에서 자랐다. 이후 6년 뒤인 1894년(고종 31)에 아버지 최성호는 진안까지 들어온 동학농민군 김개남의 부대에 의해 중상을 입고 같은 해 8월 4일 사망했다. 습재는 1896년(고종 33) 아버지의 상례가 끝난 후인 20세 때 면암(勉庵) 최익현(崔益鉉, 1833~1906), 연재(淵齋) 송병선(宋秉璿),

송사(松沙) 기우만(奇宇萬, 1846~1916) 등을 찾아갔다. 이후 맏형 최제태의 권유로 1901년 8월 13일에 최제학은 면암 선생에게 폐백을 드리고, 정식 문인 제자가 되었다. 면암은 68세 되던 해인 1900년 4월에 충청도 정산(定山) 구동(龜洞)으로 이주하였다.

1901년에 호서지역 여러 선비가 정산 구동을 방문하며 면암 최익현의 문인이 되었는데, 최제학도 이 시기에 면암과 사승(師承) 관계를 맺게 된 것이다. 면암은 문인으로 습재를 받아들이고 그에게 학문을 권장하는 글을 지어주기도 하였다. 면암 최익현은 최제학의 아버지 최성호에 대한 묘표를 지어주기도 하였고, 아버지 삼형제가 우애를 다짐하며 건립한 삼우당에 대한 기문도 써주었다. 한편 《습재실기》의 〈유사〉를 살펴보면, 최제학의 집안은 해마다 거둔 곡식이 천 석(千石) 가까이 될 만큼 많은 재산을 소유하고 있었다고 전해진다. 이처럼 최제학의 경제적 기반은 향촌 사족으로서 위상과 의병 활동 군자금을 마련하는 데 큰 도움이 되었음을 보여준다.

최제학은 1905년 1월 29일 면암을 만나기 위해 서울로 출발하였다. 출발한 지 7일 뒤인 2월 6일에 서울 석동(錫洞)에 머물고 있던 면암 최익현을 만났다. 이때 최제학은 당시 면암이 상소[106]를 올려 일본을 배척한다는 이유로 곤욕을 당하는 상황을 목격하게 된다. 이날 면암이 명동에 있는 일본군사령부에 구금당하였는데 최제학은 면암의 자손이자 문인인 최전구(崔銓九)와 함께 최익현을 모시고 따라갔다. 이후 최제학은 약 19일 동안 두 차례 면암이 구금되었다가 정산 본가에 이르기까지 계속해서 면암과 동행했다.

최제학이 24세 때인 1905년 10월에는 을사늑약이 체결되었다. 전국 각지에서 을사늑약을 반대하는 전·현직 관료와 유학자의 자결로 인하여 전국적으로 항일투쟁의 열기가 높아졌다. 최제학은 강제 체결 소식을 면암의 정산 구동 집에서 듣게 되었다. 이처럼 최제학은 1901년 면암과 사승(師承) 관계를 맺은 후 여러 차례 면암을 방문하면서 시대적 상황을 목도(目睹)하였다. 이후 최제학은 그가 25세가 되던 해 자신의 경제적 기반을 모두 소진하며 헌신적으로 태인 의병 활동에 가담하며 면암의 최측근으로 활약했다.

---

106) 1904년(고종 41) 면암 최익현은 다시 궁내부 특진관과 의정부 찬정(贊政)에 임명되었는데, 4차례에 걸쳐 사직소를 올려 이를 사양하였다. 그러나 이듬해에는 고종의 부름을 받아 상경하여 국난을 극복할 5가지 방안을 건의했다. 고종이 이러한 건의를 수용하지 않자 면암 최익현은 이후 4차례에 걸쳐 상소를 올렸다. 최익현은 이 상소를 통해 고종에게 5개 조의 방안 수용과 일제로부터의 차관 도입 중단, 국가 기강 확립을 요구하였으나 어느 것도 받아들여지지 않았다. 최익현의 3차례의 상소를 모두 수용하지 않았던 고종은 이번에는 최익현에게 경기관찰사(京畿觀察使)를 제수하였다. 최익현은 4번째 상소를 통해 사직의 뜻을 표하면서 자신을 경기관찰사로 임명하는 것은 5개 조의 헌책(獻策) 수용 요구를 무마, 호도하려는 것이라고 성토하였으며, 혼란한 시국을 수습하고 국권을 회복하려면 일제에 부역하는 매국노부터 단죄해야 한다고 역설하였다.

(나) 《습재실기(習齋實紀)》의 체제와 구성

《습재실기》는 석인본(石印本)[107]으로 12행 27자이며 반곽(半郭)은 22.5×14.8(cm), 판심(版心)[108]은 상흑어미(上黑魚尾)[109]이다. 1959년 최제학이 사망하고 3년 후에 종손(從孫) 최병섭(崔炳燮)의 주도로 간행되었다. 《습재실기》는 최용식(崔龍植)과 구연건(具然建)의 서문(序文), 상편과 하편, 부록으로 구성되어 있다. 상편은 〈수중시초(囚中詩抄)〉, 〈서간습유(書簡拾遺)〉, 〈잡저(雜著)〉 순이다.

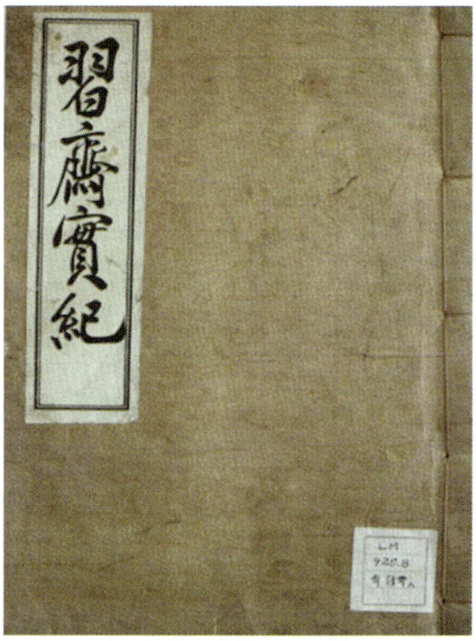

《습재 실기》 표지 (디지털 진안문화대전에서 인용)

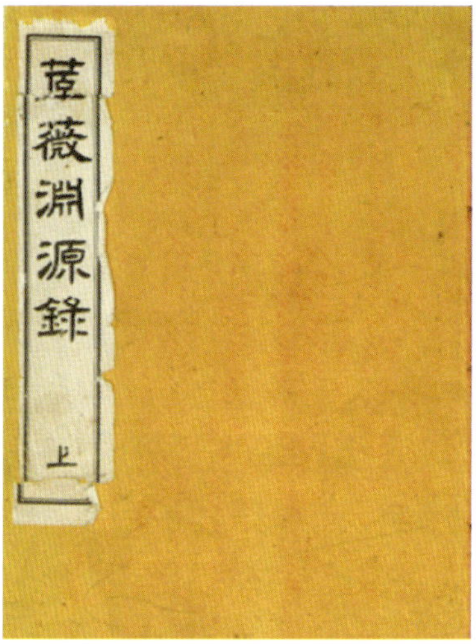

《채미연원록》 표지 한국국학진흥원-유물관-고도서에서 인용)

---

107) 석인본은 석판 인쇄 방법으로 찍어낸 책을 말한다. 석판은 평판인쇄(平版印刷)의 초기 형태로, 처음에는 독일 바이에른 석회석을 이용하여 수용성 부분을 생기게 하고 그 부분에 유성잉크를 칠하여 종이에 인쇄할 수 있는 원리를 응용한 것인데, 독일인 제네펠더(Senefelder,A.)가 발명한 것이다. 당시에는 악보 · 지도 · 잡의 · 만평 등에 많이 쓰였으며, 19세기에는 책 장식과 다양한 종류의 삽화에 이용되었다. 시간이 지나감에 따라 석회석 대신 아연판 · 알루미늄판 · 플라스틱판으로 대체되었고, 사진 기술 발달로 사진석판술과 오프셋 석판술로 발전되었다. 이러한 석판술이 우리나라에 전래 된 것은 19세기 말의 개화기였다(한국민족문화대백과사전에서 인용)

108) 판심: 옛 책에서 책장의 가운데를 접어서 양면으로 나눌 때 그 접힌 가운데 부분(표준국어대사전)

109) 상흑어미: 어미(魚尾)란 서지학에서 판심(版心)의 상하에 물고기의 꼬리 모양으로 장식, 즉, 어미를 넣고, 그 중앙에 책 이름 따위를 적는 것을 이르는 말인데, 상하하향흑어미(상:, 하:), 상하내향흑어미(상:, 하:), 상하내향삼엽화문어미, 상이엽화문어미(상:, 하:공백), 상흑어미(상:, 하: 공백), 상백어미(상: , 하: 없음) 등이 있다. 상흑어미는 검게 채워진 물고기 꼬리 모양 문양이 위에만 있고 아래에는 없는 것을 말한다(《표준국어대사전》, 〈동장본 형식〉 등에서 인용)

〈수중시초〉는 총 17수로, 최제학이 일본군사령부에 체포되었던 6개월[110] 동안의 옥중 감회를 적은 한시이다. 면암 관련 4수, 가족 관련 3수, 의병 활동에 가담한 인물 관련 5수, 기타 5수가 있다.

다음 〈서간습유〉는 총 17편으로, 최제학의 서간을 수습한 것이다. 면암 최익현에게 보낸 편지 4편, 송사(松沙) 기우만(奇宇萬)에 보낸 편지 2편, 호암(壺巖) 장진욱(張鎭旭)에게 보낸 편지 5편, 관찰사 이용직(李容稙, 1852~1932)에게 보낸 편지 1편, 장수군수 정휴탁(鄭休鐸)에게 보낸 편지 1편, 면암의 맏아들 최영조(崔永祚)에게 보낸 편지 1편, 고산에 사는 진사 윤자신(尹滋臣)에게 보낸 편지 1편, 조카 최은상(崔殷相)에게 보낸 편지 1편, 마지막으로 기타 1편이 실려있다. 상편의 마지막 부분인 〈잡저(雜著)〉는 총 5편으로, 최제학이 항일활동에 참여하면서 직접 전말을 기록한 것이다. 잡저의 내용은 다음의 [표]와 같다.

상편은 습재 최제학이 의병 활동에 직접 참여하여 날짜별로 전말을 수록한 자료로, 의병 활동의 주체자가 직접 기록했다는 점에서 현장감과 생생한 활동상, 기개를 엿볼 수 있다. 하편에는 최제학의 행록(行錄)과 묘도문자, 부록 등이 실려있다. 하편의 구성을 살펴보면, 유사(遺事), 전(傳), 묘지명(墓誌銘), 묘표(墓表), 제문(祭文), 만사(挽詞)로 구성되어 있다. 유사는 최병섭이 최제학의 일생을 기록한 글로 전, 묘지명, 묘표의 기본 자료가 되었다.

〈표1〉《습재실기》의 〈잡저〉(안성은의 논문에서 인용)

순번	편명	내용
1	을사부경일기(乙巳赴京日記)	1905년 1월 29일부터 2월 24일까지의 기록으로, 최제학이 면암을 만나기 위해 서울로 올라간 경위와 당시 면암이 일본군사령부에 구금되었다가 정산(定山)으로 이송하는 일이 서술되어 있다.
2	을병거의일기(乙丙擧義日記)	1905년 을사늑약 체결로 인하여 일어났던 태인의병의 전개 과정과 그 전말을 자세히 서술하고 있다.
3	마관반구일기(馬關返柩日記)	1906년 11월 17일 대마도에서 순국한 면암의 시신을 반장(返葬)한 장례일지이다. 10월 19일부터 12월 22일까지의 18일간 행적이 기록되어 있다.
4	정경회상록(丁庚回想錄)	1907년 8월 4일부터 1910년까지 기록으로, 다시 의병을 일으키고자 도모했으나 결국 좌절로 끝나게 된 전말을 회상한 기록이다.
5	방장산필(方丈散筆)	1915년 가족들을 데리고 지리산으로 들어간 이후 학문에 관한 견해를 서술한 것이다.

110) 최제학은 4개월 구금형을 받았지만, 실제 수감 일자는 태인 의병이 해산된 직후인 1906년 윤4월 27일부터 10월 25일까지 총 6개월이다(안성은의 논문에서 재인용)

전(傳) 2편은 습재 최제학의 지기였던 고당(顧堂) 김규태(金圭泰)와 긍당(肯堂) 이규헌(李圭憲)이 지었고, 묘지명은 회산(檜山) 최익(崔益), 묘표는 봉림(鳳林) 오형선(吳衡善)이 지었다. 옥천(玉川) 조민식(趙敏植)과 용궁(龍宮) 김진권(金珍權) 외 4명의 제문과 김규태, 최용식 외 24명의 만사가 각각 실려있다. 부록은 〈제가시문초(諸家詩文抄)〉, 〈매천야록초(梅泉野錄抄)〉, 〈실기편찬시통문(實紀編纂時通文)〉, 〈동인역찬조방명록(同印役贊助芳名錄)〉이 실려있고, 끝으로 장인수와 최제학의 첫째 아들인 최익상의 발문(跋文)이 수록되어 있다.

(2) 태인 의병과 습재 최제학

태인 의병 진군로(안성은의 논문에서 인용)

이토 히로부미伊藤博文, 1841~1909)가 병력을 동원하여 대한제국 정부를 위협한 후 '5조약'을 강제로 체결했다는 소식을 들은 면암은 당시 병환이 심하여 직접 상소하지 못하고, 아들 최영조를 통해 을사오적을 엄하게 꾸짖는 상소를 올리게 하였다. 그 이후, 최제학은 면암 최익현이 주도한 노성(魯城) 궐리사(闕里祠)에서 유회(儒會)를 개최하기 위해 통문과 포고문을 전달하는 등으로 활약하여 지역 유생 300여 명이 모였으나, 면암은 마음에 맞는 선비들이 모이지 않음을 안타깝게 여기고 서고(誓告)를 지어서 각 군 향교에 발송하여 내년 1월 20일에 진위(振威, 지금의 평택)에서 모여 규혼(叫閽)[111] 하자고

111) 규혼(叫閽)은 '대궐 문에서 부르짖는다'라는 뜻으로 조정에 올리는 상소를 이르는 말이다(네이버 사전).

결의하였다. 하지만 일본 측에서 이를 미리 탐지하고 진위에 군사를 배치하여 실행하지 못하였다.

면암이 호남으로 내려오기 두 달 전 궐리사 모임 직후부터 최제학은 의병을 준비하고 있었다. 그 후 최제학은 장진욱과 함께 자신의 전장(田庄)을 팔아 군량 마련 및 군수품 조달을 계획하고 실행하였다. 궐리사 강회의 결의와 진위 모임이 사실상 답보상태에 이른 상황에서 1906년 1월 2일 고석진(高石鎭)이 면암에게 의병을 일으키자고 청하였다. 이 의견을 받아들인 면암은 판서 이용원(李容元), 김학진(金鶴鎭), 관찰사 이도재(李道宰), 참판 이성렬(李聖烈), 이남규(李南珪), 면우(俛宇) 곽종석(郭鍾錫), 간재 전우 등에게 편지를 보내 함께 거의(擧義) 하기를 청하였지만 모두 동조하지 않았다.

이러한 상황에서 고석진은 태인 종석산(鍾石山)에 있던 임병찬을 추천하였다. 면암은 즉시 태인의 임병찬, 운봉(雲峯)의 박봉양(朴鳳陽), 전주 최상규(崔相奎)에게 편지를 쓰고 이것을 최제학이 전달하도록 하였다. 최제학은 종석산의 여막에 있는 임병찬을 만나 면암의 편지를 전달하고, 다음날 1월 20일 거의(擧義)에 동의한다는 임병찬의 답서를 받았다. 면암과 임병찬은 서로 거의(擧義)에 동의하고 마침내 면암은 호남행을 결심하여 1906년 2월 21일 정산에서 호남으로 출발하였다.

당시 면암 최익현은 73세 고령에다가 일본군의 감시와 정산 10리 이외 이동 제한을 받는 상황이어서 면암의 호남행은 비밀리로 진행되었는데, 정산에서부터 호남으로 내려와 임병찬을 만날 때까지 줄곧 최제학은 면암을 곁에서 모시면서 경로와 거처 마련 등의 임무를 수행했다. 면암 최익현과 임병찬의 만남은 태인 의병 결성에 있어 결정적인 계기였는데, 최제학은 면암과 임병찬 사이에서 연락을 담당하는 중요 인물이었다. 면암은 의병 모집, 군량 비축, 훈련 등을 모두 임병찬에게 위임하였다. 최제학의 선대인 삼형제가 우애 있게 살겠다고 다짐하고 세운 삼우당(三友堂)은 면암 최익현이 거의(擧義)를 하기 전 비밀리에 거처했던 중요한 곳이다. 윤사월 13일 태인 의병이 드디어 결성되었다. 면암은 일본 정부에 대해 글을 보내어 16가지 죄112)를 성토하였다. 순창으로 회군한 태인 의병의

112) 1906年 6월 4일 최익현(崔益鉉)은 태인(泰仁)에서 의병의 기치를 들고 고종 황제(高宗 皇帝)에게 의병을 일으킨 동기와 을사조약(乙巳條約) 폐기의 필요성을 역설하는 상소문을 올렸으며, 각 지방에 격문을 돌려 의병부대에 호응할 것을 호소하였다. 또 일본공사관(日本公使館)에 일본의 기만적(欺滿的) 행위를 16개 조목에 들어 규탄하는 서한을 보내어 일본의 죄악상을 폭로 공격하였다. 그가 든 16개의 죄악상을 보면 다음과 같다.

첫째, 타케조에 신이치로(竹添進一郎)가 갑신정변(甲申政變)을 일으켜 황제(皇帝)를 위협하고 대신들을 살육(殺戮)한 것.

둘째, 오오토리 케이스케(大鳥圭介)가 갑오년(甲午年)에 궁궐을 불태우고 재물을 약탈한 점.

셋째, 미우라 고로(三浦梧樓)가 민비(閔妃)를 살해(弑害)한 점.

군세는 900여 명으로 많이 증가했다. 하지만 그 절반은 유생들이었고, 총을 가진 자는 적었다.

윤사월 20일 이른 아침 광주 관찰사 이도재(李道宰)가 사람을 보내어 칙지(勅旨)를 전달하였다. 그 칙지 내용은 의병을 모두 해산하라는 것이었다. 이에 면암은 '이미 소장을 올려 의병을 일으키게 된 연유를 주달하였으니 종당 비답(批答)을 받들게 될 것이며, 나의 진퇴에 관해서는 관찰사의 직권으로 지휘할 바가 아니다.'라고 답하였다. 이윽고 적으로부터 4방에서 공격을 받게 되었다. 면암은 즉시 나가 싸우고자 하였는데, 척후의 보고에 '2부대는 모두 왜적이 아니고 바로 전주 · 남원의 2진위대였다.'라고 하므로 '동족끼리 서로 박해하는 것을 원하지 않는다.'라며 해산하도록 명하였다.

그 후 면암 최익현은 두세 번 의병군에게 해산하도록 타일렀지만, 아직도 100여 명이 남아있었다. 오후 6시경에 포 소리가 연달아 일어났다. 면암 최익현은 남아있는 사람에게 여기는 죽는 곳이니 부모 처자가 있는 자는 모두 떠나라!"라고 하였다. 이윽고 탄환이 쏟아지고 기와와 벽이 무너지는 데도 22명이 선생을 호위하였다. 오후 8시경 탄환 하나가 벽을 뚫고 들어왔는데 정시해가 그 탄환에 맞아 순국하였다.

이때 자리에 남아 있던 사람은 면암 최익현과 임병찬, 최제학 · 고석진 · 김기술 · 문달환 · 임현주 · 유종규 · 조우식 · 조영선 · 나기덕 · 이용길 · 유해용 등 이른바 순창 12 의사였다. 윤사월 23일 면암과 임병찬을 비롯한 11명은 줄지어 묶여갔다. 이들을 압송하는 일본 군경과 대한제국 순검 등은 무려 80여 명이나 되었다. 이로써 태인 의병은 거병한 지 열흘 만에 종식되었다. 그 후, 윤사월 29일, 최제학의 심문은 다음과 같이 이어졌다.

넷째, 하야시 콘스케(林權助)와 하세가와 요시미치(長谷川好道)가 위협하여 경제(經濟)를 약탈한 점.

다섯째, 군사상의 이유를 들어 우리의 토지를 강점하고 백성을 침해 학대한 점.

여섯째, 철도와 토지를 用兵의 목적으로 강점하고는 그것을 돌려주지 않는 점.

일곱째, 이지용(李址鎔)을 유혹하여 한일의정서(韓日議定書)를 늑결(勒結)한 점.

여덟째, 우리의 애국지사를 살륙·체포·감금한 점.

아홉째, 일진회(一進會)와 같은 매국단체(賣國團體)를 교사(敎唆)하고 보안회(保安會)·유약소(儒約所) 등 애국단체를 치안 방해라는 이유로 박해한 점.

열째, 백성들을 노역(勞役)에 혹사하고 이를 속여 몰래 '멕시코'같은 곳으로 팔아 버린 점.

열한번째, 우리의 통신 기관을 탈취한 점.

열두째, 고문정치(顧問政治)를 실시한 점.

열셋째, 재정 정리라는 이름으로 우리 정부에게 차관(借款)을 주어 국가 재정을 파탄시킨 점.

열넷째, 을사조약(乙巳條約)을 강제 체결한 것.

열다섯째, 외교권을 탈취한 점.

열여섯째, 이민조례(移民條例)를 강제 체결케 한 점(이상은 《한국사 총설 DB》〈을사조약 반대항쟁〉에서 인용).

(윤4월 29일 취조 내용)

(취조관) "네가 최익현을 따라 의병을 일으킨 것은 무슨 까닭이냐?"
(최제학) "너희들이 을미년(1895)에 우리 국모를 시해하고 을사년(1905)에 우리 임금을 협박하여 우리 강토를 빼앗고 삼강오륜을 무너뜨렸기 때문에 나는 스승님을 모시고 군사를 일으켜 너희 원수 놈들을 섬멸해서 우리 민족의 원한을 깨끗이 씻으려는 것이다."
(취조관) "너희들 13명이 죽음을 다짐하고 공모했느냐."
(최제학) "그렇다."
(취조관) "누가 주모자냐."
(최제학) "내가 주모자다. 교활한 오랑캐 놈들아. 어찌 네 칼을 뽑아서 내 목을 치지 않느냐. 내 목은 칠지언정 내 뜻을 빼앗지는 못한다. 빨리 나를 죽여라."
다음날 윤사월 30일에도 최제학은 조사실로 끌려와 주도자가 누구냐는 심문을 받으며 여러 차례 고문을 당하였으나 끝까지 굴복하지 않았다.

(윤4월 30일 취조 내용)

(취조관) "김기술 · 고석진이 주모자가 아니냐."
(최제학) "어찌 꼭 김기술과 고석진 두 사람만 주모자겠느냐. 이 일행 13명이 모두 주모자다." 〈중략〉
(취조관) "네 스승이 상소할 적에 집필한 자는 누구며, 가져다 바친 자는 누구냐."
(최제학) "사람마다 각각 제 임금을 위하고 제 나라를 위하는 법인데, 우리 스승이 우리나라를 위해 우리 임금에게 상소한 것인데 네 왜적 놈들에게 무슨 상관이란 말이냐."
(취조관) "우리가 이미 염탐해 알았다. 방조자가 최영설이 아니냐. 너는 초모관(招募官)이 되고, 고석진은 참모관(參謀官)이 되고, 임병찬은 중군장(中軍長)이 되었다는 사실이 이미 명백히 드러났는데 어째서 바른대로 대지 않느냐."
(최제학) "나는 모르는 일이다. 네 마음대로 해석해라."
(취조관) "이용길의 비밀 칙지 사건을 너도 아느냐."
(최제학) "모른다."
(취조관) "네 스승 최모에게도 비밀 칙지가 있다고 하니 반드시 정부 대관(大官) 중에 서로 통하는 자가 있다. 너는 아느냐."
(최제학) "나는 비록 뼈가 가루가 되어도 단호히 말하지 않겠다."
(취조관) "공의 스승이 6, 7명의 대관과 암통한다는 데 과연 그런가?"
(최제학) "6, 7명의 대관이 누구냐?"
(취조관) "민병한(閔丙漢) · 민경식(閔景植) · 이봉래(李鳳來) · 민형식(閔亨植) · 김승민(金昇旼)이다."
(최제학) "내가 비록 매를 맞아 죽을지라도 사실이 없는 것은 단호히 거부하겠다."

'일본 헌병대에 체포, 압송되고 있는 면암'(사진은 한국학중앙연구원《한국 기록유산(Encyves)》에서 인용)

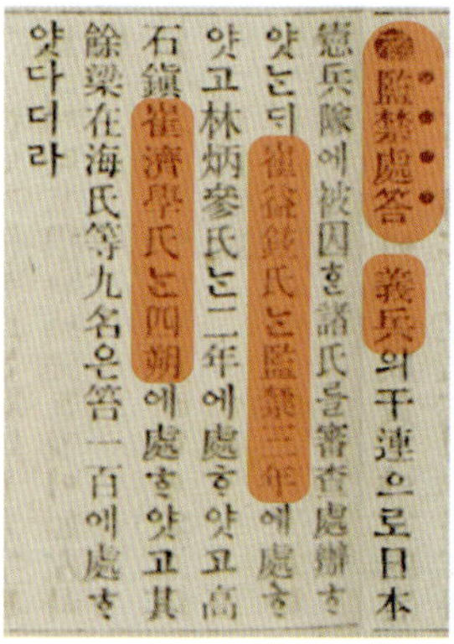

監禁處答 義兵의干連으로日本憲兵隊에被囚ᄒᆞᆫ諸氏를審査處辦ᄒᆞ얏ᄂᆞᆫᄃᆡ崔益鉉氏ᄂᆞᆫ監禁三年에處ᄒᆞ얏고林炳瓚氏ᄂᆞᆫ二年에處ᄒᆞ얏고高石鎭崔濟學氏ᄂᆞᆫ四朔에處ᄒᆞ얏고其餘梁在海氏等九名은笞一百에處ᄒᆞ얏다더라

"최제학 4삭(朔) 감금"이라는 '감금처답(監禁處答)' 신문보도(국립중앙도서관(황성신문) 1906.8.18. 인용)

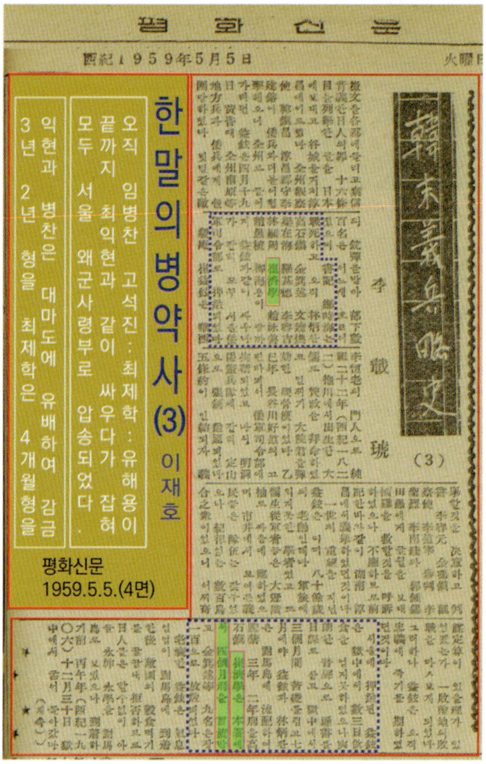

평화신문

西紀1959年5月5日 火曜日

韓末義兵略史 李載號 (3)

〈역사가 된 한말 의병 이야기〉 '최제학 압송', '최익현 감금 3년, 최제학 4월에 처한다'라는 내용이 보인다(국립중앙도서관 신문 아카이브, 평화신문 1959.5.5. 인용 · 작성)

6월 25일 일본군은 이들에게 군율위반죄를 적용하여 변암 최익현은 대마도 감금 3년, 임병찬은 감금 2년, 최제학과 고석진은 일본군사령부 감금 4개월, 나머지는 장형 100대를 선고하였다. 당시 상황은《고종시대사》제6집[113],《황성신문》[114]을 통해 알 수 있다.

최제학은 구금된 상황에서 6월 27일 최익현이 대마도로 압송된다는 신문 기사를 보았다. 7월 8일 임병찬은 최제학과 고석진이 있는 5호 감방에 일본군과 함께 와서 이별을 알렸다. 이날 최익현과 임병찬은 대마도의 이즈하라(嚴原)에 소재한 일본군 위수영(衛戍營)으로

113)《고종시대사》, 1906년(광무10), 〈의병장 최익현은 금고 3년형〉

114)《황성신문》, 1906년(광무10) 8월 18일자

압송되었다. 그 후 최제학은 대마도로 이수(移囚)된 스승 최익현을 생각하며 5수의 시를 지었다. 또한 당시 일본군에 고용되어 일하는 한국인을 보며 시대에 상심을 느껴 시를 짓기도 하였는데, 일본 세력에 빌붙어 먹고 사는 자들에 대해 민족혼을 망각한 행위라고 개탄하기도 하였다.

(3) 태인 의병 이후 '항일의 삶'을 살다

(가) 면암 최익현 선생의 죽음과 장례

- 1906년 7월 8일 면암 최익현과 돈헌(遯軒) 임병찬은 기차를 타고 서울을 떠나 오후 6시경(酉時) 부산 초량(草梁)에 도착하였다. 당시 면암의 세 아들인 최영조(崔永祚) · 영학(永學) · 영설(永卨)과 돈헌의 아들 임응철(林應喆), 임병찬의 아우 임병대(林炳大)를 비롯하여 습재 최제학의 맏형 최제태 등이 부산 초량까지 두 의사의 압송 길을 동행하였다. 면암과 돈헌은 부산 초량에 도착하자마자 배에 올랐다.[115)]
- 7월 9일 아침 7시경(辰時)에 대마도 이즈하라(嚴原) 항구에 도착하였다. 이들은 20일 전에 대마도로 유폐된 홍주 9 의사가 감금되어 있던 시마오 소스케(島雄莊介)의 개인 소유인 잠실교사(蠶室教舍)에 유폐되었다.
- 10월 16일 의병들은 잠실교사를 떠나 대마(対馬) 경비 보병대대 병영 내에 신축한 감금소 건물로 이거(移居)하였다.
- 10월 25일 최제학은 고석진과 함께 일본군사령부에 감금된 상태에서 임병찬을 통해 최익현이 병세가 악화된 소식을 듣게 되었다. 이 소식을 들은 최제학은 석방되자마자 고석진과 최익현의 맏아들 최영조, 노병희(魯炳憙) 등과 수의를 마련하여,
- 10월 27일 부산으로 향하였다.
- 11월 3일 부산에 도착한 최제학 일행은 비로소 배편을 얻어 출발하였지만, 파도와 바람 때문에

115) 〈면암 최익현 유배도〉(63.5cm×143.5cm)는 1932년 이후에 채용신 공방에서 그린 그림 두 장이다. 왼쪽에는 일본인이 끄는 인력거를 탄 면암 선생 뒤에 장남 최영조, 차남 최영학을 비롯해 임병찬, 임병대, 임응철, 최제태, 최영설, 최만식, 최전구, 이승회 등 10명이 뒤따르고 있고, 오른쪽에는 부산 초량역에 기차가 도착, 부산항에 도착한 면암과 임병찬 선생이 조각배에 올라 일본 상선으로 옮겨 타고 오륙도를 거쳐 대마도로 향하는 모습이 담겼다. 이 그림은 청양군 '백제문화체험박물관'에 보관 · 전시 중이다. 이 그림을 이 책에 소개하려고 박물관 측에 사용 요청을 했으나 사용료 등의 문제로 허가 신청을 포기했다. 이 〈면암 최익현 유배도〉에 관심이 있는 분은 청양군 '백제문화체험박물관' 〈전시유물 정보〉나 연합뉴스 〈독립운동가 '면암 최익현 선생' 일본 대마도 유배도 발견〉(2016.10.20.) 기사를 참고하세요(《백제문화체험박물관》 유물 정보 및 연합뉴스에서 인용 · 작성).

절영도(絶影島)에 정박할 수밖에 없었다. 절영도는 영도(影島)의 옛 이름이다.

- 11월 4일 대마도에 도착해 최익현을 문후하였다. 의원 출신 노병희는 최익현의 병환을 진단하여 풍증(風症)을 고치는 약재를 구하는 것이 시급하다고 판단하였다.
- 1906년 11월 7일 임병찬은 최제학과 고석진에게 부산으로 가서 약재를 구하라는 임무를 맡기고, 부산에 머물면서 전보로 상황을 알리게 하였다.
- 11월 9일 최제학, 고석진은 부산으로 돌아와 초량의 상무사(商務社)에서 유숙하였다.
- 11월 11일 최제학의 형 최제태와, 종질 최정상, 최익현의 둘째 아들인 최영학, 강영두(姜永斗)의 종질 강갑수(姜甲秀)가 부산에 도착했다.
- 11월 11일 이들이 대마도로 출발하려 할 때 최제학은 그편에 몇 종의 약재를 부쳐 보냈다.
- 11월 17일 최제학은 부산에 도착한 9일부터 16일까지 최익현의 병환이 위중하다는 전보를 몇 차례 받았는데, 마침내 동월 17일 '선생 인시 졸(先生 寅時 卒)'이라는 전보를 받았다. 최제학과 고석진은 대마도로 건너갈 수 없는 상황에 망곡(望哭)하고 조선에서 치상(治喪) 준비에 몰두하였다.
- 11월 21일 반구(返柩) 행렬을 맞이하기 위해 최제학은 최익현의 자제 및 조카들과 부둣가에 나와 기다렸다. 이날 아침 일본 선박 약진환(若津丸)이 부산 초량에 정박하자 최제학과 최익현의 자제와 조카, 문인들이 삼판선(三板船)을 타고 배에 올라가 최익현의 관을 육지로 옮겼다. 최익현의 영구가 부산 상무사에 안치되자, 수많은 인파가 통곡하였다. 상무사 사원 1,000여 명이 대여(大轝)와 영거(靈車)를 마련해 "춘추대의 일월고충(春秋大義 日月孤忠)" 여덟 글자를 비단에 크게 써서 걸고 상무사로 가서 전제(奠祭)를 올렸다(양력 1906년 1월 6일).

〈이의주의 기록화-면암 선생 유해 부산 환국〉 '춘추대의(春秋大義) 일월고충(日月孤忠)'이라 쓴 만장(輓章)이 휘날리고 있다(그림은 한국학중앙연구원의 《한국기록유산》에서 인용. 《대순회보》(24호, 1991.6)에도 흑백 사진이 실려있다)

- 11월 22일 최제학과 최익현의 자제 및 문인 일행은 성복(成服)하고, 최익현의 시신을 장지인 충남 정산에 운구할 준비를 했다. 그 후 양산(梁山)-김해(金海)-거인리(居仁里)-관장대(官場垈)-벽송정(碧松亭)-창원(昌原)을 거쳐 자여역(自如驛)에 도착하였다.
- 11월 27일 창원읍(昌原邑)에 이르자 마산(馬山) 경부(警部)의 엔도 타다오키〔遠藤忠興〕라는 자가 순사 10여 명을 이끌고 와서 조문객이 많아 민심이 동요하여 폭동이 있을까 염려된다는 핑계를 대었다.
- 11월 28일 영산(寧山)의 포진(蒲津)을 건너 저녁에 창녕읍(昌寧邑) 작청(作廳, 질청)에 도착하자, 군수 민병길(閔丙吉)이 사람을 보내와 "왜놈 대장이 치안에 방해가 된다는 핑계로 억지로 운구를 기차로 옮기려 하였습니다."라고 하니, 이 말을 들은 최익현의 자제와 문인 제자들은 기차로 운구할 수 없다는 의견을 강력히 주장하였다. 일본 측에서는 육로로 가는 것만을 허락하고 수행하는 사람을 호상(護喪)과 사화(司貨), 사서(司書)로 제한하였다. 최제학은 사서로 최익현의 영구를 계속 수행하였다.
- 11월 29일 운구 행렬이 매산리(梅山里)를 거쳐 현풍읍(玄風邑)에 도착하였다.
- 12월 2일 영구가 부상여사(扶桑旅舍)-금산(金山)-금천(金泉) 시장-봉계(鳳溪)-미륵당(彌勒堂)-옥천(沃川)-송기(松崎)를 넘어 삼치리(三峙里)를 지나 증약역(增若驛) 도착.
- 12월 7일 저녁 무렵에 정산(定山) 장구동(長龜洞) 본가에 도착하여 중화당(中和堂)에 영구를 봉안하니, 곧 선생께서 평소에 기거하시던 곳이다. 다음날 중화당에 영좌(靈坐)를 설치하고 목수에게 관을 만들게 하였다.
- 12월 10일 관을 열고 염을 하려 하니 선생님의 모습은 살아계시는 것처럼 훤하시고, 한 방울의 물기나 부패한 냄새가 전혀 없었다. 그래서 새 관으로 바꾸어 그대로 봉안하였다.
- 12월 11일 이재윤(李載允)이 "면암최선생지구(勉庵崔先生之柩)라고 명정(銘旌)을 고쳐 쓰고, 13일에야 비로소 빈소를 마련하였다. 이날부터 발인할 때까지 원근의 사민들이 제수와 제문을 가지고 와 참배하였다.
- 12월 17일 습재 최제학은 제문을 지어 최익현의 영구 아래에서 제를 올렸다. 그 내용은 다음과 같다.

> … 지난해(1906) 선생께서 의병을 일으키신 것은 세상에 크게 밝히신 일입니다. 다만 소자가 의병을 따라 일을 도모하면서 한결같이 선생님의 지휘와 계획을 따랐습니다만, 일은 크고 힘은 미약하였습니다. 홍성과 순창 사이에 의병의 기세가 오르고 내리는 것은 운명인지라 한사(漢師, 경성)에 붙잡혀 갇혀 있다가 대마도로 이송되어 갇히신 것을 어찌 차마 말할 수 있겠습니까. 몇 달 뒤 소자가 풀려나 곧바로 만리 밖 대마도로 따라가 모시면서 약을 조제해 드렸지만 얼마 안 되어 선생께서는 후학들을 버리고 세상을 떠나셨으니, 의지할 곳 없는 애통함으로 가슴이 무너지고 억장이 꽉 막힙니다. …

위 자료에 보이듯이 최제학은 10월 25일 일본군사령부에서 석방되자마자 곧바로 대마도로 향하여 최익현의 병환을 위해 약재를 구하는 데에 힘썼다. 그 후 면암이 대마도에서 별세하자 고석진과 최익현의 문인들과 함께 치상 준비에 온 힘을 다하고, 부산에서 정산 구동까지 영구를 따르며 사서 직분을 수행하였다. 습재는 사서로 있으면서 조객록(弔客錄)·부의록(賻儀錄)·치전록(致奠錄)·가마록(加麻錄)·전부록(傳訃錄)·제문록(祭文錄)·만사록(挽詞錄) 총 7건을 정리하여 기록하였다. 이상으로 보아 **"면암이 없으면 습재도 없다 하거니와 습재가 없었다면 면암 또한 없었다"**라는 말이 결코 틀린 말이 아니다.

(나) 의병 재모의 실패와 지리산 청학동 입거

습재 최제학은 최익현의 운구를 정산에 모신 이후 또다시 1907년 9월 고산(高山)에 사는 진사 윤자신과 함께 의병을 일으키려고 도모하였다. 하지만 동학농민군들의 침탈로 인해 끝내 좌절되자 지리산에 입거할 계획을 세운다.

1909년 1월 말, 습재는 정종엽(鄭鍾燁)으로부터 "방장산(方丈山)은 단지 신선들이 그 안에 있는 굴에서 살고 있을 뿐만 아니라, 청학동은 깊숙하면서도 넓어 예로부터 세상을 피할 수 있는 땅으로 전해져 왔으니, 한번 진짜인지 찾아보아서 숙원을 푸는 것이 어떠합니까?"라는 말을 듣고 같이 갈 것을 약속하고 길을 나섰다. 묵계 청학동의 도씨(都氏) 집에 머물면서 묵계 청학동에 대해 토질, 인물(人物), 거업(居業), 풍속 등을 하나하나씩 물었다. 도씨는 "이곳 지형은 모두 학(鶴)의 형세를 하고 있소. 청학동(青鶴洞)은 원래 학동(鶴洞)인데 세상 사람들이 청암면(青巖面) 학동을 청학동이라고 하오. 거주민은 먼 곳에서 와서 모여 촌락을 이루었소."라고 하면서 토질, 풍습 등에 대하여 설명해 주었다.

1915년 가을, 최제학은 처자식을 데리고 하동군(河東郡) 청암면(青岩面) 학동(鶴洞)으로 거처를 옮겼다.[116] 의병 활동으로 가산을 모두 소진하고 재거의(再擧義)도 실패로 끝난

116) 수당 정종엽 선생의《수당유고》에서 〈중열 최제학에게 보내다(與崔仲悅)〉라는 글을 찾았다. 이 글에 의하면, 최 습재는 지인들에게 전혀 알리지 않고 가산을 정리하여 묵계 청학동으로 들어온 것으로 보인다. 1909년 수당과 함께 묵계 청학동을 찾았던 습재는 평소 수당에게 "조만간에 멀리 숨어 버리겠다"라고 말한 것으로 보인다. 그러나 1915년 습재가 떠났다는 소식을 전해 들은 수당은 놀라운 마음에 '맏형 댁에 편지를 맡기니, 언젠가 왕래하여 이 댁에 들리면 보실 것'을 기대하면서 이 글을 남긴다고 하였다. 두 분의 진한 우정이 느껴지는 편지의 내용은 다음과 같다.

"우리는 오늘날 원통함을 참으면서 어쩔 수 없는 경지에 몰린 지 꽤 되었는데, 말을 하자면 말이 비루하니 누군들 "눈 딱 감고 모른 체하는 것이 낫겠다."라고 말하지 않겠습니까? 그대가 일찍이 말하기를 "조만간 무슨 꾀를 내서라도 높이 날고 멀리 달려 창피스러운 것을 면해 보겠다"라고 하여 나는 생각하기를 옛사람이 변란을 당했을 때 두고 쓰는 예사말이려니 하고 의심하지 않았습니다. 그런데 죽청(竹靑) 어르신이 접때 수동(秀洞)에서 와서 그대가 가산을 철거하여 떠났다는 소식을 갖추어 전하면서 이웃들에게 물어보아도 어디로 간 줄을 모르더라고 하더군요. 그제야 그대가 전에 나한

최제학은 지리산 묵계동으로 들어가 감자를 심고 고사리를 캐며 어려운 생활을 했다. 한참 후의 이야기지만, 이곳에서는 남원에서 학동으로 숨어들어온 회천 선생의 호의로 생계를 이어갔다고 한다.

그러나 이후의 습재 선생의 행보를 살펴보면 지리산 이주는 단순히 세상을 등진 것이 아니라 암울한 현실에 대한 항일정신의 일환이었다. 1917년 최제학은 항일활동을 위해 상해(上海)로 건너가려다 발각되어 하동경찰서에 20일 동안 구금되었다. 그 후 조선총독부의 호구조사에도 응하지 않았다. 또 1929년 광주학생운동이 일어나자 이에 참여하여 50일 동안 감옥에 갇히기도 했다. 1939년 4월에는 상주(尙州)를 지나다가 일본인에게 억류되어 7일 만에 풀려났고, 1943년 봄에는 일본인들이 조사하려고 찾아오자 그곳을 피해 진주(晋州)에서 수개월 동안 머물렀다.

해방 전 어느 날, 조선인 순사인 설(薛) 순경이 학동으로 습재 선생을 체포하러 왔는데, 습재 선생이 동행하여 걸어가다가 갑자기 설 순경의 멱살을 휘어잡고 "네가 조선인으로 감히 나를 체포하려 하느냐?"라고 호통쳐 돌려보냈는데, 설 순경이 민족적 양심에 뉘우침을 갖고 그 후 3일 만에 순사직을 사직했다는 이야기[117]도 전한다.

1944년 함양 여관에서 몽양(夢陽) 여운형(呂運亨)을 만나 담론하는 도중, "일본이 멀지 않아 기필코 망하리라!"라는 습재의 식견과 애국 애족하는 마음에 여운형이 크게 탄복하였다고 한다. 1945년 7월 그가 64세 되던 해에 광복을 맞이하였다. 해방 후 이승만 박사와 이시영 선생으로부터 나라의 일에 함께 참여해 달라는 부탁을 받았으나

테 한 말이 거짓이 아니었음을 알았습니다. 이는 참으로 좋고 통쾌한 일입니다. 그러나 동쪽 파도 서쪽 파란이 도도히 범람하는데 노를 저어 어디로 간단 말입니까? 백이숙제(伯夷叔齊)가 다시 살아나고 노중련(魯仲連, 전국시대 제(齊)나라의 절의 높은 은사. 무도한 진(秦)나라가 천하를 차지한다면 "나는 동해로 걸어 들어가 죽겠다"라고 맹세하여 그 절의를 높인 바 있음)이 다시 태어난다고 하더라도 단연코 서산(수양산, 首陽山)으로도 들어가지 못하고 동해를 밟지 못할 것은 불을 보듯 뻔합니다. 그런데 그대가 어디로 가겠습니까? 북으로 가렵니까? 남북 또한 동서와 일반이라 내 일찍이 들었는데 그대가 갈 곳이 어디에 있겠습니까? 그렇다면 과연 어디로 갔을까요? 필시 동서로도 못 가고 남북으로도 못 갔다면 우리나라를 넘어가지는 못하였을 터인데 그렇다면 산으로 들어갔단 말입니까? 바다로 나갔단 말입니까? 그대는 공부자(孔子)가 승부(乘桴, 뗏목)하겠다고 한 글을 강독해온 지 오래입니다. 그러니 혹 이러한 일을 하신 겁니까? 지금 해상의 풍운은 적벽보다 못하지 않아 전함과 병선이 무려 수십 백 척이 포진해 있으니 바다로 나가지 못했다는 것은 이를 미루어 알 수 있습니다. 그렇다면 산으로 들어가지 않고 어디로 갔겠습니까? 또 산으로 들어갔다면 과연 어느 산일까요? 〈중략〉 그대가 떠난 뒤로 마음이 진정되지 않습니다. 말이 허황하고 참담합니다마는 영백씨 댁에 맡겨두겠습니다. 그대가 진중자(陳仲子, 제나라의 청렴한 처사로, 재상으로 불러도 나가지 않았다고 하는 고사의 주인공)는 아닐진대 언젠가는 왕래하면서 장침(長枕)하실 날이 있을 것이고 그렇게 되면 조량(照亮)하시겠지요(이상은 정종엽,《수당유고》에서 인용).

117) 하복도 선생의 《청암》에서 인용

미국과 소련이 남북을 분할하고, 남한에서는 극심하게 정치가 분열되어 최제학은 크게 상심하였다.

이러한 상황에서 1947년 2월 최제학은 안종삼(安鍾三)의 주선으로 가족들을 데리고 구례로 거처를 옮겼다. 그다음 해인 1948년에는 여순사건이 일어나고, 1950년은 한국전쟁이 일어나자 1953년 최제학은 다시 청암으로 거처를 옮겼으나 빨치산의 준동으로 지리산 일대가 위험해지자 청암면 명호리 절골[寺洞]로 소개(疏開)하였다.

1959년 가을 최제학의 병이 깊어졌다. 습재 선생은 세상을 떠나기 직전에 사라호 태풍[118]이 내습하자 병으로 누워 신음하면서도 문안을 간 지인들께 "일본이 물에 잠겼느냐?"라고 물었다고 하니 일본을 미워하고 저주하며 오로지 나라를 독립시키려고 투쟁하던 그분의 의지와 참뜻을 가히 짐작하고도 남는다(오헌 양삼준 선생의 전언). 또, "내가 죽거든 결코 머리를 동(東)으로 두지 말라"고 일렀다고 한다(전 청암면장 김상용 전언).

(다) 습재 최제학의 문인

《채미연원록(茝薇淵源錄)》에 수록된 최제학 문인 명단 및 인적 사항을 살펴보면, 모두 19명이 기록되어 있는데 아들 2명과 사위 4명, 손자 2명이 수록되어 있어, 태인 의병 이후 지리산 청학동을 중심으로 한 최제학의 활동을 엿볼 수 있다. 《채미연원록(茝薇淵源錄)》은 최익현의 일대기와 학문, 사승 관계를 기록한 책이다. '채미(茝薇)'는 최익현이 태어난 경기도 포천군 가채리(嘉茝里)와 이사하여 정착한 충남 청양군 미궐산(薇蕨山)에서 한 글자씩 따서 붙인 것이다. 이 책은 면암의 직전 제자 및 재전제자(제자의 제자)가 중심이 되어 간행한 책으로 1967년에 조석일((曺錫一)이 편집하고, 습재의 종손인 최병섭이 발간했다.

순번	성명	자	호	생년	본관
1	김일면(金一冕)	준언(俊彦)		계묘생(1903)	김해(金海)
2	최익상(崔益相)(아들)	희문(希文)	임헌(林軒)	계묘생(1903)	탐진(耽津)
3	김재구(金在龜)(사위)	성칙(聖則)	석계(石溪)	을사생(1905)	경주(慶州)
4	이기현(李奇鉉)	일호(一鎬)	청계(淸溪)	정미생(1907)	광산(光山)

118) 1959년 9월 17일, 추석날 새벽 3시 반경부터 약 10시간 동안 경남, 부산지역을 강타하여 엄청난 피해를 준 태풍.

5	조동찬(趙東璨)(사위)	광숙(光淑)	소잠(小□)	기유생(1909)	옥천(玉川)
6	심진원(沈鎭遠)	치정(致靜)	경운(鏡雲)	을유생(1885)	청송(靑松)
7	이병화(李炳華)		현암(鉉菴)	-	원주(原州)
8	최병섭(崔炳燮)(종손)	성학(成鶴)	소암(小菴)	경술생(1910)	탐진(耽津)
9	최현상(崔賢相)(아들)	희철(希哲)	산초(山樵)	갑인생(1914)	탐진(耽津)
10	임동재(任東宰)(사위)	희무(希武)	산은(山隱)	정사생(1917)	풍천(豊川)
11	김동명(金東明)(사위)	회근(晦根)	경묵(警默)	경신생(1920)	김해(金海)
12	임갑택(林甲澤)		서원(西垣)	계해생(1923)	나주(羅州)
13	송만섭(宋萬燮)		명헌(明軒)	갑자생(1924)	여산(礪山)
14	이영갑(李永甲)		월담(月淡)	갑자생(1924)	월랑(月浪)
15	강웅위(姜雄渭)※	창덕(昌德)	신성(愼省),죽헌(竹軒)	을축생(1925)	진주(晋州)
16	최병호(崔炳虎)(손자)			병인생(1926)	탐진(耽津)
17	김상용(金商鎔)※			정묘생(1927)	김해(金海)
18	양한근(梁漢根)(三俊)※	학성(學聖)	오헌(旿軒)	무진생(1928)	남원(南原)
19	최병식(崔炳植)(손자)			병자생(1936)	탐진(耽津)

이들 중 최익상(崔益相)과 최현상(崔賢相)은 습재의 아들이며, 김재구(金在龜), 조동찬(趙東璨), 임동재(任東宰), 김동명(金東明)은 사위, 최병섭(崔炳燮)은 종손, 최병호(崔炳虎)와 최병식(崔炳植)은 손자이다. 특히 강웅위(姜雄渭) 선생은 22세 때에 청암(靑岩) 명사마을의 동네 서당 훈장으로 초빙된 인물로, 훗날 자신의 기록물을 전해주었다고 한다. 1959년 9월 10일 사시(巳時, 오전 9~11시)에 향년 78세로 청암면 사동(寺洞)에서 세상을 떠났다. 같은 달 13일에 사동 북쪽 인좌(寅坐)의 언덕에 시신을 임시로 안장하였다가 1975년 묵계리 청학동 밝단골 현재의 자리로 이장했다.[119)]

119) 다음 사진 중 〈좌: 훈장증〉과 〈중: 묘소〉 사진은 《미림 이호주부동산 블로그》에서 인용했고, 〈우: 묘전비〉 사진은 필자가 촬영했다)

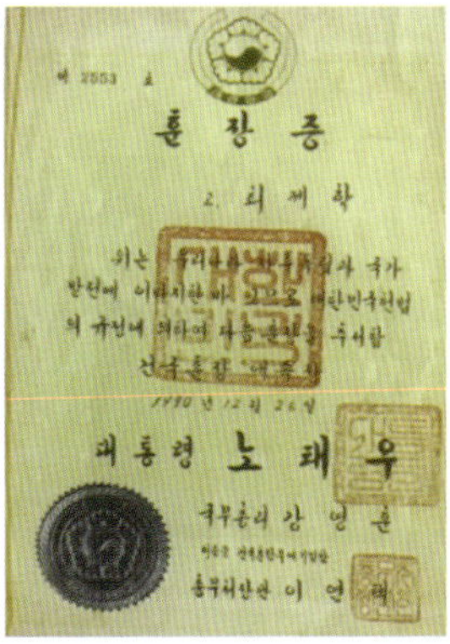

좌: 습재 선생 훈장증(건국훈장 애국장)(←)
중: 습재 선생 묘소(묵계리 1571번지)(↑)
우: 습재 선생 묘전비(→)

(라) 애국지사 습재 최 선생 묘전 비문

〈애국지사 습재 최선생 묘전 비문(愛國志士 習齋 崔先生 墓前 碑文)〉

저 쌍분은 한말(韓末) 애국지사 최 선생과 그 부인인 전주 최씨, 두 분의 묘소이다. 선생의 묘는 처음에 청암면 절골에 있었는데, 지난 신미년 겨울에 이장하여 부인의 오른쪽에 모시고, 손자 병호가 나에게 그 실기를 써 줄 것을 부탁하거늘, 내 글이 부족한지라 어찌 감당하리오. 그러나 선생이 일찍이 나의 스승인 회천 이 선생과 더불어 매양 세상의 잘못을 탄식하고, 성리학을 토론하며 친구 간에 서로 교학상장 하셨다. 내가 이를 흠모하여 최 선생을 스승으로 섬기었기에 감히 사양치 못하였다.

첨 피 쌍 분 한 말 애 국 지 사 최 선 생 여 기 배 전 주 최 씨 양 위 묘 소 야
瞻彼雙墳은 韓末愛國志士 崔先生與其配全州崔氏兩位墓所也라.
선 생 지 묘 초 재 청 암 면 사 동 거 신 미 동 천 부 우 배 위 지 우
先生之墓初在靑岩面寺洞이러니 去辛未冬에 遷祔于配位之右하고
사 손 병 호 촉 여 기 기 실 여 문 졸 하 감 연 선 생
嗣孫炳虎는 囑予記其實이어늘 予文拙이라. 何敢이리오. 然이나 先生이
상 여 오 사 회 천 이 선 생 매 탄 세 비 토 론 성 리 지 학 붕 우 상 장
嘗與吾師晦川李先生으로 每嘆世非하고 討論性理之學에 朋友相長이어늘
여 흠 앙 역 사 사 최 선 생 불 감 고 사
予欽仰하야 亦師事崔先生하니 不敢固辭라.

선생의 이름은 제학이요, 자는 중열, 호는 습재이며 본관은 탐진이다. 증조부의 휘는 진방(鎭邦)인데 감찰(監察)을 증직 받았고, 조부의 휘는 규환(奎煥)인데 효자로 좌승지(左承旨)를 증직 받았으며, 부친의 휘는 성호(成鎬)인데 효성으로 알려졌다.

모친은 흥덕장씨 문규(文奎)의 따님이다. 공은 1882년 임오년에 출생하시어 1959년 기해년에 별세하셨다. 〈중략〉

謹按先生의 諱는 濟學이요 字는 仲悅이오 號는 習齋니 系出耽津이라. 曾祖諱는 鎭邦이니 贈監察하고 祖諱는 奎煥이니 孝贈左承旨하고 考諱는 成鎬니 以孝聞이라. 妣는 興德張氏文奎의 女라. 公이 生於高宗壬午하야 卒于光復己亥라. <中略>.

공은 어려서 남달리 영특하여 십오 세에 경전에 능통했고, 약관 스무 살에 스승인 면암 최익현 선생을 따라 이기(理氣)를 익히고 충과 효에 전념하였다. 큰 업적을 작은 돌에 담기 어려워 《습재실기》와 진안 목동의 기념비를 자세히 살펴보았다. 묘비를 세우지 말라는 것은 선생의 유언이었다. 그래서 멀찍이 세웠다. 다음과 같이 명(銘)한다.

公이 生有異質하야 年十五에 能通經傳하고 弱冠에 從師崔勉庵하야 熟於理氣하고 全於忠孝라. 事巨力綿하야 片石難悉일새 詳見實紀與鎭安睦洞紀念碑하니라. 墓碑之禁은 先生之遺戒라. 故로 遠樹以護라. 銘曰.

胎於鎭安하야	진안에서 태어나
宿於三神이라.	삼신산에 묻히셨네.
弱冠報國하고	약관에 보국하고,
幼能孝親이라,	어려서 능히 효도하셨네.
簞食屢空에	가난했지만
不關其貧하고	그 가난을 관계치 아니하고
弊衣橫行에	떨어진 옷을 입고 다녀도
無愧世人이라	부끄러움 없으셨네.
寂寂檀谷에	고요한 밝단골에
義魂永眠하니	의로운 영혼 깊이 잠드셨으니,
過者宜式에	지나가는 사람들 마땅히 경의를 표하여,
追慕益年이라.	해마다 추모객이 늘어나리라.

1993년 윤3월 남원 양한근 삼가 지음(歲癸酉閏三南原梁漢根謹撰).

(마) 애국지사습재최제학선생기념비(愛國志士習齋崔濟學先生紀念碑)

필자는 2024년 12월 1일, 후배 휴암과 함께 삼가 토동의 뇌룡정과 용암서원, 덕산의 산천재, 전북 진안군 성수면 목동리 삼우당 터에 세워진 애국지사 습재 선생 기념비와 진안군 마령면 계내리의 애국지사 수당 정종엽 선생의 유적지를 다녀왔다. 필자가 직접 현장을 방문해 본 결과, 습재가 살았던 진안군 성수면 도통리와 수당이 살았던 진안군 마령면 계서리는 약 10km 떨어진 이웃 마을이었다. 대한민국 정부에서는 습재 선생의 공을 높이사 대통령 표창(1983년 8월 31일), 건국훈장 애국장(1990년 12월 26일)을 추서(追敍)하였다. 유적으로는 묘소와 그 앞에 세운 비석 '애국지사 습재 최제학 선생 묘전비'와 고향인 전북 진안군 성수면 목동리 삼우당 터에 문화공보부에서 세운 '애국지사 습재 최제학 기념비'가 있다. 이 비와 비문의 내용은 다음과 같다.[120)]

애국지사 습재 최제학 선생 기념비(전북 진안군 성수면 목동리 삼우당 터)

120) 이 비문은 진안문화원의 〈습재 최제학 기념비(習齋崔濟學紀念碑)〉를 주로 하고, 일부 문맥이 끊어지는 부분은 재미동포 《최미자의 문학서재》(https://mijumunhak.net/mijakim/home)에 실린 신팔복의 〈애국지사 최제학 기념비 앞에서〉를 인용하여 작성했다.

이곳 삼우당(三友堂)은 명문 탐진최씨의 터로 효계의 가풍이 면면히 이어온 곳이며, 또 을사조약 직후에 의열에 불타던 최제학(崔濟學) 선생이 그 스승 면암(勉庵) 최익현(崔益鉉) 선생을 받들고 호남 최초로 의병활동을 준비하던 곳이다. 선생의 자는 중열(仲悅)이요, 호는 습재(習齋)이다. 1882년 3월 아버지 성호(成鎬)와 어머니 흥덕장씨의 차남으로 이곳 목동에서 태어나시었다. 일찍이 불류재(不流齋) 이기회(李起晦)의 문하에 들었고, 연재(淵齋) 송병선(宋秉璿), 송사(松沙) 기우만(奇宇萬) 선생을 받들던 중 면암을 흠모하여 사제의 의리를 맺었다.

을사조약이 체결되자 이에 통분한 선생은 곧 면암과 송사를 찾아 구국의 계책을 품의하고, 다음 해 정월에 수남(秀男) 고석진(高石鎭)과 더불어 의병을 일으킬 방책을 마련한 뒤, 면암의 뜻을 받들어 돈헌(遯軒) 임병찬(林秉瓚)과 초기 의병 활동 주도 세력을 규합할 때, 돈헌은 태인(泰仁)의 종석(鍾石) 여막을 거점으로 하고, 습재는 면암을 이곳 삼우당으로 모시고 와서 약 한 달 동안 구국을 열망하는 선비들에게 연락했다. 임실 태수 조규하(趙奎夏), 운봉 주서 박봉양(朴鳳陽), 영남 면우(勉宇) 곽종석(郭鍾錫), 화개 강두령(姜頭領) 등과 연락하여 뜻을 모으며 형인 약천(若川) 제태(濟泰)와 함께 가산을 팔아 군자금을 마련하였다. 나이 25세에 소모장(召募將)이 되어 순창으로 무기를 옮길 때 상여를 꾸며 일제의 눈을 피하였으니, 그 같은 지혜와 용기에 대하여 그때 사람들이 말하기를 "면암이 없으면 습재도 없고, 습재가 없으면 면암도 있을 수 없다"라고 하였다. 그러나 녹슨 창칼이 저들의 신예 무기를 대항할 수 있었으랴! 이 때에 패진과 동시에 일광(一狂) 정시해(鄭時海)는 순국하고, 왜적에게 끌려가 면암은 3년, 돈헌은 2년의 형을 비롯하여 선생과 수남도 4개월의 옥고를 치르게 되었다.

출옥한 선생은 대마도로 면암을 찾아 극진히 간병하다가 면암이 순국하시니 장례를 극진히 모시었다. 고향에 돌아와 고산(高山) 윤자신(尹滋臣)과 함께 다시 의병을 일으키려고 하였으나 뜻을 이루지 못하고, 기회를 노려 방랑하다가 1915년 가을에 지리산 하동 청암 청학동으로들어가 은거하던 중, 1959년 가을에 한 많은 일생을 마치시니 78세였다.

실로 선생은 대한제국 말기의 쓰라린 역사 속에, 그리고 나라를 잃은 통분 속에, 또 대한민국 건국 초기의 혼란 속에 충렬과 정의에 몸부림치다가 돌아가시었으니, 이 의롭고 빛나는 일생을 기리어 작은 이 돌에 선생의 행적 일부나마 새겨 이 나라 자손만대에 길이길이 전하고자 한다.

단기 4321년(1987) 12월 20일
대한민국 순국선열 유족회장 최창규(崔昌圭) 지음
광복회원 정상렬(鄭相烈) 씀

자. 학로계 발전에 솔선수범한 학산 오태환

학산 오태환 진영

해주오씨(海州吳氏) 학산(鶴山) 오태환(吳泰煥, 1915~1997) 가(家)는 그의 11대조인 어은(漁隱) 오국헌(吳國獻, 1599~1672) 선생이 17세기 중반, 충청도 추부(秋富)에서 산림천석(山林泉石)이 빼어난 단성(丹城)으로 이거(移居)했다. 이곳은 어은공의 외조부인 퇴암(退巖) 양사정(梁士貞)이 그의 6대조인 대사간 양사귀(梁思貴) 때부터 살던 고장이었다[121]. 그는 이곳 도천(道川)에 은거한 후 1654년(甲午)에 봉산사(鳳山舍)라는 정사(精舍)를 열었고, 1659년(己亥) 우암(尤菴) 송시열(宋時烈, 1607~1689) 선생이 〈어은(漁隱)〉이라는 족자를 써준 것을 계기로 호를 어은(漁隱), 정사를 어은정사(漁隱精舍)라 하였으며 마을 이름도 어은동(漁隱洞)이라 하였다. 어은과 우암은 사계(沙溪) 김장생(金長生) 선생의 문인이다.

---

121) 《남원양씨(南原梁氏) 대방군파(帶方君派) 세보(世譜)》(상), 《해주오씨 대동보》(1), 《충청학 연구》(8집) 〈漁隱 오국헌(吳國獻)의 生涯와 思想〉에서 인용했다. 《어은유고(漁隱遺稿)》의 〈행장〉, 권상하(權尙夏)가 쓴 〈묘표(墓表)〉, 임헌회(任憲晦)가 쓴 〈묘지명(墓誌銘)〉 등에 어은공의 선비(先妣)를 '대사간 양사귀의 따님(大司諫思貴之女)'이라고 한 기록은 오기(誤記)로 보인다.

어은공(公)은 향시(鄕試)에 수차 합격했으나 정시(庭試)에는 실패했다. 그런데 뜻밖에도 진주의 이름난 선비 부사(浮査) 성여신(成汝信, 1546~1632) 선생이 오중현을 만난 흔적이 있다. 《부사집(浮査集)》에 〈증오중현(贈吳仲賢)〉[122]이라는 시(詩)가 바로 그것이다. 여기서 중현(仲賢)은 오국헌의 자(字)이다. 어쩌면 동병상련(同病相憐)의 노련한 영남 선비와 기호의 젊은 선비의 첫 대면, 과연 어땠을지 궁금하다. 이들은 53살의 나이 차이가 나는 만큼 중현은 성부사에 비하면 그야말로 늦둥이나 손자뻘의 젊은 선비였다. 그래서인지 이 시(詩)는 기호지방의 촉망받는 젊은 선비 오중현을 우연히 만나 밤새 대화를 나눈 부사 선생이 그를 격려하기 위해 써 준 것으로 보이는데, 때는 바야흐로 그가 과거 시험에 실패했던 그 무렵의 어느 날 밤이 아니었나 추정된다.

어은공은 병자호란의 치욕(下城之辱) 이후 벼슬을 포기하고 학문에 전념했다. 그 후 음직(蔭職)으로 여러 번 참봉에 제수되었으나 번번이 사양했다. 특히 본인과 아들·손자 등 9명이 효자 정려(旌閭)를 받아 '구효가문(九孝家門)'으로 이름이 높았다. 그는 1712년(숙종 38)에 승훈랑(承訓郞)과 호조 좌랑에 추증되었고, 1888년(고종 25)에는 이조참판 겸 동지춘추관사에 추증되었다.

학산의 7대조는 시천면(矢川面) 반천(反川)으로 옮겨 대대로 살았다. 학산은 일제강점기에 누대로 터를 잡고 살아온 반천리에서 태어났으나, 1919년(己未)에 그의 선친(先親)이 반천마을 지도자로서 3.1만세운동에 참여했다는 이유로 왜경(倭警)의 검색이 강화되자 그들의 눈을 피해 묵계동의 회동(檜洞)으로 숨어 들어와 은둔했으니 벌써 100년이 넘었다.

학산(鶴山) 오태환(吳泰煥)은 어은 선생의 후손임을 항상 자랑스럽게 생각하였고 집안이 가난하여 청소년 시절에 공부할 기회를 얻지 못한 것이 한(恨)이 되어 자녀교육에 정성을 다했으며, 반천에 있는 조상의 선산을 가꾸는 일에도 열성을 다했다.

해방 이후, 불행하게도 묵계 동민들은 1949년부터 7~8년 동안 고향 산천을 등지고 피눈물 나는 피란 생활을 해야만 했다. 1955년 봄, 공비 토벌이 끝난 묵계동이 수복(收復)되었다. 회동의 전나무동에서 터를 잡고 살던 학산 일가는 병신년(1956년) 봄에 청암면 평촌에서 피란 생활을 청산하고 삼거리에 터를 잡았다.

고향으로 돌아온 묵계 동민들의 생활이 안정되어 갈 무렵인 신축년(1961) 봄, 묵계동의 장로(長老) 12명이 모여 그동안 사분오열된 묵계 동민의 마음을 결속시키기 위해 '묵계리

122) 성여신, 《부사집》, 〈증오중현(贈吳仲賢)〉, "늘그막에 천 리 밖 멀리 유람하는 이 사람이(暮年千里遠遊人), 산골집에서 촛불 심지 돋우어 가며 나눈 이야기가 새롭구나(剪燭山堂夜話新), 뜻을 펴고 펴지 못함은 예로부터 운수가 있음이니(得失由來知有數), 준마가 잠시 서릿발에 넘어졌다고(과거 시험에서 낙방했다고) 탄식하거나 괴로워 말게나(霜蹄蹔蹶莫嗟辛)"(한국고전종합DB 및 《부사집》에서 인용)

학로계'를 발기(發起)하였다. 학로계 창계 당시, 학산은 가장 젊은 발기인이었다. 그는 창계를 전후하여 약 5년 동안 초대 이재권(李在權) 회장님의 적극적인 배려로 도유사 겸 부회장의 소임을 맡아 '학로계' 발전에 크게 이바지하였다. 학산은 학로계의 창립과 그 활발한 활동을 계기로 묵계동의 지역 사회 커뮤니티에서 실천하는 리더로 떠올랐다.

청학루 앞에선 학산 오태환
(작고하기 약 3년 전, 1995. 4. 23)

묵계 학로계 창립기념비 앞에선 학산 오태환
(1995. 4. 23)

이런 사실은 1972년 10월에 발간된 《증보(增補) 하동군지(河東郡誌》에 수록된 〈학로계(鶴老契)〉에 다음과 같이 소개되어 있다.[123)]

학로계(鶴老契): 재(在) 청암면(靑岩面) 묵계리(默溪里)하니 두류남록(頭流南麓)이 위이수십리(逶迤數十里)하여 삼신봉하(三神峯下) 유만고명승지지(有萬古名勝之地)하니 시청학동야(是靑鶴洞也)라.

산고곡심(山高谷深)하여 청계백석(淸溪白石)이 자고(自古) 은인군자지소반환처(隱人君子之所盤桓處)야라. 선현(先賢)들의 유풍(遺風) 진작(振作)코저 단기 4294년 신축춘(辛丑春)에 오태환(吳泰煥)이 지방유지인사(地方有志人士)를 규합(糾合)하여 본계(本契)를 창립하였으니,

123) 《증보(增補) 하동군지(河東郡誌》, 〈제2편 사회. 7. 음사(吟社)〉편 〈학로계(鶴老契)〉, p.145-146

그의 취지(趣旨)는 덕업상권(德業相勸)하며 예속상교(禮俗相交)하며 과실상규(過失相規)하며 환난상휼(患難相恤)이라.
표석각명(標石刻名)하여 이시영세불망지의(以示永世不忘之意)로 광산(光山) 노용제(盧庸濟)가 찬기문(撰記文)하고 남원(南原) 양삼준(梁三俊)이 찬서(撰序)하다.

또, 오태환 가(家)는 1963년에 편찬된 《속수하동향안(續修河東鄕案)》에 '오정근(吳貞根, 자(字) 순경(順敬), 호(號) 학송(鶴松)-태환(泰煥)-세진(世珍, 字 東秀)' 순으로 등재되어 있다.[124] 또, 학산의 둘째 아들 세화가 쓴 자서전 《묵계명(黙溪鳴-청학동 소년의 세상 나들이》의 〈위대한 아버지〉 편을 보면 아들 세화가 본 작은 거인, 학산의 모습이 보인다. 그 일부를 소개하면 다음과 같다.

할아버지의 피신 생활 때문에 아버님은 여섯 살에 고향 덕산 반천을 떠나 청년이 될 때까지 할머니와 함께 가정을 돌보기 위하여 엄청난 고생을 하셨다. 할머니는 어린 자식들 먹여 살리고 할아버지의 도피자금을 마련하시느라 밤낮없이 일하셨다. 산에서 나는 임산물을 모아 하동 시장에 내다 파시고 다시 생필품을 사다가 동네에 파시는 고된 일을 한 평생 하셨는데, 아버지는 7살 때부터 할머니의 짚신을 매일 한 켤레씩 삼아드렸다. 성장해서는 남의 집 머슴살이에서부터 할머니가 하시는 장사까지 안 해 본 일이 없을 정도로 성실하여 해방 무렵에는 회동마을에서 번듯한 집도 마련하시고 자급자족할 정도의 가정경제를 이루었다고 한다.
그런 중에 여순사건으로 공비 잔당이 지리산에 잠입하면서부터 아버지의 고난의 세월은 다시 시작되었다. 1949년, 음력으로 시월 초사흘, 할머니가 돌아가시고 3일 만에 공비들이 마을로 난입하는 바람에 할머니 신주는 집 뒤 대나무밭 토굴에 숨겨두고 외갓집이 있는 새터로 긴급히 피난을 떠났다. 이때부터 공비들과 줄다리기가 시작되었다. 회동 전나무동의 논밭의 농사일은 주로 낮에는 어머니가 혼자 가서 일을 시작하고, 멀리 숨어 있다가 안전하다고 판단되면 아버님이 합세했다. 이렇게 한 달여 걸려 추수한 벼 10여 섬을 이고 지고 며칠을 고생하여 청암면 중이리 외갓집이 있는 새터 마을 피난처로 옮겨 놓았는데 그날 밤 공비들이 대규모로 이곳까지 습격하는 바람에 벼 한 톨도 남기지 않고 빼앗기고, 아버지도 볏짐을 지고 지리산 공비 소굴로 잡혀가게 되었다.
공비들에게 잡혀가서 3일 동안 지고 간 벼를 찧는 일을 하고 있는데, 새벽에 감독자가 조는 틈을 타서 탈출을 감행하여 회남재를 넘어 악양을 거쳐 칼남재를 통해 새터 외갓집으로 돌아온 후, 경찰에 신고하고 우리 식구는 모두 새터를 떠나 경찰지서가 있는 평촌리 재윤이 외삼촌 문간방에서 살게 되었는데, 나는 그곳에서 태어났다.
그 후에 입산한 친척을 우연히 만나 입산을 다시는 하지 못하도록 막자, 그것이 공비들에게 소문이 나서 아버지는 악질분자로 낙인이 찍혔다고 한다. 그러던 어느 날 농사일로 회동에 올라갔다가 갑자기 공비들이 내습하는 바람에 붙잡혀 가서 인민재판에서 사형선고를 받아 총알이 아깝다며 죽창으로 죽이려는 것을 당시 빨치산 고위직이었던 P 아저씨 덕에 간신히 사형이 유예되는 일도 있었다. P

124) 《속수하동향안(續修河東鄕案)》, p.68-2

아저씨는 아버지와 같은 마을에서 형 동생 하며 친하게 지낸 사이였다. 구사일생으로 공비들 밥 짓는 일에 투입되어 며칠을 보내다가 또다시 감독자가 조는 틈을 타서 새벽녘에 탈출하여 살아남을 수 있었다고 가끔 당시의 끔찍한 경험을 회고하셨다.

그 후에도 여러 번 공비들에게 잡혀 죽을 고비를 넘기고 1953년 7월에 전쟁은 끝났지만, 고향 마을에는 여전히 공비가 준동하여 평촌마을 외곽의 대나무밭에 오두막집을 짓고 살았다. 이곳에서 동생 세현이도 태어났다. 그 후 묵계리로 복귀하여 삼거리에서 자리를 잡았다. 이렇듯 우리 부모 세대는 일제강점기와 해방, 그리고 동족 간의 전쟁과 혼란의 시대에 무지와 가난과 기아, 죽음에 대한 공포, 고된 노동을 감내하며 견뎌낸 인고의 세월이었다. 어느 하나 쉬운 일이 없었다.

그러나 우리 선고는 학교 교육은 못 받았지만, 정신적 육체적으로 너무나 위대하셨고, 마을의 발전과 화합을 위해 헌신하셨다. 마을 대소사가 있으면 거의 모든 일을 주관하시고 남의 일도 마다치 않고 돌보시기를 자기 일처럼 하셨다. 나는 아버님이 숯을 굽는 숯막에서 집안 청년들이나 마을 장정들과 참나무 숯을 구어 공동으로 내다 파시고 돈을 모아 집안의 제수답도 마련하시고 마을 사람들의 소득 증대에도 이바지하시는 것을 직접 목격하였다. 홍골에서 1년 정도 숯을 굽고, 작은 드무실 계곡에서 약 1년 정도 일하셨는데, 나는 가끔 아버지 숯막에 가서 군용 반합에 밥도 해 먹고, 산에서 채집한 억새 등으로 숯을 포장하는 '숯포'도 짜면서 같이 지내곤 했다.

옛날에는 정월 초사흘 경부터 농악놀이를 시작하여 정월 대보름까지 마을 집집이 지신을 울리는 매구를 쳤다. 아버님은 거의 매년 매구를 진두지휘하여 꽹과리, 북, 장구 등을 잘 다루셨다. 특히 전쟁이 끝난 후, 여러 가지 사정으로 입산했던 사람들이 마을로 다시 살아 돌아와 같은 마을에 살 때도 아버님은 그들을 다 용서 하시고 특히 P 아저씨는 생명의 은인이라며 잘 지냈다. 이렇게 오랜 세월 좌우 갈등을 뛰어넘어 모두가 마을 발전에 동참하게 하도록 마을 어르신들과 함께 학로계를 조직하시고, 그 취지에 동참하신 회원들의 이름을 새긴 비석을 만드는데 마을에서 직접 청석을 절취하고, 기술자를 초청하여 우리 집에 장기간 투숙시키며 그 일을 완성하던 모습이 눈에 선하다. 당시 청석이 매끄럽게 빛이 나고 거울처럼 얼굴이 비칠 정도로 갈아내던 모습을 거의 매일같이 지켜보며 신기해했던 기억이 생생하다. 그 이후에도 멀리 하동읍에 나가 살 때도 청학루 공사 감독을 위해 한동안 삼거리에서 홀로 자취까지 하셨던 아버지의 열정적인 모습은 정말 자랑스럽다. 아버님의 숨결과 정성이 생생한 청학루를 가끔 들릴 때면 당시 아버님의 장한 모습이 떠올라 감격스럽다.

묵계초등학교 석축 담장도 대부분 양삼준 어른과 이지환 선생님이 계획하시면 아버님이 총감독이 되어 학부모님들과 함께 조그맣던 운동장을 넓히는 일에도 헌신하셨던 아버지는 자신보다 나이는 어렸지만, 양삼준 의원을 대단히 존경했다. 양 의원께서 몸이라도 편찮으시면 마치 자기 일처럼 걱정하고 했었다. 그런 아버지가 돌아가시자 건강이 안 좋았지만, 평촌까지 내려오셔서 애석해하시고 묏자리 방향도 다 잡아주시며, "너희들이 잘 모신 덕분에 학산 어른은 천수를 다하셨다"라며 위로주셨다.

학산은 창립 당시 창립기념비 건립, 학로계록 작성, 청학루 건립 등에 현장 공사 감독 등 헌신적으로 참여하여 여러 차례 감사장을 수상하였다. 1983년 5월 10일에 받은 감사패(학노제11호)의 내용은 다음과 같다. 이때가 학산이 69세 때였다.

감사패

학노제11호　　　　하동군 하동읍

오 태 환

귀하께서는 본계 창계 시로부터 본계 육성 발전에 헌신한 공이 지대하였으며, 특히, 청학루 건립 시와 금반 표석 중건 및 계록 간행에 심혈을 기울여 준 공을 제23회 정기총회에 즈음하여 이 감사패에 새겨 드립니다.

1983. 5. 10

청암면 묵계리 학로계 대표 량 삼 준

또한, 작고하기 1년 전인 1996년 6월 30일에 받은 감사패의 내용은 다음과 같다.

感謝牌

진주시 상대동 성 명 吳泰煥

貴下께서는 鄕里 黙溪里 所在 鶴老會 創設時에 生活도 어려웠던 與件 속에서 本會의 組織과 親睦圖謀는 勿論 基金 마련과 運營에 最善을 다하여 會員間의 稱頌이 자자하며, 애쓰신 그 業績을 길이 간직코져 全會員의 뜻을 모이 이 牌에 새겨 드립니다.

1996. 6. 30

社團法人 大韓老人會 河東郡支部 靑岩面分會

黙 溪 老 人 會　會 員　一同

그런 중에 1968년, 불의의 사고로 큰아들을 잃자 실의에 빠진 학산은 하동읍, 진주시 등으로 전전하며 자식 교육에 전념하여 2남(세화)은 대구 영남대학을 졸업하고, 육군대학(정규 38기), 국방참모대학을 졸업하고, 육군 중령으로서 7사단 공병대대장, 수도방위사령부 공병대대장 등을 거쳐 예편하여 '토목기사(1급)', '도로 및 공항기술사', '건축시공기술사'로서 현역에서 활동하고 있다.

3남(세현)은 대학 1학년 때는 당시 국내 최고의 장학금 '5.16 장학생'으로 선발되어 졸업 때까지 학비 걱정 없이 성실히 노력하여 경상대학 사범대학 과학교육과(물리교육전공)를 우등으로 졸업하고 '경남과학고 교사', '경남과학교육원 교육연구사', '경남교육청 장학관', '금남고등학교 교장'을 거쳐 2017년 8월 31일, '경남과학고등학교 교장'을 끝으로 정년퇴임을 했다. 세현은 경남과학교육원 교육연구사 시절, 주경야독하여 일본 동북대학(구 동북제국대학)으로 국비 유학을 떠나 2007년 3월 말, 동(同) 대학원에서 '교육학박사' 학위를 취득했다. 특히 세현은 한국 정부가 재일동포의 민족교육을 위해서 세운 '일본 니이가타(新潟) 한국교육원장'으로 4년간 해외 파견근무를 근무하면서 재일동포 2세, 3세는 물론 일본인들에게 한국어, 한국의 역사와 한국문화를 소개하고, 한일이공계 국비 유학생들을 지도했다. 세현은 약 40여 년간 '과학영재 교육', '교육 발전 유공' 등으로 교육감 표창과 장관급 표창 등을 20여 회나 수상했고, 국무총리표창을 수상하였으며, 홍조근정훈장을 수훈했다. 퇴임 후에도《물리발상법》등의 물리책을 출판하는 등 한국의 물리교육 발전을 위해 노력하고 있다.

또, 2녀(미자)는 진주교육대학과 진주교육대학 대학원 영어교육학과를 졸업하고, '하동 진정초 교감', '창녕 유어초등학교 교장'을 거쳐 2023년 8월 31일 '함안 군북초등학교 교장'으로 정년퇴임을 했다.

학산은 온갖 고난과 가난을 극복하며 자녀교육에 각고의 노력을 다하였다. 그런 중에도 향리인 묵계동의 일이라면 발 벗고 나서서 1976년의 청학루 건립 공사 시에는 공사가 완료될 때까지 현장을 지키는 등 향리 발전에 정성을 다했다.

또한 학산은 시천면 반천리 선영의 산에 낙엽송 3,000주를 심고 가꾼 지 13년 만에 그 낙엽송을 팔아 7대조 이하 5대의 선산에 의물(儀物)을 갖추는 재원을 마련했고, 1986년에는 선비(先妣)의 묘전에 기행비(紀行碑)를 세웠다. 1997년 84세로 한 많은 세상을 떠나니, 청암면 평촌리 당미목에 마련한 선영에 잠들었다. 학산의 작고 소식을 전해 들은 오헌(旿軒)은 〈학로계 유공자 오태환 공을 애도하며(輓吳泰煥公)〉라는 만시를 남겨 추모했다.

학로계 유공자 오태환 공을 애도하며[輓吳泰煥公 鶴老契 有功者]

(만오태환공 학로계 유공자)

향사제가사사인 鄕事齊家事事仁	동네 일이며 집안일 일마다 어질었고
위선교자일생신 爲先教子一生新	선조를 모시고는 사업과 자손 교육에 한결같이 새롭게 했네
계원청학동점루 契員靑鶴同沾淚	계원과 청학동 사람들이 다 같이 눈물 적시니
공거선대탈속진 公去仙臺脫俗塵	공은 신선의 누대에 가 세상 티끌 벗어났으리

학산이 1986년에 선비에 대한 보은의 마음을 담아 솔복지 입구의 선산에 묘비를 세웠다. 비문은 오헌 양삼준이 짓고, 전면 큰 글씨는 김원배(월교) 아저씨가 썼으며, 국한문 작은 글씨는 삼남 세현의 선배 교사인 시조 시인 김연동 전 경남교육연구정보원장이 썼다.

〈유인진양정씨기행비(儒人晋陽鄭氏紀行碑)〉 비문

선비(先妣)께서는 진양(晉陽)의 호문(豪門) 진양정씨(晉陽鄭氏) 종수공(宗洙公)의 막내 따님으로 1885년 을유(乙酉) 정월(正月) 27일에 태어났다. 천성(而天性)이 온화(溫和)하고 엄부모(嚴父母)의 교양(敎養)을 받으신 요조숙녀(窈窕淑女)로 연재(年纔) 병년(笄年)에 해주오씨(海州吳氏) 시조(始祖) 고려(高麗) 검교군기감감(檢校軍器監監) 위(諱) 인유(仁裕) 공(公) 25세손(世孫)이신 부군(府君) 휘(諱) 정근(貞根) 자(字) 순경(順敬) 호(號) 운당(雲堂) 공(公)과 인연이 닿은 후(爲緣而歸家后) 부모(父母)에 효도(孝)하고, 형제(兄弟)에 우애(友)롭고, 집안 종족(宗族)에 화목(睦)하며 집안일(家務)에 성실(誠實)하여 향리에서 칭송이 자자했더니((鄕里所稱) 35세인 기미년(己未年)에 독립(獨立)의 함성(喊聲)이 메아리치자 부군(府君)께서 산청읍 시장 만세 사건에 참여하여(參於山淸邑市日萬歲場) 왜경(而倭警)의 검거(檢擧)가 심(甚)하여 단신(單身) 도피(逃避)하고자 하실 때(時)에 선왕고비(先王考妣)는 구몰(俱沒) 하시고 불초(不肖) 태환(泰煥)이 생보(生甫) 5세(五歲)라.

학산의 선비 진양정씨 기행비
(원묵계 큰 솔복지 입구 묘전에 있다)

학산 오태환 공의 묘비
(평촌리 당미목 구 도로 위에 있다)

선비읍(先妣泣) 이고부군왈(而告府君日) 부부일신(夫婦一身)이라 부거(夫去)에 첩(妾)이

안인좌시(安忍坐視)리오 급부불초(乃負不肖) 이야반동주(而夜半同走)하여 자산청(自山淸) 지악양(至岳陽) 월회남령(越回南嶺) 이래 묵계(而來默溪) 은거(隱居)하니 졸무호구책(猝無糊口策)이나 부군(府君)은 유학난역(儒學難役)이라.

선비(先妣) 분연(奮然) 시문(市門) 출입(出入) 행상(行商)으로 구어류(購魚類) 물물(物物) 교환(交換) 생계(生計)할새 칠십리(七十里) 하동시(河東市)를 월(月) 6회(六回) 왕복(往復)에 일일식(日一食) 손리일족(損履一足)하며 보월우영(步月友影)을 여일십여성상(如一十餘星霜)하니 불초지망(不肖之望) 회남령(回南嶺)이 기천번(幾千番)이런고

여차적곤(如此積困) 이십여년(二十餘年)에 불초(不肖) 장성(壯盛) 이위고용(而爲雇傭)으로 근구자답勤購自畓) 십두지(十斗只)하여 행면기한(幸免飢寒)하게 된 후(後) 삼년(三年)인 즉(卽) 선비(先妣)의 회갑년(回甲年)이요 해방년(解放年)인 을유(乙酉, 1945) 시월 3일(十月三日)에 졸(卒)하시고 향후(向後) 5년(五年) 경인(庚寅, 1950)에 부군(府君)께서 우급서(又追逝)하시니 애재(哀哉)라 불초지불효(不肖之不孝)가 극천망추(極天罔墜)라 차한(此恨)을 내하(奈何)오.

고인소위(古人所謂) 지욕정이풍부지(枝欲靜而風不止)하고 자욕효이친부재(子欲孝而親不在)니라 불초(不肖)에 당지(當之)로다. 오내구렬(五內俱裂) 이무처가보(而無處可報)라 벌촌석위묘표이(伐寸石爲墓表而) 약술(略述) 선비지행장(先妣之行狀)하여 이시후손지불망(以示後孫之不忘) 이망사타인지식(而望赦他人之識)하노라.

단기(檀紀) 4319년 병인(1986년) 중추절
불초(不肖) 태환(泰煥) 읍혈근식(泣血謹識)

또한, 학산이 작고한 지 20주년이 되는 2018년 봄, 경상국립대학 교수인 실재(實齋) 허권수 박사가 지은 묘갈(墓碣)을 세웠다. 이날 자녀들은 자녀교육에 헌신한 선고의 뜻을 받들어 하동군장학재단에 300만 원의 장학금을 출연했다. 이것은 “교육으로 인재를 키우는 일이야말로 가정과 사회, 더 나아가 국가발전에 공헌하는 지름길이라는 선고의 교육(敎育) 일념(一念)의 그 숭고한 정신”이 우리 지역 사회에서 영원히 이어지기를 바라는 마음에서였다. 학산의 그 비문은 다음과 같다.

학산 해주 오공 휘태환 묘갈명[鶴山 海州吳公 諱泰煥 墓碣銘]

옳지 못한 방법으로 부귀와 영화를 얻어 이름을 날리는 사람들이 많이 있지만, 그런 인생은 참된 가치가 전혀 없는 것이다. 정성스럽게 뜻을 세워 정성스럽게 땀 흘리며 한 평생을 살다간 사람은 초야에 묻혀 있어도 고귀한 것이다. 그래서 《중용(中庸)》에서, “정성이란 만물의 처음과 끝이니, 정성이 아니면 만물이 아무런 가치가 없는 것이다. 그러므로 군자는 정성을 귀하게 여기는 것이다”라고 했다.

여기 영면해 계신 학산 오공(鶴山 吳公)의 한평생은, 매우 성실하게 뜻을 세워 성실하게 살다 간 사람들

가운데 대표적인 분이라 할 만하다. 공(公)의 휘(諱)는 태환(泰煥), 자는 명범(明範)이요, 학산(鶴山)은 그 아호이다. 본관은 해주(海州)로 고려조(高麗朝) 군기감감(軍器監監) 휘(諱) 인유(仁裕)를 시조로 삼는다. 그 9세손(九世孫) 관찰사(觀察使) 휘(諱) 유종(有終)은 파조(派祖)로서 공(公)에게 16대조(十六代祖)가 된다.

조선 중기에 이르러 어은(漁隱) 휘(諱) 국헌(國獻)이 있었는데, 학덕(學德)과 지절(志節)로 이름이 있어 우암(尤庵), 동춘당(同春堂) 양(兩) 선생(先生)의 칭허(稱許)를 입었다. 곧 공의 11대조(十一代祖)로 산청(山淸)으로 옮겨와 자리 잡았다. 휘(諱) 상묵(尙默), 휘(諱) 원선(元善), 휘(諱) 문영(文泳), 휘(諱) 정근(貞根)은 고조 이하 4대(四代)이다. 모친은 진양정씨(晋陽鄭氏)로 종수(宗洙)의 따님인데, 굳센 의지가 있어 가문을 유지해 나왔다.

공은 단기(檀紀) 4248년(四二四八年) 을묘(乙卯) 정월(正月) 26일(二十六日)에 산청군(山淸郡) 반천(伴川)에서 태어났다. 반천은 선조들이 팔대 동안 세거해 온 곳인데, 선공(先公)이 기미독립운동(己未獨立運動)에 참여했다가 일경(日警)의 감시를 피해 하동군(河東郡) 청암면(靑巖面) 회동(檜洞)으로 옮겨와 은거하였다. 왜인들의 학정 아래 신음하던 시절이라 백성들의 생활이 비할 데 없이 간고(艱苦)했으므로 공부할 수 있는 기회를 얻을 수가 없었다. 해방이 되었지만 다시 여순사건(麗順事件)[125]과 6 · 25동란(六二五動亂) 등으로 팔 년간 타향에서 소개생활(疏開生活)을 하다가 마침내 고향에 돌아가 거주할 수 있었다.

평소에 조상에 대한 숭모(崇慕)의 정성이 지극했다. 선공(先公)의 유언을 명념(銘念)하여 조상의 묘소에 의물(儀物)을 모두 갖추었다. 선산에 낙엽송 삼천 주를 심어 그 수익으로 종사(宗事)를 할 수 있는 기반을 이룩하였다. 어려움을 헤치고 가정경제(家政經濟)를 이어나간 선비(先妣)의 공덕을 기려 비(碑)를 세웠다. 묵계(默溪) 학로계(鶴老契) 창립을 주도하였고, 청학루(靑鶴樓) 건립에 성력(誠力)을 경주하여 고을 사람들의 칭송이 자자하다. 공은 부모에게는 효성(孝誠)을 다했고, 형제간에는 우애(友愛)가 있었고, 자녀들에게는 자애(慈愛)를 다했다.

자신이 배움의 기회를 얻지 못한 것을 한스러워하여, 온갖 어려움을 무릅쓰고 자녀교육을 위하여 각고의 노력을 경주하여 성공했다. 단기 4320(서기 1997)년 정축(丁丑) 음력 10月 18日에 별세하였는데, 청암면(靑巖面) 평촌(坪村) 당목재 해좌(亥坐)의 언덕에 안장하였다.

처음 배위는 달성서씨(達城徐氏) 의문(且玟)의 따님인데 아들 세진(世珍)을 낳고 조서(早逝)했다. 다시 경주김씨(慶州金氏) 용찬(龍燦)의 따님에게 장가들어 2남 3녀를 낳았다.

장남 세진(世珍)은 함양(咸陽) 박원석(朴元錫)의 딸과 결혼하여 아들 흥석(興錫)과 범석(範錫)을 낳았다. 차남 세화(世和)는 수도방위사령부(首都防衛司令部) 공병대대장(工兵大隊長)을 역임하고 육군(陸軍) 중령(中領)으로 전역하였는데, 도로 및 공항 건설 기술사이다. 연안(延安) 이원식(李元植)의

125) 여순사건은 1948년 10월 19일 여수에 주둔 중이었던 조선국방경비대 14연대 소속 장병들이 제주 4.3 사건을 진압하라는 이승만 정부의 출병 명령을 거부한다는 명목으로 여수, 순천 일대의 남조선로동당 당원과 합세하여 여수, 순천 지역을 점거하고 일으킨 반란과 반란의 진압과정 속에서 반란군과 진압군에 의해 민간인들이 학살당한 사건을 말한다. 한때는 '여순반란'으로 불리기도 했지만, **여수와 순천의 주민들이 반란을 일으킨 것이 아니라 단지 여수에 주둔하고 있던 군대가 일으킨 사건이라고 해서 공식 명칭에서는 반란이라는 단어가 삭제**되었다. 다른 명칭으로는 '여수 14연대 반란 사건', 또는 '여순병란'이라고 부르기도 한다. 나무위키에서는 **'여수 · 순천 10.19 사건'**이라고 표기되어 있다. 여기서는 독자의 이해를 돕기 위해 **'여순사건'** 혹은 **'여수 주둔 14연대 반란사건'**으로 표기한다.

딸과 결혼하여 아들 주석(柱錫), 현석(賢錫)을 낳았다. 삼남 세현(世現)은 교육학박사(教育學博士)로 경남교육청(慶南教育廳) 장학관(奬學官), 일본(日本) 니이가타(新瀉) 한국교육원장(韓國教育院長)을 거쳐 경남과학고등학교교장(慶南科學高等學校長)으로 재임 중[126]이다. 의령(宜寧) 여찬규(余贊奎)의 딸과 결혼하여 아들 훈석(勳錫)과 딸 선민(宣旼)을 낳았다.

장녀 춘자(春子)는 진양(晉陽) 정준석(鄭俊錫)과 결혼하여 태우(泰宇)와 영숙(英淑)을 낳았다. 차녀 미자(美子)는 초등학교 교감[127]인데 경주(慶州) 최병원(崔秉元)과 결혼하여 은지(銀芝)와 준혁(峻赫)을 낳았다. 삼녀 향자(香子)는 파평(坡平) 윤형재(尹炯栽)와 결혼하여 석영(錫永)과 숙(淑)을 낳았다.

아아! 공(公)은 어은선생(漁隱先生)의 후손이라는 긍지를 가지고 어려움 속에서도 조상을 지극정성(至極精誠)으로 받들고 자녀교육에 심혈을 기울여 가문이 잘 이어지도록 최선을 다했다. 근검과 근면으로 자신의 정성을 다하여 어려움을 극복하고 바른길을 찾았으니, 많은 사람이 우러러보는 모범적인 생애를 이루었다.

공이 별세한 지 어느덧 20년의 세월이 흘러 훌륭한 자취가 점점 사라져 장차 없어지게 될 것을 걱정하여 세현(世現) 박사가 여러 형제 자매들과 의논하여 정성을 모아 묘갈(墓碣)을 세워 공의 자취를 불후하게 하고자 하였다. 일이 추진되어 갈 즈음에 비문을 부탁하기에 그 효성에 크게 감동하여 사양하지 않고, 일생을 서술하고 명(銘)을 붙여 마무리한다.

漁隱先生(어은선생) 山淸尊居(산청존거), 江右地域(강우지역) 名門(명문)됐네.
學德(학덕)이은 선비들이, 대를이어 나왔다네.
왜인들이 학정으로, 동포들이 신음할제,
先公(선공)께서 독립운동, 靑巖(청암)으로 숨었다네.
어려웠던 공의일생, 굳센뜻은 변함없어.
조상들을 잘받들고, 자녀교육 정성다해.
생활에서 얻은이치, 실천으로 꽃피웠네.
자손들이 번창하여, 집안運氣(운기) 돌아왔네.
많은사람 우러르는, 모범적인 평생이라.
行蹟(행적)모아 墓碣(묘갈)새겨, 千秋萬歲(천추만세) 전하리라.

단기(檀紀) 사천삼백오십년 정유(丁酉) 5월(五月) 20일(二十日)에[128]

文學博士(문학박사) 慶尙大學校(경상대학교) 名譽教授(명예교수) 金海(김해) 許捲洙(허권수) 謹撰(근찬)
前慶南(전경남) 昌原教育支援廳(창원교육지원청) 教育長(교육장) 晋州(진주) 姜在仁(강재인) 謹書(근서)

126) 차남 세현은 2017년 8월 말, 경남과학고등학교 교장으로 정년퇴임을 했다.

127) 차녀 미자는 2023년 8월 말, 함안 군북초등학교 교장으로 정년퇴임을 했다.

128) 학산 해주오공 묘비는 2018년 4월 5일에 세웠다.

차. 묵계 청학동에 은거한 교육자 회천 이규진 선생

회천 이규진 선생 진영(회천유고에서 인용)

회천(晦川) 이규진(李圭鎭, 1877~1948) 선생은 1877년(고종 14)에 나서 1948년에 별세하였다. 향년 72세. 1922년 46세에 남원군(南原郡) 주천면(朱川面) 고촌(高村)에서 청학동으로 들어왔다. 선생의 본관은 경주(慶州)이고 자(字)는 준덕(俊德)이며 회천(晦川)은 호(號)이다. 일찍이 간재(艮齋) 전우(田愚)[129] 선생에게서 학문을 닦아 성리학(性理學)에 전념하였고, 중추원의관(中樞院議官) 벼슬을 지냈다.

《회천유고(晦川遺稿)》에 실린 〈행장(行狀)〉에 의하면, 선생은 어려서부터 영특하였고, 효행(孝行)이 남달라 1905년에 전라도 향리(鄕里) 사람들이 효자로 나라에 천거하였다. 또 흉년을 만나자 창고를 헐어 어려운 이웃들을 구하니, 고을 사람들이 그 덕을 기려 1912년에 송덕비를 세웠다. 1919년에 고종황제가 승하(昇遐)하고 스승 전우가 별세하자

129) 전우(1841~1922)는 전라북도 전주 출신. 본관은 담양(潭陽). 자는 자명(子明), 호는 간재(艮齋). 1882년(고종 19) 강원도 도사, 1894년 사헌부장령, 이듬해 순흥부사 · 중추원찬의(中樞院贊議) 등을 제수받았으나 모두 나아가지 않았다. 1908년(순종 2) 나라가 어지러워지자 왕등도(暀嶝島) · 군산도(群山島) 등 작은 섬을 옮겨 다니며 저술과 제자 양성에 힘썼다(한국민족문화대백과(한국학중앙연구원)에서 인용).

통곡하고 지리산 입산을 결심하였다. 그의 문집 《회천유고》에는 청학동에 관련된 여러 글이 있는데 그 내용을 분석해 보면 청학동 입거의 목적이 이상향 청학동을 찾아서 들어온 것이 아니라, 세상에 뜻을 잃고 은둔(隱遁)을 목적으로 들어온 것으로 알려졌다. 먼저 그의 〈행장(行狀)〉에는 다음과 같이 쓰고 있다.

고종황제(高宗皇帝)가 승하(昇遐)한 뒤로 두문불출(杜門不出)하다가 곧 청천공(晴川公) 소진암(蘇眞菴)과 절구(絶句) 한 수를 짓고 자정(自靖)하였다. 무오년(壬戌年)에 선사(先師)께 곡(哭)하고 장사(葬事) 때 제문(祭文)을 지어 제사하고서 집안사람과 이별하며 말하기를 '외로운 여생 이제 임금과 스승이 모두 세상을 떠났으니, 내 누구에게 의지할꼬, 성명이나 보전하리라.'라고 하고서 곧 지리산 가장 깊은 골짜기 학동에 들어가 움막치고 숨어 살았다.[130)]

그는 남원에 살 때 천석꾼으로 경제적인 여유가 있었던 집안이었다. 그런 그가 청학동으로 입거를 결정했다는 것은 사상이나 가치관에 큰 변화가 있지 않고서는 있을 수 없는 일이다. 그러한 심정은 그가 지은 시(詩)에서도 잘 드러난다.

〈청학동 새 거주지에서의 감회[鶴洞新居感懷] 2절〉[131)]

漁遊江海鳥投林	물고기는 강과 바다에서 놀고 새는 숲속에 깃드는데,
愮爾無端轉入深	시름 하던 너는 부단히 깊은 산골로 들어왔네.
願作幼安遼榻否	요동에 은거한 유안(幼安)[132)]처럼 되기를 원하는가,
道心只是本然心	도심(道心)은 다만 본연(本然)의 마음뿐이네.
地裂天摧萬事荒	땅이 갈라지고 하늘이 무너지니 만사가 황량하고,
秋雲蔽日淚聲長	가을 구름이 해를 가리니 울음소리 끝이 없네.
子眞今日知何處	자진(子眞)[133)]은 오늘 같은 날 어디에 있을지 알겠으니
出自東門祕向方	동문(東門)을 나간 후로 자취를 숨겼다네.

130) 이규진, 《회천유고》 권4, 385쪽 〈행장〉. "自高宗皇帝昇遐 杜門不出 卽與晴川公蘇眞菴賦一絶詩以自靖 壬戌哭先師 及葬操文致祭 遂與家人訣曰 孤露餘生 今君師皆遽天 吾復賴誰 苟全性命 卽入智異山最深谷鶴洞 誅茅隱居"(이상은 강동의(姜東懿)의 논문에서 재인용).

131) 이 시는 회천 선생의 유고집인 《회천유고(晦川遺稿)》에서 인용했다. 이하 '이규진 편'의 시와 글도 모두 같다.

132) 유안(幼安)은 중국 삼국시대 위(魏)나라 관녕(管寧)의 자(字)이다. 황건적의 난을 피해 요동으로 피란을 가서 은거하였는데, 조조(曹操)가 여러 차례 불러도 나가지 않았다.

133) 자진(子眞)은 전한(前漢) 말 조정의 부름을 사절하고 은거한 정박(鄭璞)의 자(字)이다.

위의 시는 그가 학동으로 이주하여 새로운 곳에 살면서 느끼는 감회를 적은 것이다. 이외에도 '청학동' 혹은 '학동'이라는 단어가 등장하는 글이 더 있지만, 청학동에 대한 특별한 애착을 보인 곳은 없다. 그리고 또 그가 청학동에 입거할 당시, 그의 아들 4형제 중 셋째 이종식(李鍾植)의 가족만 같이 오고, 나머지는 남원 주천면에 그대로 남아있었는데, 만일 '이상향 청학동'을 찾아서 온 것이거나 피난을 목적으로 온 것이라면 자식들을 다 데리고 들어 왔을 것이다. 따라서 회천의 청학동 입거는 시대적 상황이 주는 허탈과 절망에서 비롯된 전형적인 은둔이라고 보아야겠다. 회천 선생이 은둔의 장소로 청암면 묵계를 택한 시기와 원인은 습재 최제학 선생과 연관이 있는 것 같다. 습재는 회천보다 7년 전인 1915년에 들어왔는데, 회천 선생의 사위인 오헌 선생의 증언에 의하면 회천 선생과 습재 선생은 입거 이전에 서로 잘 알던 사이였으며, 회천 선생의 아들 2명이 습재 선생에게 2년간 글을 배웠다고 한다. 회천 선생은 아들 1명만 데리고 청학동에 들어왔고, 습재는 청학동 입거 이후에 아무런 강학 활동을 하지 않았으니, 회천 선생의 아들 2명이 습재 선생에게서 배웠다면, 이것은 습재 선생의 청학동 입거 이전의 일이라고 볼 수 있다.

그리고 1914년에 회천 선생이 습재 선생에게 보낸 편지[134]에서 회천 선생의 두 아들이 습재 최제학 선생에게서 공부하는 내용이 나온다. 그렇다면 습재 선생이 회천 선생의 두 아들을 가르치다가 청학동으로 입거한 것으로 보이니 습재 선생의 청학동 입거를 회천 선생이 이미 알고 있었을 것으로 생각된다. 그래서 회천 선생이 세상에 뜻을 접고 은거를 생각했을 때 은거의 장소로 습재가 있는 지리산의 깊은 골짜기인 학동을 선택한 것으로 보인다. 회천 선생이 은둔을 결심했을 시기도 습재와 같거나 습재의 청학동 입거 직후인 듯하다. 회천 선생이 묵계에 입거 하여 처음 자리를 잡은 곳은 학동마을의 상불지(上佛地)였다. 그는 학동에 거주하면서 습재(習齋) 최제학(崔濟學), 자학(子鶴) 정준영(鄭俊永), 학송재(鶴松齋) 강구용(姜九鎔), 묵계(默溪) 강도익(姜道益) 등과 교유하였고 지역의 아이들을 가르치며 세월을 보냈다.

회천 선생은 청학동에 입거해서도 남원의 재산을 계속 가져다 썼으며, 습재에게도 경제적인 도움을 많이 주었다고 한다. 오헌(旿軒) 양삼준(梁三俊)의 증언에 의하면, 습재와 회천 선생은 청학동에 입거한 후, 하루도 거르지 않고 매일 만나다시피 할 정도로 잘 지내면서도 상대방의 선생, 즉 면암(勉庵)과 간재(艮齋)의 행동에 대해서는 날 선 비판을 쏟아 놓았다고 한다. 회천 선생은 습재에게 "면암 선생이 의기(義氣)는 높았지만,

---

134) 〈답최습재중열(答崔習齋仲悅) 제학(濟學) 갑인(甲寅)〉이라는 편지가 아닌가 생각된다. 습재는 1915년 가을 가족들을 데리고 묵계 청학동 밝단골로 이거하였으니 습재가 회천의 두 자제분을 가르쳤다고 해도 그렇게 오랜 기간은 아니었을 것으로 보인다.

결론적으로 해 놓은 것이 뭐가 있느냐?"라고 했고, 습재는 회천에게 "간재는 왜 나라를 위해 나서지 않고 몸을 사리고 들어앉았었냐?"고 반박을 하면서 서로 심한 언쟁이 붙었는데, 어떨 때는 옆에 떠다 놓은 물그릇을 엎기도 했다고 한다. 이것은 두 사람의 사상적 성향과 학문적 성향이 다른 데서 오는 출처관(出處觀)의 갈등이고 대립이었으며, 그들의 대립과 갈등은 곧 각자의 스승인 간재와 면암의 대립이고 갈등의 연장으로 볼 수 있다.

회천 선생은 일본에 대한 적개심이 깊었고, 어느 날 글로서 그 제자들에게 "세상 어려움을 원망하지 말아라. 곧 참된 세상이 오리라." 하였는데 그때가 1944년이었다. 해방 후, 남북분단을 탄식하며 젊은이들에게 좌・우익의 난세에 몸조심하기를 누누이 당부하였고, 1947년 겨울, 설을 즈음하여 잠시 고향 남원(南原)의 큰아들 집에 다니러 떠나며 제자들에게 "내 정월에 돌아오리라." 하였는데 그날 어기정(語期汀)의 송별이 선생의 마지막 떠나는 길[135]이 되고 말았다. 1991년 선생의 문하(門下), 동문(同門)들이 선생의 유덕을 기리고자 청학동(青鶴洞)의 상불지(上佛地)에 유허비(遺墟碑)[136]를 세우니 비문(碑文)은 선생의 문인이자 사위인 오헌 양삼준이 지었다. 다음은 비문 중 일부이다.

〈회천선생 유허비 비문〉

방호산(方壺山)이 남쪽에 우뚝 솟았고, 학동(鶴洞)은 깊숙한 성(城) 같은 곳이로다. 신령스런 산은 수려하고 단천(壇川)의 냇물 맑도다. 선생이 어느 해 이곳에 들어와서 경영하셨나? 임금과 스승 떠나시고 세상에 뜻이 없는지라. 효로써 가풍을 전하니 공자의 인(仁)을 깊이 터득하셨네. 친족과 이웃을 보살피길 주로 하여 안회(顏回)[137]처럼

135) 회천 선생의 묘소는 남원시 주천면(朱川面) 고기리(高基里)에 있다. 선생의 비문에 보이는 '어기정(語期汀)'은 학동의 상불지(上佛地) 용소(龍沼) 언덕 위의 길가에 있다.

136) 회턴 이규진 선생의 유허비는 묵계리 산 262-3, 상불지 도로변에 있다. 회천 선생의 유허비 비문 말미에는 비문 건립에 힘쓴 문인 11명이 새겨져 있는데, 그중 이종식(李鍾湜), 이종칠(李鍾七)은 선생의 자제(子弟)이고, 그 외 9명은 다음과 같다. ①한정식(韓正植)-홍배(洪培), 묵계리 학동, 진주 거주, ②이정우(李廷佑)-묵계리 학동, 부산 거주, ③양한근(梁漢根)-삼준(三俊), 전 청암농협장, 회천 선생의 사위, ④이창석(李昌石)-하동 적량, 전 강원도 원주시장, ⑤서정식(徐正植), 귀동(貴童), 묵계리 삼거, ⑥황룡연(黃龍淵)-전북 남원, 사천군 서포 거주, ⑦김월교(金月敎)-원배(沅培), 묵계리 회동, 하동읍 거주, ⑧배재희(裵在熙)-묵계리 학동, 악양 거주, ⑨김도주(金道柱)-묵계리 학동 아랫몰)

137) 안자(顏子)는 안회(顏回)라고도 하는데, 공자의 수제자(首弟子)로 학덕이 높아 스승의 총애를 받았다. 집이 가난하고 불우하였으나 이를 괴로워하지 않고 무슨 일에 성내거나 과오를 저지르지 않았다고 한다.

가난한 이를 걱정하셨네[138] 도(道)를 즐기고 의(義)를 행하여 은거(隱居)하여 몸을 깨끗이 하셨네, 임종하실 때 유언은 효우충신(孝友忠信) 네 글자로다. 아! 선생은 백세(百世)의 청풍(淸風)이시네. 돌에 새겨 드러내니 우리나라에 길이 전하리라.

호산남흘 학동유성 신산수려 단수류청 선생하년
壺山南屹이요 鶴洞幽城이라 神山秀麗하고 檀水流淸이라 先生何年에
입차위영 군하사서 무관세정 이효전가 심득공인 주급족린
入此爲營고 君遐師逝에 無關世情이라 以孝傳家하니 深得孔仁이요 主及族隣하여
민기안빈 낙도행의 은거결신 효우충신 임몰유진 오호
憫其顔貧이라 樂道行義하며 隱居潔身이요 孝友忠信은 臨沒遺眞이라 嗚乎라
선생 백세청풍 편석이표 천추아동
先生은 百世淸風이라 片石以表하니 千秋我東을

회천 이규진 선생 유허비

138) 회천 선생은 항일의사 습재(習齋) 최제학(崔濟學) 선생과 교우(交友)하고, 습재 선생이 역시 입산 은거로 생활이 어려울 때 논 6마지기와 밭 800평을 주어 생활에 도움을 주기도 하였다고 전한다.

저서《회천유고(晦川遺稿)》[139]는 경주이씨 회천 이규진(李圭鎭) 선생의 시문을 모아 2001년 신사년(辛巳年) 3월 김재석(金載石)과 이규헌(李圭憲)이 서문(序文)을 쓰고, 아들 이종학(李鍾學)이 발문을 지었으며, 사위인 오헌 양삼준이 교정 및 국역하여 진주 '한림인쇄사'에서 발간했다. 제1권(卷之一)은 부(賦)[140] 2편, 시(詩) 84수를, 제2권(卷之二)은 서(書) 42수와 잡저 8수를, 제3권(卷之三)은 서(序)[141] 2편, 기(記)[142] 3편, 설(說)[143] 5수, 명(銘)[144] 2수, 잠(箴)[145] 2수, 찬(贊)[146], 송(頌)[147], 제문, 상량문, 가장을 실었고, 권지사(卷之四)는 부록으로 21수를 실었다. 책은 양장본으로 크기는 가로 192cm, 세로 263cm이고, 444페이지에 달한다.

필자는 회천 선생의 외손자인 양점동(학로계 총무, 묵계리 청학식당)으로부터 《회천유고(晦川遺稿)》 복사본을 한 부 전달받았다. 최근 이 유고집을 다시 살펴보니 선생은 뛰어난 시인이자, 문장가, 교육자임을 확인할 수 있었다. 특히 그가 교육자로서 오헌 양삼준과 같은 걸출한 인재를 키우는 등 묵계 청학동의 인맥 형성에 끼친 영향이 컸다. 그래서 먼저 선생의 교육자로서 열정을 엿볼 수 있는 시와 문장을 소개하려고 한다.

먼저, 그가 묵계 청학동에 복거한 직후에 읊은 시(詩)인 〈청학동 새 거주지에서 감회〉는 앞서 소개했고, 나머지 1편의 시는 〈학동(鶴洞) 창화집선(唱和集選)[148]〉이다.

---

139) 이글은 '역사와 야생화-《회천유고》'에서 인용하였다.

140) 부(賦): 한문체에서, 글귀 끝에 운을 달고 흔히 대(對)를 맞추어 짓는 글

141) 서(序): 한문 문체의 하나. 사적(事跡)의 요지(要旨)를 적은 글

142) 기(記): 한문 문체의 하나. 건조물이나 산수의 유람 따위를 적은 글.

143) 설(說): 한문 문체의 하나. 사물의 이치를 풀이하고 의견을 덧붙여 서술한 글.

144) 명(銘): 금석(金石), 기물(器物), 비석 따위에 남의 공적을 찬양하는 내용이나 사물의 내력을 새김. 또는 그런 문구. 흔히 한문 문체 형식으로 하는데, 대개 운(韻)을 넣어 넉 자가 한 짝이 되어 구(句)를 이룬다.

145) 잠(箴): 한문 문체의 하나. 훈계하는 뜻을 적은 글.

146) 찬(讚): 인물 · 사물을 기리어 칭찬하는 글. 혹은 서화의 옆에 글제로 써넣는 시(詩), 가(歌), 문(文) 따위의 글.

147) 송(頌): 공덕을 기리는 글이나 문장.

148) 이 시에는 "청학동으로 이사 오면서부터 습재 최제학(習齋 崔濟學), 묵계 강도익(默溪 姜道益), 자학(子鶴 鄭俊永)과 서로 좋아해 글을 많이 지었으나 다 기록하지 않고 한 편만 남겨 이후 고사(古事)로 삼고자 함이다"라는 서문이 있다.

〈학동(鶴洞) 창화집선(唱和集選) 1〉

세 월 인 간 불 아 류
歲月人間不我流 　　세월이 나를 인간 세상에 머물게 하지 않아,
기 간 만 사 총 우 수
其間萬事總優愁 　　그간 만사가 다 근심뿐
약 장 부 귀 무 겸 선
若將富貴無兼善 　　부귀를 다 가지지 못할진대,
숙 여 안 한 락 자 유
孰與安閒樂自由 　　누구와 편안하게 자유를 즐길꼬?
학 동 청 계 가 영 욕
鶴洞淸溪歌泳浴 　　학동 맑은 물에 노래하며 목욕하고,
송 정 청 월 임 우 유
松亭晴月任優遊 　　송정에서 밝은 달밤 실컷 노니네
결 신 지 가 동 소 허
潔身只可同巢許 　　소부 · 허유처럼 몸을 깨끗이 한 것은 괜찮지만
약 야 란 윤 비 사 류
若也亂倫非士流 　　만약 인륜을 어지럽히면 선비가 아닐세

또, 회천은 교육과 관련한 교훈적인 글을 많이 남겼다. 먼저, 〈종친 규약(宗規) 10장[149)]〉 중 제8장 '교육(敎育)'과 자손들에게 배움을 권하는 〈계제손권학(戒諸孫勸學)〉, 〈두 아이를 번암 호동에 글 배우러 보내면서[送鍾默鍾學二兒于磻巖虎洞讀書]〉라는 시(詩)는 오늘날 젊은 학부모에게도 자손(子孫) 교육에 크게 참고할만한 교훈적인 내용이라 소개한다.

여기서 회천 선생은 공부는 학생이 하지만, 그 환경을 만드는 것은 부모의 역할임을 분명히 하면서, 학부모는 열심히 좋은 태교를 한다거나, 맹자의 어머니처럼 학습에만 집중할 수 있도록 세 번이나 이사했다는 맹모삼천지교(孟母三遷之敎)를 실천하고, 학습자 자신은 절차탁마(切磋琢磨)하여 부지런히 학문과 덕행을 닦을 것을 강조한다. 100여 년

149) 회천의 〈종규십장(宗規十章)〉도 우리 후인들이 가슴에 새길 명문장이다. 그 개략을 소개한다. 먼저 「제1장 총론」에서는 "사람을 사람이라 함은 오륜(五倫)이 있어 사람의 도리를 행함이니라. 시경(詩經)에 이르기를 꾀꼬리도 앉을 곳에 앉는데 사람이 어찌 새만 못하랴!"라는 가르침을 내렸다. 「제2장 종족」, 「제3장 친목」 편에서는 "종족의 불친(不親)과 불목(不睦)이 불학(不學)과 무지(無知) 탓이다."라고 강조하셨으며, 「제4장 효제」 편에서는 "효제(孝悌)는 인(仁)의 근본임을 강조"하시면서 증자(曾子)의 말을 빌려 "효(孝)는 미치지 못한 듯이 행하고, 제(悌)는 때가 없는 듯이 한다"라고 하였으며, 또, 자로(子路)의 말을 빌려 "나무는 고요하여지고자 하나 바람이 그치지 않고, 자식은 부모를 잘 모시고자 하나 어버이 안 계신다"라고 훈계하셨다. 「제5장 주휼(賙恤)」 편에서는 "인생의 삶이 빈다부소(貧多富小)라, 부자는 허물이 없고 빈자는 바라나니. 바라다가 뜻대로 안 되면 원망이 많아 원수와 적이 되니 이로써 유혹됨이 많은지라. 이르건대 베푸는 자는 생활이 여유있고 없는 자는 앞길이 없나니 모리(謀利: 도덕과 의리는 생각하지 않고 오직 부정한 이익만을 꾀함) 말고 청심(淸心) 하면 욕심을 덜어낼 수 있으니 덕의(德義)를 펴면 이를 군자(君子)라 이를지니 도척(盜跖)도 변화할 것이다. 그래서 증자(曾子)가 말하기를 말(斗)과 저울(衡)을 깨 버려야 백성이 안 다툰다"라고 하니 오늘날 크고 작은 규모의 경영자는 물론 근로자들에게도 큰 울림이 되리라. 「제6장 혼인」 편에서는 "부부(夫婦)는 이성(二姓)의 합이라. 생민(生民)의 시작이요 만복(萬福)의 근원이니 신중하여야 한다. 그러나 반드시 빈부(貧富)를 논하지 말라"라고 하셨다. 「제7장 신부(愼婦)」, 「제8장 교육」은 본문에서 그 전문을 소개하니 참고하시고, 「제9장 빈객(賓客)」 편에서는 공자의 말을 빌려 "너는 군자(君子)의 선비가 되어야지 소인(小人)의 선비가 되지 마라."라는 가르침을 주고 있다. 끝으로 「제10장 봉선(奉先)」 편이 있다.

전인 1922년부터 학동에서 펼친 회천 선생의 교육철학이 현재 묵계리는 물론 묵계 출신 출향인들을 통해서 면면히 이어지기를 기대한다.

〈종묵 · 종학 두 아이를 글 배우러 보내면서[送鍾默鍾學二兒于磻巖虎洞讀書(송종묵종학이아우번암호동독서)]〉

多言易失德(다언이실덕)	말이 많으면 덕(德)을 잃기 쉬우니,
非學不成人(비학불성인)	안 배우면 인격이 형성되지 않네
唯默能容世(유묵능용세)	오직 묵묵히 세상사를 용납하여,
以謹可知仁(이근가지인)	언행을 삼가(謹)야 인(仁)을 알 수 있으니
默乎學以愼(묵호학이신)	묵묵히 배우면서 삼가야 하니
學亦默爲眞(학역묵위진)	배움도 묵묵해야 참되리라
乃父平生願(내부평생원)	아비의 평생소원은
斯間不辱身(사간불욕신)	이 세상에서 자신을 욕되지 않게 하는 것.

〈교육(敎育)〉-종친(宗規) 규약 제8장

사람이 만물(萬物) 중에 가장 영물임은 사람에게 인의(仁義)와 예양(禮讓)이 있어 인도(人道)를 이루기 때문이다. 비록 인성(人性)은 있으나 교화(敎化)가 밝지 못하면 새나 짐승과 근사하리라. 이러므로 나라를 소유한 자는 관직(官職)을 설치하여 백성을 다스리고 가르치게 하였다. 배우고 배우지 않음은 나에게 있고, 가르치고 가르치지 않음은 부모(父母)에게 있다. 태임(太妊)의 태교(胎敎)와 맹모(孟母)의 세 번 이사가 어찌 교육(敎育)의 나침반[150]이 아니랴! 기를 만한 재주 있는 자는 각각 자금을 모으고 힘을 다해 그가 옥처럼 훌륭하게 성장하도록 도와 문호를 창성하게 하는 것이 옳다. 그러므로 《시경》에 이르기를 "크게 떼어낸 듯하고 곱게 간듯하며, 크게 쪼갠 듯하고 곱게 갈아낸 듯하다.[151]"라고 하였고, 또 "훌륭한 많은 인재가 이 왕국에서 자꾸자꾸 나왔도다.[152]"라고 하였다

---

150) 지남(指南)은 원래, '남쪽을 가리킴'이라는 의미이나 "이끌어 가르치거나 가리킴. 교수(敎授)함"의 의미가 있고, 지남철은 지자기(地磁氣)의 남북의 방향을 가리키는 자침(磁針)을 의미한다(이상은 네이버 한자 사전).

151) 《시경(詩經)》 위풍(衛風) 〈기수의 물굽이(淇奧(기욱))〉에 보인다(이상은 최석기 교수의 첨삭지도에 따라 추가한 것으로, 이기동 역해의 《시경강설》, p.151에서 확인하여 인용)

152) 《시경(詩經)》 대아(大雅) 〈문왕(文王)〉에 보인다(이상은 최석기 교수의 첨삭지도에 따라 추가한 것으로, 이기동

인위최령어만물자 이기유인의례양 이성인도야 수유인성 이교화불명 즉근어우모
人爲最靈於萬物者 以其有仁義禮讓 而成人道也 雖有人性 而敎化不明 則近於羽毛
시이 유국자 입관설직 사지치이교민 학불학재아 교불교재부 태임태교 맹모삼천
是以 有國者 立官設職 使之治而敎民 學不學在我 敎不敎在父 太姙胎敎 孟母三遷
기비교육지지남야 유재가성자 각기합자진력 조기옥성창대문호 가야 고시왈
豈非敎育之指南耶 有才可成者 各其合資盡力 助其玉成昌大門戶 可也 故詩曰
여절여차 여탁여마 사황다사 생차왕국
如切如磋 如琢如磨 思皇多士 生此王國.

회천은 집안 손자들에게 "교육은 국가적인 동량을 키우기 위함"임을 명확히 하면서 두 아들을 글 배우러 보낸 시에서도 오로지 교육만이 미래가 있음을 강조하신다.

〈계제손권학(戒諸孫勸學)〉

인생을 살아감에 있어서 교육(敎育)을 할 수 있는 것은 뿌리를 북돋아 가지까지 미치게 하여 장래 집의 큰 기둥과 들보를 만들기 위함이네. 삼가 스승의 가르침을 받아 방심(放心) 말고 착실히 공부하면 저절로 견문(見聞)이 있을 것이다. 내일이 오늘보다 나으면 세월이 가면 반드시 성공할지니 위대한 사람과 통달한 선비는 모두 이렇게 공부해서 된 것이다. 너희들은 위대한 사람을 배우고자 하는가, 통달한 사람을 배우고자 하는가? 배우지 않으면 성공하지 못하고 그 성명조차 없는 사람이 될 것이니, 어찌 슬프지 않으랴. 다만 권학(勸學)으로 생명(生命)을 삼으면, 고원한 경지에 이를 수 있을 것이니 너희들 잘 새겨듣는 것이 옳을 것이다.

인생유생 가이교육자 시기배근달지 이장위대하지동량야
人生有生 可以敎育者 是其培根達枝 而將爲大廈之棟樑也.
근수사훈 소물방과 착심주공 자유견문 래일승금일 즉세월장진 필유성공
謹受師訓 小勿放過 着心做工 自有見聞 來日勝今日 則歲月長進 必有成功
위인달사개재시이 여욕학위인호 달사호 불학즉공불성 이귀우무명무성야
偉人達士皆在是耳 汝欲學偉人乎 達士乎 不學則功不成 而歸于無名無姓也
영불비재 지이권학위생명 즉가이지어고원야 이조물범청언 가이
寧不悲哉 只以勸學爲生命 則可以至於高遠也 爾曹勿泛聽焉 可耳.

이어서 〈독법 팔조(讀法 八條)〉는 회천 선생이 훌륭한 교육자임을 생각하게 한다. 40여 년을 중등학교 교단에서 가르친 필자로서는 어떤 특정 교과목을 이렇게 간단명료하게 정리한다는 것이 그렇게 쉬운 일이 아니라는 사실을 잘 알고 있다. 교육 경험이 풍부하고 그 교과에 대한 이해도가 뛰어난 선생이 아니고서는 불가능한 일이다.

회천 선생의 이 독법 팔조에서는 왜 《소학(小學)》을 먼저 공부해야 하며, 그런 연후에 비로소 왜 《대학(大學)》을 공부해야 하는지, 이어서 《논어(論語)》, 《맹자(孟子)》,

---

역해의 《시경강설》, p.575에서 확인하여 인용)

《중용(中庸)》의 순서로 공부해야 하는지, 더 나아가 《시경(詩經)》, 《서경(書經》, 《주역(周易)》을 공부해야 하는 까닭을 압축적으로 잘 풀어내고 있다. 그 내용의 일부를 소개하면 다음과 같다. 다만 한문의 원문은 생략한다.

〈독법 팔조(讀法 八條)〉

내학(來學)과 제자(諸子)에게 이르노니 지금 사기(史記)를 읽은 자(者) 몇 사람이며 칠서(七書)를 읽은 자 몇 사람인고? 내 오직 실속이 없는 학(學)이기는 하나, 그 배우는 학(學)을 간략하게 말하면, 어떤 글을 막론하고 글자(字)에는 그 글자(字)의 뜻이 있고, 구(句)에는 구(句)의 뜻이 있으며, 장(章)에는 장(章)의 뜻이 있고, 편(篇)에는 편(篇)의 뜻이 있어 하나하나 깨달아 알고(理會), 반복 연구하여 깊이 생각하여 그 뜻을 새겨 보면 이에 유익하나니 한 글자(一字)라도 그저 넘기지 말지어다. 사서(史書)를 보면 나라의 치란(治亂)과 흥망(興亡), 사람의 현부(賢否)와 득실(得失)이 심목간(心目間)에 비치어 거울에 물체의 빛을 따라가면 고인(古人)이 맹명(孟明)[153]과 번조(樊稠)[154]의 사기(史記) 보는 법(法)의 말씀을 얻으리라. [1조]

소학(小學)은 사서(四書)의 사다리로 "사람 만드는 책"이니 깊이 읽어 반복하면 요령이 생겨 입교(立敎)와 명륜(明倫)과 경신(敬身)을 날로 삼고 본받을 만한 말인 좋은 말(嘉言)과 선행(善行)을 씨로 삼아 이리저리 연구하여 읽음으로써 몸이 행할 바를 경험하여 오늘 한 공부(工夫)를 짓고, 또 내일 한 일을 지어 참을 쌓고 오래 힘쓰면 소학 (小學)을 공부하는 도중(中)에 대학(大學)에 쉽게 들어가리라. [2조]

대학(大學)은 입덕(入德)의 문(門)으로 '경(敬)'을 주(主)로 하니 명덕(明德)[155]이 무엇이며, 신민(新民)[156]이 무엇이며, 지선(至善)[157]이 무엇인고? 가만히 외우고 생각해 그 무엇인지를 안 연후(然後)에야 안정(安靜)이 되어 무엇인지 알며, 팔조목(八條目)[158]이 무엇인지 이리저리 미뤄

153) 맹명(孟明)은 천하의 명신 백리해(百里奚)의 아들로 본명은 백리시(百里視). 효산(崤山) 전투에서 대패했음에도 불구하고 살아 돌아온 것을 몹시 수치스러워하면서 진나라에 절치부심 복수할 날만을 고대하며 군사 훈련에 몰두했음. 마침내 B.C.625년에 팽아(彭衙)에서 진(晉)나라를 패배시켜 효산 전투 이래의 오랜 수모를 설치(雪恥)했다([네이버 지식백과] 맹명[孟明] (열국지 사전)에서 인용)

154) 번조(樊稠)는 삼국지 인물로 《회천유고》 본문에는 〈분주(焚舟)〉로 나와 있으나 이를 번역한 양삼준은 〈번주(樊舟)〉라고 했다. '稠'는 '조 혹은 주'로 발음되고, 《삼국지 인물 사전》에서 〈번조(樊稠)〉라고 되어 있어서 '번조'라고 수정했다.

155) 명명덕(明明德): 자신의 밝은 덕을 밝게 드러내야 한다(이상은 위키백과에서 인용).

156) 신민(新民): 자신의 밝은 덕으로 백성을 새롭게 한다. 고본 《대학》에 수록된 용어는 친민(親民)으로 백성과 친하게 된다(이상은 위키백과에서 인용).

157) 지어지선(止於至善): 최선을 다하여 가장 합당하고 적절하게 처신하고 행동한다(이상은 위키백과에서 인용).

158) 팔조목(八條目) ①격물(格物) : 세상 모든 것의 이치를 찬찬히 따져보는 것 → 고본 《대학》에는 없는, 주희가 새

이치를 깊이 연구하고 수신(修身)을 근본 함이 무엇인지 연구해 그 뜻을 얻어서 전문(傳文)을 질문하고 참견(參見)한 뒤에 대학(大學)이 서서히 내 가슴 속에 들지니, 만일 굳게 가진 자(者) 어디로 가면 대학(大學)의 도(道)가 아니랴!

[3조]

논어(論語)는 말은 쉬운 듯하나 뜻이 깊어 후세(後世)들 못 배운 사람은 마땅히 거듭 익혀 종신(終身)토록 쓸지니라. 제자(弟子)가 물은 걸 내가 물은 걸로, 성인(聖人)이 답(答)한 것을 오늘 들은 걸로 받아들여 깊이 연구하여 맛을 알면 자연(自然) 정신(精神)이 모여 마음에 얻으리니 어찌 안연(顔淵)의 '이 말을 일삼는다'라고 함과 증자(曾子)의 '일관(一貫)이란 답(答)'과 자장(子張)의 '홀기에 쓰는 것'과 자공(子貢)의 '성(性)과 천도(天道)를 들음'이 다 오늘 들은 것이라. 향당(鄕黨) 편(篇)에 성인(聖人)의 기상을 방불하게 본다고 함을 더욱 살필지니라.

[4조]

맹자(孟子)는 태산(泰山)과 같은 기운이 있어 왕왕 언사(言辭)의 간(間)에 나타내나 성선양기(性善養氣)와 인의왕도(仁義王道) 등 말씀은 명백(明白)하고 절실(切實)하며 공명정대(公明正大)하고 인욕(人慾)이 움트기 전에 막고 전리(天理)를 미래(未來)에 둔다고 함은 실(實)로 천고(千古)에 학자(學者)들의 지남철이라. 맹자(孟子)를 배우는 자(者)는 심줄이 엉킨 곳을 찾아서 오래 씹어 맛을 보면 자연히 실(實)을 볼 수 있으니 황홀이 맹자(孟子)와 서로 대담하면 또한 즐겁지 않으랴? 주자(朱子) 시경(詩)에 왈(日) '장하다. 추(鄒)나라 맹씨(孟氏) 웅변이 뛰어나 한마디 말로 요진통(要津通)[159]을 끌어낸다'라고 하니 가히 믿지 않으랴!

[5조]

중용(中庸)은 하학(下學)의 말 적고 상학(上學)의 말한 곳 많아 초학(初學)이 이해하기 어려우나, 그러나 읽고 생각하고, 생각하며 읽기를 반복하며 연구하면 처음에 일리(一理)를 말하고 중간(中間)에 만사(萬事)를 들어내고, 끝에 가면 도로 일리(一理)에 맞추어 소상하게 앞에 나열하였으니 어찌 연구 못 하리. 지분절해(支分節解)[160]란 사대지(四大支)와 육대절(六大節)을 분해(分解)함을 말함이라. 주자(朱子)께서 나를 속였으랴! 환하게 읽힌 연후(然後)에 사대지육대절(四大支六大節)을 찾아 그 털을 빗질하고 그 오묘함을 짐작하여 천명(天命)과 솔성(率性)과 달도(達道)와 달덕(達德)과 분은(賁隱)의 대소(大小)를 힘 안 쓰고 마치며 선(善)을 가려서 가지며, 독공(篤恭)하여 천하(天下)를 평(平)함과 소리도 없고, 냄새도 없다는 데까지 철두철미하게 반복 생각하면 성인(聖人)의 뜻을 보리라.

[6조]

시(詩)는 본래 성정(性情)이 선(善)이 있고 악(惡)이 있으니 선(善)한 자 칭찬하고 악(惡)한 자는

로 지어 넣은 조목이다. ②치지(致知) : 지식과 지혜가 극치에 이르게 하는 것 → 고본《대학》에는 없는, 주희가 새로 지어 넣은 조목. ③성의(誠意) : 의지를 성실히 다지는 것. ④정심(正心) : 마음을 바로 잡는 것. ⑤수신(修身) : 자신을 수양하는 것. ⑥제가(齊家) : 집안을 화목하게 이끄는 것. ⑦치국(治國) : 나라를 잘 다스리는 것. ⑧평천하(平天下) : 세상을 화평하게 하는 것(이상은 위키백과에서 인용)

159) 요진통(要津通)은 '아주 요긴한 데나 가장 중요한 대목'을 말한다(네이버 어학사전).

160) 지분절해(支分節解)란 "가닥과 마디로 갈라 풀어 봄". 곧, "글 내용을 세밀하게 나누어 자세히 밝힘"을 의미한다. 주희(朱熹)의 중용장구서(中庸章句序)에 나온다(이상은 네이버 지식백과에서 인용).

미워하는 고(故)로 기시(其詩)를 일절(一節)은 더하고 일절(一節)은 깎아 시(詩)에 선악(善惡)이 다 있는 것은 선(善)은 권하고 악(惡)은 징계함이라. 시(詩)를 배우는 자(者) 반드시 흥(興)과 부(賦)와 비(比)를 잘 분별할 것이오. 또 풍아(風雅)의 정(正)과 변(變)을 분별하여 깊이 그 작자(作者)의 본뜻을 궁구하여야 가히 득(得)이 되니 그렇지 않으면 마유료유(靡有了遺)라는 폐단을 면(免)치 못할지니 공자왈(孔子曰), 시(詩)는 가(可)히 흥(興)하고 가(可)히 볼만하고 가(可)히 같이할만하고 가(可)히 원망하여 가깝게는 부모(父母) 섬기기, 멀게는 임금 섬기기며 새 짐승과 초목(草木)의 이름을 많이 안다하고 우왈(又曰) 시(詩) 삼백(三百) 편을 외우며 정치에 달(達) 못하고, 사방(四方)에 사신 가서 능히 대답도 못 하는 것이 많으면 무엇하리. 그런즉슨, 입으로 외우는 걸로 심신(心神)을 점검하여 행(行)한즉 반드시 부달(不達)하고 부대(不對)함이 없으리라. 시(詩) 삼백(三百) 편을 폐일언(蔽一言)하면 사무사(思無邪)라 하니 시(詩)의 큰 뜻이 성자(誠字)에 있도다.

[7조]

서(書)는 정교(政教)의 글이니 본래 간략해 번거롭지 않으며 공평정실(公平正實)하여 다른 서(書)와 비(比)할 바 아니라. 요사(姚姒)의 전(傳)은 혼혼(渾渾)하고 주고(周誥)와 은반(殷盤)을 속속 것 파악하여 그 정력(精力)을 쏟으면 그 이치를 알 것이니 인심(人心)은 위험하고 도심(道心)은 미묘하니 오직 정일(精一)해야 그 중(中)을 잡는 것은 천고(千古)의 성현(聖賢)들이 전(傳)하는 심법(心法)을 더욱 힘 쏟아야 하며 선기옥형(璿璣玉衡)은 도(圖)에서 보고 기삼백(朞三百)은 주(註)에서 살펴볼지니 이 시월(十月)의 교(交)와 참조(參照)해 볼지니라.

[8조]

주역(周易)은 팔괘(八卦) 서로 움직이고 상(象)과 단(彖)에 나타나고 육위(六位)가 비로소 이루어져 변동(變動)이 생기는지라 이러므로 길흉소장(吉凶消長)하는 이치와 진퇴존망(進退存亡)의 도(道)가 육십사괘중(六十四卦中)에 나열되어 수시로 변역(變易)하여 도(道)에 옮겨간, 즉 길(吉)하고 변역하는 것을 실시(失時)하여 어긴 즉 흉(凶)하니 가히 두렵도다. 먼저 복희씨괘(伏羲氏卦)를 살피고 다시 문왕의 단사(彖辭)를 살펴 깊이 주공(周公)의 육효(六爻)를 연구하고 공자(孔子)의 상(象)과 계사(繫辭)를 참작하며 정자(程子)와 주자(朱子)의 전의(傳義)를 계교(繫較)해 보면 불합(不合)이 있어도 뜻은 실(實)로 통하니 그 상(象)을 보고 그 말을 보며 그 변(變)을 보고 그 점(占)을 볼지니 그 처음에 바탕을 두어 살펴보면 마침내 대역산천(大易山川)에 나고 대역산천(大易山川)에 기를지니 장하다. 주(周)나라 일월(日月) 또한 살피지 않으랴.

또한, 선생의 강의 노트 혹은 강의 지침서도 남아있는데, 〈대학을 읽음(讀大學)〉, 〈중용을 읽음(讀中庸)〉이라는 제목의 시(詩)와 〈중용강의(中庸講義)〉, 〈관주역(觀周易)〉, 〈용학설 시양한근 삼준(庸學說 示梁漢根 三俊)〉 등이 있다. 그럼, 여기서 〈대학을 읽음(讀大學)〉, 〈중용을 읽음(讀中庸)〉이라는 시를 소개하면 다음과 같다.

〈대학을 읽음[讀大學(독대학)]〉

綱有其三條有八 (강유기삼조유팔)	강령에 세 가지 있고, 조목에 여덟 가지 있는데

聖賢一意更參訂　성인과 현인 한결같은 마음을 다시 피로하에
內能詳盡外謨大　내면 공부 상세하고 극진하며 외면 공부 규모 큰데
敬字工夫次第精　경(敬) 자 공부(工夫) 차례차례 정밀하구나

〈중용을 읽음[讀中庸]〉

孰知三十三章勾　누가 중용 장구 33장의 깊은 뜻을 알리요
四支方方六節彰　사지(四支)가 규모 있고, 육절(六節)이 빛나도다
至妙至微無眹處　지극히 미묘하(微妙)여 뜻을 알길 없지만
惟誠一理最精詳　오직 성(誠)한 이치 가장 정밀하고 상세하네

한편, 앞서 보았듯이 회천 선생의 〈독법 팔조〉에서는 《중용》의 내용을 "사대지(四大支)와 육대절(六大節)로 지분절해(支分節解)하여 독공(篤恭)하면 성인(聖人)의 뜻을 알 수 있다"라고 했다. 〈중용강의〉의 내용을 살펴보면 다음과 같다. 먼저, 회천 선생의 사대지(四大支)이다.

첫째, 제일지(第一支): 수장(首章)은 자사(子思)의 말이요, 그 아래 11장은 부자(夫子: 공자)의 말을 인용(引用)해 이 장(章)의 뜻을 종결한 것이다[第一支 首章子思立言 下十一章引夫子之言 以終此章之義].

둘째, 제이지(第二支): 제12장은 자사(子思)의 말이요, 그 아래 8장은 부자(夫子)의 말을 인용하여 밝힌 것이다[第二支 十二章子思之言 下八章引夫子之言 以明之].

셋째, 제삼지(第三支): 제21장은 자사께서 윗장의 부자(夫子)가 말한 천도(天道)와 인도(人道)를 이어 말한 것이오, 그 아래 12장은 자사께서 이장(此章)의 뜻을 밝힌 것이다[二十一章 子思承上章夫子 天道人道以立言 下十二章 子思推明此章之義].

넷째, 제사지(第四支): 제33장은 자사께서 앞장 극치(極致)의 말을 인용(引用)하여 그 근본을 돌이켜 구하고, 다시 하학(下學)으로부터 심지를 세우는 처음을 이어 계구신독(戒懼愼獨)의 일을 미루어 말해 그 극(極)에 이르는 것을 말씀하였다[三十三章 子思引前章極致之言 反求其本 復自下學 承立心之始 推言戒懼愼獨之事 以訓致其極].

다음으로 회천 선생의 육대절(六大節)은 다음과 같다.

첫째, '天命之謂性(천명지위성)이요~'로 시작되는 수장(首章) 1개 장이 하나의 절(節)인데, '중화(中和)'를 말하였다[首章是一節 說中和〈一〉].

둘째, '君子(군자)는 中庸(중용)하고~'로 시작되는 제2장 이하 10장(제02~11장까지)이 하나의

절(節)인데 '중용(中庸)'을 말하였다[君子中庸以下十章是一節 說中庸〈二〉].

셋째, '君子之道(군자지도)는 費而隱(비이은) 이니라~'로 시작되는 제12장 이하 8장(12장~19장까지)이 하나의 절(節)인데 '비은(費隱)'을 말하였다[君子之道費以隱以下八章是一節 說費隱〈三〉].

넷째, '哀公(애공)이 問政(문정)한대~'로 시작되는 제20장 이하 7장(20장~26장)이 하나의 절(節)인데 '성(誠)을 말하였다[哀公問政以下七章是一節 說誠〈四〉].

다섯째, '大哉(대재)라 聖人之道(성인지도)여~'로 시작되는 제27장 이하 6장(27장~32장)이 하나의 절(節)인데 '大德小德(대덕소덕)'을 말하였다[大哉聖人之道以下六章 大德小德〈五〉].

여섯째, '詩衣錦尙絅(시의금상경)이라 하니~'로 시작되는 제33장 末章(말장) 1장이 하나의 절(節)인데, 다시 제1장의 뜻을 말하였다[末章是一節 復申首章之義〈六〉].

한편, 필자는 지난 2024년 2월 14일 경상국립대학 남명학연구소에서 주최한《2023년도 인문사회연구소 지원 사업-제1차 전문가 초청 강연》에서 뜻밖에도 〈면우(俛宇) 곽종석(郭鍾錫)의《중용(中庸)》해석과 의의〉라는 제목으로 경상국립대학 한문학과 최석기 명예교수의 발표[161]를 들었다. 한마디로 "면우 곽종석의 〈사지육절설(四支六節說)〉이 중용해석의 백미(白眉)"라는 내용이었다.

이 〈사지육절설〉의 특징은 첫째, 곽종석의 4대지설과 6대절설은《중용장구서》의 '지분절해(支分節解) 맥락관통(脈絡貫通)'에서 근원을 한 것으로 보아 둘 다 버릴 수 없다는 관점에서 통섭적으로 이해하려 하였다. 둘째, 곽종석은《中庸》의 논리구조를 대지(大旨)를 중심으로 파악하여 '전체(全體)-사지(四支)-육절(六節)'로 체계화하였다. 셋째, 곽종석은 스승인 이진상, 선배 허유와 다른 관점에서 〈중용지절도(中庸支節圖)〉를 작성하였다. 이 〈사지육절설〉을 면우 선생이 그림으로 나타낸 것이 〈中庸支節別圖〉이다. 이날 최석기 교수의 발표 자료에서 회천 선생의 사지육절설(四支六節說)과 관련된 중요한 내용을 발견했다.

첫째, 최교수의 '사대지'와 관련된 자료를 보면, "《중용장구대전》의 〈독중용법〉 아래 소주(小註)에는 다음 표와 같은 왕씨(王氏)의 설이 실려있다"라고 했다.

이 표의 내용은《회천유고》의 〈중용강의〉에서 회천선생이 제시한 내용과 같다. 이어서 최석기 교수는 "왕씨(王氏)가 누구인지는 자세치 않지만, 원대(元代)의 학자로 추정된다. 왕씨의 설은 요지를 언급하지 않고 대지(大支)로 논리구조를 언급한 것이 특징이다. ……왕씨(王氏)의 사대지설(四大支說)이 알려지자《중용장구서》의 '지분절해(支分節解)'에 대한 관심은 한층 증폭되었다. 그러나《중용장구대전》에 〈독중용법〉이 있고, 왕씨의

161) 최석기, 〈俛宇 郭鍾錫의《중용》해석과 의의〉, 경상국립대학 남명학연구소, 2023년도 인문사회연구소지원사업-제1차 전문가 초청 강연, 2024. 2. 14

설은 소주(小註)에 실린 것으로 볼 때, 명초(明初)까지 〈독중용법〉의 설이 왕씨의 설보다 우세하였음을 알 수 있다"라고 최석기 교수는 결론지었다.

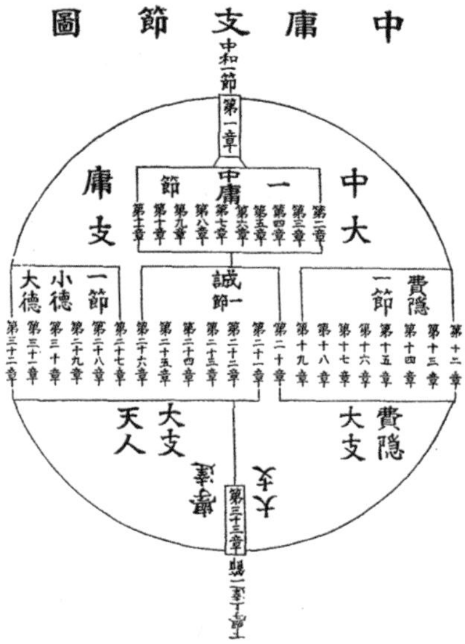

면우 선생의 〈중용지절도〉
(한국고전종합DB 인용)

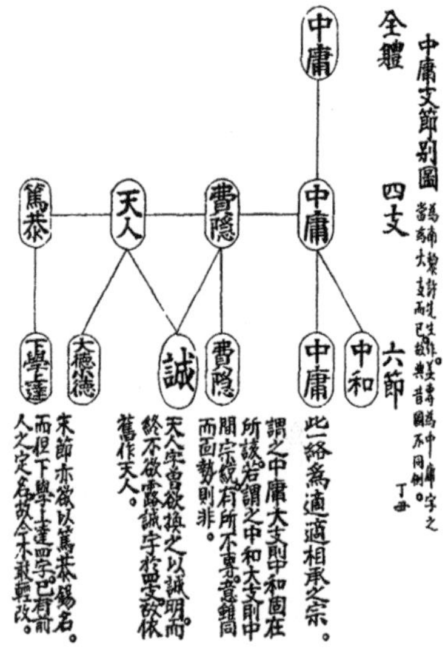

면우 선생의 〈중용지절별도〉
(한국고전종합DB 인용)

단락	범위	장수 章數	내용
제1대지	제01장-제11장	11	수장자사입언 하십일장인부자지언 이종차장지의 首章子思立言 下十一章引夫子之言 以終此章之義
제2대지	제12장-제20장	9	십이장자사지언 하팔장인부자지언 이명지 十二章子思之言 下八章引夫子之言 以明之
제3대지	제21장-제32장	12	이십일장자사승상장부자천도인도이입언 二十一章子思承上章夫子天道人道以立言 하십이장자사추명차장지의 下十二章子思推明此章之義
제4대지	제33장	1	삼십삼장자사인전장극치지언 반구기본 복자하학승입심지시 三十三章子思引前章極致之言 反求其本 復自下學承立心之始 추언계구신독지사 이훈치기극 推言戒懼愼獨之事 以訓致其極

둘째, 최교수의 자료에 의하면 "명초(明初) 호광(胡廣) 등이 편찬한 《중용장구대전(中庸章句大全)》에는 '주자왈(朱子曰)'로 시작하는 《독중용법(讀中庸法)》이 앞에 실려있는데, 《중용장구》를 육대절(六大節)로 나누어 보는 설이 있다. 이를 정리하면 다음과 같은데, 이를 '육대절설(六大節說)'로 부르기로 한다"라고 하며 제시한 표가 다음과 같다. 이것은 그 뒤에 나온 쌍봉요씨(雙峰饒氏)의 육대절설과 그 요지가 같아 보인다.

단락	범위	章數	요지
제1대절	제01장	1	說中和
제2대절	제02장-제11장	10	說中庸
제3대절	제12장-제19장	8	說費隱
제4대절	제20장-제26장	7	說誠
제5대절	제27장-제32장	6	說大德小德
제6대절	제33장	1	復申首章之義

필자는 2023년도에 진주향교에서 《중용》 강의를 한 번 들었으나 다른 일과 겹치는 바람에 그 학습에 집중하지 못한 관계로 《중용》의 내용이 얼마나 심오하고 어려운지 잘 모르고 수강했다. 그러나 최석기 교수의 이 강연을 통해서 회천 선생의 〈중용강의(中庸講義)〉의 가치를 새롭게 느끼게 되었다. 면우 선생과 회천 선생의 '사지육절설(四支六節說)'을 도표로 비교해 보면 다음 표와 같다. 여기서 한자의 토는 필자가 편의상 넣었다.

면우 선생과 회천 선생의 '사지육절설(四支六節說)' 비교표

<table>
<tr><th rowspan="2">中庸章句 範圍
中庸章句 範圍</th><th colspan="2">면우 곽종석의 支節 名稱</th><th colspan="2">회천 이규진의 支節 名稱</th></tr>
<tr><th>四大支</th><th>六大節</th><th>四大支</th><th>六大節</th></tr>
<tr><td>제01장</td><td rowspan="2">中庸大支</td><td>中和一節</td><td rowspan="2">首章子思立言 下十一章引夫子之言
以終此章之義</td><td>中和一節</td></tr>
<tr><td>제02~11장</td><td>中庸一節</td><td>中庸一節</td></tr>
<tr><td>제12~19장</td><td rowspan="2">費隱大支</td><td>費隱一節</td><td rowspan="2">十二章子思之言 下八章引夫子之言 以明之</td><td>費隱一節</td></tr>
<tr><td>제20장</td><td rowspan="2">誠一節</td><td rowspan="2">誠一節
誠一節</td></tr>
<tr><td>제21~26장</td><td rowspan="2">天人大支</td><td rowspan="2">二十一章子思承上章夫子天道人道以立言
下十二章子思推明此章之義</td></tr>
<tr><td>제27~32장</td><td>小德大德一節</td><td>小德大德一節</td></tr>
<tr><td>제33장</td><td>篤恭大支</td><td>下學上達一節</td><td>三十三章子思引前章極致之言 反求其本
復自下學承立心之始 推言戒懼愼獨之事
以訓致其極</td><td>復申首章之義一節</td></tr>
</table>

이 표에서 보듯이 회천 선생의 '사지육절설(四支六節說)'은 면우 선생의 '사지육절설(四支六節說)'과는 달리, '독자적인 학설'이라기 보다는 주자의 설을 그대로 받아들여 중용을 가르치기 위해 활용한 것으로 보인다. 이처럼 회천 선생은 《중용》을 '지분절해(支分節解), 맥락관통(脈絡貫通)'이라는 관점에서 가르친 정통 유학(儒學) 교육계의 교육자가 아니었나 하는 생각이 든다.

이 외에도 자식 교육을 위해서 별채 서당을 따로 지어 습재 최제학을 훈장으로 모시기 위해서 습재에게 보낸 편지글인 〈답최습재중열제학(答崔習齋仲悅濟學(甲寅)〉이 있다. 이 글에서 회천은 다음과 같이 한탄했다.

> 만일 어린 아들 글 읽기만 가르치려면 나도 가능하나 스스로 제재 못 함을 맹자(孟子) 말씀에 자식을 바꾸어 가르침은 윤기를 상할까 걱정함이라. 족하(足下)와 같은 밝은 이는 이 이치를 잘 아는지라 감히 중복된 말 하지 않고 오직 재주 따라 인도하여 순서대로 가르치고 실증내어 탈선토록 말고 엄중하고 믿게 한즉 천만(千萬) 좋은 일이니 지금 서당 훈장이 누가 이를 알리오. 거의 너무 강해 화합을 상하고 너무 물러 존엄을 잃어 마침내 어긋나게 되니 이는 이 세상 교육이라.

여기서 회천 선생의 자녀들에 대한 애정과 교육철학을 엿볼 수 있다. 그 외에 〈학동어기정기(鶴洞語期汀記)〉는 별도 항[162]에서 소개하였다.

끝으로 회천 선생의 〈청학동설(青鶴洞說)〉은 실제로 묵계 청학동에 은거하여 살아서 그런지는 모르나 다른 사람들이 주장한 내용과는 좀 다르다. 여기서 회천선생은 "이 세상에 청학은 없다(青鶴之無有 而不足信者 明矣)"라는 사실을 분명히 하면서 "이 세상에 없는 청학을 찾는 것은 망상이요 부질없는 일"임을 설파하셨다. 회천 선생의 〈청학동설〉을 음미해 보기 바란다.

회천 선생의 〈청학동설(青鶴洞說)〉[163]

조선의 지리지를 살펴보건대, "지리산에는 12동천(洞天)이 있는데, 그중에서도 화개동천(花開洞天)·악양동천(岳陽洞天)·청학동천(青鶴洞天)·도화동천(桃花洞天)이 가장 이름이 나 있다."라고 하였다. 옛날의 전설에 "청학동은 세상 밖의 신령스러운 별개로 열린 한 구역으로, 가시덤불과 먼지에 덮여 들어갈 수 없고, 인적이 모두 미치지

162) 〈학동어기정기(鶴洞語期汀記)〉는 〈제1부. 청학마을 탐방-어거정〉 참조.

163) 이 회천 선생의 〈청학동설〉의 원문은 회천유고(晦川遺稿)에서 인용, 번역은 경상대 최석기 명예교수가 했다.

못한다."라고 하니, 참으로 천지의 밖에 독립적으로 천지가 있는 것이다. '그곳의 토지는 몇백 명을 먹여 살릴 수 있다.'라고 하니, 이 어찌 믿을 수 있겠는가.

攷諸朝鮮地理誌 地異山有十二洞天 就其中 花開岳陽青鶴桃花等
最著名云 古之傳說 以青鶴爲世外靈源之別開一區 荊塵不能以入 人跡都不及
信乎獨有天地於天地之外也. 土可活幾百人 是豈可以爲信乎.

예컨대 이 산이 영남과 호남의 중간에 걸쳐 있어 중국 남악(南嶽)인 형산(衡山)으로 지목되어 국가에서 오악(五嶽)의 신에게 제사지내는 한 자리를 차지하고 있다면, 이를 통해 이 산이 높고 크고 깊고 넓은 것을 미루어 알 수 있다. '이 산은 바닷가의 섬과 경계를 접하여, 땅을 파먹고 사는 사람들로 하여금 멀리 떨어져 있어 누가 부르는지도 모르게 한다.'라고 하니, 이런 설은 사람의 마음을 흔들어 의혹하게 한다. 옛날 진시황이 삼신산에 가서 불사약을 구하게 하였고, 한 무제(漢武帝)가 바닷가에 가서 선약(仙藥)을 구하게 한 것이 모두 이런 설 때문이다.

假饒此山 跨嶺湖之交 指南嶽之衡山 享有五祀之一位 其高大深廣 可推以知也.
與海曲之有島嶼 開境 令人食土者 逈別 未知誰唱 此說使人撓惑哉 在昔 秦皇之求
葯于三山 漢武之求仙於海上 皆此之由也.

비록 '당시에 과연 불사약을 구하여 만세토록 영원히 생존했다.'고 말할지라도, 저절로 세력이 없는 자가 뒤를 이어 불사약을 구하러 갈 수 있는 것이 아닌데, 하물며 진시황과 한 무제 같은 만승의 천자로서도 그 당시에 원하는 것을 이루지 못한 것에 대해서야 말해 무엇하겠는가. 그들은 무엇을 구한들 얻지 못하며 무슨 일인들 이루지 못하였겠는가마는, 도리어 수많은 초목과 함께 소나무 밑 흙 속으로 함께 돌아가고 말았도다.

雖曰果能於當時 萬歲長存 自非無勢無力者之所可繼塵 而況秦漢之萬乘
不遂其情願于當場者乎 何求不得 何事不成 而反與兆庶草木 同歸於松下塵土耶.

또한 학이라는 동물을 말할 적에는 예로부터 혹 청학 · 백학 · 황학의 설이 있었는데, 백학 이외에는 보지 못하였다. 비췻빛 도요새가 오가면서 서로 부르고 화답하는 것을 잘못 보고서 혹 청학이라도 말하는 것인지도 알 수 없다.

且道鶴之爲物 古或青白黃之說 而白以外 則未之見也. 誤看翠鷸之往來
傳相唱和者 或謂青鶴者 亦未可知矣.

말하는 자들은 또 “쏟아지는 폭포 아래 물에 가려진 석문이 있는데, 그곳은 보이지 않는다. 도롱이와 삿갓을 쓰고 떨어지는 물을 맞으며 안으로 들어가면 문이 저절로 열리고 길이 저절로 보여 그곳에 편리하게 도달한다.”라고 말한다. 도화원은 진(秦)나라 변경과 인가(人家)가 접해 있지 않으니, 이는 은둔하여 멀리 피하는 곳을 말한다. 어찌 조수(鳥獸)와 함께 살며, 나무 열매를 따 먹고 냇물을 마시며 움집이나 나무 위의 집에 살면서 익힌 음식을 먹지 않는 것이겠는가? 청학은 없으며 믿을 것이 못 된다는 점이 분명하다.

설자우왈 비폭지하 유석문엄어수 이불견기처 사립이모수이입 즉문자개로자심
說者又曰 飛瀑之下 有石門揜於水 而不見其處 簑笠而冒水以入 則門自開路自尋
이달 기지운 도원지불여진색통인연 시불과은둔원피지위야 역기능조수동군
利達 其地云 桃源之不與秦塞通人烟 是不過隱遁遠避之謂也 亦豈能鳥獸仝群
목식간음 혈처소거 불탄연화자야 청학지무유 이부족신자 명의
木食澗飮 穴處巢居 不呑烟火者耶 靑鶴之無有 而不足信者 明矣.

내가 학동에 우거한 것은 고요한 곳에서 수양하려 한 것이니, 어찌 청학이 없는 곳에서 세상에 없는 청학을 구한 적이 있던가? 이치에 통달하지 못하고 말이 되지 않는 말을 하면 누가 믿겠는가? 세상의 허황한 말에 들뜨거나 분수 밖의 일을 바라거나 방외를 구하는 것은 모두 망상이다. 청학동을 찾아 나서 부질없이 정신을 허비하고 헛되어 세월을 보내는 것에 가까우니, 결국 스스로 포기하고서 한탄하게 된다. 그런 사람의 마음이 어떻다고 하겠는가? 이에 대해서는 미리 헤아려봄이 있어야 할 것이다.

오우학동야 취기한정이수양 하상구무어무유지지재 리지부달 언지불성
吾寓鶴洞也 取其閒靜而修養 何嘗求無於無有之地哉 理之不達 言之不成
수지상신호 세지부어허화 기이분외 구이방외 개시망 망 야 서호섭급이공비신상
誰之相信乎 世之浮於虛火 企以分外 求以方外 皆是忘(妄)也 庶乎躡及而空費神想
허도세월 극기자퇴이 탄들야 기심위지하여재 시가예유 상량야부
虛度歲月 極其自退而 嘆咄也 其心謂之何如哉 是可預有 商量也夫.

카. 갱정유도인의 이주와 진주암 도인촌의 형성[164)]

1970년대 초 청학동 도인촌 대제당(현재의 천제궁) 앞에 모인 도인촌 가족들.
(뒤줄 좌측부터 정승환 모친, 박상동 모친, 두 사람 건너 송재구, 서흥석, 서동현(갓쓴 어른), 한사람 건너 김봉곤씨 부친, 서갑조, 송기현, 김덕준 어르신, 뒤에서 두 번째 줄 우측부터 정순화, 두 사람 건너 김대중(가르마), 김창만, 정재홍(약간 앞쪽), 한 사람 건너 김형곤(약간 얼굴 가림), 김보곤, 서경석씨 등이며, 맨 앞줄 오른쪽에 앉은 사람은 송재명 씨(흰 고무신)이다(사진 제공 및 성명 고증: 학동 김종규 제18대 묵계초 총동창회장)

'갱정유도'의 원래 이름은 '時運氣和儒佛仙東西學合一大道大明多慶大吉儒道更定教化一心(시운기화유불선동서학합일대도대명다경대길유도갱정교화일심)'으로 '유불선합일갱정유도' 또는 '일심교(一心教)라고 부르기도 한다. 유교의 기본 틀 위에 불교와 선도교를 융합한 교리로 후천 세계의 도래를 신봉하는 종교인데, 1945년에 처음 창도(創道)되었다. 전북 김제지역을 중심으로 교세를 확장하여 그 세력이 수십만 명이 넘었다고 한다. 교주는 강대성(姜大成)이라는 인물이다. 그의 생애와 활동에 대해서는 종교인들이 하는 말과 《한국민족문화대백과사전》에 실린 내용이 차이가 크게 난다. 그러나 주된 골격에는 차이가 없으므로, 그의 생애와 활동을 살펴보면 그 종교의 생성과정과 특성을 대략 알 수 있을 것이다. 강대성은 1890년 전라북도 순창에서 가난한 농부 덕진(德津)의 아들로 태어났다. 일찍 부모를 여의고, 어려서부터 세기말 변혁의 기운과 전근대적 농촌사회의 운명적인

164) 강동의의 논문에서 인용.

침체 상을 경험한 그는 종교체험을 통한 득도의 경지를 꿈꾸었다. 처음 차경석(車京石)이 보천교(普天敎)의 본거지로 삼았던 정읍군 산내면 진삼동에서 수행을 시작하여 다시 순창군 쌍치면으로 돌아와 오낙중(吳洛中)으로부터 《음부경(陰符經)》을 빌려보면서 본격적인 수행에 들어갔다.

39세 때 순창군에 있는 회문산(回文山) 금강암(金剛庵)에서 처자와 함께 기거하면서 수행하다가, 1929년 누건수(漏巾水) 교리를 터득했다고 한다. 누건수(漏巾水) 교리란 세 사람이 만민의 죄에 대해 속죄하며 흘린 눈물을 받아서 서로 나누어 마심으로써 인류의 구원을 성취했다는 것이다. 또 그는 죽은 처의 시체와 동거하면서 본인, 죽은 처, 아들의 삼부부자(三夫婦子)가 영혼을 엇바꾸는 생사교역(生死交易)을 성취했다고 한다. 여광여취(如狂如醉)의 상태에서 신천지의 도래를 선언하고, 병을 치료하는 등의 일을 했으나 일제강점기 말에 일제 당국의 간섭과 주변 사람들의 적대시하는 환경에서 본격적인 포교 활동은 펼칠 수가 없었고, 8 · 15광복 후 본격적인 교단의 창설과 포교 활동에 들어갔다.

그러나 1954년에 이른바 중흥국(中興國)을 건설한다는 정치적 구호의 여파로 인하여 당국으로부터 단속을 받았고 강대성은 체포되었는데 체포 과정과 심문 중 받은 고문으로 결국 숨을 거두고 말았다.

강대성의 사후 포교 활동의 근거지가 남원으로 옮겨졌지만, 교세는 많이 위축되었고, 신흥종교집단에 대한 정부 당국의 규제정책과 당시의 여론으로 종교 활동의 길이 막히자, 이들은 정부나 세상의 간섭을 덜 받고 종교 활동을 할 수 있는 공간을 찾다가, 남원지역에서 가깝고 세상의 문명과 상대적으로 거리가 먼 지역인 묵계 지역으로 1956년경에 처음 들어오게 되었다. 이주(移住)는 한 번에 이루어진 것이 아니라 2차에 걸쳐 이루어졌다. 처음 1956년경 남원 인근 지역의 사람들이 '진주암'으로 들어 왔고, 1982년경에 변산 인근 지역의 사람들이 진주암의 바로 아래 지역인 '미륵골'로 이주해 왔다. 이상의 내용을 통해 그 종교인들이 청학동으로 들어오게 된 이유를 알 수가 있었다.

고원규는 "갱정유도인들이 청학동을 삶의 터전으로 선택한 이유를 첫째, 그들의 종교적 근본인 더 나은 세상에 대한 염원을 달성하기 위한 수행처를 찾게 된 것과 관련이 있으며, 둘째, 그 시대의 사회적인 분위기가 사이비종교나 미신으로 몰아붙여 은둔자적인 삶을 찾기 위해 지리산 골짜기 깊숙한 오지를 택하게 되었다."[165]고 한다.

그리고 곽재용은 갱정유도인들의 청학동 입거의 이유를 세 가지로 보는데, 첫째, 청학동이

165) 고원규, 〈문화의 관광 상품화를 통해 본 전통의 재구성 –청학동의 사례연구–〉, 영남대학교 대학원 문화인류학과, 박사학위논문, 2005(강동의의 논문에서 재인용)

갱정유도의 이상세계에 대한 염원을 달성하기 위한 수행의 장소로 적합하기 때문이고, 둘째, 강대성의 사망과 정부의 무속과 신흥종교에 대한 배타적 분위기를 피해서이고, 셋째, 경제적 여건 때문이라고 보고 있다.

* 아래 사진은 강태진 하동문화원장의 사진집 《삼포 불이향 옛 하동》에서 인용했다.

천제당 마당에서 인사하는 도인촌 사람들

현대판 이상향 도인촌 사람들

청학동 서당의 옛 모습. 거경궁리(居敬窮理) 하며 몰입하는 학동들과 회초리를 든 훈장님.

'절차탁마(切磋琢磨)'하며 학습에 매진하는 옛 청학동 서당 학동들의 아름다운 모습

청학동 도인촌 마을 모습(사진은 2024년 8월 16일 현재, 필자 촬영)

결론적으로 갱정유도인들의 청학동 입거 이유에 대해서는 고원규와 곽재용의 생각이 일치한다. 그들이 처음 정착한 곳은 학동에서 가장 위쪽 마을인 '진주암'이었다. '진주암'이라는 절이 있던 마을로 한국전쟁 이전까지도 사람들이 거주했던 마을인데 빨치산 토벌을 위한 민간인 강제 피란이 끝난 후, 마을이 복구되는 시기에 이들이 정착하면서 원주민들은 하나, 둘 떠나고, 이들과 자연스럽게 교체가 이루어졌다. 처음에는 몇 가구만 들어왔다가, 점차 이주해 들어와 오늘날의 마을로 이루어졌는데, 완전히 그들만의 마을로 만들어지면서 '도인촌(道人村)'이라고 불리게 되었다.

갱정유도의 기본 교리는 유불선교(儒・佛・仙教)의 합일과 동・서학(東・西學)의 합일을 이루어 이상세계를 건설하자는 것이지만, 그 명칭의 의미를 잘 살펴보면 유교로서 다시 펴자는 동양적 유교중심주의 성향이 확연히 드러난다. 즉 기존의 유교에 불교와 선교가 가진 장점들을 가미하자는 것으로 유교와 타 종교의 비율이 5:5의 결합이 아니라 9:1이나 8:2의 개념에 더욱 가깝다. 그것은 그들의 자녀교육이나 현실 대응 관에서도 드러나는데 '그들은 서양으로부터 들어온 물질 위주의 문화는 비천하므로 정신문화를 통하여 선천 개벽의 시대가 도래할 수 있다고 여겨 유교식의 서당교육에 치중하고, 처음 이주해 오면서부터 10여 년간 훈장을 모셔와 한문교육과 갱정유도 교리교육을 병행했다.'라고 고원규는 밝히고 있다.[166)]

실제로 이들은 자녀들을 정규 의무교육의 과정을 수료시키지 않는 경우가 있었고, 또 의무교육과정을 수료했더라도 도회지의 상급학교 진학에 아무런 미련을 두지 않았다.[167)] 이것은 현대 교육을 서양식 교육이라고 보고 있기 때문인데 이러한 측면에서 볼 때 동・서학(東・西學)의 공평한 합일이 아니라 동학에 일방적으로 편중된 것이라 볼 수 있다.

또 그들의 기본 경전이라고 하는 《부응경(符應經)》은 국한문 혼용체로 교주 강대성이 기록한 가사, 일기, 감상문 등이다. 여기에 실린 가사 중 한문이 섞이지 않고 한글로만 표기된 가사로 유・불・선, 세 종교에 대한 평을 한 가사가 있다.

〈불도가〉

허망하다 저 불도 염불 염불 뉘 알소냐?

166) 고원규, 위 논문에서 인용

167) 청학동 거주 갱정유도인의 자녀 중, 1968년 이전 출생자는 초등학교에도 입학시키지 않았으며, 1973년 이전 출생자가 중학교를 진학한 사람은 한 명도 없다가, 1980년대를 넘어서면서 일반인들과 마찬가지로 중・고등학교 진학을 시키기 시작하였음(강동의 논문에서 재인용).

죽은 사람 믿지 마라 산 사람을 믿고 보면
죽은 영혼 재생이다 내가 죽어도 될제
내가 도로 살자는 경영 룡하소식 중입이네.

〈선도가〉

허중유실 신선공부 누가 누가 마쳤는가?
갱포태지재생신을 장생불사 모르리라.
천상공사 끝났으니 인간공사 음시감혜
찾아보소 신선일이 허무하네.

〈유도가〉

선불변화되는 유도 무극자처
말을 말고 태극자처 때를 아소
허무하는 선불도가 유도로써
성공이네 재봉춘일 이 소식[168)]

이 세 가사 내용은 불도(佛道)와 선도(仙道)의 허망함을 지적하면서 두 종교가 변하여 유도(儒道)로써 이루어지고 다시 봄을 맞이한다는 뜻을 나타내고 있다. 이 내용 역시 5:5의 결합이 아니라, 유도(儒道)를 우위에 두고 나머지를 유도(儒道)에 흡수 내지 융화(融和)시키겠다는 의도가 더 강하다고 보아야 할 것이다.

이상과 같이 고원규의 연구내용과 곽재용의 글에 근거하여 갱정유도가 지향하는 종교 혹은 학문과 사상적 성향이 동양적 유교주의 성향이 짙고, 종교적 폐쇄성을 드러낸다는 결론을 내릴 수가 있었다.

갱정유도인들이 가장 신성하다고 여기는 것이 《부응경(符應經)》에 실린 〈해인경(海印經)〉[169)]으로 각종 의례 때와 일상생활에서도 독송(讀誦) 되며 일종의 주력(呪力)까지 깃들어 있는 것으로 믿고 있다고 한다.[170)] 청학동 입거 초기에 그들의 생활은 매우 궁핍하고 힘들었지만, 엄격하고 절제된 종교적 생활로 그들 스스로 질서와

168) 곽재용, 《지리산 청학동》, 박이정, 2011, p. 291~292(강동의 논문에서 재인용).

169) 《지리산 곽재용, 청학동》, p. 290. '牛性在野(우성재야) 天地父母(천지부모) 弓乙合德(궁을합덕) 吽時感惠(흠시감혜) 一心同力(일심동력) 世界所立(세계소립) 吾主所立(오주소립)', 박이정, 2011(강동의 논문에서 재인용, 한문 토는 필자가 넣음)

170) 곽재용의 위 책.

문화를 형성시켜 나갔다. 하지만 1972년에 묵계리의 청학동이 언론에 알려지면서부터 청학동은 개방의 물결에 휩쓸리게 되어 1979년에 외부세계와 교류를 본격적으로 시작하였는데 고원규는 그 과정과 결과를 "전통의 날조와 관광지 형성"이라고 하면서 "언론에 의해 청학동의 이미지가 새롭게 부여되고, 기자의 시선이 날조된 이미지를 대중매체를 통해 외부세계에 알리는 기능을 하였다."라고 밝히고 있다. 즉 대중매체에 의해 날조된 청학동의 전통과 이미지는 관광 상품이 되었고, 청학동은 외부집단에 의해 관광지로 개발되었다고 주장했다.

하지만 그 시기에는 정보와 통신 교통이 한창 발전하기 시작하였고, 사회 전반적으로 다양한 문화의 보급이 급속히 확산하던 시기라 항상 새로운 취잿거리를 찾는 언론들의 청학동 취재는 필연적이었다고 본다. 오히려 그 언론으로 인해 내 · 외부적으로 갱정유도의 존재감이 더욱 알려지게 되었고 종교인들의 사회적인 입지 또한 더 확실하게 다져지게 되었다. 그러나 필연적 개방이었다고는 하지만, 그 개방으로 인해 종교인들의 사고와 생활에 많은 변화가 일어난 것은 사실이다. 청학동이 가진 지리적 폐쇄성이 정보 통신과 교통의 발달로 무너지면서, 다양한 문화와의 접촉과 교류를 통해, 2세대와 3세대들은 종교적 신념들이 약해지고, 여타 문명에 대한 배타성이 누그러들었다.

타. 삼성궁 한풀선사의 입거 동기와 사상적 성향[171]

삼성궁(三聖宮)은 한인(桓因) · 한웅(桓雄) · 단군(檀君) 성인(聖人)을 모시고, 단군 이래 이어져 오던 한민족의 얼을 지키고 일깨우는 것을 목표로 삼는 종교적 성향이 짙은 집단으로 그 역사가 오래되지 않았다. 1984년부터 한풀선사(강민주)에 의해 도인촌의 서쪽이자 학동의 서북쪽인 '웃가는골'에서 시작하여 '터골'로 그 범위를 확대해서 오늘에 이르게 되었다.

171) 강동의의 논문에서 인용했다.

경남신문 조윤제 기자와 차담을 나누고 있는 한풀선사(2013.9.6. 경남신문에서 인용)

한풀선사는 1963년 계묘(癸卯)에 청학동에서 출생했다. 14세 때부터 서울로 유학하여 중앙대학 재학 중 안호상 박사를 만났다. 안 박사는 독일 철학박사 출신으로 당시 우리나라 지성의 꽃으로 불린 인물이다. 장관 재임 시절, 홍익인간과 이화세계를 대한민국 교육이념으로 도입한 분이다. 홍익대, 단국대, 건국대 등 민족교육·민족정신과 관련된 이름으로 대학을 인가해준 애국 민족 지사였다. 한풀 선사는 안 박사를 만난 이후 그가 관여하던 '개천학회' 간사를 맡았고, 개천대학원에서 수학하면서 우리나라 상고사 등 민족 역사와 철학을 배웠다. 중앙대학교와 대학원에 신학해서는 김성훈·설봉식 교수로부터 실물경제와 응용경제를 배우기도 했다. 한편 1977년부터 안박사와 함께 민족의 시조를 기념하는 국조전 건립을 건의하였으나 받아들여지지 않자 고향인 청학동으로 돌아와 '배달민족학교'를 열었다. 이 배달민족학교는 항일독립운동 총사령관 백포(白圃) 서일(徐一, 1881~ 1921) 장군이 110여 년 전에 세운 독립군단인 '북로군정서(北路軍政署)[172)]'의 부설교육기관인데 독립군 장교와 사병을 길러내는 역할을

172) 북로군정서(北路軍政署)는 1919년 동간도에서 만든 무장독립운동 단체이다. 대종교 계통에서 비롯되었다. 1919년 만주 지린성(吉林省)에서 서일(徐一), 김좌진을 중심으로 조직되었다. 1920년 10월 21일~26일까지 청산리 전투에서는 일본군을 상대로 크게 승리하였다(위키백과).

했던 곳이다. 그만큼 중요한 민족정기를 삼성궁이 이어받았고, '배달민족학교 삼성궁'은 수많은 수행자를 길러내며 '배달성전 삼성궁'으로 규모가 커졌다.'[173]

한편, 그의 나이 17세 때인 1980년부터 땅을 매입하기 시작했고, 21세 때인 1984년에 공사를 시작했으니, 올해로 40년이 넘었고, 약 30정(10만 여평)의 공간에 1500여 개의 솟대와 돌탑을 쌓았다.[174] 삼성궁의 공간적 특성은 청학동의 가장 서북쪽의 산속으로 일반인이 생계를 위해 거주하기에는 적절치 못한 장소인데 한풀선사에 의해 조성된 수많은 솟대와 돌을 쌓아 이루어 놓은 조경물들이 그 규모와 양에서 보는 이로 하여금 감탄을 자아내게 한다. 삼성궁의 구성원은 한풀선사를 중심으로 하여 수십 명의 제자, 즉 수자(修子)들로 이루어져 있으며, 각 분야에 걸쳐 다양한 기술을 가진 사람들이 삼성궁에서 살기도 하고, 또는 잦은 왕래를 하기도 한다. 지금까지 언론이나 연구 발표된 자료들의 내용을 통해 그들의 생활을 보면, 그들은 새벽 일찍 일어나 삼법수행(三法修行)[175]을 시작으로 온종일 끝없는 교육과 노동, 다양한 수련을 통해 자기 수행을 한다.

삼성궁은 생긴 지 40년밖에 안 되기 때문에, 그 형성 과정을 청학동 주민 대부분이 잘 알고 있고, 고원규와 곽재용은 청학동을 조사하며 삼성궁에 대하여서도 많은 내용을 밝혀 놓았다. 연구 대상이 현존하는 까닭에 직접 거론치 못하는 부분들과 조심스럽게 다루어진 부분이 많이 있지만, 자료가 비교적 정확하다. 곽재용과 한풀선사와의 대화 내용에 의하면 한풀선사의 조부도 교주였으며 한풀선사는 어려서부터 할아버지의 영향을 받으며 자랐다고 한다. 당시 할아버지가 바위에 걸터앉아 있으면 무수한 제자들이 와서 산이 허옇다. 갓을 쓰고 도포를 입은 제자들이 주문을 외웠다. 동학의 주문이다.[176]

실제 한풀선사의 조부는 한국전쟁이 끝난 뒤 1950년대 후반, 갱정유도인들의 입거와 비슷한 시기에 자신의 가족들을 거느리고 학동으로 이주했다. 죽헌 강응위(姜雄渭) 선생과 오헌 양삼준(梁三俊) 선생의 공통된 증언에 의하면 한풀선사의 조부가 믿는 종교는 '시천교(侍天敎)'[177]였다. 한풀선사의 조부가 청학동으로 입거하기 전인 1920년과 1950년

173) 조윤제 기자, 《경남일보》, 〈[사람 속으로] 청학동 '삼성궁' 창건 한풀 선사〉(2013.09.06.)에서 인용.

174) 고산 김삼주 선배가 제공한 자료에서 정리.

175) 감정을 그치는 지감법(止感法), 호흡을 고르게 하는 조식법(調息法), 부딪힘을 금하는 금촉법(禁觸法) 의 세 가지 수행(강동의의 논문에서 재인용)

176) 곽재용, 《지리산 청학동》, 박이정, 2011, p.269(강동의의 논문에서 재인용)

177) 서울 종로구 견지동에서 이용구에 의해 창립된 동학계 종교이다. '시천교'라는 명칭은 천도교의 주문 중 '시천주조화정(侍天主造化定) 영세불망만사지(永世不忘萬事知)'에서 따온 것이다. 천도교와 대립하여 창립된 시천교는 초창기에는 교세가 급신장하여 천도교를 능가했으나 일진회가 해산되고 이용구가 사망하자 김연국과 송병준이 분열하였

사이에 학동의 주민 중 많은 이들이 시천교를 믿었고, 또 한편의 사람들은 기이한 행적을 보인 '정걸방(丁乞邦)'이라는 사람의 도를 믿는 사람들이 있었다고 한다.

그러다가 한국전쟁 때 피란을 겪으면서 시천교를 믿던 주민들이 흩어졌다고 한다. 한풀선사의 조부는 전쟁이 끝난 다음에 들어왔는데, 그때는 학동 내에서는 신도가 거의 없었고, 학동 외부에서 신도들이 찾아와 간혹 종교행사를 했다고 한다. 죽헌과 오헌도 한풀선사의 조부로부터 시천교에 들어오라는 권유를 자주 받았다고 한다. 한풀선사가 말하는 할아버지와 제자들이 외웠다고 하는 주문은 동네 어른들도 간혹 들은 적이 있는데 종교인들끼리 모여서 주문을 외우다가도 다른 사람이 오면 멈춰버려서 그 내용을 모두 알지는 못하지만 '시천주조화정(侍天主造化定) 영세불망만사지(永世不忘萬事知)……'[178]라는 소리를 들었다고 한다.

지금은 청학동에 시천교의 활동이 눈에 보이지 않지만, 신도가 있는지는 알 수가 없다. 한풀선사의 조부는 시천교의 한 파벌의 우두머리였지만, 지금의 삼성궁은 시천교와는 다른 성격을 지니고 있고, 시천교와 결부시키는 것도 원하지 않는다. 삼성궁이 청학동에 터를 잡게 된 배경은 한풀선사의 조부가 입거를 해서 포교 활동을 한 것이 인연이 되었기 때문임은 확실하다. 한풀선사는 자신의 조부가 풍수지리를 알아서 청학동이 천하명당이라 하였고, 그래서 옛 소도를 복원시키기에 적합한 장소라고 여겨 선택했다고 한다.[179]

삼성궁은 생긴 지 얼마 되지 않았고, 아직도 계속하여 새로운 것을 만들어 내고 변화를 거듭하고 있어 그 정확한 성향을 말하기는 힘들다. 고원규와 곽재용의 청학동에 대한 조사와 연구발표 시기가 2005년과 2011년으로 약 6년의 차이가 있는데 그 6년의 세월 동안에도 그의 사상적 성향을 표현하는 말에 다소 차이가 있다. 2005년 발표된 고원규의 논문에서는 종교적인 성향을 부정하였지만[180], 2011년에 발간된 책에서 곽재용과의

다. 김연국은 시천교 총부를 만들었고, 교주 송병준을 추종하는 세력은 약화하다가 1927년에 이르러 평안남도 개천에 시전교 별파를 창립하고 제화교(濟化敎)·청림교(靑林敎) 등 동학 계통의 각파와 합동을 계획했으나 부진하였다. 한국민족문화대백과, 한국학중앙연구원(강동의의 논문에서 재인용)

178) 초기 동학에서는 초학주(初學呪)·강령주(降靈呪)·본주(本呪)의 차례로 행하여졌다. 초학주는 '위천주고아정(爲天主顧我情) 영세불망만사의(永世不忘萬事宜)'의 13자, 강령주는 '지기금지(至氣今至) 원위대강(願爲大降)'의 8자, 본주는 '시천주조화정(侍天主造化定) 영세불망만사지(永世不忘萬事知)'의 13자이다. 그리고 위의 세 가지 주문을 제자주문(弟子呪文)이라 부르면서 선생주문(先生呪文)을 따로 두기도 한다. 선생주문은 '지기금지(至氣今至) 사월래(四月來)'의 7자와 '시천주령아장생(侍天呪令我長生) 무궁무궁만사지(無窮無窮萬事知)'의 14자로 되어 있다(한국민족문화대백과, 한국학중앙연구원, 강동의의 논문에서 재인용).

179) 곽재용, 《지리산 청학동》, 269쪽, 박이정, 2011(강동의의 논문에서 재인용)

180) 고원규, 위 논문에서 인용.

인터뷰에서는 스스로 '교주(敎主)'라는 말을 사용하고 있다.[181] 한풀선사의 이 말 한마디가 비록 간단한 대답이지만, 그 의미의 차이는 매우 큰 것이다. 그리고 고원규의 논문에 비해 곽재용의 저서에는 인터뷰 내용이 비교적 자연스럽게 많이 기술되어 있는데, 그 대화 내용에 모순점이 간혹 발견된다. 이러한 사실들로 보아 이론적이고 체계적인 온전한 정체성을 찾아가는 중인 것 같다.[182]

끝으로 한풀선사가 필생의 과업으로 쌓은 선국(仙國), 마고성(麻姑城), 삼성궁(三聖宮)을 자세히 소개하고 싶으나, 그 돌 하나하나에 담긴 의미를 소개하기에는 역부족이다. 마침 단기 4349년(서기 2016년) 시월에 '개천대제'를 앞두고 삼성궁에서 작성한 것으로 보이는 소책자(pamphlet)를 고산 김삼주 선생으로부터 소개받아 이 내용을 소개하려고 한다. 그리고 '자주 묻는 10문 10답' 등을 통해서 삼성궁에 대한 세인의 이해를 돕고자 한다.

먼저, 〈선국(仙國, Seon-guk)〉이다.

선국(仙國)

삼성궁 가는 길–첫 번째 관문–〈선국으로 가는 길〉

지리산(智異山)은 백두산(白頭山)에서 백두대간을 따라 흘러와 큰 봉우리를 이루었다 하여 두류산(頭流山)이라고 하였다. 예로부터 두류산은 영악(靈嶽)으로 동(東)은 천왕봉이요, 서(西)는 반야봉,

181) 곽재용, 《지리산 청학동》, 270쪽, 박이정, 2011(강동의의 논문에서 재인용).

182) 강동의의 논문에서 인용.

중앙(中央)에는 영신대가 있어 병풍같은 형세를 이루고 있다.

영신대에서 남록으로 맥(脈)이 이어져 삼신봉(三神峰)을 만들고, 삼신봉이 동서로 맥을 뻗어 신선대, 삼성봉, 삼선봉, 미륵봉, 시루봉을 잇는 주위 사십리의 청학동을 작국(作局)하였다.

이 청학동은 신라의 최치원(崔致遠)) 선생과 고려의 도선국사(道詵國師)를 비롯하여 역대 선인(仙人)들이 동방 제일의 명지(名地)라 일컬었다.

선가(仙家)에는 "청학동이란 천하제일의 명승지로서 듀류산 남쪽 기슭에 있다. 들어가는 입구에 폭포가 있으며 폭포를 지나면 외석문(外石門)이 있고, 외석문에서 내석문(內石門)을 지나 동굴 같은 계곡을 십리쯤 들어가면 주위 사십리의 광개 평탄한 초전(草田)에 신선들이 사는 별유천지(別有天地)가 나온다. 그곳에는 청학이 살고 청학이 노니는 학연(鶴淵)과 석정(石井)이 있으며 뒤에는 삼신봉이 높이 솟아 있고, 앞에는 백운산 삼선봉이 둘러 있으며 후록에 석각삼봉(石角三峰)이 병풍처럼 나열하고 해바위와 달바위가 있다"라고 전해지고 있다.

또 청학동은 땅이 기름져서 곡식이 잘되며 삼재(三災)가 들어오지 못하고 석정(石井)의 물을 먹으면 오래 살고, 특히 때가 되면 인재가 많이 날 것으라고 한다. 선국이란 신선들이 사는 세상이라는 뜻으로 동방선도의 중심지다. '세상이 물질만 중시하고 정신을 잃어버릴 때, 작지만 강한 제국의 모습으로 다시 일어난다'라고 《조선비기열전》에 전하고 있다.

또한 선국은 마고성, 삼성궁, 삼신궁, 삼선궁, 신시로 구성되어 있는데, 마고성은 인류의 시원을 모신 마고 신궁이 있고, 삼성궁은 배달 민족의 시조이신 삼성(한인, 환웅, 단군)을 모신 민족 성전이다.

삼신궁은 고대 옛 조선인들의 신앙인 삼신사상을 바탕으로 한 산신, 용왕, 칠성을 모신 곳이다. 그리고 옛 신선들을 모신 삼선궁을 비롯해서 예로부터 천제를 올리던 제천단이 있다. 선국은 '원시반본(原始返本)[183]'과 '마고복본(麻姑複本)'의 큰 뜻을 지향하는 세상 사람들의 이상향이다.

Cheonghakdong Seon-guk('guk' meaning country)

(Where one practices to discover one's 'true self')

Jiri-san('san' meaning mountain) is also known as Duryu-san, beacuse of its large peak of its large peak which lies at the southern end of the large BaekDu Mountain range.

Since long time ago, Duryu-san has been considered a 'divine mountain' with its great mass unfolding like a screen with Cheonwang-bong('bong' meaning peak) the east, Banya-bong to the west and Yeongshin-dae in the center

A smaller range sprouts south from this Yeongshin-dae creating Samshin-bong(Trinity Peak) which in turn spreads its veins east and west creating the peaks of Shinseon-dae, Samseong-bong, Samseon-bong, Mireuk-bong and Shiru-bong.

These six peaks span an area of 16km creating the village of the sacred blue crane, Cheonghakdong. Master Choi Chi-won of Shilla dynasty and Doseon Guksa(court appointed

183) '원시반본(原始返本)'은 증산교본부 시절 정립된 증산교본부와 증산도의 핵심 교리이다. 후천 가을의 대개벽기를 기점으로 모든 것의 근본이 시원(始原)으로 돌아간다고 믿는다(위키백과).

Buddhist priest) of Goryeo Dynasty were among some of the great Seon Masters(those who have been enlightened to the true self) who called Cheonghak-dong. 'one of the great places of the east'.

Seon practitioners from history describe Cheonghak-dong as such.

"……Nesting at the foothills of Duryu-san, Cheonghak-dong, is the most picturesque place in all of heaven and earth. Its entrance is graced by a waterfall and upon passing the waterfall, one must pass-through an outer stone door and then another inner stone door, then walk along a 4 km cave-like ravine, which at end opens up into 16km of prairie like grass land and farmland, a unique special place where the Shinseon(saint-like and immortal beings who have found the quality of true self beyond one's body and ego) live. this is where the blue cranes live and play amongst crane ponds and stone wells. To its rear, there peaks high the Samshin-bong unfolds like a screen. Here is also where lies the Sun and Moon Stone……"

Also, in Cheonghak-dong, the soil is rich lending to continuous productive farming, is a place where Samjae(Great Disasters such as flood, fire & wind, war, pestilence & famine) does not strike and drinking water from its Stone Well brings longevity and when the time is right, many a great men would come from Cheonghak-dong.

Seonguk is where the Shinseon live, and is considered the Center of The Eastern Seon philosophy. It is written in the Annals of the Secrets of the Joseon Dynasty that 'when the world the becomes fixated on material things and loses its mental balance, the small Cheonghak-dong will rise again the strong empire.' Seonguk comprises Mago-seong, Samseong-gung, Samshin-gung, Samsean-gung and Shin-shi. Mago-seong is a shrine where the founder of humanity Mago is worshiped, Samseong-gung is a national shrine for the three Legendary Saints who founder the Baedal Race(those who live in the Bright Land, Koreans ancient) including Hanin, Hanung and Dangun. Samshin-gung is shrine worshiping Trinity of the Sanshin(Mountain God), Youngwang(Sea God) and Chilseong(God of weather, Man's Fortune and Longevity etc) based on the Samshin-sasang, the very first faith on the Koreans ancient. Samsean-gung is a shrine where the Shinseon of old are worshiped, and finally there also is the altar where the Ritual to the Heaven takes place.

Seonguk is the ideology of Wonshi-banbon and Mago-bokbon which teaches one to return to one's root, to return to nature, to discover and become one with the divine nature and spirituality.

다음은 〈마고성(Mago-seong)〉이다.

마고성(麻姑城)

'마고'란 우주의 창조자이며 대지의 여신, 직녀, 삼신 할매, 생산의 신이다.

태초의 신비와 생명이 살아 숨 쉬고 인류의 시원이신 마고 할머니의 전설이 현존하고 있는 신성한 공간으로 '마고복본(麻姑複本)'과 '원시반본(原始返本)'을 통해 잃어가는 인간의 본성인 자연성(自然性)을 회복하고, 인류화합과 평화, 생명 존중 사상을 교육하는 민족교육의 장(場)이다.

Samshin-san Mago-seong(Trinity Mountain Mago Shrine)

The very sacred Mago-seong where one is swept back to the dawn of time, keeps alive the legend of Mago Halmeoni, who is the founder of humanity, the mother of all mothers.

Samshin-san Mago-seong is where one practices the ideologies of Wonshi-banbon and Mago-bokbon, which teaches of returning to divine nature and spirituality, of recovering lost character of man, man teaches of harmony, peace and respect for all living things.

마고성과 삼성궁. 왼쪽 호수 부근이 마고성, 산 넘어 삼성궁이 조성되어 있다. 그런데 마고성과 삼성궁 사이에 '마고 할미'가 깃들어 있다는데……. 각자 잘 맞이해 보시길……(드론 사진: 이영근)

태초에 혼돈이 있었다.	In the beginning there was chaos
어둠과 밝음이 분화되기 전	Before light and dark was separated
마고 삼신은 스스로 나타나 음양 자체에 머물며	Mago Saint appeared and

	balanced Ying and Yang
마고산에 계셨다.	And lived in Mago-san
이를 땅의 어머니라 일컫는다.	She was called the Mother of Earth.
힘없는 함을 이루니	From nothing came everything
검달은 푸른 미르와 흰 호랑이를 낳고	Geomdal(Holy Land) begot Blue Dragon Mireu and White Tiger
배달은 주작과 현무를 낳았다.	Baedal begot the red bird joojak and black turtle Hyeonmu.
음양과 사방위를 이루니	Upon created Ying and Yang and the four directions
마고 삼신께서는 여덟 딸을 낳았다.	Mago begot eight daughters.
여덟 딸 들은 여신이 되었고 전국의 어머니가 되었다.	The eight daughters become mother of the land.
이것이 인류의 시작이다.	Thus began humanity

마지막으로 〈삼성궁(Samseong-gung)〉이다.

삼성궁(三聖宮)

삼성궁 단풍(2022년 청암면 홍보 동영상에서 캡쳐)

삼성궁은 배달민족 성전으로 한배임(桓因), 한배웅(桓雄), 한배검(桓君) 및 역대 나라를 세운 태조, 각 성씨의 시조, 현인과 무장을 모신 신성한 영역이다. 뿌리 없는 나무가 있을 수 없고, 근원 없는 강물이 있을 수 없듯이 인류의 역사가 있음에 그 겨레의 조상이 있는 것은 하늘이 정한 아름다운 진리가 아닐 수 없다.

우리의 옛 조상들은 소도(蘇塗)라는 성역을 세워 하늘에 제(祭)를 지내고, 배달 민족 고유의 정통 경전인 천부경(天符經), 삼일신고(三一神誥), 참전계경(參佺戒經)의 삼화경(三化經)과 삼륜(三倫), 오계(五戒), 팔조(八條), 구서(九誓)의 덕목을 가르쳤다. 또한 소도에는 경당(扃堂)을 설치하여 국자랑(國子郎)들에게 충·효·신·용·인(忠孝信勇仁) 등 오상(五常)의 도를 가르치고, 독서(讀書), 습사(習射), 치마(馳馬), 예절(禮節), 가악(歌樂), 권박(拳搏) 등 육예(六藝)를 연마시켰다.

옛 소도를 복원한 지금의 삼성궁은 배달 민족 정통 도맥인 선도의 맥을 지키며 신선도를 수행하는 민족 고유의 도량으로써 오늘날 잃어버린 우리의 위대한 얼과 뿌리를 천지화랑(天地花郎)의 정신을 바탕으로 홍익인간(弘益人間), 이화세계(理化世界)를 실현할 민족 대화합의 장이다.

Samseong-gung

Samseong-gung is Baedal(the country, nationality and the people of Hwanung who separated from Hwanguk) people's holy shrine inwhich Hanbaeim, the forefather's who founded in Baedal Race, the Forefathers of each Surnames, Sages, and Generals are worshiped. As it is said in ancient wisdom, no tree is without roots, no river runs without its original water source. Same goes for a people or a nation in witch there are ancestors from witch they are derived. Our ancestors held rites at a Holy Site since the ancient times in which they prayed to the heavens and taught from the proper scriptures of Baedal which include Cheonbugyeong, Samilshingo, Chamjeongyegyeng, in witch everyday wisdom was recited in Samwhagyeong and Samryun, Ogye, Paljo, Guseo, Also in this Holy Site, teachings included the Five Teachings of Chung, Hyo, Shin, Yong, In(loyalty, filial piety, faith, bravery, virtue[humanity]) and the Six Skills of reading, archery, horse riding, propriety, song & music and Gwonbak(hand hitting).

Samseong-gung, based on the spirit of Hongik Ingan(humanitarianism) and Iwhasegye, witch has reconstructed the Holy Site, attempts to continue the teachings of the Baedal People's ideology of seon and life style of Shinseon-do(the Way of seon), and to rediscover the Grand Spirit of the Cheonjihwarang that has been lost since.

■ 삼성궁에 관해서 자주 묻는 10문 10답

① 이 많은 돌을 누가 쌓았습니까?

답) 한풀선사가 40여 년 동안 인류의 염원인 홍익인간, 이화세계를 가슴에 품고 수행하며 쌓았습니다.

② 돌탑이 의미하는 것은 무엇입니까?

답) 고대의 소도(蘇塗)를 복원한 것으로 돌탑을 순우리말로 '돌 솟대'라 하는데 수행자가 원력을 세우기 위하여 쌓은 것입니다.

③ 선국(삼성궁)에는 몇 사람이 수행하고 있습니까?

답) 선도 수행하는 삼성궁의 수행자는 궁 안에서 수행하는 수행자와 궁 밖의 수행자로 나뉘는데 그 수는 헤아릴 수 없이 많습니다. 삼성궁을 관리하며 수행하는 수행자는 33명입니다.

④ 선국(마고성, 삼신궁, 삼선궁)은 국가 것입니까? 개인 것입니까?

답) 선국(마고성, 삼신궁, 삼선궁)은 한풀선사가 사비를 들여 이룩하였으며, 지금은 마고재단이 설립되어 한풀선사의 제자들이 지켜가고 있습니다. 선국은 배달성전 구역의 일부를 하동군 지자체에 기부채납(寄附採納)하였습니다.

⑤ 이곳에서는 무슨 수행을 합니까?

답) 신선도를 닦으며 삼법수행을 합니다. 신선도는 '스스로 그러한 것(자연 自然)'을 따르며 경전으로 천부경, 삼일신고, 참전계경, 삼륜, 오계, 팔조, 구서가 있고, 행법(권박, 가악, 독서, 말타기, 활쏘기, 예절)은 무수히 많습니다. 삼법수행이란 지감, 조식, 금촉을 일컫습니다. 지감이란 기쁨 · 두려움 · 슬픔 · 노여움 · 탐냄 · 싫어함의 감성을 제어하는 것이고,

조식이란 향내 · 구린내 · 차가움 · 더움 · 건조함 · 습함의 숨을 고르는 것이며, 금촉이란 소리 · 색깔 · 냄새 · 맛 · 음란 · 맞닿음의 여섯 경계를 지키며 삿된 접촉을 끊는 것을 일컫는 신선도의 수련법입니다.

⑥ 맷돌과 다듬잇돌 그리고 돌절구통을 성벽에 꾸며놓은 의미는 무엇입니까?

답) 맷돌과 다듬잇돌은 음과 양의 기운이 함축된 한민족의 생활 도구입니다. 우주의 기운을 끌어모아 한민족의 염원을 이루기 위함입니다. 돌절구는 마고 삼신을 생산과 탄생으로 상징화하고, 일월성신(해 · 달 · 별)의 자리를 기하학적으로 풀어 낸 것입니다.

⑦ 배달과 검달의 뜻은 무엇입니까?

답) '배'는 밝다는 의미이고, '달'은 땅이란 의미로 〈배달〉은 '밝은 땅'이란 뜻입니다. '검'은 신성하다는 뜻이므로 〈검달〉은 '신성한 땅'이란 뜻입니다. 따라서 배달은 아버지인 양(陽)을 의미하고, 검달은 어머니인 음(陰)을 의미 합니다.

⑧ 우리나라의 생일과 나이는 얼마나 됩니까?

답) 우리나라의 생일은 상달 상날(10월 3일)입니다. 우리 민족은 1년 중 으뜸인 달을 10월로 삼았고, 초사흘을 상일로 보았습니다. 단군 할아버지께서 태어난 날이 상달 상날이며, 또한 나라 세운 날이 상달 상날입니다. 우리나라 나이는 단기 4357살(2024년 기준)입니다.

⑨ 조선(朝鮮)이란 뜻은 무엇입니까?

답) 조선이란 말은 알타이어 '쥬신', '쥬리지신', '숙신'에서 파생되어 향찰식 이두음으로 표기한 것입니다. 순우리말로 다시 풀면 '온 누리', '온 세상'이란 뜻이며, 한자어로 '우주(宇宙)'를 말합니다. 일본(日本)이 태양의 중심된 나라라고 하고, 중국(中國)이 땅의 중심을 상징하는 국호라면 조선은 일월성신(해 · 달 · 별)의 우주적 개념을 포괄한 광대무변한 철학적 개념이라고 할 수 있습니다.

⑩ 선국(삼성궁)은 종교단체입니까?

답) 아닙니다. 선국(삼성궁)은 민족의 정통 도맥인 동방선도인 신선도를 가르치며 화랑도 교육과 무예를 연마하는 곳으로 1997년 1월 24일 내무부로부터 문화시설지구로 고시 받은 배달 민족의 종합 민족 성전입니다.

■ '청학선원 삼성궁'의 숨겨진 마스코트, '청학상(青鶴像)'

'청학선원(青鶴仙苑) 삼성궁(三聖宮)'은 제1부에서 이미 소개했다. 동방 제일의 명지(名地)로 알려진 지리산 영신대의 정기가 남부 능선을 타고 삼신봉으로 이어진다. 이 삼신봉에서 동서로 뻗은 정기는 묵계 청학동을 형성한다. 바로 그 기슭인 이곳 청학동에 한인 · 한웅 · 단군의 세 성인[三聖]을 모신 국조전이 조성된 것은 필연일지도 모르겠다.

지난 반세기, 한풀선사는 이곳 묵계동에 '청학선원 삼성궁'을 일으켰다.

선국과 마고성, 삼성궁을 돌아 나오는 동안 자연석으로 조성된 돌담, 돌탑과 각종 조각상, 돌에 새겨진 알 수 없는 문양들, 크고 작은 호수 등을 접하면서 그 다양함에 그저 놀랄 뿐, 그 깊은 의미는 알 수 없었다. 그야말로 신비로움, 불가사의, 이상야릇(mystery)한 세계가 묵계동에 조성되었다. 이러니 주말이면 자동차와 인파로 넘쳐난다.

삼성궁의 숨겨진 마스코트, 청학상(靑鶴像)

필자는 청학동의 고산 김삼주 선생과 함께 이곳을 여러 번 방문했다. 그러나 아직 한풀선사를 만난 적은 없다. 그래서 이 거대한 구조물 조성자인 그의 철학을 잘 알지 못한다. 제1부와 제3부에서 '삼성궁'에 대해서 소개한다고는 했지만 그야말로 코끼리의 다리만 만진 수준일 것으로 생각한다. 이곳에 조성된 돌덩이 하나하나마다 예사롭지 않은 사연이 깃들어 있을 것으로 보인다. 그 무궁무진한 생생한 이야깃거리는 다음을 기약하기로 하고 일단 접어두자.

지난 2024년 11월 14일, 이곳을 방문했을 때, 입구의 작은 호숫가에서 동행한 고산 김삼주 선생으로부터 흥미로운 이야기를 들었다. "이 조각상이 중국 고서(古書) 《습유기(拾遺記)》에 소개된 '청학'의 모습인데, 사람의 얼굴에 새의 부리를 가졌으며, 날개는 여덟 개에 발은 하나이고 몸체는 푸른색이다.", "이 새가 울면 천하가 태평해진다."라는 말이었다. 이게 만일 사실이라면 '이 신령스러운 새는 청학선원 삼성궁의 마스코트(mascot)가 아닐까?'라는 생각을 하게 되었다.

그래서 먼저, 《습유기》(제1권 10번)를 찾아보았다. 또한 1712년에 일본에서 출판된 《한화삼재도회(和漢三才圖會)》(제44권) 〈산금류(山禽類)〉에 수록된 그림도 찾았다. 이것은 명나라의 《삼재도회(三才圖會)》[184]의 일본어판이었다. 편집자 '데라시마 료안(寺島 良安)'은 원래 오사카의 의사로 스승 와키 나카야스(和氣 仲安)로부터 "의사라면 삼라만상의 모든 것에 밝아야 한다"라는 말을 듣고, 앞서 중국에서 간행된 왕기(王圻)의 《삼재도회》의 구성을 본뜨고 여기에 일본과 관련된 내용을 대폭 보충하여 《화한삼재도회》라는 책으로 만들었다. 여기서 '화(和)'는 '일본(日本)'을 일컬음이니 요즘 식으로 말하면 《일한삼재도회(日漢三才圖會)》인 셈이다. 그럼 《습유기(拾遺記)》에 소개된 이 '신령스러운 새'를 소개하면 다음과 같다.

《습유기(拾遺記)》-신령스러운 새

습유기에 이르기를 유주(幽州)의 폐허인 우산(羽山)의 북쪽에 울기를 잘하는 새가 있었는데, 얼굴은 사람과 같고, 새의 부리에, 날개 여덟 개와 발 하나가 달려 있고, 털빛은 꿩과 같고, 걸어 다닐 때는 땅을 밟지 않았다. 이 새가 한번 울면 천하가 태평하다. 바로 번영의 시대가 온다.

습유기운 유주지허 우산지북 유선명금 인면조훼 팔익일족 모색여치 행불천지
拾遺記云 幽州之墟 羽山之北 有善鳴禽 人面鳥喙 八翼一足 毛色如雉 行不踐地
명왈적 기성사종경생우야 세어왈 청적명시태평 내성명지세
名曰鸐 其聲似鐘磬笙竽也 世語曰 青鸐鳴時太平 乃盛明之世.

그것은 늪에서 울며, 울음소리는 음률에 맞다. 그것은 날기만 하고 걷지 않는다. 대우(禹)가 치수한 후, 그것은 고산 대지에 서식했다. 그들이 모인 곳에서는 거룩한 자가 나올 것이며 상고시대부터 각종 솥을 주조할 때 이 새의 형상을 도안하여 솥에 새겨진

184) 《삼재도회》(三才圖會)는 중국 명(明) 왕조의 왕기(王圻)가 그 아들 왕사의(王思義)와 함께 지은 유서(類書)로 현대의 백과사전에 가까운 서적이다. 명(明) 만력(萬曆) 35년(1607년)에 완성되었으며, 만력 37년(1609년)에 출판되었다. 전108권. 《삼재도회》라는 제목에서 「삼재」(三才)란 《역경》(易經)에 있는 「하늘」, 「땅」, 「사람」을 가리키며, 그 뜻이 변하여 우주에 존재하는 만물을 가리키는 말로 사용되었다. 즉 삼재도회는 우주의 만물을 설명하고 그림으로 이해를 돕는 백과사전이라고 할 수 있다. 《삼재도회》에 수록된 지도 가운데는 당시 중국에 와 있던 서양 선교사들이 가져온 지도를 실은 것도 있다. 《삼재도회》는 명대 유서의 교과서적인 서적으로써 명대 지식인들의 세계관을 담고 있는 것으로 평가받는다. 일본의 에도(江戶)시대, 의사 데라지마 료안(寺島良安)은 이 《삼재도회》를 모방한 《화한삼재도회(和漢三才圖會)》를 지었으며, 일본뿐 아니라 조선에까지 전해져 많은 영향을 주었다. 특히 중국의 역사 인물의 그림이 다수 포함되어 있어 일본의 중국사 관련 서적에서는 《삼재도회》에 수록된 그림을 가져다 설명하는 경우가 많았다(위키백과에서 인용).

찬사의 글귀가 오늘날까지 전해지고 있다(출전《습유록》).

상명수택 음중율려 비이불행 우평수토 서어천악 소집지지 필유성인출언
翔鳴藪澤 音中律呂 飛而不行 禹平水土 棲於川岳 所集之地 必有聖人出焉
자상고주제정기 개도상기형 명찬지금부절 출 습유록
自上古鑄諸鼎器 皆圖象其形 銘贊至今不絶 出《拾遺錄》

《화한삼재도회》에 수록된
청적(靑鸐)의 모습

청학도(靑鶴圖) 앞에선 한풀선사(《지리산 힐링 신문》〈지리산 삼성궁 한풀선사 그는 누구인가〉, 2020.1.28에서 인용)

한편, 이상에서 보듯이 《습유기》에서는 이 새를 '청적(靑鸐)'이라고 표기했다. 다시 말하면 '학(鶴)'이 아니라 '적(鸐)'이었다. 그런데 '적(鸐)'은 '꿩'을 말함이니, 이 '청학도'의 신비스러운 새는 '푸른 꿩'에 가까운 새(靑鸐)가 아닌가 생각된다.

04
묵계동의 재실

묵계동에는 현재 5개 문중의 재실이 있다. 각 문중 재실의 소개는 설립 연도순으로 했다. 전주이씨(全州李氏) 모원재(慕源齋)는 1984년, 남원양씨(南原梁氏) 회강재(檜崗齋)는 1993년, 광주노씨(光州盧氏) 원모재(遠慕齋)는 1996년, 면천박씨(沔川朴氏) 모원재(慕源齋)와 하동정씨(河東鄭氏) 덕원재(悳元齋)는 2005년에 건립되었다. 여기서는 각 문중 재실의 사진과 재실 기문(記文)을 중심으로 소개하고 그 외에 주련, 축시 등이 있는 경우에는 원문과 번역문을 소개한다. 전주이씨(全州李氏) 재실만 삼거리에 있고, 나머지 재실은 모두 회동(檜洞)에 있다.

가. 전주이씨 모원재(慕源齋)

전주이씨(全州李氏) 재실 모원재(慕源齋)는 삼거리에 있다. 모원재(慕源齋)의 기문과 모원재 현판 글씨 사진은 전주이씨 묵계 이일석(李日錫) 종회장(宗會長)께서 제공해주었다.

전주이씨 묵계 종회 재실-'모원재(慕源齋)' 전경

전주이씨 묵계 종회 재실-모원재 정문

전주이씨 묵계 종회 재실-'모원재(慕源齋)' 전경

모원재(慕源齋) 기문(記文)[185]

지리산 삼신봉 청학동 아래 묵계리는 전주이씨가 세거하는 곳으로, 태조대왕(太祖大王)이신 휘(諱) 성계(成桂) 후손이다. 전주이씨 효령대군파(孝寧大君派) 십사 세손 휘(諱) 숙(肅)이 세거하였는데, 십오세손 휘(諱) 중길(重吉)이 중시조(中始祖)이다.

지 리 산 삼 신 봉 청 학 동 하 묵 계 리 전 주 이 씨 지 소 거 야 태 조 대 왕 휘 성 계 후 세 지 야
地異山 三神峰 靑鶴洞下 黙溪里 全州李氏之所居也 太祖大王 諱成桂 後世之也
전 주 이 씨 효 령 대 군 파 십 사 세 손 휘 숙 세 거 십 오 세 손 휘 중 길 중 시 조 야
全州李氏 孝寧大君派 十四世孫 諱肅 世居 十五世孫 諱重吉 中始祖也.

십칠세손 휘(諱) 지방(志芳)은 효행이 지극하여 시묘(侍墓)살이를 함이 알려져 조정으로부터 효자상(孝子賞)을 수상하였으며, 십팔세손 송암공(松岩公) 휘(諱) 기영(起榮)은 자질이 우수하고 호우(好友)가 천성(天成)이며 학문을 일찍 깨우쳐 익혀 조정(朝廷)에 주달(奏達)되어 가선대부(嘉善大夫) 직(職)을 하사받았으며, 지방(志芳)의 효행(孝行)과 기영(起榮)의 공적(功績)을 후세에 남기고자 묵계리 높은터 도로변에 비를 세워 고창(高唱)하였다.

십 칠 세 손 휘 지 방 효 행 극 진 시 묘 위 효 자 상 수 상 십 팔 세 손 송 암 공 휘 기 영 시 야
十七世孫 諱志芳 孝行極盡 侍墓爲孝子賞受賞 十八世孫 松岩公 諱起榮始也
유 리 질 이 호 우 천 성 학 문 숙 취 조 정 주 달 지 위 가 선 대 부 직 주 문 록 기 효 행 우 공 적
有異質而 好友天成 學文夙就 朝廷奏達之 爲嘉善大夫職 奏聞錄其 孝行又功積
후 세 여 야 묵 계 리 고 기 도 로 변 비 각 설 립
後世餘也 黙溪里 高基道路邊 碑刻設立.

문중의 위상이 날로 번창하니 가문의 경사이며 영광스러운 일이다. 전일(前日)에 이루지 못한 문중사를 차차 이루게 되어 1983년 계해년(癸亥年) 가을에 여러 후손(後孫)들이 함께 의논하였다. 다만 우리 선조의 고귀한 행적과 아름다운 덕이 세상에 알려지지 않았으며, 또 조상님이 평소에 오고 가시던 곳에 재실(齋室) 없으니 어찌 자손들의 한이 아니겠는가. 이에 각자가 모은 뜻으로 심거리 후야(後野)에 와가(瓦家) 삼칸 모원재(慕源齋)를 깨끗이 세워 선명하고 개절이 정돈되어 심히 치밀한지라 선산 하에 건립하지 않고 이곳에 세운 것은 수호에 편리함을 위함인가 한다.

문 중 고 일 창 가 문 경 사 영 광 지 야 전 일 미 황 지 역 초 거 의 왕 재 계 해 추
門中 高日昌 家門慶事 榮光之也 前日未遑之役稍擧矣 往在 癸亥秋
제 후 손 상 여 모 일 유 오 조 지 잠 행 의 덕 세 소 선 지 이 신 기 평 일 장 수 지 야 지 상 미 유 재 사
諸後孫相與謀日 惟吾祖之潛行懿德 世所鮮知 而矧基平日 杖屨之也 地尙未有齋舍
숙 지 소 자 기 비 자 성 지 소 야 개 울 야 재 내 수 력 손 질 기 옥 삼 거 리 후 야 와 가 삼 간 지 위
宿之所者 豈非子姓之所也 慨鬱也哉 乃隨力損質起屋 三巨里 後野 瓦家三間之爲
결 개 소 질 제 파 굉 치 불 우 추 하 이 차 자 위 기 수 호 지 야
潔皆所 秩制頗宏緻不于楸下而此者爲 其守護之也.

185) '모원재 기문'의 원문과 번역문은 이일석 전주이씨 묵계 종회장이 제공했고, 권난주 박사가 감수했다.

자손계술비측(子孫繼述譬則)인지가 뿌리를 북돋우며 자손이 선조에 있어 싹을 기르는 것만 믿을 것이 아니라 반드시 배본지도(培本之道)를 다한 연후에 뿌리는 더욱 완고하고 무성할 것이다. 원(願)컨대 이씨 중에서 이곳에 거처하는 자(者)는 선고(先苦)의 혼령이 곁에 있음을 잊지 말고 더욱 선조의 덕을 닦아 그 몸을 근신하고 선의(先意)를 제득(諸得)하여 제족(諸族)이 친화(親和)한다면 이로써 추모의 뜻을 표시한 것이고 계술(繼述)하는 도리에 더 좋을 것이 없을 것이며 이에 재사(齋舍)는 장차 빛나고 영원할 것이다.

子孫繼述譬則 培本也 子孫之於
祖先不可 從侍滋苗之理而當盡培本之道 然後本益固而未益茂矣 願李氏之居斯者
必苦先靈之洋洋如在 而益勤於念修之德以親諸族 則是齋將有於永遠 而是其爲追
慕之實而繼述 莫此爲善是齋將有光於永遠而是其爲

계묘년 봄에 묵계 종회장 일석 삼가 쓰다.

(癸卯春節 默溪宗會長日錫 謹記).

나. 남원양씨 회강재(檜崗齋)

남원양씨(南原梁氏) 회강재(檜崗齋)는 씨족들이 많이 모여 살던 회동에 있다. 회강재(檜崗齋) 기문(記文)은 성균관 전의 오헌(旿軒) 양삼준(梁三俊) 선생이 썼다. 현판 글씨는 진주의 유명 서예가 은초(隱樵) 정명수(鄭命壽) 선생의 작품이다.

남원양씨 회동 재실-'회강재(檜崗齋)' 전경

남원양씨 회동 재실-회강재 '상록문(常綠門)' 전경

남원양씨 회동 재실-'회강재(檜崗齋)' 전경

남원양씨 회강재기(檜崗齋記)[186]

지리산 한 줄기가 구불구불 남으로 와서 삼신봉을 이루었고 그 아래에 자연스럽게 형성된 마을이 있으니 서쪽에 청학동이요 동쪽에 회동이다. 동네의 형세는 산수가 감싸고 전나무가 무성하며 구름이 가득 끼어 신선의 고장 같으며 곳곳에 최고운 유적이 있으니 참으로 인간 세상 밖의 별세계로다.

두류일맥 위이남래 기삼신봉 이기하 자성촌락
頭流一脈이 逶迤南來하야 起三神蜂 而其下에 自成村落하니
서시청학 동내회동 동즉산요수환이노회삼삼 운연 애애
西是靑鶴이요 東乃檜洞이라. 洞則山繞水環而老檜森森하고 雲烟이 靄靄하야
의여선구이왕왕유최선지적 진물외별경야
擬如仙區而往往有崔仙之跡하니 眞物外別境也로다.

남원양씨가 진주에서 이곳에 와 산지 여러 대인데 그 선대는 명성이 있는 휘 사귀(思貴) 대사간 공이다. 팔세를 내려와 휘 숭(崧) 이후에 여러 대의 분묘가 동네 근처의 동산에 모여 계심에, 매년 시사와 성묘 때마다 정성을 들여 제사 지내고, 자손들이 모여 논의할 장소가 없는 것이 한스러웠다.

남원지양 자진주전거우차수세이 기선즉현조 휘사귀대사간공
南原之梁이 自晉州奠居于此數世耳니 其先則顯祖 諱思貴大司諫公

186) '회강재기'의 원문과 번역문은 《오헌유고》에서 인용했고, 권난주 박사가 감수했다.

而傳至八世 諱崧以后 累世墳塋이 雲在洞近之山原 而每當時祭省墓之際에
恨無齋宿講會之所也일새.

지난 1992년 임신(壬申)년 봄에 구세손(九世孫) 재열(在烈)이 말하기를 "우리 집안이 이곳에 살게 된 지 여러 대에 후손이 번성해 수십 호인데 재실 한 칸이 없으니 선영을 모시는 도리와 남의 가문에 비교해 볼 때 매우 부끄럽다. 이는 정성이 부족해서 그런 것이니 우리 후손들은 보본(報本)의 마음을 분발하여 재실 한 칸을 짓는 것이 어떠한가"라고 하자 모인 사람들이 모두 기뻐[응하였다. 돈 모으기를 의논하니 후예손 호성(浩成)이 먼저 대지 백이십 평과 기둥 십여 주와 제답(祭畓) 사백 여평을 부담하였다. 재열(在烈)은 재실 조성에 들어갈 목재 전부와 담장, 계단, 조경수 전체를 부담하고, 산(山) 일정(一町)을 종중에 헌납하였다. 영석(永錫)은 서까래 비용 전부를 부담하였다. 그러자 그 외 모두가 힘닿는 대로 성의를 다해 삼천여만 원이 모였고, 아울러 대종중(大宗中) 협찬금 칠백만이 모였다.

去壬申年春日에 九世孫在烈이 開口曰吾家之居于此累代에 裔孫之蕃衍이 數十戶로대
無一間丙舍하니 爲先之道와 比他家門에 甚可愧也라. 此는 無誠所致니 我諸後孫은
憤發報本之心하야 以搆一室이 若何오하자 衆皆樂應이라. 相與謨議鳩財할새
後裔孫浩成이 首擔敷地壹白貳拾坪環柱松十餘本 및 祭畓四白餘坪하고 在烈이
體木一切, 垣堵砌石造景樹全擔而山壹町獻于宗中하고, 永錫이 椽材全擔하니
餘皆隨其力而盡誠하야 得巨貲參千餘萬에 兼得大宗之協贊七百萬이라.

곧 바로 집안 회의를 열어 각기 책임을 정해 착공하니 일이 거역인지라 기일이 늘어져서 해를 넘겨 다음 계유년 늦봄에 공사를 마쳤다. 본채는 삼 칸인데 가운데 대청과 양쪽이 방이며, 문간 삼 칸은 중문(中門)과 주방, 창고이다. 모두 기와를 얹었고 담장까지 완전히 갖추었으니 날 듯 빛나도다. 재실이 완성되고 종토까지 장만하였으니 자손들이 조상을 섬기고 집안을 화목하게 하려는 정성이 아니면 이같이 되겠는가. 이 일에 처음부터 끝까지 가장 수고한 사람은 재열(在烈), 도석(道錫), 두석(斗錫)이다. 이에 길일을 잡아서 원근 일가들과 동네 분들을 초청해 낙성하니 선조의 영령이 얼마나 평안하시랴. 《시경(詩經)》에서 이르기를 "너의 조상을 더럽히지 말라"고 하였으니 이것을 말한 것이로구나.

即會族議定而各分任着工하니 事巨役綿이라 經歲而翌年癸酉暮春에 工告訖하니
體舍三間에 中爲堂左右室이요 門宇三間에 中門廚庫라 都是瓦에 墻垣全備하니

煥然翼然이라 齋已成하고 忝得宗土하니 非子孫崇先敦睦之誠이면 能如是耶아 是役也始終賢勞者는 在烈道錫斗錫也라. 乃卜吉招遠近諸族與隣里而飮落하니 祖靈之妥如何哉아 詩所爲無忝爾祖是之謂也로다.

하루는 재열(在烈), 도석(道錫), 호성(浩成)이 내게 와서 말하기를 "재실이 이미 완성되었으니, 어찌 편액(扁額)과 기문(記文)이 없을 수 있겠는가! 자네도 같은 일가로 이 일의 내력을 자세히 알고 있으니 기문 짓기를 사양말라." 하거늘 내 비록 우둔하나 의리상 사양못하고 이에 동명이 회동이요 산에는 모두가 전나무 숲이라. 집 재목도 전나무니 '회강재'가 적합하다. 문호(門號)는 전나무가 항상 푸르듯이 조선께서 오르내리심이 항상 변함없고 자손들의 계승도 변함없으라는 의미를 취하여, '상록문(常綠門)'이라 함이 좋을 듯하고, 이러한 내용으로 기문을 작성하니 여러 일가가 더욱 힘써 집을 고치고 지붕을 새로 이어가며 보수하여 그 덕을 닦기를 오직 바랄 뿐이다.

日에 在烈道錫浩成이 訪余曰齋旣成하니 豈無扁記乎아 君亦一族으로 知悉事歷하니 勿辭爲記하라 余雖固陋이나 義不敢辭라 乃曰洞名檜洞이요 崗滿檜林이라 用材爲檜하니 檜崗齋可也오. 門則如檜木之常綠而祖靈之陟降常綠과 雲仍之繼承常綠으로 取義하야 常綠門이 似好라하고 以是爲記 而惟願諸族之益勉旃而修之葺之하야 聿修厥德云爾라.

단기 4326년(1993) 계유년 모춘에(檀紀四三二六年 癸酉 暮春)

방후손 삼준이 삼가 쓰다(傍後孫 三俊 謹記).

남원양씨 회강재 주련(柱聯)[187]

龜從筮協人	거북점과 시초점이 인사(人事)에 부합하여
工赴於程期	일의 공정이 정해진 기일에 이르렀다네
山抱水回地	산수 싸고도는 터에
勢宜於奧曠	지세는 깊고도 넓어
彫樑俊宇無	대들보나 지붕에 화려한 장식 없으니
俗習之奢靡	그런것은 저속한 풍습의 사치일 뿐이라네
蘋藻蠲潔盡	소박함과 정갈함을 극진히 하였기에
吾心之肅敬	내 마음은 엄숙해지고 공경스러워 지는구나

187) 주련 자료는 양호성이 제공했으며 권난주 박사가 감수했다.

다. 광주노씨 원모재(遠慕齋)

광주노씨(光州盧氏) 재실인 원모재(遠慕齋)는 광주노씨 세거지인 원묵계 마을 입구에 있다. 〈원모재기(遠慕齋記)〉는 성균관 전의 진산(晉山) 하동근(河東根)이 짓고, 성균관 전의 오천 정직교(鄭直敎)가 썼다. 국역은 고산 김삼주 선생이 했다. 원모재(遠慕齋) 현판(懸板) 글씨는 근재(謹齋) 김성호(金星虎)가 썼으며 주련은 진산(晉山) 하동근(河東根)이 지었다.

광주노씨 원묵계 재실-'원모재(遠慕齋)' 전경(2024년 11월 현재, 철거하고 재건축 중이다)

광주노씨 원묵계 재실-원모재 '경앙문(景仰門)' 전경

광주노씨 원묵계 재실-원모재 전경(2024년 11월 현재, 철거하고 재건축 중이다)

아래에 소개하는 원모재기는 원모재에 걸려 있는 〈원모재기(遠慕齋記)〉의 현판과 운당(雲堂) 선생의 차남께서 제공해준 자료를 참고했으나, 차이가 나는 부분은 현판을 우선으로 했다. 그 외에 오헌(旿軒) 양삼준(梁三俊) 선생이 쓴 원모재 준공 축하 시도 있다.

원모재기(遠慕齋記)[188]

방장산은 우리 영남의 진산이다. 형세가 매우 높고 험준하여 하늘 가운데까지 솟았고, 산의 둘레에는 여섯 군(郡)[189]이 웅거하고 있으니 심히 광대한 영봉이다. 그 한 지맥이 서쪽으로 수리(數里)를 달려 이에 꺾어 돌아 남쪽으로 내려와 한 번 머문 땅, 그 그윽한 곳에 마을이 형성된 곳을 '묵계의 회동'이라 부른다. 동부(洞府)가 그윽이 깊은데 백척의 등나무 넝쿨이 푸르게 뻗어 있고, 한 굽이 맑은 시내는 두 산 사이에서 옥소리 나는 물줄기를 쏟아 내며, 동산에 미록(麋鹿)이 벗하고 놀며 섬돌에는 새와 참새가 논다. 이곳이 바로 은사가 살기에 알맞은 곳인데, 광주노씨가 세장한 땅이다.

방장　오영지진산야　세극고준이용출중소　환산이거지육군
方丈은 吾嶺之鎭山也라. 勢極高峻而聳出中霄하야 環山而據地六郡하니
심　광대영봉야　기일지　서주수리　내절환남하일사지
甚이 廣大 靈峰也라. 其一支가 西走數里타가 乃折還南下一舍地하니

188) 원문의 토는 운당의 차남이 달았고, 번역문은 김삼주가 했으며, 권난주 박사가 감수했다.

189) 지리산은 경상남도 산청군(산음과 단성), 하동군, 함양군, 전라남도 구례군, 전라북도 남원시에 걸친 산이다.

窈奧而爲村者曰 默溪之檜洞而라. 洞府幽深하야 百尺藤蘿가 蒼翠蔓延하고 一曲淸澗에 玉鳴瀉出於兩山之間하야 園有麋鹿之友와 堦有鳥雀之馴하니 正宜隱士 可居之地 而光州盧氏之世庄이로다).

대개 노씨는 그 선조가 당나라에서 고려에 온 8학사(八學士) 중의 하나이다. 그 이후 가세가 벌열(閥閱)[190]하고 관직이 크게 빛났는데 서로 이어져서 손가락으로 셀 수 없을 정도였고, 휘(諱) 아조(阿祚)에 이르러는 문하시랑(門下侍郎) 겸 평장사(平章事)를 지냈다. 몇 대를 지나서 휘(諱) 유간(有幹)은 대제학(大提學)을 지냈는데 이분이 낳은 휘(諱) 사청(士淸)은 판중추부사 겸 밀직사(判中樞府事兼 密直司)이고, 휘(諱) 준공(俊恭)은 효절(孝節) 정표(旌表)가 있는데 호(號)는 심계(深溪)이고 시호(諡號)는 절효(節孝)이다. 포은(圃隱)과 목은(牧隱) 양선생과 도의로 사귀었으니, 얼마나 아름다우며 얼마나 융성하였던가!.

盖盧氏는 其先이 唐來高麗八學士之一而라. 自後로 家勢閥閱하야 冠冕舃赫이 相承하며 指不可勝屈而 至諱阿祚는 門下侍郎同平章事요, 累傳어 諱有幹은 大提學이요 是生諱 士淸은 判中樞府事兼 密直司요 生諱俊恭은 有 孝節旌表하니 號는 深溪요 諡는 節孝라. 與圃牧兩先生과 爲道義交하시니 何其韙哉며 何其盛哉리오.

그의 먼 후손인 휘(諱) 세영(世永)이 이곳에 들어와 살며 세세로 청빈하였고, 사람들이 모두 순후하고 예법을 알며 근검하게 생활하고 법도 있는 가문 자제의 풍속을 잃지 않았다. 그런 이유로 세상의 명사와 벗들 사이에 이름이 알려진 이들이 제법 많았는데, 근래에 선제(善濟), 종호(種昊), 용제(庸濟) 세 사람이 곧 그런 사람들이다. 항상 전주직장(全州直長) 옥포만호(玉浦萬戶)를 지내고 창신교위(彰信校尉)[191]에 증직된 9세 조를 위해 집 한 채를 짓고자 하였다. 미처 겨를이 없었는데 지난해 계유년 봄 후손 종억(鍾億)이 친족이 한 집에 모여있는 장소에서 말하기를 "우리 노씨가 이 골에 산지가 3백여 년이 되었으나 좋은 집 한 채 없는 것이 옳은가? 전에는 가난해서 그랬으나, 이제는 조석의 근심을 조금 면하게 되었으니 좋은 재실 한 채 짓는 것이 또한 가능하지 아니한가?"라고 하니 모두가 말하기를 "좋습니다"라고 하였다. 즉석에서 결의하여

190) 벌열(閥閱)은 나라에 공로(功勞)가 많고 벼슬 경력(經歷)이 많다는 의미이다. 또는 그 집안(네이버 한자사전).

191) 창신교위(彰信校尉)는 조선시대 무관의 종5품 관계(官階)이다. 태조(太祖) 원년(1392)에 제정하여 조선 말기까지 존속되었다. 종오품(從五品)에는 무관(武官)의 현신교위(顯信校尉)·창신교위(彰信校尉), 토관(土官)의 봉의랑(奉議郞)·여충대위(勵忠隊尉)가 있다(네이버 한자사전에서 인용).

일을 분배하고 각각 힘에 따라 부담하여 약간의 자금을 출자했다.

其遠孫 諱世永이 奠居于此하되 世食淸貧하고 人皆純厚知禮法하며 勤儉爲生하야
不失法家子弟之風이라. 故로 世有知名士友間者 頗多有至하더니 近世에 善濟
鍾昊 庸濟 三氏 則 其人이라. 常欲爲其九世祖 全州直長玉浦萬戶 贈彰信校尉하야
肯構一舍라. 未遑也러니 往歲 癸酉春에 後孫鍾億會族於一堂曰 我盧 居是洞者
三百有年에 而無一丙舍가 其可乎아. 前則 貧寒所致 而今則 僅免朝夕之憂하니
肯構丙舍가 不亦可乎아. 咸曰 唯唯 即席決議分配하고 各隨力擔之而出若干資하야.

즉시 공사할 자재를 모으고, 묵계동의 옛 마을에 나아가 땅을 고르고 주초를 놓아, 그해 10월에 공사를 마쳤다. 정당 4칸에 현판을 걸어 '원모재(遠慕齋)'라 하고, 부엌과 창고를 대문을 따라 갖추고, 대문에 이름하기를 '경앙문'이라 하였다. 건물 가운데 마루를 만들고 좌우에는 방을 만들었는데, 검소하면서도 꾸민 것이 적절하여 조상을 추모하고 재숙하는 장소로 삼기에 적합했다. 어느날 하루 후손인 운제(雲濟)와 향제(香濟) 두 사람이 나의 '계산정사(桂山精舍)'로 와서 기문을 부탁하거늘 내 오랜 병으로 평상에 누워있어 정신이 혼몽하여 굳이 사양하였으나 뜻대로 되지 않았다.

即募工鳩材로 就默溪古里하야 整地列礎하고 迄役於其年冬十月日也라.
正堂四架를 表榜曰 遠慕齋하고 廚庫門間을 隨而咸備하야 榜曰 景仰門이라
中爲廳左右爲室이라 儉奢適中하야 足爲寓慕齋宿之所하더니 日에 後孫 雲濟 香濟
二君이 造余 桂山精舍하야 問記어늘 余長病臥床에 神思昏耄 故로 牢辭不獲타가.

옛날 맹자가 말하기를 "쉰살에 부모를 사모하는 자를 나는 대순(大舜)[192]에게서 보았다."라고 하였다. 대순같은 성인도 오직 능히 이같이 사모하는데, 하물며 대순과 거리가 먼 자들임에랴![193] 광주노씨의 선비들이 대순의 사모하는 실체를 마음에 깊이 새기고 선조의 아름다운 덕을 경모하기를 부모에게 욕되지 않도록 노력한다면 가이 써 능히 멀리 좇아 근본을 갚는 도리를 다했다고 할 것이다. 이 재실은 허위로 표방하는 것이 아니니 어찌 서로 더불어 힘 쓰지 아니 하리오. 대저 회남(回南)의 맑은 바람(淸風), 검남(劍南)의 지는 노을(落霞), 세석(細石)의 뜬구름(浮雲), 섬진강의 저녁 돛대(晩棹)는 이 재실에서 볼 수 있는 아침과 저녁의 승경(勝景)이다. 고로 이에 아울러 쓰고 기록하노라.

192) 대순(大舜)은 순(舜)임금의 경칭

193) 부모를 사모하는 정도가 대순보다 이르지 못함을 의미함(감수자).

昔에 孟子曰 五十에 慕父母者를 余於 大舜見之矣나 以若大舜之聖도 惟能如此孺慕러니 而況大舜遠矣者乎아. 盧氏諸彦이 深銘大舜之慕體於心하고 而敬慕先祖之懿德을 無忝爾所生[194]則 可以爲能盡追遠報本之道而로다 斯齋不虛爲表榜矣 盍[195]相與勉旃이라 及夫 回南之淸風과 劍南之落霞와 細石之浮雲과 蟾江之晩棹 斯齋朝暮之勝景이라. 故로 玆幷書爲記耳하노라.

1996년 병자년(丙子年) 처서에(歲民國丙子處暑節)

성균관 전의 진산 하동근(河東根)이 기문을 짓고(成均館 典儀 晉山 河東根 記)

성균관 전의 오천 정직교(鄭直敎)가 글씨를 쓰다(成均館 典儀 烏川 鄭直敎 書).

원모재 주련(遠慕齋 柱聯)(成均館 典儀 晉山 河東根 지음)

無念爾祖 聿修厥德	너의 조상을 생각하지 않느냐, 그 덕을 닦을 지어다
入孝出恭 小心翼翼	들면 효도하고 나가면 공손하며, 조심하고 공경하라
以承祀事 必誠必恪	제사를 승계하는 일은, 반드시 정성을 다하고 반드시 삼가며
歲時伏臘 會宗敦睦	해마다 엎드려 제사하고, 종친들 모아 친목을 두터이 하면
韋園花樹 長帶春色	동산 주변의 꽃나무들, 길이길이 봄빛을 띠리라.

광주노씨 원모재 준공 축하 시 원운(原韻)

自唐遠徙海天東	당(唐)나라에서 멀리 바다 동쪽으로 이사와서
文物衣冠禮數同	문물 제도와 의관이 관직의 품계와 같았네
伊來我祖知何日	요즘에는 우리 조상들이 언제왔는지 알런가
奄過光陰千百霜	어느덧 세월이 천백년이나 지났으니

광주노씨 원모재 준공 축하(祝光山盧氏遠慕齋告成)(1999년, 성균관 전의 양삼준 지음)

自湖南轉入河東	호남에서 하동으로 전입하여
子姓繁昌繼世同	자손 번창하길 대를 이어 그리했네
丙舍方成開洞壑	비로소 재실 완성해 골짜기에 열었으니
後孫追慕百千霜	후손들 백년 천년 영원토록 추모하리라.

194) '무첨위소생(無忝爾所生)'은 《시경》 〈소완(小宛)〉에 보인다. "내가 늘 매진하니, 너도 항상 매진하라. 밤낮으로 노력하여, 너를 낳아준 부모를 욕되게 하지 말라[我日斯邁 而月斯征 夙興夜寐, 無忝而所生]"(감수자)

195) 일반적으로 '盖'라고 읽지만 여기서는 '어찌 아니하다(何不)'의 의미로 쓰였기 때문에 '盍'으로 읽었다(감수자).

라. 면천박씨 모원재(慕源齋)

면천박씨(沔川朴氏)의 재실 '모원재(慕源齋)'는 회동의 전나무동에 있고, 대문은 '앙지문(仰止門)'이다. 모원재기(慕源齋記)는 성균관(成均館) 전의(典儀) 오헌(旿軒) 양삼준(梁三俊) 선생이 썼고, 원문(原文)은 고산(高山) 김삼주(金杉柱) 선생이 쉽게 풀어 썼다. 오헌 양삼준 선생이 지은 모원재 축하 주련이 있다.

면천박씨 회동 전나무동 재실-'모원재(慕源齋)' 전경

면천박씨 회동 전나무동 재실-모원재 '앙지문(仰止門)' 전경

면천박씨 회동 전나무동 재실-'모원재(慕源齋)' 전경

모원재기(慕源齋記)[196]

지리산 삼신봉 아래 회동골 전나무동 모퉁이에 빛나는 집 한 채는 면천박씨(沔川朴氏)가 그 고조 휘(諱) 상우(相禹) 공 이하 세세로 향을 올리기 위하여 지은 것이라. 자세히 그 사실을 들은 즉, 공의 현손인 순정(淳正)이 그 친족들을 모아 놓고 의논하기를 "지금 고조의 무덤은 해주에 있으나 공의 손자 휘(諱) 수정(壽正)께서 장년(壯年)에 세상이 날로 그릇됨을 보고서 늙은 아버지와 두 동생을 거느리고 이곳에 와서 거주하셨다. 지금으로부터 120여 년으로 청암 묵계의 박씨 문중은 이로부터 시작되었다.

地異山三神峰下 檜洞之洞隅에 煥然一閣은 沔川朴氏爲其高祖諱相禹公以下世世香薦而作也라.詳聞其事則公之玄孫淳正이 會其族而論議曰今高祖之墳堂이 在海州 而公之孫諱壽正께서 壯年에 見世道日非하고奉老父率二弟하고 尊居於此하니 自今百二十餘年前으로 青岩之朴이 自此始라.

이후로 집안 형편은 비록 가난했으나 자손이 번성하여 사람들이 모두 순후하고 효도하며 우애하는가법(家法)을 지녔다. 공의 손자 휘 수정은 타고난 효자로 맛있는

196) '모원재기'의 원문은 《오헌유고》에서 인용했고, 고산 김삼주 선생이 쉽게 풀어썼고, 권난주 박사가 감수했다.

음식과 어버이 뜻을 받드는 효도를 다하여 왕상(王祥)과 맹종(孟宗)[197]이 다시 태어났다는 이웃의 칭송을 받았다. 이곳에 자리 잡은 지 20년에 부친상을 당하자 애통함이 극에 이르렀고, 이보다 먼저 해주 고향에서 돌아가신 어머님의 유해를 천리를 멀다 않고 걸어서 지고 와서 아버님과 함께 집에서 30리 되는 악양 형제봉 고산에 합장하였다(뒤에 궁항 질매재에 이장, 합장함). 3년간 여묘살이를 하며 조석으로 무덤을 어루만지며 통곡하니 호랑이와 표범이 주위에서 보호하고 눈이 무덤에 쌓이지 않았다. 이것이 어찌 천리(天理)와 인물(人物)이 도운 일이 아니겠는가! 이곳을 찾아가 살펴본 사람들이 '박효자'라 칭하지 않는 사람이 없었고, 향교 및 원사(院祠)에서 글을 지어 서로 알림으로써 성인을 숭모하는 공회(公會)의 표창을 받게 되었다

이 후 가 세 수 한 운 손 번 성 인 개 순 후 이 효 우 가 법
以后家勢雖寒이나 雲孫이 蕃盛하여 人皆淳厚而孝友家法이라.
공 지 손 휘 수 정 근 천 지 효 감 지 양 지 왕 상 맹 종 부 생 인 구 지 송
公之孫諱壽正은 根天之孝로 甘旨養志에 王祥孟宗이 復生이라는 隣口之頌이로다.
거 자 이 십 년 조 부 상 애 통 수 절
居玆二十年에 遭父喪하여 哀痛殊絶하고
전 차 해 주 고 향 기 몰 모 지 유 해 불 원 천 리 도 보 봉 부 이 래
前此海州故鄕에서 旣沒하신 母之遺骸를 不遠千里하고 徒步로 奉負而來하여
여 부 합 폄 우 거 가 삼 십 리 악 양 형 제 봉 고 산 지 원
與父合窆于距家三十里岳陽兄弟峰高山之原하고
후 이 장 우 궁 항 합 폄 려 묘 삼 년 조 석 반 호 호 표 환 호 설 불 퇴 분
(后移葬于弓項질매재合窆)廬墓三年에 朝夕攀號하니 虎豹還號하고 雪不堆墳이라.
차 등 비 천 리 인 물 지 소 우 야 왕 관 자 막 불 칭 박 효 자 향 교 원 사
此登非天理人物之所佑耶아. 往觀者 莫不稱朴孝子라. 鄕校 및 院祠에서
발 문 상 고 몽 모 성 공 회 완 의 포 창
發文相告하여 蒙慕聖公會의 完議褒彰이라.

그의 손자 순봉이 마을 사람들과 여러 후손과 함께 의논하여 정성을 다해 재물을 모아 돌에 새겨, 지난 1974년 갑인년에 학동 입구 길가에 효자비를 세워 드러내니 세상 사람들이 존경하고 본보기로 삼았다. 조상을 나타내는 효행이 이와 같거늘 그 자손된 자가 어찌 소홀히 할 수 있겠는가? 이제 국토의 경계가 남북으로 나뉘어 능히 가서 성묘하지 못하고 멀리서 절하며 돌아가신 이를 생각하니 울분을 누를 길 없다. 여기에는 여러 대의 선영이 원근에 산재해 있는데, 향을 피우며 친족을 모아 화목하게 하는 재실이 없으니 마땅히 집을 한 채 지어 조상을 높이 받들고 친족을 화목하게 하고 예(禮)를 강(講)하는 집으로 쓰는 것이 어떠한가?"라고 하니 모두가 다 그렇게 하자고 하였다. 각각 성금을 내어 1억 5천여만 원을 취합하고서 부지와 재목을 구입하고 2005년 을유년 봄에 시공하여 같은 해 10월에 준공하니 정당(正堂)이 4칸이요, 문루가 3칸이라. 재실 이름을 '모원(慕源)'이라 하니 영원토록 선조를 사모해서 잊지

197) 왕상(王祥)과 맹종(孟宗)은 효심이 지극했던 인물로 '맹종읍죽(孟宗泣竹)'과 '왕상부빙(王祥剖氷)'이라는 고사를 남겼다(세종 한글 고전, 《역주 삼강행실도》, 〈맹종읍죽(孟宗泣竹)〉, 〈왕상부빙(王祥剖氷)〉에서 인용)

않는다는 뜻[義]을 취한 것이요, 출입문의 이름을 '앙지(仰止)'라 하니 멈추고서 조상을 우러른다는 의미를 담았다. 규모가 초라하지도 않고, 사치스럽지도 않으니 조상들의 영혼이 오르내림이 충만하여 옆에 계시는듯 하리라.

其孫淳鳳이 公議를 얻어 與衆孫으로
盡誠鳩財刻石하여 去一九七四甲寅年에 鶴洞洞口路邊에 樹碑以表하니 世人의
矜式이라. 顯祖之孝行이 如此어늘 爲其子孫者 豈可忽耶 今國土分疆으로
未能趣省墓하고 望拜追思하니 難抑盍忿이요 此累代先塋이 遠近散在라.
無香明齋宿會族敦睦之所하니 宜構一屋하여 以便於崇祖睦族講禮之堂이
若何오. 衆皆諾이라. 因各出誠金聚合壹億五仟餘萬원으로 構入敷地材木하여
二千五年乙酉春에 始工而同年十月竣工하니 正堂四間 門樓三間이라.
齋號慕源하니 永世慕先不忘之取義也오. 門曰仰止하니 止而仰慕之義라.
規模不儉不奢 而祖靈之陟降이 洋洋如在리라.

어느 날 하루 그의 현손 순정(淳正)과 순진(淳珍)이 나를 찾아와 기문 짓기를 청하거늘, 내 그럴만한 사람이 아니라고 여러 번 사양하였으나 어쩔 수 없어 위와 같이 사실을 기록하노라. 이 일에 제일 힘 쓴이는 순진(淳珍)이다. 그 선조의 내력을 상고해 보면 고려의 개국공신인 휘(諱) 술희(述熙) 공이 시조(始祖)이다. 중세(中世)에 참봉(參奉)을 지낸 여룡(汝龍) 공이 이율곡 선생을 스승으로 모셨는데, 여러 번 추증되어 이조판서를 지내시고, 시호(諡號)가 문온공(文溫公)이신 분이 그 본원이라. 성금 내용을 아래에 기록하여 후손들이 선조를 추모한 사업의 자료로 삼노라

日에 其玄孫淳正淳珍이 造余請記어늘 余非其人으로 屢辭不獲하여 如右記實이라.
是役也에 賢勞者는 淳珍也라. 考其先來則 高麗開國功臣 諱述熙公이 始祖요
中世에 參奉汝龍公이 師事李栗谷先生하고 屢贈吏判而諡文溫公이 其本源也라.
誠金內容을 左記하여 以爲後孫慕先修葺之資云.

서기 2006년 병술년 중추절(西紀 二千六年 丙戌 仲秋節)

성균관 전의 양삼준이 삼가 기록하노라(成均館 典儀 南原 梁三俊 謹記).

모원재 축하 주련(2005년, 성균관 전의 양삼준 지음)

방호천척일지류 方壺千尺一枝流	천척의 방호산 한 줄기가 흘러 내려와,
흘립삼신등십주 屹立三神等十洲	삼신산 우뚝하니 십승지[198]와 대등하네
우수잔잔금슬운 右水潺潺琴瑟韻	오른쪽 시냇물은 잔잔히 흘러 거문고 소리인듯하고,
좌봉올올봉황유 左峰兀兀鳳凰遊	왼쪽 산은 우뚝 솟아 봉황이 노닐듯 하네.
학래동벽배회무 鶴來洞僻徘徊舞	청학이 외진 골짜기에 노닐며 춤추니,
선적청구두류수 仙笛淸區逗遛酬	신선은 맑은 지역에서 피리 불고 머무르며 응대하네.
해읍면천점차토 海邑沔川占此土	해주에서 온 면천박씨 이곳에 터 잡아,
모원재기서운부 慕源齋起瑞雲浮	모원재 지으니 상서로운 구름 일어나는구나!

마. 하동정씨 덕원재(悳元齋)

하동정씨(河東鄭氏) 덕원재(悳元齋)는 회동 서재땀 마을 도로변에 있는고, 입구에 '하동정씨 회동 유적지'라는 입석(立石)이 서 있다. 덕원재의 연혁은 다음과 같다.

하동정씨 회동 서재땀 재실-'덕원재(悳元齋)' 전경

198) 십승지는 조선시대에 사회의 난리를 피하여 몸을 보전할 수 있고 거주 환경이 좋은 10여 곳의 피난처를 말하는데, 한국인의 전통적 이상향의 하나이다(네이버 지식백과).

하동정씨 회동 서재땀 재실-'덕원재(悳元齋)' 전경

하동정씨 덕원재(悳元齋) 정문인 취정문 전경

'하동정씨 회동 유적지지' 입석과 서재땀 재실 '덕원재'

덕원재(悳元齋) 연혁[199)]

하동정씨 세보 12세 조 동래부사 휘 지성(之成)은 산청 문중 파조이다. 전하여 팔(八)세조 휘 운태(運泰) 공은 고흥군 두원면(豆原面) 예회리(禮會里)에서 서기 1698년 숙종 24년 탄생했다. 비결을 보고 지리산 청학동 금환락지를 찾아다니시다가 이 고장의 지명이 학동이 있으니 청학동인가 예측하고 정착하셨다. 그러나 기록이 없고 전설로

199) 덕원재 연혁은 '덕원재' 내부에 걸린 현판의 내용을 바탕으로 작성했다. 한자는 원문에 따랐고, 읽기 편하도록 일부 문장은 필자가 가필 · 수정했다.

남아 애절케 한다. 서기 1989년 기사(己巳)년 후손 성력으로 묘역 정화 사업과 세거비를 세우고 2005년을유(乙酉)에 정사 건립을 하였으며, 공의 七대손 기채(奇採)의 정성으로 현판과 주련을 하였다.

선산 보존회 공로자: 회춘(回春) 휘 은상(殷相)、휘 순룡(淳龍)、壽善(수선) 휘 수상(樹相)、휘 찬갑(燦甲)、중곤(仲昆) 친홍(燦洪)、도유사(都有司) 수천(秀泉) 판상(判相)

서기 2006년 병술(丙戌) 8월 12일

하동정씨 도선산 보존회 회장 정종명 짓고[撰(찬)]/사무총장 정회동 삼가 쓰다[謹書(근서)].

덕원재 주련(悳元齋 柱聯)[200]

부 성 병 사 묵 계 양 裒誠丙舍默溪陽	정성을 모아 묵계 남쪽에 재실을 마련하니
지 벽 산 천 배 유 광 地僻山川倍有光	외진 곳이나 산천의 빛이 배로 나는구나
조 령 척 강 금 여 재 祖靈陟降今如在	조상의 영혼이 오르내리며 지금도 계시는 듯하니
덕 의 훈 훈 만 세 장 德義薰薰萬歲長	덕의(德義) 훈훈하게 만세토록 전해지리라

200) 덕원재 주련은 2006년에 성균관 전의 오헌 양삼준 선생이 지었다(오헌유고에서 인용).

05
평화의 터전,
묵계동을 울린(泣 · 鳴) 총성

가. 운당의 시를 통해 본 묵계 동민들의 한 많은 피란 생활

오늘날 지리산은 등산애호가들의 사랑을 받는 산이지만, 근현대사에서 '쫓겨난 자들의 땅'이 됐던 '슬픈 산'이었다고 손호철 교수[201]는 말한다. 그의 말을 빌리지 않더라도 지리산은 숨어 살기 좋은 곳이다. 동학혁명에서 패배한 농민들, 의병, 일제 시기 징용·징병 기피자 등이 이곳으로 숨어든 것이 사실이다. 그때만 해도 지리산은 이들을 품어 안았고, 묵계동을 비롯한 지리산 일대는 어머니의 품처럼 넉넉하였다. 그만큼 지리산 '아흔아홉 계곡'은 약간의 풍파에도 평화로웠다.

지리산은 그 자락이 넓고 깊을 뿐만 아니라 소백산맥의 끝자락에 위치해 사방으로 연결돼 있다는 것이 장점이다. 남쪽으로는 광양 백운산으로, 서쪽으로는 순창의 회문산, 동쪽으로는 황매산을 거쳐 합천의 가야산으로, 북으로는 무주의 덕유산을 거치고 추풍령, 속리산, 문경새재를 지나 월악산에 이른 뒤 다시 소백산을 거쳐 태백산맥으로 연결된다.

손교수는 "지리산이 본격적으로 '쫓겨난 자들의 땅'이 된 것은 미군정 치하였던 1946년 대구 10월 항쟁, 그리고 1948년 여순사건 이후다."라고 했다. 맞는 말이다. 그런데 이때 '쫓겨난 자'들은 그들에 앞서 구한말이나 일제시대에 '쫓겨난 자'들과는 규모는 물론이고 질이 달랐다. 그들은 자유 대한민국을 부정하고 전복하려는 대규모의 조직적인 무장 반란군 집단이었다. 손교수는 "대구항쟁과 남로당의 불법화 이후 좌파 세력이 야산대를 만들어 들어왔고, 여순사건 이후 여수의 '반란군'이 올라온 것이다. 이후 1953년 휴전이 선포되고 빨치산이 대부분 소멸할 때까지 지리산은 빨치산과 등치(等値)가 되었고, 해방공간에서 남북한을 통틀어 한반도의 각종 모순이 가장 압축적으로 응집된 곳이 되었다"라고 했다.

그 빨치산, 즉 공비(共匪)의 중심에는 남부군 사령관 이현상(1905~1953)이 있었다. 이들이 지리산에 은거하면서 소위 '해방구'라는 미명으로 지리산을 장악하자 일제 치하에서 막 벗어난 희망의 묵계동에는 전쟁의 먹구름이 몰려오기 시작했다. 그들이 "'보다 평등한 세상'을 위해 얼어 죽고 굶어 죽을 각오로 올라왔다가 처참하게 쓰러진 농민들과 노동자, 그리고 지식인들의 꿈을 대변했다"라고 아무리 항변할지라도 그들로 인해 우리 묵계 동민들은 씻을 수 없는 고통과 상처를 입었다.

필자 가족만 해도 회동의 전나무동에 살다가 피난을 나와 곳곳으로 전전하는 도중에

---

201) 손호철, 《한국일보》(2020. 12. 11), 손호철의 발자국-〈17〉 전북 남원 지리산에서 인용.

1952년생 중형(仲兄) 세화(世和)는 평촌리 청암면사무소 근처 외가 친척 집 아래채 곁방에서 태어났고, 필자와 동갑내기 사촌 여동생은 평촌마을 외곽에 부모님이 손수 지은 오두막집에서 태어났다. 그리고 첫돌을 넘긴 1956년이 되어서야 고향으로 되돌아왔으니 그동안 부모님과 가족들의 고통은 오죽했을까?

이런 시대적인 아픔을 시(詩)로 남겨 생생하게 증언한 분이 계신다. 이분은 바로 원묵계 출신 운당(雲堂) 노용제(盧庸濟) 선생이시다. 선생의 《운당유고(雲堂遺稿)》에 따르면 묵계 동민들은 1949년 7월 15일에 첫 소개 이후 같은 해에 무려 3번이나 반복되는 피난을 했고, 엎친 데 덮친 격으로 1950년 6월에 시작된 6·25동란으로 무려 7년 동안의 피란 생활을 강제당해야 했다. 이렇게 묵계동에 평화가 깨어진 것은 유사 이래 전무후무한 사건이었다. 한 많은 피난 생활의 시작과 7년 동안의 괴로운 심정을 운당 선생은 많은 시로 남겼다. 운당 선생의 시는 우리 묵계동 동민들의 아픈 역사이다. 그래서 더욱 가치가 있고 오늘날까지 감동을 준다. 다시는 그런 역사가 반복되지 않기를 기원하면서 선생의 시를 통해 당시 묵계동에 터를 잡고 살았던 우리 부모 세대가 겪은 불행한 역사를 되짚어보자.

먼저, 기축년인 1949년 7월 15일에 1차 소개 명령이 내려져 임시 피난을 하면서 운당은 **"내 무슨 일로 고향 산천 떠나 눈물을 흘리는고? 폭탄 소리 골짝을 울리니, 논밭은 잡초밭 되어 황폐화되고, 올해 백발 된 사람이 얼마나 많은가?"**라고 하면서 영문도 모르고 떠난 소개로 인한 피란 생활의 고통과 전쟁의 두려움, 안타까움을 다음과 같은 시로 남겼다.

〈1949년 7월 15일 묵계 소개로 인해 새터에서 임시로 피난을 하다〉
[己丑七月十五日默溪疎開臨時避亂於新基](기축칠월십오일묵계소개임시피란어신기)(제1차 소개)

吾生何事淚涓涓(오생하사루현현)	내 생애 무슨 일로 눈물 줄줄 흘리며,
世亂離家夜不眠(세란리가야불면)	난리에 집 떠나 밤에 잠도 못 이루네.
爆響忽傳警峽裡(폭향홀전경협리)	폭탄 소리 골짝을 울리고,
官軍嚴守老山邊(관군엄수노산변)	관군들은 노산 곁을 엄중히 지키네
前野移秧應穢畓(전야이앙응예답)	앞들에 심은 모는 잡초밭 되었겠고,
後園作物已荒田(후원작물이황전)	후원의 농작물은 황폐해 버렸겠네
此地仆來如入夢(차지부래여입몽)	이곳에 온 것 꿈에서의 일 같은데,
幾人白髮到今年(기인백발도금년)	올해 백발 된 분 몇 명이던가?

이어서 8월 1일에 있었던 2차 소개에서는 **"몸 둘 곳이 없어 눈물 흘려, 인생의 괴로움을 어찌 다 말할꼬, 남부여대(男負女戴)로 줄지어 떠난 피란 생활, 멀리 북쪽 산중의 고향이 그립고, 해마다**

이날 오면 한 많으리"라고 당시 피란민들이 겪었을 아픔을 담담하게 울먹이듯 읊고 있다.

〈1949년 8월 1일 묵계 재소개로 몸을 '가리바구[家禮岩]'에 의탁하고〉
기축팔월일일묵계재소개탁신어가례암
[己丑八月一日默溪再疎開托身於家禮岩](제2차 소개)

착신무처루현현 着身無處淚涓涓	몸 붙일 곳이 없어 눈물 흘리며,
수회난금정불면 愁懷難禁正不眠	걱정과 근심 금할 수 없어 잠못 이루네.
인생고해하수설 人生苦海何須說	인생의 괴로움 어찌 다 말하랴만,
세사여금감가련 世事如今感可憐	지금 같은 세상사 가련하게 느껴지네
상부쌍대계산하 相負雙戴溪山下	서로 이고 지고서 묵계 산을 내려와,
전호후응도로련 前呼後應道路連	앞에서 부르고 뒤에서 대답하며 함께 길을 걸었네
북망고원심사절 北望故園心思切	북쪽 고향 바라보면 마음 간절해져,
년년차일한무변 年年此日恨無邊	해마다 이날이 되면 한이 끝나지 않네.

그런데 이것이 끝이 아니었다. 그해 초겨울, 그리고 동짓달 눈까지 뿌리는 엄동설한인 11월 15일의 3차 소개 때도 어김없이 시로 그 아픔을 기록으로 남겼다. 한 해에 세 번째 피난길을 나섰으니 얼마나 절망스러웠을까? 운당 선생은 **"집을 버리고 문을 나서니 눈물은 떨어지고, 눈 서리 겹치니 견디기 어렵다. 난리 끝난 줄 알았더니, 한없는 원한 누가 알꼬?**"라는 난중 시를 남긴다.

〈1949년 11월 15일 묵계 3차 소개 때 눈 속에서 '새터'에 다시 몸을 의탁하고〉
기축십일월십오일묵계삼차소개설중우탁신어신기
[己丑十一月十五日默溪三次疎開雪中又托身於新基](제3차 소개)

가산원별출문시 家産遠別出門時	가산 모두 버리고 멀리 피란 떠나려 문을 나설 적에[202]
루수영영보보지 淚水零零步步遲	눈물은 소리없이 흐르고 걸음마다 더디구나.
상설교침난가내 霜雪交侵難可耐	눈과 서리가 함께 들이닥치니 견뎌내기 어렵고,
병과조절갱하지 兵戈阻絶更何之	난리 통에 길이 막혔으니 또 어디로 가야 하나
담박생애여몽리 淡泊生涯如夢裡	담백한 일생은 꿈속에서의 일 같으니,
무궁원한유수지 無窮怨恨有誰知	한없는 원한을 누가 알아줄까?
오행부작타향객 吾行不作他鄕客	내 떠났다가 타향의 객이 되고 싶지 않아,
재도차구희차비 再到此區喜且悲	다시 이곳에 이르니 기쁘지만 한편 슬프네

202) 《운당유고》에는 '家山遠別出門時(가산원별출문시)'으로 되어 있으나 운당선생이 쓴 시의 원본에는 '家産遠別出門時(가산원별출문시)'이었다는 선생의 자제인 노병탁 옹의 요청에 따라 수정했다.

뒤이어 1950년 경인년의 6.25사변(事變)으로 전 국토가 동족상잔의 전쟁에 휘말렸다. 그해 7월 25일, 인민군 제6사단 방호산(方虎山) 사단에 의해 하동이 점령당했다. 하동경찰서를 점령한 인민군들은 7월 26일 새벽 3시경 유치장을 개방하고 체포, 구금된 좌익 사상범들을 모두 석방한다. 북한 인민군은 점령 직후 혁명 정책을 시행할 조직적 기반을 마련하기 위해 당과 사회단체 및 정권 기관인 인민위원회를 구성한다. 그리고 의용군 모집, 강제 노역 징발, 반동 인사색출과 우익인사를 살해했다.

인민군이 하동을 지배한지 63일만인 그해 9월 28일, 국군이 수도 서울을 탈환한 그날, 하동 역시 수복되었다.[203] 뒤이어 1953년 7월 26일에 가까스로 휴전은 되었지만, 지리산에는 여전히 잔존 공비 세력에 의한 폐해가 극심했고, 휴전이 이루어진 약 2년 후인 1955년 봄이 되어서야 공비의 주력들이 대부분 토벌되자 비로소 치안이 안정되었다.

그러나 그 과정 동안 우리 묵계동 동민들은 피 말리는 피난 생활을 강요당했다. 당시의 그 설움 속에서 겪은 타향살이의 괴로운 심정을 읊은 시가 이어진다. 피란 중이던 1950년 경인년 봄, 잠시 귀향하여 뜰에 핀 복숭아꽃을 보면서 고향에 대한 애정 어린 감정을 표한 운당의 시(詩)가 있다.

〈피난 차 이사 간 이듬해 봄에 집에 잠시 돌아와 복숭아꽃을 보고〉

피란차리가후 익년춘 귀가간도화유감
[避亂次離家後 翌年春 歸家看桃花有感]

만산춘색입문휘
滿山春色入門輝　　온산의 봄빛이 집에까지 비쳐들어,
정상도화대아귀
庭上桃花待我歸　　뜰 가에 복숭아꽃 내가 돌아오길 기다렸네.
독수오가상사부
獨守吾家相思否　　외로이 우리 집을 지키며 그리워했을런가, 아닌가?
소이무어로함비
笑而無語露含肥　　말없이 웃으며 이슬만 듬뿍 머금었네.

1950년 10월에는 집을 떠나 장재동에 몸을 잠시 의탁한다. 그해 제야를 지내고, 다음 날 새해를 맞을 때의 그 쓸쓸한 마음을 2수의 시로 읊었다.

〈경인년 시월에 집을 떠나 장재동에 몸을 의탁하고 그믐날을 지내며〉

경인시월이소개탁신어장재동당제석유감
[庚寅十月以疎開托身於長在洞當除夕有感]

탁신차처호상과
托身此處好相過　　이곳에 몸 붙이고 잘 지내나,
세월불류한내하
歲月不留恨奈何　　세월은 머무르지 않으니 한스러움을 어찌할까?

203) 곽재용, 《하동문화 즐겨 읽기》, 〈14. 하동과 6.25〉, 하동문화원, 2005, p. 114~115

고 우 명 조 담 소 족
故友明朝談笑足　　새해 아침은 옛 친구들과 담소 나누기 알맞은데,
잔 등 금 야 감 상 다
殘燈今夜感傷多　　오늘 밤 등불 아래에서 상심만 가득하네.

〈또 읊음(又吟)〉

세 색 홀 전 제 석 일
歲色忽傳除夕日　　한 해의 기운은 어느덧 그믐이 되었고,
가 가 명 촉 축 신 년
家家明燭祝新年　　집 집마다 촛불 밝혀 새해를 축하하네.
선 인 고 토 종 난 망
先人故土終難忘　　선대의 옛 터전을 끝내 잊기 어려워,
아 독 상 심 야 불 면
我獨傷心夜不眠　　나 홀로 상심하여 밤에 잠 못 이루네.

또, 1951년 신묘년 3월에는 사천시 곤명면 금성리(金城里)의 이영기(李永基) 댁에서 3년 동안 피란 생활로 신세를 지면서 남긴 시가 있다. 이 시에서는 피난민 가장(家長)의 절망감이 느껴진다.

〈1951년 신묘년 3월에 솔권하여 금성 이영기 댁의 은혜를 느끼며〉
신 묘 삼 월 솔 권 피 란 어 금 성 이 영 기 가 감 은 술 회
[辛卯三月率眷避亂於金城李永基家感恩述懷]

곡 구 탄 성 일 협 공
谷口彈聲日挾攻　　골짝 어귀에 총성이 매일같이 양쪽에서 들이치니,
세 난 여 차 갱 하 종
世難如此更何從　　이와 같은 세상 난리 통에 또 어디로 가야 하나?
가 권 인 솔 미 전 로
家眷引率迷前路　　식구들 인솔하고 앞길 캄캄해,
향 토 수 이 속 후 종
鄕土雖異續後踵　　고향 땅이 비록 어디더라도 옮겨,
산 장 별 계 금 성 리
山藏別界金城里　　산세는 별세상 같은 금성리를 감았고,
수 포 선 인 옥 녀 봉
水抱仙人玉女峰　　물길은 신선의 옥녀봉을 감도네.
이 군 댁 처 유 련 구
李君宅處留連久　　이군 댁에 오래 머무르고 여러 날이 계속되니,
교 의 불 망 첩 첩 중
交誼不忘疊疊重　　주고받은 정은 잊지 못하고 접첩이 쌓이네

특히, 1954년 3월, 피란 중에 쓴 〈갑오년 3월 생활에 쪼들려 진교 공사장에 갔다가 바로 발길 돌려 다솔사에 들려 느낌〉이라는 시(詩)에서 운당 선생은 전쟁 중에도 쌀 증산을 위해 당시로서는 획기적인 간사지를 메워 논을 만드는 간척사업이 진교에서 벌어지고 있었다는 사실을 전하고 있다.

〈갑오년 3월 생활에 쪼들려 진교 공사장에 갔다가 바로 발길 돌려 다솔사에 들려 느낌〉
갑 오 삼 월 구 어 생 애 표 박 도 진 교 공 사 장 즉 일 회 로 입 다 솔 사 유 감
[甲午三月拘於生涯飄泊到辰橋工事場卽日回路入多率寺有感]

표 박 진 교 사 사 유 飄泊辰橋事事幽	진교에 나는 듯 도착하니 일마다 분주하여
분 망 세 월 차 중 류 奔忙歲月此中流	부산한 세월이 이 가운데 흘러가네
위 방 한 조 개 도 지 爲防寒潮開塗地	조수를 막아 진흙땅을 개간하니
구 제 빈 민 공 사 루 救濟貧民工事樓	가난한 백성 구제하는 공사로다
삼 산 괴 석 형 인 면 三山怪石形人面	삼면 산에 기이한 돌은 사람 얼굴 모양이고,
일 엽 어 선 숙 해 두 一葉漁船宿海頭	한 척의 외로운 고기 배는 바다 입구에 머무르네
시 입 선 구 다 솔 사 始入仙區多率寺	비로소 선계인 다솔사에 들어서니,
심 신 쾌 활 각 망 수 心神快活却忘愁	심신이 쾌활해져 근심이 도리어 사라지네

이 시를 읽고 필자는 당시 진교 간척공사의 전말(顚末)을 알고 싶어서 진교의 조갑룡 박사께 자료를 요청했더니 《진교면지(辰橋面誌)》[204]에 소개된 자료를 보내주었다. 이 자료에 따르면 "〈진교면 송원리 간척지 개발사업〉은 6.25 전쟁 중인 1952년 1월부터 1959년 12월 말까지 진교면민의 생활 안정을 이루기 위해서 진교면 진교리 앞바다[大同江] 간척사업을 정부에 호소하여 총공사비 4억 9천 3백 30만 원으로 8년 동안에 걸쳐 180정보(町步, 1정보는 3,000평), 즉 54만 평을 매립, 옥답을 개발한 간척사업"이었다는 사실을 알았다. 또한 이 사업은 당시 진교면 출신의 강달수(姜達秀) 제헌 국회의원의 노력이 컸다는 사실까지 알게 되었다. 당시의 관련 기사[205]를 《자유신문》에서 찾았다.

---

204) 《진교면지(辰橋面誌)》는 진교면 출신 조갑룡(趙甲龍) 박사님이 제공해주었다. 조 박사는 부산대학 사범대학을 졸업하고 부산고 교장으로 정년 퇴임한 후, 부산영재교육원 원장을 역임하였다. 현재는 하동향교, 하동문화원 등에서 왕성한 활동을 하고 있다. 자료를 제공해준 조 박사님께 감사드린다.

205) 자유 신문(1949년 8월 24일) 지방 소식, 국사편찬위원회 한국사 데이터베이스에서 인용

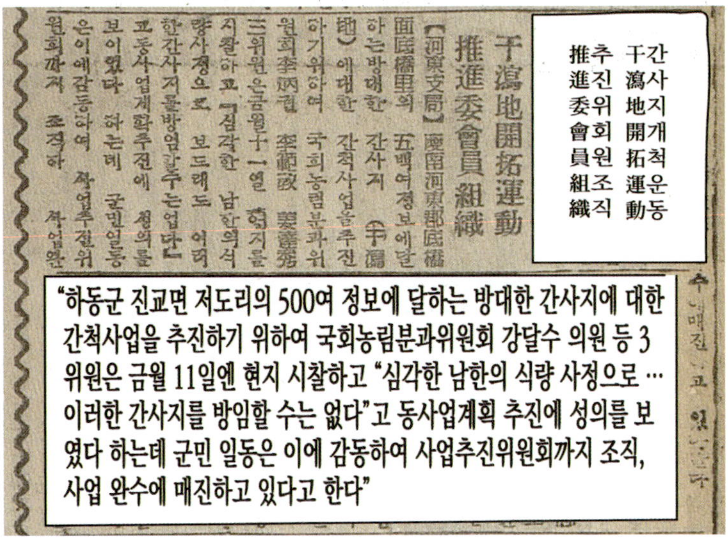
干潟地開拓運動 推進委會員組織

간사지 개척 운동 추진위 회원 조직

"하동군 진교면 저도리의 500여 정보에 달하는 방대한 간사지에 대한 간척사업을 추진하기 위하여 국회농림분과위원회 강달수 의원 등 3 위원은 금월 11일엔 현지 시찰하고 "심각한 남한의 식량 사정으로 … 이러한 간사지를 방임할 수는 없다"고 동사업계획 추진에 성의를 보였다 하는데 군민 일동은 이에 감동하여 사업추진위원회까지 조직, 사업 완수에 매진하고 있다고 한다"

하동 진교 '간사지 개척 운동 추진위 회원 조직' 관련 기사(국립중앙도서관-자유신문 1949. 8. 24일 자, 2면에서 인용)

자유신문 기사에 따르면, 이 사업 추진을 위해 당시 국회농림분과위원회 강달수 의원 외 2명의 국회의원이 "하동군 진교면의 500여 정보에 달하는 방대한 간사지(干潟地)에 대한 간척사업을 추진하기 위하여 8월 11일에 현지를 시찰하자, 군민들이 사업추진위를 조직하여 사업 완수에 매진하고 있다"라는 기사였다. 그러나 그 후에 있었을 것으로 예상되는 기공식과 준공식 기사는 찾지 못했다. 따라서 이 사업은 6.25 전쟁 이전부터 계획되었던 사업이었으나, 전쟁 중에 시작하여 전후에 완성을 보게 된 것으로 보인다.

그런 한편, 이웃 고성군에서도 "700여 정보의 간사지에 대한 매축 허가를 받아 1952년 1월 30일 기공식을 열고, 2월 중순께 공사를 착수하게 되었다."라는 《마산일보》 신문 기사를 찾았다. 아마 진교에서도 "군민의 복리를 위하여 주사야도(晝思夜度) 상부와 절충"하지 않았을까 짐작된다.

2011년 3월부터 3년 동안 금남고등학교 교장 시절, 필자는 출퇴근길에 서포면과 진교면 해안을 따라 달리는 구(舊) 고속도로변의 간척지 평야인 '간사지 들'을 자주 지나다녔다. 그때마다 동료 직원 '박인규' 씨의 넓은 논에 눈길을 주며 감탄했던 기억이 새롭다. 오늘날 이 땅의 풍요로운 역사가 6.25 전쟁 중에 시작되었다는 사실을 운당 선생의 시를 통해 알 수 있었다는 것은 무척 흥미로웠다. 비록 전쟁 중이었지만 정부가 서민들을 위해서 펴온 이런 아름다운 역사를 운당 선생이 아니었으면 어떻게 알았을까?

또, 공비와 전쟁이 끝나갈 무렵인 갑오년(1954) 그믐밤에 운당 선생은 아우

우제(宇濟)씨를 만나 시 두 수를 남긴다. 그중의 한 수에서 곧 피란 생활의 종말이 다가왔음을 직감하고 고향에 돌아갈 희망을 읊고 있다.

또 읊음[又吟]

일 별 향 산 오 륙 년 一別鄕山五六年	고향 떠나 오륙 년,
복 거 차 지 호 상 연 卜居此地好相連	이곳에 살며 잘 지냈네.
북 망 두 류 무 전 기 北望頭流無戰氣	북으로 지리산 바라보니 전쟁 끝난 듯,
불 여 귀 거 고 원 전 不如歸去故園田	고향 찾아가야겠네.

이처럼 운당 선생은 피난 당시의 느낌을 일기처럼 시로 남겼다. 앞에서 보았듯이 운당선생의 시는 '보리 흉년의 실상'이며, '피란 생활의 아픔'은 물론 '역사적인 사실'도 실감 나게 전해주는 등 당신께서 살다간 시대 상황을 우리 후학들에게 생생하게 전해줌으로써 더 큰 감동으로 다가온다.

나. 묵계동 근처에서 벌어진 빨치산과의 전투기록

운당 선생의 시에서 보았듯이 1949년 가을 이후, 묵계 동민들은 "더디고 더딘 걸음걸음, 피눈물을 흘리며(淚水零零步步遲)" 조상 대대로 살아온 정든 고향을 떠나서 뿔뿔이 흩어질 수밖에 없었다. 주민들이 한(恨)을 품고 피란을 떠난 묵계동, 이곳에서는 과거 7년동안 도대체 무슨 일이 있었을까? 묵계동의 역사에서 베일에 가려진 그 어두운 역사의 한 편린(片鱗)을 아이러니(irony) 하게도 빨치산 출신 이태(李泰)라는 작자가 쓴 소설 《남부군》에서 엿볼 수 있었다. 그러나 이 소설은 빨치산 출신의 작가가 쓴 글인 만큼, 그 반대쪽 시각에서 쓴 자료도 필요했다.

마침 2023년 6월 27일에 〈백암동천 유래비〉를 세우는 날, 당시 박영양 청백사(青白社) 사장(社長)께서 1950년 이곳 백암동천에서 일어난 비극적인 〈백바위 전투〉 이야기와

"언젠가는 당시 희생자들을 위한 위령비를 세워야 한다"라는 취지의 발언이 있었다. 이를 계기로 박 사장님으로부터 《하동향토수호전기(河東鄕土守護戰記)》[206]라는 책을 빌렸다. 귀중한 자료를 제공해 준 박 사장(社長)님께 진심으로 감사드린다. 이 책에는 하동에서 지리산 공비들과 싸운 54건의 전투기록이 실려있었는데, 이 중에 묵계동과 관련된 전투도 20여 건이나 되었다. 이 전투기록을 시간대별로 정리하면 다음 [표] 〈묵계동 부근의 전투일지〉와 같았다. 이 [표]에서 묵계동과 관련된 전투는 대략 11번('*' 표시)에 달했다. 이 전투 상황은 아래에서 좀 더 자세히 소개한다.

[표] 〈묵계동 부근의 전투일지〉. 이 자료는 《하동군향토수호전기》를 바탕으로 작성했다. 다만, '이현상 토살 일자'는 군경의 공식적인 발표일(9월 18일)에 차이가 있다. 여기서는 군경의 발표일을 기준으로 했다.

일자	전투
1950년 09월 28일	**(1)상이리 백바위 전투***
1950년 12월 16일	**(2)청암지서 습격 사건***
1951년 02월	**(3)묵계리 삼거리 정찰대 피습***
1951년 03월 20일	**(4)산청군 시천면 내대리 수색작전***
1951년 09월 05일	**(5)청암면 4일 전투***
1951년 09월 07일	**(6)묵계리 삼거리 입구 잠복 근무***
1951년 10월 09일	**(7)묵계리 삼거리 공비 수색 작전***
1951년 11월 05일	산청군 시천면 벗내(反川)재 전투
1952년 03월 05일	**(8)묵계리 높은터(高基) 전투***
1952년 04월 24일	4 · 24사태
1952년 05월 04일	악양면 동매 고지 전투
1952년 05월 06일	**(9)묵계리 장재터 매복 작전***
1952년 06월 10일	청암면 상이리 마당재 잠복 근무
1952년 08월 04일	청암면 상이리 시목전투
1952년 12월 16일	악양면 악양지시 피습
1952년 12월	**(10)묵계리 잠복 교전***
1953년 09월 18일	남부군 군단장 이현상(李鉉相) 토살(討殺)
1953년 12월 05일	산청군 시천면 벗내(反川) 작전
1954년 07년 09일	청암면 상이리 마당재 피격 사건
1954년 10월 10일	**(11)묵계리 학동 토벌 작전***
1963년 11월 12일	망실공비-마지막 빨치산 정순덕 체포

206) 하동향토전우회 '하동향토수호전기 편찬위원회', 《하동향토수호전기(河東鄕土守護戰記)》. 1987, 하동군

《하동향토수호전기》(청백사 박영양 전 사장 제공)

빨치산 출신 이태씨가 쓴 소설 《남부군》 표지

(1) 백바위 전투(1950년 9월 28일)

1950년 9월 28일 하동이 수복된 이후, 곳곳에서 날뛰는 괴뢰군 패전 병과 공산 분자들의 만행은 지리산 주변에 극심했다. 약 4만 5천 명의 공비들이 입산한 지리산에서는 그 막강한 여세를 몰아 '청야(淸野) 전법[207]'으로 식량, 의류, 가축 등 생활필수품을 모조리 빼앗은 뒤 양민을 학살하는 수법을 자행하고 있었다. 9 · 28 수복 이후 수습조차 제대로 되지 않았던 1950년이었다. 그런데 이 외석문 일대에는 6.25 전쟁 당시 동족상잔의 슬픈 역사가 있다.

1950년 10월 7일, **'백바위' 근처인 장재터에 공비가 출몰했다는 주민의 신고**가 날아들었다. 겨우 사무실 정리만 끝난 청암면에서는 **26전투경찰대원**과 한청대원 김상두를 비롯한 한청기동대 40여 명을 현지에 출동시켰다.[208] 험준한 산악으로 둘러싸인 상이리는 지리산 자락에 있는 마을로 옛부터 피난처로 알려진 심산유곡이다. 그렇지만 적치하에서 괴뢰군의 만행과 기만성을 몸소 체험한 대원들은 반공만이 살길이란 굳은 신념에 불타올랐기 때문에 부족한 장비와 전투력이었지만 공비 토벌에 나섰다.

청암면의 중심지인 평촌(平村)에서 사주(四周)를 경계하며 빠른 속도로 출동한 한청대원들이 백바위 근처에 이르렀을 때, 양편 산에 잠복해 있던 공비들이 일제사격을

207) 전시에 방어측에서 사용하는 대표적인 전술. '견벽청야(堅壁淸野), 청야수성(淸野守城)'이라고도 불린다. 청야의 한자는 맑을 청(淸) 들 야(野)로서 깨끗이 싹 비워버린 들판을 의미한다. 영어로는 초토화(Scorched Earth Tactics)라는 뜻. 적군이 작전을 진행하려면 현지조달이 필수적이므로 이를 이용하여 자군의 보급물자를 비롯한 민가의 가옥, 우물, 수확이 가능한 식량 등 적군이 아군의 영지에서 자급자족할 수 있는 물자들을 스스로 불태우거나 다른 곳으로 옮겨버리는 것으로, 적에게 직접적인 피해를 주지 못하더라도 적군의 보급을 봉쇄하는 것이 가능했다. 즉, 적들에게 주느니 차라리 잿더미로 만들어 버리겠다는 것이다.

208) '26전투경찰대원'의 합세에 관해서는 청학동 고산 김삼주 선생의 "한국전쟁 시에는 이곳 백암동천 주차장 일대에서 26전투경찰 1중대 대원 13명이 적의 매복조에 의해 참화를 당한 곳이기도 하다"라는 증언이 있었다.

가해 왔다. 퇴로는 오직 협곡뿐이었고, 이 협곡으로 들어설 때는 전멸할 상황이었다.
이에 대원들은 노상(路上)에서 은폐물을 이용하여 반격전을 개시했다. 고요했던 산골엔 무서운 총격 소리가 요란했고, 신음이 처절하게 메아리칠 뿐이었다. 대원들의 반격은 완강했지만, 공비들이 유리한 지형과 많은 병력으로 공격하니 대원들의 반격은 점차 그 위력을 잃어가고 있었다. 참으로 안타까운 순간이었다. 그러나 용감한 대원들은 물러설 줄 모르고 반격을 계속했다. 하지만 중과부적에 화력마저 약했던 대원은 13명의 전사자를 내고 백바위 아래 바위틈을 이용하여 냇물을 따라 퇴각하고 말았다. 이 전투에서 대원은 27명이 생존했다고는 하나 대부분 다치는 큰 피해를 보았다.

(2) 청암지서 습격 사건(1950년 12월 16일)

백바위 전투가 악몽처럼 지나가고, 공비들의 약탈은 여전히 계속되었다. 청암면의 사태는 참으로 급박했고 유리한 지형을 이용한 공비들의 내습은 그 회수를 더 해가고 있었다. 청암면에서도 하동경찰서와 한청기동대의 협조를 얻어 공비 토벌에 성과를 얻었지만, 언제 나타날지 모르는 공비의 기습에 대한 대비를 더욱 철저히 해 나가고 있었다. 우선 토벌의 중심부인 지서 주변에 바리케이드를 쌓았고, 청암지서 외각 고지에는 참호를 파고 방어선과 공격력을 강화했다. 가을은 점차 물러가고 겨울철에 접어들자 이 깊은 산골엔 지독한 추위가 몰아닥쳤다. 이 무렵이면 지리산 공비들은 부족한 식량과 의류 보급을 위해 더욱 잦은 기습이 예상되었으니 아군 측의 철저한 대비가 필요한 겨울이 찾아왔다.
1950년 12월 16일, 을씨년스런 날씨는 진눈깨비마저 흩날리며 살을 저미게 하는 추위를 몰고 왔다. 이날, 공비의 주력부대인 이영회 부대 약 200명이 지서를 습격했고 나머지 공비들은 **묵계리를 기습, 약탈과 방화를 자행**했다. 이날 밤 9시, 총성은 콩 튀듯이 청암골을 울렸다. 여기저기서 불꽃이 일어났다. 지서를 공격하던 공비들이 민가에 불을 질렀기 때문이다. 지서엔 경찰관 50명, 한청대원 80명이 이들을 맞아 싸우고 있었다. 지서 주변의 고지에서 불을 뿜는 박격포는 공비들의 공격을 무디게는 했지만 그들의 전투력은 여전히 강력했으며 지서를 포위하고 퍼붓는 총격전은 치열했다.
이 전투는 다음 날 새벽 2시까지 계속되었고 공비들이 물러갈 때까지 격전은 처절했다. 그러나 이 전투에 앞서 한청대원은 습격 당일에 공비들이 사용할 암호를 미리 압수하여 이 암호를 이용, 공격해 오는 공비들을 유인, 치명적인 타격을 주기도 했으며, 우회 작전을 감행, 공비들의 전투력을 분산시켜 아군의 공격을 유리하게 이끄는 계기를 만들었다.
새벽 2시에 한청기동대원과 경찰의 반격에 예봉이 꺾이고 패색이 짙어진 공비들은 후퇴를 시작했고, 아군의 반격은 더욱 격렬하게 그들의 퇴로를 추격했다. 날이 밝아 왔다. 총성은 멎었다. 아군의 피해는 예상외로 부상자 몇 명뿐이었고, 민간인 두 사람만 중상을 입었다. 그러나 공비들은 5명이 사살되었고, 총기 5정, 실탄 70발, 수류탄 5개를 노획하는 전과를 올렸다.

(3) 묵계 삼거리 정찰대 피습(1951년 2월)

1951년 2월, 청암면 방면에는 예상되는 공비 침투로에 잠복근무가 시작되었다. 보급된 주먹밥은 모닥불에 구워야만 먹을 수 있었고, 눈 녹인 물을 식수로 마셔야만 했다. 이 때문에 종종 잠복 근무지가 적에게 노출되는 때가 있었다. 이런 상황에서 악양 한청대원은 회남재 근처에 잠복하다가 적의 기습을 받고 교전 중에 양팔룡(梁八龍) 대원이 전사했으며, 일부 정찰조가 묵계리 방면 정찰을 마치고 돌아오던 중 삼거리에서 양편 산속에 잠복하고 있던 공비의 기습을 받았다. 정찰대는 즉시 응사했으나 남강희(南剛熙), 임기봉(任基奉) 대원이 현장에서 전사하고, 이두석(李斗錫) 대원은 포로가 되어 산청군 시천면 거림계곡까지 끌려갔다가 필사적으로 탈출에 성공하여 다음 날 새벽에 무사히 귀대했다.

(4) 산청군 시천면 내대리 수색 작전(1951년 03월 20일)

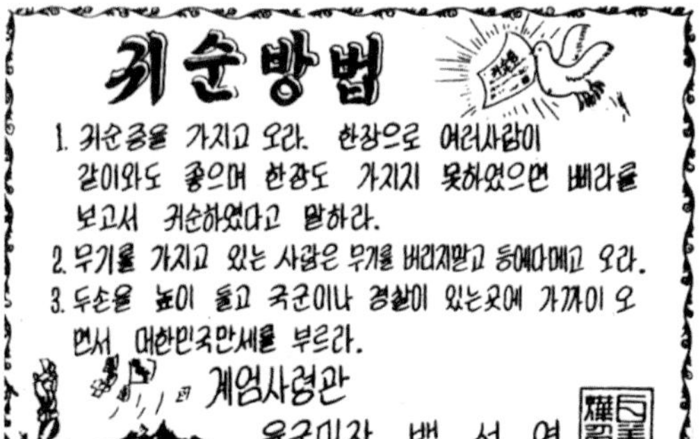

공비들의 귀순을 권고하는 계엄사령관 명의의 전단(비라)(시천면 중산리 '지리산 토벌 전시관'에서 촬영)

정일권 계엄사령관의 1954년 3월 13일 담화문 (중산리 '지리산 토벌 전시관'에서 촬영)

1951년 3월 중순, 허름한 옷차림에 시커먼 얼굴, 눈빛만 살아있는 공비 한 명이 귀순해 왔다. 그는 괴뢰군 패잔병이었으며, 공산당이 싫어 자유를 찾아왔다. 아군이 대대적으로 전개한 선무공작이 그 효력을 발생하기 시작한 모양이다. 이 귀순 공비는 귀중한 정보를 제공했다. "지금 공비의 주력부대가 산청군 시천면 내대리에 있다"라는 것이 그것이다. 내대리는 바로 청암면 묵계리와 산등성이를 경계로 하는 인접 지역이다. 이 정보에 접한 하동경찰서는 치밀한 작전계획을 수립하여 본서 경찰과 여관규 한청기동대장이 이끄는 한청대원 150명, 청암지서와 본서 경찰관 150명이 합동으로 수색 작전을 펴기로 했다.

1951년 3월 20일. 한청기동대 1개 중대는 공비의 퇴로인 묵계리 회남재에 주둔하고, 한청대원과 청암지서 경찰로 구성된 1개 중대는 회동마을에 주둔했다. 한청기동대 1개 중대는 한청 청암면 단장 김순제와 지서장 이남환이 이끌고 산청군 시천면 내대리를 향해 수색 작전을 펴며 진격해 갔다. 내대리가 내려다보이는 고지에 당도한 한청기동 대원은 공비의 주력부대가 있는 것을 확인하고 강력한 공격을 시작했다.

공비들은 그들의 아지트가 아주 안전한 곳이라 여겼는지 경비도 철저하지 않았고 더구나 아군의 공격이 여기까지 미치지 못할 것이라고 믿었기 때문인지, 기습 공격을 당하자 황급히 도주하고 말았다. 산청군 시천면 내대리에서 청암을 공격하려고 준비 중이던 그들의 계획은 물거품으로 사라졌으며, 이 수색 작전에서 소제(蘇製) 수냉식 경기관총 1문, 등사기 1대, M1 소총 5정, 실탄 200여 발, 칼빈 3정을 노획하는 전과를 올렸고, 아군의 피해는 없었다.

(5) 청암면 4일 전투(1951년 9월 5일)

지리산을 거점으로 활동한 공비들은 괴뢰군 패잔병인 정규병력 출신과 여순사건의 반란군, 그리고 지방의 적색분자들로 구성되어 있었다. 그들은 산청, 함양, 거창, 정읍, 구례, 남원, 곡성 등을 습격하고, 하동군 악양과 화개지서를 기습한 여력으로 1951년 9월 5일, 청암면에 약 1,500명의 병력을 동원하여 물밀듯이 밀어닥쳤다. 이른바 4일간의 청암 전투였다. 대규모 공비 출몰에 대한 정보가 사전에 입수되어 청암지서에는 경찰관 30여 명과 한청기동대원 120명을 합해 150명의 병력과 전투경찰 1개 대대가 공비들의 공격을 대비하고 있었다.

청암을 습격한 공비들은 남부군 산하의 이현상 부대 소속 이영회 부대로 화개지서를 습격하여 노획한 박격포를 위시하여 중화기로 무장하고 청암면의 중심지인 청암지서를 포위하고 막강한 전투력으로 파상적인 공격을 퍼부었다. 한편 일부 공비들은 청암면 입구를 봉쇄한 뒤 하동읍으로부터 아군의 증원군과 보급선을 차단했다.

청암지서에서는 자체 병력인 경찰관과 한청대원 80명으로 지서 방위와 소재지 치안을 맡았으며, 나머지 70명의 자체 병력과 전투경찰 1개 대대 병력은 지서의 전후에 배치, 공비의 예상되는 진입로를 차단하기로 했다. 또한 주민들은 미리 후방으로 전부 소개(疏開)시켰다. 당시 청암지서는 높은 돌담에 마을 외곽은 통대나무로 '바리케이드'를 친 이중 경계망을 펴고 있었다. 150명대 1,500명의 결전이었다.

공비들은 청암지서의 생명줄이라고 할 수 있는 지서 근처의 양쪽 고지에 수많은 병력을 투입, 공격을 시작했다. 공비들은 청암을 장악하고 그 여세를 몰아 진주와 사천을 차례로 침공한다는 것이 그들의 계획이었으니 이 전투에 사활을 걸었다. 그만큼 거칠게 공격을 감행했다. 일부 공비들은 통대나무 바리케이드를 파괴하고 수류탄을 투척하며 박격포의 엄호를 받으면서 여러 차례 파상적인 공격을 가해 왔으나 아군의 필사적인 방어로 밀고 밀리는 접전이 계속되었다.

공비와 전투경찰대의 교전이 치열하게 전개된 뒤, 전투경찰 병력은 횡천 방면으로 후퇴해 버렸고, 청암지서는 공비들에 의해 완전히 포위되었다. 청암지서에 대한 응원이나 지원은 생각할 수 없었다. 100명의 공비가 이중, 삼중으로 둘러싼 포위망을 뚫고 어느 누가 이곳으로 올 수 있을 것인가? 오직 지서의 방위 벽인 돌담과 통대나무 바리케이드, 그리고 네 곳의 참호, 고지의 박격포 진지, 이것이 유일한 방패며 교두보였다. 이 방패를 사이에 두고 밀물처럼 공격해 오는 공비들의 세찬 화력과 인해전술 앞에서도 아군은 완강하게 버텼고, 교전이 계속될 때마다 치열한 대항전은 그 도를 높여갔다.

'죽느냐, 사느냐, 지키느냐, 빼앗기느냐'의 치열한 공방전은 밤낮을 가리지 않고 계속되었다. 1951년 9월 5일 밤 10시부터 시작된 이 전투는 해가 솟고 낮이 왔지만 잠시도 쉬지 않고 계속되었다. 오직 방아쇠를 당기는 그것만이 휴식이요 생명줄이었다. 아니, 그것이 사는 길이었다. 여기에 어찌 다른 방법이 있겠는가? 지서의 사수가 곧 아군의 승리요, 사는 길이었다. 그 이튿날도 그다음 날도 방아쇠를 계속 당겨야 했다. 48시간을 뜬 눈으로 공비와의 싸움만 있을 뿐 식사도 할 수가 없었다.

드디어 전투 3일째를 맞았다. 아군의 유일한 생명줄인 실탄이 바닥나기 시작했다. 이쯤 되면 죽음 밖에는 없었다고 그 당시 참전했던 이대연(李大連) 씨는 증언했다. 대원들 집에 보관된 실탄이 있긴 하지만 통대나무 바리케이드 밖에는 공비들의 세상이니 대원들이 집에까지 빠져나갈 수가 없었다. 횡천으로 피난을 갔던 애국 부인 2명이 공비의 눈을 피해 죽음을 무릅쓰고 치마 속에 실탄을 날라왔다. 따발총 2정까지 숨겨와서 전했다. 여관규 한청기동대장이 두 부인에게 시켜 전달한 것이었다. 용기를 얻은 대원들은 다시 총을 꼭 잡았다. 그러나 실탄이 점점 줄어 바닥이 나기 시작했다. 이에 이남환 지서장은 사격 중지를 명령했고, 공비들이 통나무 바리케이드에 접근할 때 사격하라는 명령을 내렸다. 비장한 각오였다. 실탄 한 발도 아껴야 했다.

이때 북쪽 통대나무 바리케이드가 무너졌다. 공비들이 밀려왔다. 경찰과 한청기동대는 이곳으로 집중사격을 가했다. 외롭고 지루한 싸움이 시작된 지 사흘이 지나고 나흘째에 접어들었다. 아군의 응원을 막기 위해 공비들은 요소마다 많은 병력을 배치해 놓았기 때문에 응원군도 올 수가 없었다. 아군의 공간은 바리케이드 안쪽 6천 평에 불과했고, 이 밖에는 공비들이 활개를 치며 날뛰고 있었다. 아군의 공격이 없으면 공비들은 통대나무 바리케이드 밖에서 욕설을 퍼붓는 심리전을 시작했다. 총 대신 욕설전이 벌어졌다. 싸움이 계속되는 동안 총격전과 욕설전은 기묘한 양상 속에 진행되었다.

4일째 되는 날 아침, 공비들은 어제까지 없었던 대공세를 시작했다. 한편 횡천에서 청암으로 향하던 한청기동대는 공비들의 완강한 저항에 부딪혀 발만 동동거리고 있었다. 여관규 기동대장은 대원 3명의 복장을 위장시켜 횡천강을 통해 실탄을 지서까지 보급하였고, 한청기동대원을 집합시켜 독한 소주를 나누도록 하는 등 사기를 북돋우면서 "지금 청암지서에는 우리의 동지 150명이 악전고투하고 있다. 만약 우리가 가지 않으면 그들은 모두 전사하거나 납치당할 것이다. 하동 한청기동대의 뛰어난 솜씨를 발휘하여 이 방어선을 뚫어 보자"라고 외쳤다. 그리고는 술잔을 들어 무운을 빌었다.

전 대원의 손을 잡은 이우봉(李佑奉) 한청단장도 대원들의 등을 어루만졌다. 드디어 한청기동대는 여관규 하동군 대장과 박성래 하동읍 대장의 인솔 아래 육탄으로 돌격해 들어갔다. 횡천에서 청암지서까지는 약 6km, 한청기동대는 분노의 총탄을 쏟으며 공비들의 방어선을 향해 공격을 퍼부었다. 그렇게 완강하던 공비들이 제1차 방어선인 "벌바위 고지"가 무너졌다. 사기가 오른 한청기동대는 거침없는 기세로 달려갔다. 1분도 쉴 수 없었다. 그저 앞만 보며 진격할 뿐이었다. 응원군이 양 고지에 공격을 가하며 청암지서로 들어섰다. 지서 안에서는 만세를 외쳤다. 목이 쉬도록 외쳤다. 응원군도 아군도 목이 메었다.

이 적은 병력으로 용하게 나흘 동안 버텨냈고, 전사자 3명, 부상 1명으로 지켜온 것을 최대의 찬사와 격려로 서로의 손을 잡았다. 이리하여 공비들은 공격 4일 만에 시체 60여 구를 남기고 100여 명의 부상자를 낸 채 지리산 깊숙이 도주하고 말았다. 피난을 갔던 주민들이 다시 돌아왔다.

(6) 묵계리 삼거리 입구 잠복근무(1951년 10월 7일)

경찰관 서학주와 한청대원 30명이 1951년 10월 7일, 묵계리 삼거리 입구 잠복근무에 들어갔다. 10월인데도 산골이라 밤이 깊어 갈수록 차가운 기운이 발목부터 올라와 전신을 감싸며 오한까지 느낄 정도였다. 밤은 깊을 대로 깊었다. 자정이 넘었을 무렵, 전방 50m 거리쯤에서 발걸음 소리가 나는가 싶더니 시커먼 물체가 움직이고 있는 것을 느낄 수 있었다. 드디어 공비들이 나타난 것이다. 공비들은 대원들이 잠복하고 있는 곳으로 다가오고 있었다. 사방을 경계하는 공비 특유의 자세도 없이 도란도란 이야기까지 하며 걸어오고 있었다. 숨을 죽인 대원들은 서 순경의 명령만 기다리고 있었다.

드디어 사격명령이 전달되었다. 그 순간 총구에선 총알이 쏟아져 나갔다. 으악! 하는 비명만 들릴 뿐 아무런 반격도 없이 공비들의 모습이 사라졌다. 대원들은 사주를 경계하며 비명이 난 곳으로 천천히 접근해 갔다. 확인 결과 공비 1명이 죽어 있었고, 주위엔 소총 1정이 있었다.

(7) 묵계리 삼거리 공비 수색 작전(1951년 10월 9일)

악양 방면에서 약탈을 일삼던 공비들은 반드시 회남재를 통과, 청암면 묵계리 삼거리로 온다. 또한 산청 쪽에서 약탈을 일삼던 공비들도 청암면 묵계리 삼거리로 찾아든다. 그만큼 **삼거리는 공비들이 은거지 확보를 위한 길목**이며 아군 측에서는 역점을 두고 잠복근무와 수색 작전을 펴는 곳이다.

1951년 10월 9일 묵계 삼거리에 공비 약 30명이 주둔하고 있다는 주민의 신고를 받고 청암지서의 허관 경사 지휘 아래 한청대원 9명은 한 조가 되어 수색 작전을 시작했다. 밤은 깊어 가고 묵계에 도착했을 때, 삼거리 동네는 불바다가 되어 있었다. 수색조는 기민하고 주의 깊게 마을로 접근, 능선을 따라 바짝 다가섰다. 주민들은 이미 피신했는지 볼 수 없었고, 총을 든 공비들만 약탈한 물건들을 한 곳에 쌓고 있었다. 아군은 좀 더 가까이 다가갔다. 사정거리에 공비들이 나타났다. 허관 경사의 사격명령에 따라 일제히 총구는 불을 뿜었다. 공비들은 퇴각하기 시작했고, 약 한 시간 동안 공격을 퍼붓자 공비들은 완전히 도주하고 말았다. 이 전투에서 한청 기동대원 이정달이 전사했고, 공비 3명 사살, 소총 2정, 실탄 35발을 노획했다.

(8) 묵계리 높은터(高基) 전투(1952년 3월 5일)

묵계리 높은터 마을은 지형상 도로에서 상당히 높은 곳에 마을이 있다. 이러한 지리적 여건 때문에 공비들의 좋은 약탈 대상이 됨과 동시에 그들의 은신처가 되기도 한다. 이곳에 침투해 오는 공비와 교전을 하여 격퇴하기를 한두 번이 아니었다. 그러나 경찰이나 한청대원들이 이곳에 상주할 수는 없었으므로 며칠 후면 다시 공비들이 찾아드는 악순환이 반복되었다.

높은터 마을에 공비가 출현했다는 정보가 도달한 1952년 3월 5일, 박금영 순경 외 50명의 경찰과 기동대원 60명은 즉시 높은터 마을을 향해 출동을 개시했다. 지서에서 높은터까지는 상당한 거리였다. 도로를 이용하여 최대한 빨리 마을에 도착했지만, 공비들은 이미 종적을 감춘 뒤였다. 경찰과 기동대는 마을을 철수하는 듯한 행동을 취한 후, 인근 숲속에 잠복했다. 약 2시간이 흘렀다. 다시 공비가 나타났다는 보고를 접한 경찰과 기동대원들은 즉각 고지를 포위하고 공격을 개시했다. 치열한 접전이 전개되었다. 공비들은 주민들을 납치하여, 그들을 방패막이로 퇴로를 열려고 하였다. 아군이 치열한 공격을 퍼붓자, 납치한 주민들을 버려둔 채 공비들은 후퇴했다. **이 전투에서 공비 2명이 사살되었는데 사살된 공비의 소지품에서 전남도당위원장이란 신분증이 나왔다.** 이곳에 침투한 공비의 우두머리가 사살된 것이 틀림없었고 아군의 피해는 전혀 없는 통쾌한 전투였다.

(9) 묵계리 장재터 매복 작전(1952년 5월 6일)

청암지서와 한청기동대는 효과적인 공비 토벌을 위해 특유의 매복 작전으로 많은 전과를 올리고 있었다. 이 청암면의 지형상 대규모의 토벌 작전보다는 소규모 정예부대로 매복, 기습하는 작전이 효과적이었기 때문이다. 이곳 청암면은 대부분 산악지대이고 청암면을 관통하는 도로를 이용하여 좁은 협곡을 따라 출동해야 하므로 공비들의 기습을 받기 좋은 지형이었다. 또한 산 능선에서 대부대의 이동은 곧장 탐지되기 때문에 잠복근무가 가장 효과적인 토벌 작전이었다.

1952년 5월 6일 밤, 묵계리 상재터 동산을 잠복처로 정한 청암지서 서학조 순경을 분대장으로 한청기동대원 15명이 잠복근무에 들어갔다. 어둠이 산을 타고 내려와 밤이 깊어지자 공비들은 하산하여 마을 침투를 노리며 장재터 동산에 그 모습을 나타냈다. 잠복 근무조는 일제사격을 가해 공비 2명을 사살하고 소총 2정을 노획했다. 그렇게 하여 궁항리나 묵계리를 목표로 침투해 오던 공비들을 퇴각시켰으며 아군의 피해는 없었다.

(10) 묵계리 잠복 교전(1952년 12월)

1952년 12월로 기억되는 추운 겨울이었다. 이곳 잠복근무에 배치된 인원은 1개 분대

병력인 15명이고, 소대장과 연락병 1명을 합치면 17명이었다. 밤 12시경, 적막 속에서 바스락거리며 눈 밟는 소리가 들렸다. 그렇게 극성이던 졸음마저 씻은 듯이 사라진다. 발걸음 소리는 점점 가까이 왔고, 공비들의 모습이 뚜렷하게 보였다. 30여 명이다. 드디어 공비들이 사격 거리 내로 들어왔다.

이때다. 나는 사격 신호를 올렸다. 일제히 총구에서 불을 뿜었다. 고요했던 묵계리는 일시에 적막을 깨며 무섭게 울리는 총소리만 높았다. 공비들은 뒷걸음을 치기 시작했고, 필사적으로 후퇴했다. 다시 산골에는 겨울밤의 적막이 찾아왔다. 이 싸움에서 공비 3명이 사살되었고, 소련식 소총 3정, 실탄, 수류탄 3발을 노획하는 큰 전과를 올렸다. 아군의 피해는 없었고, 다음날 우리는 지서로 개선했다.

(11) 묵계리 학동 토벌 작전(1954년 10월 10일)

미확인 그릇된 정보 때문에 아군이 피해를 보는 싸움도 있었지만, 주민이 제공한 정보로 전과를 올린 전투도 많았다. 청암지역에서 대부분의 전투를 승리로 이끈 것은 주민의 절대적인 협력 때문이었다. 휴전 후 1년이 지난 1954년 10월 10일, 묵계리 학동에서 공비 진지를 발견했다는 신고가 청암지서에 날아들었다.

이 정보를 분석한 결과, 순경 2명과 한청기동대 50명이 현장에 출동했다. 신고 주민의 안내로 공비 진지를 급습하였지만, 공비는 모두 도주하고 없었다. 비록 교전은 없었지만, 현장에서 소총 30정, 수류탄 10발, 실탄 200발과 기타 식량, 의복 등을 다량 노획하는 전과를 올렸다. 공비들이 그들의 생명과도 같이 여기는 소총을 그것도 30정이나 버린 것을 보면 얼마나 황급히 도망쳤는지 짐작할 수 있다.

다. 소설《남부군》과 학동골(묵계동)에서 빨치산 활동

소설《남부군》의 '지리산 능선과 계곡' 지도를 보면 그들은 묵계동을 '학동골'이라고 표현하고 있다. 앞서 운당 선생의 시에서 보았듯이 묵계 동민들은 "더디고 더딘 걸음걸음, 피눈물을 흘리며" 조상 대대로 살아온 정든 고향을 떠나서 뿔뿔이 흩어질 수밖에 없었다. 그들이 한(恨)을 품고 떠나버린 텅 빈 묵계동에서 빨치산들은 도대체 무슨 명분으로, 무슨 짓을 했단 말인가? 묵계동의 역사에서 공백으로 남아있는 7여년, 그 베일에 가려진 그 암흑의 역사의 한 편린(片鱗)을 아이러니(irony) 하게도 빨치산 출신 이태(李泰)라는 작자가 쓴 소설《남부군》에서도 엿볼 수 있었다. 아픈 역사이지만, 빨치산 공비들이 학동골, 즉 묵계동에서 저지른 만행을 그대로 옮겨 소개하면 다음과 같다.

노호(怒號)하는 설원(雪原)[209]

……(1951년) 10월 중순 어느 날, (지리산) 서북릉에 전투경찰대의 대규모 공격이 시작되었다.…… 당시 남원은 지리산지구 경찰 전투사령부가 있는 토벌군의 본거지였다. 남부군 기동사단은 총소리를 뒤로 들으며 그날로 달궁골을 떠나 다시 이 골짜기 저 골짜기를 전전하기 시작했다. 거의 하루걸러 아지트를 바꾸고 동북부 지리산 일대를 돌아다니며 때때로 보급 투쟁을 해서 양도를 이어가면서 한 달여를 보냈다. 그동안 영원사골, 백무골, 신선골, 벽송사골, 조개골, 대원사골, 중산리골, 거림골, 청내골, 대성골, 삼점골, 빗점골, 목동골 등등을 유전(流轉)한 끝에 횡천강(橫川江) 상류인 학동골(鶴洞)에 자리를 잡은 것이 11월 하순이었다. …… **며칠씩 눈 속에서 헤매다가 검은 흙과 마른 풀이 보이는 양지를 딛는다는 것은 여간 즐거운 일이 아니었다. 땅속에서 그냥 따뜻한 온기가 스며 나오는 것 같았다. 11월 하순에 우리가 정착한 학동골 트[210]는 남향받이 사면의 집터 자리였다.**

51년 6월 30일, 그러니까 승리사단이 덕유산에 머물고 있던 그 무렵에 개성에서 막을 연 휴전회담은 판문점으로 자리를 옮겨 우리가 **학동골**에 들어섰던 11월 27일에는 잠정접촉 선을 합의하는 단계에까지 이르렀다. 빨치산들도 자신의 운명에 대해 다시 한번 생각하지 않을 수 없었다. ……

잠정접촉선 합의로 생긴 소강상태를 이용해서 11월 25일에는 남원에 백선엽(白善燁) 야전군사령부가 들어서고 동부전선에 있던 수도사단과 8사단, 그리고 서남지구 전투사령부 예하 5개 경찰연대, 국군 2개 예비연대 및 사천(泗川) 비행장을 기지로 한 제1전투비행단까지를 포함한 대병력이 지리산지구를 향해 속속 집결하고 있었다. 남부군 사령부가 그러한 사태까지를 파악하고 있었는지는 의문이지만, 당연히 예상되는 군경토벌대의 동계 공세에 대한 대비책을 서두르고 있었던 것은 확실하다.

이때 남부군이 당면한 과제는 월동 물자의 확보와 현저히 줄어든 병력의 보충 문제였다. 그중에서도

209) 이태,《최초로 공개되는 지리산 빨치산 수기-남부군》에서 인용

210) 여기서 '트'는 빨치산들의 '비트', 즉 '비밀 아지트'를 말하는 것으로 보인다.

월동준비는 혹한을 앞둔 빨치산부대의 사활 문제가 아닐 수 없었다. 그때까지도 많은 전사가 여름 차림 그대로였고 식량의 비축도 전혀 없었다. 군경부대의 대공세를 만나 산중에 봉쇄되었을 때 얼어 죽고 굶어 죽지 않기 위한 대비가 시급한 것이다. 적어도 피복 문제는 각자가 자신의 것을 해결해야 한다.……

학동골에서 어느 날 나는 이봉갑 정치위원의 부름을 받았다. 그는 사단장 김흥복과 한 막사를 쓰고 있었는데 그 무렵에는 매일처럼 날이 밝는 즉시 천막을 걷고 짐을 꾸려 언제라도 대피할 수 있는 태세를 갖추고 있었기 때문에, 낮에는 막사가 없었다. 이봉갑은 막사 자리에서 볕을 쬐며 사단장과 한담을 나누고 있다가 나에게 옆에 앉으라고 땅바닥을 가리켰다.

"다름이 아니라 이건 아직 기밀이지만 수일 내로 이 산 너머 악양을 습격하기로 됐고, 다른 도당부대까지 동원한 마, 대규모 작전이오", "네.", "그래서, 동무에게 과업을 주겠는데 출격에 즈음해서 전체 대원에게 읽어 줄 격문을 하나 써달라 이 말이오. 이번 작전의 목적은 제2 전선의 강화와 월동준비 이 두 가지인데, 첫째로 이 작전 취지를 고취하자는 것이오.", "알겠습니다." "대열 보전을 위해서 월동준비가 시급하다는 것은 누구나 다 아는 일이지만, 좀 더 적극적으로 말해서 제2 전선의 강화를 위한 전력의 유지와 제고(提高)를 위해 긴급히 요청되는 과제란 말이오. 그동안 지리산을 일주하면서 대상지를 물색했는데 결국 악양을 공격하기로 결정을 본 것이오. 아직은 기밀이지만……", "네",…… 옆에서 싱글싱글 웃는 낯으로 듣고 있던 김흥복 사단장이 연락병을 찾으며 일어섰다. "일개 면 소재지를 공격하는 것이지만 그 의의는 이렇게 크단 말이오. 이제야말로 최후의 피 한 방울까지 조국과 인민에게 바칠 때가 온 것이오. 듣기만 해도 피가 철철 끓어오르는 명문을 한 번 만드시오." ……

당시 주저항선에 배치되었던 국군 병력은 9개 사단이었다. 지리산에 전용된 2개 사단에 5개 경찰연대와 2개 예비연대를 합치면 그 숫자는 전 국군의 1/3에 필적하게 된다. 이 시기 지리산을 포함한 소백산지구의 빨치산 총 세는 1천5백~6백 명 정도로 추정된다. 그러니까 이봉갑의 말대로 그들은 제2 전선의 역할을 그 나름대로 수행했다고도 할 수 있다. 그러나 그해 겨울 처참한 기한 속에 낙엽처럼 쓰러져간 그 수 많은 생명에게 무슨 영광이 있었던가? 그 방대한 북한의《조선 통사》제26권에서 남한 빨치산에 관한 기재는 단 한 줄도 찾을 수 없었다. 그들은 완전히 버려지고 잊히었을 뿐이다. 제1차 군작전에서 남부군은 때로 국군부대의 허점을 역습하여 적잖은 출혈을 강요하기도 했는데, 2차 작전에서는 토벌군의 포위망을 뚫기 위해 돌파 작전을 하는 것이 고작이었고, 3차 작전에서는 군 진지의 틈새를 찾아 분산 도피하는 단계로 급속히 소멸해 갔던 것이다.

11월 27일 저녁, **학동골**에는 악양으로 출격하는 남부군 1개 군단(57 · 81 · 92사단)이 전투 채비를 하고 정연히 늘어서서 군 정치위원의 훈시를 듣고 있었다. 호왈(號曰) 1개 군단이지만 사령부와 사단본부 요원, 교도대(환자와 상이 대원)를 빼면 전투 요원 3백 명을 넘지 않는 유사 이래의 미니 군단이다. 다음에 이봉갑이 나서서 소리를 높여 격문을 낭독했다. 내가 초안한 격문을 그는 매우 마음에 들어 하고 있었지만, 대원들은 아무런 감동도 보이지 않았다. 군 참모장의 작전 지시가 하달되고 '아침은 빛나라'를 합창하여 충성을 다짐한 후, 부대는 한줄 한줄 악양 분지를 향해 어둠이 깃든 산맥 속으로 빨려 들어갔다.

밤사이 악양 분지를 포위한 각 사단은 동이 트면서 일제히 공격을 개시했다. 지리산 주 능선 영신봉(靈神峯, 1,624m) 부근에서 남쪽으로 내리뻗은 남부릉이 삼신산(三神山, 1,353m)[211]에서

211) 여기서 삼신산은 묵계 청학동의 내삼신봉(1,354m)을 말하는 것으로 보인다.

동서 두 가닥으로 갈라져 섬진강에 이르는 사이에 악양 분지가 펼쳐진다. 서쪽으로 형제봉(兄弟峯, 1,115m)을 중심으로 1천 미터대의 산줄기가 구례 · 화개장 사이에 벽을 이루고, 동으로는 구재봉(鳩在峯, 768m)을 중심으로 7백 미터대의 능선이 하동 · 청암 사이를 가로막고 있으며, 섬진강 건너 광양 백운산(白雲山, 1,218m)이 남쪽으로 듬직한 모습을 보인다.

밤사이 81사단은 구재봉 능선에 진출하여 악양 분지를 차단하고 57사단이 소재지 마을에 들어가 경찰대의 보루대를 포위했다. …… 전투는 일진일퇴하면서 하루해가 저물고 밤이 됐다. 신호탄이 아래 위에서 꽃밭을 이루었다. 그 사이 교도대를 비롯한 비전투요원들은 분지 내의 마을들에서 식량을 탈취하여 북쪽 청학이골로 실어 나르고 있었다. 그런 대치 상태가 나흘 동안 계속되고 빨치산 쪽은 목적한 대로 상당량의 월동대책 식량을 확보할 수 있었다.

12월 2일, 날이 밝으면서 군 참모로부터 후퇴 명령이 하달됐다. 만 5일간에 걸친 전투에서 악양지서를 제압하지 못한 채 빨치산들은 썰물 빠지듯 북쪽을 향해 퇴각하기 시작한 것이다. 김흥복 사단장이 정치부대원들에게 말했다. "본격적인 군작전이라는 게 분명해졌어. 정치부 동무들이 수고 좀 해줘야겠어. 각 연대에 철수 명령을 전달해달라 이 말이오. 두 시간 내로 청학이골로 집합하라고……" 나는 구재봉 정상의 802연대에 대한 연락을 맡고 가파른 사면을 달려 올라갔다. 정상은 한마디로 생지옥이었다. 연대래야 겨우 30여 명이 연꽃 모양으로 솟아 있는 바위 몇 개를 의지하고 시퍼렇게 사면을 기어오르는 국군부대를 맞고 있었다. 포탄 자국이 어지러운 속에 5~6구의 시체가 그대로 뒹굴고 있고, 피투성이가 된 부상자들이 수류탄을 던지며 필사의 응전을 하고 있었다. 성한 대원은 몇 명 안 되는 것처럼 보였다. "철수하라고? 걷지 못하는 중상자가 셋이나 되고 국방군이 저렇게 눈앞에까지 와 있는데 어떻게 무슨 수로……" 구면인 연대장이 허탈한 듯 말했다. ……

청학이골에 이르러보니 이틀 동안 그곳까지 운반해 놓은 쌀가마니가 수북이 쌓여 있었다. 사령부의 후방부장이 그것을 빈 가마니에 두세 말씩 묶어, 짐 없이 오는 대원에게 나눠서 짊어지게 하고 있었다. 부상자는 여성 대원들이 따로 수습해서 호송하고 있었다. 나는 부상자들을 인계한 후 쌀가마니를 하나 받아지고 학동으로 넘어가는 바람벽에 Z자를 수없이 그은 듯 한없이 먼 고갯길을 뚜벅뚜벅 걸어 올라갔다. 고갯마루에 도착해 보니 지고, 끌고 무질서한 대열이 학동골로 향하고 있었다. 지친 걸음으로 대오도 순서도 없이 삼삼오오 피난민 떼 같은 행렬이었다.

이들이 학동골 트에 짐을 풀어놓고 물개 떼들처럼 여기저기 흩어져 숨을 돌리고 있는데 별안간 박격포탄이 날아들기 시작했다. 80밀리 포탄이 속사포처럼 쏟아지면서 학동골은 삽시간에 아비규환의 수라장이 되고 말았다. 원래 학동골은 국군부대가 공격해 온 횡천강 상류 골짜기였으니 국군 진격로의 길목으로 뛰어든 꼴이 되었다. 전사와 참모와 부상자들이 뒤범벅된 무질서한 대열이 비로 쓸듯 북쪽 삼신봉을 향해 흩어져 올라갔다. 초모병으로 삼기 위해 짐을 지고 온 마을 사람들이 갈까마귀 떼처럼 흩어져 달아나고, 끌고 온 소들이 방향 없이 날뛰고 있었다. 벗어 던진 쌀가마니가 여기저기 어지럽게 나뒹굴어 있었다. 작은 몸집의 전사 하나가 비스듬히 쓰러져 있었다.

폭풍에 얼굴 가죽이 벗겨져 피범벅이 된 살덩이에 두 눈알이 튀어나온 괴물 같은 형국을 하고 "대장 동무…간호병 동무…"하고 가냘프게 외치고 있었으나 아무도 거들떠보는 사람이 없었다. 늘어뜨린 뒷머리와 들고 있는 카빈총으로 겨우 소녀 대원임을 짐작할 수 있었다. 피투성이가 된 악양 전투 부상자들이 땅바닥을 기듯 대열 뒤를 따르고 있었으나 부축해 주는 이는 하나도 없었다. 그야말로 각자도생(各自圖生), 말할 수 없는 혼란이었다. 아무리 유능한 지휘자라도 일단 공황 상태에 빠져버린

> 대열을 수습하기란 불가능하다.
> 다리 한 짝이 파편에 잘린 앳된 얼굴의 대원이 피를 쏟으며 신음하고 있었다. 이미 의식이 없는 듯이 보였다. 권총을 찬 간부 한 사람이 문득 멈춰 서더니 소년을 껴안았다. 소년은 무슨 환각을 느꼈는지 그의 가슴에 얼굴을 파묻으며 기어들어 갈 듯한 목소리로 중얼거렸다. "어머이요, 어머이……", "그래 어머이한테 가거라. 가서 편안히 쉬어라. 인제 네가 할 일은 다 했다." 대장은 한 손으로 소년을 끌어안은 채 권총을 빼 들었다. 소년의 머리에 권총을 대고 방아쇠를 당겼다. 옆눈으로 그것을 보며 나는 대열이 흩어져 올라가는 방향으로 무턱대고 뛰었다.
> 국군부대는 잠시 만에 학동골을 점령하고는 남부 능선으로 추격해 올라왔다. 그러나 빨치산들은 그보다 훨씬 빠르게 거림골을 향해 바람처럼 행적을 감추고 말았다. 이것이 남부군의 면 소재지 급 마을에 대한 마지막 공격이 이루어진 악양 습격 전의 자초지종이다. 뜻하지 않은 강력한 군부대의 공세를 만나 사상자만 많이 내고, 학동골까지 져 올려온 월동대비 식량의 태반을 되 뺏겨 버린 '적자 싸움'이 그 결산이었다.

이상에서 보듯이 남부군이 묵계동에 트를 잡고 악양면을 공격했던 11월 28일부터 12월 2일까지는 불운하게도 한국 정부가 지리산 지역의 빨치산(북한의 게릴라)을 소탕하기 위해 소위 '쥐잡기작전(Operation Rat Killer)'을 준비하던 시기와 겹친다. 이 작전은 빨치산들이 활동하던 지리산 일대를 중심으로 1951년 12월 2일에 시작되어, 1952년 3월 14일에 끝난 대규모 토벌 작전이었다.

《남부군》 작가가 고백하듯이 악양면에 대한 공격은 토벌군의 진격로에 무모하게 뛰어든 실패한 '적자(赤字) 싸움'이었다. 이 시기를 기점으로 남부군은 엄청난 타격을 입고 재기 불능상태에 빠진다. 뒤이어 1953년 7월 27일, 빨치산들의 지위에 대한 언급도 없이 휴전협정이 체결되고 말았으며, 뒤이어 8월 3일에는 평양에서는 남로당 출신의 박헌영과 리승엽을 간첩으로 몰아 구속하고 처형하였다. 또, 같은 해 9월 18일 '하동군 화개면 빗점골'에 숨어 있던 남부군 사령관 이현상은 서남지구 전투경찰 사령부 제2연대(연대장 차일혁) 수색대 33명과 교전을 벌이다가 사살되었다.

그러나 남한에 남아있던 친척이 이현상의 시체 인수를 거부하자, 차일혁 총경은 적장에 대한 예를 다해 1953년 10월 8일, 연대 본부가 있던 섬진강 백사장에서 스님의 독경 속에서 화장하고 뼈를 섬진강[212]에 뿌렸다. 그리고 "권총을 꺼내 허공을 향해 3발을 쏘았다. 그의

212) 남정옥(전 국방부 전사 편찬 연구소 책임연구원, 문학박사)가 《후아이엠》에 쓴 〈[차일혁의 삶과 꿈] 50. 빨치산 총수 이현상을 사살하고 후방을 안정시키다〉에 의하면 '차일혁의 제2연대에서는 1953년 9월 23일, 화개초등학교에서 이현상 사살 기념식을 개최했다.', 또, '가족에게 시신을 인계하기 위해 하동의 화개장으로 돌아왔다.', '친척들이 시신 인수를 거부하자 1953년 10월 8일, 차일혁은 제2연대 본부 옆에 있는 섬진강 백사장에서 이현상의 시신을 화장했다. … 이현상의 뼈를 섬진강에 뿌렸다"라는 등의 기록으로 보아 화개장터 근처의 섬진강이 아닌가 추정된다.

마지막 가는 길에 붙이는 나의 조사(弔辭)였다"라고 차일혁은 고백했다.

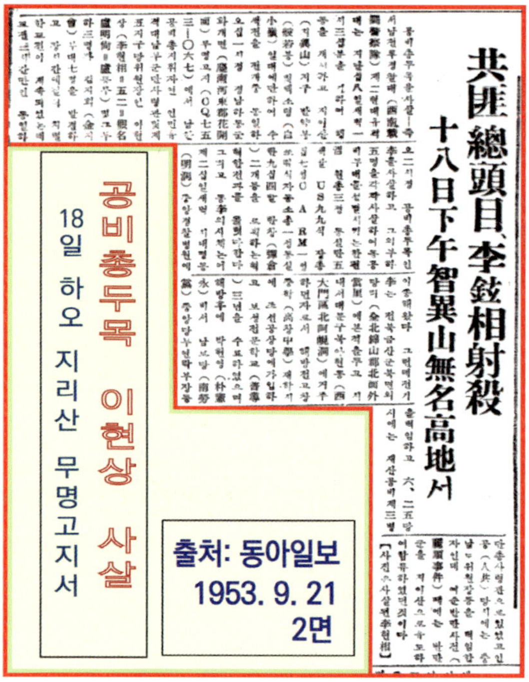

〈공비 총두목 이현상 사살〉 신문 기사
(기사 제공: 동아일보, 유료)

〈이현상 사살〉 신문 기사
(국립중앙도서관-자유신문)

라. 드디어 묵계동에 평화가 돌아오다!

> 이제는 평화의 산,
> 그리고 마을,
> 안심하고 오십시오.
> 지리산 공비는 완전히 섬멸되었습니다.
>
> 단기 4288년 4월 1일 서남지구전투사령부 백

1955년 봄, 드디어 지리산 공비 토벌이 끝나고 지리산 일대에는 평화가 돌아왔다. 그해 4월 1일, 지리산 일대에는 일제히 그 사실을 알리는 '서남지구 전투경찰 사령부' 명의의 공고문[213]이 나붙었다. 이로써 **지리산 입산 금지 조치가 해제된** 것이다. 그리고 그 내용을 알리는 신문 기사가 4월 3일자 《마산일보》에 '지리산 공비 전멸, 8년 만에 평화 도래'라는 제목의 기사가 실렸고, 5월 8일에는 《동아일보》에도 '지리산(智異山)에 평화(平和) 오다. 공비(共匪) 주력부대(主力部隊) 거의 섬멸(殲滅), 보급(補給) 루트 차단(遮斷) 전술(戰術) 주효(奏效)'라는 기사가 보도되었다.[214]

〈지리산 공비 전멸 8년 만에 평화 도래〉(마산일보 1955.4.3.)

서남지구전투경찰대로부터 치안국에 입수된 보고에 의하면 함양(咸陽) 서전투대는 31일 상오 10시 45분 관내 마천면 추성골에서 지리산(智異山) 지구에 마지막 남은 괴뢰 전북도당 지도책 '강철(29세)' 함북 출신 괴뢰군 중좌를 생포하였다."라고 했다. 치안국 당국자 이야기에 의하면 지리산 지구에서 저항을 최후에 시도하던 공비 '강철'의 생포로 지리산을 중심으로 한 서남지구 관하 12개 군내의 공비가 완멸(完滅) 되었다고 하는데, 이로써 **4280년 10월 여순(麗順) 반란 사건** 이후 적도(敵徒)의 소굴이던 지리산(智異山)에는 이제 **8년 만에 완전 평화가 도래**한 것이다.[215] [서울 발(發) 합동(合同)]

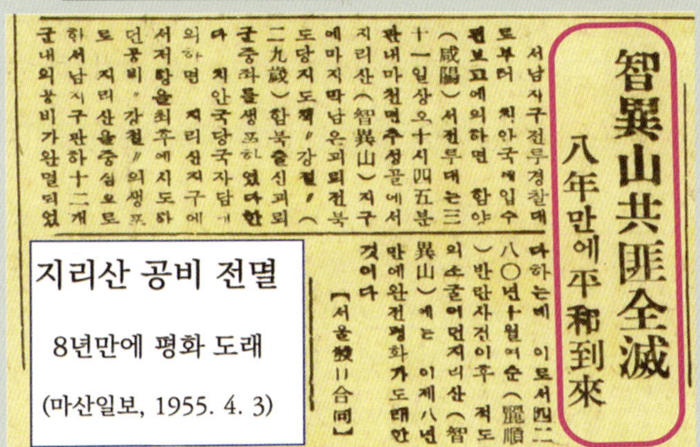
智異山共匪全滅
八年만에平和到來

서남지구전투경찰대로부터 치안국에입수된보고에의하면 함양(咸陽)서전투대는三十一일상오十시四五분관내마천면추성골에서지리산(智異山)지구에마지막남은괴뢰전북도당지도책"강철"(二九歲)함북출신괴뢰군중좌를생포하였다한다 치안국당국자담에의하면 지리산지구에서저항을최후에시도하던공비"강철"의생포로지리산을중심으로한서남지구관하十二개군내의공비가완멸되었다하는데 이로서四二八○년十월여순(麗順)반란사건이후적도의소굴이던지리산(智異山)에는이제八년만에완전평화가도래한것이다 【서울發=合同】

지리산 공비 전멸
8년만에 평화 도래
(마산일보, 1955. 4. 3)

'지리산 공비 전멸' 선언(국립중앙도서관-마산일보 1955년 4월 3일자 2면, 인용)

213) 네이버 블로그 '독립운동가 로맨틱한 상남자 차일혁' 등에서 인용

214) 《동아일보》(2면), 〈지리산에 평화 오다〉, 1955. 5. 8

215) 이 기사에서 밑줄 친 '4280년 10월 여순 반란 사건'과 '8년 만에 완전 평화가 도래'는 '4281년(1948) 10월 여순 사건'과 '7년 만의 평화 도래'의 오기(誤記)로 보인다.

드디어 1955년 을미년 봄, 가족과 함께 고향으로 돌아온 운당 선생은 7년여 객지 생활의 허다한 풍상을 추억하며 쓴 시(詩)를 남겼다. 평화와 희망의 빛이 보인다.

〈을미년 삼월 가족과 고향 돌아와 일가들 만나 칠 년간 객지에서 허다한 풍상을 추억하며 느낀 감정
[乙未三月率眷歸故土喜逢族親之餘七周年客裡許多風霜故感而題(을미삼월솔권귀고토희봉족친지여칠주년객리허다풍상고감이제)]〉

北望古土入山深(북망고토입산심)	북쪽으로 고향을 바라보며 산 깊숙히 들어 오니,
九十春光到處尋(구십춘광도처심)	석 달 봄빛이 이르는 곳마다 한창이네.
臨別慇懃隣里惜(임별은근린리석)	떠날 때 몹시도 이웃의 정이 그리웠는데,
歸鄕歡聽故人音(귀향환청고인음)	고향에 돌아왔으니 친구 음성 기쁘게 들으리.
花樹庭前聯袂坐(화수정전련몌좌)	뜰앞에 일가친척 소매 맞대고 모여 앉아,
酒盃席上放歌吟(주배석상방가음)	자리에 술잔 놓고 노래하며 왁자지껄.
不見多年親族會(불견다년친족회)	여러 해 동안 보지 못하다가 일가가 모이니,
滿堂和氣快吾心(만당화기쾌오심)	집 가득한 화목한 기운 내 마음이 상쾌하네!

뒤이어 그해 겨울, 〈을미년 지리산 밑에 평화가 와서 고향에 돌아와 묵밭을 일구고 그해 겨울에 가역을 시작하며 즐거워 씀〉이라는 시를 소개한다.

〈을미년 지리산 밑에 평화가 와서 고향에 돌아와 묵밭을 일구고 그해 겨울에 가역을 시작하며 즐거워 씀
[乙未春聞智異山下平和來歸故鄕開墾荒田孟冬着家役感而題(을미춘문지리산하평화래귀고향개간황전맹동착가역감이제)]〉

避亂離鄕近十年(피란리향근십년)	난리 피해 고향 떠난 지 거의 십 년 만에,
故園更尋好相連(고원갱심호상련)	옛 고향 다시 찾아오니 서로서로 좋아하네
寂寂寒門回運路(적적한문회운로)	적막한 집안에 운 트일 길이 열렸고,
深深古土起人煙(심심고토기인연)	깊고 깊은 옛 땅은 땅에 밥 짓는 연기 일어나네.
朝出耕田隨分足(조출경전수분족)	아침엔 나가 밭 갈고서 분수에 맞게 만족하고
暮歸習字教兒賢(모귀습자교아현)	저물면 돌아와 글자 익히고 아이들 가르치며 현명 하다네
家役始成豪氣發(가역시성호기발)	집안일이 비로소 정리되니 씩씩한 기운이 생기고,
弟兄湛樂月中天(제형담락월중천)	형제가 한껏 즐거워하니 달이 하늘 가운데 걸렸도다.

이렇게 하며 묵계동에는 다시 평화가 찾아왔다. 그러나 아직 지리산이 완전한 평화의 산이 된 것은 아니었다. 소위 '망실공비'로 이름 붙여진 마지막 공비 정순덕 일당이 1963년 11월 12일에 모두 소탕될 때까지는 긴장감을 늦출 수가 없었다.

마. 중국에 두보의 시 〈석호리〉가 있다면 묵계동엔 운당의 〈망고향사〉가 있다

이 글을 마무리하면서 '당나라의 시성(詩聖) 두보(杜甫, 712~770)가 내란으로 방랑하면서 고향을 그리워하며 쓴 시가 많았다'라는 점이 생각났다. 그래서 혹시 참고할만한 시(詩)가 있을지도 모르겠다는 생각이 들어서 관련 자료를 검색하다가 뜻밖에도 서울대 중어중문학과 이영주 명예교수의 강연[216]을 접했다. 이 강연을 들으면서 필자는 위에서 본 운당 선생의 시가 얼마나 소중하고, 결코 잊어서는 안 될 우리 묵계동의 역사임을 다시 한번 느낄 수 있었다. 그 강연의 내용을 소개하면 다음과 같다. 다만 일부 문장은 편집의 편의상 수정했다.

두보 시를 시의 역사, 시로 쓴 역사라고 합니다. 시로 쓴 역사, 즉 시사(詩史)라는 말이죠. 두보는 안록산의 난으로 인한 백성들의 고통, 망해가는 나라의 모습을 목도하고 그걸 여러 편의 시에서 있는 그대로 그려내고 있습니다. 그래서 '두보의 시를 읽다 보면 당시의 시대 상황을 잘 알 수가 있다'라고 해서 두보 시를 시로 쓴 역사라고 합니다. 구체적으로 〈석호리(石壕吏)〉라는 시인데, 석호촌(石壕村)에서 만난 사건, 즉 관리가 어느 집을 방문한 이야기입니다. 두보는 그때 목도(目睹)한 상황을 있는 그대로 시에 담았습니다. 시의 내용을 보면 이렇습니다.

〈석호리(石壕吏)〉

두보(杜甫)(唐代)

날이 저물어 석호촌에 묵었는데,	暮投石壕村 (모투석호촌)
한밤중에 관리가 사람을 잡으러 왔다네	有吏夜捉人 (유리야착인)
영감은 담을 넘어 달아나고,	老翁踰墻走 (노옹유장주)
할멈이 문에 나가 보는구나.	老婦出門看 (노부출문간)

이 내용으로 봐서 짐작할 수 있겠지만 석호촌에 찾아온 관리는 군대에 데려갈 사람을 뽑아가기 위해서 온 사람이었어요. 당시 안록산의 난으로 치열한 전투가 계속되자 병력을 보충할 필요가 있었죠. 그래서 조정에서 명을 내려 민간에서 남정네들을 뽑아갔던 것입니다. 그런 목적으로 지금 관리가

216) 이영주, 《서울대 지식 교양 강연-생각의 열쇠》, 〈두보 시는 왜 시로 쓴 역사라는 평을 받는가?〉라는 영상을 보면서 이 교수의 말을 문장으로 옮긴 것이다.

석호촌에 찾아온 것입니다. 그걸 눈치챈 할아버지가 그대로 있다가는 잡혀갈 것 같으니까, 담을 넘어서 달아나버리고, 남아있던 할멈이 지금 그 관리를 만난 겁니다.

관리의 호령은 어찌 그리 사납고　吏呼一何怒(이호일하노)
할멈 울음소리 어찌 그리 괴로운가,　婦啼一何苦(부제일하고)
할멈이 대문 앞에 나와 하는 말 들어 보니　聽婦前致詞(청부전치사)
세 아들 모두 업성에 수자리 나갔다오　三男鄴城戍(삼남업성수)
한 아들이 부친 편지가 왔는데　一男附書至(일남부서지)
두 아들은 최근 싸움에서 전사했다 하니　二男新戰死(이남신전사)
남은 자는 그래도 겨우겨우 살겠지만　存者且偸生(존자차투생)
죽은 이들은 영원히 끝난 것이라!　死者長已矣(사자장이의)
집 안에는 더 이상 사람이라고는 없고　室中更無人(실중갱무인)
오직 젖먹이 손주가 있을 뿐이니　惟有乳下孫(유유유하손)
손주가 있어 그 어미는 떠나지 못하고　有孫母未去(유손모미거)
바깥 출입할 만한 성한 치마도 없다오　出入無完裙(출입무완군)
늙은 이 몸 힘은 비록 쇠하였어도　老嫗力雖衰(노구력수쇠)
이 밤에 나으리를 따라가기를 청하오니　請從吏夜歸(청종리야귀)
서둘러 하양의 전쟁터에 나가게 되면　急應河陽役(급응하양역)
그런대로 새벽밥은 지을 수 있을 거외다　猶得備晨炊(유득비신취)
밤은 깊어지고 말소리는 끊겼으나　夜久語聲絶(야구어성절)
눈물 삼키며 오열하는 소리 들리는 듯하네　如聞泣幽咽(여문읍유열)
날이 밝아 길 떠날 적에는　天明登前途(천명등전도)
오직 영감 한 사람과만 작별하네　獨與老翁別(독여노옹별)

안록산의 난은 거의 8~9년간 계속된 전란이기 때문에 당나라에서 최고로 아주 심각했던 전란이에요. 수많은 사람이 죽었습니다. 당연히 당나라의 역사를 기술하는 역사가들이 이 안록산에 대해서는 역사서에서 '대서특필' 했겠죠. 그런데 **우리가 그런 역사서를 보고 과연 어떤 감흥을 느끼게 될까요?** 어떤 전쟁에서 누구하고 싸우고 몇만 명이 죽었구나. 누가 이겼다는 사실을 그냥 알게 될 뿐일 것입니다. **직접 우리에게 생생하게 와닿는 느낌은 없을 겁니다. 그런데 여기 〈석호리〉라는 이 시를 읽으면 어떻습니까?** 석호촌에서 어느 날 밤에 있었던 이 사건은 아마 역사가가 역사책에 기록할만한 가치가 있다고 생각하지 않았겠죠. 어느 조그만 마을의 사소한 사건이었으니까요.

그렇지만 **이 작은 마을의 사소한 사건을 읊은 두보의 시를 읽으면, 우리는 이 시를 읽는 순간, 1천년 전의 석호촌 마을에 가서 할머니의 하소연을 직접 듣는 것 같은 느낌이 들게 될 것입니다. 이 시가 우리에게 생동감 있게, 생생하게 현장을 느끼게 해준다는 이야기입니다. 그래서 이 〈석호리〉라는**

시만 읽어도 이걸로 미루어서 볼 때 안록산의 난 때 얼마나 많은 백성이 고통에 시달렸는지를 알게 될 것입니다. 그야말로 시로 쓴 역사가, 역사학자가 쓴 역사책에 나오는 역사보다도 훨씬 더 우리에게 감동적이라는 것, 두보의 시는 그런 사실을 잘 알려주고 있습니다."

두보는 시선(詩仙)으로 이름난 이백(李白, 701~762)과 함께 중국 역사상 가장 위대한 시인이다. 이 둘은 우열을 가리기 어려울 정도인데, 각자의 특색이 뚜렷한 것으로 알려져 있다. 즉 이태백의 시는 일필휘지, 영감이 떠오르는 대로, 즉흥적으로 쓴 시가 많으나 두보는 숱한 퇴고를 거쳐서 시의 완성도를 높였다고 한다. 그래서인지 두보의 시는 '한시의 전범(典範)'이라는 평가를 받고 있다.

한편 〈제1부〉에서도 잠시 소개했듯이 운당 선생이 피난 시절에 쓴 주옥같은 시가 많다. 그 시 중에서 가장 필자의 가슴을 울리는 시는 1953년 계사년 봄에 피난지인 사천시 곤명면 금성리에서 피난살이의 아픔을 노래한 시(詩)였다. 이 시는 '뜻밖의 난리로 정든 고향 집은 불타버리고, 타향을 전전하며 떠돌이 피난 생활로 눈물로 지새우나, 피란지의 인심 또한 날로 각박해져 가고, 여전히 고향 땅엔 살기(殺氣) 가득하니 돌아갈 날 기약이 없어, 명절을 맞아 더욱 감회가 새롭다'라는 내용이다. 이시는 제목이 〈1951년 신묘 2월 집을 난리 통에 불사르고 금성으로 피난 와서 집 한 칸 없이 지내다가, 또 완사로 옮겨가 계사년 늦은 봄에 산과 물가에서 고향을 바라보며 한 수 지음〉이다. 이 시는 당시 피난살이 중이던 모든 묵계동 동민들의 마음을 대변하는 것 같아서 더욱 애처롭고 안타깝다.

그런데 《운당유고》를 보면 이 시에 이어 흥미로운 시가 이어진다. 특별히 시 제목도 없다. 그 첫 시작이 '등산이망고향혜(登山而望故鄕兮)'로 시작되는 산문시인데, 이것은 마치 '귀거래혜(歸去來兮)'로 시작되는 도연명의 〈귀거래사(歸去來辭)〉를 연상케 한다. 그래서 외람되지만, 필자는 이 시를 〈망고향사(望故鄕辭)〉라는 이름을 붙였다. 이 시는 모두 224자인데, 칠언절구가 22회, 오언절구가 14회로, 감탄사인 '혜(兮)'자가 18번이나 이어진다. 이것은 귀거래사와 비교해 볼 때 압도적으로 많다. 그만큼 작자인 운당 선생의 호소가 긴박하게 반복된다. 오랜 피란 생활의 애절함이 고동치며 긴장감을 극대화한다. 단지 평화로운 고향 집으로 돌아가 전원생활을 꿈꾸는 소박한 바람을 운당 선생은 이 시를 통해서 절절히 호소하고 있었다.

실제로 도연명은 비록 벼슬을 내던졌지만, 언제든지 떳떳하게 돌아갈 고향, 가족, 그리운 산천이 지척에 있었다. 그러니 '나 이제 돌아가노라!', '귀거래혜(歸去來兮)!'라고 외치며 행복하고 당당하게 돌아갈 수 있는 출구가 있었지만, 여전히 피란 중인 운당을 비롯한 우리 묵계동민들은 그럴 상황이 아니었다. 뜻밖의 병란으로 지척에 고향을 두고 정처 없이 떠도는 피란민 신세였다. 고향 땅 지리산에는 여전히 ‘살기가 돌고’, ‘동족끼리 서로 죽이길 삼대 치듯 하는 비극’의 현장이 아직 수습되지 못한 상황이라 돌아가고 싶어도 돌아갈 수 없었던 것이다. 그래서 오로지 ‘태평한 시대가 오기만을 기다리며 피를 토하는 심정으로 쓴 운당 선생의 〈망고향사(望故鄕辭)〉가 더욱 감동적으로 다가온다. 이 시의 번역은 선고의 시를 거의 외우다시피 읊고 있는 노병탁 옹의 구술을 바탕으로 필자가 정리했다.

〈망고향사(望故鄕辭)〉

운당(雲堂) 노용제(盧庸濟)

등 산 이 망 고 향 혜 登山而望故鄕兮	산에 올라서 고향을 바라봄이여
백 운 비 이 전 원 귀 白雲飛而田園歸	흰 구름은 날아서 나의 논밭으로 날아가네,
전 원 장 무 혜 田園將蕪兮	나의 논밭이 장차 묵음이여
호 불 귀 이 리 황 예 胡不歸而理荒穢	어찌 내가 돌아가서 지심을 매며 가꾸지 못하는고?
지 리 산 지 리 산 혜 智異山智異山兮	지리산이여, 지리산이여
숙 위 차 간 피 란 처 孰謂此間避亂處	누가 이곳을 피난처라 했던고?
우 봉 병 화 혜 偶逢兵火兮	우연히 병화(난리)를 만남이여
소 실 인 가 전 야 폐 燒失人家田野廢	집은 불타 없어지고, 문전옥답은 다 묵어서 황폐해졌구나
무 의 무 가 혜 無依無家兮	집을 잃고 의지할 곳이 없음이여
표 박 동 서 하 처 거 飄泊東西何處居	정처 없이 동서로 떠도니 내가 어느 곳에 가서 살고?
동 족 투 쟁 교 리 혜 同族鬪爭交離兮	동족끼리 서로 싸워 서로 이별함이여
살 인 여 마 역 하 심 殺人如麻亦何心	사람 죽이는 걸 삼대 치듯 하는 것은 무슨 마음이던고?
살 인 여 마 혜 殺人如麻兮	사람 죽이길 삼대 치듯 함이여
강 개 무 량 루 불 금 慷慨無量淚不禁	끊임없는 느낌이 슬프고 슬퍼 눈물을 금할 길이 없구나.
창 생 함 어 도 탄 혜 蒼生陷於塗炭兮	세상 모든 사람이 숯불 같은 도탄에 빠진 것 같음이여
천 호 불 조 지 어 사 天胡不弔至於斯	하늘이 어찌 이 인간을 불쌍히 여기지 아니하는고?
애 차 주 민 혜 哀此住民兮	슬프다 이 골짝 주민들이여
란 방 불 거 지 기 심 亂邦不居知機尋	이 어려운 나라에 차라리 안 살고 죽는 것이 마음 편할 것 같네
원 별 고 향 혜 遠別故鄕兮	고향을 떠나 멀리 떠나감이여
생 애 담 박 곤 궁 심 生涯淡泊困窮深	내 생애가 너무나 담백해서 곤궁함이 너무 심하구나
피 접 금 성 혜 避接金城兮	피난해서 다시 금성으로 감이여
산 환 수 포 연 강 정 山環水抱練江亭	물이 고리처럼 산과 연강정(練江亭)을 안고 도는구나.

인 물 번 창 혜 人物繁昌兮	인물이 번창함이여
포 경 어 독 양 상 의 飽耕於讀兩相宜[217]	밭 갈아서 배 불리고 글 읽는 것 두 가지뿐이더라
우 접 완 사 혜 又接浣紗兮	또 완사로 감이여
평 원 광 야 인 부 요 平原廣野人富饒	크고 평평한 이 넓은 들에 사람은 다 부유하게 사는구나!
사 고 무 친 혜 四顧無親兮	사방을 둘러봐도 친척 하나 없음이여
초 창 심 회 여 수 설 悄悵心懷與誰說	내 이 슬픔을 누구에게 더불어 이를 고
식 소 사 번 혜 食少事煩兮	먹을 거는 적고 일은 번거로움이여
우 심 충 충 락 사 희 憂心冲冲樂事稀	내 마음이 어둡고 충충해서 즐거운 일은 드물더라
신 불 안 정 혜 身不安定兮	마음도 안 편코, 몸도 안 편해
단 한 미 성 일 간 옥 但恨未成一間屋	이것은 단지 내가 집 한 칸이 없는 것 때문이라.
희 간 치 자 혜 喜看稚子兮	어린 자식들 보고 즐거워함이여
인 생 복 록 재 차 간 人生福祿在此間	인생의 복록은 이 사이에 다 있는 것이로구나
고 진 감 래 혜 苦盡甘來兮	쓴 것이 가면 단 것이 올 것을 바램이여
이 대 후 일 태 평 시 以待後日太平時	다음에 태평한 시대가 오기만을 기다리고 있노라.

자, 그럼, 끝으로 외람되지만, 두보의 '석호리'라는 시에 대해 평가한 서울대 이영주 명예교수의 말을 빌려서 운당의 시를 감히 평가해본다면 이렇게 말할 수 있을 것 같다.

> "운당의 시를 읽으면, 우리는 75년 전 묵계동에서 빨치산의 준동으로 7년 동안 피란 생활을 하면서 얼마나 많은 묵계동 동민이 고통에 시달렸는지를 알게 될 것입니다. 그야말로 시로 쓴 역사가, 역사학자가 쓴 역사책에 나오는 역사보다도 훨씬 더 우리에게 감동적이라는 사실을 운당의 시는 잘 알려주고 있습니다."

그렇다!
중국에 두보의 시 〈석호리〉가 있고,
도연명의 〈귀거래사(歸去來辭)〉가 있다면
우리 묵계동에는 운당의 시 〈망고향사(望故鄕辭)〉가 있다!

---

217) '亂邦不居知機尋(란방불거지기심)'와 '飽耕於讀兩相宜(포경어독양상의)'에서 밑줄 친 '심(尋)'과 '포(飽)'는 원래 《운당유고》에는 '심(深)'과 '포(抱)'로 되어 있었다. 그런데 문장의 의미로 보아 '심(尋)'과 '포(飽)'가 타당하다고 하는 운당 선생의 차남 노병탁 옹의 지적에 따라 수정했다.

06
묵계동의 계(契)

가. 학로계와 봉로계

학로계는 1961년 신축(辛丑)년 봄, 묵계동 내의 모든 마을 사람 108명이 뜻을 모아 만든 조직으로 당시 기준 50세 이상은 학로계, 그 이하는 봉로계라 했다. 그 설립 취지문은 다음과 같다. 기타 자세한 내용은 〈제2부〉를 참조하기 바란다.

학로계 취지문

청학동은 옛 철인이 말씀하시기를 '가히 만인이 살아갈 땅'이라고 전해오는 바와 같이 착한 마음과 착한 행동으로서 착하고 아름다운 사회를 이루어 보자는 것은 인간으로서 동감하는 바이다. 우리 조상들은 이에 뜻한 바 있어서인지 삼신봉 아래 청학동에 복거하여 자손만대의 거주지로 삼지 않았는가?

이 전통을 계승한 우리는 선조의 뜻을 받들어 솔선 선행함은 물론 착한 행동[효열충의, 孝烈忠義]을 하는 사람에게 착한 상을 주고, 악한 자에게는 징계하여 개과천선(改過遷善)케 함으로써 착한 마음을 계승한다는 뜻에서 백발이 내린 우리지만 단체를 조직하자는 뜻을 모아 학로계(鶴老契)를 조직하는 바이다.

또한 6·25동란 때 처참하게 사분오열(四分五裂)하였다가 다시 수복하게 되니, 풀잎에 맺힌 이슬처럼 덧없는 인생 한 번 가면 그만이라, 살고 간 표적이나 남기도록 계를 만들고 빗돌에 이름 새겨 영원토록 잊지 않도록 하고자 이에 앞장서서 발기하노라.

서기 1961년(신축) 3월 일

발기인

양재은 이재권 양회갑 양수호 하인로 강봉옥

양재경 이군선 서명섭 장규도 노용제 오태환

나. 삼신계(三神契)

삼신계의 창립과 목적에 대해서는 오헌(旿軒) 양삼준(梁三俊) 선생이 쓴 삼신계창립기념비문(三神契創立記念碑文)에 자세히 소개되어 있다. 이 글에 따르면 삼신계는 1977년에 결성하고 그해 곡우일에 첫 산신제를 올린 것으로 보인다. 삼신계는 그 발기인의 면면을 보면 청학동을 포함한 학동마을 인사들이 중심으로 시작된 것으로 보이나, 회원들의 명단을 보면 묵계리, 더 나아가 청암면 내 인사로 점차 확대되었다.
또한, 《오헌유고(旿軒遺稿)》에 의하면 삼신봉에서 기우제는 물론 고로쇠 축제 기원제도 올린 것으로 보인다. 그런데 국립공원관리공단에서 곡우일을 포함한 봄철에 산불방지를 위해 매년 입산을 금지함으로써 산신제는 2003년부터 어쩔 수 없이 진주암 천제단 뒤쪽 계곡, 즉 삼신봉 중턱에 제단을 따로 만들고 산신제를 올리고 있다.

이 글의 말미에 청학동 고로쇠 축제 때 오헌(旿軒) 선생이 쓴 제문을 소개한다.

삼신계가 결성되고 1977년 첫 산신제를 지낸 기념으로 오헌(旿軒) 양삼준(梁三俊) 선생은 "삼신봉 신령 앞에서 치성"이라는 시를 남겼다. 이 시를 통해 산신제는 청학동민의 안녕과 기복(祈福)을 염원하는 마음에서 올리고 있음을 잘 알 수 있다. 그리고 삼신봉 신령께 고하는 고로쇠 축제 제문과 기우제 제문도 소개한다. 아래 시와 제문은 모두 《오헌유고(旿軒遺稿)》에서 인용했고 한문 토는 필자가 달았다.

상(↑) 삼신계에서 만든 삼신 제단

우(→) 삼신계 창립기념비

삼신계창립기념비문(三神契創立記念碑文)

대저 계는 뜻하는 바를 함께 함이니 동지끼리 모여 한 단체를 만들어 그 목적하는 바를 행하는 것이다. 난정계(蘭亭稧)[218]가 그 표본으로 예로부터 유림계, 추모계, 상춘계, 친목계, 산신계 등 다양하게 성행하여 오는바, 우리들의 계는 산신계에 속하니 창립의 유래와 운영 사항을 밝히려 한다.

우리가 사는 이 고장은 국내에서 가장 명산인 지리산을 태조산으로 한줄기 남으로 달려온 삼신봉이 주산이다. 그 밑에 사는 주민으로서 지리산 신령님께 치성제를 올린 바 없었는데, 을묘년(乙卯年)(1975) 가을에 운봉에서 이사 온 임은 최경수 선생께서 마을 유지들에게 이 명산 밑에 사는 주민으로서 산신령님께 치성제를 모시자고 제안하였으나 성사되지 못하였다.

그 후 정사년(丁巳年)(1977) 정초에 학동에 있는 초은 박순봉 집에 마을 유지 9명이 모여 당산제 복원을 논의하였다. 학동마을에서는 매년 정월 당산제를 모셨으나 한국전쟁으로 그 명맥이 끊기게 되었다. 군의 작전상 소개령이 내려 주택이 소실되고 주민은 사방으로 흩어졌다가 근 10년 만에 복귀하니, 백여 호에 가깝던 학동마을이 불과 몇십 호였다. 그동안 가옥 재건, 농토 복구 등으로 당산제 복원은 생각지도 못했는데 이제 다시 당산제를 복원하고자 하였다.

이에 죽헌 강웅위 선생께서 당산제 복원보다는 차라리 전년에 임은 선생이 제의한 산신제를 모시는 것이 어떠냐고 발의하니 모두 찬성하여 발기인을 선정, 추진하게 되었다. 삼신봉 밑에 사는 주민들은 누구든지 입계 할 수 있고, 계비는 기본금과 특별성금으로 하며, 계명은 삼신계, 계일은 매년 음력 11월 10일, 봉제일은 곡우일, 장소는 삼신봉 정상으로 정하여 지리산 신령님께 봉제하기로 하였다.

이에 정사년(1977) 곡우일에 봉제를 시작하여 26년이 지난 계미년(癸未年)(2003)에 국립공원에서 산화 방지를 위해 입산을 금지하니, 지금의 진주암 뒷산 정결한 곳에 제단을 마련하여 봉제하였다. 계의 운영을 위해 죽헌과 한홍배가 각각 논 600여 평씩을 특별히 찬조하여 원만히 운영되고 있으며, 계원의 자손은 상속이 되고, 신입 계원이 계속 늘고 있다.

본 계의 계장은 임기 없이 추대식으로 하여 초대에 죽헌이 정해년(2007)까지 역임하셨고, 2대에 고산 김삼주가 수임하여 재임 중, 신묘년(辛卯年)(2011) 계 일에 창립기념비를 세우자는 발의에 만장일치 찬동하여 이 비를 세우게 되었다.

인걸은 지령이요 지성이면 감천이라, 공자께서도 부모님이 이구산에 빌어 탄강하셨으니 신의 감응이 어찌 없으리오. 우리 계원이 일심으로 정성을 들인다면 시화연풍하고 만복이 이르리라.

계사년(癸巳年)(2013) 4월 20일

남원 양삼준 짓고 삼신 계원 일동 세움

발기인 최경수 김상점 정재영 강달룡 배차홍 강준택 배두환 강준용 박순봉

218) 난정(蘭亭)의 계 모임. 난정은 중국 회계(會稽) 산음(山陰)에 있는 정자이다. 동진(東晉) 때 회계내사(會稽內史)로 있던 왕희지(王羲之)가 당시의 명사들과 난정에 모여서 귀신에게 빌어 재앙을 쫓는 계제사(稧祭祀)를 행한 뒤 술을 마시고 시를 짓던 곳으로 유명하다.

강웅위 양삼준 강노위 김삼주

계원 명단 한홍배 김연현 하상기 김남근 최병식 하재권 이건규 김상용 이홍규
김삼모 정정화 양재선 오주환 정덕영 이덕기 정한효 서귀동 김대윤
김재천 김수봉 권영식 박순환 양영철 강덕성 김덕준 이영섭 최재현
최재운 김영교 엄대후 박상동 정용학 양점동 강동의 정민화 강점석
강동균 강갑석 강춘근 김하용 김창만 서철수 최종익 박건철 박부원
김영수 서흥석 양영석 양흥동 김병석 한상철 최기동 권종수 김원식
김형곤 이정석 은춘표 은희창 김봉학 정임태 정이영.

〈삼신봉에서 기우제[祈雨祭于三神峰] 제문(祭文)〉 오헌 양삼준, 병자(丙子, 1996년)

경상남도의회 농수산위원장 문진수는 감히 삼신봉 신령님께 고합니다. 삼가 생각건대 명산에 신(神)이 계시어 하늘을 대신해 은혜를 베푸시니, 우리 이 경남을 주관하여 우리 도민을 관장합니다. 오직 이 생민(生民)들은 농사에 큰 근본을 두고서 봄에 심고 가을에 거두며 감히 게으르지 않으나, 작년 겨울 이후 올해 봄까지 해를 연해 큰 가뭄(大旱)이라 농업용수가 고갈되고 식수조차 없습니다. 하늘을 쳐다보고 땅을 굽어보나 민심(民心)이 술렁이니 오직 신(神)께서는 살피시고 불쌍히 여기시어 상제(上帝)께 고하시어 이에 모든 신령에게 은혜로운 큰비를 내려 주소서. 그리하여 우리 도민이 모두 맛있는 물을 먹게 하고 도내(道內) 전 지역에 농수(農水)가 풍족하게 하시어 전국에 혜택이 파급되어 대풍을 이루도록 하소서.

삼가 생주(牲酒)를 갖추어 정성껏 드리오니 흠감 하소서.

문진수 감소고우지리산 삼신봉신령 복유명산유신 대천선혜 주아차경남
文振洙 敢昭告于智異山 三神峰神靈 伏惟名山有神 代天宣惠 主我此慶南
관아도민 유차민생 대본어농 춘가추색 불감태용 거동금춘 연년대한 농수고갈
管我道民 惟此民生 大本於農 春稼秋穡 不敢怠慵 去冬今春 連年大旱 農水枯渴
음수차결 앙천부지 민심흉흉 유신우지 민절위망 신기하감 서가휼자 내고상제
飮水且欠 仰天俯地 民心洶洶 惟神佑之 民切爲望 神其下鑑 庶加恤慈 乃告上帝
원급백령 걸사혜패 주하방방 사아도민 공음감수 도내전역 농수풍족 시급전국
爰及百靈 乞賜惠霈 注下滂滂 使我道民 共飮甘水 道內全域 農水豊足 施及全國
연등대풍 근구생주 략천미성 상향
年登大豊 謹具牲酒 略薦微誠 尙 饗

일구구육년병자정월
1996년 병자년 정월(一九九六年丙子正月).

〈곡우날 산신제를 봉행[穀雨日奉三神祭三神契 上仝] 병자(丙子, 1996)

致誠此日幾多名	치성하는 이날 사람들이 얼마나 많은가?
遠近同參好是情	원근에서 동참하니 이런 마음이 좋구나.
燕子三三爭吐語	제비는 삼삼으로 경쟁하듯 지저귀고,
儒冠五五正交行	선비들 오오로 바람직한 교의를 쌓네
雲深谷裡崔仙跡	구름 깊은 골짜기 안에는 최고운의 발자취 있고,
路轉林中鄭老聲	산길 돌아든 숲속에는 일두 선생 소리 들리는 듯
禱水禱山今古有	산수에 비는 일은 옛부터 있었으니,
萬民願得太平成	모든 백성들 태평시대 이루어지길 바라네

다. 청학계(靑鶴契)

청학계 발기문(靑鶴契 發起文)

태극이 비로소 열려 인물이 번창하고 마을을 이루고 도시를 이룸에 혹 성하기도 하고 혹은 쇠하기도 하니 이것은 모두 지세의 덕택이다. 지리의 대가이신 무학대사가 이르기를 "동방산수의 제일 아름다운 곳은 지리산 청학동이다."라고 하였다. 그러므로 팔역의 지사들이 들어와 살기를 열심히 구하였으나 어떤 사람은 머물고, 어떤 사람은 떠났기에 몇 대에 걸쳐 어느 성씨가 거주했는지 알지 못하느니라. 오직 72인이 서로 수계(修契)를 언약하고 이로 인하여 지명을 계명(契名)으로 정해서 '청학계'라 하였다. 우선 처음 들어온 부조(父祖)의 휘(諱) 자를 새기고, 후손의 이름은 그 뒤에 새기니, 조선(祖先)의 뜻을 영세토록 잊지 않고자 함이라.

太極肇判 人物繁昌 成村成都 或盛或衰 都是地勢之發蔭也 地理大家無學大師曰 東方山水 第一美者 智異山靑鶴洞矣 故八域志士 耽求入居者 或住或離 不知幾代 何姓 惟有七十二人 相約修契 因以地名爲契 契其名曰 靑鶴契矣 先刻始入父祖諱字 裔名其後 祖先之意 永世不忘云耳.

단기 4324년(1991)년 흑룡지월(3월)(檀紀 四千參百貳拾四年 申未 黑龍之月)

진양 강웅위 삼가 쓰다(晋陽 姜雄渭 謹書)

감역 양한근, 김삼주(監役 梁漢根, 金杉柱)

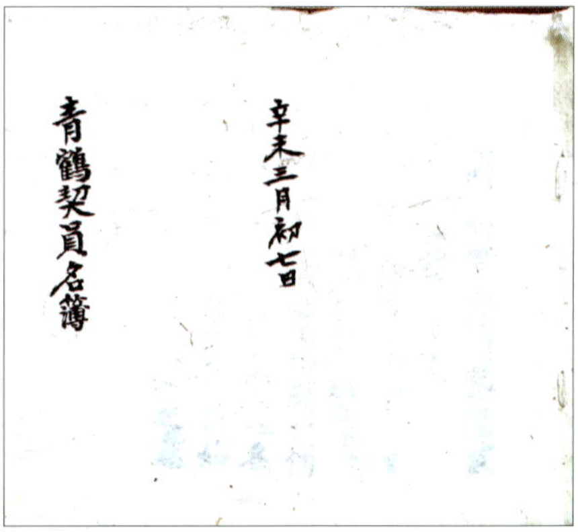

辛未三月初七日

青鶴契員名簿

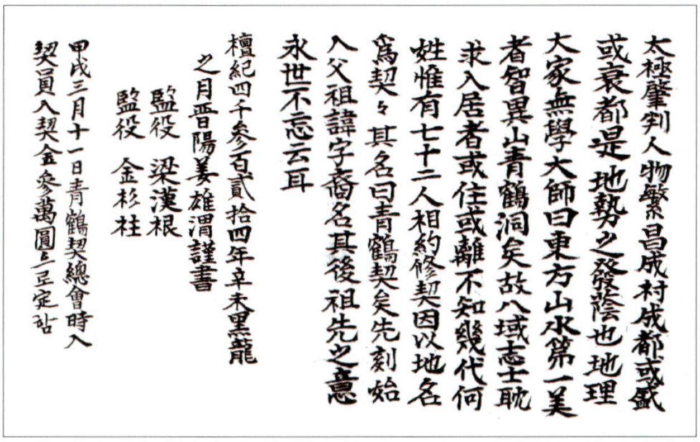

太極肇判人物繁昌成村成都或盛
或衰都是地勢之發蔭也地理
大家無學大師曰東方山水第一美
者智異山青鶴洞矣故八域志士耽
求入居者或住或離不知幾代何
姓惟有七十二人相約修契因以地名
爲契々其名曰青鶴契矣先刻始
入父祖諱字啇名其後祖先之意
永世不忘云耳

檀紀四千參百貳拾四年辛未黑龍
之月晋陽姜雄渭謹書
監役 梁漢根
監役 金杉柱

甲戌三月十一日青鶴契總會時入
契員入契金參萬圓으로定함

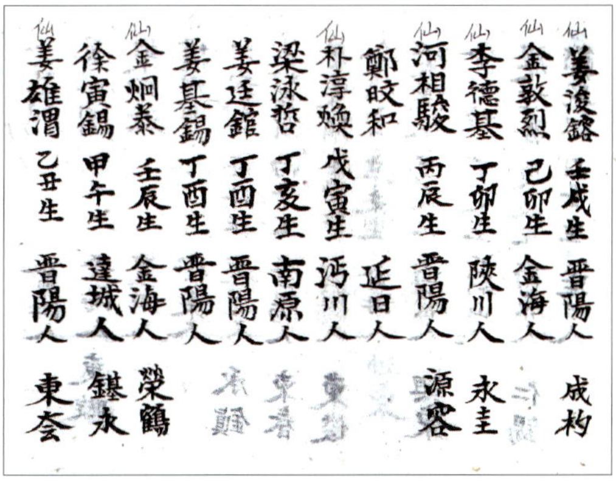

仙 姜浚鎔 壬戌生 晋陽人 成杓
仙 金敦烈 己卯生 金海人
仙 李德基 丁卯生 陜川人 永圭
仙 河相駿 丙辰生 晋陽人 源容
鄭旼和 延日人
仙 朴淳煥 戊寅生 泗川人
梁泳哲 丁亥生 南原人
姜廷錧 丁酉生 晋陽人
姜基錫 丁酉生 晋陽人
仙 金炯泰 壬辰生 金海人 榮鶴
徐寅錫 甲午生 達城人 鏋永
仙 姜雄渭 乙丑生 晋陽人 東奎

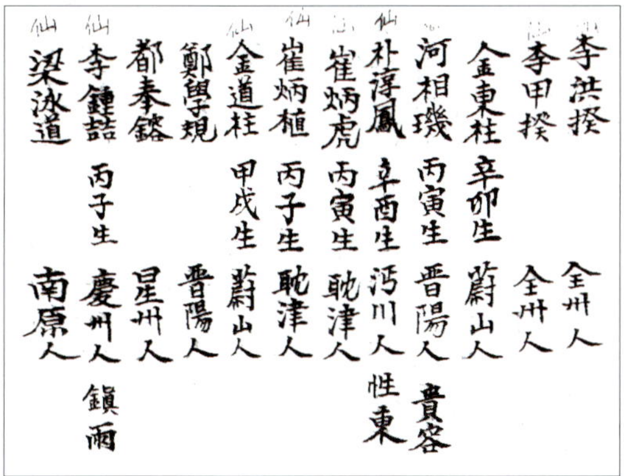

李洪揆 全州人
李甲揆 全州人
金東柱 辛卯生 蔚山人
河相璣 丙寅生 晋陽人 貴容
仙 朴淳鳳 辛酉生 泗川人 性東
崔炳虎 丙寅生 耽津人
仙 崔炳植 丙子生 耽津人
仙 金道柱 甲戌生 蔚山人
鄭學規 晋陽人
都奉鎔 星州人
仙 李鍾喆 丙子生 慶州人 鎭雨
仙 梁泳道 南原人

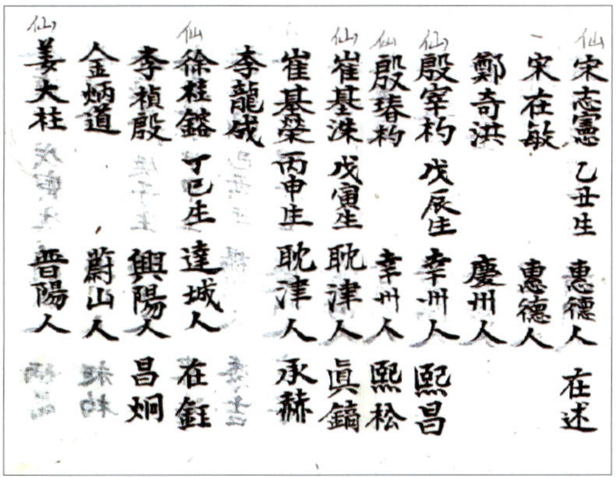

仙 宋志憲 乙丑生 惠德人 在述
宋在敏 惠德人
鄭奇洪 慶州人
仙 殷宰杓 戊辰生 幸州人 熙昌
仙 殷椿杓 幸州人 熙松
仙 崔基洙 戊寅生 耽津人 眞鏞
崔基燦 丙申生 耽津人 承赫
李龍成
仙 徐桂鎔 丁巳生 達城人 在鈺
李禎殷 興陽人 昌炯
金炳道 蔚山人
仙 姜大柱 晋陽人

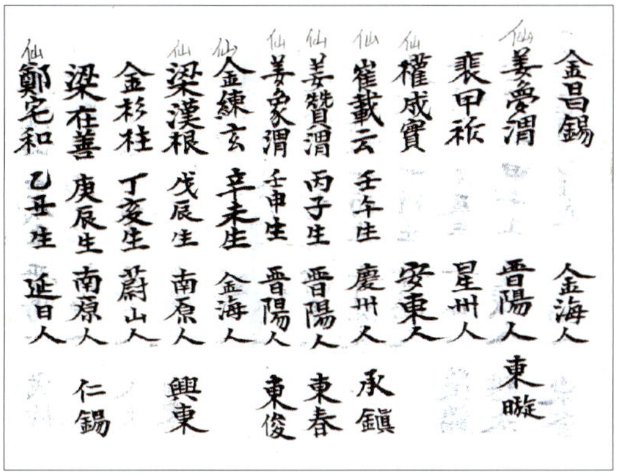

金昌錫 金海人
仙 姜學渭 晋陽人 東曦
裵甲祚 星州人
仙 權成實 安東人
仙 崔載云 壬午生 慶州人 承鎭
仙 姜贊渭 丙子生 晋陽人 東春
仙 姜象渭 壬申生 晋陽人 東俊
仙 金鍊玄 辛未生 金海人
仙 梁漢根 戊辰生 南原人 興東
金杉柱 丁亥生 蔚山人
梁在善 庚辰生 南原人 仁錫
仙 鄭宅和 乙丑生 延日人

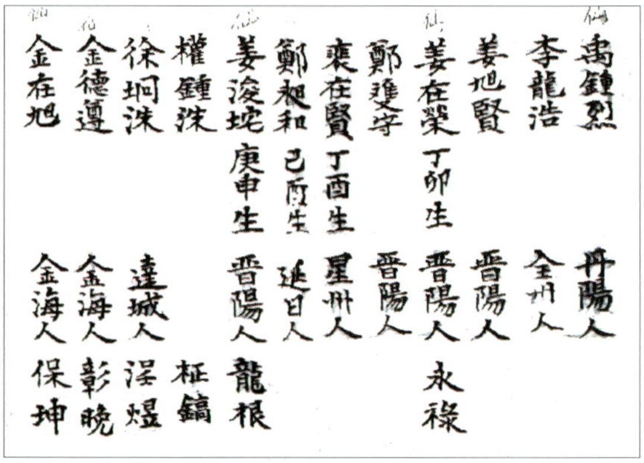
仙 禹鍾烈 丹陽人
李龍浩 全州人
姜旭賢 晋陽人
仙 姜在榮 丁卯生 晋陽人 永祿
鄭護守 晋陽人
裵在賢 丁酉生 星州人
鄭昶和 己酉生 延日人
仙 姜浚垙 庚申生 晋陽人 龍根
權鍾洙 柾鎬
徐坰洙 達城人 湜煜
仙 金德運 金海人 彰晩
仙 金在旭 金海人 保坤

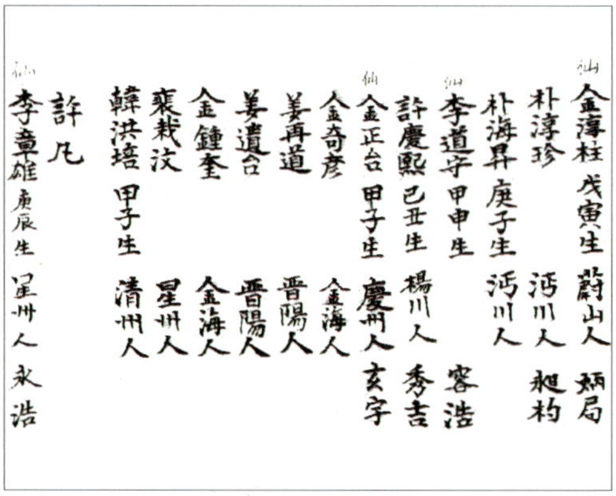
仙 金海柱 戊寅生 蔚山人 炳局
朴淳珍 泗川人 昶杓
朴海昇 庚子生 泗川人
仙 李道守 甲申生 客浩
許慶點 己丑生 楊川人 秀吉
仙 金正台 甲子生 慶州人 玄宇
金奇彦 金海人
姜再道 晋陽人
姜遺台 晋陽人
金鍾奎 金海人
裵栽汶 星州人
韓洪培 甲子生 清州人
許凡
仙 李章雄 庚辰生 星州人 永浩

지리산 청학동 첨성세거기념비.
청학동 일주문 옆 숲속에 있다.

지리산 청학동
첨성세거기념비(후면)

청학계원 명단(青鶴契員 名單)

성명	생년	본관	비고
姜浚鎔(강준용)	壬戌生	晋陽人	成杓
金敦烈(김돈열)	己卯生	金海人	
李德基(이덕기)	丁卯生	陜川人	永圭
河相駿(하상준)	丙辰生	晋陽人	
鄭旼和(정민화)		延日人	
朴淳煥(박순환)	戊寅生	沔川人	
梁永哲(양영철)	丁亥生	南原人	
姜廷錧(강정관)	丁酉生	晋陽人	
姜基錫(강기석)	丁酉生	晋陽人	
金炯泰(김형태)	壬辰生	金海人	榮鶴
徐寅錫(서인석)	甲午生	達城人	錤永
姜雄渭(강웅위)	乙丑生	晋陽人	東会
金昌錫(김창석)		金海人	
姜夢渭(강몽위)		晋陽人	
裵甲祚(배갑조)		星州人	
權成實(권성실)		安東人	
崔載云(최재운)	壬午生	慶州人	承鎭
金杉柱(김삼주)	丁亥生	蔚山人	
梁在善(양재선)	庚辰生	南原人	仁錫
鄭宅和(정택화)	乙丑生	延日人	
李洪揆(이홍규)		全州人	

성명	생년	본관	비고
李甲揆(이갑규)		全州人	
金東柱(김동주)	辛卯生	蔚山人	
河相璣(하상기)	丙寅生	晋陽人	貴容
朴淳鳳(박순봉)	辛酉生	沔川人	性東
崔炳虎(최병호)	丙寅生	耽津人	
崔炳植(최병식)	丙子生	耽津人	
金道柱(김도주)	甲戌生	蔚山人	
鄭學規(정학규)		晋陽人	
都奉鎔(도봉용)		星州人	
李鍾喆(이종철)	丙子生	慶人州	鎭雨
梁泳道(양영도)		南原人	
禹鍾烈(우종열)		丹陽人	
李龍浩(이용호)		全州人	
姜旭賢(강욱현)		晋陽人	
姜在榮(강재영)	丁卯生	晋陽人	永祿
鄭雙守(정쌍수)		晋陽人	
裵在賢(배재현)	丁酉生	星州人	
鄭昶和(정창화)	己酉生	延日人	
姜浚垞(강준택)	庚申生	晋陽人	龍根
權鍾洙(권종수)			柾鎬
徐坰洙(서경수)		達城人	浧煜
金德遵(김덕준)		金海人	彰晩
金在旭(김재욱)		金海人	保坤
宋志憲(송지헌)	乙丑生	惠德人	在述
宋在敏(송재민)		惠德人	

李章雄(이장웅)	許凡(허범)	韓洪培(한홍배)	裵栽汶(배재문)	金鍾奎(김종규)	姜遺台(강유태)	姜再道(강재도)	金奇彦(김기언)	金正台(김정태)	許慶熙(허경희)	李道守(이도수)	朴海昇(박해승)	朴淳珍(박순진)	金淳柱(김순주)	姜大柱(강대주)	金炳道(김병도)	李禎殷(이정은)	徐桂鎔(서계용)	李龍成(이용성)	崔基榮(최기영)	崔基洙(최기수)	殷椿杓(은춘표)	殷宰杓(은재표)	鄭奇洪(정기홍)
庚辰生(경진생)		甲子生(갑자생)								甲申生(갑신생)	庚子生(경자생)		戊寅生(무인생)				丁巳生(정사생)		丙申生(병신생)	戊寅生(무인생)		戊辰生(무진생)	
星州人(성주인)		淸州人(청주인)	星州人(성주인)	金海人(김해인)	晉陽人(진양인)	晉陽人(진양인)	金海人(김해인)	慶州人(경주인)	楊川人(양천인)		沔川人(면천인)	沔川人(면천인)	蔚山人(울산인)	晉陽人(진양인)	蔚山人(울산인)	興陽人(흥양인)	達城人(달성인)		耽津人(탐진인)	耽津人(탐진인)	幸州人(행주인)	幸州人(행주인)	慶州人(경주인)
永浩(영호)								玄宇(현우)	秀吉(수길)	容浩(용호)		昶杓(창표)	炳局(병국)			昌炯(창형)	在鈺(재옥)		承赫(승혁)	眞鎬(진호)	熙松(희송)	熙昌(희창)	

〈靑鶴洞世居僉姓記念碑除幕(청학동세거첨성기념비제막) 축하 시〉(신미년, 1991년)[219]

靑鶴千年洞口開(청학천년동구개) 청학동 천년에 이윽고 동네 열리니
爲孫僉姓世傳來(위손첨성세전래) 후손 위한 여러 성씨 대대로 전해
裔心歲歲追誠至(예심세세추성지) 후손들 마음 해마다 추모 정성 이르러
治石刻名獻一盃(치석각명헌일배) 돌 깎아 이름 새겨 한 잔 올리노라

라. 두성계(斗星契)

두성계는 묵계리에서 7명이 만든 계인데, 1965년에 창계(刱契) 하고, 2006년에 '두성계창립기념비(斗星契刱立記念碑)'[220]를 삼거리에서 청학동과 원묵마을(회동)로 올라가는 새로운 삼거리(현재 자율방범대)에서 학동으로 올라가다가 학동교(鶴洞橋)를 건너기 직전의 도로변 오른쪽에 세웠다.

219) 오헌유고에서 인용

220) 비문에서는 2006년 12월로 각자(刻字) 되어있으나, 오헌(旿軒)이 남긴 〈두성계 기념비를 세움(斗星契記念碑竪立)〉이라는 시에서는 2008년 가을(秋) 8월로 되어있다.

■ 두성계 서문[斗星契序]

대개 '계(契)'라 이름함은 '모은다는 것'이니 우리들이 모은 것은 뜻을로 서로 합하여 선행을 통해 여러 사람에게 모범이 되고자 함이다. 여러 사람에게 모범이 된다는 것은 무엇인가? 옛 성현들의 가르침을 본받아 부모를 섬기고 어른을 공경하며 스승을 높이고 벗과 친한 도리에 있어서 세속 사람의 모범이 될 수 있다는 것이다.

이름을 두성(斗星)이라고 한 것은 어째서인가? 그 의미 면에서는 북두칠성이 항상 그 자리에 있으면서 뭇별이 중심을 삼고 운행해서 이고, 그 수치 면에서는 두성(斗星)의 일곱개 별과 같이 더도 덜도 않고 항상 7명(七名)의 벗으로 모임을 하고자 해서이다. 이러한 의미로 이름하여 이 계가 성립된 것이다.[221)]

檀紀四二九八年(一九六五年) 乙巳 五月 七日 南原人 梁三俊序

契員 : 沔川 朴淳鳳　全州 李廷夏　南原 梁甲相　光山 盧範濟　晉陽 河在凡
南原 梁三俊　陜川 李之煥

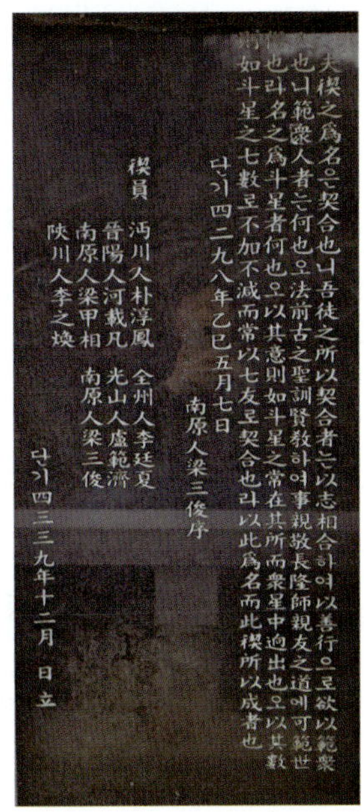

두성계 창립 기념비(2006년 12월에 세우다)

221) "夫契之爲名은 契合也니, 吾徒之所以契合者는 以志相合하여以善行으로 欲以範衆人也니, 範衆人者는 何也오. 法前古之聖訓賢敎하여 事親敬長隆師親友之道에 可範世俗也라. 名之爲斗星者何也 以其意則如斗星之常在其所 而衆星中逈出也오. 以其數則如斗星之七數로 不加不減而常以七友로 契合也니라. 以此爲名而此契所以成者也니라."

여기에 비를 세우고 나서 2008년 오헌은 〈두성계 비를 세움[斗星契竪碑]〉이라는 제목의 한시를 남겼는데, 그 시를 보면 7명의 회원 중에서 당시까지 두 사람이 생존해 있었다.

두성계수비

■ 두성계 비를 세움[斗星契竪碑] 무자(戊子), 2008년 여름

수계원래유칠인 修契原來惟七人	처음에 일곱 명이 계를 만들어,
고감이과사십년 苦甘已過四十年	이미 40년의 고락을 보냈네
청산무로심여로 靑山無老心如老	청산은 늙지 않으나 마음은 늙은 듯하고
고동유신체불신 古洞猶新體不新	옛 동네는 오히려 새로워졌으나 몸은 새롭지 못하네
벽해상전하세월 碧海桑田何歲月	세월은 어느덧 상전벽해 되었고,
북방남국별풍진 北邦南國別風塵	북쪽과 남쪽은 별개의 세상이 되어 버렸네
오성기락이성재 五星旣落二星在	오성(五星) 떨어지고 이성(二星)만 남아,
각자명명전사인 刻字明銘前事因	돌에 이름 새겨서 예전의 사연 밝히네

그리고 두성계 서문을 쓴 오헌 양삼준 선생은 두성계 계원들이 세상을 떠날 때마다 계원들의 죽음을 애도하는 만시(輓詩)를 남겼다. 두성계 창립 기념비를 세운 2008년 당시까지 5명의 계원이 세상을 떠났다. 이 만시는 모두 《오헌유고》에서 인용, 소개한다.

■ 〈양갑상 계우 만서[輓梁甲相契友]〉 임자(壬子, 1972년)

작야두성일두미 昨夜斗星一斗微	어젯밤 칠성 중에 일성이 사라지니,
황천불여사인수 皇天不與斯人壽	하늘이 이 사람에게 수를 주지 않았네.
칠성일손육성희 七星一損六星稀	칠성 중에 일성 떨어지니 육성이 희미하고,
수열산빈조불비 水咽山嚬鳥不飛	물도 오열하고 산도 찡그리고 새도 날지 않는구나

■ 〈두성 계우 이정하 만서[輓斗星契友李廷夏]〉

이과고희육칠양 已過古稀六七陽	고희를 지난 지 육칠 년 되었더니
옥황위시구천행 玉皇爲侍九天行	옥황상제 모시러 구천으로 가는가?
아비군거금쇄루 我悲君去今灑淚	나 그대 떠남이 슬퍼 지금 눈물 뿌리니
북두자자손이광 北斗自茲損二光	북두칠성 이로부터 두 별이 빛을 잃었네.

■ 〈초은 박순현 두성 계우를 만함[輓樵隱朴淳炫斗星契友]〉

약계난정북두기 約契蘭亭北斗期	난정계 약속 맺으며 북두(北斗)를 기약했건만

일 성 추 락 사 성 비 一星墜落四星悲	한 별이 떨어지니 네 별이 슬퍼하네.
인 간 백 세 진 난 견 人間百世眞難見	인간이 백년 사는 것 진정 보기 어려운데
이 실 삼 성 송 곡 사 已失三星送哭詞	이미 삼성(三星)을 잃고서 울며 만서하네

■ 〈하재범 두성 계우 만서[輓河載凡斗星契友]〉 경진(庚辰, 2000년 8월 6일)

우 정 회 수 사 유 유 友情回首思悠悠	우정을 돌이켜 보니 생각이 깊어지는데
군 거 천 대 팔 월 추 君去泉坮八月秋	그대 저승으로 떠나니 팔월 가을날이네.
자 차 칠 성 삼 수 재 自此七星三數在	이제 칠성(七星) 중 삼성(三星)만 남아
감 탄 세 사 루 공 류 堪嘆世事淚空流	세상사 탄식하며 부질없이 눈물만 흘리네.

■ 〈두성 계우 이지환 군의 만서[輓斗星友李之煥君]〉 병술(丙戌, 2006년)

신 몰 불 망 산 해 택 身沒不忘山海澤	몸은 죽어도 부모의 은혜 잊지 않으니,
귀 근 효 엽 부 생 신 歸根孝葉復生新	뿌리로 돌아가 효성스런 자손이 새롭게 태어나리
근 군 갱 작 삼 배 주 勸君更酌三盃酒	그대에게 다시 술 석 잔 권하니,
일 거 북 망 한 고 인 一去北邙罕故人	한 명이 북망에 가면 옛 친구 드물구나.
칠 성 암 암 무 생 기 七星暗暗無生氣	칠성은 어둑어둑 생기가 없어지니
오 상 장 형 이 상 미 五像藏形二像微	다섯은 얼굴을 감추었고 두 얼굴은 희미해라.
군 거 제 변 선 점 좌 君去帝邊先占座	그대 옥황상제 곁에 가거든 먼저 자리맡아 두고서
타 진 막 범 옥 연 휘 他辰莫犯玉筵輝	다른 별이 아름다운 자리의 빛을 범하게 하지말라.

한편, 오헌(旿軒) 선생은 2008년 8월에 두성계 기념비를 세운 기념으로 후손들에게 아래 시를 통해 "자손들 잊지 말고 뒷날 돌보라"라는 당부의 말을 남긴다.

■ 〈두성계 기념비를 세움[斗星契記念碑竪立]〉

칠 우 합 심 수 일 계 七友合心修一契	칠우(七友)가 마음 합해 일계(一契)를 만들어
두 성 위 호 영 상 친 斗星爲號永相親	두성계라 이름하고 오랫동안 친밀했네.
각 암 기 념 모 정 표 刻岩記念謨情標	바위에 새겨 기념하고 정표를 도모하니
아 배 물 망 후 일 순 兒輩勿忘後日巡	자손들은 잊지 말고 뒷날까지 돌보라!

마. 청정회

청정회에서 세운 "청학동" 표지석(왼쪽 뒤에 묵계호 제방이 보인다)

청정회는 1986년 7월 25일에 창립하여 2003년 11월 22일에 「청학동 표지석」을 세웠다. 이 표지석은 묵계마을 입구, 즉 묵계 저수지 제방 아래 도로변에 있다.

■ 청정회가 세운 '청학동' 표지석의 빗돌에 새겨진 내용

〈청정회〉

본회는 각자 주어진 일을 성실히 이행하여 회원 상호간의 친목을 도모하고 맑고 바르게 살도록 노력하며 지역발전을 위해 봉사하는 데 있다.

창립일 1986년 7월 25일

회원 명단

강정관 강점석 강동균 강춘근 강갑석 김만석 김형곤 김옥식 김종용
김하용 김병국 김규환 노병모 노병엽 송재구 서철수 양영식 양호영
이영규 양계석 이상목 장원철 , 하용선 하진선 도봉두

2003년 11월 22일 준공

바. 삼거리(三街) 위친계(爲親契)

위친계(爲親契)는 부모의 상사(喪事) 등이 발생했을 때 서로 도움을 주기 위해 마을이나 씨족을 중심으로 조직하는 계 모임이다. 각 계원이 금전·곡물을 갹출하여 이식(利息)을 도모하고 계원의 부모 등이 사망하면 상수(喪需)·장례비 등을 부담하고 조위(弔慰)·협력한다. 마을에 따라서는 상여계(喪輿契)·위친계(爲親契)·상포계(喪布契)·친목계(親睦契) 등으로 불리기도 한다. 묵계리 내에도 마을마다 삼거리나 학동과 유사한 상여계(喪輿契)(필자는 "생이계"라고 불렀다. '생이'는 '상여'의 방언) 등이 있을 것으로 생각한다. 또한 운영방식도 거의 같을 것으로 생각한다. 먼저 삼거리 위친계 계칙 원본은 학로계 양점동 총무가 제공했다.

■ 삼거리 위친계(爲親契) 계목록(契目錄)

第一條 本契 名稱은 爲親契라 한다.

第二條 本契 의 目的은 當喪時 相互協助하여 喪時의 便利를 期함에 있다.

第三條 本契의 有司는 二人組로서 一年間 巡回的으로 責任을 지되 万一 喪時가 有할시는 有司가 全的 責賃과 契員의 召集과 契會費 徵收를 受한다.

第四條 本契 會費는 當喪時 白米 壹升으로 定한다.

第五條 本 契錢은 當喪時 會費 徵收 및 契員 召集은 물론 下記 業務를 一切 責任져야 한다.

一 韓紙 六卷

二 白酒 二斗

三 弔旗 二組

四 燈燭(契員 個人當 一個)

第六條 契員의 總會는 年一回로 하되 冬至日로 定한다.

第七條 契員이 他處로 移家했을 時는 物品만을 提供한다. 旦, 十里(四?) 內는 契員과 物品을 提供한다.

第八條 本契에 加入할 者는 全契員의 意事를 得해야 하며 白酒 一斗를 提供한다. 契員으로서 當喪時에 不參席者에 對하여 晝間不出하고 夜間에 出席者는 當日

不參費를 支出하여야 한다.

第九條 本契員 中 當喪時 人員 動員과 物品 提供은 片親에 限하고 兩親에 有해서는 一回 人員만 提供 한다

第十條 本契員은 當喪 時 有司의 指示에 絶對 順應해야 하며 万一 召集時 不參者의 罰金은 日當 賃金으로 定한다. 旦, 이 罰金은 一日 不參金이며 萬若 一般 契日에 不參한 者는 白酒 一斗를 提供하여야 한다. 上[222]과 如히 契約함.

西紀 一九六一年 十月 三十日
為親契員 一同

■ 묵계 삼거리 위친계(爲親契) 계칙(契則) 및 회원 명단(원장부)

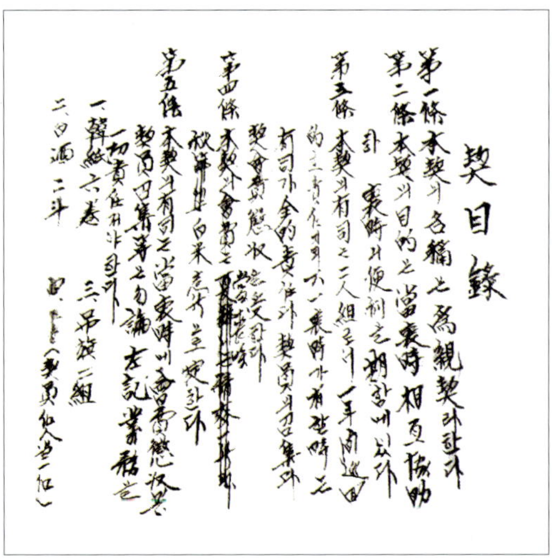

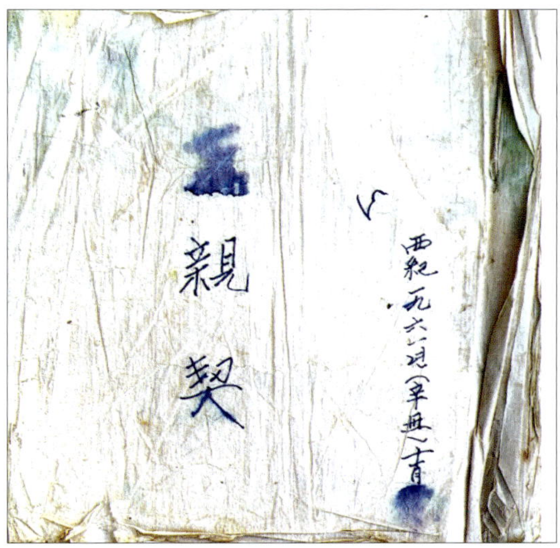

222) 縱書 문장의 "左記, 右記"는 橫書 문장에서는 각각 "下記, 上記"로 바꾸어 썼다.

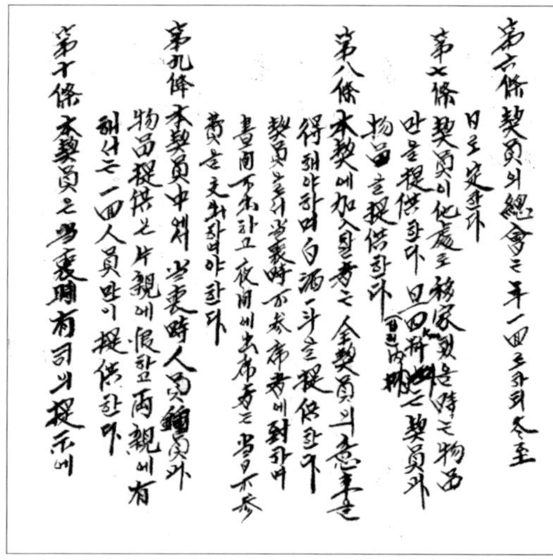

第六條 契員의 總會는 年一回로 하되 冬至日로 定함
第七條 契員이 他處로 移家할 時는 物品만을 提供한다 但 [illegible] 之 契員과 物品을 提供한다
第八條 本契에 加入한 者는 全契員의 意志를 得해야 하며 白酒一斗를 提供한다
契員으로서 喪事時 不參席者에 對하며 晝間不參하고 夜間에 出席者는 當日不參責을 免치 못하여야 한다
第九條 本契員中에서 喪事時 人員은 契員과 物品提供은 片親에 限하고 兩親에 有해서는 一回 人員만이 提供한다
第十條 本契員은 喪事時 有司의 提示에

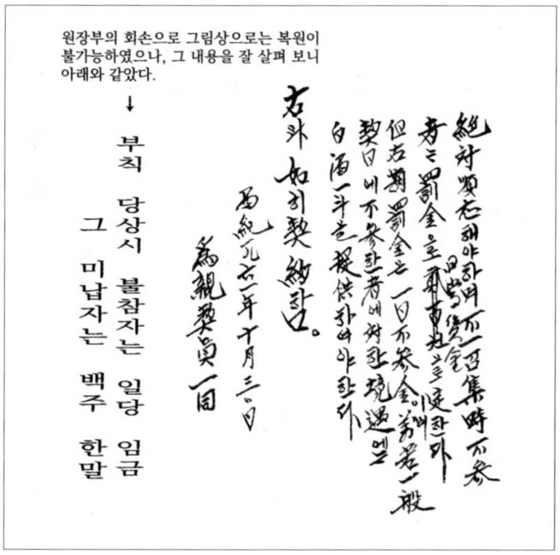

絶對 服從해야 하며 不一召集時 不參者는 罰金으로 定한다
但 左記 罰金은 一日 不參金 若一般
契日에 不參한 者에 對한 境遇에는
白酒一斗를 提供하여야 한다
右와 如히 契約함
西紀 一九六二年 十月 三日
爲親契員 一同

원장부의 회손으로 그림상으로는 복원이 불가능하였으나, 그 내용을 잘 살펴 보니 아래와 같았다.

↓

부칙 당상시 불참자는 일당 임금
그 미납자는 백주 한말

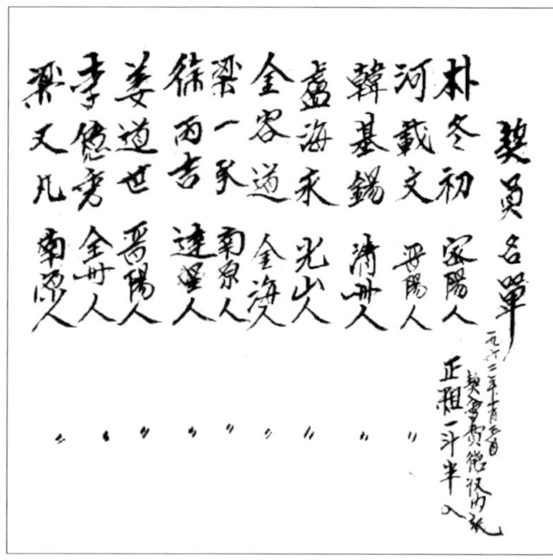

契員名單

一九六二年十月三日 契會當日 [illegible]
正租一斗半入

朴冬初 密陽人 〃
河載文 晉陽人 〃
韓基錫 清州人 〃
盧海永 光山人 〃
金容道 金海人 〃
梁一家 南原人 〃
徐丙吉 達城人 〃
姜道世 晉陽人 〃
李德秀 全州人 〃
梁又凡 南原人 〃

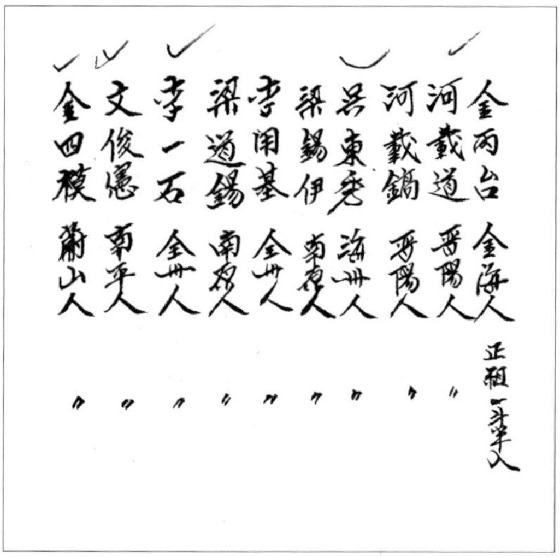

金丙台 金海人 正租一斗半入
河載道 晉陽人 〃
河載鎬 晉陽人 〃
呂東秀 海州人 〃
梁錫伊 南原人 〃
李開基 全州人 〃
梁道錫 南原人 〃
李一石 全州人 〃
文俊憲 南平人 〃
金四祿 蔚山人 〃

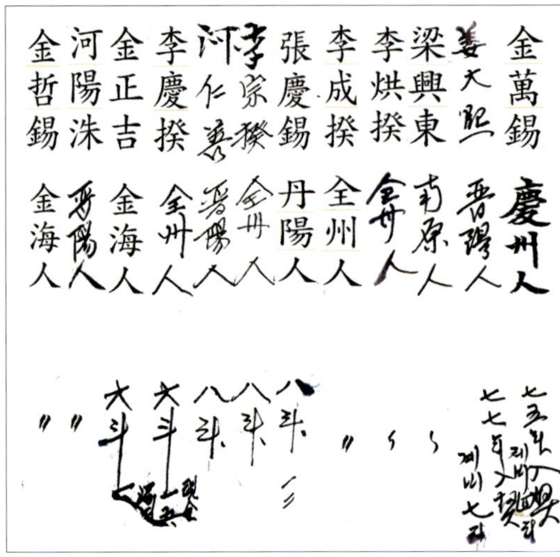

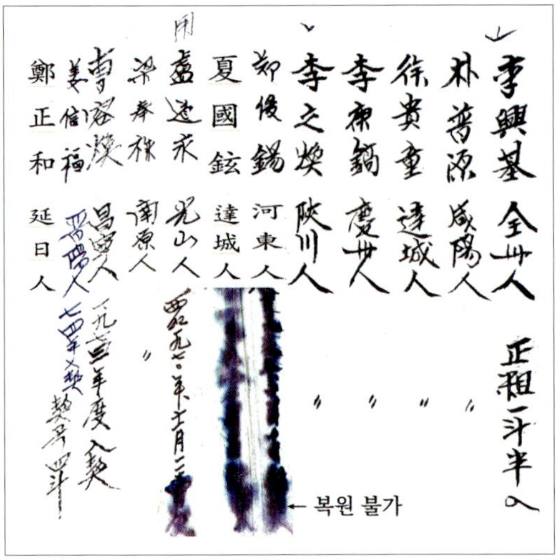

← 복원 불가

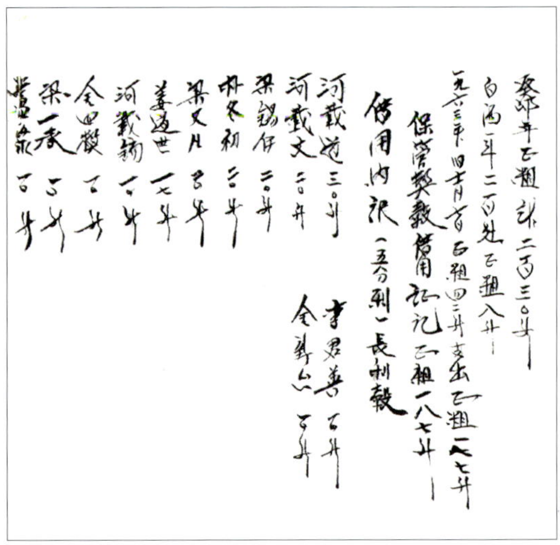

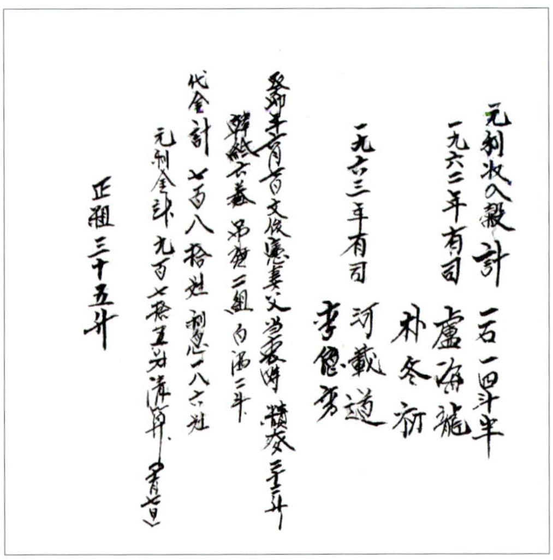

■ 묵계 삼거리 위친계원 명단(默溪(삼거리) 爲親契員 名單)-구(舊) 명부

姓名(성명)	貫鄕(관향)	1962년 11월30일 계회비 징수내역
朴冬初(박동초)	密陽人(밀양인)	正租(정조) 一斗(일두) 半入(반입)
河載文(하재문)	晋陽人(진양인)	〃
韓基錫(한기석)	清州人(청주인)	〃
盧海永(노해영)	光山人(광산인)	〃
金容道(김용도)	金海人(김해인)	〃
梁一承(양일승)	南原人(남원인)	〃
徐丙吉(서병길)	達城人(달성인)	〃
姜道世(강도세)	晋陽人(진양인)	〃
李億秀(이억수)	全州人(전주인)	〃
梁又凡(양우범)	南原人(남원인)	〃
金丙台(김병태)	金海人(김해인)	〃
河載道(하재도)	晋陽人(진양인)	〃
吳東秀(오동수)	海州人(해주인)	〃
梁錫伊(양석이)	南原人(남원인)	〃
李用基(이용기)	全州人(전주인)	〃
梁道錫(양도석)	南原人(남원인)	〃
李一石(이일석)	全州人(전주인)	〃
文俊憲(문준헌)	南平人(남평인)	〃
金四模(김사모)	蔚山人(울산인)	〃
李興基(이흥기)	全州人(전주인)	〃

姓名(성명)	貫鄕(관향)	1962년 11월30일 계회비 징수내역
朴普源(박보원)	咸陽人(함양인)	正租(정조) 一斗(일두) 半入(반입)
徐貴童(서귀동)	達城人(달성인)	〃
李康鎬(이강호)	慶州人(경주인)	〃
李之煥(이지환)	陜川人(합천인)	〃
鄭俊錫(정준석)	河東人(하동인)	
夏國鉉(하국현)	達城人(달성인)	
盧道永(노도영)	光山人(광산인)	1970년 입계
梁奉祚(양봉조)	南原人(남원인)	〃
曺容煥(조용환)	昌寧人(창녕인)	1973년 입계
姜信福(강신복)	晋陽人(진양인)	1974년 입계
鄭正和(정정화)	延日人(연일인)	〃
金萬錫(김만석)	慶州人(경주인)	1975년 입계
姜大熙(강대희)	晋陽人(진양인)	1977년 입계
梁興東(양흥동)	南原人(남원인)	〃
李洪揆(이홍규)	全州人(전주인)	〃
李成揆(이성규)	全州人(전주인)	〃
張慶錫(장경석)	丹陽人(단양인)	〃
李宗揆(이종규)	全州人(전주인)	〃
河仁善(하인선)	晋陽人(진양인)	〃

姓名(성명)	貫鄕(관향)	입계일 및회비 징수내역
李慶揆(이경규)	全州人(전주인)	〃
金正吉(김정길)	金海人(김해인)	불명
하양수	晋陽人(진양인)	
김철석		
金東錫(김동석)	蔚山人(울산인)	
姜太喆(강태철)	晋陽人(진양인)	1982년 입계
河吉奉(하길봉)	晋陽人(진양인)	〃
金南國(김남국)	蔚山人(울산인)	〃
卞興植(변흥식)	密陽人(밀양인)	1983년 입계

이상은 구(舊) 명부

묵계(삼거리) 위친계원 명단(默溪(삼거리) 爲親契員 名單)-신(新) 명부

姓名	貫鄉
이만수	전주인
김병태	김해인
하효선	진양인
양도석	남원인
박도석	함양인
서봉추	달성인
이상목	경주인
김만석	경주인
양흥동	남원인
이홍규	전주인
이성규	전주인
장주석	단양인
이종규	전주인
하인선	진양인
김정길	김해인
하양수	진양인
김철석	김해인
김동석	김해인
강태철	진양인
하길봉	진양인

姓名	貫鄉
정준석	하동인
이갑규	전주인
하원선	진양인
양영석	남원인
한석민	
최정렬	
정준구	
하정태	
양이갑	
이상 신(新) 명부	

사. 학동(鶴洞) 위친계(爲親契)

학동 위친계(爲親契) 계칙의 원본은 고산(高山) 김삼주(金三柱)가 제공했으며 한문의 입력과 한글 토는 필자가 달았고, 계칙 원본 사진도 필자가 촬영했다.

■ 학동마을 위친계(爲親契) 계칙(契則)

一. 本契 名稱은 爲親契라 稱함

二. 本契員의 名單은 左에 列名 捺印함.

三. 本契의 任務는 父·母·己·妻 四喪으로 定함.

四. 本契 契錢은 每人當 壹百圓式 收合하여 本契 資金으로 植本함.

五. 本契는 契長 一名과 有司 二名을 選置하되 每年 契會日에 改選키로 함.

六. 本 契錢은 每년 소임에게 일임키로 함.

七. 本契員으로서 當喪時에는 全契員이 一齊 補佐하여 物心兩面으로 特別히 助力하되 治喪完了時까지 不避風雨하고 積極同參키로 함.

八. 本契員 中 何某를 莫論하고 當喪時에는 一齊히 燈燭을 各自 持參키로 約定하되 萬一 不持者에게 對하여는 燈闕을 적당히 決定하여 徹低히 徵收하여 契錢으로 使用키로 함.

九. 本契員 中 當喪時 忌故가 有할 時에는 事前에 契長과 有司를 通하여 認許를 受하되, 親忌三日, 産後初七日 兩條目의 特別 有故 外에는 絶對 不認키로함.

十. 本契員으로서 當喪 時 契長의 指示를 받고서 特別有故 없이 不參 時에는 其時 日當 賃金의 上賃金을 換算하여 받아 其後 適用處에 使用하거나 契錢에 補用키로 함.

十一. 本契의 契錢은 小額이 積立되였으므로 次後 有事時에는 各自 隨時하여 精穀 一升式 出資하여 喪家에 補資키로 함.

十二. 本契員으로서 他處로 移舍하거나 形便에 依한 脫契나 無故 脫契는 本錢으로 出還키로 함.

十三. 本契의 本意는 爲親을 目的함으로 契員相互間 親睦 團結하여 異姓 同氣의 意志를 確固不動키를 目的으로 한다.

本契 契會日은 每年 舊 十一月 十五日로 定함.

■ 학동마을 위친계(爲親契) 계칙(契則) 원본

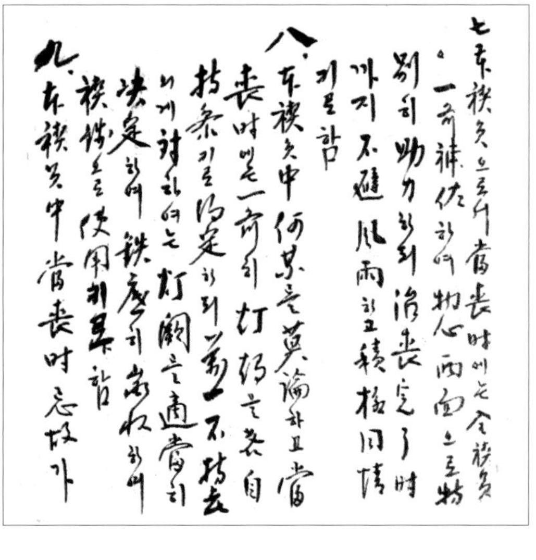

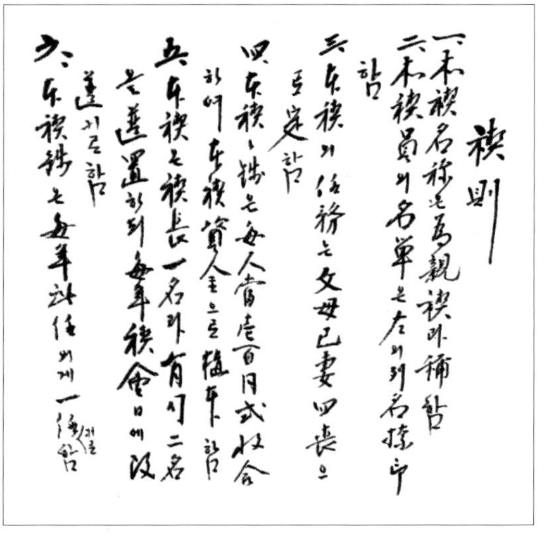

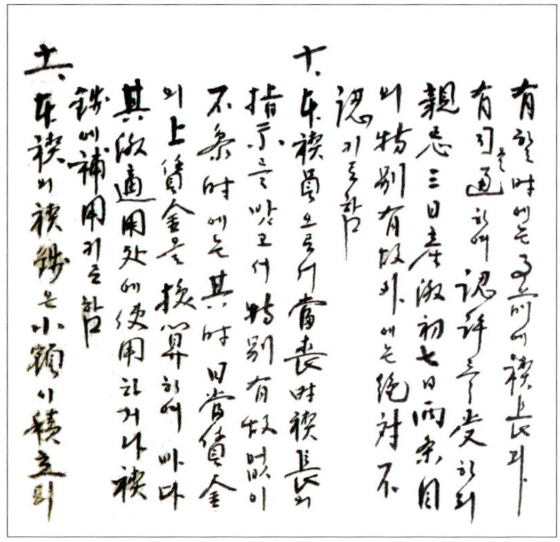

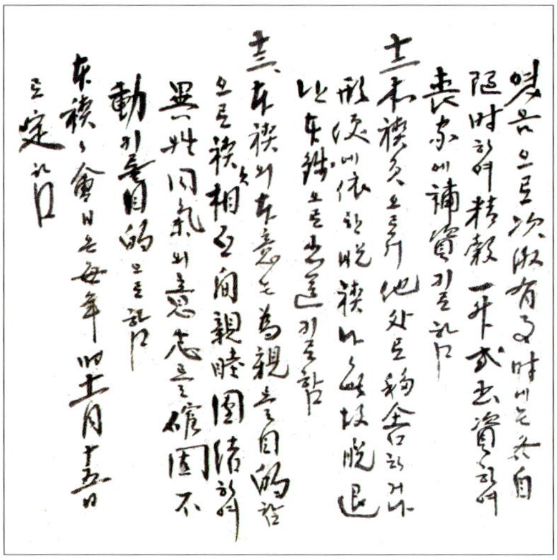

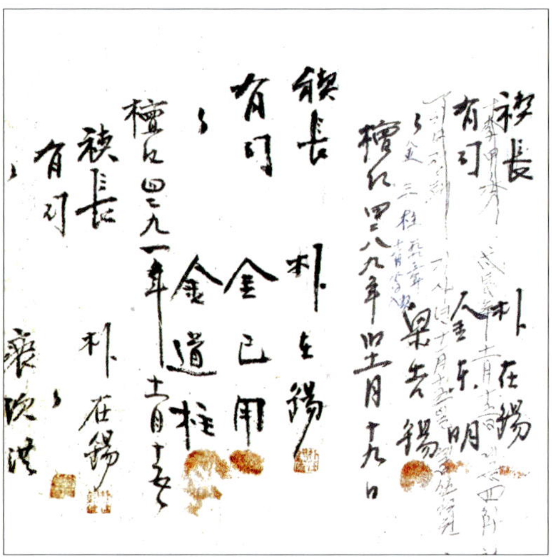

禊長 朴在錫
有司 金東明
梁吉錫
檀紀四二八九年 十二月 十九日

禊長 朴在錫
有司 金己用
金道柱
檀紀四二九一年 十二月 十五日

禊長 朴在錫
有司 裵次洪

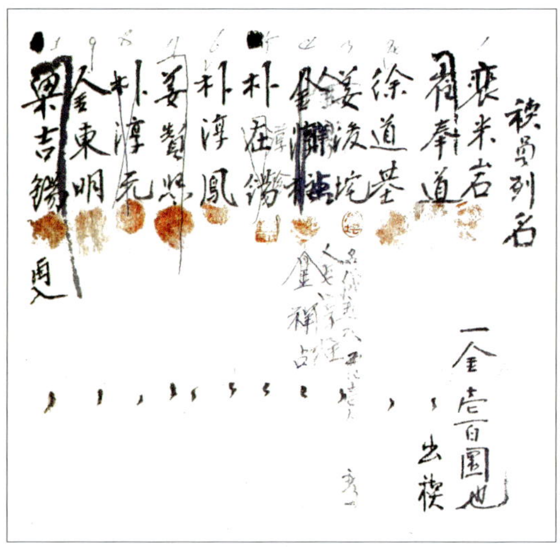

禊員列名
1 裵米岩
2 權奉道
3 徐道基
4 姜潑琓
5 金[illegible]
6 朴在錫
7 朴淳鳳
8 姜[illegible]
9 朴淳元
10 金東明
11 梁吉錫

一金 壹百圓也 出禊

■ 학동 위친계원 명단(鶴洞 爲親契員 名單)

契員列名(계원열명)		
裵米岩(배미암)		一金壹百圓也 出契(일금일백원야 출계)
崔奉道(최봉도)		
徐道基(서도기)		
姜俊垞(강준택)		
金淳柱(김순주)	金祥占(김상점)	〃
朴在錫(박재석)	朴淳珍(박순진)	〃
朴淳鳳(박순봉)		〃
姜贊熙(강찬희)		〃
朴淳元(박순원)		〃
金東明(김동명)		〃
梁吉錫(양길석)		〃
姜禹和(강우화)		〃
金己用(김기용)		〃
金道柱(김도주)		〃
姜在洙(강재수)		〃
梁三俊(양삼준)		〃
朴龍伊(박용이)		〃
河相璣(하상기)		〃
裵次洪(배차홍)		〃
鄭德永(정덕영)		〃

契員列名(계원열명)		
都正錫(도정석)		一金壹百圓也 出契(일금일백원야 출계)
鄭世和(정세화)		〃
都永祚(도영조)		〃
鄭祥泰(정상태)		〃
姜雄渭(강웅위)		〃
金東敎(김동교)		〃
金月敎(김월교)		〃
鄭龍元(정룡원)		〃
韓日植(한왈식)		〃
金容德(김용덕)		〃
吳範煥(오범환)		〃
夏禹錫(하우석)		〃
崔柄植(최병식)		〃
姜夢渭(강몽위)		〃
姜大熙(강대희)		〃
鄭民和(정민화)		〃
梁泰錫(양태석)		1965년 입계 120원
姜点錫(강점석)		〃
河賢容(하현용)		〃
梁道錫(양도석)		〃

契員列名(계원열명)		
姜銀錫(강은석)		1965년 입계 120원
葛基鍾(갈기종)		1966년 입계 140원
柳周恩(유주은)	姜基喆(강기철)	〃
金在洙(김재수)		〃
姜七萬(강칠만)		〃
金彩龍(김채룡)		〃
金興基(김흥기)		1967년 입계 160원
金成福(김성복)		〃
鄭相和(정상화)		〃
鄭德永(정덕영)		1968년 입계 220원
姜成杓(강성표)		1969년 입계 250원
禹鍾喆(우종철)		1972년 입계
李德基(이덕기)		1973년 입계 500원
朴盛鳳(박성봉)		1974년 입계 700원
鄭焞化(정순화)		1975년 입계 900원
崔在云(최재운)		1977년 입계 1,200원
裵在賢(배재현)		〃
韓基石(한기석)		〃
金守奉(김수봉)		〃
李道洙(이도수)		1978년 입계 1,300원

계원열명(契員列名)		
김대윤(金大允)		1978년 입계 1,300원
최행대(崔行大)		〃
김갑주(金甲柱)		1979년 입계 2,800원
허경희(許慶熙)		1984년 입계 3,000원
김형태(金炯泰)		1986년 입계 3,500원
최기수(崔基洙)		〃
이갑수(李甲秀)		1988년 입계 4,000원
김정태(金正泰)		1989년 입계 5,000원
김삼주(金三柱)		1993년 입계
강덕성(姜德成)		1994년 입계 일만원
이하 빈칸		

학동 위친계 활동(2015년 죽헌 선생 장례식) 모습(학동 김종규 제공)

아. 학동(鶴洞) 품물계(品物契)

학동(鶴洞)마을에는 1960년대에 조직된 품물계(品物契)가 있었다. 이 시기는 지리산 빨치산 때문에 소개를 떠나 뿔뿔이 흩어져 7~10여 년 동안 피난 생활을 하다가 고향으로 돌아오기 시작해서 어느 정도 생활이 안정되어 가던 시기였다. 이렇게 주민들의 생활이 어려웠던 시절 혼례나 장례 시 잔치를 펼쳐야 하는데 잔치를 하려면 병풍, 차일, 포장, 관대, 북, 쟁반, 주전자, 상 등이 필요했다. 각 개인 가정이 이런 물품들을 집마다 갖추기 어려웠다. 그래서 품물계를 만들어 계원들이 자금을 모아 공동으로 물품을 사서 공동으로 이용하고, 사용한 사람에게는 사용료를 받아 계 운영비로 썼다. 아울러 마을의 기강도 바로 세워 미풍양속을 선양하기 위한 마을 공동체적인 성격의 제도였다. 학동 품물계는 1999년 을묘(乙卯)년 음력 11월 15일에 계일에 계금(1,298,000원) 전액과 품물 일체를 위친계에 이양하고 해산하였다.

■ 학동마을 품물계(品物契) 계칙(契則)(庚子年, 1960년)-원본

第一條 本契 名目은 農村復興娛樂品物契라 稱함

第二條 本契 品物 購買資金 醵出에 對하여 出資 贊助한 者로서 確定한 契員으로 定함

第三條 本契 品物 保管에 對하여는 全契員 中에서 契長 幹事를 選定하여 各種 品物을 保管責任키로 定함

第四條 本契員 多數가 集會하여 娛樂하는 途中에 品物 壹件이 破損되는 것은 默認하되 個人이 單獨的으로 品物을 破損할 境遇에는 異議없이 辨償키로 함

第五條 本契 品物로서 在來 習慣에 依據하여 全洞으로 娛樂이 開始되어 契中으로 若干의 錢穀의 受入이 有할 時난 全 契員의 必要品 婚具나 其他 物品을 購買하되 契員 半數以上의 同意를 得하여 處理 決定키로 함

第六條 本契 趣旨를 娛樂 品物契로 만이 主示하는 것 보담 鄕里에 美風 善俗을 奬勵하여 契員 同志間에 和睦團結하여 相扶相助의 愛族的 精神을 涵養시켜 確固 不變할 意志를 相互 論定함

第七條 契員 中 特히 注意할 것은 老·青·少年 酒狂者 賭博常習者 父母에게 不孝한 者 尊長에게 不敬한 者 部落 門前에서 來往間 流行雜歌를 方唱하는 者 等을 契員

相互摘發하여 全洞契員 立會下에서 善喩警戒 하여도 旧習을 不廢時는 本 契員 決議下에 他處로 逐放키로 定함

第八條 前記 條項 中 事親敬長에 特別한 者 有할 時는 有賞 有罰키로 하고 地方 風氣 紊亂을 團束하기로 定함

第九條 本 契員은 常時 地方團体의 公共心을 가져 個人의 行動을 떠나 滅私奉公의 義志를 普及시켜 相敬相愛키로 定함

第十條 本契 財錢이 多少 積立될 時는 每年 經理幹事를 選定, 財錢을 保管 處理키로 定함

第十一條 契會 日字는 每年 暢月(음력 동짓달) 晦日(그믐날)로 定함

第十二條 本契員 名單은 左에 列書함.

庚子年(1960년) 正月 十五日

■ 학동마을 품물계(品物契) 계칙(契則)(원본)

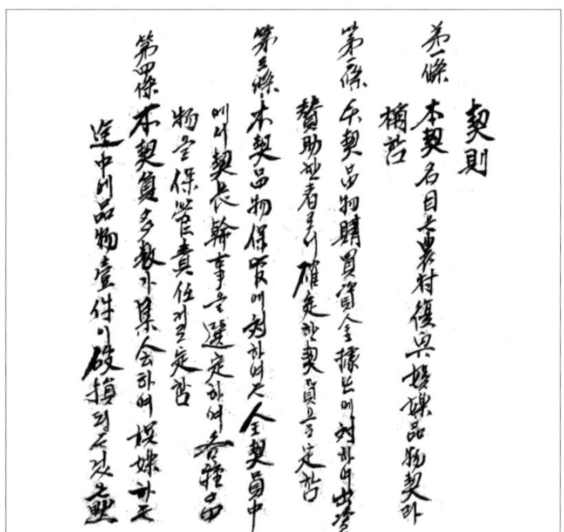

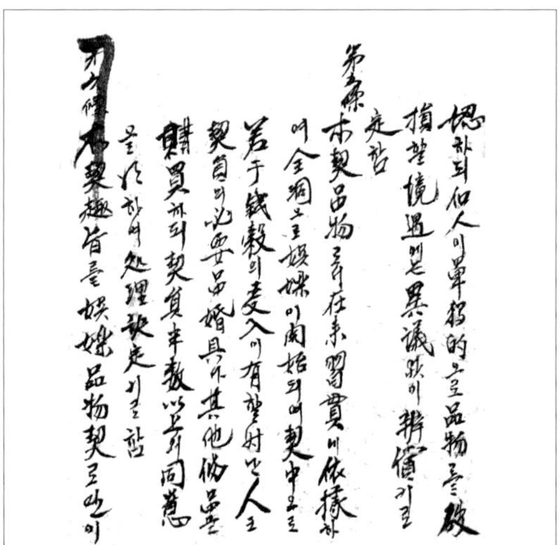

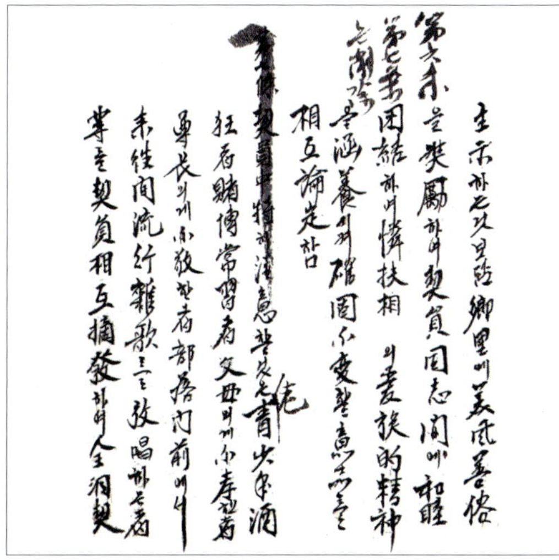

主宗하는것으로 鄕里에 美風善俗
第六條 을 奬勵하야 契員同志間에 和睦
第七條 團結하야 憐扶相 의 表揚的 精神
을 涵養에서 確固不變할 意思를
相互論定함
~~第八條 契員中 特히~~ 靑少年 酒
狂者 賭博常習者 父母에게 不孝한者
尊長의게 不敬한者 部落內前에서
未性間 流行雜歌로 放唱하는者
等을 契員相互摘發하야 全洞契

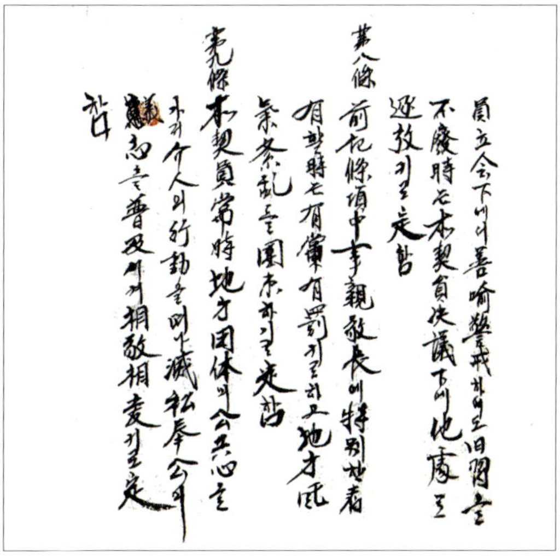

員立会下에서 善喩警戒하야도 旧習을
不廢時는 本契員決議下에 他處로
逐放키로 定함
第八條 前記條項中 事親敬長에 特別한者
有할時는 有賞有罰키로 하고 地方風
紊亂을 團束하기로 定함
第九條 本契員 常時 地方團体의 公共心을
가져 个人의 行動을 叫滅私奉公의
精神을 普及에서 相敬相愛키로 定
함

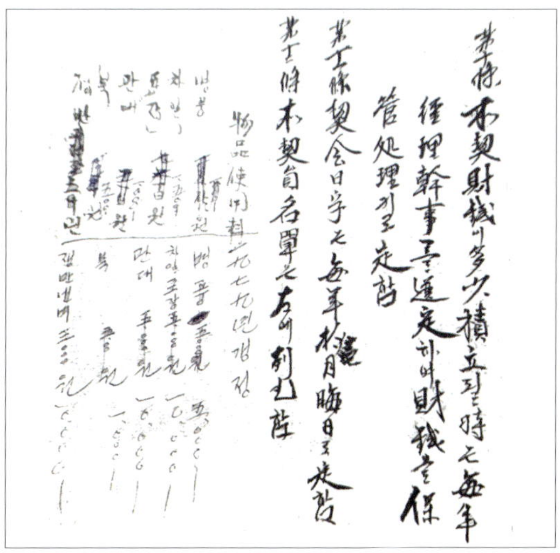

第十條 本契財錢이 多少 積立될時는 每年
經理幹事를 選定하야 財錢을 保
管處理키로 定함
第十一條 契会日字는 每年 秋月 晦日로 決함
第十二條 本契員名單은 左에 列記함

物品使用料 一九七九년 개정

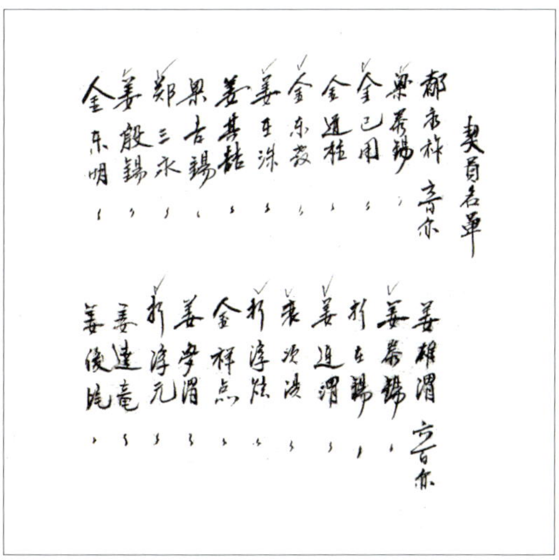

契員名單

郡永祚 音亦
梁泰錫
金己用
金道桂
金東敎
姜在洙
姜基龍
吳古錫
鄭三永
姜殷錫
金東明

姜相渭 音亦
姜泰錫
朴在錫
姜道渭
裵淡湊
朴淳炫
金祥点
姜學渭
朴淳元
姜達竜
姜俊洗

학동마을 품물(品物) 목록(目錄) 및 사용료(使用料)

품물명	사용료(원)				비고
	1960년	1970년 개정	1979년 개정	회원	
병풍	500	1,000	5,000	5,000	
차일, 포장	200	1,500	5,000	4,000	
관대	500	1,000	5,000	100	
북	100	500	500	2,000	
쟁반, 주전자	50		10,000	5,000	
상		3,000	쟁반 냄비 10,000		
주전자			2,000	5,000	

학동마을 품물계원 명단(鶴洞 品物契員 名單)

姜俊垞(강준택)	姜達竜(강달룡)	朴淳元(박순원)	姜夢渭(강몽위)	金祥点(김상점)	朴淳炫(박순현)	裵次洪(배차홍)	姜延渭(강연위)	朴在錫(박재석)	姜泰錫(강태석)	姜雄渭(강웅위)	金東明(김동명)	姜殷錫(강은석)	鄭三永(정삼영)	梁吉錫(양길석)	姜基喆(강기철)	姜在洙(강재수)	金東敎(김동교)	金道柱(김도주)	金己用(김기용)	梁泰錫(양태석)	都永祚(도영조)
〃		〃	〃	〃	〃	〃	〃	〃	〃	〃	〃	〃	〃	〃	〃	〃	〃	〃	〃	〃	六百圓(육백원)
朴正根(박정근)	朱萬錫(주만석)	裵二煥(배이환)	李陽浩(이양호)	河萬禎(하만정)	裵米岩(배미암)	金祥錫(김상석)	姜正錫(강정석)	崔奉道(최봉도)	金容德(김용덕)	韓成植(한성식)	都正錫(도정석)	李廷佑(이정우)	韓政植(한정식)	金月敎(김월교)	姜俊鎔(강준용)	鄭圭和(정규화)	鄭龍元(정용원)	河相璣(하상기)	朴用伊(박봉이)	鄭德永(정녁영)	徐道基(서도기)
〃	〃	〃	〃	〃	〃	〃	〃	〃	〃	〃	〃	〃	〃	〃	〃	〃	〃	〃	〃	〃	六百圓(육백원)

성명	비고	성명	비고
裵斗煥 (배두환)	六百圓 (육백원)	金守奉 (김수봉)	1978년 입계 입회 1,300원
梁聖甲 (양성갑)	〃	李道洙 (이도수)	1980년 입계 입회 2,800원
梁三俊 (양삼준)	〃	韓基錫 (한기석)	〃
金俊碩 (김준석)	〃	梁在善 (양재선)	1984년 입계 입회 3,000원
鄭相泰 (정상태)	〃	姜大柱 (강대주)	1986년 입계 입회 3,200원
李鍾七 (이종칠)	〃	金連煥 (김연환)	〃
李天熙 (이천희)	〃	金正泰 (김정태)	〃
姜七萬 (강칠만)	〃	許慶熙 (허경희)	〃
吳範煥 (오범환)	1962년 입계 백미두되	權鍾鶴 (권종학)	〃
姜判道 (강판도)	1960년 찬조 오백원	金三柱 (김삼주)	〃
鄭再永 (정재영)	1965년 입계 150원	宋在明 (송재명)	〃
夏禹錫 (하우석)	찬조금 30원	崔基洙 (최기수)	〃
姜象渭 (강상위)	찬조금 30원	이하 빈칸	
李德基 (이덕기)			
崔炳植 (최병식)	찬조금 50원		
金甲柱 (김갑주)	찬조금 50원		
金吉洙 (김길수)			
金興基 (김흥기)	1973년 입계 입회 500, 찬조 500		
禹鍾喆 (우종철)	1973년 입계 입회 500		
徐道明 (서도명)	〃		
崔載云 (최재운)	1978년 입계 입회		
金大允 (김대윤)	1978년 입계 입회 1,300원		

학동마을 품물계 찬조금(鶴洞 品物契 贊助金)

성명	찬조금
金道柱 (김도주)	壹仟五百圓 (일천오백원)
金己用 (김기용)	五百圓 (오백원)
梁泰錫 (양태석)	五百圓 (오백원)
梁三俊 (양삼준)	貳仟四百圓 (이천사백원)
朴在錫 (박재석)	五百圓 (오백원)
梁吉錫 (양길석)	六百圓 (육백원)
姜延渭 (강연위)	貳仟圓 (이천원)
姜判度 (강판도)	五百圓 (오백원)
裵次洪 (배차홍)	五百圓 (오백원)
朴淳炫 (박순현)	貳仟圓 (이천원)
河相璣 (하상기)	五百圓 (오백원)
金祥点 (김상점)	壹仟圓 (일천원)
金彩永 (김채영)	四百圓 (사백원)
徐道基 (서도기)	五百圓 (오백원)
金月教 (김월교)	壹仟圓 (일천원)
李廷佑 (이정우)	五百圓 (오백원)
趙龍文 (조용문)	貳百圓 (이백원)
姜泰錫 (강태석)	五百圓 (오백원)
姜夢渭 (강몽위)	五百圓 (오백원)
計 (계)	壹萬五仟百圓 (일만오천백원)

자. 회동(檜洞) 상포계(喪布契)

회동(檜洞) 상포계(喪布契)는 한국전쟁 이후 지리산에 평화가 찾아오자 소개(피란) 생활로부터 고향으로 돌아온 동민들이 당시로서는 그야말로 대사(大事)였던 상례(喪禮)를 지키기 위하여 상부상조 정신으로 창계하였다. 그 후 시작된 근대화, 산업화 과정에서 농촌의 노동력이 도시로 몰리면서 마을 구성원에 많은 변화를 가져옴으로써 그 시대 상황에 맞추어 여러 차례 발 빠른 변신을 거듭해 온 것으로 보인다.

첫째, 회동(檜洞) 상포계(喪布契)는 단기 4289년, 즉 서기 1956년 병신년(丙申年)에 이태기(李台基) 등 35명이 창계하였다. 당시 계칙은 모두 8개 조(제3조가 2개)로 구성되어 있었다. 병신년 계칙의 특징은 "회원 1인당 혜택은 2회"로 명시되어 있었고, 특히 추후 입계를 엄격하게 제한하고 있었다. 상포계의 사용 사례를 보니 부모 별세(別世)의 경우가 가장 많았고, 조부모나 본인 별세인 경우에도 사용한 사례가 많았으며, 본인 회갑 시에도 상포계의 혜택을 본 사례도 있었다.

그 2년 후인 1958년 무술년(戊戌年)에 새로운 상포계를 구성한다. 2년 전과 달라진 점은 "상포 계칙"을 "상포 계목(契目)"이라고 달리 표현했으며, "제6조"(계회 일에 불참한 자에 대한 징벌)를 강화하였으나 "제7조"(입계)를 삭제하여 입계를 자유롭게 했다. 그래서인지 회원은 39명으로 늘었다. 여기서는 '상포계'의 '계(稧)' 자(字)를 '계(契)' 자(字)로 바꾼 점이 눈에 띈다. 여기까지 상포계 관련 자료는 합체하여 단권으로 묶어 놓았다.

둘째, 1966년에 〈상포계안(喪布契案)〉이라는 이름으로 새로운 상포계가 구성된다. 여기에는 "회칙"은 없으나 7개 항의 결의 사항을 명시하여 회칙을 대신한 것으로 보인다. 이때 회원은 30명이었다. 당시의 기록은 별책으로 남아있다. 이 무렵에 회동에는 1968년 무신년(戊申年)에 위친(爲親)을 위한 목적으로 '주성계(酒誠契)'를 별도로 운영한 점은 특이하다. 이것은 상포계를 보완하는 조직으로 상포계와 함께 운영된 것으로 보인다.

셋째, 1985년 을축년(乙丑年)에 '회동상포계(檜洞喪布契)'를 새롭게 별책으로 만들었다. 표지에 '건곤(乾坤) 합부(合部)'라거나 '신집(新集)'이라는 용어를 사용한 것으로 보아 기존의 구 장부 2권을 승계한 것으로 보인다. 이때 회원은 29명이었으며 1991년 12월에 이후 기록이 중지되었다. 회동 상포계(喪布契)와 관련된 자료는 김영민 원묵마을 이장으로부터 받았다. 이장님께 감사드린다.

■ 회동마을 상포계(喪布契) 계칙(契則) 등(원본)

1985년 회동 상포계 표지(원본을 포토샵으로 수정)

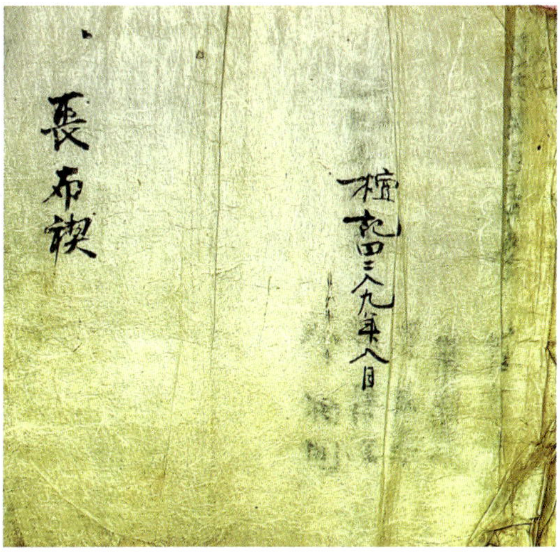

1956년 회동 상포계 표지(1966, 1985년 별도)

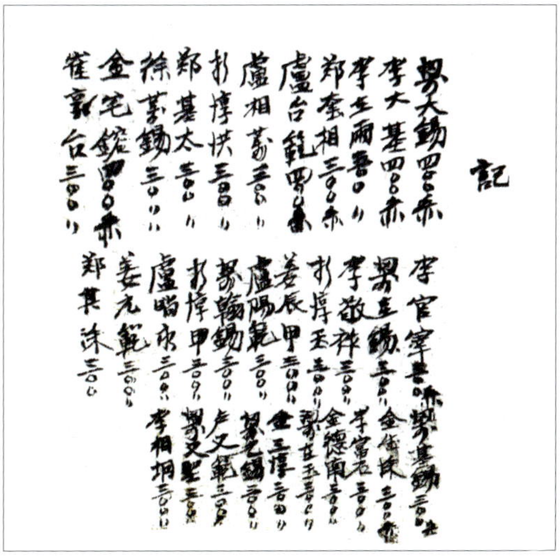

회동 상포계 활동 기록

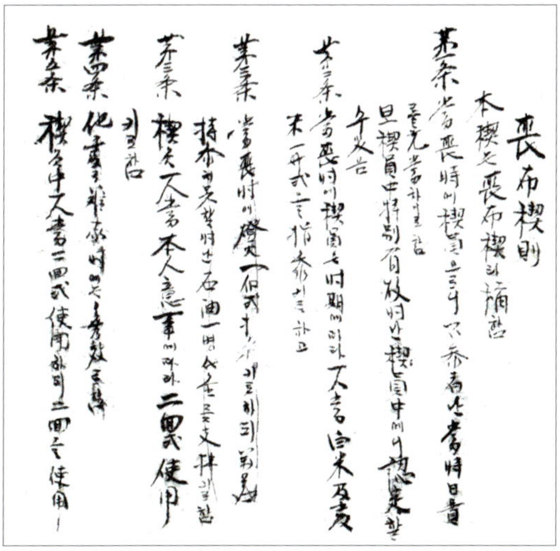

회동 상포계 계목

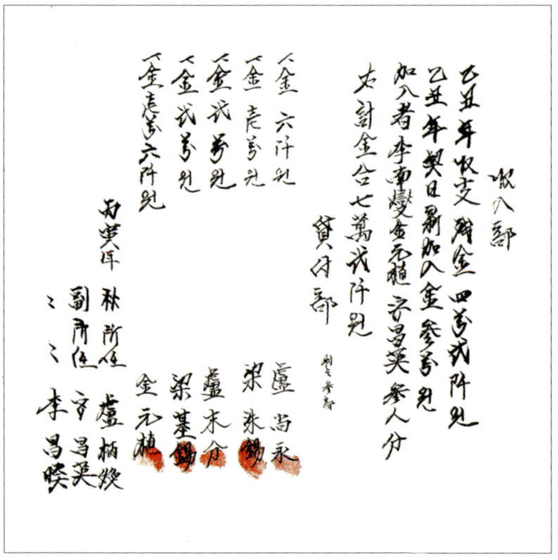

회동 상포계 운영사례

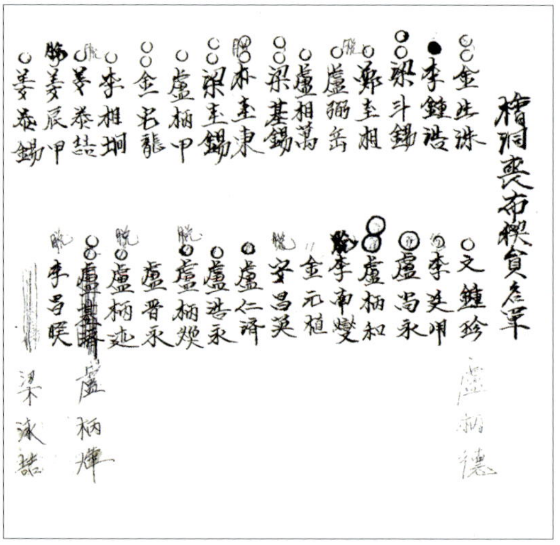

회동 상포계원 명단

(1) 1956년 병신년 회동마을 상포계

■ 1956년 병신년 회동마을 상포계칙(喪布稧則)

本 稧는 喪布稧라 稱함

第一條 當喪 時에 稧員으로서 不參者난 當喪 時 日費를 充當하기로 함. 但, 稧員 中 特別有故 時난 稧員 中에서 認定할 수 있음

第二條 當喪 時에 稧員은 時期에 따라 一人當 白米 及 麥米一升式을 指參키로 하고

第三條 當喪 時에 燈火 一個式 持參키로 하되 萬若 持參치 못할 時난 石油 一병 代金을 支參키로 함

第三條 稧員 一人當 本人 意事에 따라 二回式 使用키로함.

第四條 他處로 離家 時에는 無效로 한다.

第五條 稧員中 一人當 二回式 使用하되 二回의 使用處가 無한 者에게는 保資로 떨어주기로 함.

第六條 稧會日에 不參者난 何人을 莫論하고 時期에 따라 日當費를 充當하기로 함. 但, 特別有故 時난 稧員들의 過半數에 따라 結定한다.

第七條 萬若 入稧를 願한 者가 有할 時는 現稧員 數에 追加할 수는 없으나 充當할 수는 있음.

■ 1956년 병신(丙申)년 회동마을 상포계원 명단(檜洞 喪布契員 名單)

丙申 1956 稧員名單																				
	李台基 鐘浩	盧又範	朴淳玉	梁乙錫	梁斗錫	金生洙	金東敎	朴淳洪 守東	梁大錫	李在雨	鄭圭相	鄭基太	盧相萬	梁基錫	朴淳甲	梁奎錫	盧陽範	金宅龍	李相坰	梁在玉
	金月敎	姜泰喆	盧允濟	姜辰甲	崔亨台	李萬宰	鄭皓元	徐道金 福世	盧尙永	李南植	李点宰	金東鍾	梁相錫	金德南	李永基	戊申入稧 都点龍	戊申入稧 孫洙萬	戊申入稧 金福鎔	壬子入稧 盧弼岳	이하빈칸

(2) 1958년 무술(戊戌)년 회동마을 상포계

■ 1958년 무술(戊戌)년 회동마을 상포계목(喪布稧目)

本 稧는 喪布稧라 稱함

第一條 前(1956년 병신년)과 同

第二條 前과 同

第三條 前과 同

第四條 前 두 번째 第三條와 同

第五條 前 第六條와 同

第六條 稧會日에 不參者난 幾人多小를 莫論하고 其日 日會費를 全部 不參者 中에서 負擔키로 定함. 但, 特別有故者는 事前에 有司에게 連絡치 않으면 인정치 않음

第七條 삭제

■ 1958년 무술(戊戌)년 회동마을 상포계원 명단(檜洞 喪布契員 名單)

盧又範	盧陽範	梁奎錫	朴淳洪	梁基錫	盧相萬	鄭基太	鄭圭相	李在雨	梁大錫	朴淳洪	金東敎	金生洙	梁漢錫	梁乙錫	朴淳玉	盧台範	吳永祚	洪完杓	李大基	丙申 1956 禊員名單
이하 빈칸	金德南	梁相錫	金在鍾	姜長秀	李敬祚	李富乭	盧尙永	徐道金	鄭禧佑	李官宰	崔亨台	姜辰甲	朴判岳	盧允濟	姜泰喆	金月敎	梁在玉	李相坰	金宅龍	

(3) 1965년 병오(丙午)년 회동마을 상포계

■ 1965년 병오(丙午)년 회동마을 상포계안(喪布契案)의 결의 사항(계칙)

一. 父母 當喪時에 各 契員當 白米 一升과 燈火 壹燈式(등불 1개씩)을 持參하기로 하고 本 契資金으로 厚紙 壹卷과 弔旗 壹点을 右와 如히 持參키로 決議하였음

二. 前記 物品을 或 祖父母에게 二回分을 全部下用하고 自己 父母의 當喪을 当하였을 時는 契員 一同이 一身만으로 無違(어김이 없이) 勞力하여 주기로 決議 하였음

三. 祖父도 돌아가시고 片父母가 계실 時는 片父母 一回 回甲 時에 前記 物品 白米一升(쌀 한 되), 白紙一卷, 弔旗一폭 代金으로 收納하여 주기로 하고, 本 契員만은 不用함. 萬若 片父母 回甲도 지나가고 用處가 無할 時는 小大祥 時에라도 右記 物品을 收納하여 주기로 決議 하였음

四. 契員家에 當時에 不及한 事情으로 不參할 境遇에는 代立人(대체 인력)을 사서 보내기로 決議 하였고, 萬若 代立人도 無 境遇에는 當喪 當日부터 出喪日까지 日費를 現金으로 喪家宅에 納入하기로 決議 하였음

五. 萬若 当喪處가 周圍 十里 以外로 有할 時는 契員은 未去하기로 하고 前記 三件의 物品을 收送하기로 決議 하였음

六. 本契員 家庭 還境으로 因하여 十里 以外로 移去를 하여 脫退를 要할 時는 本契 出資金 一切을 無效脫退하기로 決議 하였음

七. 前記 物品을 契員 一人이라도 爲先 受用하고 不得한 移居 事情으로 脫退를 要하는 者는 本 出資 契金과 全部 一切을 無效 脫退하기로 決議 하였음

■ 1966년 병오(丙午)년 회동마을 상포계원 명단(檜洞 喪布契員 名單)

盧柄柱	盧柄碩	李昌睽	盧柄和	金鍾文	盧香濟	蘇鍾蘭	盧旻濟	李廷鎬	盧基濟	河啓仁	盧在永	盧殷濟	盧柄煥	盧在範	盧昔濟	盧相濟	盧柄逑	盧衛濟	丙午 1966 稧員 名單
							이하빈칸	金東龍	文四仁	禹鍾烈	姜斗錫	鄭在鐵	盧判濟	盧洙濟	金福來	盧奉濟	金聖權	盧柄兆	

(4) 乾坤合部 을축(乙丑) 1985년 至月十一月 午時 新集 檜洞마을 喪布稧 계칙

■ 乾坤合部 을축(乙丑) 1985년 至月十一月 午時 新集 檜洞마을 喪布稧

本 稧는 喪布稧라 稱한다.

第一條 當喪 時에 稧員으로서 不參한 者는 當喪時 日費를 支拂한다. 但 稧員 中 特別 有故 時 稧員中에서 認定할 수 있다.

第二條 當喪 時에 本 稧員은 一人當 白米 一升을 本 喪家에 支拂한다.

第三條 喪家 賻助는 稧員 一人當 貳回로 決定한다.

第四條 本 稧員 中 片父母가 有할 時는 一回는 本人의 使用에 따라 要하는 대로 俌資하여 준다.

第五條 萬若 入稧를 願하는 者가 有할 時는 本 稧員의 過半數 以上 決議에 따라 入稧할 수 있다.

第六條 或 稧員 中 他處로 離家를 할 時는 本 稧則에 對한 資金 및 俌資 一切을 無效로 한다.

稧日은 每年 冬至

■ 喪布稧 物品記

-檜洞: ○차일(遮日) 1개 ○포장 2개 ○냄비 30개 ○쟁반 34개 ○냄비 30개 ○소반 10개 ○주전자(대) 5개 ○주전자(소) 1개 ○소북 1개 ○양주 새톱 1개

-元黙: ○차일(遮日) 1개 ○포장 2개 ○냄비 20개 ○사기 쟁반 25개 ○나이론 쟁반 18개

■ 1985년 을축(乙丑)년 회동 상포계원 명단(檜洞 喪布契員 名單)

1985년 을축(乙丑)년 회동 상포계원 명단(檜洞 喪布契員 名單)

稧員名單		
金生洙		金元植
李鍾浩		安昌英
梁斗錫		盧仁濟
鄭圭相		盧浩永
盧弼岳		盧柄煥
盧相萬		盧晉永
梁基錫		盧柄述
朴圭東		盧柄基燁濟
梁奎錫		李昌暌
盧柄甲		梁泳洙喆錫
金宅龍		이하 빈칸
李相坰		
姜泰喆		
姜辰甲		
姜泰錫		
文鍾珍		
李廷用		
盧尙永		
盧柄和		
李南燮		

차. 회동(檜洞) 주성계(酒誠契)

회동마을에는 1968년 무신년(戊申年) 11월 29일에 '주성계(酒誠契)'를 결성했다. 주성계는 말 그대로 당상(當喪)을 당했거나 회갑연 등 길흉사에 손님 접대용 술이 필요하니 20명(3명은 탈퇴)의 회원이 각자 200원씩 출자하여 막걸리 1말씩을 부조해 주는 계(契)를 결성했다. 이것은 상포계의 일부 기능을 보완하기 위해서 창계한 것으로 보인다. 계회 일자를 매년 상포계와 같은 날에 운영함으로써 효율을 기한 지혜도 엿보인다. 회동마을의 '주성계' 계칙과 회원 명단은 다음과 같다.

다음에 소개하는 계칙은 '국한문 혼용문(왼쪽)'과 '국문(오른쪽)'의 2가지인데, 양쪽의 내용에 약간씩 차이가 나는 부분은 '국문'의 내용을 우선하여 조정했으며, 특히 '국문' 계칙은 어법과 맞춤법 등을 고려하여 수정하였다.

■ 회동 주성계(酒誠契) 계칙(契則)과 회원 명단(원본)

아래 표지의 '酒誠契' 3글자는 표지가 낡아서 없어진 것을 '계칙' 첫머리에서 3자를 따와서 집자(集字)하여 넣었다.

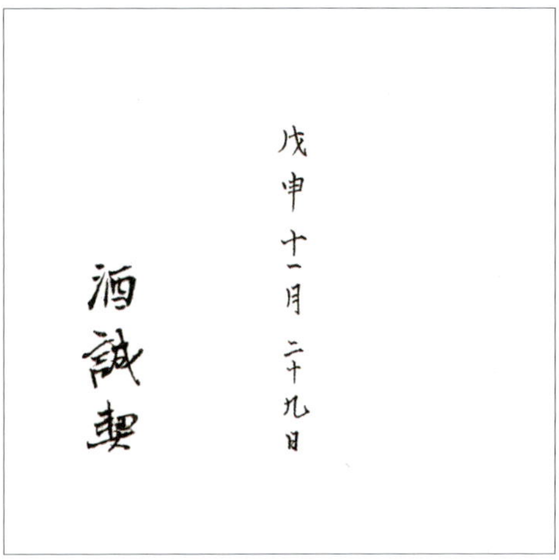

회동 주성계 회원 명단

회동 주성계 계칙(일부)

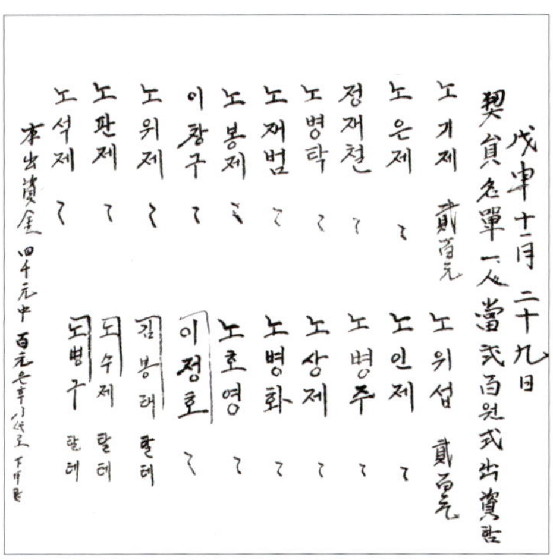

회동 주성계 회원 명단

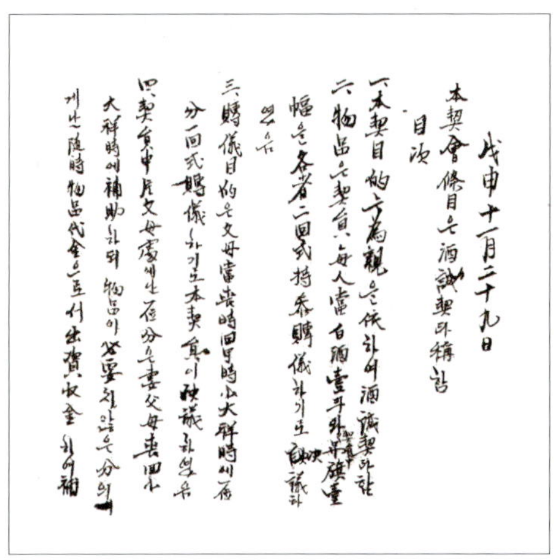

회동 주성계 계칙(일부)

■ 1968년 무신(戊申)년 회동 주성계(酒誠契) 계칙

本 契會 條目은 酒誠契라 稱함

一. 本契目的은 爲親을 爲하여 酒誠契라 함

二. 物品은 契員每人當 白酒 壹斗와 契員中弔旗壹幅을 各者 二回式持參賻儀하기로 決議하였음

三. 賻儀目的은 父母當喪時 回甲時 小大祥時에 一位分 一回씩 賻儀하기로 本契員이 決議하였음

四. 契員中 片父母處에는 一位分은 妻父母喪이나 小大祥時에 補助하되 物品이 必要치 않은 分에게는 隨時物品代金으로서 出資收金하여 補助하기로 無違決定하였음

五. 契員中에 兩位分이 俱歿한 者는 自己 又는 兄에게나 所望대로 補助하기로 하고 或女子侄結婚時에는 本契員이 不應하기로 如是決議함

六. 若 契員者가 前用 脫退時는 前用金을 支拂하기로 하였음

七. 本 契會 日字는 每年 喪布契會時 同日하기로 定하였음.

■ 1968년 무신(戊申)년 회동 주성계(酒誠契) 계원 명단(원본이 한글임)

契員名單	노병구	노수제	김봉래	이정호	노호영	노병화	노상제	노병주	노인제	노위섭	노석제	노판제	노위제	이창구	노봉제	노재범	노병탁	정재철	노은제	노기제
	탈퇴	탈퇴	탈퇴	〃	〃	〃	〃	〃	〃	〃	〃	〃	〃	〃	〃	〃	〃	〃	〃	貳百원

카. 회동(檜洞) 품물계(品物契)

회동마을에는 단기 4289년, 서기 1956년 음력 8월 추석에 품물계(品物契)를 조직했다. 여기서 '품물'은 품목(品目), '물품(物品)'과 같은 말로 영어로는 'item'이다. 1956년 당시 청암면 묵계리는 매우 어려운 시기였다. 1948년 10월에 일어난 여순사건의 여파로 지리산에 잠입한 공비들이 보급품을 구하기 위해 산 아래 민가를 조직적으로 덮치면서 피해가 커지자, 1949년 7월부터 국가의 소개 작전에 따라 고향을 떠나 정처 없는 피난 생활에 지친 동민들이 1955년 을미년 봄 무렵부터 지리산 일대에 어느 정도 평화가 찾아오자 한 집, 두 집 귀향하면서 수년 동안 숲으로 변해버린 묵정논·밭을 다시 일구며 희망을 되찾기 시작하던 시기였다. 당시 피난 생활의 비참함은 앞서 소개한 운당 노용제 선생과 오헌 양삼준 선생의 시에서도 잘 나타난다.

고향으로 돌아온 회동 동민들이 1956년 추석에 약간의 기금(개인별로 300원에서부터 650원까지, 계원명단 참조)을 모아 품물계를 만든다. 아직 두서가 없던 시대여서인지 회칙도 없고, 어떤 품물을 얼마만큼 보유했는지 하는 기록도 따로 없었으나 회원명부와 기금을 낸 기록과 수입·지출 등의 기록만큼은 분명히 남아있다. 아마 동민 일동이 동의한 암묵적인 회칙은 있었을 것으로 생각한다.

품물계 운영기록을 보면 초창기인 1956년에 풍물놀이에 필요한 매구, 즉 '북', '쟁(錚, 징)', '깽쇠(꽹과리의 방언)', '방구(소북을 지칭한 듯)', 장구를 구입했다. 1958년 무술(戊戌)년 정월부터 '집돌양', 즉 지신밟기를 하며 마을의 화평과 각 가정의 평안과 다복을 기원했다. 이렇게 하며 첫해, 백미 42되, 현금 6,200원의 수입을 올린다. 이때부터 수입 금액에서 경비 등을 제하고 남은 현금을 1년 단위로 회원들에게 대여해 줌으로써 기금을 늘렸다. 이렇게 매년 정월에 '집돌양'을 하면서 기금을 모았는데 대부이자도 매년 달랐다. 첫해인 1958년에는 7부 이자(사례: 노○범 3,000원을 빌려 가고 1년 후 이자로 2,100원을 부담한다는 내용이 기록되어 있다)로 상당히 고리였으나 해가 거듭될수록 6부(1959년), 5부(1960년), 4부(1962년), 3푼(1963년) 이자로 안정되어 가는 경향을 볼 수 있었다. 이것은 한국전쟁 이후 사회도 안정되어 가고, 회동마을 주민들의 생활도 점점 안정되어 간 것이 아닌가 생각된다.

필자가 어릴 때만 해도 매년 음력 정월 대보름을 전후하여 지신밟기를 마을 단위로 실시했다. 지신밟기에 사용되는 도구로는 징, 꽹과리, 북, 장고 등 농악기가 필요했다. 이렇게 보면 초창기 '품물계(品物契)'의 역할이 '풍물계(風物契)'처럼 느껴지기도 한다. 각 가정에서는 형편대로 쌀, 돈과 같은 복채를 준비한다. 집돌양의 시작은 마을의 당산에서 시작하여 가가호호를 방문하는데, 부엌에서부터 시작하여 대청마루, 뒤안, 외양간, 뒤주, 방앗간, 우물 등의 순으로 돌며 축원굿을 하여 집안의 평안과 풍작을 기원하고 다복을 축원했다.

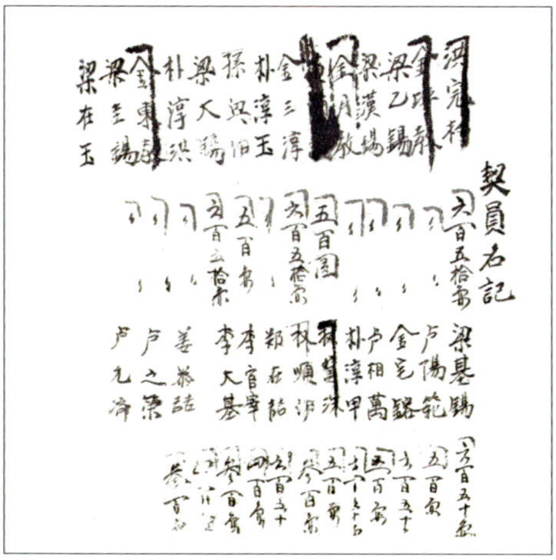
契員名記

회동 품물계 계원 명기(일부)

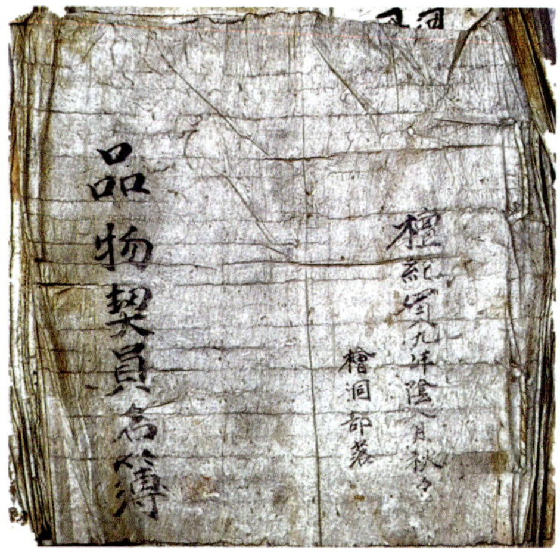
品物契員名簿

檜洞部落

회동 품물계(1956년) 표지(원본)

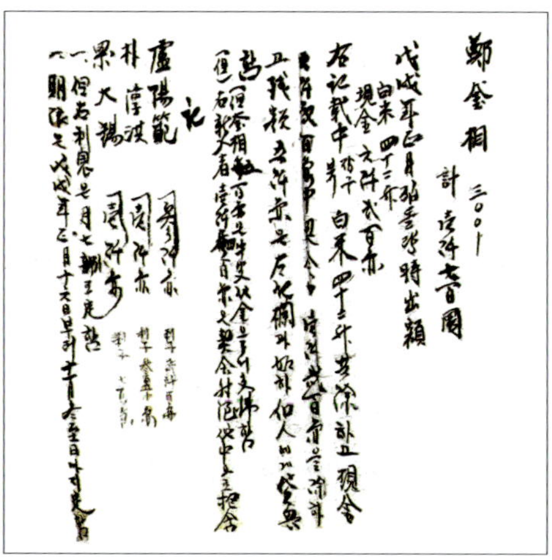

품물계 운영 일부(1958년)

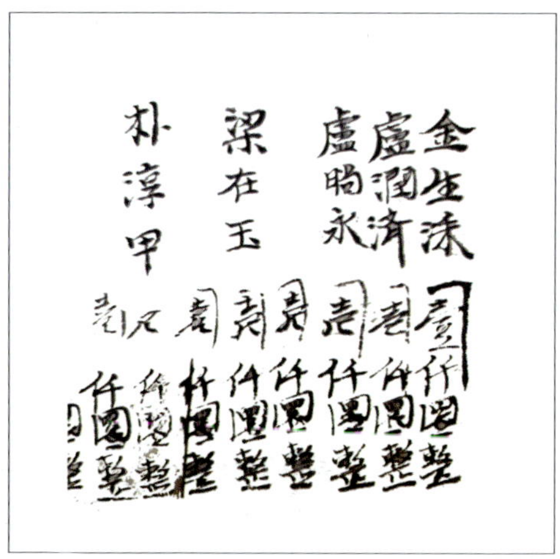

품물계 운영 일부(1958년)

회동마을 품물계에서는 창계 이래 풍물 악기를 중심으로 집돌양 행사나 악기를 대여하는 등으로 운영되다가 1971년 신해(辛亥)년에 길흉사에 필요한 쟁반(44개), 주전자(2되용 2개), 주전자(1되용 2개), 포장 2개 등과 각 가정에서 개별적으로 갖추기 어려운 공구인 큰톱(1개), 양 톱(1개), 끌(2개), 대패(2개), 철척(2개) 등을 준비하여 소위 '품물계(品物契)'로서 역할을 다하다가 1985년 을축(乙丑)년에 마지막 기록을 남긴다. 그러나 이 해에도 신규 가입자 3명이 각 1만 원의 가입비를 낸 기록으로 보아 그 이후에도 활동은 계속된 것으로 보인다.

■ 회동마을 품물 계원 명단(檜洞 品物契員 名單)

성명	금액	성명	금액
洪完杓(홍완표)	六五○원	李官宰(이관재)	四○○원
金坪教(김평교)	〃	李大基(이대기)	三○○원
梁乙錫(양을석)	〃	姜泰喆(강태철)	四○○원
梁漢錫(양한석)	〃	盧之榮(노지영)	三○○원
金月教(김월교)	〃	盧允濟(노윤제)	六五○원
○○○	五○○원	李敬祚(이경조)	五○○원
金三淳(김삼순)	六五○원	李在雨(이재우)	〃
朴淳玉(박순옥)	五○○원	李相慶(이상경)	六○○원
孫興伊(손흥이)	〃	李点宰(이점재)	五○○원
梁大錫(양대석)	六五○원	鄭禧佑(정희우)	六五○원
朴淳洪(박순홍)	〃	徐道金(서도금)	六五○원
金東教(김동교)	〃	梁相錫(양상석)	五○○원
梁奎錫(양규석)	〃	都点龍(도점용)	
梁在玉(양재옥)	〃	金福鎔(김복용)	
梁基錫(양기석)	〃	이라빈칸	
盧陽範(노양범)	五○○원		
金宅鎔(김택용)	六五○원		
盧相萬(노상만)	五○○원		
朴淳甲(박순갑)	六五○원		
權贊洙(권찬수)	五○○원		
權順伊(권순이)	三○○원		
鄭在喆(정재철)	六五○원		

07 묵계초등학교와 묵계초 총동창회의 발자취

이 책의 편집이 마무리되어갈 무렵인 2024년 8월 중순, 학로계 계장님과 총무님으로부터 '묵계초등학교 총동창회'가 빠졌으니 추가하자는 의견이 있었다. 문제는 자료였다. 엄두가 나지 않았지만, 다행히도 양점동 총무가 수집하여 보낸 사진 자료 중에서 실마리를 찾았다. 그것은 "학교에 뭔가 역사관이라도 있나?"라는 희망적인 느낌이 들었기 때문이었다. "학교의 연혁이 비교적 자세히 수록된 패널 형태의 자료가 전시되어 있을 것 같다."라고 판단하고 모교의 송호민 교장 선생님께 전화로 확인해 보았다. 그 결과, 학교 내에 **〈묵계의 발자취〉**라는 코너가 따로 마련되어 있었는데, 지난 88년 동안의 묵계초등학교의 역사와 당시의 귀중한 사진까지 수집·정리해서 8장의 패널 형태로 전시하고 있다는 사실을 알았다. 송 교장 선생님의 배려로 대략 10년 단위로 정리된 패널 자료 8장과 여기에 수록된 사진을 파일로 받았다. 모교의 송 교장 선생님과 담당 선생님들의 노고에 감사드린다.

총동창회 회지 〈표지〉(양점동 총무 제공)

또, '묵계재건중학교'와 관련된 자료를 추적해 가는 과정에서 14회 노병곤 동문으로부터 1972년 재건중학교 개교 당시 교사진에 12회 강대근 동문이 포함되어 있었다는 사실을 들었다. 이에 즉시 강대근 동문과 연락하여 당시 재건중학교 운영 상황을 전해 들었다. 대화 도중, 2005년에 **《묵계초등학교 총동창회 회지》(이하, 《총동창회지》)**를 발간한 사실과 **《묵계초등학교 총동창회 카페》(이하, 《총동창회 카페》)**를 운영 중이라는 사실을 알게 되었다.

이 어마어마한 작업에 강대근 동문의 헌신적인 노력이 있었다는 사실도 알았다. 이에 긴급히 카페에 회원으로 가입하고, 카페 운영자의 협조로 카페에 수록된 내용을 살펴보면서 필요한 자료와 사진을 수집했다. 다만 **《총동창회 카페》**를 개설한 지 20여 년의 세월이 흘렀고, 시대 조류에 따라 소통 방법도 다양해지면서 요즘은 카페를 찾는 동문이 거의 없었지만, 필자에게는 신선한 충격이었다. 매년 회의 자료 등을 입력하고 이를 체계적으로 관리해준 동문 여러분께 진심으로 감사드린다.

필자는 2001년 10월, 경남과학교육원 교육연구사 시절에 일본 동북대학으로 국비 유학을 떠났다가 뒤이어 2004년 2월부터 교육부의 재외동포교육기관인 니이가타(新潟) 한국교육원 원장으로 부임하여 만 6년 동안 일본에서 파견근무를 하고 2008년 2월에 귀국했다. 2002년의 그 뜨거운 한·일 월드컵도 일본에서 지켜보면서 박사학위 논문 집필에 열중해야만 했다. 그런 와중이라 《총동창회지》를 발간한 사실은 물론 《총동창회 카페》가 있다는 사실도 몰랐다. 추석 연휴 중에 학로계 양점동 총무로부터 《총동창회지》 1권을 전달받고 깜짝 놀랐다. 《총동창회 카페》와 《총동창회지》에는 그야말로 방대한 자료가 수록되어 있었기 때문이었다.

먼저, 1958년 3월에 졸업한 제1회부터 2001년 2월에 졸업한 제44회까지 모두 1,145명 졸업생의 95%에 달하는 주소를 찾았다는 사실은 정말 경이로운 일이었다. '기별 주소록' 외에도 '주소불명 동문', '지역별 동문 주소록', '동문 색인표', '선생님 재직 현황', '발전기금 현황', '카페 가입 현황', '청학동 서당 현황', '역대 총동창회 임원 현황', '총동창회 회칙', '동문 문예 마당'까지 전국 어디에 내놓아도 손색이 없는 《총동창회지》였다. 이렇게 스마트(smart)한 《총동창회지》를 만든 것은 우리 묵계초등학교 동문의 자랑거리라고 생각한다.

《총동창회지》 출판에 헌신한 강대근 동문에게 '자랑스런 동문상'을 전달하는 총동창회 노병화 고문.

《총동창회지》 출판 유공자 강대근 동문에게 '감사패'를 전달하는 주관기(11회) 양동석 회장.

이리하여 **《총동창회지》** 자료와 **《총동창회 카페》** 자료 및 **〈모교 송호민교장 선생님으로부터 받은 자료〉**를 종합하여 묵계초등학교의 연혁과 총동창회의 역사를 다음과 같이 정리했다.

가. 묵계초등학교 총동창회는 묵계 청학동의 구심점이다.

묵계초등학교는 암울했던 일본 제국주의 식민지 시대인 1936년 5월 1일 '청암보통학교 부설 묵계간이학교'로 설립 인가를 받아, 같은 해 5월 23일 '묵계간이학교'로 개교했다. 청암공립보통학교가 1932년에 개교했으니 그 4년 후에 묵계동에도 유사 이래 처음으로 서양식 초등 교육기관이 설립된 것이다. 당시 묵계간이학교 설립과 운영에는 우산(友山) 조상래(趙相來, 1887~1958) 씨와 회강(檜岡) 이성순(李性淳, 1873~1950) 씨를 비롯한 지역 유지들과 묵계리민의 노력이 컸다. 조상래 씨가 막대한 학교 재정 적자를 부담하고, 이성순 씨가 실습답을 기부하자, 이에 감동한 묵계리민들은 한푼 두 푼 기부해서 농우 1마리를 마련하는 등 묵계간이학교를 열정적으로 후원했다. 이런 미담(美談)을 보도한 1939년 당시의 부산일보 기사를 2025. 3. 5. 아침에 우연히 발견, 급히 추가로 편집을 했다. 당시 묵계간이학교 설립과 운영을 둘러싼 묵계리 선인들의 미담 기사를 소개하면 다음과 같다.

釜山日報

昭和十四年六月二十七日 (火曜日)

묵계간이학교를 둘러싼 리민(里民)의 미담
-실습답(實習畓)과 농우(耕牛) 기부-
◇간이학교 유지계장 조상래씨: 재정결손(200원)
◇면내 유지 이성순씨: 실습답 962평(300원)
◇묵계리민 일동: 농우 1마리(60원)

(국립중앙도서관 대한민국 신문 아카이브에서 인용 부산일보 1939.6.27)

默溪簡易學校繞る

里民の美談

實習畓や耕牛を寄附

【河東】河東郡青岩面默溪簡易學校は昭和十一年の建設にかゝり相當の業績を擧揚して今日に至つたのであるが六月十五日同校維持契總會を同校に於て開催、維持契長趙相來氏より豫算決算の報告あり決算額に於て約二百圓の不足を生じ契長趙相來氏が二百圓の寄附を申出で不足額を補ひ人をして感激せしめたが同面有志李性淳氏より同校實習畓として畓九六二坪、時價三百圓の寄附申出あり、右の諸事實に感激した里民は我等も學校の爲にと耕牛一頭六十圓を同校へ寄附する事に相談一決、五十錢、一圓とまとめ郡廳に寄附した美談がある、之も一に學校教育の徹底と里民の自覺の現れであらう

묵계간이학교를 둘러싼 리민(里民)의 미담

-실습답(實習畓)과 농우(耕牛)를 기부-

[하동] 하동군 청암면 묵계간이학교(默溪簡易學校)는 1936년(소화 11)에 건축을 시작하여 상당한 업적을 거양(擧揚), 오늘날에 이르렀다. 6월 15일 동교(同校) 유지계(維持契) 총회를 동교에서 개최, 유지계장(維持契長)인 조상래(趙相來) 씨로부터 예산 결산의 보고가 있었는데, 결산액에 약 200원의 부족액이 발생하였다. 이에 계장 조상래 씨가 200원의 기부금을 출연하여 부족액을 충당함으로써 감동을 주었다. 또 동면(同面) 유지(有志) 이성순(李性淳) 씨로부터는 동교 실습답(實習畓) 962평, 시가 300원의 기부 신청이 있었다. 이상과 같은 사실에 감격한 묵계리 리민은 우리도 학교 발전을 위해 기부하기로 의논하여 50전, 1원씩 모아 농우(耕牛) 1두(頭) 구입 대금 60원을 마련하여 하동군청(郡廳)에 기부한 미담이 있다.

(국립중앙도서관 대한민국 신문 아카이브, 부산일보(1939.6.27)에서 인용, 신문 윗쪽의 부산일보 제자(題字) 등은 합성했다).

※합천이씨 족보에는 이성순(李性淳)이 이성순(李聖淳)으로 되어 있다.

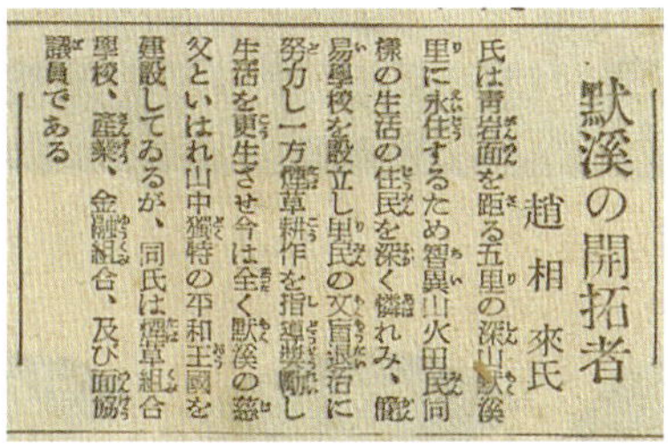
默溪の開拓者
趙相來氏
氏は青岩面を距る五里の深山默溪里に永住するため智異山火田民同様の生活の住民を深く憐れみ、簡易學校を設立し里民の文盲退治に努力し一方煙草耕作を指導奬勵し生活を更生させ今は全く默溪の慈父といはれ山中獨特の平和王國を建設してゐるが、同氏は煙草組合學校、産業、金融組合、及び面協議員である

묵계의 개척자 우산 조상래씨

그는 청암면에서도 깊은 산중인 묵계리에 영주하면서 지리산 화전민과 같은 생활을 하는 주민들을 아주 안타깝게 여기고 간이학교를 설립, 주민들의 문맹 퇴치에 노력하는 한편 담배경작기술을 지도 장려하며 생활을 향상시켜 지금은 거의 묵계의 자애로운 아버지라 하여 산중 특유의 평화 왕국을 건설하고 있다. 그는 담배조합, 산업, 금융조합 및 면협 의원으로 활약 중이다.

(국립중앙도서관 경성일보(京城日報)(1939.12.31.)에서 인용).

※우산은 이승만 박사가 이끄는 국민회 하동군지부장을 역임했다.

조상래씨 진영
(사진 제공: 김삼주)

위의 신문 기사에서 보듯이 조상래씨는 문맹 퇴치와 고소득 작물로서 담배 농사를 장려·지도하는 등 '묵계의 개척자'로 알려진 인물이다. 《청백사 시집》에도 그의 시가 실려 있고, 후술할 '묵계의 토요·민요'의 〈(35-3) 청춘가〉에 나오는 '삼신봉 먼당에 산새가 놀고요, 조상래 마당에 좋다, 유성개 노는구나'라는 노랫말의 주인공이기도 하다. 당시 그의 환갑잔치에는 노래하는 예인과 유성기(留聲機)까지 동원되었으니 얼마나 볼만한 행사였을까? 그러니 노랫가락에서 자주 회자되었던 것으로 보인다. 그는 하동읍에서 '일신하숙'을 경영한 조남득(1912~1983) 씨의 부친이며 김삼주 학로계장의 외숙(外叔)이다. 일신하숙은 하동읍을 오가는 묵계 동민들에게 항상 마음 따스한 안방 역할을 했던 곳이었다. 필자도 중학생 시절, 축구 국가대표 TV 중계를 보기 위해 자주 드나들었다. 또, 이성순씨는 '묵계초등학교의 영원한 스승'으로 존경받는 이지환(李之煥, 1928~2006) 선생님의 조부(祖父)이시다. 이렇게 묵계리민들의 성원 속에 설립·운영된 묵계간이학교 졸업생인 양대석 씨의 귀중한 졸업증서가 남아있다. 그의 장남(양호경, 묵계초 12회)이 보관하고 있던 자료 사진을 휴암 양영욱을 통해 전달받았다. 청암공립보통학교 교장의 명의로 발급된 이 졸업증서는 1938년 3월 20일에 '본교 부설 묵계간이학교의 전교과를 졸업한 것을 증명한다'[223]라고 기재되어 있다. 이 졸업장은 개교 2년 후에 받은 것이었다. 따라서 당시 '묵계간이학교'는 2년제의 단기 초등교육 기관이었다는 사실을 알 수 있다.

223) 졸업증서 내용을 현대 일본어로 바꾸면 '(本校附設默溪簡易學校の全教科を卒業せしことを証す。)'이다.

특히 다음 사진에서 보듯이 양대석 씨의 증서번호가 '제4호'인 것으로 볼 때 양대석 씨는 '묵계간이학교' 제1회 졸업생으로 추정된다.

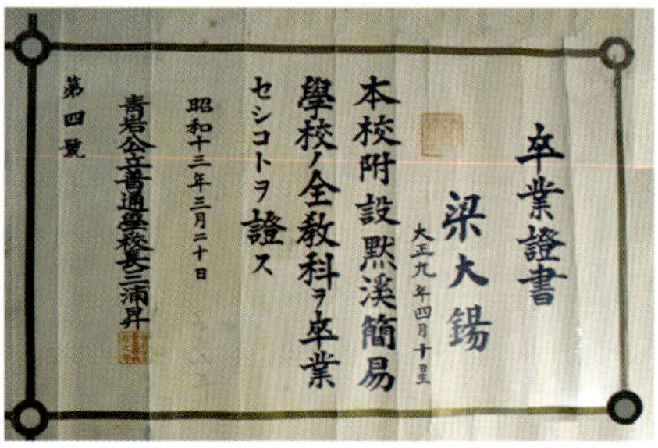
第四號

卒業證書

梁大錫

大正九年四月十日生

本校附設黙溪簡易學校ノ全教科ヲ卒業セシコトヲ證ス

昭和十三年三月二十日

青巖公立普通學校長

1938년(소화 13) 양대석 어르신의 묵계간이 학교 졸업증서(자료 제공: 12회 양호경)

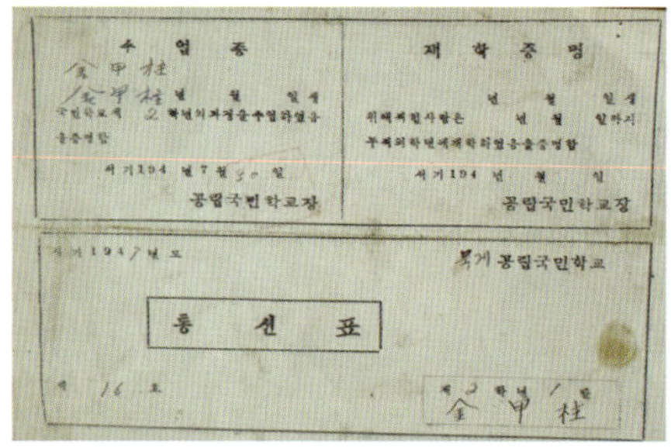

1947년(단기 4281) 김갑주 님의 통신표(자료 제공: 3회 김삼주).

1942년 4월 1일 묵계국민학교로 승격, 개교하였으나 당시는 태평양전쟁[제2차 세계대전]의 와중이라 재정적으로 어려움이 컸을 것으로 보인다. 그리고 1945년 8월 15일에 해방을 맞이하였으나 남한에는 미군의 군정 시대가 시작되었다. 아직 대한민국 정부가 발족하기 전이라 다음 사진에서 보듯이 1947년도에는 상장 용지조차 없어서 '상장'을 서류 작성 용지에 손으로 직접 써서 주던 시대였다.

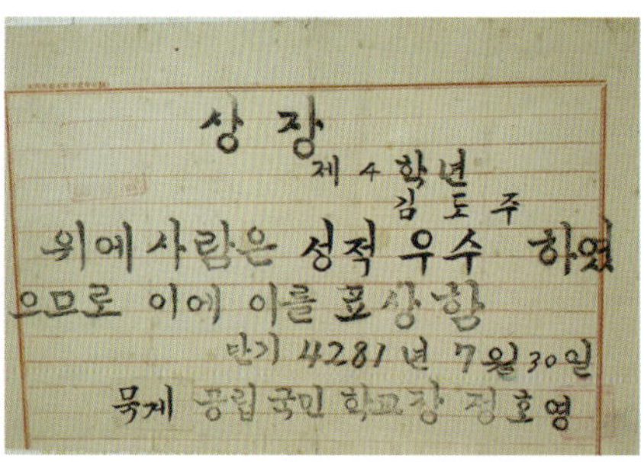
상장

제 4 학년

김 도 주

위에 사람은 성적 우수 하였으므로 이에 이를 표상함

단기 4281 년 7월 30일

묵계 공립국민 학교장 정호영

1947년(단기 4281) 김도주 님의 묵계공립국민학교 상장(자료 제공: 김삼주)

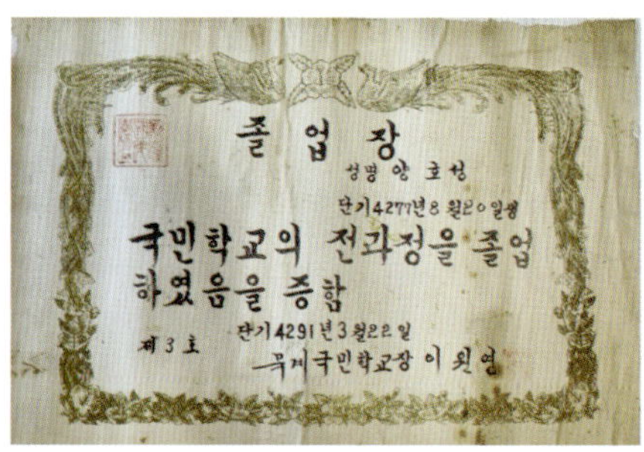
졸 업 장

국민학교의 전과정을 졸업 하였음을 증함

제 3 호

단기 4291년 3월

묵계국민학교장

1958년(단기 4291) 묵계국민학교 제1회 졸업장(자료 제공: 제1회 양호성)

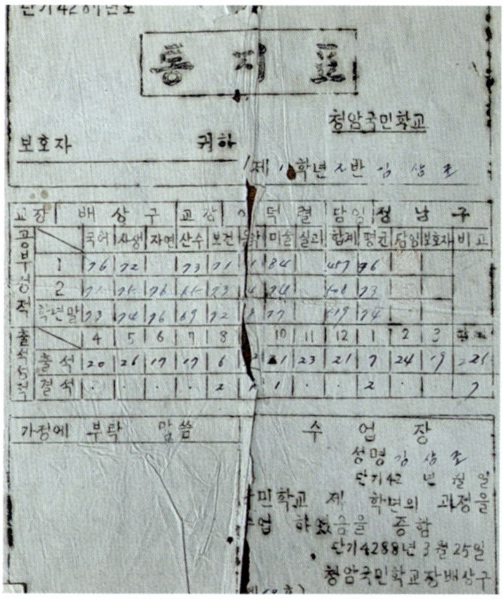
통지표

청암국민학교

보호자 귀하

수업장

1955년 당시 통지표. 전쟁으로 심각한 물자 상황임을 잘 알 수 있다(자료: 김삼주)

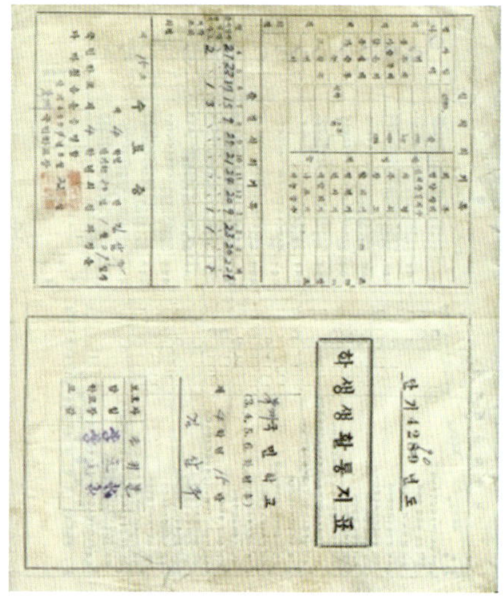
학생생활통지표

1957학년도 묵계국교 4학년 학생 생활통지표) (자료: 3회 김삼주 동문)

미군정 3년 동안에는 '묵계공립국민학교'라는 이름으로 학교가 운영되었으며, 실제로 학년말이 7월 말이었던 사실로 볼 때 미국식으로 9월 초에 신학기가 시작되었던 것으로 보인다.[224] 1948년 8월 15일, 대한민국 정부가 수립된 직후인 10월 19일 여수에 주둔 중이던 조선국방경비대 14연대 소속 장병들이 제주 4.3사건을 진압하라는 이승만 정부의 출병 명령을 거부하고 반란을 일으켰다. 이들 반란군이 지리산으로 쫓겨 들어오면서 1949년 7월부터 묵계동은 전쟁의 소용돌이에 휘말리게 된다. 이런 와중에 교사(校舍)는 불타고, 주민들이 정든 고향을 떠나 피난 생활을 하니 학생들도 뿔뿔이 흩어지게 되자, 1950년에는 학교도 청암초등학교로 이전할 수밖에 없었다. 1955년 봄에 공비소탕이 완료되어 7년 만에 '지리산 금족령'이 해제되고 지리산에 평화가 찾아오자 학교 수업도 재개된 것으로 보인다. 그러나 당시에는 교실이 부족하여 천막 교실에서 수업을 받았다는

224) 김갑주 씨의 2학년 수료증 및 통신표(1948년 7월 30일), 3학년 수료증 및 통신표(1949년 7월 30일)가 있다. 또, 김도주의 4학년 수료증 및 통신표(1948년 7월 30일), 김도주 4학년 수료 우수 상장(1948년 7월 30일), 김도주 5학년 수료 성적 우량상(1949년 7월 30일) 등을 향토사학자이자 고산 김삼주 선생이 보관 중이다.

이에 따르면 김갑주 씨는 1948년 7월 말에 2학년을 수료한 것으로 보아 해방 1년 후인 1946년 9월에 묵계 공립국민학교 1학년에 입학한 것으로 추정된다. 또, 김도주 씨는 1948년 7월 말에 4학년을 수료한 수료증과 상장이 남아있다. 따라서 김도주 씨는 해방 직전인 1944년에 입학한 것으로 추정된다. 그러나 1949년 7월 30일의 성적우수상을 끝으로 졸업장 등은 발견되지 않았다. 이것은 여순사건과 관련한 지리산 공비들의 내습으로 1949년 음력 7월 15일에 첫 소개를 한 후, 8월, 11월 등 3차례에 걸쳐 묵계 동민들은 고향을 떠나 소개를 떠났고, 설상가상으로 1950년 북한군의 남침으로 졸업장이 수여되지 못한 것으로 보인다.

증언도 있다.[225] 그로부터 3년 후인 1958(단기 4291)년 3월 15일에 제1회 졸업생을 배출하게 된다.

우리나라 초등교육 변천사를 간략히 살펴보면 다음과 같다. 구한말(舊韓末)인 1895년 7월 19일, 소학교령(小學校令)에 따라 **소학교**가 설립되었으나, 대한제국에서 교육제도가 완비되기 전인 1910년 강제로 한일합방을 이룬 일본은 1911년 제1차 조선교육령을 발표하여 일본식 학제를 도입하였다. 제1차 조선교육령 하에서 **보통학교**의 **수업연한은 4년**이었다. 이때 보통학교의 교과목은 거의 일본어에 편중돼 있었다. 3.1 운동 이후 등장한 내지연장주의와 문화통치를 목적으로 1922년에 발표된 제2차 조선교육령에 의거 **보통학교의 수업연한이 6년으로 연장**되었다. 그러나 농촌 지역의 경우 읍내의 1개교만 6년제로 바뀌고 나머지 학교들은 점진적으로 변경되었는데, 청암공립보통학교는 1934년에도 4년제였다는 사실을 알 수 있다.[226]

1937년 중일전쟁 발발 후 전시체제로 돌입했다. 1938년에 발표된 제3차 조선교육령에 따라 보통학교는 **심상소학교(尋常小學校)**로 명칭을 바꾸어 내지와 조선의 제도가 완전히 통합되었다. 그러나 이때 '조선어'가 선택과목으로 전락했다. 이후 태평양전쟁이 발발한 1941년에는 일왕의 칙령인 국민학교령에 의거 **국민학교**로 다시 명칭이 바뀌었고, 조선어 과목이 완전히 사라졌다. 국민학교는 해방 후 한국에서도 그대로 유지되었다가 1996년부터 **초등학교**로 바뀌게 된다.

이상에서 보듯이 비록 간이학교라는 이름이었지만 묵계동에서 근대적인 초등교육이 시작된 지 2025년 3월 현재 89년이 되었다. 앞으로 11년 후인 2036년이면 개교 100년을 맞는다. 이처럼 묵계초등학교는 **묵계간이학교**[일제시대]로 출발하여 **묵계국민학교**[일제시대], **묵계공립국민학교**[미군정시대], **묵계국민학교**[대한민국 정부수립 후], **묵계초등학교**[김영삼 정부 시대]로 교명을 변경해 가면서 2024년 3월 현재 1,627명의 인재를 길러내었다.

225) 묵계국민학교 제1회 졸업생인 양호성 선배에 의하면, 그는 소개 당시 악양의 매계국민학교를 다니다가 묵계국민학교로 전학을 왔는데, 교실이 없어서 '천막 교실'에서 공부를 했다고 증언했다.

226) 고(故) 양대석(회동 출신) 어르신 〈자필 이력서〉에서 인용(자료 제공: 22회 양호출 동문).

60년대 아담한 학교 교실. 필자가 저학년 때 공부했다. 학교 뒷산 산봉우리에 장군바위가 있다.

60년대 묵계초등학교 운동회 모습. 당시 교실과 화장실(오른쪽 하얀 건물)이 보인다. 화장실 앞 측백나무 아래는 평소 손이 트도록 구슬치기, 못치기, 딱지치기하는 놀이터였다.

나. 묵계초등학교의 연혁과 교육활동(졸업사진)[227)]

(1) 여명기(일제시대 · 미군정기 · 50년대)

묵계초
일제시대
미군정기
50년대

1936. 05. 01 청암보통학교 부설 묵계간이학교 설립인가
1936. 05. 23 묵계간이학교 개교
1936. 08. 01 1교실 및 사무실 건립
1939. 04. 01 청암공립심상소학교 부설 묵계간이학교로 개명
1942. 04. 01 묵계국민학교로 개교
1945. 08. 15 해방
1949. 11. 10 지리산 공비 침공으로 교실 전소
1950. 10. 05 소개(피란)로 청암국민학교로 교사 이전
1954. 10. 10 2교실 신축
1955. 05. 01 1교실 신축
1955. 10. 10 1교실 함석으로 개수
1957. 04. 01 사택 1동 건립
1958. 03. 15 묵계국민학교 제1회 졸업식 거행

묵계동에 서양식 초등교육이 시작된 것은 1936년 5월 23일, 청암보통학교 부설 묵계간이학교 개교로부터 시작되었다. 벌써 88년 전의 일이었다. 이 무렵 세계정세는 불안정했다. 1937년에 중일전쟁을 일으킨 일제가 한반도의 병참 기지화 정책을 펴자 이에 맞춰 1938년 제3차 조선교육령이 개편되었다. 제3차 조선교육령에서는 **한국인의 전시 동원을 위한 동화정책을 강화**하였다. 또한 조선어를 선택과목으로 하고 황국신민화 교육을 더욱 본격화하였다. 뒤이어 1943년 8월 3일에 발표된 제4차 조선교육령은 **학교 교육을 전시체제에 맞게 개편**하여 조선어 과목을 아예 삭제했다. 일제강점기에는 매년 4월 1일부터 신학기가 시작되었으며 이듬해 3월 31일까지 3학기제로 운영되었다. 조선총독부의 1944년도 자료에 따르면 일제 치하에서 초등교육을 받은 사람은 전체 조선

227) 묵계초등학교로부터 제공받은 자료를 바탕으로 필자가 추가 또는 삭제하여 재작성했다. 이하 같다.

주민의 13.8%에 불과했다.

해방 직후, 독립 국가의 신정부가 구성되지 못하고, 38도선 이남에는 미군이 주둔하여 3년 동안 군정을 실시하였다. 당시 교육계는 교육과정과 교과서를 미처 준비하지 못했다. 설상가상으로 1948년에 일어난 여순사건의 여파로 1949년 가을 무렵부터 묵계동 주민들은 뿔뿔이 흩어져 7년 이상 떠돌이 피란 생활을 할 수밖에 없었다. 지리산 공비 토벌이 끝나갈 무렵인 1954년 4월 20일 문교부령 제35호로 〈교육과정 시간 배당 기준령〉이 제정 · 공포되었다. 이 **1차 교육과정은 교과 중심 교육과정**이었다. 이 시기에도 잔존 공비들 때문에 지리산은 불안정한 상태였지만 '1954년 10월에 교실 2칸을 신축했다'라는 기록으로 보아 묵계동 선인들의 학교 교육에 대한 열망이 얼마나 뜨거웠는지 알 수 있다. 아울러 범국민적인 문맹퇴치운동이 전개되는 시기였다.

지리산 공비 주력부대가 거의 소탕된 1955년 봄, '그해 5월에 1개 교실을 신축하고, 뒤이어 함석으로 개수했다.'라는 기록은 지금으로서는 상상도 할 수 없는 시대의 이야기이다. 이 기록으로 미루어 초창기 교실은 초가지붕에다, 그나마 부족해서 천막 교실에서 수업을 진행했다. 이런 우여곡절을 거치면서 1958년 3월, 드디어 묵계국민학교 제1회 졸업식을 거행하기에 이른다. 1942년 4월, 묵계국민학교 개교 이래 15년 만에 처음 맞는 경사였다.

참고로 일제시대에는 4월 신학기였으며, 미군정 시기에는 9월 신학기였다. 또 6.25 전쟁 중인 1952년부터 1961년까지는 4월 신학기로 바뀌었으나 1962년부터 현재와 같은 3월 신학기로 고착되었다. 그동안의 학기제 변화의 구체적인 내용은 다음 표와 같다.

[표] 우리나라 학기제 변화 일람표

<table>
<tr><th>시기</th><th>시작</th><th>끝</th><th>학기</th><th>비고</th></tr>
<tr><td>일제강점기</td><td>4월 1일</td><td>이듬해 3월 31일</td><td rowspan="2">3학기</td><td>일제시대</td></tr>
<tr><td>1945년</td><td>9월 24일(초등), 10월 1일(중등)</td><td>1946년 8월 31일</td><td>해방</td></tr>
<tr><td>1946년~1948년</td><td>9월 1일</td><td>이듬해 8월 31일</td><td rowspan="7">2학기</td><td>미군정기</td></tr>
<tr><td>1949년</td><td>9월 1일</td><td>1950년 5월 31일</td><td></td></tr>
<tr><td>1950년</td><td>6월 1일</td><td>1951년 8월 31일</td><td>6.25 전쟁</td></tr>
<tr><td>1951년</td><td>9월 1일</td><td>1952년 3월 31일</td><td></td></tr>
<tr><td>1952년~1960년</td><td>4월 1일</td><td>이듬해 3월 31일</td><td>4.19 혁명</td></tr>
<tr><td>1961년</td><td>4월 1일</td><td>1962년 2월 28일</td><td>5.16 군사혁명</td></tr>
<tr><td>1962년~현재</td><td>3월 1일</td><td>이듬해 2월 말일</td><td></td></tr>
</table>

묵계초 제1회 졸업 기념사진(1958. 3. 8), 졸업생 20명.

"묵계초 졸업증서 번호 1번은 과연 과연 누구였을까? 그 주인공은 양한두 선배로 밝혀졌다. 당시 졸업생은 20명(사진상에는 19명). 교직원도 4명에 불과했다. 아마 양복을 입은 3분이 선생님으로 추정되는데, 앞줄 오른쪽부터 정재석 담임 선생님, 이원영 교장 선생님, 김남수 선생님, 정운교 주사님이다. 교사 구성으로 보아 당시에는 복식학급을 운영한 것으로 보이며, 교장도 수업을 맡았을 것으로 추정된다(뒤에서 두 번째 줄, 좌에서 세 번째가 묵계국민학교 초대총동창회장 양한두 동문).

● 교실 앞 전나무, 잘 기억하자!

묵계초 제2회 졸업 기념사진(1959.3.1.), 졸업생 19명. 하재권 육성회장님, 석규열(흰옷) 의원(추정)
(뒷줄 왼쪽에서 네 번째가 2~3대 총동창회장 노병화 동문)

묵계초 제3회 졸업 기념사진(1960. 3. 5), 졸업생 17명.
앞줄 왼쪽에서부터 오헌 양삼준 선생과 하재권(5회 하인선 동문 선친) 육성회장님, 조병인 교장, 전흥석 담임 선생님, 안경 낀 이지환 선생님, 박인선 선생님의 모습도 보인다
(두 번째 줄, 오른쪽에서 세 번째가 6~8대 총동창회장 김삼주 동문).

교무실 입구에서 포~즈 !
3회 졸업생 김삼주 동문

1960년대 '옛 교실을 기억하세요!'. 산 정상 부근 오른쪽에 '달바구(달바위)'가 보인다. 그런데 "국기 게양대 앞의 멋쟁이 주인공은 누구?

(2) 1960년대(1961~1970)

묵계초 1960년대

- 1962. 05. 26 급식소 1동 건립
- 1962. 07. 30 우물 1개소 설치
- 1962. 08. 24 변소 3칸 신축
- 1963. 12. 31 운동장 확장 공사 완료(200평)
- 1965. 02. 10 3교실 도괴로 인하여 철거 노천 교실(삼거리 여러 가정집 마당에 설치) 수업
- 1965. 12. 31 3교실 신축(함석지붕)
- 1966. 04. 20 1교실 신축
- 1967. 09. 03 2교실 신축, 변소 4칸 신축, 숙직실 1동 건립

1960년 4 · 19의거에 이어 1961년에 일어난 5 · 16혁명으로 박정희가 정권을 잡고 경제개발 5개년 계획을 강력하게 추진하면서 조국 근대화가 시작되던 시기였다. 1963년 2월에 개정된 2차 교육과정은 1차 교육과정의 수립 당시 사회의 비정상성, 체제의 미흡함을 들어 **경험 중심 교육과정**을 중심으로 개정하게 된다.

1962년에 급식소, 우물, 변소 등 편의시설을 신축했다. 당시에는 급식소라고 해봐야 큰 가마솥에서 강냉이죽을 끓이거나, 강대철 수사님이 하동읍 빵 공장에서 구워 버스 편으로 배달된 식빵 대바구니를 시목 버스 종점에서부터 20리를 지고 올라와야 급식이 이루어졌다. 1963년도에는 학부모들의 참여로 운동장 확장공사를 했다. 그 시절, 확장 공사장 현장의 다이너마이트(당시에 우리는 '남포'라고 불렀다.)가 폭발하는 모습을 보고 이를 흉내 내며 운동장에서 흙먼지를 뒤집어쓰고 놀았던 '남포 터주기 놀이'의 추억도 있다.

1965년도부터 3년 동안은 거의 매년 무너진 교실을 철거하거나 함석지붕으로 교실을 신축하던 시절이었다. 당시 4학년이던 필자는 삼거리 노삼임(11회 동문)이 집 마당에 천막을 치고 공부했다. 이처럼 1960년대 묵계국민학교의 교육시설은 한마디로 열악했다.

읍내 중학교에 진학하여 친구들의 이야기를 들어 보면 읍내와 산골 학교의 격차가 매우 컸었다는 사실을 알 수 있었다.

1960년대 학교 운동장과 사택(묵계초 제공)

1960년대 야외수업(묵계초 제공)

1960년대 학부모회의 모습(묵계초 제공)

제4회 졸업 기념(1961.3.22.). 졸업생 수: 18명. 왼쪽부터 오헌 양삼준 의원,
하얀 한복 입은 분은 누구? 조병인 교장, 박인선, 이지환 선생님.

제5회 졸업 기념(1962.2.). 졸업생 수: 11명. 앞줄 왼쪽부터 이지환 선생님, 운당 노용제 선생님, 임지화 교장 선생님,
장규도 육성회장님, 맨 오른쪽에 서 있는 노병환 주사도 보인다. 4년 만에 교실 앞의 전나무가 무척 많이 자랐다
(뒷줄 왼쪽에서 세 번째가 제9~10대 총동창회장 하인선 동문).

제6회 졸업 기념(1963.2.16). 졸업생 수: 20명. 이지환 선생님, 임지화 교장 선생님이 보인다.

제7회 졸업 기념(1964.3.19.). 졸업생 수: 25명.
오헌 양삼준 선생, 임지화 교장 선생님, 이지환 선생님의 그리운 모습이 보인다.

제8회 졸업 기념(1965.2.20.), 졸업생 수: 21명. 김규수 교장 선생님과 이지환 선생님은 알겠고, 강태철 주사님 처음 등장(가운뎃줄 좌에서 세 번째가 제11~12대 총동창회장 김만석 동문).

제10회 졸업 기념(1967.2.). 졸업생 수: 32명. 남학생은 전원 교복 차림이었다. 안정훈, 이지환, 서명문 교장 선생님, 김위상, 최병렬 선생님, 강태철 주사님의 모습도 보인다.

제11회 졸업 기념(1968.2.14.). 졸업생 수: 47명. 자유복을 입은 남학생이 보이기 시작했다. 선생님 줄 왼쪽부터 강병현, 안정훈, 김위상(담임), 서병문 교장, 오헌 양삼준, 최병렬, 이지환 선생님, 강태철 주사님. 11회 그리운 친구들! 맨 뒷줄 왼쪽부터 '전동준, 하상구, 안치영, 장종석, 이철호, 양동석, 도봉오, 정삼철, 화채도, 권갑윤, 노병원, 하봉현, 김강곤, 오세현', 그 앞줄 왼쪽부터, '배재윤, 유수열, 서봉추, 이생규, 이상길, 조경래, 조병태, 김용구, 박규동, 김종호, 강천호(대일), 김익원(생교), 양호명'. 여학생 뒷줄 왼쪽부터, '이영자, 송희례, 노희숙, 소영자, 노삼임, 노영순, 양복순, 김점례, 변갑례, 정길순', 맨 앞줄 왼쪽부터 '노연이, 정일순, 최갑년, 이점선, 김봉점, 김임순, 이월선, 노점시(시야), 양점순). 추억의 놀이터였던 감나무와 그 감나무 타고 놀던 친구들이 그립다.

제12회 졸업 기념(1969.2.13.). 졸업생 수: 34명(이지환 선생님의 마지막 등장).
뒷줄 우에서 세 번째가 제13~14대 총동창회장 양점동 동문

제13회 졸업 기념(1970.2.17.). 졸업생 수: 30명

(3) 1970년대(1971~1980)

묵계초 1970년대

1971. 10. 01	1교실 신축(콘크리트, 슬라브)
1972. 04. 01	7학급 인가
1972. 11. 05	1교실 신축(2층 콘크리트, 슬라브), 사택 1동 신축(콘크리트 슬라브)
1973. 03. 20	간이상수도 시설
1973. 05. 30	운동장 확장(10ha)
1975. 04. 20	운동장 축대 축조
1977. 03. 01	문교부지정 급식학교 (도서벽지형)
1978. 10. 02	충효탑 건립
1979. 02. 10	급식소 확장 공사 준공(14.3평)
1980. 12. 31	급식소 내부 전면 수리(터일부착)

1960년대부터 박정희 정부에서 추진한 5개년 경제개발계획의 성공으로 농업사회에서 공업사회로 서서히 전환되면서 도시에 일자리가 늘어나자 60년대 중반에 집중적인 이농현상이 일어나 농촌인구가 급감(제1차 이농 시기)했다. 그러나 60년대 말부터 70년대 전반까지 이농현상이 잠시 소강상태를 유지하다가 70년대 후반에 접어들면서 다시 이농현상이 급격히 진행되었다. 이 시기를 '제2차 이농 시기'라 하자.[228)]

그리고 70년대 말, 묵계동에는 이농을 부추기는 특별한 이벤트가 있었다. 바로 묵계호의 건설이었다. 묵계호는 1978년에 착공하여 1983년 1월에 준공을 본 인공 호수이다. 묵계호의 건설로 묵계리 삼거리 마을 일대의 농토가 대부분 수몰됨으로써 농토를 잃은 농민들은 본의 아니게 고향을 떠날 수밖에 없었다. 공교롭게도 이 시기는 위에서 살펴본 것처럼 전국적인 현상이었던 '제2차 이농 시기'와 겹친다.

1960~70년대 묵계국민학교 졸업생 수의 변화 추이를 보면, 1960년대에는 한국전쟁 이후 소위 '애기 풍년'으로 알려진 1955년생(11회)과 1958년생(14회)의 졸업생이 각각 47명씩으로 두드러졌으나 그 외에는 학생 수의 변화가 크게 눈에 띄지 않았다. 따라서 60년대 산업화로 인한 '제1차 이농 시기'에 묵계동에서 초등학교 학령기의 가족을 동반한 이농자가 많지 않았던 것으로 판단된다. 그러나 1977학년도(21회) 졸업생(64명)을 정점으로 1978학년도(22회)부터 졸업생 수가 29명으로 급감했다. 이때가 바로 묵계호 공사가 시작된 시점이다. 묵계호로 많은 인구이동이 있었던 것으로 보인다. 그 후 약 30명 전후로 수년 동안 유지되다가 1983학년도(27회) 졸업생(38명)을 기점으로 졸업생 수가 20명 전후로 급격히 감소했다. 이 또한 큰 변화가 아닐 수 없다. 따라서 묵계동에는 70년대 말에 이농을 부추기는 이중(二重) 파고(波高), 즉 묵계호의 건설과 제2차 이농 시기가 중첩되어 초등학생을 동반한 이농현상이 다수 발생한 것으로 보인다.

참고로 1972년부터 묵계초등학교 교실을 빌려 재건중학교가 개설되었다.[229)] 이 시기는 공교롭게도 60년대 제1차 이농이 잠잠해지고, 아직 제2차 이농이 시작되기 전, 약 5년간 정체기가 이어진 때가 있었다. 이 시기에 초등학교를 졸업한 청소년들이 시골에 많이 남아있었으니, 그야말로 절묘한 타이밍이었다. 재건중학교지만 개인에 따라서는 평생학습의 기반을 닦고, 많은 성취를 이루는 계기가 되었을 것으로 생각한다. 이처럼 시대 조류의 틈새를 잘 포착하여 재건중학교를 열었던 오헌 선생의 세상사를 꿰뚫어 본 안목은 예사롭지 않았다.

228) 행전안전부 국가기록원, 기록으로 만나는 대한민국!, 〈이농, 귀농〉에서 인용하여 작성했다.

229) 재건중학교는 1972년에 시작하여 7년 동안 유지되었다는 설도 있으나, 약 5년 동안 유지된 것으로 보인다. 이것은 1977년 3월 1일 자로 묵계초등학교에 부임하였던 박술 선생님의 증언에 따른 것이다.

전국적으로 보면 1960년대 후반부터 중학교 진학률이 높아졌고, 1969년에 중학교 무시험제도, 74년부터는 고등학교 평준화가 실시되는 등 중등교육의 양적 팽창이 가시화된 시기였다.[230] 당시 박정희 대통령은 조국 근대화를 달성하기 위해 "교육계는 근대화에 생산적으로 이바지하는 새로운 인간형의 개발을 맡아야 한다."라는 사실을 강조했다. 이에 경남교육청에서도 1971년 '생산하는 교육 실천'을 행정지표로 하고, 1972년부터는 '자활학교 육성강화'를 역점시책으로 추진했다.[231] 묵계국민학교 교직원들은 이런 국가적인 시책에 따라 71년부터 묵계리 산 120-1번지 일대에 '감나무밭'을 조성히며 자활학교[232]를 운영했다. 이 시기에 학생들에게 '접붙이기 실습' 등을 교육한 것으로 추정된다. 당시 자활의 꿈을 꾼 감나무밭은 현재 학교체육관 '청학마루'가 들어선 일대의 학교 밭이 아니었나 생각된다.

1970년대 초 자활학교(감나무밭) 운영에 열중하신 배순탁 교장 선생님

1970년대 초 자활림 가꾸기-감나무 접붙이기 실습. 지도교사는 정정식 선생님(추정).

---

230) 블로그-세상 속에서 나를 찾아가는 아줌마, 〈교육사회학-제6강 근현대 한국교육제도의 변화와 특징〉

231) 경상남도교육청 기록관, 〈경남 교육사〉, 시대별 경남교육, '1970년대'에서 인용

232) 묵계초 자활학교(감나무밭)는 제9대 배순탁 교장 선생님 시절에 본격적으로 시작되었다. 필자가 경남과학고 교장 시절(2014~2017), 한국과학영재교육 발전을 위해 동고동락한 전국과학고 교장단의 2024년 가을 친목 모임에서 동료인 전 울산과학고 배선환 교장이 배순탁교장 선생님의 장남이라는 사실을 우연히 알게 되었다. 그의 증언으로 자활학교 팻말 앞에 선 분이 배순탁교장 선생님임을 확인할 수 있었다.

멀리 2층 교실은 1972년에 신축했다.

1970년대 운동회 모습

1972年6月28日 水曜日

"하면된다" 계기만들어

僻地校서 金배지 차지

묵계 國校 尹명준양 「던지기서」

擔任 정정식 教師 숨은功커

1972년 윤명준 동문(16회), 제1회 전국스포츠소년대회 던지기 종목 우승, 금메달의 쾌거가 있었다!

1977학년도 교직원 기념 사진(1978년 2월 촬영)

또한 묵계초등학교는 1970년대에 접어들어서 비로소 근대화된 2층 콘크리트 교실이 신축되었으며, 확장된 운동장과 축대가 오늘날과 같은 형태를 갖추게 되었다.

특히, 1972년 서울에서 처음 열린 제1회 전국스포츠소년대회[전국체육대회에서 초·중학생부만 분리하여 개최한 것으로, 제4회 대회 때부터 '전국소년체육대회'로 명칭이 변경] 육상부 던지기 대회에서 경상남도 대표선수로 출전한 윤명준 동문(16회)이 금메달을 획득하는 쾌거를 거두었다. 이런 특출한 성과는 묵계초등학교 개교 이래 전무후무한 일이다.

또한, 1970년대는 블루칼라의 전성시대였다. 이들은 '조국 근대화의 기수'라는 사명감으로 불탔다. 당시에 배출된 공고생 77만 명이 대한민국의 산업혁명을 일으켰다는 평가도 있다.[233] 이 시기에 우리 묵계초 동문 중에서도 조국 근대화의 기수로 나선 동문이 있었다. 그 선두주자가 아마 14회 노현영[부산기계공고], 장상석 · 노병곤[이상 전북기계공고], 하용선[진주기계공고, 제15대 총동창회장] 동문 등이 아닌가 생각되며, 그 후에도 많은 동문들이 조국 근대화의 기수로 활발한 활동을 한 것으로 알고 있다.

또한 이 시기에 일어난 관광 붐을 타고 도인촌의 독특한 생활문화가 매스컴에 알려지기 시작하면서 '청학동'이라는 타이틀을 공식적으로 얻게 되었고, 큰 변화가 일기 시작했다. 그 시작은 바로 1974년 봄, 학동에 도로가 개설되면서부터라고 할 수 있을 것이다.

1974년 5월, 청학동 도로공사 현장 공개

학동 도로개설 현장 설명회(사진 제공: 양점동 총무)

그리고 졸업사진을 보면 제1회에서부터 남학생들은 주로 제복 같은 검정 교복을 입었고, 여학생들은 단정한 치마저고리 차림이었으나 12회를 끝으로 치마저고리는 사라지고, 남 · 여 모두 점점 자유복으로 바뀌는 경향을 보인다. 이것은 한국 사회가 산업화와 함께 개성을 존중하는 시회로 서서히 분위기가 바뀌고 있음을 엿볼 수 있다.

233) 《블로그 이 세상 살아가다 보면》, 〈대한민국 근현대사〉, 〈조국 근대화의 기수 …〉에서 인용

제14회 졸업 기념(1971.2.13.). 졸업생 수: 47명. 앞줄 왼쪽부터 최병렬, 구승림, 윤기주(담임), 하재권 사친 회장님, 박경식 교장, 조희상 교감, 000 선생님, 강태철 주사님
(뒤에서 두 번째 줄, 오른쪽에서 세 번째가 제15대 총동창회장 하용선 동문)

제15회 졸업 기념(1972.2.20.) 졸업생 수: 43명(두 번째 줄 왼쪽에서 세 번째가 최병렬 선생님, 다섯 번째가 배순탁 교장 선생님, 사친회장 하재권 님 순이고, 맨 끝이 강태철 주사.
맨 뒷줄, 오른쪽에서 네 번째가 제16대 총동창회장 도봉두 동문)

제16회 졸업 기념(1973.2.14). 졸업생 수: 49명.
(맨 뒷줄, 왼쪽에서 여섯 번째가 제18대 총동창회장 김종규 동문)

제17회 졸업 기념(1974.2.20). 졸업생 수: 54명.

제18회 졸업 기념(1972.2.20). 졸업생 수: 37명. 박도식 선생님 처음 등장
(제20대 총동창회장 박형철 동문은 어디?)

제19회(졸업: 1976. 2.) 주관기 기념사진. 졸업생 수: 43명. “19회, 힘내자!, 화이팅!!”
(뒷줄 맨 오른쪽이 제21대 총동창회장 이영규 동문)

18회 졸업 여행-진양호

18회 수학여행? 키 큰~ 애는 누구?

19회 모교 방문! 졸업사진도 없다고?

78학년도 묵계초 교직원 일동

제21회 졸업 기념(1978.2.). 졸업생 수: 64명. 박술 선생님 처음 등장
(맨 뒷줄 오른쪽에서 두 번째가 제21대 총동창회장 김하용 동문)

제22회 졸업 기념(1979.2.19). 졸업생 수: 29명.

제23회 졸업 기념(1980.2.22). 졸업생 수: 33명. 졸업사진 중 첫 칼라사진!

1977년 하동종합체육대회 탁구부 우승 기념. 좌로부터 이순이, 양순자(이상 21회), 노성자, 이숙이(22회), 지도교사 박술 선생님.

1979년 하동종합체육대회 탁구 3연승 우승 기념. 좌로부터 이분순, 강호선, 하봉선, 서미순(모두 23회) 뒤줄 좌로부터 박술 교사, 양순자 부친, 윤보순 교사, 심재정 교장, 하봉선 오빠 하정선, 서미순 오빠 서봉수.

70년대 운동회 모습. 학부모들이 '공 몰기' 경주에 열중하고 있다. 대개 이 경기가 끝나고 나면, 오전 경기의 하이라이트인 '점심 바구리'를 터트리기 경주였다. '점심 바구리'는 운동장 양편에 서 있는 장대 끝에 높이 달려 있었다. 물론 운동회 전체의 하이라이트는 오후 마지막 경기인 남학생들의 '기마전'이었던가?

※ 〈운동회 노래〉 이 노래 가사는 14회 노병곤 동문이 어릴 적 기억을 되살려 제공해주었다.

♪ "깃발이 춤을 춘다/우리 머리 위에서/달리자 넓은 마당/푸른 하늘 마시며/우리 편도 잘하고/저쪽 편도 잘해라/ 우리들은 다 같은/묵계교의 어린이" ♬

(4) 1980년대(1981~1990)

묵계초 1980년대

- 1982. 02. 28 체육부 지정 급식 시범학교
- 1982. 06. 30 본관 교사 6교실 준공 (철근콘크리트 2층 슬라브)
- 1982. 07. 15 교사 개축 준공식 거행
- 1985. 02. 04 국어과 군 우수학교 지정
- 1985. 09. 01 병설유치원 개원
- 1985. 12. 31 국어과 도 우수학교 지정
- 1986. 02. 19 제1회 유치원 졸업
- 1987. 04. 29 교무실 앞 전면 화단 조성
- 1988. 10. 30 급식조리실 1동 신축(10평)
- 1990. 06. 30 급식소 통로 공사 완료

흔히들 1980년대를 문화의 황금기라고 한다. 전두환 정권은 컬러텔레비전 방송을 시작으로 야간통행금지 해제, 프로야구 개막, 86아시안게임, 88서울올림픽 유치 등과 같은 유화정책을 병행했다. 1980년 당시 한국의 경제는 제2차 오일쇼크로 인해 혼란에 빠졌고, 내수 부진까지 이어지면서 대혼란의 시기를 겪고 있었다.

이때 등장한 컬러TV는 우리나라 경제에 새로운 활력을 불어넣었다. 당시 심각한 경제 상황을 타개하기 위해 정부가 빼든 카드가 바로 '컬러TV 방송'이었다. 정부는 1980년 12월 1일부터 컬러TV 방송을 전격적으로 시작했다. 이 결정은 10년 만에 겪은 마이너스 성장의 충격을 극복하는 데 큰 역할을 했다. 특히 전자산업 활성화에 이바지했을 뿐만 아니라 컬러TV 방송은 당시 사회에 혁명적인 변화를 몰고 왔다. 처음 컬러TV 방송이 시작되자 흑백화면에 길들어 있던 시청자들은 큰 충격을 받았다. 가히 색채의 혁명이라고 할 정도였다. 자연의 색상을 TV 화면에 고스란히 전달하는 컬러TV 방송은 사회에도 커다란 변화를 가져왔다. 컬러TV의 영향은 전자산업을 넘어 생활 전반에 컬러화라는 새로운 흐름을 만들어 내며, 생산과 소비 모두를 변화시켰다.[234)] 그 영향 탓인지 묵계초등학교

234) 전자신문, 〈기획 특집〉 [전자산업 50년, 새로운 50년](31) 컬러TV 시대 개막〉, 2008. 8. 25

졸업사진도 1980년 2월에 졸업한 제23회 졸업생부터 컬러로 바뀌었다.

신군부는 7 · 30 '교육개혁 조치'를 단행했다. 당시 교육 당국은 과열 과외가 학교 교육의 정상화를 크게 저해할 뿐만 아니라, 가계에 막중한 부담을 안겨주고 계층 간의 위화감을 조성한다고 하여 과외를 비롯한 사교육에 대한 전면적인 금지조치를 단행하였다. 7 · 30 교육개혁은 과열 사교육의 완화, 재수생의 감소 등 부분적인 성과를 거두기는 했지만, 대학생 수의 급증으로 인한 대학교육의 질 저하, 대학 졸업정원제의 백지화에 따른 대졸자 취업난, 과외를 대신하는 보충수업 및 자율학습으로 인한 고교생들의 수업 부담 증가 등 많은 부정적인 결과만 남긴 채 실패로 끝났다.

1988년 등장한 노태우 정권은 문교부를 교육부로 바꾸고 '지방 교육 자치 제도'를 도입하였고, 우여곡절 끝에 오늘날 교육감을 도민들이 직접 뽑는 시대가 되었다.

그런데 묵계초등학교는 1980년대에 접어들면서 학생 수가 급감하기 시작했다. 1977학년도(21회) 졸업생 64명을 정점(頂點)으로 급격하게 줄어들기 시작한 것이다. 이 시기는 70년대 말에 산업화의 영향으로 농촌 청소년들이 일자리를 찾아 도시지역으로 이전하는 사례가 많았고, 특히 묵계댐 공사로 농토를 잃은 농민들이 또 다른 농지를 찾아 이전하거나 도시로 빠져나감으로써 제2차 이농현상이 집중되던 시기였다.

그 결과 1978학년도(22회) 졸업생부터 갑자기 29명으로 줄어들었고, 1989학년도(33회)에는 15명밖에 되지 않았다. 그런데도 묵계국민학교는 1982년 6월 본관 교사를 2층 철근 콘크리트 건물이 준공되었고, 7월 15일에는 '교사 개축 준공식'을 거행함으로써 오늘날과 같은 교사 형태를 갖추게 되었다. 또, 1985년에는 병설 유치원이 개원하였다.

어버이날 행사(1986.5.8.)

교사 개축 준공 기념식(1982.7.15.)
(좌: 조태규 교육장, 우: 양삼준 체육진흥회장)

애국 조회. '석각삼봉'이 뚜렷하다.

교내외 식수 행사(1987.7.30)

운동회(1990.9.25)

자매결연(1990년)

제24회 졸업 기념(1981.2.). 졸업생 수: 33명.

제25회 졸업 기념(1982.2.17). 졸업생 수: 31명.

제26회 졸업 기념(1983.2.19). 졸업생 수: 29명.

제33회 졸업 기념(1989.2.17). 졸업생 수: 15명.

(5) 1990년대(1991~2000)

묵계초 1990년대

- 1991. 06. 20 급식소(식당) 공사 완공
- 1991. 12. 20 기초교육 도 우수학교 선정
- 1992. 06. 30 본관과 별관교실 통로 연결
- 1993. 07. 02 하동교육청 지정 즐거운 교실 만들기 사례 발표
- 1996. 03. 01 묵계초등학교로 개칭
- 1996. 08. 16 급식소 및 축대 개축 공사
- 2000. 02. 13 수세식 화장실 1, 2층 준공
- 2000. 07. 06 교무실 현관 공사

1991년 12월 26일, 사회주의 국가의 종주국이었던 소련의 붕괴로 냉전이 종식되고 미국 주도의 국제 질서가 확립된 시기이다. 이 시기에 등장한 청소년과 대학생들을 X세대라고 불렀다. 그들은 1980년대의 이념적인 면에서 탈피하여 자유로운 사고와 개성을 중시하고 대중문화에 열광했다. 1980년대부터 시작된 전자·통신 혁명은 위성방송, PC통신, 케이블TV, 인터넷 등으로 발전하였다. 1993년에 등장한 김영삼 정부는 '문민정부(文民政府)'를 표방하고 전격적으로 금융실명제를 발표했다. 특히 교육부는 1995년 8월 11일, 광복 50주년을 기념하여 '일제의 잔재를 깨끗이 청산하고 민족정기를 바로 세우기 위해 '국민학교의 명칭을 변경한다'라고 발표하여 1996년 3월 1일부터 '묵계초등학교'로 교명을 변경하였고, 이 시기에는 열린 교육이 본격적으로 확산한 때였다. 그리고 대한민국에서 1980년대 후반부터 이어지고 있던 경제 호황이 정점을 찍었던 황금기이자, 동시에 IMF에 구제금융을 요청하는 등 최악의 경제적 시련을 겪었다.

1990년대는 묵계초등학교로서도 최약체의 시련기였다. 1991학년도(35회)부터 2000학년도(44회)까지 10년 동안 졸업생이 평균 10명에 불과했다. 그런 한편, 희망적인 요인도 싹트고 있었다. 1997년 이후 청학동에서 기숙형 서당교육이 본격화되면서 묵계초등학교 학생 수는 조금씩 늘어나기 시작했다.

열린 교육의 현장(98.7.)

과학부 탐구활동

극기 훈련 참가

하동문화예술제 참가

(6) 2000년대(2001~2010)

묵계초 2000년대

2001. 04. 16 도서상 이전, 충효탑 철거
2001. 07. 07 교문 입구 주차장 설치
2001. 11. 02 군지정 기초 · 기본교육 시범학교 공개 보고회
2002. 01. 27 7교실 칠판 교체
2002. 02. 09 교실 싱크대 설치 및 수도 배관 공사
2003. 02. 05 2층 교실 마루 공사, 1 · 2층 창문 공사
2003. 09. 15 교문 신축 및 운동장 마사 깔기
2007. 09. 20 군 합주 경연대회 리코더 최우수
2007. 09. 27 전국 청소년과학탐구대회 장려
2008. 09. 30 과학실험실 현대화 사업 준공
2009. 01. 20 농산어촌 연중 돌봄학교 선정(3년간)
2009. 04. 13 교사 증축(3실) 및 급식소 현대화 사업 준공

20세기를 마감하고 21세기의 새로운 천년을 맞이하는 열기는 뜨거웠다. 당시 듣기에도 생소했던 밀레니엄(millennium)이라는 단어는 뭔가 새로운 시대가 도래할 것 같은 희망에 부풀어 있었다. 벌써 4반세기가 흘렀다. 1999년 2월 김대중 정부가 등장한 직후 교원노조 합법화와 교원정년 단축 등으로 교육계는 내부적으로는 큰 혼란기였다.

그런데 2004년 삼신봉터널이 개통됨으로써 진주 시내에서 출퇴근이 가능해지자 묵계초등학교는 하동 군내 교사들뿐만 아니라 서부 경남 지역 교사들에게까지 선망의 대상이 되었다. 그것은 묵계초등학교가 법정 벽지학교로 지정되어 있었기 때문이었다. 교육부의 〈도서 · 벽지 교육진흥법 시행규칙〉 [별표] 규정에 따르면 전국에는 도서 132개교, 벽지 400개교가 '〈가〉' 지역에서 '〈라〉' 지역까지 4등급으로 분류되어 있다. 이런 도서 · 벽지학교 근무 교사에게는 승진 가산점과 함께 벽지수당까지 지급하는 규정이 있다. 묵계초등학교는 경상남도에서 유일하게 '벽지 〈나〉 지역'이었다. 참고로 화개초등학교

왕성분교는 '벽지 〈다〉 지역'이며, 금성면 갈육초등학교는 '벽지 〈라〉 지역'이다.

따라서 묵계초 근무 교사들에게는 매년 받을 수 있는 '승진 가산점'이 월등하게 높았다. 이처럼 하동 군내에서 우수한 교사들이 승진 가산점을 받기 위해 경쟁적으로 근무하고 싶은 학교인데다 도로 사정까지 좋아지면서 묵계초등학교에는 의욕적이고 열성적인 우수교사들이 더욱 몰리게 되었다. 그 결과 묵계초의 교육활동이 활발해지고 다양해졌다고 볼 수 있다.

밀레니엄시대, 학교 전경

합주경연대회(리코더 최우수)

'사자성어' 골든 징 대회

야영수련활동

방과후학교(가야금부)

묵계 한마당 잔치

교문 입구에 있던 충효탑 등을 철거하고 주차장을 개설한 것만 보아도 승용차로 출퇴근하는 교사가 증가했음을 알 수 있고, 기초·기본교육 시범학교 공개 보고회, 하동군 합주 경연대회 최우수, 전국 청소년과학경진대회까지 출전한 것은 큰 성과가 아닐 수 없다. 이와 함께 지난 10년 동안 줄어들기만 하던 재학생 수도 서서히 증가하기 시작하여 전교생이 100명을 넘는 시대가 되었다. 이것은 앞서도 언급했다시피 청학동의 서당교육이 활성화된 것과 궤를 같이한다고 볼 수 있다. 이리하여 2010년까지 10년 동안은 매년 졸업생이 평균 20명을 넘었다.

(7) 2010년대(2011~2020)

묵계초 2010년대

- 2011. 08. 02 교사 외벽 개선 공사(109,388천원)
- 2011. 10. 25 초등학생 합주 경연대회 최우수상 수상
- 2011. 12. 30 경남교육청 학교평가 최우수학교 선정
- 2012. 01. 16 교무실, 행정실 리모델링
- 2013. 01. 17 교육과학기술부 농어촌전원학교 우수학교 선정
- 2014. 03. 01 청암초등학교→묵계초등학교 청암분교장 개편
- 2014. 11. 09 전국 학교스포츠클럽 플라잉디스크 골프 여자부 준우승(15년: 여자 우승, 남자 준우승 등)
- 2015. 09. 11 학교 주변 담장 보수 및 펜스 설치
- 2017. 01. 17 교육부 100대 우수 방과후학교 선정
- 2017. 04. 01 개교 80주년 기념 행사
- 2018. 05. 31 제23회 학생풍물놀이 경연대회 장려상
- 2019. 10. 17 청학마루(학교체육관) 개관
- 2020. 11. 30 학교체육활성화 우수학교 선정

2010년대에는 묵계초등학교 역사상 큰 변화를 맞게 된다. 사실 그동안 1면 1교 정책으로 청암초등학교와 오랜 기간 학교 통폐합 논의가 지속되어 왔다. 한때는 뜻밖에도 횡천초등학교에서 이 논란에 뛰어들면서 혼선이 생기기도 했다. 그런 와중이라 교육청에서는 체육관을 비롯하여 학교 시설 투자를 전혀 하지 않아 시설이 매우 열악했다.

결국 2014년 3월 1일 자로 청암초등학교가 묵계초등학교 청암분교장으로 개편되었다. 청암보통학교 부설 묵계간이학교로 개교한 지 꼭 78년 만에 일어난 큰 변화였다. 이 시기에 졸업생 숫자의 변동 추이를 보면 2012학년도에 41명이었지만 2014학년도에는 불과 16명이 졸업하는 등 안정적이지 못한 면도 잠재해 있었지만 매년 졸업생이 평균 25명에 달할 정도로 학교는 활기를 띠었다. 이 숫자는 하동 군내 학교 중에서 손꼽히는 상위권이라고 할 수 있다. 또한 2022년 4월 1일, 80주년 개교기념 행사에 이어 2019년 10월 17일에는 대망의 학교체육관 '청학마루'가 문을 열게 됨으로써 교육시설도 크게 개선되었다.

이런 선순환의 순조로운 분위기 속에서 묵계초등학교는 학교 교육 면에서 큰 성과가 있었다. 경남교육청 교육과정 우수, 경남교육청 학교평가 최우수, 교육부 농어촌전원학교 우수, 교육부 100대 우수 방과후학교, 학교체육활성화 우수학교 등이 그 증거이다.

묵계초등학교 청암분교장

학교체육활성화-플라잉디스크

개교 80주년 행사(2022.4.1.)

학교체육관 '청학마루' 개관식

(8) 2020년대(2021~현재)

호사다마(好事多魔)라고 할까, 2021년 3월 말, 청학동의 한 서당에서 일어난 '폭력' 사태가 알려지면서 전국적으로 큰 파문을 일으켰다. 이로 인해 묵계초등학교 재학생과 졸업생이 급감하고 말았다. 2024년 9월 현재 전교생이 24명에 불과하다. 동문의 한 사람으로서 위기감을 느끼지 않을 수 없다. 이런 위기를 맞아 묵계초등학교에서는 2022학년도부터 Wee 클래스를 개소하였고, 상담교사가 배치되었으며, 4년간 행복학교로 지정받았다. 특히, '이음교실' 선도학교로 지정받았고, 과학실 사업 현대화, 학교 공간혁신 사업학교, 교육복지우선지원사업에 선정되는 등 각고의 노력을 다하고 있다.

한편, 현재 청림서당을 비롯하여 일부 서당만 운영되고 있으나 학생 수도 극소수에 불과하단 소문이다. 이번 사태를 계기로 옥석을 가려 선의의 피해를 보는 서당이 없기를 바라며, 지역 사회와 학교가 각고의 노력으로 서로 Win-Win 하는 계기로 삼았으면 한다.

묵계초 2020년대

- 2021. 05. 18 Wee 클래스 개소식
- 2021. 12. 23 모듈러교실 개관식
- 2022. 03. 01 경상남도교육청 행복학교 지정(4년간)
- 2022. 03. 01 경상남도교육청 이음교실 선도학교 지정
- 2023. 03. 01 제33대 송호민 교장 부임
- 2023. 04. 23 경상남도 초 · 중학생종합체육대회
농구여초(군부) 2위, 남초(군부) 2위
- 2023. 05. 03 별빛캠프 및 명랑운동회
- 2024. 02. 07 제67회 졸업식(7명, 졸업생 총수 1627명)
- 2024. 03. 01 학교공간혁신 사업학교 선정
- 2024. 03. 01 교육복지우선지원사업 선정
- 2024. 05. 27~29 5, 6학년 제주도 수학여행

Wee 클래스 개소식

행복학교-'생태 감수성 키우기'

'교육복지 우선 사업'

'모듈러 교실' 개관식

'이음 교실' 활동

행복학교-'별빛캠프'

다. 묵계초등학교 총동창회

(1) 총동창회 약사

- 1978. 09. 18. **총동창회 창립총회, 회칙제정, 초대 양한두** 총동창회장 취임
  10. 03. 충효탑 제막식 지원
- 1979. 10. 05. 정기총회 및 **제2대 노병화** 총동창회장 취임
- 1980. 09. 23. 정기총회 및 **노병화 제3대** 총동창회장으로 연임
- 1981. 09. 12. 정기총회 및 **제4대 이갑규** 총동창회장 취임
- 1983. 09. 정기총회 및 **이갑규 제5대** 총동창회장으로 연임
- 1986. 09. 19. 정기총회 및 **제6대 김삼주** 총동창회장 취임, 회칙개정
- 1987. 10. 07. 정기총회(학교 동상 건립 및 기금조성사업 건)
- 1988. 09. 26. 정기총회 및 **김삼주 제7대** 총동창회장 연임
- 1989. 09. 15. 정기총회(학교 동상 건립 건 보류, 임시총회 개최 건)
- 1990. 10. 04. 정기총회 및 **김삼주 제8대** 총동창회장으로 연임

노병화, 김삼주, 양점동 묵계초 총동창회 고문

하인선 묵계초 총동창회 고문

- 1992. 09. 12. 정기총회 및 **제9대 하인선** 총동창회장으로 취임
- 1993. 10. 01. 정기총회(동창회 기금조성 건)
- 1994. 09. 21. 정기총회 및 **하인선 제10대** 총동창회장으로 연임
- 1995. 09. 10. 정기총회(동창회 활성화 방안 및 기금조성 방안)
- 1996. 09. 27. 정기총회, **제11대 김만석** 총동창회장 취임

- 1997. 09. 17. 정기총회(학교 식당 커튼 설치비 100만 원 지원)
- 1998. 10. 06. 정기총회 및 **김만석 제12대** 총동창회장으로 연임
- 1999. 09. 25. 정기총회(학교 지원에 관한 건)
- 2000. 09. 11. 정기총회(개최일을 휴가철로) 및 **제13대 양점동** 총동창회장 취임
- 2002. 08. 18. 정기총회(**주관기 18회**, 전야제 검토), **양점동 제14대** 회장으로 연임
- 2003. 07. 10. 지역 동문 임시회의(정기총회 일정 확정, 주관기 지원금 인상)
- 08. 03. 정기총회(**주관기 19회**, 정기총회일 확정, 전야제 보류)
- 2004. 07. 18. 정기총회(**주관기 20회**, 행사 진행 건) 및 **제15대 하용선** 총동창회장, 사무국장 도봉두 취임

2004년 총동창회 행사 이모저모

※ 이하 사진은 대부분 〈묵계초등학교 총동창회 다음 카페〉에서 인용했다.

- 2005. 06. 26. 임원 및 기별 대표자 회의(기금조성, 회지발간, 행사 진행, 공로패건)
  07. 17. 제28회 묵계초등학교 총동창회, 동문 축제. 행사 **공동주관 11회(회장: 양동석, 총무: 이상길) · 21회(회장: 김종용, 총무: 양영권)**, 동창회지 배부, **12회 강대근 동문께 자랑스런 동문상, 주관기 감사패 전달.**

2005년 총동창회 행사 이모저모

- 2006. 06. 04. 임원회의(차기 회장 도봉두, 사무국장 양영욱 등 선출, 회칙개정, 동창회 날짜, 기수별 회비책정, 《하동신문》 광고 건 등)
  07. 16. 제29회 묵계초등학교 총동창회, 동문축제. 행사 **공동주관 12회(회장: 김진두, 총무: 박수동) · 22회(회장: 정효성, 총무: 김병국)**

2006년 총동창회 행사 이모저모

- 2007. 03. 25. 총동창회 이사회(제30회 총동창회 행사 계획, 공로패 수여 등)
  05. 20. 제30회 묵계초등학교 총동창회, 동문축제, 제17대 도봉두 총동창회장, 사무국장 양영욱 취임. 행사 **공동주관 13회(회장: 신동연, 총무: 김명순) · 23회(회장: 양영진, 총무: 서미순)**

2007년 총동창회 행사 이모저모

- 2008. 03. 30. 임원회의 및 기별 대표자 회의. 현 임원 유임 결정. 총동창회는 5월 18일 일요일(우천 불구)에 개최. 전년과 같이 《하동신문》 광고
- 2008. 05. 18. 第31회 묵계초등학교 총동창회, 동문축제 행사. **공동주관 14 · 24회**

2008년 총동창회 행사 이모저모

- 2009. 03. 29. 임원과 대표자 회의(총동창회 행사 · 총무이사 선임 건, 기타)
  05. 17. 제32회 묵계초등학교 총동창회, 동문 축제. 공동주관 15회 · 25회

2009년 총동창회 행사 이모저모

- 2010. 03. 21. 임원진 및 기별 대표자 회의(차기 주요 임원진 선출: **18대 총동창회장 김종규, 사무국장** 김해용 등 선출)
  05. 16. 제33회 묵계초등학교 총동창회, 동문 축제. **공동주관 16 · 26회. 18대 총동창회장 김종규, 사무국장 김해용 취임**

2010년 총동창회 행사 이모저모

- 2010. 07. 17　임원회의 개최(부산에서 본 동창회의 원활한 운영을 위한 사항 등, 총동창회장 김종규, 사무국장 김해용)

2011. 04. 17.　총동창회 임시회의 개최(제34회 총동창회 및 동문 축제 준비)

2011. 05. 21.　제34회 묵계초등학교 총동창회, 동문 축제 행사. **공동주관 17 · 27회**

2011년 총동창회 행사 이모저모

- 2012. 03. 18. 총동창회 임시총회 개최(총동창회 개최 안건 및 모교 발전을 위한 토의 등, **제19대 신임회장 17회 양호영**, 사무국장 노병열, 총무 서철수)
  - 05. 19. 제35회 총동창회, 동문 축제 행사 **공동주관 18 · 28회.**
    제19대 양호영 총동창회장, **사무국장 노병열, 총무 서철수 취임**

2012년 총동창회 행사 이모저모

- 2013. 03. 07. 총동창회 임원 및 기수별 임원진(총동창회에 대해서 의견을 수렴, 주관기 없이 총동창회 집행부에서 행사 진행, 7080 가수 함중아 초청.

  05. 19. 第36회 묵계초등학교 총동창회, 동문 축제 행사 주관기 없이 총동창회 주관으로 행사 실시.

2013년 총동창회 행사 이모저모

- 2014. 03. 07. 총동창회 임원 및 각 기수 임원진 임시회(총동창회 행사는 20회, 30회 공동 주관 결정)

  05. 18. 제37회 묵계초등학교 총동창회, 동문 축제. **공동주관 20 · 30회**

2014년 총동창회 행사 이모저모

- 2015. 03. 29. 총동창회 임원 및 각 기수 임원진 임시회(총동창회 행사는 11회, 21회, 31회 연합 주관, 모교 실내체육관 건립 지원금 200만 원, 새 집행부로 **제20대 총동창회장 18회 박형철, 사무국장 양영욱** 선출)

  05. 17. 제38회 묵계초등학교 총동창회, 동문 축제. 공동주관 11 · 21 · 31회. 환갑 기념행사(11회부터) **제20대 박형철 회장, 사무국장 양영욱 취임.**

2015년 총동창회 행사 이모저모

- 2016. 03. 27. 정기총회 관련 임원회의 소집, 총회 일시를 5월 셋째 주 일요일로 수정, 카페 활성화를 위해 운영자 3명 추가 등 결정.

  05. 21. 17:00 제39회 묵계초등학교 총동창회, 동문 축제 **공동주관 12 · 22 · 32회**

2016년 총동창회 행사 이모저모

- 2017. 03. 26. 정기총회 관련 임원회의 소집, 고문 추대의 건은 10회까지로 확대, 차기 임원선출, **제21대 총동창회장은 19회 이영규 동문** 선출함
- 05. 20. 제40회 묵계초등학교 총동창회, 동문 축제. **공동주관 13 · 23 · 33회. 21대 총동창회장 이영규, 사무국장 조현권 취임**

2017년 총동창회 행사 이모저모

- 2018. 03. 18. 정기총회 관련 임원회의 소집(제14회 등 공동주관, 임원회의 시기 변경: 매년 3월에서 전년도 11월로 변경)
  05. 19. 제41회 묵계초등학교 총동창회, 동문 축제. **공동주관 14 · 24 · 34회**

2018년 총동창회 행사 이모저모

- 2018. 11. 18. 2019년 정기총회 관련 임원회의 개최, 제42회 총동창회 행사 논의.
  2019. 05. 18. 제42회 묵계초등학교 총동창회, 동문 축제. **공동주관 15 · 25 · 35회**
  22대 총동창회장 김하용, 사무국장 이진우, 총무 이순이 취임

2019년 총동창회 행사 이모저모

● 2023. 05. 20. 제43회 묵계초등학교 총동창회 한마음 축제, **공동주관 16 · 26회**
코로나19 이후 처음 맞는 총동창회 한마음 축제
(유튜브 '양암TV'에 공개. 아래 일부 사진은 '양암TV' 화면을 캡쳐했다.)

2023년 총동창회 행사 이모저모

지금까지 묵계초등학교 총동창회의 약사를 정리해 보았다. 이 내용은 주로 2005년 당시에 발간된《묵계초등학교 총동창회 회지》에서 따왔으며, 그 이후부터 2019년까지는 《묵계초등학교 총동창회 카페》의 〈알림방〉에 공개된 임원회, 임시총회, 총회 관련 공지사항 등을 통해서 정리했다. 감사하게도 2004년부터 2019년까지 16년 동안의 동창회 개최와 관련된 준비 상황, 당일 행사 사진 · 동영상 자료 등이 충실히 남아있었다. 이것은 묵계초등학교 총동창회의 성숙한 힘이라고 생각한다.

2004년부터 총동창회 행사가 다양해지고 화려해졌다. 멋진 무대가 설치되었고, 전문 행사 진행자의 사회로 재미있는 게임을 하거나, 줄다리기를 하는 해도 있었으며, 초청 가수들은 축제 분위기를 한층 북돋우어 주었다. 경향 각지에서 매년 200~300여 명의 동창이 참여하였을 뿐만 아니라 마을에서 3대가 같이 참석하여 남긴 사진(2009년 참조)은 정말 정겹고 사랑스럽다. 이렇게 마을 어르신들까지 참여하는 지역의 축제로 발전시킨 것은 정말 잘한 일이다. 오랜만에 선후배들 사이에 정을 나눌 뿐만 아니라, 고향과 선산을 찾고, 부모 형제와 집안 친척들은 물론 동네 어른들과 함께 어울리는 모습, 얼마나 흐뭇한가?

2020년 이후 코로나19로 3년 동안 잠정 중지되었으나 2023년 제43회 총동창회 한마음 축제가 열린 것은 다행스러운 일이다. 당시의 모습이 유튜버[235)]에 소개되어 있다.

필자는 지난 40여 년 동안의 묵계초등학교 총동창회 약사(略史)를 정리하면서 총동창회 행사의 여러 장면에서 감동하였다. 그런데 그 많은 장면 중에서 가장 명장면을 꼽으라면 2019년 '크레인 비닐 천막 사진'을 들고 싶다.

그해 총동창회 날 비가 내리자 크레인을 동원하여 대형 비닐하우스용 비닐 막으로 운동장을 완벽하게 덮어 버렸다. 사진에서 보듯이 이미 행사장 입구 운동장 바닥은 이미 비에 젖었다. 이러니 당시 총동창회 집행부와 주관기 대표 등 관계자들은 얼마나 고심했을지 짐작이 간다.

하지만 이런 정도의 난관쯤은 가볍게 크레인으로 해결했다. 그 덕분에 그날 무대 위의 진행자, 공연자는 물론 뽀송뽀송한 운동장에서 멋진 추억을 쌓을 수 있었다. 오늘 당시의 묵계초등학교 총동창회 행사 현장의 생생한 이 사진을 다시 발견하고는 감동이었다. 이런 기발한 아이디어는 도대체 누가 내었을까? 이런 장면은 아마 전국적으로도 전무후무한 동창회 행사장이 아니었을까? **이것이 바로 묵계초 총동창회의 저력이다!**

이어서 묵계초등학교 재부산동문회가 2005년 11월 27일에 결성되었고, 재경동문회가 2006년 6월 8일에 결성되었다. 각 지부의 활동 모습도 간략하게 소개하려고 한다.

235) 유튜버《양암TV》, 〈청학동 훈장들의 엔돌핀 뽕뽕 초교 동창회〉(2023년 묵계초 총동창회)

'크레인 비닐 천막 사진'은 모두 《묵계초등학교 총동창회 카페》의 〈19년 동창회 사진〉에서 인용했다.

(2) 묵계초등학교 재부동문회[236)]

묵계초등학교 재부동문회는 2005년 11월 27일, 사상 누마루 뷔페에서 동문 70여 명과 청암향우회 임원 등이 참석한 가운데 결성총회를 한 이후 오늘에 이르고 있다. 부산권은 김해・양산까지 포괄하는 총동창회 산하 최대 조직으로 전 동문의 절반을 차지한다.

236) 재부동문회 소개 글과 사진은 강대근 동문이 제공한 내용을 필자가 정리했다.

초대 강대일(11회) 동문을 비롯하여, 강대근(12회), 강영록(13회), 김종호(11회), 김진두(12회), 김영민(12회), 이정만(10회) 동문이 회장을 맡아 봉사해 오다가 2023년 12월 23일부터 이상길(11회) 동문이 회장을 맡고 있다. 재부동문회가 번성할 때는 80~100여 명의 동문이 연 2회 총회에 참석하는 등 성황을 이루었으나 2018년도부터는 연말에 한 번만 개최하고 있다. 2007년에는 재부동문회 발전기금 1,135만 원을 모금하여 현재 1,800만 원의 기금을 비축, 안정적으로 재정을 운영하고 있다. 재부동문회는 2025년 발족 20주년을 앞두고 재부동문회의 활성화를 위해 노력하고 있다. 재부동문회, 파이팅!!

(3) 묵계초등학교 재경동창회[237)]

묵계초등학교 재경동창회는 이경규(9회), 김생교(11회), 유수열(11회), 장종석(11회), 김종규(16회) 동문 등이 발기하여 2006년 6월 8일 결성되었다. 회원은 서울, 경기, 인천, 충청권까지 포함하여 130여 명에 이른다. 결성 당시에는 회장 이경규, 부회장에 이왕기(10회), 한남순(10회, 여), 장종석, 하도선(12회), 양호제(13회), 변장식(14회), 손수석(15회) 이였고, 감사는 김생교, 재무 유수열, 조직 노봉임(15회), 총무 김종규, 홍보 하철선(19회) 동문이었다. 이경규 회장에 이어 2대 회장으로 김생교 동문이 오랜 기간 봉사했다. 결성 초기에는 40명 이상의 동문이 모였고, 또, 대형버스를 이용하여 모교 총동창회에 참석하는 등 대성황이었다.

그러나 코로나19의 여파와 오랜 기간 재경동문회 총무를 맡았던 김종규 동문(제18대 총동창회장 역임)이 3년여 전, 고향 학동으로 귀촌하면서 다소 구심점이 약해진 점은 다소 아쉽지만, 현재 유수열 재경동창회장을 중심으로 다시 도약을 준비 중이다.

귀촌 후 김종규 동문은 '하동군 평생교육 색소폰 강사'로 활약하면서 '청학동 단풍놀이 산골 음악회'를 여는 등 음악인으로 왕성한 활동을 이어가고 있다. 재경동문회 파이팅!!

유수열 재경동창회장의
2023년 제43회 총동창회
축하 화환

237) 이 글은 김생교(11회), 유수열(11회), 김종규(16회) 동문이 구술한 내용과 총동창회 카페에 남아있는 자료를 이용하여 필자가 정리했으며, 위 화환 사진은 류수열 현 재경동문회장이 제공했다.

[스페셜 코너]
놓치기 아까운 장면들, 못다 나눈 이야기!

역 대 학 교 장

2대 이원영(58.03.03~60.06.23)
3대 조병인(60.06.24~62.10.04)
4대 임지화(62.10.05~64.08.31)
5대 김규수(64.09.01~66.10.14)
6대 서명문(66.10.15~68.12.10)
7대 이영주(68.12.11~70.01.15)
8대 박경식(70.01.16~71.03.31)
9대 배순탁(71.04.01~72.08.31)
10대 정덕환(72.09.01~76.02.28)
11대 심재정(76.03.01~80.08.31)
12대 이상덕(80.09.01~85.02.28)
13대 김덕희(85.03.01~88.08.31)
14대 이영수(88.09.01~89.08.31)
15대 나선균(89.09.01~90.08.31)
16대 박기원(90.09.01~91.08.31)
17대 조환조(91.09.01~93.02.28)
18대 하복도(93.03.01~94.08.31)
19대 김정규(94.09.01~96.02.28)
20대 김종호(96.03.03~98.08.31)
21대 최종수(98.09.01~99.08.31)
22대 손영일(99.09.01~01.04.20)
23대 최인옥(01.04.21~03.08.31)
24대 김상권(03.09.01~06.08.31)
25대 이동원(06.09.01~08.08.31)
26대 성순기(08.09.01~11.02.28)
27대 박 술(11.03.01.~13.02.28)
28대 김병영(13.03.01.~14.08.31)
29대 김현순(14.09.01.~17.08.31)
30대 이주일(17.09.01.~19.08.31)
31대 김종호(19.09.01.~21.02.28)
32대 오인태(21.03.01~23.02.28)
33대 송호민(23.03.01~

7회 참한 언니들

11회 친구들, “상길아, 니 뭐 보고 있노?”

12회 미남들! 35년 후 어떻게 변했을까? ➡

35 years from 1968 to 2003 and they are still young and cool!

13회 졸업 기념, 가매, 옥자 언니는 어디?

16회 웬 다람쥐?

18회, 어깨동무나 하지?

22회 소풍은 역시 '백바위'였지!

23회 4학년 소풍 기념

26회 1학년 봄 소풍 기념(1977년)

묵계동의 '태권 아이돌'! 감독 · 코치, 성동이 형님 전성시대!!

(4) 동문 문예 마당: "~~친구야 놀자~~"

《총동창회지》의 '동문 문예 마당'에 많은 글이 소개되어 있었다. 하나같이 아름다운 심성을 엿볼 수 있는 주옥같은 글이다. 그러나 지면 관계상 다 소개할 수 없어 아쉽다. 그중에서 '하비(노병합)'가 쓴 〈~~친구야 놀자~~〉만 골랐다. 이글의 특징은 '생략'에 있다. 그래서 '…'이 많다. 그런데 묘하게 이것이 '자유'와 '추억'과 '상상의 세계'로 이끈다. '…'을 따라가다 보면 투박한 사투리 속에 사랑과 미소가 있고, 가슴 아린 그리움과 감동이 있다.

이게 바로 작자 '하비'의 노림수……? 그 감성이 장난이 아니다. 산골 아이들만의 천진난만하고 총기(聰氣) 있고 개구진 모습 속에서 수채화 같은 청량함과 파스텔 톤의 따스함을 지닌 '사람(人)'과 '정(情)'이 보인다. '산딸기 한 줌…'에서 그리움에 눈물을 펑펑 쏟았다. 이렇게 우린 헤아릴 수 없는 큰 사랑 속에서 자랐다.

500년도 더 넘은 '이전재전'에 탁영 김일손 선생은 묵계사에 도착하기 5리 전 마을을 '꽃이 피면 봄인 줄 알고, 잎이 지면 가을인 줄 아는 동네'라고 했다. 한 마디로 평화롭고 여유로운 '이상향'이 바로 이곳이라고 했었다. 그런 마을에서 자란 '우리들'이다. 잠시 그런 멋진 고향을 떠나서 살지만, 언젠가는 다시 고향으로 돌아가고 싶은 꿈을 꾸며 살아왔다. 잠시 '하비'의 이야기에 빠져 보자! 여기에 그 시절 '내'가 있다! 〈明原〉

친구야 놀자

노병합(묵계초 20회)

친구야 놀자…

짜식아! 막무라… 선배가! 옛날엔 학교 건물이 아래, 위 두 채였습니다. 그래서…? 교실 바닥은 나무로… 그런디…? 벌어진 마루 틈 사이로 동전들이 숨어버렸지… ㅋㅋ 킥 무신 소리고…? 주인은 아는지 모른지…? 걸세…? 점심때면 작은 구멍 사이로 들어가곤 했었지…? 돈 마이 준나…? 쥐벼룩에 고생도… 싸다 싸…? 꼬시다…!

친구야 놀자…

땡땡… 쉬는 시간이면… 우루루 몰려나와 삼삼오오 짝을 지어 조잘대곤 했었지… 땡땡땡… 수업 종이 울리면… 수돗가에 손을 씻느라… 야단법썩… 동작이 느리면… 십여 개의 꼭지가…!?

친구야 놀자…

지도 친구하면 안… 후배가?? 아랫층 건물… 운동장 가장자리에 아주 큰 감나무가… 옆에 수돗가…? 진짜로…? 작은 화단에 꽃, 나무들이…? 그래 맞데이…! 뒷 쪽에 두 그루 감나무… 그 옆에 화장실이…? 에이 더러워…?

친구야 놀자…

된다 카이… 같이 늙어 가는디… 하비가!! 계단 7개 올라… 윗층 건물… 정문쪽으로 측백나무와…화장실…? 또 기가…? 동물원도 있네여! 그참! 희한 하데이…? 꿩, 닭, 칠면조, 공작새, 토끼… 공작이 부채로 춤을 추네여…! 참말로 희안하데이…! 칠면조가 방귀를 끼구여…! 짜석, 보리밥 묵은 내캉 똑 같네…!

친구야 놀자…

운동장보다 교실 뒷뜰… 화장실 옆이…? 남자들이 즐겨 찾네여…?? 시는 시간마다 딱지치기, 구슬치기… 주머니엔 보물들이 가득 차 있네여…?

친구야 놀자…

감나무 밑은 여자 애들이…? 고무줄 놀이, 콩돌줍기, 막주놀이…재잘그리며 즐거…!! 그런데 지금은…? 아따 억수로 반갑데이…… 물레방아가 돌던 그 시절이 진짜로 그리워… 오늘도 찾아…

친구야 놀자…

이른 아침부디 밥도 안 묵고… 찾아와서 같이 놀자던… 그때가… 머리엔 창호지에 고약 녹여 붙이고… 폴 뚝엔 덴장부쳐 비니루에 동여매고, 까만 나이롱 쫄바지에… 엉가 누야 옷 물려입고… 허벌레 쪼차온 친구 녀석…

친구야 놀자…

응, 밥숫깔 집어 던지고 뛰쳐나가던 그 시절… 지금쯤 단풍이 곱게 옷 단장하고…? 홍시, 어름, 머루, 다래… 그립다 못해 눈시울이 뜨거워….

친구야 놀자…

중우도 안 입고… 가시나, 머시마 엉켜 놀던 그때가… 호롱불 켜던… 깜깜했던 그 시절이…

친구야 놀자…

집집마다 초가집에 박꽃이… 박을 타… 내 새끼 허기 달랜다던… 님은… ㅠㅠ… 오래전에… 저 세상… 아픕니다! 저려옵니다!! 맵니다!! 허지만 기쁩니다! 추억으로 다가와…

친구야 놀자…

울 어매 장에… 자랑하던 그 날… 하동장, 덕산장… 백 리가 멀다 않고… 무거운 봇짐… 머리에 이고… 지고… 걸어 넘던 그 오솔길… 회남재, 고운동재…넘고 넘어… 7~80리 길 멀다 않고, 댕기던 그 길… 땅거미 드리울 때면, 동생 손잡고 어매 마중… 눈깔사탕 기다리며… 깊은 산길… 꺾어지는 나뭇가지에 놀라 울고 말았지. 동생 무동 태우고, 노래 불러주며 달래고… 엄마 올 때를 목이 빠지게… 고운동재… 억새 숲 헤치고 내려가면… 내 친구 길동이 집이 거기…

친구야 놀자…

지금은 어느 하늘 아래 살고 있는지? 늘 구름에 소식 전해주렴… 잊지는 않았니… 그 시절을…

친구야 놀자…

눈깔사탕 자랑하던… 그때를… 니도 한 입, 나도 한 입… 돌아가며 핥았던… 그 시절이…

친구야 놀자…

장맛비 그치면… 골패인 신작로에 물놀이하던… 꽃잎 하나, 풀잎 하나… 물에 띄우고… 개미 잡아 손님으로 깔깔거리던…

친구야 놀자…

곶감 깎아 처마에 매달고, 고매 삐져 돌팍 우에 말리어… 긴긴 겨울밤… 아랫방에 모여… 이불 밑에 발 넣고… 이거리 저거리 갓거리… 장난하던… 고매빼때기에 팥 넣어… 허기 달래던… 감똘개에 목이 맵니다.… 아!~~ 친구야 노~~ㄹ 자~~~~~

친구야 놀자…

이른 봄… 꼭두새벽부터 산으로… 어린 나뭇잎 베다… 논에 갖다 넣는다. 비료도 없고… 농약도 없던 시절… 여기저기 경쟁이나 하듯… 하늘 높이 쌓아 모둔다… 퇴비를… 지금은 유기농법이라던가~

친구야 놀자…

어린 소나무 가지 꺾어 조심스럽게 껍질베끼면… 하얀 속살이… 이걸 '송구'라 카는데… 맛은…

친구야 놀자…

산딸기 한 줌… 칙 잎에… 조심스레 동여매고… 풀 짐 속에서 꺼내어… 함박웃음 지으시며… 어린 자식에게 건네시던… 아~ 아부지! 너무 보고… 그립습니다!

산딸기(사진 출처: https://pxhere.com/ko/photo/979610)

친구야 놀자…

개미 잡아 꽁지 빨아… 새콤달콤… 그 맛을… 찔래 꺾어… 껍질 베끼가… 누가 기~~나 내기하던… 쌀밥 같은… 찔래꽃 한 줌… 입에 넣어 씹던…

친구야 놀자…

삐삐 뽑아 껌으로…? 모르시면 꼬리말 올려유~ 왕새풀 속살로… 허기를 달랜다.

친구야 놀자…

꼬랑가 이름 모를 꽃이라도… 벌 나비 내려앉으면… 꽃잎 따서 꽁지를… 그게 꿀인걸 그땐 몰랐지.

친구야 놀자…

빈 논에 물 대어 놓고… 얼음이 이제나저제나 얼어붙는지… 손꼽아 기다린다.

친구야 놀자…

소나무 베어… 짜구와 낫으로 열심히 쪼아 다듬고… 담배 철사 어렵게 구해… 땅바닥에 문지르고 문질러… 뻘건 녹 제거하며… 스케트 만들어 놓고… 눈 오기를 기다립니다.

친구야 놀자…

갈라진 소나무… 벚나무 가지 찾아… 정성디리 따듬어 놓고… 굵은 나무 곱게 톱질하여 도롱태 만들어 놓고… 송판 하나 올려놓으면… 구루마? 자전거인걸 그땐 몰랐지요.

친구야 놀자…

비탈진 대나무 숲 사이로… 작은 길이… 구루마 타던 길… 너무 까풀어 쏜살같이 내려오다 보면 신작로 아래 논바닥으로 처백히곤 했었지…!

친구야 놀자…

겨울에 눈 오면… 물 뿌려 얼려 놓고… 비료 푸대에 짚단 넣어 타던 그 길이…

친구야 놀자…

30여 년 전… 지금쯤 내 고향은… 왕쌔 풀 베어 마당에 수부키 싸아노코… 밤이면 사랑방에 모여 앉아… 능숙한 솜씨로 새끼줄 꼬고 있겠지.

친구야 놀자…

초가집 위로 새끼줄 얽어매어… 왕쌔로 단장하니… 기와집이 부럽지 않아…

친구야 놀자…

아비랑 어매는 삼밭에 삼을 쳐서… 도라무깡으로 솥 걸어 놓고… 삼대 세워…물 부어 장작불을 짚이고… 할매는 양지에 앉아… 껍질 베끼고… 어매는 껍질 마라… 광주리에 정성껏 담는다.

친구야 놀자…

아비는 실개천에 껍질 담궈 놓고… 아이는 희고힌 속살 지렵당구로 화살 만들어… 대나무 활촉에 지렵당구 꽂아 놓으면…

친구야 놀자…

대나무 쪼개서 곱게 다듬어… 삼 껍질 새끼꼬아 시윗줄 만들고… 어깨에 활통 울러 메고… 화살 꽂으니… 참새 찾아… 꿩 찾아… 보리밭 휘저으며… 신나게 놀았지…

친구야 놀자…

허탕치고 집에 돌아와… 애꾸즌 달구새끼만… 화살맞아 비틀거리면… 어매는 호통치고… 할매는 아이구! 내 손주… 저녁상엔 팔자도 없는 닭다리… 웃음꽃 피우니… 아이는 의기양양…

친구야 놀자…

또랑에 얼음 깨어… 삼뭉치 건져… 소쿠리에 얹어 집으로 온다. 양지쪽에 옹기종기… 동네 아낙 모여 앉아… 도란도란 이야기하며… 빠른 손놀림으로 삼을 찢어 묶어낸다.

친구야 놀자…

찢은 삼 물에 불려… 방망이로 두드려… 조심스레 씻고 헹궈… 빨랫줄에 말려… 차옥차옥 쌓아…

친구야 놀자…

흰 눈 내려 눈 부실쯤에… 삼 뭉치 꺼내 들고… 허벅지에 올려놓고… 손바닥에 침 묻혀… 한 올 한 올 잇어서… 광주리에 사리는 구나.

친구야 놀자…

뜨르럭 뜨르럭… 물래질 하는 소리… 축땀에 광주리 하나 가득… 문구멍 새로 실 한 가닥이… 물래에 감기고… 물래가득 실 감기면… 다시 풀어… 실꾸리…

친구야 놀자…

철커덕 철커덕… 베틀 소리… 수백 가닥 실들 사이로 먹통이 왔다 갔다… 한 번 갈 때 왼발 댕기고… 한 번 올 때 오른발 댕기고… 허리에 뭔가 찻네…? 지친 모습으로…

친구야 놀자…

해마다 이때쯤이면 이골 저골… 시사 지내느라 … 오랜만에 친척들 만나서… 그간 어떻게 살았는지? 안부를 묻곤 하지…

친구야 놀자…

옹구발에 가득 떡과 과일 음식을 정성스럽게 차려… 머리에 이고, 손에 들고… 마을 어귀에 들어설 때면 동네 꼬맹이들이 제일 먼저 나와서 반긴다.

친구야 놀자…

산 넘어 산소에 다달을 적이면, 이골 저골 아이들은 손에 보따리 하나씩 들고 뒤따른다. 무슨 소린지 알아듣지도 못하게 노래 종알거리며…

친구야 놀자…

정성으로 만든 음식을 젯상 위에 차려 노코, 조상님께 절을 한다. 아이들은 젯상 위에… 과일, 떡, 과자에만… 빨리 차례가 끝나길… 침을 삼킨다.

친구야 놀자…

유~세차~… 감소고우… 세사~상~~향~. 시사가 끝나면… 불쑥 앞으로 달려 나가 유자 먼저…. 마치 온 세상을 얻은 마냥…. 아이들은 줄을 서서 떡, 과일, 과자, 고기… 조금씩 받아들고 왔던 길로…

친구야 놀자…

각양각색 아이들은… 자기 입으로 넣는…, 과자 하나만 먹고… 집으로 싸 가는 … 아이도 있다. 동생들 나눠 먹이고…, 어르신들 드시라고 실겅에… 엄마 아빠 오시길…

친구야 놀자…

유자 하나 받아 들고… 좋아하는 아이 모습… 그 향기 맡아가며 집으로… 엄마한테 자랑하며 유자를… 엄마도 대견하다며 엉덩이… 조심스레 장농 속에 놓아두고… 말라 쪼그라들면 그때사…

친구야 놀자…

그때는 몰랐지…? 왜 장농 속에 넣어 뒀는지…!

친구야 놀자…

동짓달 긴긴밤에 사랑방에 모여 앉아… 한쪽에선 동양화… 섰다 쪼이 알로구삐 도리지꼬땡 나이롱뻥… 뭔 소리여?? 또 한쪽에선 산죽을 쪼개는 사람… 또 한쪽은 채소쿠리 만드는 사람… 온갖 가술자 다… 어른… 아이… 다 모였네…

친구야 놀자…

밤 열두 시가 지나면… 지필묵을 찾는다…!

친구야 놀자…

떡은 백두산이요, 술은 한강수요……?!!

친구야 놀자…

화선지 위에 단자를 적어… 작은 돌을 넣어 곱게 접는다… 오늘이 뉘집 제사인가…? 그 집 제사 끝날 시간이면… 단자요~ 고함을 치며 돌에 매단 화선지를 대청에 던진다…?

친구야 놀자…

잠시 후… 아낙은 거하게… 한 상 머리에 이고… 술과 음식들… 출출한 허기를 달래며… 큰 양푼이… 젯밥을… 비벼 먹는다… 꿀맛…! 황희 정승도 부럽지 않네… 아, 포만감…!!

친구야 놀자…

우리 조상님들… 선견지명이 남달랐다… 무슨 애기여…? 통시 애기…! 냄새가 나두 참아유… 지금은 방방이 화장실…! 큰거 작은 거 다…도… 욕실도 있구…

친구야 놀자…

형아들과 놀다 보면 밤에 꿈을 꾸곤 하지유~ 키 클라구…? 낮에 배구를 해서인지… 꿈 속에서도 배구를 한답니다. 머리맡엔 요강단지…? 공인 줄만 알고 강스매씽을…?? 6~7살 짜리가 뭔 배구를 했겠냐구유~? 그저 볼 보이(balboy)지… 하고는 싶은디 형아들이 낑가줘야… 그래서 꿈에서라도 주전 선수가 되지…? 아닌 밤중에 물벼락…!! 그래도 아인 모르고… 잠꼬대하며 공 따라… 아침이면 이불이며 옷이며… 모두 벗껴져…

친구야 놀자…

방마다 요강이 머리맡에… 지금은 볼 수 없재… 통시 칙깐 뒷간 화장실 작은집 변소… 많이들 부쳐 놓았지… 큰 놈을 보고 나면… 무엇이 필요 할꺼나?

친구야 놀자…

엉성한 가마니로… 살짝 가려진… 판자 몇 개로 막아 놓은 곳… 그리고 대문 안에는 볼 수가 없지… 그곳에 가면… 삭힌 새끼줄이 토막으로 묶여 잘라져 있고… 그곳엔… 똥 종이… 종이로 된 비료 푸대도 있고… 그곳엔… 짚단이 놓여 있지… 그곳엔… 서툰 글씨로… 바둑아… ㄱ ㄴ ㄷ ㄹ… 가나다라… 쓰인 공책… 이것들이 모두 뒷처리 하는 … 화장지라카나 뭐라카나…!

(5) 묵계초등학교 총동창회 회칙

묵계초등학교 총동창회 회칙

제 정 : 1978. 9.18
개 정 : 1986. 9.19
개 정 : 2005. 1.16
개 정 : 2006. 7.16
개 정 : 2010. 5.16
개 정 : 2011. 4.17
개 정 : 2014. 3.16
개 정 : 2016. 3.27
개 정 : 2017. 3.26

제1장 총칙

제1조(명칭) 본 회는 '묵계초등학교 총동창회'라 칭한다(이하 "본회"라 한다).

제2조(목적) 본 회는 회원 상호 간의 친목을 도모하고 모교의 발전에 기여함을 목적으로 한다.

제3조(사무소) 본 회의 사무소는 묵계초등학교 내에 둔다.

제2장 사업

제4조(사업) 본 회는 다음과 같은 사업을 할 수 있다.

1. 회원 상호간의 친목과 유대강화를 위한 사업
2. 후배양성 및 모교의 육성발전에 기여하는 사업
3. 동창회명부 및 회지발간 등의 사업
4. 모교와 동창회를 빛낸 "자랑스러운 동문상" 시상
5. 기타 본회의 목적을 달성하기 위한 사업

제3장 회원

제5조(회원의 자격) 본 회의 회원자격은 묵계초등학교 졸업생과 본교에 재학한 사실이 있는 자로서 본회 참여를 희망하는 사람이어야 한다.

제6조(회원의 권리) 본 회의 회원은 다음의 권리를 가진다.

1. 의결권
2. 선거권과 피선거권
3. 본 회의 사업에 참여할 권리
4. 본 회에 대하여 건의할 권리

제7조(회원의 의무) 본 회의 회원은 다음의 의무를 가진다.

1. 회비를 납부할 의무
2. 본 회의 회칙 및 각종 규정을 준수할 의무
3. 본 회의 의결된 사항을 준수할 의무

제4장 조직 및 구성

제8조(조직) 본 회는 총회, 임원회, 기별 동기회 및 권역별 지부 등으로 조직한다.

제9조(총회) 본 회는 최고의결기구로서 총회를 둔다.

① 총회는 정기총회와 임시총회로 구분한다.

② 정기총회는 매년 5월 셋째 주 일요일 주간에 모교에서 개최하되, 행사 주관기수의

의견을 반영하여 5월 셋째 주 토요일 야간에도 개최할 수 있으며, 불가피한 사유가 발생한 경우 임원회의 의결로 변경할 수 있다. [2016.3.27. 개정]

③ 정기총회는 본 회 목적에 부합하는 부대행사를 병행하여 개최할 수 있다.

④ 임시총회는 회장이 필요하다고 인정할 경우와 각 동기회장 20인 이상의 서면 요구가 있을 경우 개최한다.

⑤ 총회는 개최 2주일 전까지 회원 대다수가 공지할 수 있는 방법으로 통지하여야 한다.

제10조(총회의 권한) 총회는 다음과 같은 권한을 가진다.

1. 임원선출과 해임 승인
2. 회칙제·개정 승인
3. 사업계획의 승인
4. 예·결산의 승인
5. 감사 결과에 대한 승인
6. 회원 징계에 관한 사항
7. 기타 본 회의 운영에 관한 주요 사항의 결정
8. 임원회의 결과를 보고하고, 주관기의 활동을 지원한다.

제11조(동기회와 지부) 각 동기회와 지부의 대표자는 총동창회 각종 회의에 출석하여 발언할 수 있다. [2005.1.16. 신설].

제12조(동기회와 지부의 의무) 각 동기회와 지부는 총동창회에 대하여 다음의 사항을 성실히 이행할 의무를 진다. [2005.1.16. 신설]

1. 요청하는 자료의 제출
2. 기별 대표자 등 임원개선사항의 통보
3. 회비와 분담금 등의 납부
4. 기타 각종 회의에서 결의된 사항의 준수

제5장 임원

제13조(임원) ① 본 회는 다음의 임원을 둔다.

1. 회장 1인
2. 수석부회장은 총동창회를 주관한 기수의 대표 또는 추천받은 자 1인으로 하고 부회장은 각 기수별 대표 또는 추천받은 자 1인으로 한다. 단, 1회~10회까지는

고문으로 추대한다. [2017.3.26. 전문개정]

3. 감사 2인
4. 사무국장 1인
5. 총무이사 1인, 카페 총무 1인
6. 임원회의 동의를 받아, 전 항의 임원 외에 약간 명의 임원 및 고문을 둘 수 있다.

제14조(임원의 선임) ① 회장, 감사는 임원회의 추천을 받아 총회에서 선출한다.

② 수석부회장, 기수별 부회장은 제13조 2항에 의거 당연직으로 선임된다. [2017.3.26. 전문개정].

③ 사무국장 및 총무는 회장이 지명한다.

제15조(임원의 직무) ① 회장은 본 회를 대표하며 회무를 총괄하고 각종 회의의 의장이 된다.

② 수석부회장은 회장을 보좌하고 회장 유고에는 수석부회장이 그 직무를 대행하고 수석부회장이 대행할 수 없을 때는 기수별 선임 부회장이 대행한다. [2017.3.26. 전문개정]

③ 감사는 본 회의 업무 전반에 대하여 정기 또는 수시로 감사하고 총회에 결과를 보고하여야 한다.

④ 사무국장과 또는 총무는 회장단을 보조하고 사무국 업무 전반을 총괄한다.

⑤ 카페 총무는 회의 시 회의내용 기록과 회의가 원만히 진행되도록 보조하며, 활성화를 위한 회무를 처리한다.

제16조(임원의 임기)

① 임원의 임기는 2년으로 한다. 단, 1회에 한하여 연임할 수 있다.

② 정기총회에서 선임된 임원의 임기는 총회일 다음 날로부터 개시된다.

③ 결원에 의하여 선임된 임원의 경우는 전임자의 잔여기간으로 한다.

④ 선출된 임원의 결원으로 잔여임기가 3개월 미만일 경우에는 보선하지 아니한다. [2005.1.16 전문개정]

제6장 임원회

제17조(구성 및 회의) 임원회는 다음과 같이 구성하고 회의를 운영한다.

① 임원회는 회장, 직전회장, 수석부회장, 부회장(기수별 대표), 사무국장, 총무로 한다.

② 임원회는 회장이 필요하다고 인정할 경우와 기수별 대표 10인 이상의 요구가 있을 경우 개최한다.

③ 감사는 임원회에 출석하여 감사결과를 보고한다. [2014.3.16. 전문개정]

제18조(임원회의 권한) 임원회는 다음과 같은 권한을 가진다.

1. 총회 소집에 관한 사항
2. 임원선출 및 해임
3. 사업계획 및 예산과 결산의 심의
4. 총회에 부의할 안건의 심의 및 결의
5. 각종 규칙의 제정 및 개정 심의
6. 총회에서 위임받은 사항의 처리
7. 기타 본 회의 원활한 운영을 위한 사항 [2005.1.16. 전문개정]

제19조(회의의 성립과 의결) 본 회의 회의는 별도의 규정이나 결의가 없는 한 출석자의 과반수 찬성으로 의결한다. 다만, 가부동수일 경우 의장이 결정권을 가진다. (2005.1.16. 개정).

제7장 재정

제20조(회계년도) 본 회의 회계연도는 당해 연도 정기총회 준비 임원회 (3월 중)일로부터 다음 연도 정기총회 준비 임원회 전날까지로 한다. [2016.3.27. 개정].

제21조(예산) 본 회의 예산은 임원회에서 안을 편성하여 총회의 심의를 통과한 후에 그 효력이 발생된다.

제22조(수입)

① 본 회의 수입은 기수별 회비(분담금), 임원 출연금, 찬조금 및 기타 수입금으로 한다. [2017.3.26. 전문개정]

② 기수별 회비(분담금)는 참가한 기수별로 50만원으로 하고, 회비 납부 기수는 35세 기준으로 매년 한 기수씩 참여시키고, 기수별 대표자가 사무국에 납부한다. 단, 1회~10회와 그 밖의 기수는 찬조금으로 한다. 그리고 총동창회를 주관한 주관기수는 당해 년도 회비를 면제한다.

제23조(지출과 관리) 본 회의 제반 지출 등 재무관리는 일반적 회계처리 절차에 따라 처리되어야 하며, 회칙이 정하는 바에 따라 총회 등의 회의에 그 상황을 보고하여야 한다.

제24조(보조금 지원) 정기총회 및 부대행사 시 주관기에 보조금을 지급할 수 있다. 보조금액은 회장단에서 결정한다.

제8장 보칙

제25조 본 회는 다음의 장부를 비치한다.

1. 회칙
2. 회원명부
3. 회의록
4. 예산·결산서
5. 현금출납부
6. 회비미수부
7. 기타 장부

부 칙

(시행일) 본 회칙은 2017. 3. 26 임원회의 결의일 이후부터 시행한다.

(6) 묵계초등학교 총동창회 역대 임원 현황

구분	임기	회장(졸업횟수)	사무국장	총무	비고
초대	1978.09.18.	**양한두(1회)**	-	**김삼주**	
2대	1979.10.05.	**노병화(2회)**	-	연임	
3대	1980.09.23.	연임	-	연임	
4대	1981.09.12.	**이갑규(1회)**	-	연임	
5대	1983.09.00.	연임	-	연임	
6대	1986.09.19.	**김삼주(3회)**	-	**양점동**	
7대	1988.09.26.	연임	-	연임	
8대	1990.10.04.	연임	-	연임	
9대	1992.09.12.	**하인선(5회)**	**강춘근**	-	
10대	1994.09.21.	연임	연임	-	
11대	1996.09.27.	**김만석(8회)**	**노병엽**	-	
12대	1998.10.06.	연임	연임	-	
13대	2000.09.11.	**양점동(12회)**	-	**이영규**	
14대	2002.08.18.	연임	-	연임	
15대	2004.07.18.	**하용선(14회)**	**도봉두**	**김병국**	
16대	2006.07.16.	**도봉두(15회)**	**양영욱**	연임	
17대	2008.05.18.	연임	연임	연임	
18대	2010.05.16.	**김종규(16회)**	**김해용**	**정임수**	
19대	2012.05.19.	**양호영(17회)**	**노병열**	**서철수**	
20대	2015.05.17.	**박형철(18회)**	**양영욱**	-	
21대	2017.05.20.	**이영규(19회)**	**조현권**	**김하용**	
22대	2019.05.18.	**김하용(21회)**	**이진우**	**이순이**	
23대					

라. 묵계 재건중학교[238)]

60년대 산업화의 영향으로 불어닥친 전국적인 이농현상이 70년대 초에는 수년 동안 정체기를 맞는다. 마침 이 시기에 오헌 양삼준 선생의 노력으로 1972년, 묵계 재건중학교가 설립되었다. 묵계초등학교 교실을 빌려서 5년여 동안 운영된 것으로 보인다. 묵계 재건중학교의 설립 배경에는 당시 마을마다 조직되어 활동한 4-H 클럽 회원들의 열정이 한몫했을 것으로 보는 견해도 있다. 4-H 클럽은 창조적인 미래세대를 길러내는 청소년 운동으로 그들의 슬로건은 "실천으로 배우자"였다. 이처럼 당시 묵계동의 청소년들에게 새로운 학습의 장이 절실하게 필요했던 것이다. 마침 이 시기는 1970년 4월에 시작된 새마을운동이 전국적으로 확산하던 시기이다. 이런 절묘한 시기에 재건중학교 설립을 주도한 오헌 선생의 안목이 대단하다.

학교에서 교육활동이 이루어지려면, 교사, 학생, 교실과 교과서가 있어야 하고 교육활동을 구체화한 교육과정도 필요하다. 당시 묵계동에는 공부하고 싶은 열망을 가진 청소년들이 있었고, 다행히도 묵계초의 교실을 이용할 수 있었다. 교과서는 헌책을 이용할 수 있었으나 지역 특성상 교사 확보가 가장 어려웠을 것으로 생각한다. 당시 정정화, 김점동(묵계초 교사), 조정명(묵계초 교사), 노한제, 김동주, 박경석, 강대근 등이 강사로 참여했다. 그러나 교육과정, 교무, 교육 재정 운영 등에 관한 자료는 찾지 못했다. 또한 당시 재건중학교에서 공부한 학생들의 졸업장 등을 확보하여 묵계 재건중학교의 실체를 조금이나마 밝혀보려고 했으나 뜻대로 되지 않은 점은 아쉽다. 그리고 1977년 수출 100억 달러 시대를 맞아 도시 일자리가 급증하자 묵계동의 청소년이 급감하면서 묵계 재건중학교는 역사 속으로 사라졌다.[239)]

그러나 묵계 재건중학교는 한때 묵계동의 청소년들에게 많은 꿈과 희망을 심어주었을 것으로 믿는다. 특히, 이곳에서 영어를 공부한 경험이 향후 산업화 시대의 사회생활에서 자신감을 주었고, 더 나아가 검정고시나 각종 기술 자격증에 도전하는 등 자기 계발의 계기가 되었다면, 묵계 재건중학교의 존재는 우리 묵계동의 역사에서 결코 무시할 수 없는 훌륭한 교육의 장이었다고 높이 평가할 만하다.[240)]

---

238) 이 자료는 오헌 양삼준 선생의 행적비와 양점동, 노병곤, 강대근 동문의 증언 등을 바탕으로 작성했다.

239) 1977년 3월, 묵계초에 부임한 박술 선생님의 증언에 의하면 1977학년도에는 재건중학교가 운영되지 않았다고 한다. 따라서 묵계 재건중학교 운영 기간은 1972학년도부터 1976학년도 사이로 보인다.

240) 묵계 재건중학교를 제1기로 수료한 노병두(묵계초 14회) 동문은 중 · 고졸 검정고시에 합격하고, 2024년 10월 현재 춘해보건대교 사회복지케어과에 재학 중이다(자료 제공: 14회 노병곤 동문)

08
묵계동의 구전설화

가. 우곡(隅谷) 정온(鄭溫) 선생의 산막터[241)]

묵계리 내삼신봉 아래 집터가 하나 있다. 옛날부터 이곳을 산막터라 하고, 이 일대를 산막골이라 불러왔다. 이곳은 해발 1100m로 골짜기가 소쿠리 형태를 이루고 동쪽은 외삼신봉, 서쪽은 송정봉, 남쪽은 미륵봉, 북쪽은 1354m의 내삼신봉이 우뚝 솟고 청룡과 백호가 감싸 안은 한적한 곳이다.

1972년 9월경, 진주문화재보호협회는 진양군 수곡면 자매리에서 대사헌 우곡 선생이 그린 것으로 추정되는 청학동 도면(정씨 산막 표시) 한 점을 발견하였다. 협회가 이 자료를 검토하고 1973년 7월 21일 묵계리 일대를 샅샅이 답사한 결과 지리산 청학동은 이 일대가 확실하다는 판단을 내렸다. 답사 보고서를 작성하는 한편 경남일보 등 각종 매스컴에 보도함으로써 청학동의 위치가 비로소 세상에 밝혀지게 된 것이다.

1973년 여재규 선생은 〈하동군사〉를 쓰면서 "지리산 안에는 옛날부터 청학동이 일곱 곳이나 전하나, 진짜는 묵계 학동이다."라고 하였고, 곽재용 교수는 그의 저서 〈지리산 청학동〉에서 "현재의 청학동을 말하라면 대개 사람들은 청암면 묵계리를 떠올릴 것이다. 화개나 악양이 과거에 주목을 받았던 청학동이라면 지금의 청학동은 분명 묵계리 일대이다."라고 하였다.

진주시 사봉면 우곡정

241) 김삼주, 〈우곡(隅谷) 정온(鄭溫) 선생의 청학동 산막터〉, 《하동문화》, 2022, p.26에서 전재.

우곡 선생은 1324년 고려 충숙왕 11년 개성 숭덕리 양생촌에서 태어났다. 그의 얼굴에 일곱 개의 점성이 진열하여 있는 것이 마치 북두칠성과 흡사하고 눈동자는 겹 동자였다. 12세가 되던 해에 경전을 두루 섭렵하고 도학을 창명(倡明)하였다. 사헌부 대사헌을 역임하고 1392년 태조 이성계가 조선을 개국하자 아들 연과 함께 두문동으로 들어갔다가 진주 월아산 우곡동에 둔거(遁居)하였다.

태조대왕이 옛 고려의 신하들을 받아들일 뜻이 있어 특별히 중사(中使)를 보내 폐백(幣帛)을 갖추어 3번씩이나 초빙(招聘)하였는데, 선생은 청맹(靑盲)을 핑계로 일어나지 않았다. 다시 태조대왕이 사자를 보내 솔잎으로 눈동자를 찌르게 하였는데, 피하지 않고 꿈쩍도 하지 않았다. 그 뒤에도 의정부 좌찬성, 이조, 호조, 예조의 판서를 제수해도 응하지 않았다고 한다.

우곡 선생이 언제, 왜 청학동 일대에 산막을 짓고 은거하였는지는 알 수 없으나, 우곡 선생의 청학동 고지도 '정씨 막터' 표시와 마을에 전래 된 산막골의 유래, 1970년대 후손들이 세워놓은 '우곡 선생 산막 표시 비석' 등을 통해 청학동의 위치를 알 수 있다. 또한 산막골의 북쪽 골짜기를 왼골(외진골)이라 하는데, 왼골이 한자 표기로는 '우곡(隅谷)'이 된다. 이런 증거들이 확연하여 이곳이 청학동이 확실하다 하겠다.

나. 이인(異人) 정거랭이(鄭乞邦)[242]의 전설

청암면 묵계리 뒷산을 청학동으로 보는 견해는 '정걸방'이라는 이인(異人)과도 관련이 있다. 일제 강점기에 정걸방이라는 도인이 살았는데 지리산 일대에 돌담을 200여 곳 쌓았다고 한다. 성은 '정(鄭)'이요 이름은 '거랭이(擧止)'라고 했다. 이 '정거랭이'를 '정걸방(鄭乞邦)'이라고도 하는데 그와 관련된 설화가 있다.

조선조 말엽에 정걸방이라는 이인이 출현하여 화제가 되었다. 정걸방 선생은 일제강점기에 속리산, 지리산 등에서 제자를 길렀다. 만년에는 주로 지리산에 머물렀다. 그런데 본명이 무엇이고 언제, 어디서 태어났는지 아는 사람이 없었다. 제자들도 전혀 몰랐다. 누가 이름을 물으면 성은 정(鄭)이고 이름은 거랭이[乞人]라고 대답했다. 정걸방이

242) 곽재용, 〈이인 정걸방〉, 《지리산 청학동》, 도서출판 박이정, 2011, p.232~236에서 전재.

어느 날 지리산에 나타났다. 그의 행색은 영락없는 거지였다. 옷은 해질 대로 해진 누더기였고 발에는 짚신을 걸쳤는데 이 또한 누더기였다. 세수도 하지 않아 얼굴에는 땟국이 줄줄 흘렀다.

그가 처음 나타났을 때, 사람들은 그를 여느 거지로만 알았다. 그 또한 평범한 거지행세를 했다. 그는 스스로 이름이 '거랭이'라면서 거지라 자처했고, 밥을 빌어먹으며 지리산의 이 마을 저 마을로 떠돌아다녔다. 세석평전 옆 음양수 근처에 움막을 짓고 살았다. 그러다가 자주 산에서 내려와 구걸했다.

삼신봉 정거랭이 석축(상단 폭 약 5m)(석축 사진은 모두 휴암 양영욱 제공)

삼신봉 위에서 내려다 본 석축 윗면

송정바위에서 발견한 또 다른 석축

지금도 마찬가지이지만 당시 지리산에는 수도하러 입산하는 사람들이 많았다. 그들 중에서 정걸방을 범상치 않은 사람으로 보는 이들이 있었다. 어떤 이는 정걸방을 찾아가 제자로 삼아달라고 간청했다. 이리하여 정걸방한테 제자들이 하나, 둘 생겨났다. 지리산 사람들은 정걸방을 따르는 제자들을 '거랭이 도인'이라고 불렀다.

정걸방은 꼭 필요한 때 가끔 한 번씩 기이한 행적(異蹟)을 보였다. 마을에 갔다가 제자들을 데리고 단숨에 음양수까지 올라가기도 했고, 소나기가 퍼붓는데 제자들이 비 한 방울 안

맞게 만들었다. 제자들은 이런 이적(異蹟)들을 목격하고 더욱 열심히 스승의 가르침을 따랐다. 정걸방 선생이 대단한 이인(異人)이라는 소문이 제자들의 입을 통해서 널리 퍼져나갔다. 이 소문을 들은 사람들은 정걸방 선생이 혹시 '정도령'이 아닐까 생각했다. '정도령'이란 우리나라 여러 예언서에 등장하는 구세성인(救世聖人)이다. 옛 선지자들은 말세 때 '정도령'이 출현하여 도탄에 빠진 백성을 구하리라 예언했다. 그리고 '정도령'은 대도인(大道人), 대성자(大聖者)라고 말했다.

일제 강점기 때는 이 예언을 믿고 '정도령'을 손꼽아 기다리는 이들이 많았다. 그들은 '정도령'이 왜인들을 물리치고 만백성이 자유롭고 평등하게 사는 세상을 만들 것이라 믿었다. 또 누가 큰 도력(道力)을 지녔다 하면 그이가 행여 '정도령'이 아닐까 기대를 걸어보곤 했다.

당시는 일제강점기라 왜인들은 이를 아주 싫어했다. 그들은 도인들을 무서워하며 탄압했다. 정걸방에 대한 소문은 지리산 일대에 파다해졌다. 구례경찰서에 근무하던 순사들도 그 소문을 들었다. 어떤 순사가 이 이야기를 곧바로 경찰서장한테 보고했다. 경찰서장은 왜인이었다. 경찰서장은 보고를 받고 깜짝 놀랐다. 정걸방이 그토록 대단한 도력을 지녔다면 곧 수많은 제자가 선생을 따를 게 틀림없다고 생각했다. 그는 정걸방을 따르는 제자들이 큰 세력을 이룰까 봐 무서웠다. 그리되면 자신이 문책당할 터였다. 경찰서장은 당장 정걸방 선생을 잡아 오라고 부하들한테 명령했다. 명령을 받은 순사들이 총을 들고 떼지어 음양수로 갔다.

그들이 선생을 잡으러 오기 전날이었다. 정걸방은 제자들을 모아 놓고 이런 말을 했다.

"이제 우리의 인연이 다 했구나. 내일 순사들이 나를 잡으러 온다. 나는 그들을 따라가겠다. 이번에 가면 오랫동안 세상에 못 나온다." 선생의 말은 제자들에게 청천벽력이었다. 하늘이 무너져 내리는 것 같았다. 제자들은 스승에게 어서 몸을 피하시라 권했다. 선생은 웃으면서 고개를 가로저었다. 그리고 이렇게 말했다.

"때가 되었느니라. 너희는 내가 떠나더라도 부지런히 수행(修行)에 힘을 써라. 부디 마음을 잘 닦고 업(業)을 짓지 마라." 한 제자가 그에게 그럼 언제 다시 오시느냐고 여쭸다. 선생은 지그시 눈을 감았다가 한참 만에 입을 열었다.

"먼 훗날에 다시 온다."

또 한 제자가 스승님을 다시 뵐 수 있는지 물었다. 정걸방은 고개를 저으며 대답했다.

"다시는 너희를 볼 수 없다. 너희 제자나 자손 중에는 나를 만나게 될 사람들이 꽤 있을 것이다."

이튿날 정걸방은 제자들을 일찍 피신시켜 놓고 초막에 혼자 있었다. 얼마 후 순사들이 몰려왔다. 선생은 순순히 그들을 따라갔다. 제자들은 숲속에 숨어서 그 광경을 지켜봤다. 그리고 멀리 떨어져서 선생을 뒤따라갔다. 어느덧 구례경찰서에 이르렀다. 제자들은 안으로 들어가지는 못하고 정문 밖에서 서성대며 동정을 살폈다. 순사들은 정걸방을 경찰서장 앞으로 끌고 갔다.

경찰서장은 정걸방의 행색을 훑어보고 어이없다는 표정을 지었다. 다 떨어진 누더기를 입고 얼굴엔 땟국이 줄줄 흐르는 그 모습이 영락없는 거지로 보였다. 경찰서장은 '저런 자가 무슨 도인이냐?'라고 생각하며 눈살을 찌푸렸다. 정걸방은 그러는 경찰서장을 향해 바보처럼 히죽이 웃었다. 경찰서장은 선생한테 시큰둥하게 몇 마디 물었다. 선생은 횡설수설하며 계속 웃어댔다. 경찰서장은 선생의 정신이 좀 잘못됐다고 생각했다. 그리고 부하들에게 선생을 당장 풀어주라고 명령했다. 선생은 아주 천천히 정문을 향해 걸음을 옮겼다. 그러다가 마당 한가운데에 이르러 우뚝 멈춰 섰다. 한동안 그대로 서 있었다.

제자들은 웬일인가 의아해하며 뚫어져라, 선생을 지켜봤다. 경찰서 안에 있던 순사들의 눈길도 선생한테 쏠렸다. 그때, 선생이 갑작스레 큰 소리로 껄껄 웃었다. 웃음소리가 어찌나 컸던지 흡사 천둥소리 같았다. 순사 몇 사람이 깜짝 놀라 손으로 귀를 막는 순간, 선생의 모습이 안개처럼 희미해졌다. 선생의 모습은 점점 더 흐릿해지더니 온데간데없이 사라지고 말았다. 참으로 기막힌 일이었다.

정걸방은 경찰서 안마당에서 자취를 감춘 지 몇십 년 뒤에 단 한 번 세상에 다녀갔다고 한다. 선생의 2대 제자 둘이 그를 보았다고 한다. 이 일화도 매우 신비롭다.

선생을 만난 이대(二代) 제자들은 지리산 음양수에서 수행 중이었다. 그들은 자신의 스승으로부터 선생에 관한 얘기를 들었을 뿐 직접 뵌 적이 없는 사람들이었다. 그런데 하루는 웬 노인이 음양수로 그들을 찾아왔다. 노인은 자신이 정거랭이라고 말했다. 그들은 허겁지겁 노인 앞에 엎드려 큰절을 올렸다. 두 사람은 감격에 겨워 어쩔 바를 몰라했다.

그러나 한편으로는 가짜 정걸방이 아닌가 하는 의구심을 갖기도 했다. 노인은 절을 받은 뒤 그들을 데리고 삼신봉으로 향했다. 노인의 발걸음은 나는 듯 빨랐다. 제자들도 딸려가듯 노인을 뒤따랐다. 신기한 일이었다. 제자들은 그제야 이 노인이 틀림없는 정걸방이라고 믿었다. 세 사람은 순식간에 십여 리를 달려갔다. 음양수와 삼신봉 중간쯤에 이르렀을 때였다. 노인은 걸음을 멈추고 산비탈로 내려가더니 한 뼘 남짓한 소나무를 캐왔다. 그리고 이 소나무를 능선 옆에다 심으며 이렇게 말했다.

"이게 자라서 가지에다 북을 매달 수 있게 되면 내가 다시 일어나 선경(仙境)처럼 살게 된다." 노인은 이 말을 마치고 홀연히 자취를 감췄다. 정걸방 선생의 일대(一代) 제자들은 모두 세상을 떴다. 이대(二代), 삼대(三代) 제자들이 선생을 기리면서 선생이 다시 올 날을 손꼽아 기다린다. 또 그날이 오면 인간 세상이 선계와 같은 이상향으로 변하리라 굳게 믿는다.

정결방 이야기는 지리산 기슭에 사는 사람들이 많이 알고 있는 이야기다. 묵계리 청학동에 사는 김삼주[243]씨가 그의 어머니로부터도 그 이야기[244]를 들었다. 필자는 이 책의 집필을 시작한 이후, 삼신봉을 방문할 기회가 없었다. 그래서 마지막 마무리를 앞두고 2024년 11월 22일, 후배 휴암 양영욱 시인과 함께 삼신봉과 내삼신봉, 송정봉을 탐사했다. 송정 하수일 선생의 피란처 송정굴과 이인 정걸방이 쌓았다는 신비로운 석축의 장관을 한 번 더 확인하고 싶어서였다. 해발 1284m 삼신봉 정상의 북쪽 사면에 거대한 석축을 개인의 힘으로 쌓았다는 사실은 경이로웠다.

그리고 송정굴을 탐사하던 도중 휴암의 안내로 제2의 송정굴을 보기 위해 송정봉에 올랐다. 송정봉은 청학 남비형'으로 알려진 날렵한 돌산이다. 그 뒷쪽에서 또 다른 자연 동굴을 확인했다. 그리고 석축 하나를 발견했다. 이 석축은 규모는 삼신봉 석축에 비하면 작았지만, 자연 상태에서 형성된 것이라고 보기에는 어려운 만큼 이 또한 정거랭이의 석축이라고 판단된다.

그가 쌓았다는 그 많은 돌담은 어디에 가면 또 볼 수 있을까? 정거랭이 석축은 실제로 존재하고, 그렇게 오래된 이야기도 아니며, 증언자들도 있으니 믿어야 할 것 같다. 지금까지 돌담이 200여 개가 넘는다는 말은 구전되고 있지만, 세석평전과 삼신봉에 있다는 것 외에는 그 실태를 잘 알 수가 없다. 앞으로 체계적인 조사・연구를 통해 묵계 청학동에 산재한 정거랭이 전설의 실체가 밝혀짐으로써 묵계 청학동을 둘러싼 스토리가 더욱 풍성하고 탄탄해지기를 기대한다.

243) 고산 김삼주 선생은 청학동 거주. 한학에 능통하다. 하동문화원 향토사연구위원장 역임.

244) 필자도 어릴 때 부모님들로부터 정거랭이가 쌓은 돌담이 지리산 곳곳에 있다는 이야기를 들은 기억이 있다.

다. 정절부인 조씨(貞節婦人 曺氏)

묵계리 장재터 마을 양주기의 처가 조씨다. 양주기는 동학군에 가담하여 집을 떠나 있을 때가 많았다. 조씨 부인은 남편이 옥종 고성산 전투에서 전사했다는 소식을 듣고 급히 달려갔다. 벌써 여러 날이 지난 후라 고성산 일대 산곡(山谷)에 흩어져 있던 시신들이 이미 크게 부패하여 악취가 진동하고 있었고, 시신을 도저히 분간할 수 없는 지경이었다. 조씨 부인은 의복을 살펴보고 가까스로 남편의 시신을 찾아 수습하여 짚신을 거꾸로 신고 막대기를 거꾸로 짚고 혼자 이고 지고 30리가 넘는 길을 걸어왔다.

야밤에 질매재에 이르니 호랑이가 나타나 뒤를 밟았다. 그 지대에 당시 30여 호 되는 마을이 있었는데, 불이 모두 꺼지고 단 한 곳에만 불이 켜져 있었다. 그 집에 접근하자 개가 짖으니 호랑이가 그 개를 덮쳐 물고 사라졌다. 당시 동학군은 반역도당으로 낙인이 찍혔기 때문에 전사자의 시신을 수습하는 일에 이웃과 친지가 쉽게 나설 수 없는 처지였다. 그래서 부인은 그때 열 살도 안 된 시동생과 단둘이 고성산 현장에 갔었는데, 이때 부인의 나이는 27세에 불과하였다.

남편을 먼저 보내고 혼자 살게 된 청춘과부를 욕심내고 있던 남자가 있다는 것을 알고 분한 마음으로 그 집으로 달려갔다. 마침 남자가 밥상을 받는 중이었는데, 조씨 부인은 밥상을 뒤집어 버리고 오줌이 가득한 요강을 던져 박살 내 버렸다. 이 사건으로 조씨 부인은 '호랑이'라는 별명으로 불리게 되었다. 청춘과부의 여생은 절절(切切)히 정절일로(貞節一路)로 살았다.

하동지역 동학농민혁명과 하동 고성산 전투

하동은 일찍부터 동학 교세가 성했다. 보은 취회(집회)에 하동접에서 50명, 진주접에서 60명이 참여했다는 기록이 남아있다. 영남에서 민란이 계속 일어나면서 이것이 호남을 장악하고 있던 동학혁명군의 활동과 서로 영향을 주면서 9월 재기포(再起包)로 자연스럽게 연결된다. 여기서 '기포'는 '동학의 조직인 포(包)를 중심으로 봉기하던 일'을 말한다.

1894년 7월에 하동부에서 동학도를 탄압하는 사건이 일어났다. 하동의 동학도들은 7월 7일 광양 섬거역 접주 박정주 도움으로 '영남의소(嶺南義所)'라는 도소를 설치하지만, 김진옥이 이끄는 민보군(民堡軍, 당시 양반과 유생, 향리들이 주축이 되어 농민군을 진압하기 위해서 조직한 군대)의 습격을 받고 광양으로 쫓겨난다. 8월이 되자 주변 지역 동학혁명군은 항일투쟁을 위해 바쁘게 움직이고 있었다. 남원대회를 마치고 광양으로 돌아온 영호대접주 김인배는 각 접에 통문을 보내 8월 28일에 섬거역에 모이도록 동원령을 내렸다. 9월 1일 섬진강 섬진나루를 건너 만지등(晩池嶝)으로 건너가서 화심리, 두곡리 일대를 쉽게 장악했다. 영호대접주 김인배가 이끄는 광양, 순천의 동학도와 여장협의 하동접이 연합전선을 구축하여 하동부를 공격하여 9월 3일에 하동부를 점령하고 도소를 다시 설치한다.

경상 남서부 일대가 동학혁명군의 수중에 들어가고 전세가 빠르게 전개되자 일본군, 관군의 움직임도 긴박해졌다. 9월 23일과 24일에 일본군 남부 병참감은 엔다(遠田) 중위와 스즈키(鈴木) 대위에게 2개 소대와 1개 중대 약 200명을 이끌고 선편으로 출동하라고 명령을 내렸다. 조선 정부도 9월 25일 자로 대구판관 지석영을 토포사(討捕使)로 임명하여 현지로 파견했다. 9월 29일 일본군 1개 소대가 마산포에서 하동에 도착해 광평동 송림 일대에서 동학군 700명과 교전을 치렀다. 동학군은 섬진강 너머로 퇴각하였다. 이 전투는 서부 경남 지역에서 동학군과 일본군 최초의 전투이다. 10월 5일 토포사 지석영이 이끄는 관군과 일본군은 경남 고성에서 합류하여 진주 구(舊) 해창을 거쳐 10월 7일에 곤양으로 들어가서 진지를 구축했다. 곤양은 성곽도 있고, 동서남북으로 통하는 길목이었기 때문이다.

10월 8일 정오에는 성내 북쪽 장터에 군중을 모아 놓고 해창에서 체포해 온 동학농민군 접주 임석준을 총살하고 동학농민군 17명도 학살했다. 동학혁명군과 관 · 일본군은 하동군 진교면 안심리 뒷산인 금오산 줄기의 시루봉에서 전투가 시작됐다. 주한일본공사관 기록에는 동학군 400여 명과 전투를 벌여 동학군 전사 7명, 생포 27명이다. 하동 접주 여장협이 이끄는 하동지역 동학농민군은 금오산 전투에서 패한 뒤 단성으로 옮겼다. 주민들은 이곳을 '깃발 몬데이(몬당)'라고 한다. 동학농민전쟁 당시 시루봉에 모인 동학군이 각양각색의 깃발을 내걸고 나팔을 불고 징과 북을 울리며 위세를 보였기 때문이다.

1894년 10월 14일(양력 11월 11일) 오전 8시 5분, 덕천강의 서쪽 나루에 대치해 있던 동학혁명군이 강 너머의 일본군 수비대를 향하여 선제 사격을 하였다. 일본군의 응전과 추격으로 동학혁명군은 고성산과 그 북쪽의 단지골로 퇴각하였다. 구술 자료에 의하면, 동학혁명군의 주력이 고성산으로 퇴각하기에 이르자 일본군은 산의 바깥에 불을 지르는 화공작전으로 산에서 뛰쳐나오도록 했다고 한다. 화공을 통해 시야가 확보되고, 열기와 연기를 견디지 못한 동학혁명군이 뛰쳐나오기 시작하자 일본군은 마치 오소리 사냥을 하듯 본격적인 공격을 감행했다. 동학혁명군은 일본군의 공격에 응전하여, 첩루의 바위까지 굴려 가면서 저항하였으나 결국 무너져 갔다. 개전 직후 북쪽으로 퇴각하였던 동학혁명군은 스즈키가 이끄는 일본군을 습격, 일본군 3인을 부상시키는 전과를 거두기도 하였다. 그러나 결국 스즈키 부대의 반격으로 단지골로 몰리게 되었고, 거기서 처참한 학살이 벌어졌다. 고성산 첩루를 의지하여 싸우던 동학혁명군도 일본군의 공격을 견디지 못하고 서서히 패퇴하기 시작하였다. 무기의 열세와 전략의 부재가 낳은 결과였다. 얼마나 많은 사람이 죽었으면 죽은 혼령들이 '고시랑 거리는 소리'가 들린다고 고성산을 '고시랑산'이라고 불렀다. 1995년 3월 21일 천도교 중앙총부에서 문화재 보호구역으로 설정된 고성산성 일대 500평을 매입하여 하동 고성산 동학혁명군 위령탑을 건립하였고, 매년 11월 11일 11시에 위령식이 거행되고 있다. 고성산 전투가 1894년 10월 14일 11월 11일에 시작되었기 때문이다(이상은 네트워크 동학집강소, 〈하동지역 동학혁명과 고성산 전투〉 인용).

라. 오위부장(五衛部將) 양주현(將軍 梁柱賢)

오위부장[245] 양주현은 1859년에 출생한 청암면 묵계리 장재터 사람이다. 그는 장력(壯力)이 특출하여 서까래 정도 크기의 소나무를 손으로 능히 뽑아내고 길을 넓히기도 하였고 또 보통 사람은 두 손으로 들기 힘든 들돌을 한쪽 손바닥 위에 올려놓고 걷는가 하면 그대로 길 아래 논바닥으로 던지기도 하였다. 그래서 장군 칭호를 받았다.

임오군란(壬午軍亂)[246] 때, 모래 가마니 던지기로 그 장력을 인정받아 무인으로 선발되었고, 오위부장(五衛部將, 종6품) 벼슬까지 올랐다. 그 후, 귀향하여 지내다가 의병에 참가하여 '전주성 전투'[247]에 동생 '주극(柱極)'과 함께 참전하였다가 성이 함락되기 직전에 사태가 불리함을 짐작하고 야간에 동생을 업고 성을 넘어 포위망을 뚫고 탈출하였다. 무사히 성을 탈출하자 동생에게 고향으로 돌아가서 부모님을 봉양하도록 당부하고 자신은 다시 성 내로 들어가 분전하다가 전사하였다고 하는 의리에 충직한 장군이었다고 한다. 아들 찬환(贊煥)이 있었으나 그 후손이 없어 조카의 차손(次孫) 재봉(在奉)이 승계하였고, 하복도 선생이 《靑岩》을 편찬할 당시, 부산에 거주하고 있었다고 한다.

---

245) 오위(五衛)는 조선 시대 전기의 중앙군. 중위(中衛)인 의흥위(義興衛), 좌위(左衛)인 용양위(龍驤衛), 우위(右衛)인 호분위(虎賁衛), 전위(前衛)인 충좌위(忠佐衛), 후위(後衛)인 충무위(忠武衛)로 구성되었으나 임진왜란 때 그 기능이 상실되어 도성의 경비만 담당하였다. 조선 후기에 들어 군사 조직이 오군영(五軍營) 중심으로 개편되면서 오위 체계는 사실상 허물어졌다. 형식적인 구조만 남게 된 오위 관직은 임시로 업무를 맡기기 위한 관원 또는 일시적으로 현직에서 물러난 관원에게 녹봉을 주기 위한 체아직(遞兒職)으로 활용되었다. 오위부장은 종6품에 해당한다(위키백과에서 인용, 작성).

246) 임오군란은 1882년(고종 19) 7월 19일부터(양력, 이하 양력 표시) 7월 24일까지 서울의 하급 군관들과 도시 빈민들이 개항 이후 시행된 개화정책과 집권 세력에 저항하여 일으킨 사건이다. 당시 양장군은 24세의 젊은 청년이었다. 임오군란이 발발하자 조선 정부는 청에 군란 진압을 요청하였고 곧이어 청은 군대를 파견하여 군란을 진압하였다. 이를 계기로 청은 조선의 내정에 개입하기 시작하였고 국내 정치세력은 분열되었다. 개화 세력은 청에 의해 재집권에 성공한 민씨 정권과 타협하면서 조선 사회를 개혁하려는 온건개화파와 이러한 상황에 불만을 품은 급진개화파로 나뉘었다. 급진 개화 세력은 일본의 메이지 유신과 같은 개혁을 해야 한다고 생각했다. 이들은 1884년(고종 21) 조선에 주둔한 청군이 청불전쟁 때문에 일부 병력을 철수하자 청에 대한 열세를 극복하고자 한 일본을 끌어들여 갑신정변을 일으켰다.

247) 하복도 선생의 《청암》에는 '1913년 의병에 참가하여 전주성 전투에 동생과 …"라고 되어 있으나 여기서 '1913년'은 오기(誤記)로 보인다. 왜냐하면 1913년은 이미 경술국치(1910년) 이후로 일제 강점기였던 만큼 의병들이 참여해야 할 정도의 '전주성 전투'를 사료에서 찾아볼 수가 없고, 또 양장군의 나이도 이미 55세에 달했으니 그 나이에 의병으로 참전했는지도 의문이다. 다만 양 장군의 생년(1859년, 기미년)을 고려해서 추정해 보면 역사적으로 주목을 받은 '전주성 전투'는 1894년 동학혁명 당시 있었던 '전주성 전투'가 아닌가 생각된다.

마. 묵계(默溪) 김장군(金將軍)

김장군 부부(사진 제공: 김장군의 자제분인 김만석 동문)

청암 묵계 삼거리 마을에 '김점조'라는 어른이 살았다. 그는 벼슬을 한 적은 없으나 보통 사람보다 힘이 세다 하여 김 장군이라고 불렸다. 땅딸막한 키에 야무진 체구를 가진 사람으로 젊어서는 무거운 짐을 한 번도 져 보지 못했다고 할 만큼 아무리 무거운 짐도 김 장군에게는 가벼울 뿐이었다.

나락 한섬을 두 손으로 번쩍 들어 올려 지게에 지고 다녔으며, 보통 장정 한 사람이 세 번 져다 놓은 통나무를 한 짐에 다 지고 가기도 하고, 왕새(억새풀) 석 짐이면 초가삼간과 아래채의 지붕까지이고도 남았다고 한다.

김장군이 63세 때, 바퀴가 6개 달린 트럭인 '육발이'[248]가 통나무를 싣고 나가다가

248) 필자가 어릴 때만 해도 묵계 신작로 비포장 길을 달리는 힘이 좋은 트럭을 '제무시'라고 불렀다. 이 제무시는 1945년 해방과 함께 들어온 미군 군용트럭이 미국의 유명한 자동차 회사인 GMC(General Motors Commercial 혹은 General Motors Truck Company)에서 만들었기 때문인데, 이 GMC(지멤시)의 영어 발음을 일본식으로 '제무시' 라고 부른 것이다. 특히 6.25 전쟁 때 미군이 군용으로 사용하다가 두고 간 것이 대부분이었다. 제무시 '육발이'는 전후 6개의 바퀴, 즉 앞, 중간, 뒷바퀴에 모두 엔진의 동력을 전달받아 구르기 때문에 경사가 심한 산판길이나 광산길, 진흙탕, 모래밭 등에서도 잘 굴러갔다. 특히 엔진이 타이어보다 높이 있어서 웬만한 개울도 건널 수 있는 전천후 트럭이었다. 최고 시속은 75km/h. 당시 타이어가 10개인 트럭을 '십발이', 스리쿼트는 '육발이', 지프는 '사발이'라고 불렀다. 묵계리 산골에서 가끔 볼 수 있는 트럭의 대명사는 역시 육발이였다. 어쩌다 가끔 동구 밖 멀리서 자동차 소리가 들리면 동네 아이들은 신작로로 뛰쳐나와 육발이 꽁무니를 쫓아 뜀박질했던 기억이 생생하다. 그때는 배기관에서 빠져나오는 이상하고 야릇한 휘발유 기름 냄새조차 신문물을 대표하는 새롭고 신기했던 시절이다. 그런 제무시 육발이가 아직도 사용되고

삼거리와 높은터 마을의 경계 지점인 배나무징이 아래 허기소 계곡[249]에 굴러떨어진 사고가 났다. 화주가 현장에서 사망한 큰 사고였다. 사고가 수습된 후, 차주가 그 엔진(약 500근 이상)을 도로로 옮기기 위해 하동읍에서 힘센 장정 6명을 뽑아 왔으나 지형이 험하여 목도도 할 수 없었다.

당시 인근 높은터(高基) 마을에 살고 있으면서 이 난처한 지경을 지켜보던 김장군이 "내 지게에 얹어만 주면 지겟가지가 찢어지지 않는 한 져다 주겠다"라고 자청하였다고 한다. 주위 사람들이 믿을 수 없었으나 딱한 형편인지라 인부들이 합세하여 지게에 엔진을 얹고 밧줄로 동여주자 김씨는 길도 없는 돌비렁을 맨발로 짐을 지고 올라와 이를 지켜본 사람들이 모두 놀랐다고 한다. 김장군은 100세 때인 지난 2000년 별세하였다.

이 이야기는 묵계동 내에서 전설 같은 실화이다. 김장군의 자제분이 묵계 삼거리에서 활발한 사회 활동을 하는 김만석 동문(제11~12대 묵계초 총동창회장)이다.

바. 오금(烏金)이 난다는 드무실과 묵계호

묵계호 근처, 묵계천 서쪽 골짜기를 드무실이라고 한다. 드무실은 높은터 쪽에 가까운 큰 드무실과 삼거리에 가까운 작은 드무실이 있다. 큰 드무실은 골이 매우 깊었다. 그 뒷산인 깃대봉을 넘으면 청암 삼은동의 하나인 노은동이 있다. 드무실은 삼거리 사람들의 중요한 생활 터전이었다. 필자도 초등학교 4학년 때부터 지게를 지고 작은 드무실은 물론 멀리 큰 드무실까지 누비고 다니며 땔나무를 했던 기억이 생생하다. 그러나 묵계호가 들어서면서 지형이 많이 바뀌었다. 현재 저수지 둑 아래 서쪽의 큰 드무실은 멀리 높은터 쪽으로 돌아가야 접근할 수 있다. 그러나 작은 드무실은 그 입구가 모두 호수에 잠겨 출입이 어렵게 되어 버렸다. 묵계호는 1978년 11월에 착공하여 1985년 11월에 완공한 인공호수이다. 이 호수의 물은 산 너머 악양(岳陽)으로 전해져 악양면 일대의 농업용수로 이용된다.

그런데 오늘날 '묵계(黙溪)'와 '드무실'이라고 하는 지명과 연관하여 묵계호는 이미

있다고 하니 무려 80년이나 된 추억의 자동차이다(이상은 〈유용원의 군사 세계-2차 세계대전 당시 미군의 발이었던 미군 GMC 트럭〉에서 인용, 작성했다).

249) 허기소는 혁신소라고도 하는데, 심은동에서 내려오는 계곡물이 묵계천과 만나는 곳에 있는 소(沼)인데, 묵계 저수지 제방 바로 아래쪽에 있다. 현재 청정회에서 세운 「청학동」 표지석 바로 아래의 계곡이다.

'예언되었던 것이 아닌가?'하고 생각하는 사람들이 있다. 이유인즉슨 첫째로, 묵계동은 산간 지역이라 시냇물이 급류이다. 따라서 물소리는 당연히 요란할 것인데, 어찌하여 이곳의 지명이 '잠잠한 계곡'이라는 뜻을 지닌 지명이 되었나? 그게 바로 운명적인 지명이라는 이야기이다. 실제로 회동과 학동 계곡의 물이 삼거리 합소를 지나면서 강폭이 넓어진다. 그리고 묵계천에는 폭포가 별로 없다. 그런 까닭에 지리산의 깊은 계곡치고는 물소리가 조용한 편이기는 하다. 세차고 시끄럽게 흘러갈 것으로 예상되는 이곳 지리산 산촌의 계곡 수가 오늘날 삼거리 큰 냇물에 이르러 큰 호수를 이루니 잠잠하다 못해 적막강산이다. 그야말로 '잠잠한 시내' 즉, '묵계'가 되었다.

둘째로, '드무실'의 '드무'라는 말인데, 이 드무는 '물을 많이 담아두고 쓰는 큰 가마나 독'을 의미하는 '두멍'의 경상도 방언이다. 경상도에서는 '늪'이나 '웅덩이'를 '듬벙' 혹은 '둔벙'이라고 하는데, 이것은 '드무, 두멍'은 서로 관련이 있을 것으로 생각된다. 그런데 이곳 드무실은 수많은 지리산 계곡에서 흔히 볼 수 있는 작은 골짜기에 불과하다. 그런데 어찌 선인들은 이곳에서 '물을 담아두는 드무'를 연상하여 '드무실'이라 하였을까? 이곳 드무실은 큰 호수[드무]를 품을 수밖에 없는 운명이었단 말인가? 언젠가 이곳에는 저수지가 생겨 잠잠한 계곡이 될 것을 예상하고 '묵계(黙溪)'나 '드무실'이라고 불렀다면, 이곳의 지명을 지은 선인들의 예지력에 감탄할 따름이다.

참고로 경복궁을 비롯한 궁전에도 '드무'가 있다. 창경궁 명정전 앞쪽 양옆에는 큰 청동 그릇이 있는데 이것이 바로 '드므'이다. 평소 이 '드므'에 물을 가득 담아두는데, 이는 화재 예방의 의미로 놓아두었지만, 또 다른 의미로는 화마가 불을 지르러 왔다가 물에 비친 자기 모습을 보고 놀라서 달아난다는 옛 선인들의 생각도 담고 있다.[250)]

이 드무실에 관련된 이야기 두 편을 묶어서 소개한다.

먼저, 옛날부터 드무실에서 오금(烏金)이 난다는 소문이 있었다. 오금은 〈제1부〉에서도 소개한 적이 있으나 적동(赤銅)의 다른 이름이다. 옛날부터 이곳에 오금이 난다는 말을 믿고 여러 사람이 찾았는데 아랫마을 전주이씨 한 사람이 오금(烏金)을 보았다고도 하고, 제주도의 어느 양씨 한 사람이 오금(烏金)을 찾기 위해 수년 동안 드나들었다고도 했다.

또, 이곳 드무실에는 검은색과 관련된 설화가 또 있다. 옛날 어떤 사람이 드무실에 나무를 하러 갔는데 문득 검정소 한 마리가 바위 위에 우뚝 서서 꼬리를 뱅글뱅글 돌리고 있는 것을 보았다고 한다. 이 사람은 깜짝 놀랐다. 이를 괴이하게 여겨 마을로 달려가 동네 사람들과 함께 다시 그 자리에 오니 소가 그대로 있었지만, 사람들이 소가 서 있는 바위 위로 올라가려고 하였으나 주변의 암벽이 험하여 올라가지 못했다고 한다. 그러고 난 수년

250) 국가유산청, 국가유산-창경궁이야기-명정전-〈드무〉에서 인용

후, 어느 부인이 나물을 캐러 그곳으로 갔다가 또 그 소를 발견하고는 놀라서 바위 아래로 굴러떨어졌다고 한다.

현재 묵계 저수지의 월류형 여수로(餘水路) 근처에 있었던 '쇠꼬뺑이'도 저수지 물에 잠겼고, 산과 산을 연결하여 못(池)을 만들었다는 '연지(連池)네 밭골'도 저수지에 잠기고 말았다. 이런 지명들은 저수지가 만들어지기 오래전부터 있었으니, 과연 누가 이곳에 큰 저수지가 들어설 것으로 미리 알고 명명한 것일까? 탄복할 일이다!

필자가 유년 시절부터 겨울이면 동네 형들과 거의 매일 지게 지고 땔나무 하러 드나들던 '드무실', 이곳은 이곳 묵계동에서 살다간 수많은 선인의 지혜로운 삶의 역사와 추억이 담겨있는 오랜 터전이었음을 다시 한번 깨닫게 되니 더욱 사랑스럽고 애착이 가는 지명이다.

창경궁 명정전의 〈드무〉(국가유산청 국가 유산포털-창경궁이야기-명정전에서 인용)

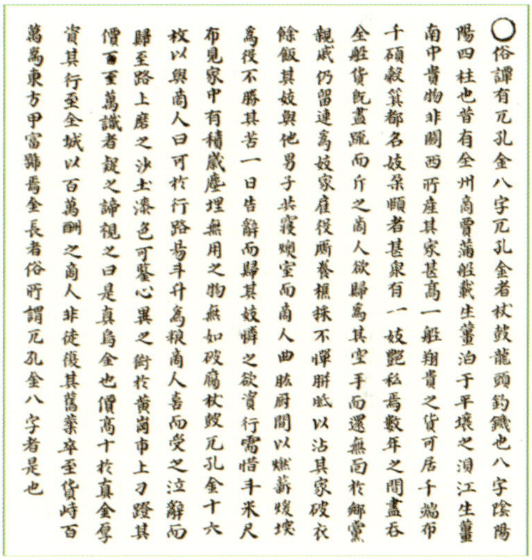

○俗諺有兀孔金八字兀孔金者杖鼓龍頭釣鐵也八字陰陽
陽四柱也昔有全州商賈蒲船載生薑泊于平壤之須江生薑
南中貴物非關西所産其家甚高一船翔貴之貨可居千端布
千碩穀箕都名妓桑願者甚衆有一妓艶私焉數年之間盡呑
全船貨既盡踈而斥之商人欲歸爲其空手而還無面於鄉黨
親戚仍留連爲妓家雇役厮養樵採不憚胼胝以沾其家破衣
餘飯其妓與他男子共寢煥室而商人曲肱廚間以爇薪煖堗
爲役不勝其苦一日告辭而歸其妓憐之欲資行需惜千米尺
布見家中有積歲塵埋無用之物無如破廢杖鼓兀孔金十六
枚以與商人曰可於行路易斗升爲粮商人喜而受之泣辭而
歸至路上磨之沙土漆色可鑒心異之銜於黃崗市上刀蹬其
價百至萬識者疑之諦視之曰是眞烏金也價高十於眞金厚
資其行至全城以百萬酬之商人非徒復其舊業卒至貲峙百
萬爲東方甲富號爲金長者俗所謂兀孔金八字者是也

『야승(埜乘)』 속담 올공금팔자(俗譚有兀孔金八字)(한국학중앙연구원 디지털장서각 인용)

조선 중기, 어우당(於于堂) 유몽인(柳夢寅)이 쓴 어우야담(於于野譚)에 오금(烏金)의 가치를 전해주는 야담이 실려 있다. 이 책은 민간의 이야기 모음집인데 일반적으로 조선 후기 '야담(野談) 류'의 효시라 일컬어지는 작품이다. 여기에 소개된 〈오금과 오금장자 이야기〉의 원문을 최근 한국학중앙연구원의 디지털 장서각에서 찾았다. 그 원문을 위에서 그림으로 소개했다. 이 원문 텍스트는 디지털 장서각에서 찾아볼 수 있다.

이 야담으로 전해진 올공금 팔자(兀孔金八字) 이야기는 전주 출신 생강 장수

이야기이다. 《논어》의 〈향당편(8장)〉에 공자가 '생강 먹는 것을 거르지 않았으나 많이 드시지는 않으셨다(不撤薑食하시며 不多食이셨다)'라는 이야기로 보아 중국에서는 오래전부터 양념처럼 식용한 것으로 보인다. 우리나라에서는 식용이라기보다는 의료용 약용식물이었다고 한다. 인도 · 말레이 원산인 생강(生薑)의 생산지는 주로 중국과 가까운 남도 지방이었다. 고려 시대에 진도현(珍島縣)에 생강소(生薑所)가 설치되어 있었다는 사실과 '1,300여 년 전에 신만석(申萬石)이 중국에 사신으로 갔다 오면서 현재의 완주에서 생강 재배가 시작되었다'라는 전주지방의 구전(口傳) 등 (이상은 이경록, 《의사학(醫史學)회지 Korean J Med Hist》, 〈고려 후기의 주요 약물과 그 존재 양상-돌의 미나리(시호)·생강의 생산과 유통-〉에서 인용)은 이 〈오금과 오금장자 이야기〉의 배경이 된 것으로 추정된다.

오금(烏金)과 오금장자(烏金長者) 이야기

옛날 속담에 「올공금 팔자(兀孔金八字)」라는 말이 있다. 「올공금(兀孔金)」은 우리 전통 악기인 장구의 줄을 양쪽 가죽 테에 거는 갈고리, 즉 「용구철(龍鉤鐵)」을 뜻하며, 「팔자」는 음양오행설에서 말하는 사주팔자를 뜻한다. 그래서 올공금 팔자란 올공금 같은 하찮은 물건으로 횡재를 해 갑자기 큰 부자가 되었을 때 일컫는 말이다.

옛날에, 전주(全州)에 사는 상인이 생강을 큰 배 가득 싣고 서해를 거쳐 평양 대동강에 가서 정박했다. 생강은 남쪽 지방에서 생산되고 관서 지방에서는 나지 않는 물건이므로 평양에서는 값이 매우 비쌌다. 곧 생강 한 척에 1천 필이나, 또는 곡식 1천 석에 해당하는 가치였다. 상인은 평양에서 생강을 파는 동안 한 기생과 친분을 가져서, 이후 수년 동안 같이 살면서 그 생강을 판 돈을 모두 기생집에 바쳤다. 상인이 싣고 온 생강이 다 없어지자 기생은 "재물을 더 가지고 오던지, 그렇지 않으면 집을 나가시오."라고 하면서 상인을 냉대하게 내쫓으려 했다. 상인은 배에 가득 싣고 온 생강값을 모두 탕진하고 빈털터리가 되어 고향으로 돌아가기도 부끄럽고, 기생집에서 쫓겨나면 따로 머물 만한 곳도 없어서 기생에게 사정했다. "내가 재물이 다 없어졌고 갈 곳도 없으니, 네 집에 머슴으로 머물면서 일을 하면 어떻겠느냐?" "그래요? 그렇다면 좋습니다. 집안일을 열심히 하면서 손님 이 있을 때면 부엌에서 잠을 자야 합니다."

이렇게 해서 상인은 그 기생집 머슴이 되어 말에게 먹이를 주는 일과 땔나무 마련하는 일 등을 하면서 온갖 고통을 감수했다. 기생이 다른 남자와 안방에서 잠자리할 때면 상인은 부엌 아궁이 앞에서 불을 쬐며 쭈그리고 앉아 밤을 새웠다. 이때 방 안에서 잠자리하는 소리가 들릴 때는 전날 자기와 옷을 벗고 놀던 그 기생의 몸 구석구석과 살결이 눈앞에 선하여 저절로 눈물이 솟았다. 상인은 여러 해 이런 생활을 하다가, 아무래도 고향으로 돌아가야겠다고 생각하고 기생에게 말했다. "이제 집을 떠난 지도 오래되었으니 집으로 돌아가야겠소. 그동안 많은 신세를 졌구려. 고맙소이다." "아, 잘 생각했어요.

그런데 우리 집에 오래 있은 정표로 무엇을 준담? 노자로 줄 돈은 없고 뭐 마땅한 물건이 없나?" 기생은 노자로 돈을 주기는 아깝고 해서 집안 여기저기를 살피다가 오랫동안 버려두었던 장구를 꺼내 와서, 거기에 걸려 있는 16개의 '올공금'을 풀어주며 말했다. "이것이나 가지고 가다가 쌀과 바꾸어 양식으로 하구려." 상인은 그것을 받아 좋아하면서 기생과 작별을 고하고 길을 떠났다.

대동강에 이르러 배를 기다리는 동안, 상인이 모래밭에 앉아서 그 올공금 16개를 모래에 문질러 녹을 닦아 보았더니, 검은색이 반질반질 빛나면서 윤이 나고 보통 쇠와는 전혀 달랐다. "이상하다. 보통 쇠와는 분명히 다른 것 같은데 ……" 상인은 이것이 매우 중요한 쇠로 만든 것으로 생각하고, 황강(黃岡) 장날에 가지고 가서 장터에 자리 잡고 앉아 펼쳐 놓았다. 그리고는 종이에 이렇게 써서 붙여 놓고 소리쳤다. "이것이 중요한 보물입니다. 1백만 냥이면 이것을 팝니다." 그러자 해 저물 무렵, 한 사람이 지나가다가 되돌아와서 자세히 살펴보고는, "이것 어디에서 났소? 참 희한한 일이네. 이것은 '오금(烏金: 검은색 금)'이라는 것인데, 보통 황금의 10배 정도 비싼 값으로 팔리는 보물로 매우 구하기가 어려운 것입니다. 내가 1백만 냥을 내고 사겠소."라고 말하는 것이었다. 그러고 나서 다시 이렇게 제의했다. "내가 지금 가진 돈이 없으니 전주까지 함께 가면 돈을 드리겠습니다. 자, 함께 가시지요."

이렇게 해서 상인은 전주까지 가서 그 돈을 받았다. 상인은 곧 그 돈으로 옛날에 생강을 산 본전을 갚고, 그러고도 남은 돈으로 '갑부'라는 소리를 들을 만큼 재산이 넉넉해졌다. 그래서 당시 사람들은 그를 '검정금', 즉, 오금(烏金)으로 부자가 되었다고 하여 '오금장자(烏金長者)'라 불렀고, 또한 사람의 운수는 알 수 없는 것이라는 뜻으로 '올공금 팔자'라는 속담이 생기게 되었다"(이상은 블로그 백두대간-「조선왕조 때 유머-기생집에서 얻은 올공금(兀孔金)」에서 인용 작성했다).

사. 호랑이가 할퀸 자국

청암면 묵계리 강수의의 처 최금천 부인에 얽힌 이야기이다. 최씨가 17세이던 어느 날 호랑이가 방 안에 침입하여 최씨를 물고 나가다가 사람들의 고함소리에 방문 문턱에 최씨를 버려두고 도망을 갔다고 한다. 이때 호랑이가 발톱으로 할퀸 상처 자국이 최씨의 이마 위에 남아 있는데, 최씨의 말에 의하면 당시 상처 치료에 병아리를 약으로 썼다고 한다. 그 큼직한 병아리 한 마리가 패인 상처 속으로 다 들어갔다고 하니 상처 자국이 얼마나 컸는지 짐작할 수 있다. 그리고 그때 집에서 기르던 개가 얼마나 혼이 났던지 닷새가 지나서야 겨우 집에 돌아왔다고 한다.

아. 호랑이는 영물(靈物)

청암면 묵계리 회동마을에 있었던 이야기이다. 옛날부터 회동에는 노씨들이 많이 살고 있었다. 지금부터 110여 년 전 노 모씨가 어렸을 때 그 어머니가 마루에 누워 머리카락을 마루 끝에 늘어뜨리고 어린애 젖을 먹이고 있는데, 시 할아버지께서 보시고, "야야, 머리를 그렇게 늘어뜨리고 있으면 호랑이가 와서 물고 간단다."라고 하니 이 자부가 일어나 앉으면서 '물고가려면 물고 가라지.'라고 중얼거렸더니 난데없이 호랑이가 나타나서 홱 낚아채 패대기치더니 사정없이 물고 가버렸다. 젖을 먹고 있던 어린애는 마당에 떨어져 큰 소리로 울고 있었다. 집안사람들이 몰려와서 애를 달래놓고 마을 사람들과 횃불을 들고 징을 치며 호랑이를 뒤좇아 갔다.

뒷산 중턱에 다다랐을 무렵, 애 어머니를 발견하였는데, 호랑이에게 젖가슴을 핥아 먹혀 죽은 채 버려져 있었다. 그의 남편과 가족들이 시신을 메어다가 장사를 지냈다. 매년 제삿날이면 제사 지낸 뒤 제삿밥을 차려 대문 밖에 내어놓았는데, 그 당일 밤에 호랑이가 와서 다 먹고 가더라고 한다.

한편, 회동마을 양모씨는 70여 년 전에 덫을 놓아 호랑이 한 마리를 잡았는데, 꼭 살아 있는 것 같아서 감히 접근을 못 하다가 건드려 보니 앉은 채로 죽어 있었다고 한다. 양씨는 그 호랑이를 동구 밖에 있는 배나무에 묶어 놓고 가죽을 벗겼는데, 호랑이를 매었던 나뭇가지가 3년 동안 잎이 돋지 않다가 4년 만에 잎이 돋아나더라고 한다. 이때 잡혀 죽은 호랑이는 암놈이었는데, 수호랑이 한 마리가 암호랑이 죽은 곳과 가죽 벗긴 곳을 지나 앞산 일대를 일 년 동안이나 눈에 불을 켜고 지나다녀서 밤이면 마을 사람들이 호랑이 불을 볼 수 있었다고 한다. 그래서 사람들이 "호랑이는 과연 영물(靈物)이더라."라고 하였다는 이야기가 지금까지 전하여 내려오고 있다.

자. 열부(烈婦)[251] 신수월(申水月)

신수월은 청암면 묵계리 회동 서재땀 이종길의 처이다. 신씨 부인은 타고난 성품이 유순하고 부인으로서의 덕목을 겸비하여 효성과 예의가 바른 사람이었다. 그러나 30세에 이르기까지 아들을 낳지 못하였는데 남편이 괴질을 앓아 20여 년 동안이나 병상에서 고생하게 되었다. 갖가지 방도로 병을 고치고자 애썼으나 병세는 날이 갈수록 심해질 뿐이었다.

그러자 신(申)씨 부인은 자신의 허벅지 살을 베어 쇠고기라고 속이고 구워서 약으로 쓰니 신통하게도 그렇게 지독하던 병이 씻은 듯이 나았다. 병이 나은 남편은 아무래도 자신이 먹은 고기가 쇠고기가 아닌 듯하여 의심하고 무슨 고기인지 물으니 이웃에 살던 신(申)씨의 동서가 사실대로 알려주었다.

그 말을 들은 남편은 다시 쓰러져 죽을 지경에 이르게 되었다. 그러자 부인은 자신의 손가락을 잘라 남편에게 피를 먹여서 며칠을 더 연명하게 되었다. 그래도 결국 남편이 숨을 거두니 부인은 애통해하며 따라 죽고자 하였으나 남편의 후사를 생각하고 열심히 생활하여 조카를 양자로 삼아 집안을 착실히 이어나가니 고을 사람들은 열부라고 경칭(敬稱)하여 칭찬이 자자했다.

---

251) 열부(烈婦)는 열녀(烈女), 절부(節婦)라고도 한다. 위키 《실록 사전》에 의하면 "열녀(烈女)는 남편이 죽은 뒤 개가하지 않고 수절(守節)하거나, 혹은 위독한 남편을 살리기 위해 손가락을 잘라 피를 내어 먹이거나 허벅지 살을 베어 먹이는 등의 열행(烈行)을 행한 여성을 말한다. 또 남편의 목숨을 구하기 위해 자신을 희생하거나, 남편이 죽은 뒤 따라 죽은 여성도 열녀라고 불렀다. 조선 시대에는 열녀에게 정문(旌門)을 세워 주거나, 세금과 요역(徭役)을 면제해 주는 등의 실질적인 혜택을 주어 그 열행을 포상하였다. 그런데 열행은 시대에 따라 변하여, 조선시대 초기에는 개가를 할 수 있는데도 하지 않고 수절하는 열녀들이 주류를 이루었으나 조선시대 후기로 갈수록 순절하는 열녀들이 늘어났다."

한편, 강명관의 논문 〈절부(節婦), 열부(烈婦), 열녀(烈女)〉(동양한문학 연구 제25집, 2007)에 따르면 "열부 · 열녀는 조선조에 발명된 것이다. 그것은 고려조까지 존재하지 않았다. 고려 시대에는 절부만 있었다. 절부는 남편의 부재(주로 사망) 시에 다시 결혼하지 않는 여성을 지칭하는 것이었고, 그것은 아내의 부재(주로 사망) 시에 결혼하지 않는 남성인 '의부(義夫)', 즉 결혼하지 않은 남성과 대를 이루고 있었다. 이처럼 수절은 여성에게만 강요된 윤리가 아니었다. 조선 건국 이후 한동안 효자(孝子) · 절부(節婦) · 의부(義夫) · 순손(順孫)을 한 세트로 하는 표창을 계속하다가 《경국대전》에 와서 의부를 삭제함으로써 배우자에 대한 성적 종속성을 오로지 여성의 윤리로 강제하였다. 이것으로 가부장제 확립의 기초를 마련하였다. 그러나 이것만으로 불충분하였다. 절부는 유일한 남성의 부재, 즉 남편의 죽음 이후에도 성적 종속성을 실천할 것을 요구한 것이다. 성적 종속성은, 여성이 생명을 위협받는 폭력적 시공간에서도 실천되어야만 했다. 따라서 양반 – 남성은 열부와 열녀를 발명해냈다. 열녀를 정의하는 행위, 곧 열행의 실천을 여성의 대뇌에 심기 위해 〈열부최씨전〉, 〈배열부전〉이 쓰였고, 나아가 《삼강행실도》의 〈열녀편〉이 만들어졌다. 〈중략〉. 사실상 그것은 남성 – 양반 국가의 건설을 위하여 여성을 지배하고자 하는 의도에서 나온 책략이었을 뿐이다. 이 책략의 성공으로 조선은 가부장제 사회로 전환할 수 있었다."라고 했다.

차. 키 큰 중

'키 큰 중'은 일제강점기에 악양(岳陽)에 살면서 묵계를 드나들었던 사람이다. 키가 팔척장신으로 여덟 자(尺) 방에 바로 눕지 못하고 모서리로 누워야 발을 펴고 잘 수 있었다고 한다. 기운은 또 얼마나 센지 달리는 목탄차를 뒤에서 잡아끌어 당기면 끌려왔다고 한다.

워낙 덩치가 크고 힘을 많이 쓰는 탓에 밥은 한 달에 한 번씩은 쌀 한 말로 밥을 지어 먹어야 허기진 배를 채웠다고 한다. 그래서 이를 경계한 왜놈들이 '키 큰 중'의 피를 뽑아 힘을 못 쓰게 하였다고 한다.[252)]

카. 찬새미와 굴바위

청암면 묵계리 학동마을에 찬새미와 굴바위가 있다. 학동마을 당산몰 큰 바위 밑에 찬새미가 있고, 하천 건너 '굴바위등'에는 큰 바위굴이 있는데, 옛날 찬새미 바위 속에 큰 뱀이 살면서 상주나 부정한 사람이 샘물을 길으면 바위 속의 뱀이 뜨물이나 구정물을 일으키며 부정한 짓을 경계했다고 한다. 그런데 이 뱀은 뒷산 난주지까지 땅속 굴로 내왕했다고 한다.

그 뒤 큰 뱀은 주민에게 선몽을 한 뒤 건너편에 있는 바위굴로 나갔는데, 벼 논을 기어간 곳에는 벼가 쓰러져 있었다고 한다. 이렇게 뱀이 나간 뒤 샘에는 물이 마르게 되었는데 마을 사람들이 큰 뒷골에 가서 길 따라 물을 부으면서 매구(풍물놀이)를 치면 다시 물이 솟았다고 한다. 건너편 바위굴에는 큰 바위 사이에 좁은 굴이 나 있고, 그 안에는 물이 나고, 10여 명이 앉을 만하여, 난리에는 주민들이 성을 쌓고 피란도 했다고 한다. 그런데 난주지 아래 뱀굴이 무너져 있었는데, 큰 동이만 한 굴이었다고 한다.

---

252) 묵계 강태철씨 제공, 하복도, 《청암(靑岩)》에서서 재인용

타. 최 호랑이

청암면 묵계리 학동에는 마을 건너편에 최씨네 골과 거사골이라는 지명이 있다. 지금부터 120여 년 전에 최씨 성을 가진 선비가 최씨네 골에 살았는데 효성이 지극하였다고 한다. 아버지가 병이 들어서 백방으로 수소문을 해 본 결과, 한 의원이 개 100마리를 잡아먹어야 병이 낫는다고 하였다. 가난한 최 효자는 개 100마리를 구할 길이 없자 생각 끝에 귀문 둔갑술(鬼門 遁甲術)을 익혀서 개를 잡는 호랑이로 변할 수 있게 되었다. 호랑이로 변한 최효자는 신이 나서 지리산 일대를 누비며 개를 잡아다가 아버지께 드리고 다른 산짐승을 잡아 가족도 부양하였다.

어느 날, 아침마다 남편의 옷이 젖어 있는 것을 수상히 여긴 부인이 밤에 자는 시늉을 하고 남편의 거동을 살펴보니 한밤중에 일어나 마당으로 나갔다. 부인이 창호지 문틈으로 내다보니 남편이 하늘을 보고 주문을 외우고 몇 바퀴 재주를 넘더니 큰 호랑이로 변하여 어디론가 쏜살같이 달려가는 것이었다. 깜짝 놀란 부인은 남편이 호랑이로 변하는 것은 귀문 둔갑술이 적혀 있는 책 때문이라고 생각하고 책을 아궁이에 넣어 불살라 버렸다.

그날 새벽, 호랑이가 밤새 사냥하고 집에 돌아와 사람으로 변하는 주문을 외우려고 하였으나 생각이 나지 않았다. 주문이 적혀 있는 책을 찾아보았지만 아무리 해도 찾을 수가 없었다. 그렇게 찾던 귀문 둔갑술 책이 아궁이에서 한 줌의 재로 발견되자 최 호랑이는 부인을 갈기갈기 찢어 죽였는데 끝내 주문을 기억해 내지 못한 최 호랑이는 다시는 사람으로 변신하지 못하고 지리산 일대를 누비고 다녔다고 한다.

최 호랑이를 만났던 사람들은 큰 호랑이 한 마리가 사람은 해치지 않으면서 눈물을 흘리고 있더라는 이야기를 하였다. 최 호랑이는 울음소리도 특이하여 사람들은 그 소리만 듣고도 최 호랑이임을 알 수 있었다고 한다. 그 뒤 이 최 호랑이는 화개 어느 함정에 빠져 죽었는데, 가족들이 찾아가서 호랑이 가죽은 함정 주인이 갖게 하고 뼈만 찾아와 장사지냈다고 한다. 지금도 거사골 일대에는 최씨네 골과 최 호랑이 집터와 최 호랑이가 놀았다는 바위가 남아있다.

파. 불발된 청학동 진주암 경자난(庚子亂)

지금부터 120여 년 전 청암면 묵계리 진주암에 기인이 나타나 손바닥에 임금 왕(王) 자(字)를 새겨 자칭하여 천자(天子)라고 하면서 정승, 판서 등 부서의 장을 정하여 마을 사람들에게 주고 은밀한 행동을 하다가 관가에 발각되자 주모자는 도망을 가고 그 아래의 부서장은 잡혀가서 욕을 보았다고 한다. 황현(黃玹)[253]의 《매천야록(梅泉野錄)》[254] 제3권(卷之三) 광무 4년(光武 四年) 경자(庚子, 1900年) 〈지리산 비적-김태웅(金太雄)의 처형〉 편에 다음과 같이 기록되어 있다.

---

253) 황현(黃玹, 1855~1910)은 전남 광양현 봉강면 서석촌 출생이며 호는 매천(梅泉)이다. 1910년 8월 일제에 의해 강제로 나라를 빼앗기자 통분하여 자결. 대한민국 독립유공자. 1888년(고종 25) 34세의 나이로 식년시 생원시에 1등 2위로 급제했다. 쇠락해가는 가문 출신임에도 생원시 초시에는 차석을 따냈고 생원시 복시에서는 장원 급제를 하며 성균관에 입학하였지만, 과거 시험장의 부패에 실망하여 벼슬을 버리고 낙향해 조선의 대표적인 재야인사가 된다. 구례군 간전면 만수동으로 이주한 황현은 그 곳에서 16년을 살면서 많은 저술 활동을 했는데 이 중에서 대표적인 것들이 《매천야록》과 《오하기문》으로 그 중 《매천야록》은 한국사 교과서에서 구한 말 시기의 참고 자료로 많이 등장하기 때문에 일반인들 사이에서도 인지도가 있는 편이다. 1902년 전라도 구례군 광의면 월곡리로 다시 이주한 황현은 을사조약 이후 자결한 조병세, 민영환 등의 애국지사들에 대한 추모 시를 지어 그들의 혼을 애도했다. 그는 1907년부터 구례군 광의면 지천리에 '호양학교'를 지어 신학문을 가르쳐 인재들을 양성하려 했지만 기울어가는 대세를 막을 수는 없었다. 1910년 8월 29일 경술국치(庚戌國恥)로 대한제국의 주권이 박탈되고 일제의 식민지로 전락하자 황현은 맥수지탄(麥秀之嘆)의 심정을 담은 절명시 4수를 남기고 소주에 아편을 섞어 마셔 목숨을 스스로 끊었으니 향년 56세였다. 여기서 맥수지탄은 '보리가 무성하게 자란 것을 탄식한다'라는 뜻인데, '나라가 무너져 예전과 같지 않음을 슬퍼함을 비유하는 말로 망국지탄〈亡國之歎〉과 유의어로 쓰인다. 매천은 국가등록문화재로 지정된 《매천야록(梅泉野錄)》, 《오하기문(梧下記聞)》 등을 저술하였다. 자결에 앞서 그가 남긴 유서는 다음과 같다. "나는 죽어야 할 의리는 없다. 다만 나라가 오백 년간 선비를 길렀는데, 이제 망국의 날을 맞아 국난에 죽는 선비 한 명이 없다면 어찌 애통한 일이 아니겠는가? 나는 위로 하늘에서 받은 올바른 마음을 저버리지 않고, 아래로는 평소에 읽던 좋은 글을 저버리지 않고 길이 잠들려 하니 통쾌하지 아니한가. 너희들은 내가 죽는 것을 지나치게 슬퍼하지 말라[吾無可死之義 但國家養士五百年 國亡之日 無一人死難者 寧不痛哉? 吾上不負皇天秉彝之懿 下不負平日所讀之書 冥然長寢 良覺痛快 汝曹勿過悲]"(이상은 나무위키-황현에서 인용).

254) 《매천야록》은 조선 말기 황현(黃玹)이 1864년(고종 1)부터 1910년까지 47년간의 역사를 편년체로 서술한 비사(祕史)이다. 모두 6권 7책. 고종 원년부터 동 30년까지의 기록은 1책 반에 지나지 않는다. 그러나 고종 31년부터 융희 4년까지 17년간의 기록이 5책 반이나 되어, 갑오경장 이후에 많은 관심을 기울였던 것으로 보인다. 체제에서도 1894년 이전은 들은 것을 연대순으로 수록(隨錄)하거나, 명확한 연월이 표시되어 있지 않을 뿐만 아니라 사건 내용에서도 연대순이 바뀐 것도 적지 않지만, 1894년 이후는 이와는 달리 연월일 순으로 비교적 정확하게 기록되어 있다. 구한말에 난정(亂政)을 주도하였던 위정자의 사적인 비리 · 비행이라든가, 외세의 악랄한 광란, 특히 일제의 갖은 침략 상을 낱낱이 들어내고 있으며, 이에 대한 우리 민족의 끈질긴 저항 등이 담겨있다. (이상은 네이버 지식백과-매천야록(梅泉野錄), 한국민족문화대백과, 한국학중앙연구원에서 인용)

지리산 비적(智異山 匪賊)-49. 김태웅(金太雄)의 처형[255]

11월, 지리산의 비괴(匪魁) 김태웅(金太雄)이 복주(伏誅)[256]되었다. 지리산 청암동(青巖洞)[257]에 진주암(眞珠菴)이 있는데, 그곳은 가장 깊숙한 곳으로서 그는 불순분자들을 그곳으로 모이게 하여 하늘에 제사를 지낸 후 위관(僞官)[258]에 서명하게 하였으나 당일 적발되었다. 그들이 탄로 난 것은 진주부(晉州府)에서 정찰했기 때문이다. 그들은 도주하기도 하고 혹은 체포되기도 하여 서울로 압송된 적도는 모두 7명이었다. 그중 정씨(鄭氏)란 사람은 손바닥에다가 먹물로 '왕(王)'자를 새기고 있었다. 이때 영·호남 산촌민 중에서 그들이 내통하고 있는 사람이 매우 많았으나 관찰사 김영덕(金永悳)은 그들을 불쌍하게 생각하여 석방해 준 사람이 많았다.

십 일 월 지 리 산 비 괴 김 태 웅 복 주 지 리 산 청 암 동 유 진 주 암 최 수 벽
十一月 智異山匪魁金太雄伏誅 智異山青碞洞 有眞珠菴 最邃僻
유 민 소 취 제 천 서 위 관 극 일 절 발 사 로 위 진 주 부 소 형 혹 일 혹 착 압 상 칠 적 우 경 사
莠民嘯聚 祭天署僞官 剋日竊發 事露 爲晉州府所詗 或逸或捉 押上七賊于京師
유 정 성 자 경 기 장 작 왕 자 양 남 협 민 주 련 심 중 관 찰 사 김 영 덕 민 지 원 유 자 중
有鄭姓者黥其掌 作王字 兩南峽民 株連甚衆 觀察使金永悳愍之 原宥者衆.

지리산 비적 김태웅의 실체를 파악하기 위해서 자료를 조사하던 중, '김태웅을 참형에 처하라'라는 1899년(광무 3년) 6월 의정부 법부(議政府 法部) 사리국(司理局) 기안문[259]의 주요 내용이 공개되어 있다는 사실을 알았다. 그 내용은 다음과 같았다.

255) 《매천야록》의 원문과 번역본은 한국사데이터베이스(한국사료총서) 《매천야록》(제3권)(광무4년③) 49. 김태웅의 처형)에서 인용했다.

256) 복주(伏誅)는 형벌(刑罰)을 받아 죽임을 당하다는 의미이다. (네이버 한자사전에서 인용)

257) '청암동'의 '암'자가 한문 원문에는 '嵒'으로 되어 있으나, 국역문에는 '巖'으로 되어 있다.

258) 위관(僞官)은 비합법적인 정부의 관리, 또는 관리를 사칭(詐稱)하는 사람을 의미한다. (네이버 중국어 사전에서 인용)

259) 〈김태웅(金太雄), 박명중(朴明重), 윤소사(尹召史), 강문현(姜文賢), 김윤명(金允明), 김원극(金元克), 김형극(金亨克) 등의 안건에 대한 재가가 내렸으니 김태웅을 참형에 처하고 보고하라〉라는 등의 訓令 제101호, 102호의 기안문. 그 외에도 피고(被告) 김태웅을 참형에 처하도록 허락해 달라는 질품서(質稟書) 등이 공개되어 있다. (이상은 규장각 원문검색 서비스에서 인용)

金太雄, 朴明重, 尹召史, 姜文賢, 金允明, 金元克, 金亨克 등의 안건에 대한 재가가 내렸으니 김태웅을 참형에 처하고 보고하라는 訓令 제101호, 제102호 기안의 주요 내용

〈제101호 기안〉

평리원(平理院)[260]에서는 김태웅(金太雄)을 대전회통(大典會通) 추단(推斷) 조(條) 무릇 난언이 만약 위에 간범되어 정리가 절박하고, 해롭게 된 자에 대한 율(凡亂言若干犯於上 情理切害者律)과 대명률 제사편(祭祀編) 법사나 무당의 사술을 금지함 조(禁止師巫邪術條) 좌도(左道)로 정도를 어지럽히는 술법을 부리거나, 도상(圖像)을 은밀히 보관하거나, 향을 피워 무리를 모으거나, 밤에 모였다가 새벽에 흩어지거나, 겉으로는 착한 일을 하는 척 꾸미고 인민을 부추겨 현혹시킨 수범(首犯)의 율과 대명률 명례(名例) 두 가지 범죄가 함께 발각되면 무거운 쪽으로 논함(二罪俱發以重論) 조(條), 즉 두 가지 이상의 죄가 함께 발각되면 그중 무거운 쪽으로 논한다는 문장에 따라 형률명례(刑律名例) 제6조에 의하여 참수(斬首)에 처하고, 피고 박명중(朴明重)과 윤소사(尹召史)와 강문현(姜文賢)과 김원명(金元明)은 대명률 제사편 법사나 무당의 사술을 금지함 조 좌도로 정도를 어지럽히는 술법을 부리거나, 도상을 은밀히 보관하거나, 향을 피워 무리를 모으거나, 밤에 모였다가 새벽에 흩어지거나, 겉으로는 착한 일을 하는 척 꾸미고 인민을 부추겨 현혹시킨 종범(從犯)의 율에 따라 태형(笞) 100, 징역 종신에 처한다고 선고한 뒤 법부에 질품함. 이에 선고대로 집행하되 김태웅은 재가를 기다리라는 내용.

〈제102호 기안〉

김태웅(金太雄)은 5년 전 귀신이 몸에 붙어 종적이 섬광과 같이 빨랐고, 고금도(古今島)에 있을 때는 꿈에 기이한 아이를 얻었으며, 광주군(光州郡)에서는 꿈에서 하늘이 주는 조복과 장검을 받았음. 이후 그는 지리산에 들어가 기도를 드리기 위해 운봉산(雲峯山) 안에 있는 동리에서 묵고 있었음. 그러던 지난해 음력 윤 8월 황근묵(黃根墨)을 만나 지금까지의 꿈을 이야기하니, 황근묵이 김태웅에게 너는 장차 전자가 될 사람이라 하며 진주(晉州) 진주암(眞珠庵)에 있는 자신의 집에 찾아오라 함.

이후 김태웅은 황근묵을 칮아갔고, 박명중(朴明重), 고두산(高斗山), 강위련(강위連), 강문현(姜文賢) 등 10여 명과 함께 기도를 드리며 여러 번 길몽을 꾸었는데, 모두 천자가 되는 뜻이었음. 그때 황근묵은 김태웅에게 천자가 된 후 박명중과 고두산이 정승이 될 것이라 말함.

한편 김태웅은 황근묵의 중매로 윤소사(尹召史)와 혼인을 했는데, 9월 초 꿈을 꾼 이후 자신과 윤소사(尹召史) 모두 잉태하였다는 말을 함. 박명중은 지난해 음력 9월 묏자리를 구하던 중 황근묵을 만났고 강위련의 집에 같이 가서 김태웅을 만남. 그곳에서 황근묵은 김태웅이 정수신(鄭秀臣)으로

260) 평리원은 1899년 5월부터 1907년 12월까지 존치되었던 최고법원. 1895년(고종 32) 3월 25일의 개혁법률 제1호로 「재판소구성법」이 공포되어 일제에 의해 이른바 근대적 재판소 제도가 생기면서 지방재판소 · 개항장재판소 · 순회재판소 · 고등재판소 · 특별법원의 5종을 두게 되었으나, 1899년 5월 30일의 「재판소구성법」 개정에 의해 고등재판소가 개칭되어 평리원이 설치되었다.

진짜 천자가 될 사람이라 말함. 황근묵의 생일에 박명중은 장기포(張基包)와 함께 찾아가 술과 떡을 얻어먹었고, 하늘에 지낸 제사의 축문을 받아 봄. 단 방명중은 정승이 된다는 말을 황근묵에게 듣지 못하였으며, 진주부에 잡혀가 조사를 받던 과정에 김태웅이 진술하는 것을 통해 비로소 알게 되었음.

윤소사(尹召史)는 지난해 음력 윤8월 황근묵의 꼬임에 빠져 그달 25일 이춘협(李春俠)과 함께 황근묵의 집에 갔을 때, 그의 꼬임에 빠져 김태웅과 혼인하여 그해 9월 임신함. 이후 김태웅이 기도를 할 때 축문에 '천자 정수신'이라고 썼다는 말을 듣기는 했지만 참여하지 않았다 함.

강문현은 황근묵에 이웃에 살면서 친했는데, 그의 형 강위련이 황근묵이 시키는 대로 김태웅을 자기 집에 머물게 함. 그해 9월 황근묵이 김태웅이 천자가 될 것이라 말하는 것을 듣고 당장 집으로 돌아가겠다 했다 함. 단 김태웅의 진술에 따르면 기도드릴 때 종종 참가했다 함. 김윤명(金允明)은 이웃인 황근묵이 김태웅을 일컬어 큰 선생이라 하기에 여러 날 상종하였음. 김태웅이 고향에 돌아간다고 했을 때 김원극(金元克) 형제에게 그의 행장을 꾸려 보냈고, 김태웅이 지술(地術)을 잘 본다는 신안을 가졌다 하길래 시험해 보기 위해 하동군(河東郡) 백운산(白雲山)에 함께 갔다가 체포됨. 그는 김태웅을 취조할 때 스스로 천자라 했다는 등의 말을 처음 들었다 했으나 여러 정황을 살폈을 때 그가 천제(天祭)에 참가하지 않았을 리가 없음. 김원극과 김형극(金亨克)은 지난해 음력 9월 황근묵의 꼬임에 넘아가 김태웅을 집에 묵도록 하였음. 그달 28일 김태웅이 피신하던 중 김윤명에게 품삯을 후하게 받고 행장을 지고 따라나섰다가 붙잡힘. 황근묵, 고두산, 강위련은 도망가 잡지 못함.

이에 평리원에서는 **김원극과 김형극은** 대명률 잡범편 불응위조(不應爲條)의 하지 말아야 할 일을 하여 사리로 볼 때 중한 자에게 적용하는 율에 따라 모두 **태(볼기) 80대**를 치겠고, **김태웅은** 대전회통(大典會通) 추단조(推斷條) 상(上)에게 저촉되는 불온한 말을 하여 인정과 사리로 볼 때 매우 해로운 자에게 적용하는 율, 대명률 제사편(祭祀編) 금지사무사술조(禁止師巫邪術條)의 바른 도를 어지럽히는 간사한 방법으로 그림을 은근히 감추고 향을 피우며 많은 사람을 모았거나 밤중에 모였다가 새벽에 흩어지며 좋은 일을 한다는 핑계로 아래 백성들을 선동하고 유혹시킨 주모자에게 적용하는 율, 대명률 명례(名例) 중 두 가지 죄가 동시에 드러났을 때는 무거운 쪽으로 따진다는 법조문에 적용해, 형률명례(刑律名例) 제6조에 따라 **참형**에 처하고,

박명중, 윤소사, 강문현, 김윤명은 대명률 제사편 금지사무사술조(禁止師巫邪術條) 무당의 간사한 술법을 금지하는 조목 중 바른 것을 문란케 하는 간사한 방법으로 그림을 은근히 감추고 향을 피우며 많은 사람을 모았거나 밤에 모였다가 새벽에 흩어지며 좋은 일을 한다는 핑계로 아래 백성들을 선동하고 유혹시킨 자의 종범(從犯)에게 적용하는 형법에 따라 **태형(笞, 볼기치기) 100대에 징역 종신에 처할 것으로 선고**함. 법부대신이 이를 상주하였고 재가가 내렸으니, 평리원에서 **김태웅을 참형에 처하고 보고하라**는 내용.

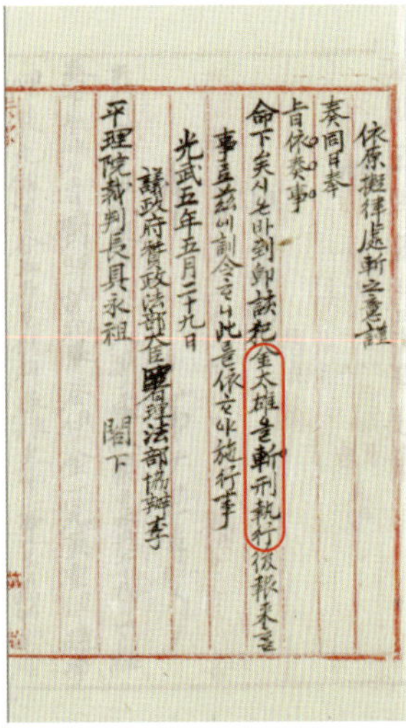

피고 김태웅 등 처분 기안문(102호) 마지막

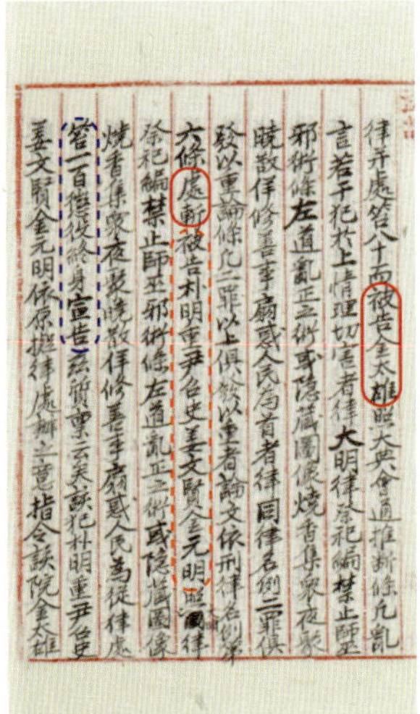

피고 김태웅 등 처분 내용 기안문(102호) 일부

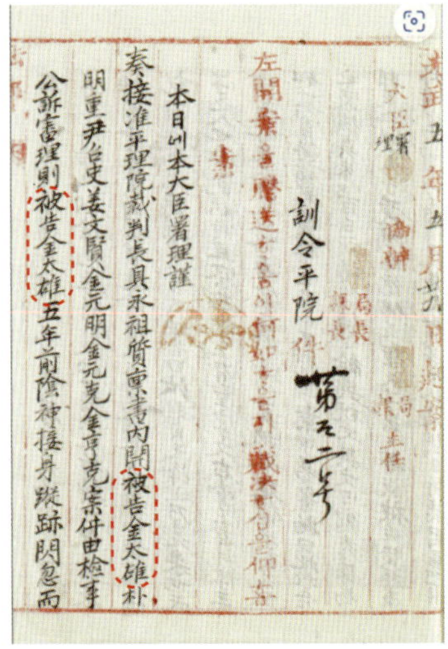

피고 김태웅 등 처분 기안문 (102호)

하. 최고운(崔孤雲)의 전설

청학동(青鶴洞) 뒤편 지리산 남부 능선에는 최고운과 관련된 지명이 산재해 있다. 옛날 최고운 선생께서 신선이 되어 이곳에 노닐었는데, 쌍계사(雙溪寺), 불일폭포(佛日瀑布), 도덕 바위(일명 독바위), 쇠통바위, 열쇠 바위, 신선대, 송정굴, 삼신봉, 잠시 시름을 내려놓기 위해 갓을 벗어 걸었다는 갓거리골, 탕건(宕巾)을 벗어 놓았다는 탕건 바위, 협곡(峽谷)에 돌다리를 놓았다는 다리골, 고운동재에 돌이 구르지 않게 고아 놓았다는 고운 바위, 고운(孤雲) 선생이 살았다는 고운동 절터 등이 있다.

거. 삼신봉(三神峰) 명당혈(明堂穴)

청암면 묵계리 청학동(青鶴洞) 뒷산인 삼신봉에 명당혈이 있다. 삼신봉은 지리산의 영신봉에서 낙남정맥이 남으로 뻗어오다 청암면과 화개면, 시천면의 경계 지점에서 우뚝 솟은 해발 1284m의 바위 봉우리인데 정상에는 삼신 제단이 있고, 서편에 정결방 석축이 있으며 그 아래 장군바위와 석문이 있다. 봉우리의 북쪽으로는 지리산맥이 병풍처럼 펼쳐져 있고, 남쪽으로는 한려수도가 비단결처럼 넘실거리고 있다.

옛날부터 이곳에는 명당혈이 있으나 묘를 쓰면 흉년이 든다는 말이 전해지고 있었다. 어느 때 누군가가 바위산으로 된 이곳에 흙을 져다가 배토장(培土葬)으로 묘를 썼는데 묘를 쓰고 난 뒤 봉우리 아랫마을에 삼 년 동안 흉년이 들었다. 주민들이 봉우리 위에 올라가 보니 묘가 있었다. 이 명당혈에 묘를 쓰면 흉년이 든다고 한 말을 회상하게 되었다. 그래서 그 묘를 파버리니 다음 해부터는 풍년이 들었다고 한다(묵계리 청학동 박상동씨 제공).

너. 지리산(智異山) 마고(麻姑) 할매

지리산 산신은 마고(麻姑)이시다. 이능화의 《불교통사》에 의하면 '태고에 천신(天神)의 딸 성모(聖母) 마고(麻姑)가 지리산에 하강하여 딸 8명을 낳아 모두 무당으로 길러 팔도(八道)에 보내 민속을 다스리게 했다는 무조설(巫祖說)이 있고, 지리산 산신령인 마고에게 산신제를 지낸 노고단(老姑壇)이 있다.'라고 하였다.

또, 《부도지(符都誌)》[261]에는 다음과 같은 기록이 있다. '마고성은 지상에서 가장 높은 성이었다. 천부(天符)를 받들어 선천을 계승하였다. 마고는 마고성에 살면서 궁희(穹姬)와 소희(巢姬)를 낳고, 궁희와 소희는 8명의 천인과 8명의 천녀를 낳았다. 마고의 장손자인 황궁(黃穹)씨가 천산주(天山洲)로 옮겨와 한민족(韓民族)의 직계 조상이 되었고, 나머지 3명은 각 주로 흩어져 각 민족의 시조가 되었다'라고 한다.

261) 《부도지(符都誌)》는 삼국시대 신라학자 박제상이 저술한 것으로 전하는 1만 1천여 년 전의 한민족 상고사를 기록한 역사서. 비사인데, 신라 때 영해 박씨의 선조인 박제상(朴堤上, 363~419)의 저술로 알려진 《징심록(澄心錄)》은 3교(敎) 15지(誌) 가운데 선두에 실린 지(誌)의 이름으로, 파미르고원 주로 추정되는 마고성의 황궁씨로부터 시작한 1만 1천여 년 전의 한민족 상고사를 기록한 문헌이다(이상은 《한국민족문화백과사전-부도지》에서 인용).

그래서인지 지리산 곳곳에 마고의 전설이 산재해 있다. 마고 할매가 하동 고소성(姑蘇城)을 쌓으면서 섬진강 건너 백운산 돌을 불러다 쌓는 중에 닭이 울어 중단했다고 한다. 지금 고소성을 보면 성을 쌓다가 중단한 상태이고 바위 머리가 고소성 쪽으로 향하여 있는 것이 사실이다.

《하동군지명지》에도 "성을 쌓을 당시 부적(符籍) 술로 돌을 채찍질하여 쌓았는데 부근에 있는 암석의 상단이 성터를 향하고 있다고 하고, 이 성의 돌은 바닷물로 씻은 돌로 축성된 것 같다."라고 하고 있다.

또한 마고 할매가 남해 금산을 가면서 치마도 걷어 올리지 않고 노량 앞바다를 성큼성큼 건너갔다고 하고, 삼천포 앞바다와 늑도 사이에 있는 '드문 돌팍'이라는 곳에는 마고 할매가 바다 위를 걸어 다니면서 대방동 쪽의 돌을 치마폭으로 싸다가 다리를 놓으면서 치마가 닳아 떨어져 그만두었다는 설화도 있다.

마고 할매가 제주도까지 다리를 놓기 위해 지리산 돌을 가죽 치마에 싸서 남해 금산으로 가다가 금오산에서 엎어져 돌을 쏟아버리는 바람에 금오산에 돌이 많다고 한다.

마고 할매는 키가 얼마나 컸던지, 누우면 머리는 지리산에 있고, 발끝은 한라산에 닿았다고 하며 자손에게 먹일 죽을 쑤는데 가마솥이 얼마나 컸던지 배를 타고 다니며 죽을 저었다고도 한다. 신라 때에는 지리산 산신을 선도 성모로 봉하고, 고려 때에는 태조 왕건의 어머니인 위숙황후(威肅王后)를 봉하였으나 조선 시대에는 태조 이성계가 '자기의 등극을 돕지 않는다'라고 하여 전라도로 귀양 보냈다는 설이 있다.

더. 지리산(智異山, Jirisan)

지리산은 경상남도 하동군, 산청군, 함양군, 전라남도 구례군, 전라북도 남원시 등 3개 도, 5개 시 · 군에 걸쳐있는 거대한 산군(山群)으로 이루어진 우리나라 남부 지방을 대표하는 산이다. 경 · 위도상으로 이 산은 동경 127°27′~127°49′, 북위 35°13′~35°27′에 위치하며, 상세한 행정구역으로는 전라북도 남원시 운봉읍 · 산내면 · 주천면, 전라남도 구례군 산동면 · 광의면 · 마산면 · 토지면, 경상남도 하동군 화개면 · 청암면 · 악양면, 산청군 금서면 · 삼장면 · 시천면, 함양군 마천면 · 휴천면 등 총 15개 읍 · 면에 걸쳐있다.

지리산은 1,500m 대의 높은 봉우리들로 구성되어 있으며, 둘레가 약 320㎞이고 전체 면적이 483.022㎢에 달하는 거대한 산괴(山塊)를 이루고 있다. 지역별 면적분포는 대략 전라북도에 23%, 전라남도에 20%, 경상남도에 57% 정도이다. 최고봉인 천왕봉(天王峯)(1915.4m)은 남한에서는 한라산 다음으로 높은 산이다.

지리산은 한자로 '지이산(智異山)'이라 쓰고 '지리산'이라고 읽는다. 고문헌에는 지리산을 그 음대로 지리산(地理山)이라 쓴 경우도 많다. 지리산의 명칭 유래에 대해서는 몇 가지 설이 있다.

첫째, '智異'는 원래 '지리'라는 우리말의 음사(音寫)이며, 지리는 산을 뜻하는 '두래'에서 나온 이름이라는 설이다. 두래는 '頭流'·'豆流'·'頭留' 등의 한자를 붙여 산의 이름으로 많이 사용된다. 지리산의 이칭 중 하나인 두류산(頭流山)도 여기에서 유래한 것으로 생각되나, 많은 문헌에서는 백두산의 맥세(脈勢)가 흘러내려 이루어진 산이어서 두류산이라 명명하였다는 설명을 붙이고 있다. 특히,《신증동국여지승람》에는 백두산의 맥이 잠시 정류(停留)하여서 두류산이라 이름 붙였기 때문에 두류의 '류'자는 '류(流)'가 아닌 '류(留)'로 쓰는 것이 옳다는 제안도 제시되어 있다.

둘째, 지리산의 이름은 "특이하게 슬기롭고 지혜로운 산"이라는 뜻에서 붙여졌다는 설이 있다. 이것은 고대 불교에서 지리산을 지혜의 보살인 문수보살의 도량으로 간주한 것과 관련이 있다. 이 밖에도 지리산은 많은 별칭(別稱)을 지니고 있다. 먼저 지리산은 삼신산(三神山) 가운데 하나인 방장산(方丈山)이라 일컬어져 왔다. 중국 전설에 등장하는 삼신산은 봉래산(蓬萊山)·방장산·영주산(瀛州山) 등으로, 신선이 살고 불로초가 많다는 산이다. 지리산은 이 중 방장산에 대비되며, 봉래는 금강산, 영주는 한라산을 가리킨다. 지리산은 오악(五嶽) 중 하나인 '남악(南嶽)'으로도 불리었다. 오악은 산악에 대한 신앙으로 중국의 전국시대 이후 오행사상(五行思想)에 의하여 생겨난 개념이다. 오악은 동서남북과 중앙을 대표하는 산으로, 국가가 관장하여 봄과 가을에 제를 지냈다. 시대에 따라 조금씩 다르지만 대개 백두산·금강산·묘향산·지리산·삼각산을 오악이라 하였으며, 이 중 지리산을 남악이라 칭하였다.

이어서 지리산의 자연환경을 살펴보면 다음과 같다.

(1) 지형 지리산은 최고봉인 천왕봉을 동쪽 기점으로 하여, 주능선이 동~서 방향으로 제석봉(帝釋峯, 1806m)·영신봉(靈神峯, 1651m)·명선봉(明善峯, 1582.57m)]·삼도봉(三道峯, 1499m) 등 1500m대의 준봉들을 거쳐 노고단(老姑壇, 1507m)까지 약 45㎞에 걸쳐 이어져 있다. 그리고 주능선을 중심으로 남쪽과 북쪽으로는 15개 이상의 산각(山脚)들이 뻗어 있는데, 산각들 사이에는 20여 개 이상의 크고 작은 골짜기가 형성되어 있어 일찍부터 농경지와

촌락의 터로 이용되어 왔다. 이 골짜기들은 매우 깊어 대부분 그 길이가 10㎞를 넘으며, 해발 700~800m의 고도까지는 경사가 완만하다가 그 이상의 고도부터는 급경사를 이루고 있다. 특히, 해발 300~700m 부분에는 완경사면이 집중적으로 나타나 농경지 개간과 마을 입지의 적지(適地)가 되었다. 남원시 쪽에는 뱀사골과 달궁계곡이 대표적이다. 삼림이 울창한 거대한 산지를 수원(水源)으로 하는 지리산의 계류는 물이 차고 맑으며, 수량이 풍부하다. 아름다운 경관을 제공할 뿐 아니라 집중호우가 올 때를 제외하고는 일년 내내 유량의 변동이 크지 않아 훌륭한 식수 및 농업용 수원이 되어 왔으며, 최근에는 수력발전에도 활용되고 있다. 지리산의 수계는 크게 둘로 구분된다. 하나는 섬진강 수계로, 지리산 서사면과 남사면에서 발원하는 하천들이 여기에 속하며, 다른 하나는 남강 수계로, 지리산 북사면과 동사면에서 흘러내리는 하천들이 여기에 해당한다. 남원시에 속하는 지리산의 경우, 먼저 서사면의 남원시 주천면 일대에서 발원한 계류들은 남원시를 관통하는 요천으로 흘러들어 전라남도 곡성군 동쪽에서 섬진강에 합류한다. 북사면의 운봉읍과 산내면에서 발원한 계류들은 만수천이 되어 지리산 서북단을 휘돌아 동쪽으로 들어가면서 심원계곡 · 뱀사골계곡 · 백무동계곡 · 칠선계곡 등지에서 흘러나온 물과 만나 임천강(臨川江)이 된다. 이 임천강은 협곡을 따라 급류를 이루며 흘러가다가 지리산 동북단에서, 지리산 북동사면인 경상남도 산청군 금서면 일대에서 나온 물을 받아들이는 경호강(鏡湖江)에 합류하여 남강의 상류가 된다.

(2) 지리산 지질의 골격은 지리산 변성암 복합체에 속한 변성암류와 이를 관입한 화성암류로 이루어져 있다. 이 지역의 변성암류는 선캄브리아기에 퇴적되어 형성된 퇴적암류가 압력과 온도에 의한 변성작용인 화강암화 작용을 받아 편마암으로 변성된 것으로, 지리산 전역이 편마암으로 덮여있다고 할 정도로 광범위하게 분포한다. 화성암류로는 화강암이 주를 이루며 지리산보다 주변 지역에 주로 나타나는데, 운봉 일대가 대표적이다. 특히, 운봉분지는 침식에 상대적으로 약한 화강암에 의해 형성된 침식분지라 할 수 있다. 하천 및 계류 양안에는 제4기에 퇴적된 충적층이 나타나는데, 그 규모는 하천의 크기에 비례한다. 형성 시기가 오래된 편마암 위주의 변성암으로 이루어진 지질은 지리산을 토산(土山)으로 만들었다. 여기저기 노출된 암석들로 빼어난 경치를 자랑하는 화강암산지(花崗岩山地), 즉 석산(石山)과 달리 토산은 장구한 시간동안 침식과 퇴적 작용으로 암석의 노출이 드물고 기복이 적어 전체적으로 산세가 부드러우며, 토심(土深)이 깊어 삼림이 무성한 산이다. 토산은 산세가 중후하면서도 푸근하여 인간에게 가장 친밀감을 주므로 풍수지리설에서도 다섯 가지 산형(山形) 중 으뜸으로 친다.

(3) 기후는 기온 · 강수 · 바람 · 습도 등의 기후요소에 의해 결정되며, 농업에 절대적인

영향을 미친다. 일반적으로 산지의 기후는 기온이 낮고, 일교차가 크며, 강수량이 많고, 바람도 강하며 고도에 따라 변화가 심한 것이 특징이다. 지리산 역시 이와 같은 산지의 기후 특색을 지니고 있다. 지리산은 주변의 평지보다 기온이 낮으며, 지리산 내에서도 지역에 따라 상당한 차이를 보인다. 지리산의 기온은 해발고도를 반영하여 주변 평지보다 연평균기온은 물론 월별 평균기온도 전월에 걸쳐 작게는 1~2℃, 크게는 5℃ 이상 낮다. 또한, 지리산 내에서는 남사면과 북사면 간에 기온 차이가 나타나는데, 북사면에 있는 남원시 산내면 일대가 같은 고도의 남사면에 비해 기온이 낮다. 이러한 현상은 북사면과 남사면의 일사량 차이와 바람의 영향에서 비롯된 것으로 보인다. 남사면은 북사면보다 일사량이 절대적으로 많으며, 바람에서도 지리산이 겨울의 차가운 북서풍을 막아주고, 대신 남해에서 불어오는 온화한 남동풍의 영향을 강하게 받기 때문이다. 지리산은 우리나라의 대표적인 다우 지역으로, 특히 지리산 산꼭대기에서 남해안에 이르는 지역은 최다 강수 지역인 동시에 호우가 가장 빈번한 지역으로 알려져 있다. 지리산의 연 강수량은 주변 평지의 그것에 비해 적게는 200㎜, 많게는 800㎜ 이상 내린다. 지리산 내에서는 기온 차와 유사하게 북사면과 남사면 간의 강수량 차이가 나타난다. 남사면의 강수량이 북사면에 비해 많은 것은 남해안 쪽에서 북진하는 장마 전선과 태풍의 영향이 크다. 또한, 고도가 높아질수록 강수량도 증가하는데, 이것은 지형성 강우가 주요 원인이다.

(4) 동식물 중 지리산에 자생하는 식물은 약 1,400종으로, 한반도에 생육하는 식물의 약 30% 정도라고 알려져 있다. 이 중 희귀 및 멸종 위기 식물은 60여 종인데, 섬말나리 · 새우난초 · 약난초 · 천마 · 사철란 · 구름송이풀 · 솜다리 · 삼백초 · 모데미풀 · 백부자 · 세뿔투구꽃 · 금강제비꽃 등이 있다. 또한, 지리산 특산식물로는 갓대 · 왕개서어나무 · 지리개별꽃 · 지리바꽃 · 얼룩함박꽃나무 · 지리 말발도리 · 히어리 · 지리터리풀 · 늦싸리 · 지리산싸리 · 지리강활 · 물들메나무 · 긴잎물들메나무 · 긴잎쇠물푸레 · 정향나무 · 지리오리방풀 · 둥근오리방풀 · 어리병풍 · 지리고들빼기가 있다.

지리산의 고도별 산림의 분포를 살펴보면, 해발 1400m 이하는 전형적인 낙엽활엽수림으로, 습한 계곡부에는 느티나무 · 갈참나무 · 물오리나무가, 그리고 습도가 적당한 사면부에는 서어나무, 건조한 사면부에는 신갈나무 · 졸참나무 · 굴참나무 등이 자생하고 있다. 해발 1400m 이상은 구상나무 등 침엽수림이, 정상부에는 철쭉 · 사스래나무 등 관목림이 주를 이루고 있다. 이처럼 지리산의 산림은 난대식물에서 한대식물에 이르기까지 수많은 식물로 구성되어 있으며, 그중에서도 한국 특산식물과 지리산 특산식물이 많아 우리나라 산림자원의 보고라고 할 수 있다. 그러나 관광지 개발과 등산객의 증가 등으로 산림의 훼손이 우려되는 상황이어서 이에 대한 대책 마련이 시급하게 요구된다.

지리산에 서식하는 야생동물은 포유류 16과 46종, 조류 111종, 어류 30종, 양서류 2목 5과 11종, 파충류 2목 5과 16종, 곤충 23목 271과 2,697종 등으로 알려져 있다.[262)]

러. 지리산 우뚜리 설화

지리산은 조선 초기 '불복산(不伏山)' 또는 '반역산(反逆山)'이라 불리기도 했는데, 여기에는 다음과 같은 전설이 있다. 이성계가 조선 창업의 큰 뜻을 품고 명산을 순례하며 기도를 드릴 때 유독 지리산의 산신만 이를 거부하여 소지(燒紙)가 오르지 않았다. 이 때문에 이성계는 왕위에 오른 뒤 지리산을 불복산 또는 반역산이라 부르고 역적을 지리산 기슭으로 귀양[263)]을 보냈다고 한다.

이 귀양에 대해서는 "태조 이성계가 조선을 개국하기 위해 팔도의 산신에게 제사를 지내면서 왕으로 등극하게 해 달라고 빌었다. 모든 산신이 다 승낙했지만, 지리산 산신은 이미 '우뚜리'가 왕이 되는 것을 승낙했으므로 돌아앉아 버렸다. 이태조는 우뚜리를 찾아서 죽이고, 반역의 마음을 품었다는 이유로 지리산을 전라도로 귀양 보내 버렸다."라는 기록이 있다.

그럼, 지리산 산신이 이성계가 왕이 되는 것을 거부한 것이 '우뚜리' 때문이었다고 하니, 그 우뚜리에 관한 설화를 소개하면 다음과 같다.

지리산 우뚜리 설화

전라도 어느 고을에 가난한 농사꾼이 살았다. 농사꾼은 아내와 함께 품을 팔아 근근이 먹고 살았는데, 어느 날 남의 집 논일을 하다가 그만 고을 사또가 지나가는 걸 못 보고, 엎드려 절하지 않은 죄로 관아에 끌려갔다. 끌려가 매를 심하게 맞은 농사꾼은 끙끙 앓다가 세상을 등지고 말았다. 엎친 데 덮친 격으로 농사꾼 아내의 뱃속에는 새 생명이 자라고 있었는데, 당장 먹고살 길이 막막해 배가 불러와도 쉴 새 없이 일해야 했다. 농사꾼 아내는 남의 집 산비탈 밭에 일하러 갔다가 아기를 낳았는데 탯줄을 자를 칼이 없어

262) 한국학중앙연구원, 《향토문화전자대전》, 〈지리산〉 에서 인용).

263) 김종군, 《한국민속대백과사전》, (디지털남원문화대전), 〈지리산〉에서 인용

급한 김에 억새풀을 꺾어 탯줄을 자르고 쓰러졌다.

아기를 본 농사꾼 아내는 기절할 뻔했다. 아기가 다리 없이 윗도리만 있는 것이었다. 이웃 사람들은 아기를 '우뚜리'라고 불렀다. 우뚜리는 튼튼하게 자랐다. 두 다리가 없는 대신 윗몸은 보통 아이보다 크고 통통했다. 우뚤네는 우뚜리를 등에 업고 품을 팔러 다녔는데 일하러 가는 집에서 싫어하니 우뚜리를 혼자 집에 남겨놓고 일을 하러 갔다. 어느 날 우뚤네는 우뚜리의 겨드랑이에서 물고기 비늘처럼 생긴 날개가 돋아나는 걸 보았다. 우뚜리는 날개를 파닥거리고 천장으로 날아올랐다. 우뚤네는 우뚜리가 세상을 바꿀 장수임을 알아보았지만, 그 때문에 벼슬아치들이 죽이려고 덤벼들 것이니 걱정이 이만저만 아니었다.

여러 해가 지나 나라 안에 아기 장수 우뚜리에 대한 소문이 퍼졌다. 벼슬아치들은 우뚜리를 잡아 즉시 죽이라고 했다. 한 칼잡이가 우뚤네 집을 찾아와 우뚜리를 죽이려고 하자 우뚜리는 지붕 위로 날아올라 위험을 피했다. 그리고 집을 떠나야 한다며 어머니께 부탁하여 검은 콩 한 말과 팥 한 말, 좁쌀 세 말을 볶아달라고 했다. 우뚤네는 콩을 볶다가 잘 익었나 콩 하나를 집어먹었다. 이것이 뒷날 두고두고 후회할 일이 되리라고는 꿈에도 몰랐다.

우뚜리는 어머니와 함께 자기가 태어난 산비탈로 가서 석 달 열흘 동안 바위에 들어가 살 것이니 아무에게도 말하지 말라고 했다. 어머니는 집에 돌아와 우뚜리가 죽었다고 했다. 우뚜리가 바위 속으로 사라진 뒤 벼슬아치들의 욕심에 굶어 죽는 백성들이 수두룩했고, 백성들의 한숨 소리가 하늘에 닿을 듯했다. 또다시 아기 장수 우뚜리에 대한 소문이 연기처럼 피어났다.

이 소문은 우뚜리가 산을 내려오기도 전에 벼슬아치들의 귀에 들어가고 말았다. 칼잡이는 우뚤네를 잡아다 우뚜리 있는 곳을 바른대로 대라고 족치기 시작했다. 우뚤네는 제정신이 아니어서 무심코 뒷산 산비탈 바위 밑에 우뚜리가 있다고 말해버렸다.

벼슬아치들이 군사를 이끌고 가 뒷산 바위를 가르자 우뚜리와 수만 명의 군사가 말을 타고 훈련을 하고 있었다. 우뚜리가 가져간 팥은 말이 되고 좁쌀은 군사로 변해 있었다. 우뚤네가 볶아준 검은콩은 갑옷으로 변해 있었다. 우뚜리는 용감한 장수가 되어 몸통 아래엔 없었던 두 다리도 튼튼하게 자라있었지만 안타깝게도 그날은 석 달 열흘에서 하루 모자란 날이었다. 별안간 햇빛을 받은 우뚜리의 군사들이 스르르 녹아버리고 말았다. 그러나 우뚜리는 "백성들을 괴롭혀온 너희들은 내 칼을 받아라" 하며 수백 명의 군사를 낙엽처럼 쓰러뜨렸다.

이때 칼잡이가 한꺼번에 우뚜리를 향해 활을 쏘게 했다. 아! 그런데 화살 하나가 우뚜리의 갑옷을 뚫고 들어와 박혀 우뚜리 몸에서 피가 콸콸 쏟아졌다. 예전에 우뚤네가 콩을 볶다가 무심코 한 알을 집어먹은 것이 가슴에 콩알 하나만큼 빈자리가 생겼던 것이다.

우뚜리는 벌떡 일어나 칼잡이의 목을 단칼에 베어 버리고 쓰러지고 말았다. 우뚜리가 죽자 하늘을 우러르며 용마가 슬피 울었다. 그렇게 사흘을 꼬박 울던 용마는 우뚜리를 입에 물고 산비탈 아래에 있는 연못 속으로 뛰어들었다. 지금도 전라도에 가면 우뚜리가 숨어있었던 바위와 용마가 뛰어든 연못이 그대로 남아있다고 한다. 사람들은 그 바위를 장수 바위라 부르고 연못을 용소라 불렀다.[264)]

264) 이상은 네이버 지식백과-아기장수 우뚜리 〈문화원형백과 한국설화 인물유형〉에서 인용했다.

09

묵계동의 세시풍속(歲時風俗) 엿보기

필자가 어릴 때만 해도 설날과 추석 등 명절이면 '설렘'이 있었다. 소위 '설치레', '추석치레 라는 게 있어서 새 옷을 한 벌 얻어 입거나, 하다못해 신발이라도 한 켤레 얻어 신는 기다림과 즐거움이 있었기 때문이다. 물론 음식도 평소와 다른 먹거리를 접할 수 있는 즐거움도 있었고, 설날이면 떡국 먹고, 성묘하고, 친구들과 동네 어른들께 세배하러 몰려다니거나, 정월 대보름에는 온 동네 오곡밥을 얻으러 다니고, 동네 형들을 도와 달집을 지을 댓가지, 소나무 가지를 힘들게 날랐던 추억이 생생하다. 이것이 바로 세시풍속이 아니었나 생각한다.[265]

한국 사회가 급격한 산업화 · 도시화를 겪으면서 많은 것을 얻었지만 잃은 것도 많다. 세시풍속은 그 후자가 아닌가 생각하니 너무 아쉽다. 한때는 음력 1월 1일은 구정(舊正, 음력설), 양력 1월 1일은 신정(新正, 양력설)이라고 하여 양력설을 쇠는 풍토가 늘어났었다. 신정은 연휴였지만 설날은 단 하루만 쉬는 정부 정책으로 공무원뿐만 아니라 모든 직장인이 설날에 고향을 찾을 수가 없었다. 그런데도 대부분 가정에서는 여전히 음력설에 차례를 지내는 전통을 유지했기 때문에 음력설도 공휴일로 지정하여 이러한 전통을 존중해야 한다는 의견이 대두되면서 정부는 1985년부터 1988년까지 민속의 날이라는 이름으로 음력 1월 1일 하루를 공휴일로 지정하였다. 6월 항쟁 이후 집권한 노태우 정부는 민족 고유의 설날을 부활시켜야 한다는 여론을 받아들여 1989년에 음력설을 설날로 하고, 섣달그믐(음력 12월 말일)부터 음력 1월 2일까지 3일간을 공휴일로 지정함으로써 오늘에 이르게 되었다.

세시풍속은 음력 정월부터 섣달까지 해마다 같은 시기에 반복되어 전해오는 주기적인 전승 의례이다. 세시풍속을 세시(歲時) · 세사(歲事) · 월령(月令) · 시령(時令)이라고도 하는데 이는 모두 시계성(時季性)을 강조한 것이다. 그런데 세시풍속은 시계성과 함께 주기성(週期性) · 순환성(循環性)의 속성을 지니고 있다. 그러나 시계성과 순환성은 기본적으로 '주기성'을 바탕으로 하고 있어 세시풍속은 주기성을 중심축으로 같은 행사가 반복되는 것이다. 24절후는 양력 날짜로 고정되어 있는데 이는 태양력을 바탕으로 하기 때문이다. 그러나 세시풍속은 음력을 중심에 두고 양력을 가미한 태양태음력(Lunisolar Calender)을 기준으로 했다. 따라서 음력으로는 해마다 날짜가 달라진다. 고대의 제천의례를 바탕으로 삼국시대에 세시풍속의 골격이 형성되었고, 고려 시대에는 9대 명절이, 조선 시대에는 설날 · 한식 · 단오 · 추석 등 4대 명절이 있었다. 명절 외에 다양한 계절별 · 지역별 세시풍속이 존재했다. 오늘날은 전통적인 세시풍속은 퇴색했지만, 설날과

265) 「세시풍속(歲時風俗)」의 정의는 《한국민족문화백과사전》에서 주로 인용했으며, 월별 세시풍속은 《증보하동군지(增補河東郡誌)》(1972년, 하동군지 편찬위원회)와 「위키백과」를 인용 · 작성했다.

추석의 차례와 성묘는 전승되고 있다.

사실 우리 청암면, 특히 묵계동은 조선 시대 말기, 즉 일제강점기가 시작되기 직전인 1906년 9월 4일 행정구역 개편으로 진주에서 하동군에 편입되었다. 이렇게 오랜 기간 진주목의 속방(屬坊) 마을이어서인지 언어는 물론 생활문화가 진주와 가깝지만, 여기서는 1972년에 편찬된 《하동군지》에 소개된 〈세시풍속〉을 인용해서 실었다. 여기에는 월별로 〈세시풍속〉이 소개되어 있는데, 필자가 어릴 때 경험한 세시풍속과 큰 차이가 없어 보인다. 이것은 하동이 지리적으로 진주와 지척에 있고, 오랜 기간 진주목의 속군(屬郡)이어서 하동과 진주지역의 세시 풍속이 큰 차이가 없었기 때문으로 생각된다.

세시풍속(歲時風俗) (《증보하동군지(增補河東郡誌)》에서 인용)

*** 일부 한자어 투의 말은 어법에 맞게 수정했다.**

● 정월(正月)의 세시 풍습

정월 초하루는 남녀노소 새벽 일찍 일어나 다 새 옷을 갈아입고 먼저 조부모나 부모에게 세배를 드린 후 떡국을 먹고, 돌아가신 분에게 신년의 제사(祭祀)를 모신 다음에는 동리내의 노인들을 찾아 신년 인사를 드리며 상가(喪家)에 위문(慰問)도 한다. 연소자에 대한 연장자들의 인사말은 "모시고 과세(過歲)나 편안히 하였는가?", 또는 "아들 낳을 꿈이나 꾸었는가?", 미성년자에 대해서는 "장가갈 꿈이나 꾸었는가?" 등과 같이 상대방에게 맞게 축복하여 주며, 주과(酒果)로 접대를 한다. 그리고 조상들의 산소에 성묘를 드리는 관례(慣例)가 이어져 왔다.

정초(正初) 십이지(十二支)에 해당하는 날에는 그 뜻에 맞추어 마련된 민속이 얼마 전까지 이어져 오더니 새 시대의 문명(文明)은 많은 옛 풍속을 버리게 되었으나 아직도 옛 모습을 보이는 것들도 있다.

▣ 자일(子日)은 '쥐의 날'이라고 하는데, 이날 일을 하면 '손가락이 아린다'라고 하며, 콩을 볶아 먹는데 '쥐 주뎅이 꼬시르자!'라고 하며 볶는다.

▣ 축일(丑日)은 '소날'이라고 하여 이날 일을 하면 "농사(農事)에 쟁기를 상(傷)한다."고 하여 일을 안 하는 풍습이 있다.

▣ 진일(辰日)은 '용날 이라 하여 '새벽 일찍 물을 긷는다'. 그것은 새벽에 용(龍)이 내려와 우물에다 정기(精氣)를 넣어 주므로 그 물을 먼저 먹는 사람이 그해의 농사를 잘 짓는다고 하여 새벽 물을 길어오는 풍습이 있었다. 사일(巳日)은 '뱀 날'이라고 하였다. 이날 일을 하면 "집안에 뱀이 많이 들어

온다."라고 하여 일을 안 하는 풍습이 있었다.

▣ 유일(酉日)은 '닭 날'이라 하여 부녀(婦女)들은 바느질을 금(禁)하였는데, 만일 일을 하면 "손이 닭발과 같이 된다"라는 전설에 따라 이날은 바느질하지 않았다.

▣ 인일(人日)은 정월(正月) 초칠일(初七日)이니, 그날은 남녀 간에 외숙(外宿)을 하면 그 집의 운이 연중 불길하다고 하여 될 수 있으면 외박을 금하였다.

◆ **윷놀이**: 윷놀이(擲柶, 척사)는 그해의 운수를 보는 점 윷과 심심풀이 유희로 노는 것이 많았으나 시대 문명의 진보에 따라 점차 모습을 감추어 가고 있다. 사람마다 매년 정초에 한 번씩은 노는 것이 관습화되어 왔다.

■ **오곡밥과 묵은 나물, 부럼 깨기, 쌈 싸 먹기, 귀밝이술**: 〈오곡밥〉은 정월 대보름날 먹는 명절 음식으로 찹쌀에 기장, 찰수수, 검정콩, 붉은팥의 다섯 가지 곡식을 섞어 지은 밥을 말한다. 또 고사리, 취나물, 피마자나 토란잎, 토란이나 고구마 순 줄기 등 〈묵은 나물〉을 풍성하게 내놓았고, 특히 다른 성을 가진 세 집 이상의 밥을 얻어먹어야 그해의 운이 좋다고 해서 아침 일찍 복조리를 들고 동네를 돌며 밥을 얻으러 다닌 추억이 있다. 또, 호두나 잣, 은행, 밤 등 딱딱한 견과류를 통틀어 부럼('보름'이 변한 말)이라고 하는데, 이것을 보름날 아침에 입으로 깨무는 〈부럼깨기〉를 하면 한 해 동안 부스럼이 생기지 않고 이빨이 건강해진다는 풍습이 있었다. 나락 섬처럼 크게 쌈을 싸 먹어야 부자가 된다고 해서 김이나 묵은 나물로 큼지막하게 〈복쌈〉을 싸서 먹던 추억도 있고, 남녀노소를 막론하고 〈귀밝이술(이명주, 耳明酒)〉을 마시면 1년 내내 귀가 밝아지고 좋은 소식을 듣게 된다는 것이다.

◆ **더위팔기**: 정월 대보름(15일)은 새벽에 밥을 먹고 일출 전에 "아무개야!"하고 이름을 불러(呼名) 아무런 생각이 없는 상태에서 "와!"하고 대답하면 '내 더위! 라고 하며 더위를 팔았다. 그러나 상대방이 이를 눈치채고 먼저 "내 더위!"하고 역습하는 풍습이 청소년들 사이에서 행해졌다.

◆ **흉풍(凶豊) 알기**: 정월 15일 축시(丑時, 오전 1시부터 3시 사이)에 짚단에 불을 붙여 마당 중앙에 세워두면 짚단의 불이 타면서 위로 쓰러지면 그해 시절(時節)이 좋고, 아래로 쓰러지면 흉(凶)하다는 전설이 있다.

◆ **새 쫓기**: 정월 15일 새벽에 긴 장대(로 울을 치며 "후여!, 후여!"하고 새를 쫓으면 그 해 논농사에 새가 안 온다고 한다.

◆ **달집태우기**: 정월 15일에 동네 청소년들이 모여서 마을 공용 광장에 청죽(靑竹)으로 막을 짓고 아래쪽에는 짚과 같은 건초로 채우고, 위쪽에는 생솔가지를 쌓아 올려 두었다가 달뜨기를 기다려 건초에 점화하면 불꽃과 연기가 공중으로 솟아오르고, 대마디가 터지면서 나오는 폭죽(爆竹) 소리와 우렁찬 농악(農樂) 소리가 섞여 흥을 돋우며 달이 뜨는 시간이나

색채(色彩)로 그 해의 흉풍(凶豐)을 짐작하였다.

■ **다리밟기**: 땅에 놓인 다리를 밟으면 밟는 사람의 '다리'가 튼튼해진다는 속설에 따라 다리를 밟는 풍습이 있었다.

■ **지신밟기**: 영남지방의 대보름 문화 중에는 어른들이 매구를 치며 집집마다 방문하여 지신을 밟아 각 가정의 평안을 기원하였다.

■ **액막이 연(鳶)**: 액운을 날려버리는 풍습으로 겨우내 가지고 놀던 연에 이름과 생년월일, 복을 비는 글을 적어 멀리 날려 보내는 의식. 연줄을 직접 끊어 버리거나 달집 위에 매달아 태우기도 했다.

◆ **줄다리기**: 정월 초 5일을 지내고 나면 신년 인사도 마쳐지고, 심심풀이를 겸하여 각 이동(里洞)에서는 청소년 또는 장년층까지 섞여 마을의 상하(上下) 또는 좌우(左右)로 편을 갈라 줄다리는 풍습이 예로부터 내려왔다.

● 이월(二月) 영등(靈登) 할미

음력 2월 1일에는 집 안을 깨끗이 청소하고 바람을 올리는데 6자 정도의 생대나무(靑竹)를 '부엌 안'에 세우고 여기에 오색 헝겊을 매단다. 매일 새벽에 정화수를 올리고 축원하기를 연중 폭풍이 없기를 빌며, 20일 후에 이를 없앤다. 이날은 날씨(天候)가 고르지 못하여 풍세(風勢)가 많으므로 영등할미가 얼어 죽은 날이라고도 하고, 혹은 영등할미가 천상에 있다가 해마다 2월 1일이면 인간에 내려와 있다가 20일에 하늘로 올라간다(上天)고 전하기도 한다. 또 일설에는 그해의 조세를 싣고 상경하다가 폭풍을 만나 배가 침몰, 조세 손실을 당하면 배가 침몰 된 그 지역에서 조세를 징수하는 법률이 제정되어 시행됨에 따라 연안에 거주하는 주민들은 이러한 피해를 입지 않도록, 한편으로는 해양에 출어하여도 무사히 왕복하기를 비는 풍습이 내려와(遺傳) 오늘에 이르렀다고 한다.

● 삼월(三月) 삼짇날

음력 삼월 초사흗날을 삼짇날이라고 한다. 삼짇날은 진달래꽃으로 전(煎)을 부쳐 먹는 풍습이 전해왔는데, 이 꽃전을 화전(花煎)이라고도 한다. 남녀를 막론하고 이달 중에는 등산임수(登山臨水)의 화전이 성행(盛行)하였다. 그리고 흰나비를 먼저 보면 상복(喪服)을 입게 되고 색(色)나비를 먼저 보면 당년(當年)의 운이 형통(亨通)한다고 한다.

● 사월(四月) 초파일

음력 4월 초 8일은 부처님 오신 날이라 각지의 사찰에서는 관등절(觀燈節) 행사를 크게 한다.

각 가정에서는 부인들이 가정의 행운과 자손의 건강 장수를 빌기 위해 절을 출입하고, 농민들도 소풍(消風) 놀이를 즐기는 좋은 계절이다.

● 오월(五月) 단오

음력 5월 5일(端午)은 연중 4대 명절의 하나로서 옛날에는 뜻깊은 행사가 많이 있었다고는 하나 농촌에서는 특별한 행사가 없었고, 추천절(鞦韆節)이라는 이름만 전하고 있으며, 혹 여아(女兒)들의 그네 뛰는 모습을 볼 수 있을 뿐이다.

● 유월(六月) 유두와 삼복

음력 6월 15일은 유두절(流頭節)이라고 하는데 다른 명절(名節)과 같이 좋은 음식이나 새옷을 입는 특별한 행사는 없다. 《김극기집(金克己集)》을 보면 동도유곡(東都遺谷)에 동으로 흐르는 물에 가서 머리를 씻고 '불길함(不祥)과 재앙을 물리치고' '먹고 마시는' 풍습이 있었다.

◆ 삼복(三伏): 유월 중에는 삼복(三伏)이 있는데, 초복(初伏)은 하지(夏至) 후 세 번째 돌아오는 경일(庚日)이요, 제4경일(第四庚日)이 중복(中伏)이요, 입추(立秋) 후 초경일(初庚日)이 말복(末伏)이 된다. 그러나 월복(越伏)을 하면 보통(普通) 10일 간격(間隔)으로 드는 중복(中伏)과 말복(末伏) 사이가 20일 간격(間隔)으로 들기도 한다. 삼복은 연중 가장 더운 때이므로 피서(避暑)와 보양식을 먹는 시기이다.

● 칠월(七月) 칠석과 백중

음력 7월에는 칠석(七夕)과 백중(白中)이 있다. 칠석에는 은하수(銀河水)의 동서로 나뉘어 있던 견우(牽牛)와 직녀(織女)가 1년에 단 한 번씩 만나는 날이다. 그래서 지상(地上)에 있는 오작(烏鵲)이 모두 천상(天上)으로 올라가서 이날은 까막까치가 보이지 않는다는 전설이 있다. 또 백중은 음력 15일이다. 이 무렵에는 농가의 많은 농작업이 거의 끝나고 한가한 계절이라 농부들은 손발을 깨끗하게 씻고 새 의복을 갈아 입고 시원한 장소에 모여 그해의 농사 이야기며 농악을 울리기도 하고 각처에서는 씨름대회를 여는 등 농촌에서 오락을 즐기는 날이다.

● 팔월(八月) 추석

음력 8월 15일은 추석이니 추수의 계절도 멀지 않고 오곡이 성숙기에 들어가고 있고, 무더운 날씨도 점점 서늘하여 춥지도 덥지도 않은 불한불열(不寒不熱)의 기후로 1년 명절 중에서 가장 좋은 명절이다. 집집마다 송편과 진수성찬(珍羞盛饌)을 마련하여 선조에게 제철 과실을 올리는 천신(薦新)을 하며, 조상의 산소를 찾아 성묘(省墓)하며 황계(黃溪)와 백주(白酒)로 사방 이웃과 취하도록 마시고 배불리 포식하며 이날을 즐긴다. 신라 때부터 여자들이 길삼 대결을 하였다는 말도 전해온다.

● 구월(九月) 중양절

음력 9월 9일은 중양절(重陽節)이라고 해서 국화 전(煎)과 국화 술을 만들어 먹는 일이 예로부터 있었으며, 삼월 삼짇날에 왔던 제비도 이날 강남(江南)으로 떠난다는 이야기가 전해 오는데, 특별한 행사는 거의 없다. 다만 소인묵객(騷人墨客)들은 이날을 기념하는 시회(詩會)를 열기도 한다.

● 시월(十月) 시제와 개천절

음력 10월은 예부터 상달이라 하여 국조(國祖) 단군(檀君)을 모시는 대종교(大倧教)에서는 10월 3일을 개천절(開天節)이라 한다. 시월은 신곡(新穀)으로 음식을 마련하여 선조의 시제(時祭)를 모신다.

● 십일월(十一月) 동지

음력 11월을 동짓달(冬至)이라고 하는데, 동짓날에는 각 가정에서 동지 팥죽을 쑤어 대문과 사방에 뿌려서 '재앙을 물리친다'라는 풍습이 아직도 많이 남아있다.

● 십이월(十二月) 섣달과 제야

음력 12월은 섣달이라고 부르고, 그달의 제3미일(第三未日)을 납일(臘日)이라고 한다. 이날 묘사(廟社)에서는 큰제사(大享)를 거행하기도 하고, 입춘날 붙인 춘첩자(春帖字)를 제거한다. 회일(晦日)은 제석(除夕) 혹은 제야(除夜)라 하는데, 시객(詩客)들은 〈송구영신(送舊迎新)〉의 시를 짓고 타향에서 여유(旅遊)하는 인사(人士)들은 망향시(望鄕詩)를 읊는 관례가 있었다.

(이상은 《증보 하동군지(增補 河東郡誌)》 제1편 지리편, p. 49~53에서 인용, 작성하였으며, 특히 ■ 표시는 필자가 어릴 적 추억을 되살려 추가한 내용이다.)

10
묵계동의 언어

이 원고가 마무리되어갈 무렵인 2024년 4월 중순, 필자는 우연히 《河東文化(하동문화)》(제40호)에서 곽재용 교수가 쓴 〈하동의 방언이 나타난 지리산 지명〉[267]이라는 흥미로운 기사를 읽었다. 하동군 내에 국립공원 지리산에 소속된 7개 법정리의 지명 중에서 하동지역 방언을 반영한 지명 75개의 '후부 지명소'를 언어학적으로 분석한 기사였다. 그런데 이 중에서 놀랍게도 39개(52%)가 묵계리와 관련된 지명이었다. 이에 비해 화개면의 5개 리에 29개(대성리 4, 범왕리 6, 용강리 13, 운수리 1, 정금리 5개)에 불과했고, 악양면은 등촌리 1개리에 7개에 불과하였다.

곽교수가 분석한 19개의 후부 지명소 중, 묵계리에는 13개가 있다는 사실도 알게 되었다. 이를 구체적으로 들여다보면 바위와 관련된 후부 지명소가 8개로 가장 많았고, 골짜기와 관련된 것이 6개, 고개/재와 관련된 것이 6개, 소(沼)와 관련된 것이 5개, 마을과 관련된 것이 3개, 모롱이와 관련된 것이 2개, 버덩과 관련된 것이 2개, 산등성이와 관련된 것이 2개, 덤과 관련된 것이 1개, 벼랑과 관련된 것이 1개, 구덩이와 관련된 것이 1개 등으로 다양하다. 이에 비해 화개면 대성리에는 후부지명소가 4개, 범왕리에 6개, 용강리에 8개, 운수리에 1개, 정금리에 5개, 악양면 등촌리에는 5개에 불과했다.

또한, 곽교수의 또 다른 논문, 〈하동군의 지리산 관련 지명연구〉에 의하면 악양면, 청암면, 화개면에 있는 7개 리에 나타난 지리산 관련 지명은 모두 661개였는데, 그중에 묵계리가 321개(48.6%)로 가장 많고, 그다음은 운수리(85개), 대성리(84개) 순이었다.

왜 이렇게 묵계동에 유독 지명이 풍부한지, 또 방언이 나타난 지명이 많은지 연구해 볼 과제이다. 그럼, 먼저 지리산권 지명에서 볼 수 있는 음운 현상에 대해서 곽교수의 논문 〈하동군의 지리산 관련 지명연구〉에서 밝힌 내용을 소개하면 다음과 같다.

---

266) 곽재용, 〈하동의 방언이 나타난 지리산 지명〉, 《하동문화》 제40호, 2021, P.24~37.

267) 곽재용, 〈하동군의 지리산 관련 지명연구〉, 《지명학 26》, 한국지명학회, 2017.

가. 지리산권 지명에서 볼 수 있는 음운현상

지리산권 지명에서 볼 수 있는 음운 현상 중 자음은 구개음화, 어두경음화, 유음탈락의 예들을 찾을 수 있었고, 모음과 관련된 음운 현상으로는 전설모음화나 'ㅣ' 모음 역행동화와 같은 모음 교체, 모음 탈락, 모음 축약 등의 예들을 찾을 수 있었다고 한다. 그 내용은 다음과 같다.

(1) 자음

(가) 구개음화

구개음화는 동화주 'i · j'로 인해 자음의 조음위치가 이동하는 동화 현상의 일종이다. 하동군의 지리산 관련 지명에는 구개음화 가운데 'ㄱ'과 'ㅎ'의 구개음화 현상이 확인된다.

○ ㄱ〉ㅈ: 긴등〉진등 (화개 대성), 기와골〉지와골 (청암 묵계), 긴소〉진소(청암 묵계), 길등〉질등 (청암 묵계), 새길곱빼기〉새질곱빼기 (화개 대성)
○ ㅎ〉ㅅ: 형제밭골〉성지밭골 (청암 묵계)

'ㄱ' 구개음화는 형태소의 첫음절에서 적용되는 것이 일반적이지만 방언에 따라 2음절 이하에서 적용되는 예도 있다. 이 지명에서는 모두 첫음절에서 적용된 예만 확인된다.

(나) 어두경음화

어두경음화는 발화 차원에서 적용되는 것(예. 가시[까시], 도랑[또랑], 병아리[뼝아리])과 통시적으로 적용되어 형태소의 재구조화를 가져오는 것(예. 듧-〉ᄯᅮᆯ-, 곶→ᄭᅩᆽ-, 곳고리〉ᄭᅬᄭᅩ리)이 있다. 여기서도 어두경음화의 예가 일부 확인되는데 평음에서 경음 어형으로 재구조화가 일어났는지는 분명치 않다.

○ 쌍계뻔덕(雙磎~)〈청암 묵계〉, 양지뻔덕〈청암 묵계〉, 씰가지바구〈청암 묵계〉

'뻔덕'은 '높고 평평한 들'을 의미하는 지명 형태소 '버덩'의 방언형 '번덕'에 경음화가 적용된 형태이다. 이 지명에는 '뻔덕'을 지명소로 하는 2개의 지명이 확인되는데, 평음형은 없고 모두 경음형으로 쓰이는 것으로 보아 '번덕〉뻔덕'으로 형태소 재구조화가 일어난 것으로 볼 수 있다. '씰가지'는 '살쾡이'의 방언형 '실가지'에 경음화가 적용된 형태이다.

(다) 유음 탈락

국어에는 유음 'ㄹ'이 설정자음 'ㄴ, ㄷ, ㅅ, ㅈ' 앞에서 탈락하는 현상이 있다. 그러나 이 중에 'ㄴ' 앞의 유음 탈락만이 활용형에서 필수적으로 적용되고(예. 놀+으니→[노니], 놀+냐→[노냐]), 나머지 조건의 경우 모두 통시적인 현상으로 그 적용 양상이 어형에 따라 다르게 나타난다. 이 지역은 'ㅈ'을 제외한 'ㄴ, ㄷ, ㅅ' 앞의 유음 탈락이 적용된 지명을 확인할 수 있다.

○ 버드내〈청암 묵계〉, 버드내골〈청암 묵계〉, 너드리[판교(板橋)] 〈화개 용강〉, 큰소나무〈청암 묵계〉
cf. 큰솔나무거리〈청암 묵계〉

'버드내'는 '버들+내' 합성 과정에서 유음 탈락이 적용되었다. '소나무'는 '솔+나무' 합성 과정에서 유음탈락이 적용되어 형성된 합성어이다. 'ㄹㄴ' 연쇄 조건에서 현대국어는 유음탈락이 아닌 유음화만이 적용된다. '큰솔나무거리'는 현대국어 화자들이 기존의 '소나무'가 아닌 '솔+나무'를 다시 합성하면서 유음탈락이 아닌 유음화를 적용하여 합성어를 형성한 것이다. 이러한 사실을 고려하면, '큰솔나무거리'는 최근에 형성된 지명으로 볼 수 있다.

(2) 모음

(가) 모음 교체

① 전설모음화

국어 모음은 혀의 최고점의 전후 위치에 따라 전설모음과 후설모음이 대립을 갖는데, 전설모음화는 후설모음이 대립되는 전설모음으로 바뀌는 현상이다. 전설모음화는 동화주가 없이 후설모음이 전설모음으로 바뀌는 것과 동화주에 견인되어 후설모음이 전설모음으로 바뀌는 현상이 있다. 후자는 동화주에 따라 구분되는데, 동화주 경구개음 다음의 후설모음 'ㅡ'가 [전설성]에 견인되어 전설모음 'ㅣ'로 바뀌는 순행동화가 있고, 동화주 'ㅣ'에 견인되어 후설모음이 전설모음으로 바뀌는 역행동화가 있다. 여기서는 전자의 전설모음화와 후자의 경구개음 뒤의 전설모음화에 해당되는 예를 제시한다. 'ㅣ'모음 역행동화는 항목을 달리하여 제시한다.

○ ㅏ>ㅐ: 샌등바구〈청암 묵계〉, 샌등먼당〈청암 묵계〉, 맹긴쟁이고랑 〈화개 용강〉, 생이바구〈청암 묵계〉, 가매소〈청암 묵계〉
○ ㅓ>ㅔ: 부체바우〈화개 운수〉
○ ㅗ>ㅚ: 괴사름재〈청암 묵계〉
○ ㅜ>ㅚ: 감퇴바구〈청암 묵계〉
○ ㅜ>ㅣ: 시리바구〈청암 묵계〉, 시리봉〈악양 등촌〉, 윤디바구〈청암묵계〉
○ ㅡ>ㅣ: 느진목[晩項]〈화개 용강〉

지명에 반영된 전설모음화는 고모음, 중모음, 저모음 위치에서 모두 나타난다. 이를 통해 이 지역의 모음 체계에 반영된 전후 대립의 관계를 파악할 수 있다. 저모음에서 'ㅏ'와 'ㅐ'가 대립 관계를 갖고, 중모음에서 'ㅓ'와 'ㅔ', 'ㅗ'와 'ㅚ'가 대립 관계를 갖는 것을 알 수 있다. 고모음에서 'ㅡ'와 'ㅣ'가 대립 관계를 가짐을 보여준다. 그런데 후설모음 'ㅜ'에 대립되는 전설모음 'ㅟ'가 존재하지 않음을 보여준다. 그래서 후설모음 'ㅜ'는 중모음의 원순모음 'ㅚ'로 바뀌거나(감투바구>감퇴바구), 고모음의 평순모음 'ㅣ'로 바뀌기도 한다(시루봉>시리봉).

② 'ㅣ' 모음 역행동화

'ㅣ' 모음 역행동화는 용어에서 드러나듯이 선행하는 후설모음이 후행하는 전설모음 'ㅣ'의 조음위치에 견인되어 전설모음으로 바뀌는 현상이다. 이 지명에도 'ㅣ' 모음 역행동화의 예가 다수 나타난다.

○ 정선모랭이〈악양 등촌〉, 회냄이골〈악양 등촌〉, 회냄이재〈악양 등촌〉, 배나무징이〈악양 등촌〉, 서나무징이〈청암 묵계〉, 살구징이〈화개 정금〉, 열두모랭이〈청암 묵계〉, 중터모랭이〈청암 묵계〉, 참나무백이〈청암 묵계〉
cf. 목넘이골〈악양 등촌〉, 호랑이바구〈청암 묵계〉, 조탑정이(造塔~)〈화개 범왕〉, 토끼봉〈화개 범왕〉,

서기바우〈화개 용강〉

'ㅣ' 모음 역행동화는 그 적용이 필수적인 성격을 갖는 것은 아니다. 위 예에서 볼 수 있듯이 이 지명에서도 적용되지 않는 어형이 존재한다.

③ 'ㅚ[∅]〉ㅐ/ㅔ[E]'

국어 모음 체계에서 전설 단모음 'ㅚ[∅]', 'ㅟ[y]'는 20세기 초부터 나타나는 이중모음 'ㅚ[oj]', 'ㅟ[uj]'의 단모음화로 새롭게 생겨난 것이다. 그런데 이들 전설 단모음은 현재 모음 체계에서 그 음소적 지위가 불안정한데, 일부 세대를 제외하고는 대부분 이중모음 'ㅚ[we]', 'ㅟ[wi]'로 바뀌어 실현되고 있고, 경상 방언에서는 평순모음 'ㅔ[e]', 'ㅣ[i]'로 교체되어 실현된다. 경상 방언에서는 전설 단모음 'ㅚ[∅]', 'ㅟ[y]'가 실현되던 시기가 매우 짧았던 것으로 추정되는데 20세기 중반 이후에는 대체로 평순모음 'ㅔ[e]', 'ㅣ[i]'로 바뀐 것으로 추측된다. 이 방언에도 전설 단모음 'ㅚ[∅]'에서 'ㅔ[e]'로 교체된 것으로 보이는 어형이 있다.

○ 해내미[회남(回南)], 된벼랑〉덴비리(청암 묵계)

(나) 모음 탈락

이 지역의 지명에서 모음 탈락은 형태소 내부에서 2음절 위치의 'ㅡ' 모음이 탈락하는 현상과 이중모음을 구성하는 반모음이 탈락하는 현상이 확인된다.

① 단모음 탈락

○ 당산몰〈청암 묵계〉, 당산몰새미〈청암 묵계〉

'당산몰'은 '마을(〈ᄆᆞ 을)'의 2음절 위치의 'ㅡ'가 탈락한 '몰' 이 원순모음화가 적용되어 '몰'의 형태로 바뀐 것이다.

② 반모음 탈락

○ 박지굴(〈박쥐굴)〈청암 묵계〉, 우아들[牛臥~](〈우와들)〈화개 용강〉

'박지굴(〈박쥐), 우아들(〈우와) 등은 이중모음을 구성하는 반모음 'w'가 탈락하여 단모음으로 실현된 것이다.

(다) 모음 축약

모음 축약은 두 개의 모음이 합쳐져 하나의 모음으로 바뀌는 현상을 말한다. 이 지명에는 두 종류의 모음 축약 현상이 나타난다.

○ ㅝ〉ㅗ: 꽁의덤〈청암 묵계〉
○ ㅕ〉ㅔ: 베락바구〈화개 용강〉, 비네바구〈화개 용강〉

'꽁'은 '꿩'에 모음 축약이 적용된 결과이고, '베락'과 '비네'는 '벼락'과 '비녀'에 모음 축약이 적용된 것이다.

(라) 기타 모음 현상

그밖에 이 지명에서 원순모음화와 고모음화에 해당되는 예를 볼수 있다.

○ 굽은바위〉구분바구〈화개 정금〉, 드므실〉드무실〈청암 묵계〉
○ 막골〉먹골〈화개 범왕〉, 부치골〈청암 묵계〉 cf. 부체바우〈화개용강〉

'구분바구'는 순자음 아래에서 평순모음 'ㅡ'가 원순모음 'ㅜ'로 바뀐 것이고, '드므실'도 '드므'의 'ㅡ'가 '드무'의 'ㅜ'로 바뀌어 원순모음화가 일어났다. '먹골'은 '막골(마지막골)'의 모음 'ㅏ'가 고모음 'ㅓ'로 바뀐 것이고, '부치골'은 '부체(〈부처)'의 모음 'ㅔ'가 고모음 'ㅣ'로 바뀐 형태이다.

나. 방언이 나타난 묵계동의 지명

방언이 지명에 반영된 구체적인 사례를 보면 다음과 같다. 다만 곽교수의 논문에서 지명에 나타난 음운변화를 먼저 소개하고, 지명의 위치와 관련된 정보 등은 현지인의 관점에서 알아보기 쉽게 일부 첨삭하여 작성했음을 밝힌다.

- 가매바위: '가마'의 이곳 방언은 '가매'인데, 이것은 'ㅏ〉ㅐ'로 전설모음화 현상이다. 가매바위는 원묵계 한찰재의 서나무징이 위에 있는 매막등에 있었다.
- 가매소: 음운 현상은 위의 가매 바위와 같다. 묵계댐 아래에 있는 허구소를 말한다.
- 감퇴바구: '감투'를 이곳 방언인 '감퇴'로 변했는데, 이것은 'ㅜ〉ㅚ'로 전설모음화 현상이다. 오동소 위에 있었다. 오동소는 섬들에서 턱거리 가는 다리 안쪽에 있었다.
- 거사골 먼당: '먼당'은 '산마루'의 방언이다. 거사골에서 가는골로 가는 재이다.
- 괴사름재(고사암): '고사리'의 방언이 '괴사리'인데 이것은 'ㅗ〉ㅚ'로 전설모음화 현상이다. 밝단이에서 화개 고사암으로 넘어가는 재인데, 쇠통바위 밑에 있다.
- 구무바우: '구무'는 '구멍'의 경상도 방언이면서 고어이다. 현대 국어 '구멍'의 옛말인 '구무'는 15세기 문헌에서부터 나타난다. '구무'는 단독으로 쓰이거나 자음으로 시작하는 조사와 결합할 때는 '구무'로, 모음으로 시작하는 조사와 결합할 때는 '굼ㄱ'으로 교체하였다. 17세기부터 '구무'에 '작음'을 뜻하는 접미사 '-엉'이 결합하여 '구멍'으로 나타나면서 '구무/굼ㄱ'과 '구멍'이 공존하게 되었다. 이후 '구멍'이 정착하면서 현재에 이르렀다. 또한 이 '구무'가 경상도 방언으로 남아있다. '바우'는 표준어 '바위'의 이곳 방언형이다. 경상도에서는 대부분 바위를 '바위'나 '바구'로 발음하는데 이 지역어도 예외가 아니다.
- 구시소: '구시'는 '구유'의 이곳 방언이다. 학동교에서 회동계곡으로 약 200m 거리에 있는 소(沼)이다. 작은 폭포가 있다.
- 꽁의덤: '꽁'은 '꿩'의 이곳 방언이다. 이는 'ㅝ〉ㅗ'로 모음 축약이 일어난다. '덤'은 '바위'를 뜻하는 경남지방 방언으로 '바위'나 '절벽'을 뜻하기도 한다. 아울러 절벽에 바위가 모여있는 것을 뜻할 수도 있다. 바른골 동편에 있는데, 바른골은 원묵계의 작은 묵계 동편골이다.
- 당산몰: '-몰'은 '마을(〈ᄆᆞ을)'의 2음절 위치의 'ㅡ'가 탈락한 'ᄆᆞᆯ'이 원순모음화가 적용되어 '몰'의 형태로 바뀐 것이다. 학동 아랫몰 위 길옆에 마을이 있었으나 지금은 없다.
- 덴비리: '비리'는 '벼랑'의 이곳 방언형이다. '덴비리'는 '된벼랑'을 뜻한다. '되다'는 '몹시 심하거나 모질다'라는 뜻으로 '몹시 가파르고 험한 벼랑'이란 뜻이다. 전설 단모음 'ㅚ'에서

이곳 방언 형태인 ‘ㅔ’로 교체된 것으로 보인다. 또 ‘벼랑〉비리’에서 ‘ㅕ〉ㅣ’는 전설모음화 현상이다. 장재터에서 높은터 쪽으로 약 300m 거리에 있는 높은 벼랑이 있는 길목이다.

- 드무실: ‘들물〉드물’로 “끝소리가 ‘ㄹ’인 말과 딴말이 어울릴 적에 ‘ㄹ’소리가 나지 아니하는 것은 아니냐는 대로 적는다.(한글 맞춤법 제28항)에 의거 ‘ㄹ’소리를 표기하지 않은 것이다. 이런 현상은 ‘다달이, 따님, 마소, 부삽, 여닫이’ 등에서 볼 수 있다. 큰 드무실은 묵계댐 아래 서쪽 골짜기이고, 작은 드무실은 묵계댐에 수몰되었다.
- 목캥이: 마을을 뜻하는 후부 지명소가 무표지(ϕ)인 지명이다. ‘목캥이/모캥이’는 표준어 ‘모퉁이’의 이곳 방언이다. 학동의 아랫몰 북쪽에 마을이 있었으나 지금은 없다.
- 배나무징이골: ‘배나무정〈배나무징이’는 ‘ㅣ모음역행동화’ 현상이다. 묵계댐 아래 헤어핀 처럼 꺾이는 계곡이다. 이 계곡 가장 깊은 곳이 바로 심은동이다.
- 부치골: ‘부치’는 표준어 ‘부처’의 이곳 방언형이다. ‘부체(〈부처)’의 모음 ‘ㅔ’가 고모음 ‘ㅣ’로 바뀐 형태이다. 원묵계의 전골에 있는 말바위 서편 골이다.
- 서나무징이: ‘배나무징이골’ 처럼 ‘ㅣ모음역행동화’ 현상이다. 원묵계에서 한찰재 가는 길옆인데, 옛날에 큰 서어나무가 있던 쉼터였다.
- 샌등먼당: ‘산등〉샌등’은 전설모음화 현상이다. ‘ㅏ〉ㅐ’의 변화를 겪었다. ‘먼당’은 ‘산마루’의 방언이다. 삼거리 새터 앞 산등이다.
- 생이바구: ‘생이’는 ‘상여’의 이곳 방언형이다. 어두 모음이 ‘ㅏ〉ㅐ’로 전설모음화 현상이다, 삼거리 새터에서 상마동 가는 길옆에 있다.
- 세가랑탱이: 산등성이를 뜻하는 후부 지명소가 무표지(ϕ)인 지명이다. ‘가랑탱이’는 표준어 ‘가지’나 ‘가닥’의 이곳 방언형이다. 세가랑탱이는 ‘세 가지’나 ‘세 가닥’으로 나 있는 것을 뜻한다. 높은터 설통바위골 오른쪽 산등이다.
- 성지밭골: 바위가 형제처럼 나란히 보이는 골짜기라는 뜻이다. ‘성자’는 표준어 ‘형제’의 이곳 방언형이다. 아는 ‘ㅎ〉ㅅ’ 구개음화 현상이다. 즉 ‘형제밭골〉성지밭골’로 본다. 높은터 뒷골 북편에 있다. 바위 두 개가 서 있다.
- 쇠통바위: ‘쇠통’은 표준어 ‘자물쇠’의 이곳 방언형이다. 쇠통바위와 짝을 이루는 열쇠바위가 상불지 서쪽 계곡, 즉 용소 위 어거정 앞에 있다. 청학동 밝단재의 오른쪽 능선 상에 있는데 꼭 자물쇠통 같이 생겼다.
- 시리바위: 떡을 찌는 시루의 이곳 방언형인 ‘시리’를 써서 시리바위가 된 것으로 회동 입구 때죽나무거리 아래 하천가에 있다.
- 시리봉(골): 시리봉골 위의 산봉우리를 시루봉라고 부른다. 악양에서 보면 수리(독수리) 형상이라고 하는데, 원래 수리봉이 변한 것이라는 설도 있다. 즉 수리봉〉시리봉이 된 것으로

'ㅜ>ㅣ'로 전설모음화 현상이다. 한편, '높음', '으뜸' 등의 의미를 가진 '숣'이 '살, 솔, 술'로 음운이 변화되어 '수리, 시리, 솔' 등이 된다. 이렇게 보면 '시리봉'이라는 의미는 '높은 봉우리'라는 뜻으로 해석할 수 있다. 학동 시리봉골 뒷산의 산봉우리를 시루봉이라 하고, 그 아래 마을을 시리봉골이라고 한다.

- 시리소: '시리봉'과 같은 전설모음화 현상이다. 때죽나무거리 아래 시리바위 옆에 있다.
- 심은동(深隱洞): 숨은동에서 심은동으로 변한 것으로 표준어 '숨다'를 이곳 방언으로 '심다'라고 한다. 'ㅜ>ㅣ'로 전설모음화 현상을 보인다. 높은터 북쪽마을이며 삼거리나 회동 전나무동에서도 갈 수 있다.
- 쌍계뻔덕: '뻔덕'은 표준어 '버덩'의 경남 방언형이다. 어두경음화 현상이다. 가는골과 거사골 사이에 있는 뻔덕으로 쌍계사 소유의 논이 있었다.
- 세껏배기: 고개를 뜻하는 후부지명소가 무표지(ϕ)이다. '세끗>쎄껏'은 어두경음화현상이다. 높은터에서 배나무징이를 지나 올라가면 나오는 험준한 고개인데 지금은 묵계호에 수몰되었다. 참고로《하동지명지》에서는 '쇠꽂뱅이'로 되어 있다.
- 아랫몰: 'ㅡ' 탈락과 원순모음화가 적용되었다. 학동마을에서 아랫쪽에 있어서 붙여진 마을 이름인데, 중터 위쪽에 있다. 마을입구에 청학탑과 학서정, 청학동 일주문, 면천박씨효자비 등이 있다.
- 양지뻔덕: '뻔덕'은 표준어 '버덩'의 경남 방언형으로 어두경음화 현상이다. 회동의 배나무골 위쪽 양지바른 곳을 말한다.
- 여시바위: '여시'는 '여우'의 방언이다. 'ㅅ' 첨가와 전설모음화 현상이다. 여우의 중세어는 '엿'〈훈해 26〉, '여ㅿ·'〈월인 상〉 등으로 나타났다. ㅿ는 임진왜란 이전에 사라지면서 '여ᄋᆞ>여우'로 바뀌기도 하고, 'ㅅ'방언형으로 변하여 '여시'가 되었다.
- 열두모랭이: 모랭이는 '모롱이'의 이곳 방언이다. 'ㅣ 모음역행동화 현상'이이다. 묵계리 장재터에서 궁항리 홀미기(할미기)로 넘어가는 구불구불한 오솔길인데, 열두 구비를 지나야 질매재에 닿을 수 있으므로 붙여진 이름이다. 진주목 소속이던 묵계동은 예부터 이 길을 통하여 옥종과 진주로 내왕했다. 지금은 경상남도 지방도 1014호가 통과한다.
- 윤디바위: '윤디'는 '인두'의 이곳 방언이다. 'ㅜ>ㅣ'로 전설모음화 현상이다. '인두'를 〈역어유해〉에서는 '인도'라고 하였다. 윤디바위는 인두처럼 생긴 약 6m의 거대한 바위인데 헤내미(회남) 마을 앞산, 즉 헤내미재(회남재)로 오르는 길가에 있다.
- 중터모랭이: 모랭이가 '모롱이'로 된 것은 'ㅣ 모음역행동화 현상'이이다. 학동의 중터에서 회동으로 넘어가는 고개이다.
- 지와골: '지와'는 '기와'의 이곳 방언형이다. 즉 '기와골>지와골'로 'ㄱ>ㅈ' 구개음화 현상이다.

청학동의 미륵골 뒤, 산막골과 갓거리골 사이에 있는 골짜기인데, 옛날 미리감(미륵암) 절을 지을 때 이곳에서 기와를 구워 썼다 한다.

- 진소: '길다'의 이곳 방언형은 '질다'이다. 이처럼 '진소'는 '긴소'가 변한 것이다. 'ㄱ>ㅈ' 구개음화 현상이다. 작은 드무실 아래에 있는 소인데 모양이 길었다. 지금은 묵계호에 수몰되었다.
- 질등: '길등>진등'의 변화로 'ㄱ>ㅈ' 구개음화 현상이다. 장재터 구무바위 건너편의 왼쪽 등날이 가는장등이고, 그 왼쪽이 쌔밭등이고, 그 왼쪽이 질등인데, 이 등을 넘으면 짚은골(깊은골, 심답)의 배느러미 골이다.
- 참나무백이: '먼당'은 '산마루'의 방언이다. '참나무박이'를 '참나무백이'라고 나타낸 것으로 'ㅣ모음역행동화' 현상이다. 높은터 큰드무실 오른쪽 골인 목넘이골 먼당이다.
- 퇴까니좃빠진고개: '토끼'의 이곳 방언형은 '퇴까니', '토까이' 등이 있다. 8음절로 지리산권 지명 중에서 가장 음절수가 많다. 장재터에서 질매재 중간에 있는 재이다.
- 핫바지 굼턱: '굼턱'은 표준어 '구덩이'의 방언형이다. 삼거리에서 섬들을 거쳐 올라가면 외감나무거리 바로 위쪽, 즉 학동과 경계 지점인 중터모랭이 밑에 있다. 엄동설한에도 핫바지와 같이 따뜻하다고 하여 붙여진 지명이다.
- 헉구소: '헉구'는 표준어 '허기'의 이곳 방언형. 따라서 '헉구소'는 '허기소'에서 온 지명이다. 전설모음인 '이'가 후설모음인 '우'로 바뀌었고, 'ㄱ'이 첨가되었다.

여기서 보듯이 묵계리에는 지리산권에 있는 하동군 내 법정리 중에서 방언과 관련된 지명이 39개로 압도적으로 많다는 사실이 밝혀졌다.

그런데 필자가 보기에는 묵계리에 있는 방언이 들어간 지명이 사실 더 많이 있다고 생각한다. 그 사례를 보면 다음과 같다.

"헤내미(회남마을)"도 빠졌고, "헤내미재(회남재)"는 악양면 등촌리에 포함했으며, 달바구(달바위), 상매똥(상마등), 찬새미(찬샘), 당산몰새미, 개바구(개바위), 메기(묵계), 서지땀(서재땀), 양기미(양금동), 미리감(미륵암), 밀감재(미륵암재), 벼름박(벽), 삼밭너더리(삼밭너덜), 아랫갓담, 너드렁골, 한추리재(한찰재), 널뻔지, 매막등, 시는바구(쉬는바위), 던농골(덮놓은골), 세나드리(소나드리), 뛰엄노디(뛰엄징검다리), 다리소 노다리(다리소 징검다리), 서서묵는 계곡이 있다. 그 외에도 ○○삐알(비탈), ○○까끔(○○의 산) 등

이상에서 보듯이 묵계동에는 방언이 들어간 지명이 하동군내 지리산권의 다른 지역에 비해 월등하게 많고 다양하다. 앞서 살펴보았듯이 지명의 후부지명소 중에서 바위, 골짜기,

고개/재, 소(沼), 덤, 모롱이, 마을, 벼랑, 버덩, 산등성이, 구덩이 등이 다른 지역에 비해 월등하다.

이에 대해, 필자는 먼저, 묵계동의 독특한 지형구조와 관련이 깊다고 생각한다. 지리산 영신봉에서부터 시작한 '낙남정맥'이 삼신봉에서 '삼신지맥'과 분기(分岐)하여 묵계동을 동(東)과 서(西)로 감싸며 제비집 모양의 분지를 이루니, 고개/재가 많을 수밖에 없다. 이런 지형은 소위 '지리산 아흔아홉 곡' 어디에서도 볼 수 없는 유일한 지형이다. 이것은 강태진 하동문화원 원장께서 제공해준 표지 사진에서 그 범상치 않은 위용을 확연히 느낄 수 있다.

또, 묵계동에는 골짜기의 이름도 다양하고 많다. 지리산의 골짝 골짝은 이곳에 터를 잡고 살아온 선인들의 삶의 터전이었다. 골짝마다, 산의 높이에 따라 식생 분포가 조금씩 다르고, 따라서 골골이 채집할 수 있는 산야초며 임산물 또한 다 다르니 일일이 구분하여 부를 필요가 있었을 것이다. 이는 묵계동의 선인들이 그만큼 지리산을 잘 알고, 지리산을 잘 관리하고 현명하게 이용하였다는 증거이다.

더 나아가 묵계동의 선인들은 바위와 소(沼) 하나하나에도 이름을 붙여 구분하여 부르면서 이를 유상(遊賞)하는 정서까지 지니고 있었다. 이것은 1487년 지리산 골짝 골짝을 유람한 추강(秋江) 남효온(南孝溫)이 화개동의 불일암 뒤 재를 넘어 묵계동을 지나 오대사 방향으로 내려가면서 "묵계동은 물이 맑고 기암괴석이 많다(黙溪洞 水石最淸奇)"라는 유람기에서도 엿볼 수 있다. 그가 묵계동에서 "오서연(鼯鼠淵), 광암연(廣巖淵), 용회연(龍廻淵)을 지났다"라고 한데서도 알 수 있듯이 묵계동천의 자연은 가히 "지리산의 최명승경"이라고 할만하니 바위와 소의 이름이 다양한 것은 자연스러운 일이다.

무엇보다, 이런 지명이 우리 지역의 고유한 말, 즉 방언으로 살아 남아있다는 사실은 참 놀랍고 감사한 일이다. 그만큼 묵계동에는 묵계동만의 인문학적인 자원이 풍부하다는 말이니 이는 자랑이 아닐 수 없다. 이렇게 방언이 들어간 지명이 많다는 것은 그 지역의 문화적 다양성과 역사적 배경이 투영된 중요한 요소라고 생각한다.

따라서 앞으로도 이런 지명을 일상적으로 사랑하고, 쓰고, 보존함으로써 묵계동민들에게는 자긍심을 갖게 하여 묵계동의 역사와 문화적 정체성과 전통을 보존하는 데 크게 기여할 것으로 생각한다.

그런 관점에서 필자는 이 책에서도 마을 이름을 우리 고유한 말로 나타내고자 노력했다. 높은터, 장재터, 삼거리, 새터(新基), 헤내미(회남), 섬들, 새터(학동), 시리봉골, 가는골, 원묵계, 전나무동, 박석거리 등을 자주 사용할 필요가 있다고 생각한다.

다. 묵계동 언어의 문법 체계[268)]

청암면의 역사를 정리하는 과정에서 '묵계동이 포함된 청암면은 오랜 세월, 오늘날 시천면 지역의 옛 이름인 살천현에 속해 있었다'라는 기록에 의문을 가지고 있었다.[269)] 이 사실을 《시천면지(矢川面誌)》에서는 어떻게 다루는지 확인해 보기로 했다.

그런데 뜻밖에도 《시천면지(矢川面誌)》에서 〈산청 · 진주 지방의 언어〉라는 특집 기사를 발견했다. 사실 시천면 지역도 묵계동과 같이 오랜 세월을 진주목 소속이었으니 언어적으로는 진주 언어권이고, 묵계동 또한 같은 언어 문화권이라고 할 수 있다.[270)] 그러나 이 기사에는 이 특집 기사의 출처를 기록해 두지도 않았고, 당시 편집 담당자에게 확인해 보았으나 "오래전 일이라 출처를 알 수 없다"라고 했다.[271)] 그래서 서봉석 《시천면지(矢川面誌)》 집행위원장의 호의로 실었다.

묵계동은 1906년 청암면, 옥종면, 북천면이 진주에서 하동군으로 이속(移屬)되기 이전까지 오랫동안 진주목(晉州牧) 소속이었다. 진주지역 말 중에 다른 지역과 차별화되는 낯선 말 중에는 '에나(=참말로)'라는 말일 것이다. 이 말은 어원이 밝혀지지 않은 말로 진주를 중심으로 하는 서부 경남의 지리산권에서 두루 쓰이고 있다. 물론 묵계 지역에서도 쓰인 말이다. 그 밖에도 '쑥쑥타(=지저분하다. 깨끗하지 못하다)', '칼클타(=깨끗하다)', '응가(=형)', '하모(=그래)' 등도 진주지역의 고유한 말인데, 이런 말들 또한 묵계동에서 자란 필자도 어린 시절부터 사용해온 익숙한 말이다.

이러한 어휘상의 특징 이외에도 음운, 문법 면에서도 진주 지역어는 서부 경남이 공유하고 있는 여러 가지 특징을 가지고 있다. 언어의 구성 요소인 음운, 문법, 어휘를 모두 소개해야 하나, 앞서 곽재용 교수의 글을 통해 '음운 현상'에 대해서는 이미 다루었으므로 생략하고,

---

268) 이글은 《시천면지(矢川面誌)》(2014), 특집 기사 〈산청 · 진주 지방의 언어〉에서 인용했다.

269) 1978년에 도정(島亭) 여재규(余宰奎) 선생이 쓴 《하동군사(河東郡史)》와 이를 참고한 것으로 보이는 《하동군 지명지(河東郡地名誌)》(1999년, 하동문화원) 등이 있다.

270) 필자는 묵계동에서 자랐지만, 8대조 이하 선친까지 7대가 고운동재 너머에 있는 시천면 반천리가 고향이다. 그래서 어려서부터 반천을 자주 드나들었지만, 묵계동과 시천(반천) 양 지역의 언어에 어떤 위화감도 느끼지 못했다.

271) 《시천면지》의 특집 기사 〈산청 · 진주 지방의 언어〉의 출처가 불분명했다. 따라서 원전을 밝히지 못한 점은 아쉽고, 이 글의 원저자에게는 대단히 송구하게 생각한다. 다만, 당시 시천면지 편찬위원회의 서봉석 집행위원장으로부터 "원전의 논문이 있었지만, 오래전 일이라 자료가 없다"라고 했다. 그래서 어쩔 수 없이 서 집행위원장의 호의로 그 일부를 인용하여 실었다. 《시천면지(矢川面誌)》는 산청향교 전임 전교인 송재 김신수 선생으로부터 빌렸으며, 서봉석 위원장을 소개해 준 분은 월람(月嵐) 조종명(曺鐘明) 선생이다. 두 분과 서봉석 위원장님께 감사드린다.

'진주지역 어' 중에서 문법 체계, 즉 '묵계동 언어'에 관한 문법 체계를 개관해 보고자 한다.

진주지역의 문법 체계는 한국어 표준어 문법 체계와 별로 다름이 없다. 다만 특수한 것으로는 긍정의 표현으로 부가 의문문을 널리 사용하고 있으며, 부정 구문에 짧은 부정문을 널리 쓰고 있는 것을 들 수 있다.

(예1) 1-1 니 밥 무읐나?(=너 밥 먹었니?)
1-2 아까 무읐다 아입니꺼(=아까 먹었습니다.)
2-1 저 쭈 딧방 따시더나?(=저 쪽 뒷방 따뜻하더나?)
2-2 안 따시던데예(=따뜻하지 않습니다.)

(예1)에서 처럼 단순긍정의 표현에 부가의문문을 널리 쓰고 있으며, (예2)와 같이 짧은 부정이 널리 쓰이고, '…하지 않다'와 같은 긴 부정문은 거의 쓰지 않는다. 이 짧은 부정문의 사용은 고대 국어의 부정표현이 그대로 존속된 것이다.

그 밖의 문법상의 특징으로는 의문법 문법형태소가 중세국어와 같이 판정의문과 설명의문에 따라 용언 서술어와 '-이-' 서술어에 따라 각각 다른 형태가 사용된다든지, 중세국어에서 상대존대를 나타내던 '-이-'가 명령법에서 '-이-'로 남아 있다는 것을 들 수 있다.

(예2) 3-1 가:가 가 가가?(=그 아이가 가가(賈哥)이냐?)
3-2 니 글 쿠이 내 글 쿠지, 니 안 글 쿠모 내 글 쿠나?
(=네가 그렇게 말하니 내가 그렇게 말하지, 네가 그렇게 말하지 않으면 내가 그렇게 말하겠느냐?)

(예2)에서 의문법 의미 '-가-'와 '-나-'는 의문시기 없는 의문문에서 그 앞에 명사(뒤에 -이-가 생략되어 있음)가 오느냐, 동사가 오느냐에 따라 달리 선택된다. 이외에 문법 어형의 특징, 그리고 어형의 독단적인 축약을 보여주고 있다.

이 지역의 문법 형태소인 조사와 어미들은 다음과 같다.

(1) 조사

(가) 주격

「이/가」

이 '이/가'는 생략되는 것이 보통이다.

- 니가 우찌 왔내?(=네가 어떻게 왔느냐?)
- 주인이 오데 가고 없던데예(=주인이 어디가고 없던데요)
- 요번에는 옆집에서 맡아 한다 쿠더라(=이번에는 옆집에서 맡아서 한다고 하더라)
- 나라서 하는 일인데 비미 잘 안 하겄나?(=나라에서 하는 일인데 오죽 잘 안 하겠느냐?)
- 멘에서 하는 말은 그기 아니다(=면에서 하는 말은 그런 것이 아니다)
- 학조/핵조서 낼 오라 쿠더나?(=학교에서 나를 오라고 하더나?)

「서」

사람 수를 나타내는 말 뒤에 사용된다. '서'의 기본형태를 '이서'로 보는 견해도 있으나 '혼자서'가 있고, '둘이서, 서이서, 너이서'의 '이'는 수사의 일부로 보는 것이 타당하므로 '서'를 기본형태로 잡았다.

- 둘이서 그리 차리 입고 오데 가는 길이고?(=둘이 그렇게 차려입고 어디 가는 길이야?)
- 서이서 어불리가 머 하는 기고?(=셋ㅇ이 어울려서 뭐 하는 거냐?)

(나) 서술격

- 저:보이는 기 지리산이재?(=저기 보이는 것이 지리산이지?)
- 머시고?(=무엇이냐?)

(다) 관형격

「으」

- 그놈으 태풍 땜에 나락이 다 씨러저삣다(=그 놈의 태풍 때문에 벼가 쓰러져 버렸다)
- 넘의 집에서는 떠들모 안 덴다(=남의 집에서는 떠들면 안 된다)

(라) 목적격

모음 아래는 '-ㄹ' 또는 '-르'가, 자음 아래는 '-을'이 사용되며, ㄹ음 아래서는 '-로'가 사용된다. 그리고 주격조사와 같이 잘 생략된다.

「ㄹ/을/르」

- 내를 바서라도 좀 도와 주소(=나를 봐서라도 좀 도와 주오)
- 떡을 쪼매 해 왔는데 잡사 보이소(=떡을 조금 해 왔는데 잡수어 보십시오)
- 세를 몰고 가다가 자빠졌어예(=소를 몰고 가다가 넘어졌어요)

「로」

- 넘으 딸로 그러키 멀쿠모 데나?(=남의 딸을 그렇게나 나무라면 되는가?)
- 술로 묵고 치했는가베(=술을 마시고 취했는가 봐)
- 얼른 쌀로 씩어 오이라(=학얼른 쌀을 씻어 오느라)

(마) 부사격

① 처소(낙착점)

「에」

'ㅇ' 말음으로 끝나는 체언 아래에서는 체언의 마지막 모음에 완전 동화된다.

(예) 마디아(=마당에), 바아(=방에), 지부우(=지붕에), 여:(=여기에), 요오(=요기에)

- 저 단지는 덧집에 갖다 조:라(=저 단지는 뒷집에 갖다 주어라)
- 그 사람 요새 오데 사노?(=그 사람 요새 어디 사느냐)

「한테」

- 이거 니한테 주께(=이것을 너에게 줄게)
- 아부지한테 말하고 가거라(=아버지께 말씀드리고 가거라)
- 철이가 배미한테 물렸다 쿠더라(=철이가 뱀에게 물렸다고 하더라)

「보고」

- 순이보고 같이 쑥캐로 가자 캐라(=순이더러 같이 쑥 뜯으러 가자고 해라)
- 아버지 보고 전심 잡수로 오시라 캐라(=아버지께 점심 잡수러 오시라고 해라)

② 처소(출발점)

「에서」

• 니 방금 누 집에서 나왔노?(=너는 지금 누구 집에서 나왔느냐?)

「아서」

• 내 오올 질까아서 이런 거를 주웃:다(=내가 오늘 길가에서 이런 것을 주웠다)

「한테서」

• 그 노래 누한테서 배았노?(=그 노래 누구한테서 배웠느냐?)

③ 처소(지향점)

「에」

• 멘에 가 초본 좀 떼 오이라(= 면사무소에 가서 초본 좀 떼어 오너라)
• 자아 갔다 오십니꺼?(=장에 갔다 오십니까?)

④ 도구

「으로」

• 시방 그기:물로 씻는다고 네것나?(=지금 그것이 물로 씻는다고 되겠니?

⑤ 비교

「하고」

• 야:생긴거는 지 세이하고 영 딴판이제?(=애가 생긴 모습은 자기 형과 아주 딴판이지?)

「캉」

• 니캉 가:캉 댈 수 있나?(=너와 그 애를 견줄 수 있느냐?)

「대로」

• 가: 는 가:대로 내 삐 도라(=그 애는 그 대로 내 버려 두어라)

「만침」
- 암만 못해도 저만침이야 안 하겠나?(=암만 못해도 저만큼이야 하지 않겠느냐?)

「카마」
- 철수는 보기카마 키가 작데이(=철수는 보기보다 키가 작던데요)

⑥ 인용

「고」
- 옆집 사람이 닐 뭐라고 부리더노?(=옆집 사람이 널 뭐라고 부르더냐?)

「하고」
- 아부지 친구부이"자네 어른 가싰는가?" 하고 물으시데예(=아버지 친구분이 "자네 어른 어디 가셨는가?"라고 물으시더군요)

⑦ 호격

「아/야」
- 철수야, 이거 할배한테 갖다 디리라(=철수야, 이거 할아버지께 갖다 드려라)

(바) 접속조사

「하고」
- 아:고 어른이고 우찌 저리 똑같네?(=아이고 어른이고 어쩌면 저렇게 똑 같을까?)
- 니끼:고 내끼:고 머 있노?(=네 것이고 내 것이고 할 게 뭐 있느냐?)

(사) 보조사

① 주제 및 대조

「은/는」
- 밥은 커이 죽도 못무윴다.(=밥은 커녕 죽도 못 먹었다)

「일랑」

- 제발 너그들일랑 그카지 마레이(=제발 너희들은 그렇게 하지 말아라)

② 동일

「도」

- 작은 세이도 낼 온다꼬 전화왔어예(=작은 형도 내일 온다고 전화 왔어요)

③ 단독

「마」

- 보태기마 열심히 해라(=더하기만 열심히 해라)

「뿌이」

- 철이 뿌이 아이고 창수도 간다쿠더라(=철이 뿐만아니고 창수도 간다고 하더라)

④ 일양

「마다」

- 요새는 집집마다 얼쭈다 냉장고가 있어예(=요즘은 집집마다 거의 다 냉장고가 있어요)

⑤ 균일

「썩」

- 차례로 한 사람썩마 오이라(=차례로 한 사람씩만 오너라)

⑥ 시작

「부터」

- 에갓집부터 댕기 오이라(=외갓집부터 다녀 오너라)

⑦ 도급(미침)

「꺼지/까지」

- 이차는 서울꺼지 간다(=이 차는 서울까지 간다)

⑧ 강조

「이사」
- 내사 모리는 일이다(=나는 모르는 일이다)

「인들」
- 너거 아버진들 맴이 조컸나?(=네 아버진들 마음이 좋겠느냐)

⑨ 선택

「이나」
- 이거 까 책이나 한 권 사바라(=이것 가지고 책이나 한 권 사 보아라)

「든지」
- 삽이든지 깨이든지 아무끼나 들고 나오이라(=삽이든지 괭이든지 아무거나 들고 나오너라)

⑩ 불만

「이나따나」
- 몸 이나따나 성해야 데낀데(=몸이라도 건강해야 될텐데)

「이라도」
- 목마리낀데 물이라도 좀 마시제(=목 마를텐데 물이라도 좀 마시지)

⑪ 고사

「커이」
- 모심기커이 논에 물도 몬 잡았다(=모심기는 커녕 논에 물도 못 대었다)

⑫ 불과

「빼끼」
- 누가 머라캐도 내한테는 니빼끼 음다(=누가 뭐라해도 나에게는 너밖에 없다)

(2) 어미

(가) 종결어미

이 지역어의 종결어미는 서법에 따라 격식체 네 계층과 비격식체 두 계층으로 이루어져 있다.

① 평서법

㉮ 해라체

「-다/라」

- 어제 자아 갔다(=어제 장에 갔다)
- 저 아 참 예쁘다(=저 아이가 참 예쁘다)
- 큰 바아 걸리:있는 기 내 오시다(=큰 방에 걸려 있는 게 내 옷이다)
- 알고 보이 구장집 아들이더라(=알고 보니 이장집 아들이더라)

「-꾸마」: 약속을 의미하는 어미로 중부방언의 '으마'에 해당한다.

- 곧 가꾸마(=곧 가마)
- 거나:라. 내 무:꾸마(=거기에 놓아라. 내 먹으마)

㉯ 하게체

「-네」

- 그런 소리 하모 벌 받네(=그런 소리 하면 벌을 받네)
- 거어 가는 길이 참 나쁘네(=거기에 가는 길이 참 나쁘네)

「-을게」

중부방언의 '-을게'에 대응되는 것으로 중세 국어의 '으게'에 소급된다. '을께' 보다는 실제의 발음에 '-으께'가 더 널리 쓰인다.

- 자네 먼저 가 있으모 내가 난주 가께(=네가 먼저 가 있으면 나는 나중에 갈게)
- 인자부터 부지러이 해 보께(=지금부터 부지런히 해 볼게)

「-음세」
• 이거 내 먹음세(=이것을 내가 먹을게)

㉰ 하소체

「-요/소」
• 내일 올래요?(=내일 오겠소)

「-거마」
• 지금 비 오 거마(=지금 비가 와요)

㉱ 하이소체

「-십니더/십디더」

'-십니더'는 '-습니다'가 음운변화된 형태이다. 따라서 '-십니더'의 '-시-'는 존대의 선어말어미가 아니다. 직설법에는 '-ㅂ니더/십니더'의 변이 형태가 회상법에는 '-ㅂ디더/십디더'의 변이 형태가 사용된다. '갑디더, 옵디더, 입읍디더, 붑디더, 합니더' 등이 있다.
• 집에 갑니더(=집에 갑니다)
• 아재가 옵니더(=아저씨가 오고 있습니다)
• 요오서 참 가적십니더(=여기서 참 가깝습니다)

㉲ 해체

「-아/어」 • 내가 세뱃돈으로 천언을 좄:어(=내가 세뱃돈으로 천원을 주었어)
「-지」 • 겨울에는 날씨가 춥지 / • 저것도 책이지

㉳ 해예체

「-아/어예」, 「-지예」, 「-은게예」 • 지금가예(=지금 가요)

② 의문법

㉮ 해라체

'-가'는 판정의문문에, '-고'는 설명문에 사용된다. 이들은 체언, '-이(다)', '-아이(다)', '기(다)' 다음에 온다.

「-가/고」 • 니가 바보가?(=너가 바보냐?)

㉯ 하게체

「-은가」 • 이사 다 했는가?(=이사 다 했는가?)

「-은고」 • 어디 가는고?(=어디 가는가?)

㉰ 하소체

모음 다음에는 '-요', 자음 다음에는 '-소'가 사용된다.

「-요」 • 요새는 우찌 사요?(=요즘은 어떻게 사시오?)

「-소」 • 게기 잡소?(=고기 잡소?)

㉱ 하이소체

「-십니꺼/십디꺼」

직설법에는 '-ㅂ니꺼/십니꺼'의 변이 형태가 회상법에는 '-ㅂ디꺼/십디꺼'가 사용된다. 그리고 주어가 높임의 대상이면 '으십니꺼/으십디꺼'가 사용된다. '-꺼'는 임의로 '-까'로 교체되어 쓰이기도 한다.

• 오데 갑니꺼?(=어디 가십니까?)

• 디기 높십니꺼?(=매우 높습니까?)

㉲ 해체

「-아/어/라」 • 박에거 일해?(=밖에서 일해?) • 머 무우?(=뭐 먹어?)

• 가:가 철수라?(=그 아이가 이름이 철수냐?)

㉥ 해예체

「-아/어/라예」 • 아부지 밭에서 지금 일해예(=아버지는 지금 밭에서 일해요?)
「-지예」 • 인자 고마 가지예?(=인제 그만 가지요?)
「-가예」 • 집에 가까예?(=집에 갈까요?)
「-은고예」 • 온제 오라 카꼬예?(=언제 오라고 할까요?)
「-은가예」 • 아재가 내일 오는가예?(=아저씨가 내일 오시는가요?)
「-은고예」 • 그 일은 언제 하는고예?(=그 일은 언제 하는가요?)

③ 명령법

㉮ 해라체

「-아라/어라/이라/거라」 • 저어 가서 옷 벗어라(=저기에 가서 옷 벗어라)
「-라(이)」 • 잘 가라(이)(=잘 가거라)
「-재이」 • 잘 가재이(=잘 가거라)
「-라마」 • 무 보라마(=먹어 보려무나)

㉯ 하게체

「-게」 • 식기 전에 얼른 자시게(=식기 전에 빨리 먹게)

㉰ 하소체

「-으소」 • 내마 믿으소(=나만 믿어요)

㉱ 하이소체

「-으이소」 • 수박 좀 받으이소(=주박 좀 받으세요)/ • 수고 하이소(=수고 하세요)

㉲ 해체

「-아/어」 • 여어 퍼뜩 와 바(=여기 빨리 와 바)
「-지」 • 자네는 고마 요오 있지(자네는 그만 여기 있지)

㉳ 해예체

「-아/어예」 • 어서 앉아예(=어서 앉아요)
「-지예」 • 저리 가 보지예(=저리로 가 보지요)

④ 청유법

㉮ 해라체

「-라」 • 밥 묵고 정때 만나라(=밥 먹고 저녁때 만나라)

㉯ 하게체

「-으세」 • 고생이 대더라도 쪼깨만 참으세(=고생이 되더라도 조금만 참으세)

㉰ 하소체

「-옵시더」 • 성님 오늘 덕산 자아 갑시더(=형님 오늘은 덕산장에 갑시다)

㉱ 하이소체

「-으입시더」 • 말뚝 하나 박으입시더(=말뚝 하나 박읍시다)

⑤ 감탄법

㉮ 해라체

「-아/어라」 • 아이고 춥어라(=아이고 추워라)
「-구나」 • 세월이 빠리기도 하구나(=세월이 빠르기도 하구나)

㉯ 해체

「-네(직설법)/데(회상법)」 • 이 방은 씨언하네(=이 방은 참 시원하네)
「-지」 • 그 집 메느리 맴이 참 곱지(=그 집 며느리 마음씨가 참 곱지)
「-거든」 • 쑥 캐로 갔거든(=쑥 캐러 갔어)
※ 이 어미 「-거든」에 어원을 두고 있는 말이긴 하나 그 의미가 연결어미와는 달라져

있으므로 감탄법으로 종결어미를 다룬다.

※ 한편, 「-는데」를 종결어미로 보는 견해가 있다. 그러나 이 어미는 연결어미의 어미를 고스란히 지닌 채 소형문을 만들므로 종결어미로 처리하지 않는다. '-는데예'도 마찬가지이다.

㉰ 해예체

「-네예/데예」 • 가 공부를 참 잘하네예(=그애가 공부를 참 잘하네요)

• 세가 억수로 크네예(=소가굉장히 크네요)

「-지예」 • 키는 작아도 심은 참 쎄지예(=키는 작아도 힘은 참 세지요)

「-거든예」 • 어제 눈이 내맀거든예(=어제 눈이 내렸어요)

(나) 연결어미

① 대등적 연결어미

「-고」 • 복숭아도 묵고 수바고 무웠다(=복숭아도 먹고 수박도 먹었다)

「-어도/라도」 • 연필은 내끼라도 공책은 내끼 아니다(=연필은 내것이라도 공책은 내것이 아니다)

「-음시로」 • 공부함시로 자불몬 되나?(=공부를 하면서 졸면 되느냐?)

② 종속적 어미

「-거로」 • 방따시거로 군불 마이때라(=방이 따뜻하게 군불 많이 때어라)

「-자(마자)」 • 작은 아부지집에 가자마자 이거부팀 디리야 한데이(=작은 아버지댁에 도착하면 즉시 이거부터 드려야 한다)

「-아도/라도」 • 지:가 암만 잘나도 글 쿠모 데나(=자기가 아무리 잘나도 그러면 되느냐)

「-으모」 • 이기 톱이모 조은데(=이것이 톱이면 좋은데)

「-거등」 • 비가 오거등 서답 걷어라(=비가 오면 빨래 걷어라)

「-응께네」 • 날씨가 좋은께네 바람이나 쎄로 가자(=날씨가 좋으니까 바람이나 쏘이러 가자)

「-다(가)」 • 기부이 조타가 말았다(=기분이 좋다가 말았다)

「-을라(꼬)」 • 머할라꼬 그라네?(=뭐 하려고 그러니)

「-으로」 • 게기 잡으로 또라아로 가까?(=고기 잡으로 도랑에 갈까?)

「-아야/어야」• 아무리 낙심이 되도 무야 삽니더(=아무리 낙심이 되어도 먹어야 삽니다)
「-는데」• 그리 빌었는데 안됐다(=그렇게 빌었는데 안 되었다)
「-아서/서서/라서」 • 아무리 차자도 물이 음서서 술로 마싯지(=아무리 찾아도 물이 없어서 술을 마셨지)
「-아/어가꼬」• 아무리 차자도 부채가 음서가꼬 또 샀다(=아무리 찾아도 부채가 없어서 또 샀다)
「-라꼬」• 지가 응가라꼬 얀보하데(=자기가 언니라고 양보 하더라)
「-을값에」 • 마자 죽을값에 할 말은 해야지(=맞아 죽더라도 할 말은 해야지)
「-라모」• 차가 올라모 벌써 왔쩨(=차가 올려면 벌써 왔지)

③ 보조적 연결어미

「-아/어」• 데기 떠들어 쌌네(=많이 떠드는구나)
「-거로」• 밥 묵거로 해라(=밥 먹도록 해라)
「-지」• 가:가 큰 인물감이지 싶어(=그 아이가 큰 인물감이지 싶구나)
「-고」• 일단 어른이고 볼끼다(=일단 어른이 되고 볼 일이다)

(다) 전성어미

① 명사법

「-기」• 묵기는 잘 묵네(=먹기는 잘 먹는 구나)

② 관형법

「-은/는」 • 어제 니가 만난 사람은 우리 선생님이다(=어제 네가 만난 사람이 우리 선생님이다)
「-던」• 잘하던 일도 덕석 페 논께 안 하네(=잘하던 일도 덕석을 펴 놓으면 안 하는구나)
③ 부사법
「-거로」• 공부를 잘 하거로 생기따(=공부를 잘하게 생겼다)

(라) 선어말어미

① 주체 존대

「-으시」 • 할배 지금 옷 입으신다(=할아버지 지금 옷 입으신다)

② 상대 존대

「-ㅂ/십-」 • 저:가 우리집입니더(=저기가 우리 집입니다)
「-으이-」 • 아재, 잘 가입시더(=아저씨 잘 가십시오)

③ 시상

「-ㄴ/는」 • 밥 할라꼬 쌀 씩는다(=밥 하려고 쌀 씻는다)
「-었-」 • 어제는 날이 참 더벘다(=어제는 날씨가 참 더웠다)
「겄-」 • 올여름은 참 덥겄다(=올여름은 참 덥겠다)
「-더-」 • 밭에 지심이 억수로 많더라(=밭에 풀이 매우 많더라)

④ 단정

「-니-」 • 그 때는 참말로 마이 울었니라(=그때는 정말로 많이 울었다)

(3) 어휘

(가) 이 지역에서만 사용하고 있는 말

에나(=참말, =진짜, =정밀), 칼컬타(=깨끗하다), 쑥쑥하다(=더럽다, 지저분하다, 깨끗하지 못하다), 디비리, 디베리(=뒷벼랑), 새비리(=새벼랑), 하모(=그래, 맞다 맞아, 아무렴, 그래, 그렇고 말고)

(나) 수사, 수 관형사, 수 명사

① 하나, 둘, 서이, 너이, 다서, 여서, 일고, 여덜, 아호, 열, 시물, 서른, 마은, 오십, 육십, 칠십, 팔십, 구십, 백
② 한, 두, 세, 네, 다서, 여서, 일고, ……

③ 하리, 이틀, 사알, 나알, 다세, 여새, 이레, 여드레, 아흐레, 여를

④ 오늘, 내일, 모레, 모레고패(글피), 저모래고패(=그글피), 어제, 그제/아래(=그저께), 그그지/저아래(그그저께)

진주말	그끄지	그지	어지	오올	내앨	모레	고패	고고패
	저아래	아래					저모레	
	그아래						모레고패	저모래고패
표준어	그끄저께	그저께	어제	오늘	내일	모레	글피	그글피
	그저께	그제						

11
문맹 탈출, 이복순 할머니 시집 《행복의 꽃을 피우리라》

전나무동 이복순 할머니(1937~2022)는 충남 논산에서 태어났다. 일제강점기와 6.25 전쟁으로 초등학교 과정도 제대로 마치지 못하고 졸업장도 받지 못했다. 마침 논산에서 군대 생활 중이던 남편 김택용(1932~2000) 씨를 만나 1955년 가을에 지리산 첩첩산중 두메산골 청학동으로 시집을 왔다. 택호는 '대전댁'이다. 김택용씨는 본관이 경주인데, 회동 전나무동에 살았다.

위 왼쪽부터 이복순 시인과 《이복순 시집-행복의 꽃을 피우리라》 표지 및 묘 전 시비(詩碑)
(사진 자료 및 시집 제공: 회동 이장 김영민-이복순 할머니의 큰아들)

대전댁은 시조부모님과 시부모님, 시삼촌, 시누이까지 10명이 넘는 대식구 속에서 시집살이를 시작하여 아들만 일곱을 두었다. 어려운 시집살이도 운명이라 생각하고 항상 긍정적인 마음으로 받아들이고, 자식들에게는 조금은 엄하면서도 올바른 길을 열어주려고 노력하여 일곱 아들을 잘 길러냈다.

그러던 중에 남편께서 2000년 위암으로 세상을 뜨자 그 슬픔을 이기지 못하여 한동안 곡기까지 끊었으나 자식들을 위해 마음을 굳게 먹고, 평생의 동반자였던 남편을 지우고 외로움을 떨치려고 눈만 뜨면 밤낮을 가리지 않고 모질게 일을 벗 삼고 살았다.

만년에는 외로움을 달래기 위해 경주김씨 친척들이 많이 사는 하동군 금성면 갈사 청도(靑島)로 이주하였다. 원래 청암면 중이리의 경천묘가 있던 새터 마을에는 경주김씨들이 집성촌을 이루고 살았으나 하동호 공사로 고향을 잃고 집단으로 이주해간 곳이다.

그러다가 75세에 들어 한글을 다시 공부한 대전댁은 팔순의 나이에도 불구하고 간간이 댕기 머리 소녀 시대로 돌아가 연필을 꾹꾹 눌러 예쁘고 아름다운 시를 적어 나갔다. 아니,

시랄 것까지는 없고, 그냥 일기처럼 끄적거려 보았단다.

이렇게 적은 시가 무려 100여 수, 아들 김영민(묵계초 12회, 2024년 5월 현재 회동 이장)이 정리하여 2017년 팔순 기념으로《이복순 시집-행복의 꽃을 피우리라》를 제작하여 지인들과 나누어 가졌다. 휴암 양영욱의 소개로 이복순 할머니의 시를 처음 접했을 때 사실 깜짝 놀랐다. 필자도 외가가 새터 경주김씨인 만큼 이복순 할머니는 어린 시절부터 익히 봐왔던 분이시다. 그래서 후배인 김영민 이장에게 연락하여 시집을 빌려보니 130여 편의 시가 실려 있었다. 모두 소개하고 싶었으나 지면 관계상 다섯 수만 고를 수밖에 없어서 아쉬웠다. 2022년에 작고한 이(李) 시인의 시비(詩碑)는 전나무동의 심은동 목에 있는 선산의 이 할머니 산소 옆에 세워져 있다.

한편 대전댁 이복순 할머니는 '제16회 토지문학제 하동군민 시 낭송대회'에서 '대상'(2016. 10. 7)을 수상했으며, '제17회 토지문학제 전국 어르신 백일장'에서 차상(제17회, 2017. 10. 14.)과 같은 대회 제20회에서 장려상(제20회, 2020. 10. 10)을 받았다.

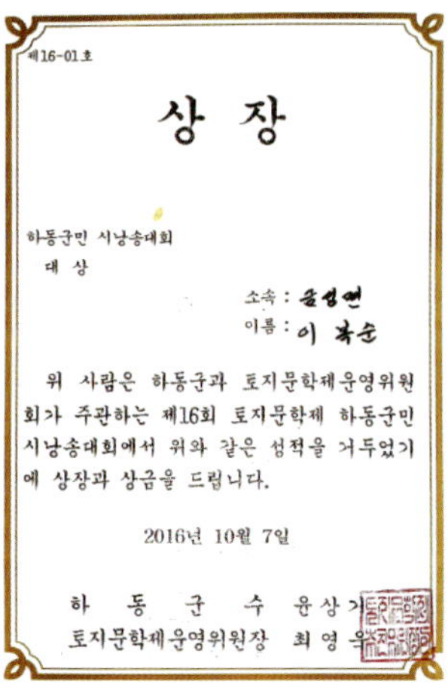
제16-01호

상 장

하동군민 시낭송대회
대 상

소속 : 금성면
이름 : 이 복순

위 사람은 하동군과 토지문학제운영위원회가 주관하는 제16회 토지문학제 하동군민 시낭송대회에서 위와 같은 성적을 거두었기에 상장과 상금을 드립니다.

2016년 10월 7일

하 동 군 수 윤상기
토지문학제운영위원장 최 영 욱

제16회 토지문학제(2016년)
하동군민 시 낭송대회 '대상' 수상

하동군민 시 낭송대회 대상 수상자
소감 발표

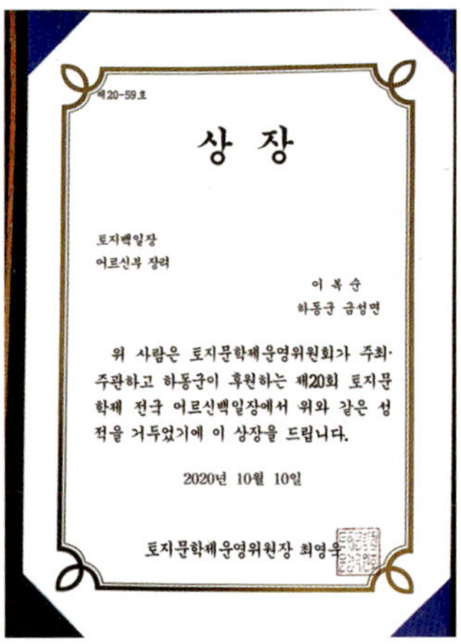
제20-59호

상 장

토지백일장
어르신부 장려

이 복 순
하동군 금성면

위 사람은 토지문학제운영위원회가 주최·주관하고 하동군이 후원하는 제20회 토지문학제 전국 어르신백일장에서 위와 같은 성적을 거두었기에 이 상장을 드립니다.

2020년 10월 10일

토지문학제운영위원장 최영욱

제17회 토지문학제(2017년) 전국
어르신 백일장 '차상' 수상

《이복순 시집》중에서 묵계동의 정서가 담긴 대표적인 시 몇 편을 소개한다.

행복의 꽃을 피우리라

이복순

피우리라, 꽃을 피우리라
하얀 메밀꽃을 피우리라
그러면 내 인생에 하얀 꽃이 피겠지

피우리라, 꽃을 피우리라
맑고 맑은 사랑의 꽃을 피우리라
그러면 내 인생에 행복의 꽃이 피겠지

그 꽃들 알알이 여물어
바람 따라 구름 타고 동서남북
퍼져나가 온 천지에 행복을 물들이겠지

그것처럼 내 인생도
이 세상 가득하게
행복의 열매를 낳고 싶어라

우리집

이복순

백두대간 내리친 끝자락에는
웅장한 지리산 펼쳐져 있고

스르르 남쪽자락 따라서 가다 보면
나지막한 산봉우리 소담스러워
그 아래에 터전 일군 고운 우리집

산수화 목련꽃 병풍처럼 둘러쳐 있고
벌 나비는 훨훨날아 꽃동산에 머무네

뻐꾹새와 꾀꼬리 쌍쌍이 깃들고
우리 가족 모두는 하루 일을 끝내고
하나둘 잠드는 밤 고요하여라

뻐꾸기가 울면

이복순

뻐꾹!
뻐꾹!
뻑! 뻑! 꾹!

푸른 계절 5월이 되어
뒷동산에 뻐꾸기 울어 올 때면

앞들과 재 너머 다랑이 논에는
동네 어르신네 소 모는 소리

이랴!
좌라!
워~!

걸걸한 목청 따라
農牛의 워낭소리 청량하여라

해마다 이맘때면
두메산골 골짜기 회동마을엔

천상 세계 버금가는
이상향 펼쳐진다네

풀숲에서

이복순

비개인 봄날에
녹음 짙은 풀숲에서

취나물과 고사리 등
햇나물을 꺾다 보면

푸드덕 까투리 날아오르고
저 골짜기 풀숲에서
장끼가 꿩! 꿩!

바스락!
바스락!
일손 바쁜 아낙의 바지춤에
새파란 풀잎 스치는 소리

그 소리에 놀라
발아래서 젖먹이던 어미 토끼는
껑충껑충 놀라서 달아나다가
새끼가 걱정되어 뒤돌아보고

젖 물었던 새끼는 영문을 몰라
두 귀를 쫑긋쫑긋!
눈망울은 동글동글!

그 모습 귀여워서
망태기에 담았다 놓았다
몇 번 하다가

어미의 핏빛 어린 눈초리가 애처로워
살포시 그 자리에 놓고 왔지요

당신이 다니시는 험난한 길

이복순

당신과 내가
앞서거니 뒤서거니 길을 가면서
이런저런 이야기를 하고 가는데

어찌나 길이 험하던지 깜짝 놀라서
여보, 이렇게 험한 길을 밤마다 나셨단 말이요?

아, 내가 죄를 지었구나, 생각하면서
잠에서 깨어보니 꿈이었다.

그런데 이튿날에
또 다시 당신께서 찾아오셔서
같이 가자, 같이 가자 하셨지만

그 험한 길을 따라갈 수 없어서
이 험한 길을 당신 믿고 따라가겠소?
뭐라 뭐라 대꾸하며 계속 말을 하는데

옆에서 잠을 자던 셋째 '영부'가
'어머니!' 하면서 흔들어 깨워 일어나 보니
생생한 꿈이었다.

여보,
당신께서는 외로운 이내 심정을 헤아리시고
가시밭보다 더 험난한 길을
밤마다 땀 흘리며 내 곁을 다녀가시는구려

12

묵계의 토요 · 민요

토요 전수자 고 이성순 할머니

어릴 때 모심는 데 따라가면 자주 들었던 정겨운 노래, 모내기꾼 중에서 누군가 시작하면 서로 이어받아 가며 막힘없이 불리던 노래가 있었다. 소위 모심기 노래였다. 이것은 우리 향토(鄕土)의 노래인 토요(土謠)이자 민요이다.

이런 노래에는 한(恨)과 애환(哀歡), 익살과 재담(才談)이 함께한다. 지금은 다양한 놀이 문화 속에서 대부분 사라졌지만 이런 토요나 민요 등은 소중한 문화유산이라고 생각한다. 다행히 하복도 선생의 《청암(靑岩)》이나 하동문화원에서 출판한 《하동의 민요》라는 책에 많은 노래가 채록되어 남아있다.

그중에서 묵계(默溪) 혹은 청암지역에서 전해오는 노래를 중심으로 57수를 소개한다. 이 노래의 선정에는 고산(高山) 김삼주 전 하동문화원 향토사연구회 회장의 역할이 컸다. 고 이성순(1919~2004) 할머니와 고산 선생께 감사드린다.

[표1] 토요의 분류표(총 57수)

가. 농요 (1수)	나. 부녀요 (9수)	다. 의례요 (1수)	라. 유흥요 (12수)	마. 전래동요 (3수)	바. 기타 민요(31수)
(1) 못 노래	(2) 나물캐자	(11) 상부 소리	(12) 각설이 타령 (2수)	(24) 각거리	※아래 표2 별도 정리
	(3) 며늘아기 자분다고		(13) 권주가	(25) 결치요(이 빠진 아이 보고)	(27)~(57)
	(4) 바늘노래		(14) 노래가락	(26) 나비야 청산가자	

	(5) 베틀가(2수)		(15) 담배타령		
	(6) 삼 삼는 노래		(16) 못갈 장가		
	(7) 시집가는 노래		(17) 방구타령		
	(8) 시집살이 노래(4수)		(18) 범벅타령		
	(9) 자장자장 워리자장		(19) 장모타령		
	(10) 줌치 노래		(20) 장타령		
			(21) 꿩타령		
			(22 티전타령		
			(23) 화투타령		

이들 노래 57수를 농요(農謠: 노동요), 부녀요(婦女謠), 의례요(儀禮요), 유흥요(遊興謠), 전래동요(傳來童謠), 기타 민요로 나누고, 또, 그 안에서 가나다순으로 배열했다. 이런 분류 체계는 하동문화원에서 펴낸 《하동의 민요》를 참고했으며 애매한 경우에는 기타로 분류했다. 그 결과 기타 민요가 31수로 가장 많았고, 유흥요 12수, 부녀요 9수, 전래동요 3수, 노동요와 의례요 각각 1수였다. 수록된 노래는 [표1], [표2]를 참고하기를 바란다.

노래 이름 앞의 괄호 안의 숫자는 전체 57수의 일련번호를 나타낸다. 노래 제목 뒤 괄호 안의 숫자, 즉 〈베틀가(2수)〉는 〈베틀가〉가 2수라는 의미인데 본문에서는 이것을 〈베틀가(1)〉, 〈베틀가(2)〉로 구분했다. 그런 한편 같은 노래 가사에 1, 2, 3절이 있을 때는 가사 앞에 〈1), 2), 3)〉으로 구분했다.

바-1. 서사민요 (부모 자식 관계, 2수)	바-2. 서사민요 (남녀 관계, 7수)	바-3. 애국요(4수)	바-4. 기타(19수)	
(27) 부모 은공	(29) 그네	(36) 논산훈련소	(40) 가재와 굼벵이 이야기	(50) 심청가
(28) 우리 옴마 생일상	(30) 상사가	(37) 우리 대한	(41) 긴 아리랑	(51) 우리 엄마 날 낳을제

	(31) 사설 청춘가	(38) 청암 방위대 노래	(42) 고향 산천	(52) 이바구 되바구 이야기
	(32) 사촌 성아	(39) 해방가	(43) 단오날 아가씨	(53) 이 빈대 벼룩 싸움
	(33) 쌍가락지		(44) 달깡달깡	(54) 일월가
	(34) 임 생각		(45) 댕기	(55) 참사랑
	(35) 청춘가(3수)		(46) 두꺼비 노래	(56) 파랑새야
			(47) 비야비야 오지마라	(57) 하늘에 금송아지
			(48) 선수사에 올라	
			(49) 손님 대접	

참고로 하복도 선생이 편찬한 《청암(青岩)》에 57수, 하동문화원의 《하동의 민요》에 420여 수의 구전민요가 수록되어 있다. 하복도 선생은 그 하나하나를 직접 채록하여 기록으로 남긴 것으로 보인다. 그 초인적인 노력에 경의를 표한다. 특히 생전 채록에 협조해 주신 고(故) 이성순 할머니께 감사드린다.

가. 농요(農謠)

여기에 수록된 농요는 〈못노래〉가 유일하다. 〈베틀가〉나 〈길삼 노래〉도 노동요라고 할 수 있으나 여기서는 부녀요(婦女謠)로 분류하였다.

(1) 못노래(모내기 노래)

● 아래 윗 논에 모꾼들아 춘삼월이 언젤랑가
우리 임이 길 떠날 때 춘삼월에 오마드라.

● 남해 금산 뜬구름아 눈 실었나 비 실었나

눈도 비도 아니 싣고 노래 명창 다 실었네
● 사랑섬 큰 애기 인물이 잘나 남해 총각 손을 치네
네 아무리 손을 친들 대동강이 수 천리라
● 남해 금산 간솔가지 꺼진 불을 살린다네
네 아무리 곱다한들 꺼진 불을 살릴소냐
● 아침 이슬 채전 밭에 불똥치는 저 쳐녀야
불똥이사 치네만은 고분 홀목 다 젓는다.
● 김해 김천 긴 골목에 시내 삿갓 연 날렸네
시내 삿갓 그늘 속에 만고 일색 길 떠난다
● 김해 김천 김 선부야 날 데불로 언제 올래
논 사 놓고 밭 사 놓고 널 데불로 내가 감세
● 풀꾹새야 울지마라 소년 과부 심애난다
심애날 것 무엇이냐 살로가면 그만이제
● 해 다 지고 저문 날에 일월 행상 길 떠나네
그 행상이 뉘 행상고
이태백이 본댁 죽어 일월 행상 떠나가네
● 아사리 침침 수목밭에 슬피 우는 저 새 소리
새 소리도 좋다마는 임의 소리 예성하네
● 오늘 해도 다 졌는가 골목마다 연기나네
우리 임은 어디 가고 연기 낼 줄 모르는가
● 다풀다풀 다박머리 해 다 진데 어데 가나
우리 부모 산소 등에 젖도 먹고 놀러 간다
● 물꼬는 철철 물 실어 놓고 주인 양반 어데 갔나
청사초롱 불 밝히고 첩의 방에 놀러 갔네
● 이 논에라 모를 심어 감실감실 영화로다
우리 동생 곱게 길러 갓을 씌워 영화로다
● 모야 모야 노랑 모야 언제 커서 한성할래
이 달 크고 새달 크고 칠월에는 한성할래
● 진주반성 안 사랑에 장기 두는 처남아가
반달 같은 너그 누이 온달 같은 날로 도라
네가 무슨 온달이냐 보름달이 온 달이제

- 각시 각시 고운 각시 죽은 낭군 살린다네
  네 아무리 곱다한들 죽은 낭군 살릴소냐
- 서 마지기 논뱀이가 반달 같이 남았구나
  네가 무슨 반달이야 초생달이 반달이제
- 연꼭지 연당 안에 연밥 따는 저 처녀야
  연밥이사 내 따주께 이내 품에 잠들어라
  잠들기는 어렵잖나 연밥 따기 늦어가오
- 진주 반성 안 사랑에 배추 씻는 저 처녀야
  겉에 겉잎 제쳐놓고 속에 속대 나를 다오
  당신이 언제 날 봤다고 속에 속잎 달라하오
- 사래 길고 광찬 밭에 목화 따는 저 처녀야
  혼자 따기 심심한데 둘이 따면 어떠하리
  둘이 따면 좋지마는 먼데 눈이 무섭다네
- 진주 병사 백마 타고 진양 못 뚝 썩 나서니
  연꽃은 피어 만발하고 수양버들 춤 잘 춘다
- 새미 위에 노송을 심어 노송 위에 학 앉았네
  학은 점점 젊어오고 임은 점점 늙어간다
- 서울이라 남기 없어 세침 바늘 쇠 걸었네
  세침 바늘 쇠 건 집은 연지분으로 왕토했네
- 서울이라 남기 없어 시상구로 다리를 놓아
  그 다리를 건널 때마다 쿵쿵 절사 소리 난다
- 양산봉이 아니더면 수양대 배필을 누가 하리
  이 도령이 아니더면 성춘향 배필을 누가 하리
- 남해 금산 행자목은 거제 선창 배 모았네
  우리 임이 건너시거든 선개 없이 건네주소
- 갈바람 살살 불지마라 임의 갓끈 모닳는다
  임의 갓끈 모닳는다고 불 바람이 아니 불까
- 아가야 처녀야 봇짐싸라 밀양 삼랑 술장사 가자
  너는 앉아 술을 팔고 나는 앉아 돈 받는다
- 하늘 한 쪽에 목화를 부어 목화 따기 남감하네
  이 논에라 모를 부어 모쪄내기 남감하다

- 처녀 친구가 병이나서 총각 친구가 약지로 갔네
  약일랑 지어서 머리에 놓고 내 머리 살끔 짚어주게
- 처녀 친구가 병환이 나서 순금씨야 배 깎아라
  순금씨가 깎는 배는 물도 많고 연하더라
  할멈할멈 어데 가고 딸의 동자 시켰는가
- 땀복땀복 수제비는 사위 상에 다 오르고
  노랑 감투 재처쓰고 몰국쓰기 더욱 썻네
  아버지는 그 말 마소 일군이라 건지떳소
  장도 단께 국도 다오
- 얼그럭 철그럭 장롱 안에 모시 옷이 가득찼네
  우리 임은 어데로 가고 모시옷을 안 입는고
- 해발름 발쑥 풍태바지 엉딩이가 시려서 못 자겠네
  요마침 조마침 당겨서 눕게 한솜 소매로 덮어줌세
- 우리 부모 날 설 적에 죽신 나물 자셨는가
  모디모디 설움이네
  우리 부모 날 설 적에 덕석구비 앉았는가
  굽이굽이 근심이네
  우리 부모 날설 적에 감감초로 자셨는가
  이내 살길 감감하네
- 까막까치 깍깍 울고 임의 병세는 짙어만 가네
  임의 손목을 마주잡고 임도 울고 나도 운다
- 비 묻었네 비 묻었네 진주 덕산 비 묻었네
  그 비가 비가 아니라 만 인간의 눈물이네
- 고성 학동 진 골목에 처녀 한 쌍 떠나가네
  처녀 댕기 끝만 보고 총각 한 쌍 간 곳 없다
- 진주 덕산 굵은 솔은 전봇대로 다 나간다
  진주역문 사역문 안에 전봇대 설 줄 뉘 알았을꼬
- 아침 이슬 담장 안에 앵두 따는 저 낭자야
  월아머리 반달 살짝 달짝 같은 내 사랑아
- 진주 반성 안사랑에 장기 두는 처남아야
  여중일색 너의 누를 군자호걸 나를 도라

방실방실 웃는 임을 못다 보고 해 다 졌네
오늘 해가 얼른 지면 새는 날로 보련마는
무주비단 한이불은 굽이굽이 다 타진다.
● 석양은 펄펄 재를 넘고 임의 갈길 천리로세
천리만리 가시더라도 발병 없이 다녀오소

나. 부녀요(婦女謠)

부녀요는 가정생활을 하면서 부르던 노래인데 따지고 보면 노동요의 일부라고 할 수 있다. 생각해 보면 우리 어머니 세대는 그야말로 슈퍼우먼이었다.

여성들도 논밭에서 농사일을 함께할 뿐만 아니라 모든 음식과 입성(옷)을 직접 만들어야 했다. 도굿대로 방아도 찧고, 맷돌질도 하고, 술도 빚고, 떡도 찌고, 고추장 · 된장 · 간장까지 제조하는 장인이었다.

더 나아가 직접 삼베나 모시 껍질을 가공하여 실을 만들고, 몸소 베틀에 올라 베를 짜고, 가족마다 옷도 디자인하여 만들고, 서답(빨래의 방언)하고, 육아까지 ……. 이런 많은 기능을 익히려니 시어머니를 비롯한 주변 어른들 구박에 얼마나 시달렸을까?

이런 난관 속에서 피로를 덜고 삶의 애환을 담은 노래가 창출되었을 것으로 생각한다. 여기서는 나물캐러 간다고, 며늘아기 자분다고, 바늘노래, 베틀가, 삼 삼는 노래, 시집가는 노래, 시집살이 노래, 자장자장 워리 자장, 줌치노래 등 우리 지역에서 전해온 9수의 노래를 소개한다.

(2) 나물캐러 간다고

나물캐러 간다고 요핑게 조핑게 허더니
총각 낭군 무덤에 삼우제 지내러 간단다
얼씨고 절씨고 아니 놀지는 못하리오

(3) 며늘아기 자분다고

며늘아기 자분다고 시어머니 송사가네
송사사 가소마는 송사간들 이기겄소
형방도 내 오래비 이방도 내 오래비
지동토야 우리 조카 문간 사령 우리 종놈
송사간들 이기겄소
시어머니 송사가서 삼천개를 맞았다네
앉아자는 잠을랑은 꽃맹석을 펴드리고
누워자라 전령났네 앞집의 동서들아
뒷집의 동서들아 시어머니 맞았단다
시어머니 문병가자 간장국에 된장제비
소금심애 죽을 끓여 시어머니 문병갔네
아가 아가 며늘아가 죽이사 좋소마는 입이 씨워 못 먹겠다
아가 아가 며늘아가 느그 집안 내몰랐다
우리 집안 살림살이 네 맘대로 다 살아라

(4) 바늘 노래

질로질로 가다가 바늘하나 주웠네
주운바늘 넘줄까 넘주느니 내허제
떤짓네 떤짓네 성냥간에 떤짓네
후왓네 후왓네 낚시하나 후왔네
떤짓네 떤짓네 대동강으로 떤짓네
낚았네 낚았네 잉어 한마리 낚았네
도마위에 걸치고 비늘치고 회치고
꼬치장에 초치고 목구녕에 들치고
똥꾸녕에 내치고 개를 불러 훌치고

(5) 베틀가(베틀 노래)

베틀은 삼베, 무명, 명주와 같은 피륙을 짜는 재래식 가정용 직기인데 본 틀과 부속품으로 복잡하게 이루어져 있으며 재료는 거의 나무로 만들었다. 부녀자들이 이 베틀로 베를 짜면서 부르던 구전 속요를 베틀가(베틀 노래)라고 하는데 지방에 따라 내용이 조금씩 다르지만 거의 비슷하다. 베틀 기구들을 여러 가지로 의인화시키거나 고사에 비겨 익살스럽게 노래하며 고된 노동의 피로를 잊었다.

오시는 임을 위하여 짠 베로 도포를 지었더니 뜻밖에 임은 죽어서 상여에 얹혀 오더라는 절망적인 내용을 가지는 노래도 있다. 여기서는 2수의 베틀가 노래를 소개한다. 그리고 베틀 기구의 그림과 그 기능을 소개하는 글을 추가했다.

(5-1) 베틀가(1)

오늘이라 하 심심해 베틀에 수심이나 풀어 보자
베틀다리는 사형제요 요내 다리는 형제로다
가래쎄장 질러놓고 앉을 개를 돋아 놓고
그 위에라 앉은 것은 옥단처녀가 앉았구나
부테라고 하는 즉은 비 오신 뒷날인가 허리 안개를 둘렀구나
몰케라 하는 즉은 총각님 죽은 넋이런가 큰 애기 허리만 안고 돈다
쳇발(체활)이라 하는 즉은 빛 좋다 저 무지개 황하수로 둘렀구나
북이라 하는 즉은 천태산 깊은 골에 새끼를 다리고 드나든다.
보디 집 캉캉 치는 소리 삼간 초당이 다 울린다.
잉애대는 삼형제요 눌기대는 호불애비
삼발 가진 베검지는 백사장 너린 들에 엉거렁 정거렁 잘도나 간다.
용두머리 도는 소리 청천 하늘에 기러기 떴다 기러기 따라 강남가자.
철기 신이라 하는 즉은 당사실로 목을 매어
큰 애기 발꿈치 다 닳이고, 새 각시 발꿈치 다 닳인다.
조그마한 베 도투마리 수많은 군사를 거느리고 얼싸 쿵쿵 잘도 돈다
한 치 두 치 짜는 베로 석달 열흘에 다 짜 갖고
압록강에 씻어다가 대동강에 헤어다가
배꽃같이 바래 갖고 멀 꽃 같이 다듬어서

서울 가신 선부님 도포 한 자락 베어 놓고
옆에 오신 새 선부님 우리 낭군 안 오시오
오시기야 오시오만 칠성판에 실려 오요
아고 배야 지고 배야 이팔청춘 젊은 년이 임을 잃고 어이 살꼬
부작 대기 거꾸로 심어 가지가 돋히면 오실랑가
진안 장성 백모래 밭이 바구가 되면 오실랑가
이리 생각 저리 생각 밤새도록 흘린 눈물 오지락 앞이 소(沼)가 되네
그걸싸 소(沼)라고 겨우 한 쌍 오리 한 쌍
쌍쌍 오리 떠나 오네 천하 몹쓸 이 겨우야
네 뜰데가 그리 없어 눈물 강에 네가 떳냐
대동강도 있소마는 월소강에 있소마는 뜰데 달라 내가 떳소

(5-2) 베틀가(2)

월궁에 놀던 선녀 인간에 내쳤으니 세상에도 할 일 없다.
좌우를 둘러보니 옥난간 비었구나
옥난간에 베틀나여 구름 잡아 잉에 걸고
가래쎄 조아놓고 앉을개 돋아 놓고
그 위에라 앉은 양은 용상 좌기하신 듯다.
부테 들러 가는 양은 용무산 실안개가 산중 허리 도는 듯다
들고 땅땅 놓고 땅땅 보디집 치는 소리 삼간 초당이 다 울린다.
쳇발 질러가는 양은 동에 동쪽 서에 서쪽 무지개가 건너는 듯
자질개 물 주는 양은 세우비가 뿌리는 듯
자질개를 띄운 양은
게기 낚는 저 노인이 낚시대를 띄운 듯다.
북 나드는 거동은 강남의 연자 제비 처마 안에 새끼 치고 넘나드는 연자로다
잉애대 삼형제는 드자 놓자 굽니흔디 호부래비 눌기대는 일생 혼자 노는구나
용두마리 우는 소리 청천에 외기러기 벗을 잃고 벗 부르는 여대로다
가련타 철기신은 옥사를 목에 걸고 지도 방에 항복한다
살발난 베금지는 백사장 너른 들에 엉거정 엉거정 잘도 간다.
쿵절쿵 도투마리 많은 군사 거느리고 얼사쿵쿵 잘 넘어간다.

■ 베틀의 구조와 명칭

주요 베틀 기구에 대한 설명은 다음과 같다.[272]

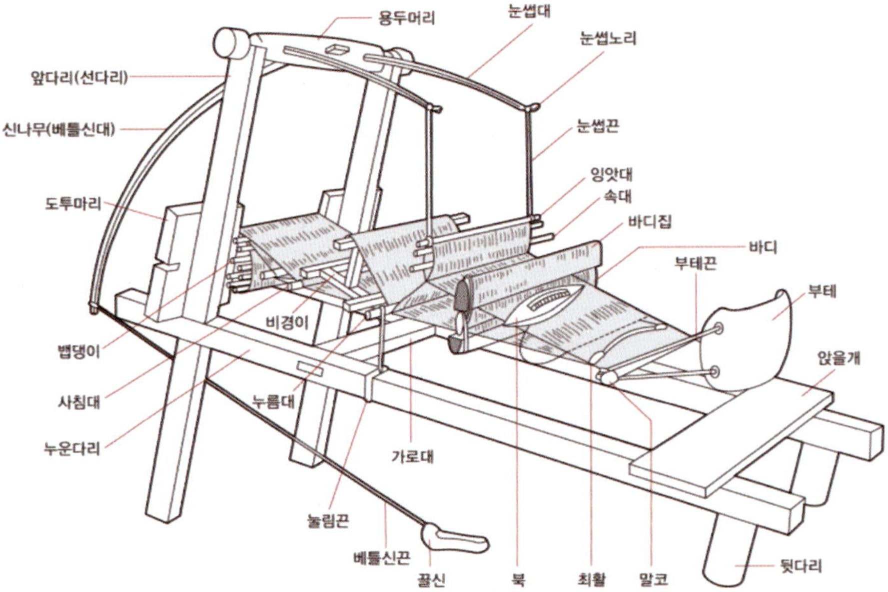

〈베틀의 구조〉 네이버 블로그 《인자무적》, 〈전통문화-조상들의 방직기구 베틀〉에서 인용

- 용두머리(원삼) : 베틀의 앞 기둥 위에 걸쳐놓은 원형 또는 타원형의 나무로 여기에 눈썹대 베틀신대(신나무)를 끼운다.
- 눈썹 대(나부손) : 용두머리의 양쪽 끝에서 베를 짜는 사람 쪽으로 뻗어 있는 가느다란 막대기 두 개를 말하며, 눈썹 줄(눈썹 노리)로 잉앗대에 연결된다.
- 눈썹 노리 : 눈썹대의 끝부분을 말하며, 이곳에 눈썹 줄이 연결된다.
- 눈썹 줄(끈) : 각 눈썹 대에 연결된 끈으로 잉앗대가 여기에 연결된다.
- 잉앗실(잉에 실) : 잉앗대에 연결된 많은 실 고리로 날실 하나하나를 걸쳐 잉앗대에 연결한다.
- 잉앗대 : 눈썹 줄과 잉아를 거는 나무이다.
- 속대 : 잉앗대 아래에 연결된 나무이다.

272) 베틀 기구 그림 및 설명은 네이버 블로그 《忍者無敵(인자무적)》, 〈전통문화-조상들의 방직기구 베틀(구조와 명칭)〉(https://blog.naver.com/pansik68/222489406086)의 주인 '공수래 공수거님'의 허락을 얻어 수록.

- 북(배) : 실꾸리를 넣고 날실 사이로 오가면서 씨실을 넣어 베가 짜이도록 하는 배 모양의 나무통이다.
- 실꾸리 : 북 안에 넣어서 씨실을 공급할 수 있도록 감아둔 실이다.
- 바디 : 대오리를 참빗처럼 세워서 두 끝의 앞뒤로 대오리를 대고 단단하게 실로 얽어 만든 것이다.
- 바디 집(보디 집) : 바디의 위와 아래에 두른 두 짝의 나무테로 홈이 있어 바디를 끼우고 양편 마구리에 바디 집 비녀를 꽂는다.
- 바디 집 비녀 : 바디 집 머리를 잡아 꿰는 가느다란 나무와 쇠이다.
- 최활(쳇발) : 포목을 짤 때 좁아지지 않도록 가로 넓이를 유지하는 나무이다.
- 부티(화랑개) : 포목을 짤 때 베틀의 말코 두 끝에 부티끈으로 매어, 짜는 사람의 허리에 두르는 띠이다.
- 부티끈 : 베틀의 말코 양끝과 부티를 연결하는 끈이다.
- 말코(몰코) : 포목이 짜여 나오면 감기 위한 대로 이 끝에 부티끈을 잡아 매어 몸의 힘으로 날실과 짜인 포목을 잡아당긴다. 말코와 부테 사이에 작업자 몸이 끼어 있다.
- 앉을개(앉을대) : 베 짜는 사람이 앉는 널판으로 뒷기둥 위 베틀다리 위에 걸쳐놓는다.
- 뒷다리(뒷기둥) : 베틀다리의 뒤를 버티는 짧은 기둥이다.
- 다올대(밀침대) : 날실을 풀기 위하여 앉을깨에 앉은 채로 도투마리를 밀어서 넘기는 긴 막대기이다.
- 눌림대(누름대) : 잉아 뒤에 있으며 베의 날을 눌러 고정하는 작용을 한다.
- 눌림끈 : 베틀에서 눌림 대를 베틀다리에 잡아매는 끈이다.
- 비경이(빙어리) : 잉아 뒤와 사침대 앞 사이에 있는 삼각형 모양, 날실이 잘 벌어지게 하는 작용함.
- 베틀다리(누운다리) : 베틀 원체를 이루는 것으로, 베틀의 무게를 지탱하기 위하여 앞기둥과 뒷기둥에 가로로 걸친 한 쌍의 길고 굵은 나무이다.
- 앞다리(선다리) : 베틀 원체를 이루는 것으로 다리 앞쪽에 구멍을 뚫어 박아 세운 한 쌍의 기둥으로 용두머리가 이 위에 걸치게 된다.
- 베틀신 : 용두머리를 돌려 잉아를 잡아 올리기 위하여 신대 끝에 신 끈을 달고 그 끝에 동인 외짝 신으로, 보통 직녀가 오른발에 신는다.
- 베틀신대(신나무) : 용두머리 중앙 뒤쪽에 박아서 아래로 내려뜨려 베틀신과 베틀신끈으로 연결하는 대나무이다.
- 사침대(사침) : 두 개의 대나무 꼬챙이로 만들며 베틀의 비경이 옆에 있어 날실의 사이를

떼어주는 작용을 한다.

- 도투마리(도트마리) : H 형의 널빤지로 되어 있으며 베매기에서 날실이 여기에 감긴다.
- 뱁댕이(뱁대) : 베 매기에 의해 날실을 도투마리에 감을 때 서로 달라붙지 못하게 사이사이에 끼우는 댓가지이다

(6) 삼 삼는 노래

이 삼 삼아 옷 해 입고 뉘 댁 집으로 종노릇 갈꼬
배추씬가 무우씬가 골골마다 다 허친다.
내 오면 네 안 오고 네 오면 내 안 오고
매쌀 같이 맺은 동무 찹쌀같이 찰진 동무
내 죽은들 네가 아리 네 죽은들 내가아리

(7) 시집가는 노래

1) 우리 오빠 남자인고로 논도 차지 밭도 차지
대궐 같은 집도 차지 하늘 같은 부모 차지
요내 나는 여잔고로 묵고 가는 밥 뿐이네
입고 가는 옷 뿐이네
2) 호박 넝쿨 박 넝쿨은 울 안으로 손 주느만
우리 부모 나를 키워 울 밖으로 손을 주네
무정터라 야속터라 우리 부보 무셩터라
이왕지사 남 줄바야 대한 질에 못 주던가
대한 질은 옆에 두고 소리 질로 나를 주네

(8) 시집살이 노래

(8-1) 시집살이 노래

서울이라 김 한량 막내 딸 시집간 사흘만에

양가메를 깨엇다네
시어머니 썩 나섬서 아가아가 며늘 아가
너거 집에 어돌아가 세비 쟁기 다 팔아서
일 년 농사 다 못 지도 양가매 값 물어도라
시아버지 썩 나섬서 아가아가 며늘 아가
너거 집에 어돌아가 논밭 전지 다 팔아서
일 년 농사 다 못 지도 양가매 값 물어도라
물어주소 물어주소 이내 몸값 물어주소
이내 몸값 물어주면 양가매값 물어줄게
천금 같은 자기 아들 구름같은 말을 타고
골목골목 다 지나고 새럽새럽 다 지나서
내 사립 앞으로 휘어들어
천금 같은 이내 몸을 짚동 같이 헐어내어
물어주소 물어주소 이네 몸값 물어주면
양가매 값 물어줄게
시어머니 썩 나섬서 어뚜까 내 며느리
말 잘할 줄 내 몰랐네.

(8-2) 시집살이 노래

시집오던 삼 일 만에 님을랑은 과거 가고
부뚜막은 베개 삼고 부석을랑 방을 삼고
살다 살다 못 살아서 하루아침 일찍으니 일어나서
말 열 마리 죽써 먹여 뒷산에다 데려놓고
소 열 마리 죽써 먹여 앞산에다 데려놓고
양외적을 아글자글 꾸어내고,
머구적을 아그자그 꾸어내고
시아버지 상을랑은 칠게상을 꾸며놓고
시누애기 상을랑은 팔푼상을 꾸며놓고
머슴들 상을랑은 그럭저럭 꾸며놓고
대야에다 물 떠 놓고 큰방 문을 반만엶서

아버님도 일어나고 어머님도 일어나서
세수하고 진지하소 진지 때가 다 되었오.
에라 요년 요망할년 무슨 잠이 그리없어
첫새벽에 밥해놓고 첫새벽에 날깨우네 문 닫아라 잠 잘란다
골방문을 반만 염서 시누애기 일어나서 낯 씻고 밥 먹어라
밥때가 다 되었다.
에라 요년 요망할년 문 닫아라 잠잘란다
남의 집의 머슴들은 이랴 좌랴 샀느마는
우리 집의 머슴들은 어찌 저리 잠만 자내
종놈들도 일어나서 마당 쓸고 밥 먹어라
남의 집의 종놈들은 마당 쓸고 밥 먹는데
우리 집의 종놈들은 어찌 그리 잠만 자내
분통 같은 요내 방문을 반만 열고 디다본께
모시 치마 주리 치마 열두폭 잡은 치마 횃대불에 걸렸구나
두 폭 따서 바랑 짓고 한 폭 따서 굴갓 짓고 아홉 폭은 장삼 짓고
한 손에는 멥쌀 뜨고 뒷동산에 올라가서
중아 중아 아그중아 깍아주소 깍아주소
요내 머리 깍아주소
저리도 좋은 각시 근본없이 머리 깍기 웬말일고
근본 찾아 뭣할낀고 한 귀때기 깍고 난께
치마 앞이 다 젖었네
두 귀때기 깍고난께 대성통곡 하고 나네
장삼을랑 털어 입고 주럼작시 손에 들고
굴갓을랑 숙여 쓰고 아홉 상좌 앞세우고
동냥가세 동냥가세 임 오는 길로 동냥가세

한 모랭이 돌아간께 말채 소리 나는구나
두 모랭이 돌아간께 우리 임이 오시네요.
아홉 상좌 다 절하는데 저 중 하나 절 안하네
임을 보고 절을 할까 임이란 말이 웬 말일까
돌아가소 돌아가소 모르걸랑 돌아가소

보선 발로 뛰어 내려 이 말에 올라 앉게
다시 가면 그리 안 함세 야속터라 야속터라
임의 부모 야속터라 임의 동생 야속터라
임의 부모 야속해도 이제라도 죽어지면 그만이네
임의 동생 야속해도 이제라도 시집가면 그만이네
돌아가소 돌아가소 해 다 진다 돌아가소
이왕지라 난걸음에 십 년 공부 하고 오소.
십 년 공부하고 나서 날 찾으소 날 찾으소
절에 와서 날 찾으소
집이라고 돌아오니 부모님은 있건마는 제는 어디 갔소
그년하고 잡년이라 개가 살이 가고 없다.
동생은 있건마는 너거 셍이 어디갔나
그년하고 잡년이라 개가 살이 가고 없소
분통 같은 요내 방을 반만 열고 디다본께
먼지 앉기가 웬 말일꼬
무주 비단 한 이불은 덮을 듯이 던져놓고
원앙침 잠 베개는 벨 듯이 던져놓고
두리 베자 만든 베개 혼자 베고 누웠으니
두리 덮자 만든 이불 혼자 덮고 누웠으니
베개 너머 소(沼)이 되어 겨우 한 쌍, 오리 한 쌍
쌍쌍이 떠나 가네 야 이 짐승아
어디 조선 팔도에 뜰 데 없어 눈물 강에 네가 떴나
뜰데 없어 내가 떴나 뜰데 달라 내가 떳네

(8-3) 시집살이 노래

성아 성아 사촌 성아 시집살이 어떻던고
시집살이 좋데마는 시집살이 어렵더라
고초 땡추 뱁다해도 시집살이 더 맵더라
도리도리 도리판에 수저 놓기 어렵더라
동글동글 수박 식기 밥 담기도 어렵더라

중우 벗은 씨아재비 허소할까 해라할까
얼려 볼까 꼬아 볼까 말하기도 어렵더라

우리 친정 클적에는 쌀 두지에 봉닭인데
너머 집에 시집오니 개밥에도 도토리라
우러머니 날 나을 때 갈곳설곳 안 가리고
덕석 구부 앉았던가 구부 구부 설음일세
간간초를 자셨는가 모디모디 수심일세
답답한 감장수야 외지말고 감 팔아라
중우 벗은 씨 아재비 고추조차 내어놓고
우레같이 떼를 쓰며 감도라고 울고 있네
원수같은 씨애비는 쇳대 갖고 장에 가고
앙칼스런 씨어미는 챗독옆에 잠들었네
광 너르고 사래 긴 밭 하루가서 한 골 매고
이틀 가서 두골 매고 삼세골을 매고 남깨
점심때가 되었는가 집이라고 돌아오니
원수같은 씨어미는 흰죽에서 웃국뜨고
풋죽에서 웃국 뜨고 그리라도 먹고 나니
배 고프고 목마르네 그럭저럭 석삼년을 참고 참아
살고 난깨 피었고나 피었고나 미하꽃이 피었고나
길로길로 가다가 찔레꽃이 하 곱기에
씨누 올캐 꽃 따다가 대동강물에 떨어졌네
거동보소 거동보소 우로랍씨 거동보소
젙에 가속 밀쳐놓고 먼데 동숭 건져내니
나도 죽어 저승가서 남자되어 섬길래요
가기 싫은 시집을 간깨 서방님이 병이 나서
시계 팔고 반지 팔아 약탕물을 걸어 놓고
약사발을 손에 들고 님도 울고 나도 울고
님의 물팍 마주베고 소로시 잠이들어
님 가는줄 네 몰랐네 저 바람은 손이 없어도
오만 나무 흔드는데 이내 손은 형제라도

님 가는걸 내 놀랐네 애달픈 내신세야
비옵소서 비옵소서 석달 열흘 비옵소서
우리 친정 가거들랑 설달열흘 비옵소서
한덜을랑 낮잠자고 한덜을랑 머리빗고
한덜을랑 모실가고 석달열흘 비옵소서

(8-4) 시집살이 노래

어마니 딸 시집갈 때 몽돌 하나 넣어줌서
버버리 삼년 봉사 삼년 귀머거리 삼년
석삼년을 살고 난께 시아버지 거동보소
우리 친정 보낼라꼬 마상길로 가는 중에
도중에 놓고 쉴 때 뒷동산 장끼가 끌끌 울고 가는구나
소리 좋다 목아지는 시아버지 주고지야
꼭꼭 쫏는 주둥이는 동서님 주고지야
싹싹 헤비는 발묵딩이 씨누애씨 주고 싫고
흔들사 궁둥이는 시어머니 주고 싫고
덮을사 활개는 우리 임을 주고지야
그래니 시아버니 다시돌아 간다하네

(9) 자장자장 워리 자장

자장자장 워리 자장 우리 아기 잠 잘 잔다
뒷집 개도 짓지 말고 앞집 개도 짓지 말고
우리 아기 잠 잘 잔다, 묵고 자고 묵고 자고
무럭무럭 잘 자라라 꼬꼬닭아 울지마라
음매소야 울지마라 우리 아기 잠 잘 잔다

(10) 줌치 노래

해는 따서 겉을 하고 달을 따서 안을 넣고

상별 따서 상침 놓고 중별 따서 중침 놓고
무지개로 선두르고 대구 팔삭 끈을 꿰어
서울 남대문에 걸어 놓고 내려오는 구관 손님
올라오는 신관 손님 사또 구경하지 말고
줌치 구경하고 가소, 그 줌치라 집은 솜씨
아니 멀리 있드라면 이내소첩 삼을거를
그 줌치라 접은 솜씨 열두짝 떼장 밑에
살림살로 가고없소

다. 의례요(儀禮謠)

의례요는 주로 장례식에서 고인을 추모하고 상주를 위로하며 부르는 〈상여노래〉가 대부분이다. 이 노래는 꽃상여 앞에서 요령을 흔드는 선소리꾼과 상여를 메고 가는 상여꾼이 어우러져 부르는 소리이다.

앞서 살펴보았듯이 묵계동에는 삼거리를 비롯하여 회동, 학동 등 각 마을마다 「위친계」 혹은 「상포계」가 있어서 회원 중에서 상을 당하면 전 계원이 물심양면으로 일치단결하여 상을 치루는 미풍양속이 있었다. 이것은 예로부터 이어온 「예속상규(禮俗相規)」하고 「환난상휼(患難相恤)」하던 향약의 절목(節目)이 남아있었던 결과라고 생각한다.

여기서는 묵계와 청암면 일대에서 불린 〈상부소리〉를 소개한다.

(11) 상부소리

어허노 어허노 어나리넘차 어허노(후렴)
동방시방 시주님네 연만하신 백발노인
일평생을 잘사시다 왕생극락 발원이오
십이인의 대메꾼아 북소리 듣고 모여드소
십이인의 대메꾼아 오늘 망령 멀리가네

십이인의 대메꾼아 줄을 살푼 잡아주소
십이인의 대메꾼아 줄을 어깨에 올려주소
이왕지사 가는 길에 하직 인사나 하고 가세
무정세월 여류하야 좋은 시절 다 못보고
이팔청춘 백발되어 염라국을 가는지라
옛 노인이 하신 말씀 저승길이 멀다더니
오늘 내게 당해서는 대문 밖이 저승이네
꼬꼬닭아 울지마라 네가 울면 날이 새고
날이 새면 나는가네 영결종천 나는가네
이왕지사 가는 길에 일가친척 찾아보고
금지옥엽 내 자식들 두루두루 만나보자
울지마라 울지마라 귀여운 내자녀야
천하지상 둘도없는 귀여운 내자녀야
염라대왕 명령으로 열결종천 나는가네
나없다고 설어말고 어린자식 잘길러서
사후에도 다시만나 이별없이 살아보자
찾아보자 찾아보자 우리상주 찾아보자
고생많은 우리아들 고생많은 우리자부
보고싶은 우리딸들 그리웁던 우리사위
부모노릇 못한고로 너의들께 미안하다
자랑스런 내손자들 건강하게 잘길러서
부귀영화 누리면서 행복하게 잘살아라
동목하든 일가친척 다정했던 친구들도
부디부디 잘사다가 저승에서 만나보자
저승먼길 갈라하니 여비없어 못가겠네
차타면은 차비주고 배타며는 선개주고
배고프면 밥사먹고 몸아프면 약사먹네

〈다리 건널 때〉

동네안길 다리놔서 월천공덕 공을 쌓아

천년만년 살잣더니 한백년을 못다살고
내가먼저 가는구나 은하작교 먼먼길을
뉘가와서 다리놀까 까막까치 불러다가
다리놓자 해결할까 맞상제야
네가와서 다리놔라 나는가네 나는가네
이세상 인연끊고 극락세계 나는가네
가자가자 어서가자 하관시기 늦어질라
우리인생 죽어지면 죽는날로 하직이네
가자가자 어서가자 놀다보면 늦어지네
첩첩산중 두견새야 홀로앉아 울지말고
이리와서 동행하여 북망산천 같이가세
다왔구나 다왔구나 태산준령 다왔구나

〈달구질할 때〉

명산을 불러 봉분을 짓세
(후렴) 다져주세 다져주세 달구질로 다져주세
명산을 불러 봉분을 지어
(후렴) 금강산을 불러다가 이봉분을 지어볼까
(후렴) 지리산을 불러다가 이봉산을 지어볼까
(후렴) 백두산을 불러다가 이봉상을 지어볼까
(후렴) 한라산을 불러다가 이봉상을 지어볼까
(후렴) 이곳에 오신 백관님네 뗏장이나 옮겨주소
이명산을 잡을때는 누가와서 잡을는고
이명당을 잡을때는 무학대사 오셨던가
이명당을 잡을때는 도선이가 오셨던가
뒷산이 우뚝 천주봉은 산천갑자 나겠구나
앞산이 주춤 문필봉은 문장재사 나겠구나
좌청룡 우백호는 자손만대 영화로다
다져주소 다져주소 달구질로 다져주소

라. 유흥요(遊興謠)

민요에서 가장 하이라이트는 역시 유흥요라고 생각한다. 그래서 이런 노래는 지역을 넘어 전국적으로 불린 경우도 많다. 그 이름에서 보듯이 모두가 「타령」인데 해학과 위트가 넘치는 가사들이다.

여기서는 《하동의 민요》에서 유흥요로 분류한 5수(각살이타령, 방구타령, 장타령, 티전타령, 화투타령)에 필자가 유흥요라고 판단한 7수(권주가, 노래 가락, 담배타령, 못갈 장가, 범벅타령, 장모타령, 꿩타령)를 더해서 모두 12수를 소개한다.

(12) 각설이 타령

(12-1) 각설이 타령

일자를 한 장 들고 보니 일월이 송송 와송송 밤중 새별이 완연했내
〈후렴〉 어~허 쉬고 쉬고 들어간다. 작년에 왓던 각설이 죽지도 않고 또 왔네
요 자식이 요래도 정승 판서 자제로 팔도 감사를 마다하고
돈 한 푼에 팔려서 각설이로 나섰네
요 자식이 요래도 진주역만 가면은 돈 벼락을 맞는다.
요 자식이 요래도 한 장단만 꿀리면 제집 자식이 다 죽는다.
이짜나 한 장 들고 보니 진주기생 의암이 왜놈 청장 목을 안고
남강 물에 떨어질 때 안 울 기생 뉘 있으리
삼짜나 한 장 들고 보니 삼화 신령 도신령 신령 중에 어른이라
사짜나 한 장 들고 보니 사월이 광대는 박광대 광대 중에 어른이라
오짜로 한 장 들고 보니 오관 참장 관운장 적토말을 잡아타고 제갈 선생을
찾아간다.
육짜로 한 장 들고 보니 육실육실 크는 애기 중신 애비가 날아든다
칠짜로 한 장 들고 보니 치렁치렁 딴 머리 북두달비가 제격이요
팔짜나 한 장 들고 보니 파도 파도 깊이 파 얇이 파면 너 죽는다
구짜나 한 장 들고 보니 키 크고 늙은 중 아홉 상좌 거느리고
동구 밑에 들어섬서 나무아비타불

장짜나 한 장 들고 보니 장안의 숲에 범 들었네
이 산에 쿵 저 산에 텡 범 잡기만 힘을 쓴다.

(12-2) 각설이 타령

일자를 한 장 들고 보니 일선에 가신 우리 장병 통일되기를 기다린다.
이짜를 한 장 들고 보니 이등 저등에 북치고 평양기생이 춤을 춘다.
삼짜를 한 장 들고 보니 삼한신령 상신령 신령 중에 으뜸이라
사짜를 한 장 들고 보니 사문에 신령 사신령에 제갈 선생을 찾아간다.
오짜를 한 장 들고 보니 오감 참장 관운장이 육급선생을 찾아간다.
육짜를 한 장 들고 보니 육관대사 성진이가 팔 선녀 데리고 희롱한다.
칠짜를 한 장 들고 보니 칠보단장 녹여홍산 뉘 간장을 녹일려고 집을 나가나
팔짜를 한 장 들고 보니 우리 형제 8형제는 팔도 감사로 다 나갔네
구짜를 한 장 들고 보니 이팔청춘 소년 과부가 독수공방 빈방에서
구곡 간장을 다 녹인다.
십짜를 한 장 들고 보니 십 년 만에 고향오니 천리 강산이 다 변했네.

(13) 권주가(勸酒歌)

진주 단성 얽은 독에 참쌀로 비즌 연엽주야
딸을 길러 날 준 장모 이 술 한잔 자부시오
이 술일랑 자네가 먹고 내 딸일랑 섬겨주소
도래도래 도래판에 은산 놓고 놋잔 놓고
은잔에는 은꽃 피고 놋잔에는 놋꽃 피고
우리 임 받은 술잔 급제 꽃이 피었구나
동방화촉 그린 방에 유자 석류 얼러 키워
딸 키워 날 주신 장모 이 술 한잔 자부시오
이 술이 술이 아니라 칠 년 대한 가물음에 밤이슬 받은 음양수요
이 술 한 잔 자부시면 천년 만 년 사오리다.
이 술일랑 자네가 먹고 내 딸이나 섬겨주게

(14) 노래 가락

1) 장미가 곱다더니 꺽어 보니 가시로다
사랑이 좋다해도 살고 보니 눈물이라
아마도 장미와 사랑은 가시와 눈물이라
개똥밭에 수수나 갈비 동남풍에 떨어지고
아랫웃방 내 친구는 막걸리 한 잔에 쓰러진다
백일 송송 조그만 재목 조그만이 배를 모아
한약작 깊은 물에 둥기둥실 띄워 놓고
동자야 노를 저어라 바릅산으로 달 구경 가자
이 몸이 학이 되어 나래 우에 임을 싣고
구중천 높이 떠서 이별없는 곳에 찾아갈까
그곳도 이별이 잦으면 도천 만 리 떠나가리

2) 배고파 받은 밥상 돌도 많고요 니도 많네
돌많고 니많은 밥은 님이 없는야 탓이로다
나도 언제나 님을야 만나 돌없는 밥을 먹어볼까
참나물 먹고 물 마시고 팔을 베고 누었으니
대장부 살림살이가 이만하면 넉넉하지

3) 칠 나당 팔 나당 홍갑사 댕기
고분 때도 아니 묻어 날받이 왔네
날받이 받아서 부석캐 넣고
중신 애비 상투 끌고 나본고지 가자

(15) 담배타령

남방초야 북방초야 동래 울산 엽연초야
네 뭣하러 나왔느냐 만 백성 인간이 한이 많아
심심풀이로 내 나왔네 그 담배 한 대 씨를 받아
안 단장에 던졌더니 포롬포롬 속잎나서

약찬 잎만 가려 뜯어 황금빛으로 말았구나
은장도 드는 칼에 아씩아씩 에어내어
청동화로에 불 피워놓고 하죽실대 진 담뱃대
이 담배 한 대 맛을 보소
부모 정리가 이렇게 좋으면 효자 노릇을 뉘 아니하며
살림 맛이 이리 좋으면 만석거부 뉘 아니살꼬
부부 정리가 이렇게 좋으면 홀로 살 이 뉘 있겠는가

(16) 못갈 장가

서른하고 열아홉에 첫 장가를 갈라한깨
앞집에서 궁합 보고 뒷집에서 책력 보네
궁합에도 못 갈 장개 책력에도 못 갈 장개
내가 쎄워 가는 장개 한 모랭이 돌아선깨
여시새끼 길을 넘네 두 모랭이 돌아간깨
까막까치 깍깍 우네 세 모랭이 돌아간깨
조그만은 피리 신랑 새털멍치 둘러씨고
한 손에는 작지 들고 한 손에는 부고 들고
두 손으로 주는 편지 한 손으로 받아갖고
두 손으로 펴어 보니 죽었고나 죽었고나
신부씨가 죽었고나 앞에 가던 아버지도
오던 길로 돌아서소 하인들도 돌아서라
이왕지사 이런 장개 내나 한 번 가볼란다
한 대 문을 열고 든깨 콩팥 섬이 노 다앗네
두 대문을 열고 든깨 상부쟁이 상부 짓고
세 대문을 열고 든깨 꽃쟁이가 꽃을 짓고
네 대문을 열고 든께 널쟁이가 널을 짜고
다섯 대문 열고 든깨 서른셋 상두꾼아
바람길만 마차서라 여섯 대문 열고 든깨
조그만은 처남 아가 기둥잡고 빽빽도네
오늘 오신 새 매부는 좋기사 좋건마는

분질 같은 우리 누야 계모 일사 악담으로
자는 듯이 가고 없네 아가 아가 처남 아가
네 노래가 듣기 좋다 다시 한 번 더 불러라
너거 누야 계신 방이 어디만침 붙어 있나
아래 행랑 내리서서 밀창 열고 속창 열면
그 안에 계신다오 아래 행랑 내리서서
밀창 열고 속창 여니 장인 장모 앉아 우네
장인 장모 우지마소
너리고도 너린 골에 울고 가는 나만 할까
너리고도 너린 골에 살 썩히는 제만 할까
꽃 생이를 꾸밀긴가 목생이를 꾸밀낀가
꽃생이도 제가 하고 목생이도 제가 하제
상객 줄라고 차린 밥은 발인제나 지내주고
날 줄라고 차린 밥은 평토제나 지내주고
한인 줄라고 체린 밥은 성복제나 지내주소
나는 가요 나는 가요 오던 길로 나는 가요

(17) 방구타령

오늘도 하심심 한데 방구타령이나 하여보자
시아버지 방구는 호령방구요
시어머니 방구는 앙살방구요
아들의 방구는 사랑방구요
며늘의 방구는 도둑방구
딸의 방구는 연자방구요
손자의 방구는 귀한방구라
이방구 저방구 다제쳐 놓고 국제방구로 들어가보자
미국놈의 방구는 원자탄 방구요
일본놈의 방구는 도수께끼 방구요
쏘련놈의 방구는 공갈방구요
중국놈의 방구는 떼놈방구

이북놈의 방구는 후퇴방구요
박정희 방구는 새마을 방구라
삼천만 동포의 방구소리가 삼천리를 진동하네

(18) 범벅타령

에리야 둥굴 범벅이야 누구 잡수실 범벅인고
김도령 잡수실 범벅이제 이 도령 잡수실 범벅이제
김도령은 찹쌀범벅 이도령은 멥쌀범벅
김도령은 훗낭군이요 이도령은 본낭군이라
왼빗 참빗 족집게며 외방 장사로 나간 후에
거동봐라 행실봐라 제집년의 행실봐라
이도령없는 쌋을 알고 산을 넘고 물을 건너
이도령 문전에 당도하여
문 열어오 문 열어오 내가 왔으니 문 열어오
방문열고 들어가서 쳐다 보니 소루반지
내려다 보니 각자 장판
반닫이 요강을 밀쳐 놓고 홍공단 이불을 후어 덮고
장포 방에 금잉어 논다. 구굼실 구굼실 잘도 논다.
문 열어오 문 열어오 내가 왔으니 문 열어오
어찌 허꼬 어찌 허꼬 삼대 사대 내려오는
남의 집 귀동자 어찌 허꼬
반닫이 속에다 쉬몰아 넣고 중문 열고 하는 말이
외방 장사 나가신다더만 이 밤중에 웬일이오
하도 외방 장사가 아니 되어 돌포리(돌팔이) 장님을 물었더니
삼대 사대 내려오는 반닫이에 걸려서 하장불사로 돌아왔네
세전지 기물이 그 뿐인데 하장불사가 웬말이오.
고방 문을 끄리더니 새끼 서발을 가져와서
우둘뚤뚤 뭉쳐다가 뒷동산으로 올라가서
너도 남의집 귀동자고 나도 남의집 귀동잔데
네가 살면 천 년 사나 내가 살면 만 년 사나

내 눈 앞에 보이지 말고 천리나 만리나 네 가거라
집으로 돌아온께 거동봐라 행실봐라

김도령 꼭 죽은줄 알고 삼우제 지내로 올라가네
제집의 머리를 후어잡고 엎어 놓고 목을 따라
제쳐 놓고 배를 따랴
마오 마오 그리 마오 당신만 좋으면 그뿐이제
어리야 둥글 범법기야 동글동글 범벅이야
정월에는 쑥떡 범벅 이월에는 시래기 범벅
삼월에는 쑥범벅 사월에는 느티범벅
오월에는 찔레범벅 유월에는 밀범벅
칠월에는 수수범벅 팔월에는 꿀범벅
구월에는 구일범벅 시월에는 달짝범벅
동지달에는 동지범벅 섣달에는 흰떡범벅
열 두 가지 범벅을 가르쳐서 날 다려 가셔요
날 모셔 가셔요 김도령아 날 모셔 가셔요
언제 또 다시 김도령 만나
꽃 피는 동산에 구금실 구금실 놀아나 볼거나

(19) 장모타령

장모좋데 장모좋데 우리장모 사람좋데
첫날 저녁 처녀 주고 뒷날 저녁 각시 주고
명지 흰두루막도 장모덕 석자수건도 장모덕
이내 머리를 뽑아서 신틀전에 팔아도 장모 은혜 못 갚겠네
이내 이마를 떼어서 숫돌전에 팔아도 장모 은혜 못 갚겠네
이내 눈썹을 뽑아서 붓대전에 팔아도 장모 은혜 못 갚겠네
이내 눈알을 뽑아서 안경전에 팔아도 장모 은혜 못 갚겠네
이내 귀를 떼어서 마이크전에 팔아도 장모 은혜 못 갚겠네
이내 코를 떼어서 음식점에 팔아도 장모 은혜 못 갚겠네
이내 입을 떼어서 방송국에 팔아도 장모 은혜 못 갚겠네

이내 목을 떼어서 장군마개로 팔아도 장모 은혜 못 갚겠네
이내 팔을 떼어서 갈쿠리전에 팔아도 장모 은혜 못 갚겠네
이내 허리 떼어서 벌동전에 팔아도 장모 은혜 못 갚겠네
이내 배를 떼어서 세구시전에 팔아도 장모 은혜 못 갚겠네
이내 다리 떼어서 괭이전에 팔아도 장모 은혜 못 갚겠네
허벅지살 떼어서 불고기전에 팔아도 장모 은혜 못 갚겠네
이내 불깨 떼다 망태전에 팔아도 장모 은혜 못 갚겠네
이내 꼬치 떼다 홍두깨전에 팔아도 장모 은혜 못 갚겠네

(20) 장타령

얼시고 시고 들어간다 품바품바 잘한다.
네 못하면 내 하고 내 못하면 네하고
네 선생이 누구던가 내보담도 잘한다.
네 못하면 내 아들 내 못하면 네 애비
가루동이로 먹었는가 부쿨기로 잘한다.
기름동이나 먹었는가 미끄럽기도 잘한다.
새끼 사리나 먹었는가 시름시름 잘한다.
앉는 고리는 동고리 잡는 고리는 문고리
입는 고리는 저고리 나는 고리는 꾀꼬리
뛰는 고리는 개구리 얼시구 시고 잘한다.
이 패 저 패는 낭패요 할망구 줌치는 담패요.
영감 숨치는 골패요 물가 전답은 수패요.
할망구 죽으면 낭패요 자식 죽으면 실패요.
병신 다리는 춤패요 반지 그릇은 실패요.
그 대문을 든지라 또 한 대문 날아든다.
일짜로 한 장 들고 봐 정월 새끼 일난 비둘기 올콩 밭에 울음운다.
이짜로 한 장 들고 봐 이 등 저 등 복치고 평양 기생이 춤춘다.
삼짜로 한 장 들고 봐 삼한 신령 상신령 신령 중에 으뜸이라.
사짜나 한 장 들고 봐 사월이 광대는 박광대 광대중에 어른이라.
오짜나 한 장 들고 봐 오쫄오쫄 크는 애기 젖도라고 울음운다.

육짜로 한 장 들고 봐 육관대사 성진은 팔선이 잡고 희롱한다.
칠짜로 한 장 들고 봐 치렁치렁 딴 머리에 북두달비 두 자리
지름을 살살 볼라서 각시님의 노리개제
팔짜로 한 장 들고 봐 우리 형제 팔형제
파라 파라 깊이 파 얇이 파면 네 죽는다.
구짜로 한 장 들고 봐 키 크고 늙은 중은 구부렁굽신 절 찾아 간다.
요자식이 요래도 요망글로 다 배왔오.
숭년에는 게글 달고 담불에는 와글 달고
빙판에는 빗글 달고 깔크막에 떽데글 달고
그 대문을 듣지라 또 한 대문 들어간다.
살림살이도 요진하다 없는 체가 없구나
없는 놈이 있는 체 모르는 놈이 아는체 못난 놈이 잘난 체
북두칠성이 냉돌아들고 밤중 새 별이 완연했네
오줌 잘 싸는 자질개도 싫고 똥 잘 뀌는 풍단이도 싫고
술 잘 먹는 이태백이 싫고 묵음직한 것은 내 앞으로 닥치고
허덕부리한 거는 네 앞으로 밀치라
어허 시고 시고 들어간다 품바품바 잘한다.

(21) 꿩타령

천지가 개벽하고 만물이 번성할 때
꿩 몸이 생겼구나 장끼란 놈 거동 보소
순금대동 접저고리 초록봉초 깃을 달아
백동전을 시쳐 입고 주먹 벼슬 옥관자는
열두 장목을 퍼뜨리고 만세 풍채 좋을시고
까투리 맵시 보소 빛 좋은 자홍 머리
곱게 빗어 단장하고 파란 줄 잔 줄 바지
폭폭이 잘게 누벼 황화입성 갖추어 입고
영두 딸 아홉 아들 스물하나 주레등을
앞세우고 뒤세우고 어서 가자 바삐 가자
어디를 가잔말고 한양길 눈이 녹고

동학길 따슨 별에 콩 주워로 가자서라
널라컨 이걸 줍고 날라컨 저걸 줍고
허무없이 주워 가자 장끼란 놈 가는 앞에
난데없는 불콩 하나 등실하게 놓였구나
장끼란 놈 거동 보소 와락 대어 달려들어
너울거리고 춤을 춤서 얼시구 절시구 지화자 좋다.
칠 년 대한 가물음에 빗 줄기 같이 반가워라
남방 북방 요란할 때 명장 만나 좋을시고
액병들어 신음할 때 약을 얻어 좋을시고
여일불생 굶은 짐승 주인 만나 좋을시고
까투리 거동 보소 앗소 그 콩 먹지 마소
입으로 허호 분 자채요 손으로 살살 빈 자채요
또다시 살펴보니 사람 자취가 분명하여
네 말이 무식하다 천상은 내 비서란다
사람 자취 여 있으리 장끼란 놈 하는 발이
지나간 밤에 꿈을 꾸니 천상에 지체달라
황학을 빗겨 타고 옥황상제 문안가니
살림처자 복하시고 태자에 콩 한 섬을
별금으로 태였는데 하느님이 주신 복을
내가 어찌 마다하리 까투리 하는 말이
그 꿈이야 좋소마는 이내 꿈을 들어보소
색저고리 색치마로 이내 몸을 단장하고
뒷동산 고목 앞에 매일 천상 노닐다가
난데없는 청삽사리 와락 뛰어 달려들어
황망실색 갈 데 없어 삼밭으로 뛰어드니
굵은 삼대는 부러지고 작은 삼대는 호와져서
이내 몸에 감겼으니 당신 죽어 상주되면
상복 입을 꿈 아니오 장끼란 놈 거동 보소
와락 대어 달려들어 왼발로 후려차며
제집이 사사하면 도장에는 범이들고

(22) 티전타령

호박씨 같은 일자요 도굿대 같은 이짜요
삼입같은 삼자요 뱃놈의 돗대 사짜요
각시 대갈빼기 오짜요 범나비 씨염 육자요
게발톱 같은 칠짜요 갈대뿌리 팔짜요
중놈의 대가리 구짜요 펜수 부작대기 장짜요
품바품바 각설이 작년에 왔던 각설이가
죽지도 않고 또 왔네

(23) 화투타령

정월 솔솔 설한풍은
이월 매조에 맺아 놓고
삼월 사꾸라 산란한 마음
사월 흑사리 허무하다.
오월 난초 범나비는
유월 목단에 춤 잘 춘다.
칠월 홍 돼지 홀로 누워
팔월 공산에 달도 밝다.
구월 국화 굳은 마음
시월 단풍에 다 떨어지고
오동추야 달 밝은 밤에
비새 따라 강남가자

마. 전래동요(傳來童謠)

동요는 민요의 기초로 아이들이 순진하고 소박한 생각을 알 수 있는 민요들인데 비교적 짧지만 언제들어도 즐거운 민요이다. 여기서는 각거리, 결치요, 나비야 청산가자 등 모두 4수를 소개한다.

(24) 각거리

이거리 저거리 각거리
진주망근 또 망근
짝발에 휘양근
두루매 줌치 장두칼
머구밭에 덕석이
칠팔월에 무서리
동지 섣달 대서리

(25) 결치요(이 빠진 아이 보고)

앞니 빠진 괴앙아 뒷니빠진 괴양이
삼년묵은 술값내라 넬모레 굿한단다
앞니빠진 개오지 샘이가에 가지마라
빈대한테 뺨맞는다

(26) 나비야 청산가자

1) 호접접(虎蝶蝶) 범나비 쌍쌍 양유청산에 꾀꼬리 쌍쌍
나비야 청산가자 노랑나비야 너도 가자
가다가 저물거든 꽃에 들어가 자고 가자
꽃에서 푸대접하거든 잎에 앉아서 자고 가자
잎이 지고 없거든 이내 품에 자고 가자

2) 호접접 범나비 쌍쌍 양유청산에 꾀꼬리 쌍쌍
날 짐승 길벌레도 짝을 지어 노니는데
우리도 언제 우리 님 만나 긴밤 짜리게 놀아 볼고

바. 기타 민요(其他 民謠)

바-1. 서사민요(부모 사랑)

(27) 부모 은공

실패 같은 울 어머니 절편 같은 나를 낳고
진자리에 병이 들어 약탕관을 걸어 놓고
약 숟가락 옆에 놓고 조그마한 여식 하나 부모 은공 갚자 하네
상탕에 머리 빗고 중텅에 목용하고 하탕에 손발 씻고
불공가세 불공가세 절간으로 불공가세
한 모랭이 돌아간께 희매가 오는 같고
두 모랭이 돌아간께 쇠방망이 든 놈조차
쇠홍두깨 든 놈조차 팅기팅기 나오는구나
차고드네 차고드네 닫은 방문을 차고드네
한 번을 때려준께 뱃살이 굳는구나
두 번을 때린깨는 쎄바닥이 굳는구나
삼 세 번을 걷어친깨 영우가고 아주 가네
장례식을 마친 후에 부모 없이 살 길 없네
성아 머리는 대자머리 내 머리는 여자 머리

솎음솎음 솎아내어 꼭모심 세모심을 솎아내어
검은 베 쉰대자를 낳아 갖고 진주 남강 너른 물에
우리 형제 빨래가서 아래 남강에 씻어 갖고
웃 남강에 헤어 갖고 배꽃같이 씻어 갖고
외꽃같이 빛을 내어 밀꽃같이 다듬어서
외씨 광주리 담아갖고 저승하고 이레 장날
부모 사로 가노랑께 저승 왕이 앉아 갖고
네 베 사도 좋다마는 네 베 받고 부모 팔이 뉘 있을꼬
그 말하자 섭게 듣고 오던 길로 돌아섰네
이 아래라 초군들아 불러주소 불러주소 부모 노래 불러주소
부모 노래 부를랑께 목이 메여 못 부르겠네
이 아래라 선비들아 그려주소 그려주소 부모 화상 그려주소
천태산 먹을 갈고 만태산 붓을 들어 부모 화상을 그릴라니
눈물이 앞을 가려 글발이 쳐져서 못 그리겠네
그 말하자 섭게 듣고 집이라고 돌아와서
책책이 들씨 본께 공자왈 맹자왈은 책책이 실렸건만
우리 집 우리 부모 그 어디 이별하고 책에도 안 실렸나.

(28) 우리 옴마 생일상

우리 옴마 생신인데 무엇으로 잔치할꼬
쌀 한 낱은 빚을 내고 밀 한 낱은 장리내고
분통 인에 술을 빚어 그술 빚은 삼일만에
술게는 소리가 천지간에 진동한다.
술이사 되었건만 안주없어 어찌할꼬
그말하고 돌아보니 저건너라 행자낭개
모기한쌍 앉았구나 날랜포수 데부다가
모기한쌍 잡아내어 앞다리는 수육따서
아적큰상 채리놓고 뒷다리는 수육떠서
저녁큰상 채리놓고 그나무치 남는거는
우리가족 모인짐에 후연잔치 하고가라.

바-2. 서사민요(남여 사랑)

(29) 그네

수천당 심은 남기 둘이 타자 그네를 매어
네가 타면 내가 밀고 내가 타면 네가 밀어
임아 사랑아 줄 밀지마라 줄 떨어지면 정떨어지고
정떨어지면 말줄아나 이 몸 전신이 다 떨어진다

(30) 상사가(相思歌)

열두 삼간 높은 집에 수하 대장 몬딸아기
하리아척 서리아척 호간질로 네 갔더냐
냉수질로 네 갔더냐 하도 속이 답답해서
은동이로 옆에 찌고 골따방지 손에 들고
냉수질로 가니랑깨 조그마한 아기도령
가던 길 아니 가고 냉수 질로 돌아섬서
겉에 겉물 헤쳐놓고 속에 냉수 내 떠줌세
네 언제라 날 봤다고 속에 냉수로 날 떠줄까
새미 우에 노송나무 한 가지가 죽거들랑
생이 올 줄 알아주라.
열두 삼간 높은 집에 수하 대장 몬딸아기
풀어주라 풀어주라 석 자 머리 풀어주라
속 적삼 벗어서 걸어주라
풀기 싫은 머리 풀고 타기 싫은 흰등 타고
대문 밖에 썩 들어서서 방문을 열고 보니
먹을 갈아 옆에 놓고 붓댈랑은 입에 물고
쌍긋쌍긋 웃는구나.

(31) 사설 청춘가

나비없는 동산이 꽃피어 무엇하리
임없는 빈방에 불써서 무엇할꼬
꽃없는 동산에 범나비 춤추고
돈없는 건달이 주막에 춤춘다
가고싶은 일본 동경 못가기가 되고요
살기싫은 촌살림 또 살게 되노라
아침에 우는새 배가고파 울고요
저녁에 우는새 임이그리워 운다
열두칸 기차야 소리말고 가거라
살랑한 이내 가슴 더살랑하는구나
낙동강 칠백리 유리공굴 놓고요
열두칸 기차가 왕래를 하노라
호박은 늙으면 맛이맛이 있고요
사람은 늙으면 공동묘지로 가노라
불국새 울며는 봄온줄 알고요
하모니카 소리나면 나온줄 아세요

(32) 사촌 성아

성아 성아 사촌 성아 내 왔다고 기님마라
쌀 빈되만 재짓으면 네도 묵고 내도 묵고
눌은밥이 물었으면 네 개 주제 내개 주나
꾸중물이 나는 것은 네 쇠 주제 내 쇠 주나
너거 집이 부자라서 누룩갖고 담장 쌓고
우리 집은 간고하야 놋접시로 담장 쌓여
너거 집은 부자라서 서울 칡을 울띠 매고
우리 집은 간고하야 물명지로 울띠 매고
날 상에 너무 가히마라.

(33) 쌍가락지

쌍금쌍금 쌍가락지 호작질로 닦아내어
먼 데 보니 달이로다. 옆에 보니 처녀로다.
그 처녀라 자는 방에 숨소리가 둘이로다
천두복숭 오라버니 그런 말씀 말으시오.
꾀꼬리가 기린 방에 매미 새끼 더튼 방에
참새같이 내 누었고 동남풍이 디리불어
풍기 떠는 소리라오

(34) 임 생각

1) 어젯밤 꿈에는 기러기가 보이고
오늘 아침 오동 숲에는 까치가 지저귈래
행여나 임이 올까 행여나 편지 올까
일락서산에 해 뚝 떨어지고 편지 일 장이 돈절이로구나
창문을 열고 내다보니 창망한 구름 속에
별과 달이 창명한데 울고 가는 저 기러기
임 계시는 곳에 가거들랑 나의 회포를 전해주오.
2) 님은 가고 봄은 오니 꽃만 피어도 임의 생각
장부일월이 한 수상하니 강물만 출렁해도 임의 생각
삼사월 봄바람에 꽃잎만 날려도 임의생각
오뉴월 삼복더위 모기만 물어도 임의생각
칠팔월 앞동산에 달빛만 보아도 임의생각
구시월 홍단풍에 낙엽만 날려도 임의생각
동지섣달 설한풍에 흰눈만 날려도 임의생각
앉아서 생각 누워서 생각 임의생각 뿐이로다.

(35) 청춘가(青春歌)

(35-1) 청춘가

- 세월이 가기는 바람결 같고요
  사람이 늙기는 물결과 같고나
- 꽃이 고와도 춘추 단절이요
  네 아무리 고와도 이십에 안쪽이라
- 청천에 뜬 구름 비 실로 가고요
  한 강에 뜬 배는 임 실로 가네
  임 싣고 갈 때는 외 돛대 달고요
  임 싣고 올 때는 쌍돛대 단다네
- 나비 없는 동산에 꽃 피어 무엇하리
  임 없는 세상에 나 살아 무엇하리
- 산이 높아야 골 안이 깊으제
  조그마한 여자 속이 깊을 수 있느냐
- 하늘은 한 색인데 구름이 들어 두 색이라
  이내 몸은 한 몸인데 임이 들어 두 몸이라
- 꽃 피고 잎 피고 범나비 춤추고
  돈 없는 건달이 주점에 춤춘다.
- 청루 네거리 때우는 잡놈아
  정 떨어진데는 때울 수 없느냐
  정 떨어진 데는 지화로 때우고
  솥 떨어진 데는 무쇠로 때운다.
- 사랑의 열정은 정들인 탓이고
  이내 몸 병든 건 임 없는 탓이로세
- 청춘에 할 일이 무엇이 없어서
  주색 청루로 종사를 하느냐
- 널 보고 날 봐라 널 따라 살겠나
  연분이 있는고로 널 따라 사는구나

(35-2) 청춘가

가거라 마러라 네그리 마러라
사람 갈세를 너그리마러라
간다 못간다 얼마나 울었던가
정거장 마당이 한강수 되노라

(35-3) 청춘가

뒷동산 고목 나무 날과 같이 속 썩이네
속이 썩어 남이 아나 겉이 썩어야 남이 알지
마당 가운데 못개불은 속이 타도 남이 아는데
이내 속 타는 불은 한 품에든 임도 몰라보네
삼신봉 먼당에 산새가 놀고요
조상래 마당에 좋다, 유성개 노는구나

바-3. 애국민요

(36) 논산훈련소

1) 반야봉 위에 뜬 구름은 봄바람을 실었나
쌍계사 종소리에 물소리만 처량하다
나의 살던 고향이냐 청암의 학동이냐
학동아 잘 있거라 이 몸은 논산간다
2) 몰티재 위에 정자나무 봄바람에 한들한들
용소바닥 한바다에 오리 한쌍 노는구나
나의 살던 고향이냐 청암의 학동이냐
학동아 잘 있거라 이 몸은 논산간다
3) 논산이라 훈련소에 임 많고 수 많은데
많은 군사 거느리고 얼마나 수고하오
나의 살던 고향이냐 청암의 학동이냐
학동아 잘 있거라 이 몸은 논산간다

(37) 우리 대한

무궁화 금수강산 우리대한은
단군성조 세워주신 신성한 나라
뭉치자 민족의 혼 바치자 충성
영광의 대한민국 길이 받들자

(38) 청암 방위대 노래

형편없다 방위대 신세
돈 떨어지고 신 떨어지고 옷 떨어지고 다 떨어졌네
이 수 저 수 할 수 없고 우리 고향 갈 수 없고
부모 처자를 볼 수 없다. 해방되기만 기다린다.

(39) 해방가(解放歌)

1) 징용 보국대 떠나실 때 다시 못 올 줄 알았더니
일천 구백 사십오년에 팔월 십오일 해방되어
연락선에 몸을 싣고 부산 항구에 다다르니
서울 운동장 너른 마당에 삼천만 동포가 다 모였네
남의 임은 다 오셨건만 우리 님만 못 오셨나
원자폭탄을 맞으셨나 외국 나라로 구경 갔나
금강산 비로봉이 평지가 되면 오실랑가
병풍 뒤에 그린 학이 두 활개 툭 치면 오실랑가
가마솥에 푹 삶은 개가 멍멍 짖으면 오실랑가
부작대기를 거꾸로 세워 움이트면 오실랑가
예주 벽천 금부처가 말 문이 열리면 오실랑가
차 떠난 경성역에는 휘날린 영장만 남아 있고
임 떠난 빈방 안에는 이내 몸 홀로만 누워갖고
바라나니요 바라나니요 자유와 평화만 바라나니요
바라나니요 바라나니요 대한의 독립만 바라나니요
얼시구 좋다 지화자 좋네 아니 놀지를 못하리라

2) 군대 생활이 지긋지긋하여 다시는 못 올 줄 알았더니
부산 연락선 부두에 도착하니 8월 15일에 해방이네
문전, 문전 태극기요 집집마다 만세 소리 삼천만 동포가 춤을 춘다
백두산 몰랑에 태극기는 바람에 펄펄 휘날리고
남의 집 서방님은 다 오셨는데
우리 집 애기 아빠는 왜 못 오시나
원자폭탄에 상처를 당했나 무정하게 소식없다.
해방은 되었다고 좋다고 하는데
지긋지긋한 이 설움을 어찌하나
어린 자식 등어리 업고 다 큰 자식 홀목잡고
머리에다 보따리 이고 나 많은 부모님 앞에 모시고
한강 천리에 도착하니 오랑캐 같은 장병들이 부닥친다.

이런 분함이 또 있겠소, 가는 열차에 몸을 담고
슬픔과 설움을 생각하니 눈물이 쏟아져서 못 살겠네
지명없이 도착하여 이를 악물고 고생한 끝에 사랑과 행복이 가득하다.
얼시구 좋다 지화자 좋네 태평 세계가 여기로다.

바-4. 기타 민요

(40) 가재와 굼벵이 이야기

옛날에 가재와 굼벵이가 있었는데
가재는 수염만 있고 눈은 없고
굼벵이는 눈은 있고 수염은 없었는데
하루는 서로 만나서 굼벵이가 가재를 보고서
내 눈하고 네 수염하고 바꾸자
하니 가재가 그리하자
그러면 네 눈부터 빼다오 하니
굼벵이가 눈을 얼른 빼주면서
네 수염을 빼다오 하니 가재가 하는 말이
눈도 없는 놈이 수염은 해서 뭣해 하면서
가버리고 난 뒤 굼벵이는
눈도 없이 꿈틀꿈틀하는 것을
개미가 바라보고 웃다가 허리가 잘록해졌다고 한다

(41) 긴아리랑

1) 시고야 떫어도 막걸리 좋고

몽둥이를 맞아도 정든님이 좋더라
아리아리 쓰리쓰리 아라리요
아리랑 아라리가 났네
2) 노다 가세 노다 가세
저달이 떳다 지도록 노다 가세
아리아리 쓰리 쓰리 아라리오
아리랑 고개로 날 넘겨주소

(42) 고향 산천

동산에 달이 솟아 창에 비치니
은연 중에 깊이든 잠 놀라 깨었네
사면을 자사히 두루 살피니
꿈에 보던 고향 산천 간 곳 없도다
청천에 저 기러기 울지 말고 가거라
산란한 이내 마음 또 산란하다.

(43) 단오날 아가씨

오월에라 단오날에 풀꾹새야 왜 우느냐
나물 먹고 물 마시고 늦게 늦게 그네 매어
네가 타면 내가 밀고 내가 타면 내가 밀어
어절시구 저얼시구 단오날에 아가씨야

(44) 달깡달깡

우러마니 서울가서 밤 한되를 얻어다가
챗독 밑에 묻었더니 머리까문 생쥐가
들랑날랑 다까묵고 벌레묵은 한톨이가
남은 것은 가마솥에 삶아서 조래로 갖고 건져서
도치뿔로 깨서 껍지는 애비주고 비늘은 에미주고

벌레는 할매주고 남은 것은 네랑내랑 딱갈라 묵고
달깡달깡 달깡달깡

(45) 댕기

1) 울 아버지 떠온 댕기 우러매가 집은 댕기
우리 올캐 눈치 댕기 우리 오빠 호령 댕기
우리 동생 눈물 댕기 옥당 안에 널뛰다가
흘렸다네 흘렸다네 옥당 밖에 흘렸다네
주웠다네 주웠다네 김 별감네 맏아들이 주웠다네
주운 댕기 내게 주소 주기사 주제마는
연분 없이 네를 주리 치맛자락 창옷자락
마주칠 때 너를 주리

2) 댕기 댕기 모본단 댕기 서룬냥의 근원 댕기
열닷냥의 떠온 댕기 울어머니 꺾은 댕기
요내 솜씨 접은 댕기 우리 오빠 호령 댕기
우리 형님 눈치 댕기 우리 동생 새암 댕기
우리 종년 욕심 댕기 줌치 닷되 박은 댕기
서광 닷되 물린 댕기 삼단 같은 요내 머리
동백기름 살짝 발라 얼기 설기 빗겨 내려
머리 끝에 질끈 매고 담장 안에 널을 뛰다

(46) 두꺼비 노래

어바어바 두덕어바 네 눈이 와 그리 붉내
소주 약주를 하묵어서 내 눈이 붉다
어바어바 두덕어바 네 똥구녕 삐죽허내
기생 첩을 하해싸서 삐죽허다.
어바어바 두덕어바 네 등이 넓적허내
서울에 성 쌀 때 돌짐을 하져서 넓적하다.

어바어바 두덕어바 네 발이 넓적허내
장가갈 때 세아지를 하신어서 넓적하다.

(47) 비야 비야 오지마라

비야 비야 오지 마라 우리 셍이 시집간다.
우리 셍이 시집가면 가마 꼭지 빗물든다.
가마 꼭지 빗물들면 비단치마 얼룩진다.
비단치마 얼룩지면 시어마니 눈에 난다.
시어마니 눈에 나면 임의 눈에 절로난다.

(48) 선수사에 올라[273)]

자매홍진 깊은 골에 선수사를 찾아드니
청산녹수가 히늘어졌네 만학천봉 우뚝 솟아
좌우를 바라보니 굽이굽이 산봉우리
팔풍을 두른듯다 송죽은 울창한데
쓸쓸한 바람 소리 향기를 이루나니
종달새 우는 소리 나의 회포 돋우난 듯
석불암을 바라보니 점잖은 거동으로
천연히 앉은 약사여래불은 만 인간 소원 풀어준다.
여기 오신 보살님네 모두 성불하옵시오
선경 일색이 분명하네

(49) 손님 대접

자매홍진 깊은 골에 자고새가 훨훨 날아든다.
각처에 손님네가 구름같이 모여들어

273) 하복도의 《청암(靑岩)》에 의하면 이 노래는 1989년 5월 청암면 평촌리 함박골 뒤의 「선수사」에 올라 이성순씨가 자작한 노래로 소개되어 있다.

일월인지 해당환지 다시 보니 손님이라.
좌우로 늘어 앉은 손님 무엇으로 대접할꼬
대한강에 술 빚어 놓고 명월을 등촉삼아
명사십리 수들러 놓고 좌중에 모인 손님
불취무귀(不醉無歸) 하옵시오.
청산(青山)아 높은 산 봉우리에 일월(日月)을 멈추어라.
남은 술 못다 먹고 벗님네 가실까 염려로다.

(50) 심청가-심청이 물에 빠진 대목

도사공이 북을 들고 두리두둥 울리면서
심소저 물에 드라 선인이 재촉하니
심소저 거동 보소 뱃머리에 우뚝 나서
도화동을 바라보고 아버지 나는 죽소
어서어서 눈을 떠서 개명 천지 일월 보고
어진 배필 만나 갖고 아들 낳고 딸을 낳아
수사 정채 하옵소서
여러 선인 사공님네 이번 행구 가시거든
천자 전에 진상 올려 억만금 페를 얻어
이 물가에 지나다가 나의 혼백 청을 불러
객지 면케 하여 주오 (이하 생략)

(51) 우리 엄마 날 낳을제

우리 엄마 날 낳을제
덕석굽이에 앉았던가
굽이굽이 고생일세
남해 금산 뜬 구름아
눈 실었나 비 실었나
눈도 비도 아니 실고
노래 명창 다 실었네

노래 명창 네 불러라
꾀꼬리 장단 내쳐주마

(52) 이바구 되바구 이야기

이바구가 되바구를 짊어지고 벼름박 삼십리로
올라간깨 똥이 한무데기 있는데
김가는 걸러 묵자하고 박가는 그냥 묵자하고
나는 거름하자 하고 싸우다가
내가 채소쿠리 얻으러 간 사이에
박가가 그냥 다 묵어 치웠다고 한다.

(53) 이 · 빈대 · 벼룩 싸움

이가 벼룩의 뺨을 때림서
네 주둥이가 쫑긋한들 천자 한권 읽었느냐
벼룩이 이를 보고 네 발은 육발인들 서울행보 하였느냐
하면서 가슴을 차버려서 멍이 시퍼렇게 들고
이가 빈대의 등더리를 보면서 네 등어리 넓적한들
대궐천지 지을 때 돌한짐을 저왔느냐 하고
서이서 싸울때에 매띠기는 왜저리 싸울까 하고
이마를 쓰다듬고 바라봐서 이마가 벗거지고
개미는 담장에서 하늘을 보고 크게 웃다가
허리가 잘록해졌다 한다

(54) 일월가(잡요)

1) 대천지 한바닥에 뿌리없는 나무 나서
가지는 열두가지 잎은 피어 삼백예순
그 가지 열매 열어 일월인가 명월인가

2) 대천지 한 바닥에 우 두둥실 저 뱃사공
우리 둘이 실어다가 일본 하관에 풀어주소
아니 죽고 살아나면 공술 한잔 공을 함세
광 넓은 손수건에다 사랑 애자로 수를 놓아
그 수건 전키도 전에 이별 별자가 웬 말인가

(55) 참사랑

1) 아침에 우는 새는 배가 고파 울고요
저녁에 우는 새는 임이 그리워 운다
2) 호박은 늙을수록 맛이나 좋구요
사람은 늙을수록 보기가 싫어져요
3) 우리네 서방님은 고기잡이 나가고
바람아 강풍아 석달 열흘만 불어라
4) 무정 세월아 오고 가지를 마라
장가 못간 노총각이 다 늙어간다

(후렴) 너랑 나랑은 두리둥실 좋구요
낮이 밤이나 밤이 낮이나 참사랑이로구나

(56) 파랑새야

새야 새야 파랑새야 네 뭣하러 벌써 왔느냐
저 건너 스비봉에 청산 야옥이 푸릇길래
행여나 춘절인가 나왔더니
백설은 펄펄 흩날리고 오동지 섣달이 완연하다.
무정한 청산야옥이 날 속였나.

(57) 하늘에 금송아지

하늘에라 금송아지 이라저라 밭을 갈아
모른데는 목화심고 추진데는 삼도 갈아
머리머리 들깨 갈고 고랑고랑 참깨 갈아
집이라고 와서 보니 큰 어머니 베를 짜고
첩은 첩첩 술 거리고 아들형제 공부하고
딸 형제는 동자하고 이방저방 골방 안에
수제 떵떵 놓는 소리 만재미가 지턱지턱

〈참고 문헌〉

[지역 자료]

- 노용제(盧庸齋), 《운당유고(雲堂遺稿》, 2016
- 양삼준(梁三俊), 《오헌유고(旿軒遺稿)》, 2013
- 이규진(李圭鎭), 《회천유고(晦川遺稿)》, 2001
- 정준영(鄭俊泳), 《자학유고(子鶴遺稿)》, 1995
- 최제학(崔濟學), 《습재실기(習齋實紀)》, 1963
- 여재규(余宰奎), 《하동군사(河東郡史)》, 1978
- 하복도(河福島), 《청암(青岩)》, 청암정우회, 1992
- 하동군수, 《하동향토수호전기(河東鄕土守護戰記)》, 1987. 12. 10.
- 하동군지편찬위원회, 《증보(增補) 하동군지(河東郡誌》, 〈학로계(鶴老契)〉, 1972. 10.
- 하동문화원, 《충효열행적지(忠孝烈行蹟誌)》, 2001
- 하동문화원, 《하동군지명지(河東郡地名誌)》, 1999
- 하동문화원, 《추억의 하동 사진집》, 2001
- 하동문화원, 《하동의 구전설화》, 2005
- 하동문화원, 《하동의 민요》, 2007
- 《속수하동향안(續修河東鄕案)》
- 《성주도씨(星州都氏) 족보》
- 《울산김씨(蔚山金氏) 족보》
- 《합천이씨(陜川李氏) 족보》
- 《함안조씨(咸安趙氏) 족보》
- 진교면지 편찬위원회, 《진교면지(辰橋面誌)》, 2002
- 시천면지 편찬위원회, 《시천면지(矢川面誌)》, 2014
- 김삼주, 《하동문화》, 〈우곡(隅谷) 정온(鄭溫) 선생의 청학동 산막터〉, 2022
- 김삼주, 〈지리산 청학동-이인 정결방〉
- 이복순, 《행복의 꽃을 피우리라》(시집), 2017
- 전주이씨 〈모원재기(慕源齋記)〉
- 남원양씨 〈회강재기(檜崗齋記)〉

- 광주노씨 〈원모재기(遠慕齋記)〉
- 면천박씨 〈모원재기(慕源齋記)〉
- 하동정씨 〈덕원재(悳元齋) 연혁〉
- 《묵계초등학교 총동창회지》, 2005
- 《묵계(默溪) 삼거리 위친계록》(필사본)
- 《학동(鶴洞) 위친계록》(필사본)
- 《학동(鶴洞) 품물계록》(필사본)
- 《회동(檜洞) 상포계록》(필사본)
- 《회동(檜洞) 주성계록》(필사본)
- 《회동(檜洞) 품물계록》(필사본)

[고문헌-실록 · 문집 · 지리지 · 읍지]

- 《고종시대사》, 1906년(광무10), 〈의병장 최익현은 금고 3년형〉
- 김대명(金大鳴), 《백암집(白巖集)》, 〈행장(行狀)〉, 〈가장(家狀)〉, 〈묘갈명(墓碣銘)〉
- 김일손(金馹孫), 《속동문선(續東文選)》, 〈속두류록(續頭流錄)〉
- 김일손(金馹孫), 《탁영선생 문집(濯纓先生 文集)》, 〈두류기행록(頭流紀行錄)〉
- 남효온(南孝溫), 《추강집(秋江集)》, 〈지리산 일과(智異山日課)〉
- 박지서(朴旨瑞), 《눌암선생문집(訥菴先生文集)》, 〈백암수석기(白巖水石記)〉
- 유몽인(柳夢寅), 《어우야담(於于野譚)》
- 이륙(李陸), 《청파집(青坡集)》, 〈유지리산록(遊智異山錄)〉
- 정종엽(鄭鍾燁), 《국역 수당유고(修堂遺稿)(진안문화원)》, 〈유두류록(遊頭流錄)〉
- 정종엽(鄭鍾燁), 《수당유고(修堂遺稿)), 〈유두류록(遊頭流錄)〉
- 최익현, 《채미연원록(茝薇淵源錄)》(최익현 선생의 일대기)
- 황현(黃玹), 《매천야록(梅泉野錄)》, 〈지리산 비적-김태웅(金太雄)의 처형〉
- 의정부 법부(議政府 法部) 사리국(司理局) 기안문
- 《경상도속찬지리지(慶尙道續撰地理志)》
- 《경상도지리지(慶尙道地理志)》
- 《대동지지(大東地志)》
- 《동국여지승람(東國輿地勝覽)》
- 《동국여지지(東國輿地志)》

- 《신증동국여지승람(新增東國輿地勝覽)》
- 《여도비지(輿圖備志)》
- 《여재촬요 (輿載撮要)》
- 《여지도서(輿地圖書)》
- 《진양지(晉陽誌)》, 《국역 진양지(國譯 晉陽誌)》
- 《진양속지(晋陽續誌)》
- 《진주통지(晋州通誌)》
- 《진주향교지(晉州鄕校誌)》
- 《한국사 총설 DB》, 〈을사조약 반대항쟁〉
- 《화한삼재도회(和漢三才圖會)》(일본)
- 《습유기(拾遺記)》(중국)

[현대 도서]

- 강동욱, 《강우 유맥 계승에 평생을 바친 눌암 박지서(訥庵 朴旨瑞)》, (남명학 교양총서 28), 경인문화사, 2016.
- 강정화 외, 《지리산 유람록의 이해》, 보고사, 2016.
- 곽재용, 《지리산 청학동》, 도서출판 박이정, 2011.
- 곽재용, 《하동문화 바로 읽기》, 〈하동과 6.25〉, 하동문화원, 2015.
- 이기동 역해의 《시경강설》, p.151
- 이태, 《남부군》, 도서출판 두레, 2003.
- 최석기 외, 《선인들의 지리산 유람록》, 돌베개, 2000.
- 최석기 외, 《지리산 유람록 용이 머리를 숙인듯 …》, 보고사, 2008.
- 최석기 외, 《지리산과 유람문학》, 보고사, 2013.

[학위 논문 및 연구 논문]

- 강동의, 《지리산 묵계 청학동의 형성 과정》, 경상국립대학교 한문학과 석사논문, 2012.
- 강명관, 〈절부(節婦), 열부(烈婦), 열녀(烈女)〉, 《동양한문학 연구》 제25집, 2007.
- 고원규, 《문화의 관광 상품화를 통해 본 전통의 재구성-청학동의 사례연구-》, 영남대학교 대학원 문화인류학과, 박사학위논문

- 곽재용, 《하동문화》, 〈하동의 방언이 나타난 지리산 지명〉, 2021
- 곽재용, 〈하동군의 지리산 관련 지명연구〉, 《지명학 26》, 한국지명학회, 2017
- 안성은(安成殷), 《습재(習齋) 최제학(崔濟學)의 생애와 항일활동》, 전주대학교 대학원 석사 논문, 2018.
- 이경록, 《Korean J Med Hist》, 〈고려 후기의 주요 약물과 그 존재 양상-돌의 미나리(시호) · 생강의 생산과 유통-〉, 의사학(醫史學)회지, 2024
- 이상희, 《꽃으로 보는 한국문화》(3권), 〈대나무의 죽실〉
- 의정부 법부(議政府 法部) 사리국(司理局) 《기안문》, 〈김태웅을 참형에 처하라〉
- 최석기, 《2023년도 인문사회연구소 지원사업-제1차 전문가 초청 강연》, 〈俛宇 郭鍾錫의 《중용》 해석과 의의〉, 경상국립대학 남명학연구소, 2024.2.14.

[신문 기사, 홈페이지, 블로그, 기타]

- 《황성신문》, 1906년(광무10). 8. 18.(국립중앙도서관)
- 《부산일보》, 〈하동 진교 간사지 개척 운동 추진위 회〉, 1939. 6. 27.
- 《경성일보》, 〈묵계의 개척자 조상래씨〉, 1939. 12. 31.
- 《자유신문》, 〈하동 진교 간사지 개척 운동 추진위 회원 조직〉, 1949. 8. 24.
- 《마산일보》, 〈고성 간사지 기공식〉, 1952. 1. 24.
- 《동아일보》, 〈공비 총두목 이현상 사살〉, 1953. 9. 21.
- 《자유신문》, 〈괴뢰 남부 군단 사령 총살〉, 1953. 9. 22.
- 남정옥(전 국방부 전사 편찬 연구소 책임연구원, 문학박사)가 《후아이엠》에 쓴 〈[차일혁의 삶과 꿈] 50. 빨치산 총수 이현상을 사살하고 후방을 안정시키다〉
- 이영주, 《서울대 지식 교양 강연-생각의 열쇠》, 〈두보 시는 왜 시로 쓴 역사라는 평을 받는가?〉(강의 영상)
- 《마산일보》, 〈지리산 공비 전멸 8년만에 평화 도래〉, 1955. 4. 3.(국립중앙도서관)
- 《동아일보》, 〈지리산에 평화 오다〉, 1955. 5. 8.
- 《대순회보》(24호), 〈혈성으로 천지신명을 움직인 崔益鉉〉, 1991. 6.
- 《연합뉴스》, 〈독립운동가 '면암 최익현 선생' 일본 대마도 유배도 발견〉(2016.10.20.)
- 《전자신문〉, 〈기획 특집〉, 〈컬러TV 시대 개막〉, 2008. 8. 25
- 《지리산 힐링 신문》〈지리산 삼성궁 한풀선사 그는 누구인가〉, 2020. 01. 28.
- 《평화신문》, 〈역사가 된 한말 의병 이야기〉, 1955. 5. 5.(국립중앙도서관)

- 손호철, 《한국일보》(2020. 12. 11), 〈손호철의 발자국-〈17〉 전북 남원 지리산〉.
- 조윤제, 《경남신문》, 〈사람 속으로-청학동 '삼성궁' 창건 한풀 선사〉, 2013.09.06.
- 묵계초등학교 홈페이지
- 묵계초등학교 총동창회 〈다음 카페〉
- 경상남도교육청 기록관, 〈경남 교육사〉
- 진안문화원 홈페이지, 〈문화유산-비석 · 암각서-습재 최제학 기념비(習齋崔濟學紀念碑)〉
- 재미동포 〈최미자의 문학서재〉 홈페이지, 신팔복의 〈애국지사 최제학 기념비 앞에서〉
- 한국학중앙연구원, 《한국기록유산(Encyves)》, 〈이의주의 기록화–면암 선생 유해 부산 환국〉, 〈일본 헌병대에 체포, 압송되고 있는 면암〉
- 홈페이지 《국가유산청》, 국가유산-창경궁이야기-명정전-〈드무〉
- 홈페이지 《유용원의 군사 세계》, 2차 세계대전 당시 미군의 발이었던 미군 GMC 트럭〉
- 네트워크 《동학집강소》, 〈하동지역 동학혁명과 고성산 전투〉
- 유튜버 《양암TV》, 〈청학동 훈장들의 엔돌핀 뽕뽕 초교 동창회〉
- 블로그 《세상 속에서 나를 찾아가는 아줌마》, 〈교육사회학-제6강 근현대 한국교육제도의 변화와 특징〉
- 블로그 《이 세상 살아가다 보면》, 〈대한민국 근현대사〉, 〈조국 근대화의 기수 …〉
- 블로그 《덕전(德田)의 문화 일기》, 〈궁궐 이야기〉
- 블로그 《독립운동가 로맨틱한 상남자 차일혁》, 〈궁궐 이야기〉
- 블로그 《포명헌》, 〈덕연재 기문〉
- 블로그 《이호주 부동산(습재의 증손부가 운영하는 블로그)》
- 블로그 《습재 최제학 선생의 연대기(최승석)》
- 블로그 《백두대간》, 〈조선왕조 때 유머-기생집에서 얻은 올공금(兀孔金)〉
- 블로그 《네트워크 동학집강소》, 〈동학 전적지-하동지역 동학혁명과 고성산 전투〉
- 블로그 《忍者無敵(인자무적)》, 〈조상들의 방직기구 베틀(구조와 명칭)〉, 공수래공수거
- 네이버 지식백과, 〈아기 장수 우뚜리〉, 문화원형백과 한국 설화 인물유형, 2005, 출처: 문화원형 디지털콘텐츠.

《네이버 사전》, 《네이버 지식백과》, 《나무위키》, 《디지털하동문화대전》, 《위키백과》, 《일본 위키피디아》, 《한국민족문화대백과》, 《표준국어대사전》 《한국향토문화전자대전》, 구글지도, 네이버지도, 카카오지도, 《디지털 투데이》, 《한시어 사전(네이버)》, 《조선 시대 차자 표기 사전》 등

《묵계동천과 학로계》 편찬위원회 명단

순	주요 업무	성 명	비 고
1	위원장 · 기획 · 자료 수집 · 편찬자문	김 삼 주	학로계 계장 하동문화원 하동학연구소 고문
2	부위원장 · 편찬자문	하 인 선	이사
3	위원 · 편찬자문	박 용 원	감사
4	위원 · 편찬자문	김 만 석	감사
5	위원 · 편찬자문	양 호 영	이사
6	위원 · 편찬자문	노 병 모	이사
7	위원 · 편찬자문	강 점 석	이사
8	위원 · 편찬자문	강 춘 근	이사
9	위원 · 편찬자문	김 옥 식	이사
10	사무국장 · 기획 · 자료 수집 · 편찬자문	양 점 동	총무
11	편저자 · 편집자 · 사진 촬영 및 사진 편집	오 세 현	계원
12	윤독 · 사진 촬영 · 편찬자문	양 영 욱	계원

〈편집 후기〉

청학동 사총사의 열정으로 이룬 작은 결실

불일폭포를 방문한 청학동 사총사(사진에는 '양점동' 총무가 빠졌다)

자료 수집과 컴퓨터 자판과 씨름한 지 5년이 넘었다. 200자 원고지로 약 6,000장, 글자 수로 약 100만 자(字)에 사용한 한자가 32,000자를 넘었고, 1,000여 장의 사진에 본문만 1,000페이지가 넘는다. 대부분의 한자에 토[루비]를 달았고, 아마 찍은 사진도 수 천장에 버린 원고도 이에 못지않을 것이다. 그런데도 여전히 막바지 교정으로 씨름 중이다. 이제 을사년 새봄과 함께 그동안 '청학동 사총사의 열정으로 뿌린 작은 씨앗이 꽃을 피우려 하고 있다. 참 긴 레이스였다.

지리산 영신대에서부터 범상치 않게 뻗은 '남부능선'이 삼신봉에 이르러 뿌리를 내리고 낙남정맥(좌청룡)과 삼신지맥(우백호)으로 가지를 치며 둥글게 제비집 같은 둥지를 튼 길지가 바로 우리 묵계동이다. 이렇게 높은 산맥으로 둘러싸인 묵계동은 오랜 세월 지리산 아흔아홉골 가운데서 외지인의 발길을 쉽게 허용하지 않는 금단(禁斷)의

땅이었다. 그러니 문헌상 남은 기록 또한 찾기 어려웠다. 그래서 무엇으로 엮어갈지 엄두가 나지 않았다. 이에 후배 휴암(休岩) 양영욱은 “인간의 세계에는 역사의 기록을 남기지만, 신선의 세계에는 원래 기록이 없는 것이 아니겠습니까?”라며 위로해 준다. 그러나 항상 선배인 고산 김삼주 학로계 회장님과 사무국장 후배 양점동이 가까이 있었고, 작년 봄부터 휴암까지 응원군으로 합세해 큰 힘이 되었다.

주변의 도움도 많이 받았다. 경상국립대 한문학과, 남명학연구원, 동방한학연구원을 비롯하여 진주향교, 단성향교 등 서부 경남의 유림사회는 한문학의 보고(寶庫)이다. 무엇보다 동방한학연구원의 실재서당(實齋書堂), 경상국립대 남명학연구소, 진주향교 충효교육원, 경남유도대학 등에서 허권수, 이상필, 최석기 교수님은 든든한 버팀목이 되어 주셨다. 진심으로 감사드린다. 또한 IT 강국답게 한국고전번역원, 서울대 규장각, 경상국립대 고문헌도서관, 한국학중앙연구원, 국사편찬위원회, 전국문화원, 국립중앙도서관 등 방대한 정보를 언제든지 검색할 수 있으니 이 얼마나 다행인가?

무엇보다 묵계동의 신비스러운 자태를 순간 포착한 감동적인 사진을 아낌없이 제공해 준 청파(靑波) 강태진 하동문화원장님께 감사드린다. 이 작품만큼 지리산에서 묵계 청학동의 위상을 웅변(雄辯)해 주는 자료는 없다. 특히 어려운 가운데서도 선뜻 나서준 ‘도서출판 실천’의 이어산 사장님과 제자(題字)를 디자인해준 ‘아트앤서령’ 이진욱 대표님께도 감사드린다. 더 나아가 사공예원 편집디자인 팀장님 덕분에 새로운 날개옷이 완성도를 높여가고 있다. 여기에는 후배인 이종수 이병주문학관 관장님의 역할도 컸다. 진심으로 감사드린다.

끝으로 항상 응원해준 편찬위원회 위원 여러분들과 한문(漢文)을 깨알같이 감수해 준 권난희 박사님, 자신의 석사학위 논문을 제공해 준 청학동 풍교헌 강동의 훈장님과 청학동 관련 연구자들, 묵계초 11회 양동석, 이상길, 조병래를 비롯한 여러 친구와 12회 강대근, 14회 노병곤, 김명곤 후배, 묵계사와 삼성궁, 청학서당 관계자를 비롯한 여러 선후배 묵계 향우님들의 적극적인 응원과 협조는 큰 힘이 되었다. 이 자리를 빌려 모든 분께 고개 숙여 감사드린다.

乙巳 早春 明原齋에서 吳世現 謹書

〈편저자 소개〉

오세현 (吳世現, 乙未生, 1955~),

1955. 5. 20	지리산 빨치산의 준동으로 피란 생활 중에 청암면 평촌리에서 태어남
1956	봄, 첫돌을 지낸 후 묵계리로 귀환, 이후 '삼거리'에서 자람
1962. 3.~1968. 2	묵계초등학교 졸업(제11회)
1968. 3.~1971. 2	하동종합고등학교 병설중학교(현재 하동중앙중학교) 졸업(제8회)
1971. 3.~1974. 2	하동종합고등학교 인문과 졸업(제22회)
1974. 3.~1978. 2	경상대학 사범대 물리교육과 졸업(이학사)
1975. 3.~1978. 2	〈5.16 장학재단 장학생〉 (1학년 2학기에 선발 당시, 신입생 중 1명 선발)
1990. 3.~1993. 8	경상대학 대학원 물리학과(입자물리학 전공) 수료(이학석사)
2003. 4.~2007. 3	일본 동북대(東北大)대학원 교육학연구과 박사과정 수료(교육학박사)

1978. 3	합천군 쌍책중학교 교사(초임발령), *1학기 근무 후 입대, 제11사단 화학지원대, 육군 병장 제대
1980. 11	함양군 마천중학교 교사(군 제대 후 복직)
1982. 3	함양종합고등학교 교사
1984. 3	금남고등학교 교사
1985. 3	하동종합고등학교 교사
1989. 3	진주기계공업고등학교 교사
1991. 3	경남과학고등학교 교사
1994. 10	과학 교사 해외 현장 연수(영국 런던대학 킹스 칼리지)
1996. 9	경남교육청 제1기 특별연구교사 선정(3년간), 경남과학교육원 겸임 교사 발령
1998. 1	경남교육청 중등교육전문직(장학사 · 교육연구사) 승진 임용시험 합격

1998. 3	경남과학교육원 교육연구사(교감급) 승진
2000. 12	교육부 공무원 국외 교육 훈련(유학) 파견 선발 시험 합격
2001. 10	해외파견(1차), 일본 동북대학 대학원 연구생 유학(2년)

本貫: 海州, 父: 泰煥, 母: 경주김씨 '홍골띠기(댁)', 형: 世和(묵계초 7회)

- 2003. 4 일본 동북대학 대학원 교육학연구과 박사 후기 과정 입학(03. 10. 유학 기간 만료로 일시 귀국)
- 2003. 11 교육부 해외 파견공무원(한국교육원장) 선발 시험 합격
- 2003. 12 국가정보대학원 외교관 교육과정 수료(제184기)
- 2004. 2 해외파견(2차), 일본 니이가타(新潟) 한국교육원장(교육부 재외동포 교육기관장)(4년)
- 2007. 3 일본 동북대학 대학원 교육학연구과 박사 후기 과정 수료(교육학박사 학위 취득)
- 2008. 2 해외파견 복귀(경남과학교육원 교육연구사)
- 2008. 10 경상대학 개교 60주년 기념 '자랑스러운 경상인'에 선정

- 2009. 3 경남교육청 장학관(교장급 승진)
- 2010. 4 미국 메릴랜드주 정부 감사장(CERTIFICATE OF APPRECIATION in honor of OH SEI HYUN)
- 2011. 3 금남고등학교 교장(하동화력 장학재단에서 20억 원을 지원받아 기숙사 신축)
- 2014. 3 경남과학고등학교 교장(2017. 8. 31 정년퇴임, '홍조근정훈장' 수훈)

- 약 40년 동안 재임 중, "과학 영재교육", "교육 발전 공로" 등으로 경남교육감 표창 등 11회(표창: 3회, 수상: 8회), 교육부장관 등 장관급 표창 8회(표창: 5회, 수상: 3회), 국무총리 표창 1회 및 훈장 1회 수훈.

- 현재 도서출판 지호락희 대표, 사단법인 과학사랑방 대표, 락희물리써클(전국 물리 교사 모임) 대표
- 물리교육 블로그: '락희물리교실' (https//blog.naver.com/oh5094) 운영
- 저서(번역): 《물리발상법》, 《락희물리 100시간(상/하)》, 《최난관고교입시 기출 문제 수학》, 《즐거운 수업 사상》

- 경상국립대 사범대학 총동창회장 역임
- 재진주시하동군향우회장 역임(2014~2016)
- 해주오씨 행정공파 어은문중 종회장, 산청군 생비량면 봉산서원 내임

꽃이 피면 봄인줄 알고
낙엽지면 가을인줄 아는 이상향

묵계동천과 학로계

제3부 묵계동의 역사와 문화

발행일	2025년 5월 15일
기획·편집	오세현
	도서출판 지호락희(제2020-000019호)
	52804 경남 진주시 돗골로 94번길(상평동) 010-2468-6636
자료수집 제공	학로계(계장 김삼주, 총무 양점동) 및 각 마을 이장
표지사진 제공	하동문화원장 청파 강태진
본문사진 제공	오세현, 영영욱 외
드론사진 제공	이영근
한문 감수	권난희 한문학박사, 경상국립대 한문학과 강사
펴낸이	청학동 학로계(대표 김삼주)
	52309 경남 하동군 청암면 묵계리 578-1 청학루
편저자	오세현(청학동 학로계 계원)
인쇄·발행	도서출판 실천 ❘ 경남 진주시 동부로 169번길 12, 윙스타워 지식산업센터 A동 705호
	055)763-2245, 010-3945-2245 팩스 055)762-0124
발행인	이어산
디자인 팀장	사공예원
등록번호	서울 종로 바00196호 등록일자 2018년 7월 13일
	진주세2021-0000009호 2021년 3월 19일

ISBN 979-11-92374-80-2

묵계동천과 학로계